JEAN-PAUL ROUX

TÜRKLERİN TARİHİ

Pasifikten Akdenize 2000 Yıl

KABALCI YAYINEVİ: 291
İnceleme Dizisi: 50

Jean-Paul Roux
Histoire Des Turcs - Deux mille ans du Pacifique à la Méditerranée

Birinci Basım: Şubat 2007

Teknik Hazırlık: Zeliha Güler
Kapak Düzeni: Gökmen Ekincioğlu
Yayıma Hazırlayan: Zeynep Mertoğlu-Seçkin Erdi

KABALCI YAYINEVI
Himaye-i Etfal Sok. 8-B Cağaloğlu 34110 İSTANBUL
Tel: (0212) 526 85 86 Faks: (0212) 513 63 05
www.kabalciyayinevi.com yayinevi@kabalci.com.tr

Cet ouvrage, publié dans le cadre du programme d'aide à la publication, bénéficie du soutien du Ministère des Affaires Etrangères, de l'Ambassade de France en Turquie et de l'Institut Français d'Istanbul

Çeviriye ve yayıma katkı programı çerçevesinde yayımlanan bu yapıt, Fransa Dışişleri Bakanlığı'nın, Türkiye'deki Fransa Büyükelçiliği'nin ve İstanbul Fransız Kültür Merkezi'nin desteğiyle gerçekleştirilmiştir.

KÜTÜPHANE BİLGİ KARTI
Cataloging-in-Publication Data (CIP)
Roux, Jean-Paul
Türklerin Tarihi - Pasifikten Akdenize 2000 Yıl
1. Türkoloji 2. Orta Asya 3. Uygarlıklar Tarihi 4. Dinler Tarihi 5. Modern Türk Dünyası

ISBN 975-997-091-0

Baskı ve Mücellit: Yaylacık Matbaası (0212 567 80 03)
Litros Yolu Fatih Sanayi Sitesi No: 12/197-203 Topkapı

JEAN-PAUL ROUX

TÜRKLERİN TARİHİ

PASİFİKTEN AKDENİZE 2000 YIL

Çevirenler:

Prof. Dr. Aykut Kazancıgil

Lale Arslan-Özcan

KABALCI YAYINEVİ

Türklerin Tarihi *adlı bu kitabımı* 1984 *yılında oğlum Alain'ın anısına ithaf etmiştim. Onun ismi bu yeni basımın başında hâlâ yazılıdır.*

Ayrıca onun, bu kitabı, tüm hayatım boyunca dostluklarını benden esirgemeyen bugün hâlâ hayatta olan veya hayatını yitiren tüm Türklere ithaf etmemi anlayışla karşılayacağına inanıyorum.

İÇİNDEKİLER

TÜRKÇE ÇEVİRİYE ÖNSÖZ 11

ÖNSÖZ 15

GİRİŞ 17

I. BÖLÜM
TÜRK OLGUSU 21

Türkoloji, 24 • Paydalar, 26 • Irk ya da Dil?, 27 • Türkler ve Türkiye, 30 • Tek Tanrı, Tek İmparator, 32 • Türk Dilleri, 35 • İmparatorluk Kurma Eğilimi, 39 • Fanatizm ya da Hoşgörü?, 44 • Türk Toplumları, 46 • Sanatçı, 48

II. BÖLÜM
KUZEYİN BARBARLARI VE DİĞER HUNLAR 50

Sibirya Ormanlarında (Taygalarda), 50 • Dilbilimi ve Antropoloji, 52 • Bozkırlara Geliş, 54 • Hiong-nular, 55 • Teoman (Teu-man) ve Mete (Mao-tuen), 57 • Hiong-nuların Gerileme ve Düşüş Devirleri, 60 • Hiong-nu Uygarlığı, 63 • Korkunç IV. Yüzyıl, 64 • Tabgaçlar, 65 • Bozkır Göçebeleri, 68 • Hunlar, 70 • Galya'da ve İtalya'da Attila, 72 • Hunların Sorunu, 76 • Juan-juanlar ya da Avarlar, 77 • Eftalitler, 79

III. BÖLÜM
TÜRKLERİN ORTAYA ÇIKIŞI 83

V-VII. Yüzyıllarda Doğuda Türkçe Konuşan Halklar, 83 • Kırgızlar, 86 • Batıdaki Türkçe Konuşan Toplumlar, 90 • Tarihteki İlk Türkler, 92 • Doğuş Efsanesi, 94 • İranizm ve Budizm, 96 • Birinci Tu-kiu İmparatorluğu, 98 • Tu-kiulerin Yeniden Doğuşu, 102 • Bulgarlar, 107 • Hazarlar, 111 • Yahudileşmiş Bir Türk Krallığı, 113

IV. BÖLÜM

İLKÇAĞ VE ORTAÇAĞ BAŞINDA TÜRK UYGARLIĞI.................117

Bozkır, 117 ◉ Arabalar ve Yurtlar, 119 ◉ At, 121 ◉ Ticaret, 124 ◉ Tarım ve Sanayi, 126 ◉ Korkunç Portreler, 127 ◉ Savaş, 131 ◉ Toplumsal Yaşam, 135 ◉ Şölenler, 138 ◉ Giyim ve Beslenme, 140 ◉ Kültür, 142 ◉ Paleo-Türk Yazıtları, 145 ◉ Ulusal Din, 146 ◉ Evrensel Dinler, 150

V. BÖLÜM

UYGURLAR...153

Arap İşgali, 153 ◉ Talas Savaşı, 154 ◉ Türkler ve Araplar Karşı Karşıya, 155 ◉ Peçenekler, 157 ◉ Moğolistan'daki Uygur İmparatorluğu, 159 ◉ Edebiyat ve İnançlar, 162 ◉ Moğolistan'da Uygur İmparatorluğunun Düşüşü, 165 ◉ Kırgız İmparatorluğu, 166 ◉ Kitanlar, 168 ◉ Kırgızların Yıkılmasından Sonra Moğolistan, 169 ◉ Şa-t'olar, 171 ◉ Yurt Arayışı, 171 ◉ Kansu Uygurları, 173 ◉ Sinkiang Uygurları, 174 ◉ Uygurların Kültürel Gelişimi, 175 ◉ Uygur Vahalarındaki Dinler, 177

VI. BÖLÜM

İSLAMİYETİN KABULÜ..181

Paralı Askerler, 181 ◉ Başarısız Bir Asimilasyon, 185 ◉ Mısır'da Tolunoğulları ve İhşidiler, 188 ◉ Fatımi Hâkimiyeti, 189 ◉ Türkler Arasında Müslümanlığın Yayılması, 190 ◉ Bulgarların Din Değiştirmeleri, 192 ◉ Karahanlılar, 194 ◉ Afganistan'daki Gazneliler, 197 ◉ Gazneli Mahmud, 198 ◉ Harezmşahlar, 201 ◉ Selçukluların Doğuşu, 203 ◉ Müslüman Türklerin XI yüzyıldaki Çatışmaları, 205 ◉ İran Büyük Selçukluları Devletinin Kuruluşu, 208

VII. BÖLÜM

SELÇUKLU DÜNYASI...212

Orta Asya'da Selçuklular, 212 ◉ Malazgirt'e Doğru, 212 ◉ Kıpçaklar, Kumanlar ya da Polovestler, 215 ◉ Küçük Asya Selçuklularının Ortaya Çıkışı, 218 ◉ Suriye'deki Büyük Selçuklular, 220 ◉ Melikşah'tan Sonra, 221 ◉ Haçlı Seferleri, 222 ◉ Küçük Asya'nın Türk

Beyleri, 224 ◉ Rum Krallığı, 226 ◉ Sencer ve Doğu İran, 229 ◉ Harezmşahların Yükselişi, 231 ◉ Gazneliler, Gurlular ve Harezmşahlar, 233 ◉ Delhi Sultanlığı, 234

VIII. BÖLÜM
MÜSLÜMAN DÜNYADA TÜRKLER 238

Nüfus, 239 ◉ Göçebeler ve Yerleşikler, 242 ◉ Müslümanlaşma, 245 ◉ Şamanizm Anıları, 246 ◉ Şiilik, Tasavvuf ve Karşılaştırmalar, 248 ◉ Kadınların Konumu, 250 ◉ Yönetim, 252 ◉ İktisadi Hayat, 255 ◉ Dil ve Edebiyat, 258 ◉ Sanat, 261 ◉ Anadolu Mimarisi, 263 ◉ Figüratif Sanat, 265

IX. BÖLÜM
MOĞOL EGEMENLİĞİNDE TÜRKLER 268

Türkler ve Moğollar, 269 ◉ Moğol İmparatorluğunun Doğuşu, 272 ◉ Cengiz Han'ın İlk Dönemi, 272 ◉ İran'ın Yıkılışı, 276 ◉ Avrupa'ya Akınlar, 279 ◉ Cengiz Han'dan Sonrası, 280 ◉ Avrupa Seferi, 282 ◉ Rusya'nın Efendisi Altınordu, 284 ◉ Altınordu Türkleşiyor, 286 ◉ İran ve Anadolu'nun Fethedilmesi, 289 ◉ Hulagu, 291 ◉ Mısır Memlukları, 293 ◉ İlhanlılar, Memluklar ve Rum Selçukluları, 298

X. BÖLÜM
TİMUR DEPREMİ 302

Çağatay Hanlığı, 304 ◉ Çağatay Hanlığının İkiye Bölünmesi, 306 ◉ Tuğluk Timur ve Kazgan, 308 ◉ Timurlenk, 308 ◉ Belirsiz Dinsel Tavır, 312 ◉ Toktamış, 314 ◉ Halaciler ve Delhi Tuğluk, 316 ◉ Timur'un Hindistan'a Girişi, 319 ◉ Karakoyunlular ve Akkoyunlular, 319 ◉ Timur Karşısında Memluklar, 321 ◉ Anadolu Beylikleri, 322 ◉ Osmanlı Devletinin Kuruluşu, 325 ◉ I. Murad ve I. Bayezid, 329 ◉ Ankara Savaşı, 331

XI. BÖLÜM
DÜŞÜŞLER VE YÜKSELİŞLER 334

Yeni Bir Dünyaya Doğru, 334 • Göçebelerin Sonu, 336 • Timurlular, 337 • Timur Rönesansı, 339 • Türkmenlerin Dönüşü, 342 • Altınordu'nun Sonu, 343 • Özbeklerin ve Kazakların Doğuşu, 346 • Osmanlıların Yeniden Doğuşu ve Yükselişi, 348 • Konstantinopolis'in Alınışı, 350 • XV. Yüzyılda Osmanlı Hümanizmi, 352 • Adilşahlar, 353 • II. Bayezid ve Selim, 354

XII. BÖLÜM

BÜYÜK İMPARATORLUKLARIN DOĞUŞU 356

Muhteşem Süleyman, 360 • Kanuni Döneminde Sanat, 363 • Kuzey Afrika'da Türkler, 364 • Çöküşün İlk İşaretleri, 367 • Kazan ve Astırhan Hanlıkları, 371 • Avrupa Bozkırlarında Rusların İlerleyişi, 374 • Sibirya, 375 • İran Safevileri, 376 • Özbekistan'ın Kuruluşu, 380 • Özbek Kültürü, 384 • Babur Şah, 385 • Ekber, 390

XIII. BÖLÜM

XVII. YÜZYILDAKİ YÜKSELİŞ VE ÇÖKÜŞ 393

Cihangir ve Şah Cihan, 393 • Moğol Sanatının Görkemi,396 • Evrengzib, 397 • Büyük İmparatorluk, 400 • XVI. Yüzyılda Osmanlıda Sanat, Edebiyat ve Bilim, 401 • İlk Gerileme Belirtisi, 403 • Şehzadeler, Kadınlar ve Haremağaları, 406 • Kardeş Katli ve Kafes, 407 • Sibirya'da Ruslar, 408 • Cungar Egemenliği, 411 • Buhara ve Hive Hanlıkları, 413

XIV. BÖLÜM

ÇÖKÜŞ 415

Nadir Şah, 415 • Kacarlar, 417 • İngilizlerin Hindistan'ı, 419 • Cungarlar ve Hâceler, 420 • Çinlilerin Dönüşü, 422 • Kırım Tatarlarının Tasfiyesi, 423 • Ruslar Kafkasya'da, 424 • Kazakların Boyun Eğmesi, 427 • Maveraünnehir'de Son Özgürlük Yılları, 428 • Hanlıkların Ruslar Tarafından İlhakı, 430 • XVIII. Yüzyılda Osmanlı İmparatorluğu, 431 • Osmanlı İmparatorluğunun Yıkılması, 432 • XIX. Yüzyıldaki İlk Krizler, 434 • Mısır'ın Türklerin Elinden Çıkması, 436 • Fransa'nın Mağrip'i Türklerden Alışı, 438 • Tanzimat, 441 • Son Sıçrayışlar, 442

XV. BÖLÜM

DİRİLİŞ 447

1920'de, 447 • Osmanlı İmparatorluğunun Tasfiye Edilmesi, 448 • Mustafa Kemal'in Devrimi ve Kurtuluş Savaşı, 449 • Türkiye Cumhuriyeti, 453 • Demokraside Kriz Dönemleri, 454 • Türkiye Farsileri, 458 • İran Türkleri, 462 • Sovyet Devrimi, 464 • Milli Türk Komünizmi, 466 • SSCB'nin Oluşumu, 468 • Milliyetçilik Yönünde Sapmalar, 471 • Sovyet Sömürgeciliği, 472 • Bağımsızlığa Doğru, 476 • Nüfus Dengesinin Bozulması, 477 • Bağımsızlığa Doğru, 478 • Çin Uygurları, 480

SONUÇ..484

Kozlar..., 484 • ... ve Büyük Sorunlar, 486 • Türkçülük, 489 • İslamiyetin Uyanışı, 492

KAYNAKÇA KONUSUNDA BAZI YÖNELİMLER.......................499

KRONOLOJİ..521

DİZİN 535

SOYAĞAÇLARI VE HARİTALAR...565

TÜRKÇE ÇEVİRİYE ÖNSÖZ

Günümüzün önemli Türkologlarından biri olan Roux (d. 1925) araştırma alanını Orta Asya Türk kültürü ve tarihi üzerine yoğunlaştırmış ve 1960'lardan itibaren büyük bir bilimsel birikimi ortaya koymuştur. İlk önceleri çalışma sahaları çok çetin olduğundan konuları pek çok kişinin dikkatini celp etmemiştir. Fakat zamanla konunun uluslararası düzeydeki büyük uzmanlardan biri olarak kendini tanıtmıştır. Türkiye'ye pek çok defa gelen Roux 1961 yılında Ankara'da Türk Tarih Kongresinde o dönemdeki araştırmalarıyla aynı alanlarda çalışan ünlü Orta Asya Türk tarihçisi Giraud'la karşılaşmış ve bu karşılaşmanın sonunda incelediği alanda devam etmeye karar vermiştir (13). İşin ilginç yanı Roux'nun ilk çalışmaları Cezayir ve Kuzey Afrika üzerine yönelmişken hızla yönünü Orta Asya'ya çevirmiştir. Burada Paris'te hocası olan ve XX yüzyılın ikinci yarısında Fransa'da Türkoloji eğitimini gerçekten de yüksek düzeye taşımış Bazın'in de hiç kuşkusuz tesiri vardır. Ancak bu yönelişte Paris'te tanıdığı hakikaten yakın dostu olan Neşat Günal'ın da herhalde tesiri vardır. Roux'nun kısa hayat hikâyesini ve yayınlarını Türkçeye çevrilmiş bazı eserlerini daha önce *Türklerin ve Moğolların Eski Dini* (12) adlı eserin çevrisinin önsözünde açıklamıştık. Ayrıca çok yakında yayınladığım *Kutadgubilig* dergisinde bir incelemesinin sunuş yazısında kendisiyle ilgili bazı bilgiler açıklandığı için bunları tekrar etmek istemiyoruz(13). Ancak Roux'nun ilginç hayat hikâyesi ve sayıları yüzlere varan yayınlarının kaynakçasını 80. yılı dolayısıyla derlemiştik. Bu incelemeyi yakında yayımlamak istiyoruz.

Roux'nun Türkçede ilk çalışmaları evvela *Türk Kültürü El Kitabı*'nda kısa bir bölüm olarak 1972'de yayınlanmıştır(1). Daha sonra uzun yıllar unutulmuş gibiydi. Nihayet Milliyet yayınlarında *Türklerin Tarihi* (2) adıyla çevirisi yapılan kitap arka arkaya baskılar yaparak genel anlamda Türk okurunun dikkatini çekmiştir. Ancak bütün bunlar onun bilimsel yönlerini ayrıntılı olarak ortaya koymuyordu. Roux hakkında ilk tanıtım yazısı Işık Tandoğan-Abel tarafından *Tarih ve Toplum* dergisinde yayınlanmış aynı kişi onun bir bilimsel makalesini Türkçeye çevirmiştir. Bu şekilde yılların akışı içinde Türkolojiyle ilgili yayımlarını hızla geliştiren Roux'dan ilk önemli bilimsel çeviri kısa da olsa 1990'larda yapılmıştır(3, 4). Bu durum aşağıda verdiğimiz kaynakçada açıkça görülmektedir. Bugün Roux Orta Asya tarihi ve kültürüyle uğraşan her araştırmacı için vazgeçilmez kaynak haline gelmiştir(5-15). Kendisiyle olan ve eskilere dayanan yakın dostluğumuz, onun büyük bir nezaketle Türkçeye çevrilen bazı eserlerine bizlerle olan samimi ilişkilerini belirten önsözler yazmasına neden olmuştur. Burada kendisine teşekkürü bir borç biliriz. Birkaç yıl önce yazdığı bir mektupta eski kitabını yani *Türklerin Tarihi*'ni yeniden ele aldığını ve bir nevi yeni bir sentez olarak yayımlayacağını ifade etmişti. Kitap çıktı ve Türk okuyucusuna bu kitabın çevrisini takdim ediyoruz. Bir başka sunuş yazısında yukarıda adı geçen önsözlerden uzun alıntılar yapmıştım onları burada tekrarlamak istemiyoruz. Ama hakikaten samimi hislerle kaleme aldığı aşağıdaki şu sözleri tekrar aktarmak istiyoruz(8). *Altay Türklerinde Ölüm* adlı kitabının Türkçe çevirisinin önsözünde Anadolu Türklerine şöyle seslenir (8):

"Bu satırları bana yazdıran, bu kitabın oluşmasını sağlayan, bu sayfalarda iyi adına ne varsa borçlu olduğumuz olanların Orta Asya'dan uzak akrabaları, yine bunlar kadar uzak atalarıdır. Türkiye'de bu kitabı okumayı iste-

yecek olanlar beni isterlerse sertçe ve eminim ki hoşgörüyle eleştirsinler, ama kalplerinde bu insanlar için sevgi ve saygıyı eksik etmesinler..."

Roux yayınları dolayısıyla çeşitli ödüller almış pek çok bilimsel kuruma üye seçilmiştir. Bunların içinde en önemli iki tanesi Fransız Akademisi Başarı Ödülü ve Türkiye Cumhuriyeti tarafından kendisine takdim edilen Liyakat ödülüdür. Burada çevirisini sunduğumuz *Türklerin Tarihi* bu konu üzerinde yarım yüzyıldır araştıran, çalışan ve düşünen bir kişinin büyük bir sentezidir. Belki de bütün eserlerinin değerlendirilmesi için bir anahtardır. Umuyorum ki Türk okuyucusunun ilgisini çekecektir.

KAYNAKÇA

Roux, J.-P., "Türk Göçebe Sanatının Dini Bakımından Anlamı," *Türk Kültürü El Kitabı*, (İslamiyetten Önceki Türk Sanatı Hakkında Araştırmalar) Cilt 2, İstanbul 1972.

Roux, J.-P., *Türklerin Tarihi*, çev. Galip Üstün, Milliyet Yayınları, İstanbul 1982.

Tandoğan-Abel, Işık, "Jean-Paul Roux'yla Söyleşi," (Yaşayan Türkologlar, XIII) *Tarih ve Toplum*, sayı 29, s. 50-53, Mayıs 1986. Burada yazar kendisine sorulan soruları cevaplandırmakta, araştırmalar hakkında bilgi vermektedir. Ayıca kısa hayat hikâyesi anlatılmakta ve yayın kaynakçasından bir bölüm verilmektedir.

Roux, J.-P., "Şamanizm, Hayvansal Yaşamda Dinsel Bir Deneyim," çev. Tandoğan-Abel, *Tarih ve Toplum*, sayı 29, s. 53-56, Mayıs 1986.

Roux, J.-P., "Ortaçağ Türk Kadını," çev. Gönül Yılmaz, *Erdem*, sayı 13, s. 169-237, Ankara, Ocak 1989; *Erdem*, sayı 18, s. 659-725, Ankara, Eylül 1990.

Roux, J.-P., "Osmanlı Sanatı," çev. M. Türker-Küyel, *Erdem*, sayı 18, s. 893-932, Ankara, Eylül 1990. Bu çalışma, Robert Mantran yönetiminde hazırlanan *Histoire de l'Empire Ottoman* (*Osmanlı İmparatorluğu Tarihi*, Librairie Arthème Fayard, 1989), çev. Server Tanilli, için yazılmıştır. Kitabın tanıtımı için bkz. M. Türker-Küyel, *Erdem*, sayı 14, s. 617-626, Mayıs 1989.

Roux. J.-P., *Aksak Timur*, çev. Ali Rıza Yalt, Milliyet Yayınları, İstanbul, 1994. Bu eserin ilginç taraflarından biri Roux'nun kitabını aziz dostu Neşet Günal'a ithaf etmesidir. Batılı yazarlar tarafından yapılan böyle bir ithaf nadirdir.

Roux, J.-P., *Eskiçağ ve Ortaçağda Altay Türklerinde Ölüm*, çev. A. Kazancıgil, Kabalcı Yayınevi, İstanbul, 1999. (Türkçe çevirisi için Roux tarafından yazılmış bir önsöz bulunmaktadır.)

Bounefoy, Y., *Antik Dünyada ve Geleneksel Toplumlarda Dinler ve Mitolojiler Sözlüğü*, çev. Haz. G. Yılmaz-L. Yılmaz, 2 Cilt, Ankara 2000. Bu ansiklopedi içinde Türklerle ilgili bütün konular dokuz madde halinde J.-P. Roux tarafından yazılmıştır. Bu maddeler için ayrıntılı sayılacak yeni bilgiler içermektedir.

Roux. J.-P., *Moğol İmparatorluğu Tarihi*, çev. A, Kazancıgil-A. Bereket, Kabalcı Yayınevi, İstanbul, 2001.

Roux. J.-P., *Orta Asya Tarih ve Uygarlık*, çev. Lale Arslan-Özcan, Kabalcı Yayınevi, İstanbul, 2001 (2. baskı, 2006).

Roux, J.-P., *Türklerin ve Moğolların Eski Dini*, çev. A. Kazancıgil, 2. baskı, Kabalcı Yayınevi, İstanbul, 2002. (Bu baskıda Roux tarafından Türkçe çevirisi için yazılmış bir önsöz mevcuttur. Ayrıca Aykut Kazancıgil'in Roux'nun Türkiye'yle ilgili çalışmalarını tanıtan bir sunuşu bulunmaktadır.)

Roux, J.-P., "VII. ve VIII. yüzyıllarda Orhun Türklerinin Dini İnanışları," *Kutadgubilig*, Sayı 8, 2005, s. 259-298 (çeviri ve sunuş: Aykut Kazancıgil).

Roux, J.-P., *Orta Asya'da Kutsal Bitkiler ve Hayvanlar*, çev. A. Kazancıgil-L. Arslan-Özcan, Kabalcı Yayınevi, İstanbul, 2005.

Roux, J.-P., *Babur; Büyük Moğol'un Tarihi*, (çev. L. Arslan-Özcan, hazırlanmaktadır.)

Prof. Dr. Aykut Kazancıgil – Lale Arslan-Özcan

ÖNSÖZ

1984 yılında basılan *Histoire des Turcs* [*Türklerin Tarihi*] adlı eserime gerek Fransa'da gerek Türkiye'de gösterilen ilgi, bu eserin yeni bir basımını yapmak için bana cesaret vermiştir.

Türk dünyası, yaklaşık onbeş yıllık bir sürede önemli bir ilerleme kaydetmiştir. Sovyetler Birliği'nin dağılmasıyla ortaya çıkan yeni Türk cumhuriyetleri, Azerbeycan, Kazakistan, Kırgızistan, Özbekistan ve Türkmenistan, zenginlikleriyle dikkatleri çekmeyi başarmışlardır ve gelecekte de önlerindeki güçlüklere rağmen gelecek vaat etmektedirler. Öncelikle Türkiye Cumhuriyeti olmak üzere, İran'da, Afganistan'da, Sin-kiang'da (Doğu Türkistan), Rusya'da ve Ukrayna'da Türk toplulukları yaşamaktadır –Kazan ve Kırım Tatarları, Başkırtlar, Çuvaşlar, Yakutlar ve öteki Kafkasyalılar– ve bu topluluklar için hiçbir şey on yıl önceki gibi değildir.

Bu yeni basım vesilesiyle, öncüllerimi takip ederek ve *Timur, Moğol İmparatorluğunun Tarihi* ve *Orta Asya* kitaplarını hazırlarken yaptığım araştırmalar sonucunda saptadığım, kimi zaman önemli, bazı tarihsel hataları düzeltme fırsatı buldum. Bu eserler bazı olguları daha iyi kavramama yardım ettiler ve bunun karşılığında daha tatminkâr açıklamalar da bulunabileceğimi görmüş oldum. Bunlara bir örnek vermem gerekirse, hatta belki de bu en önemli örnektir, Bozkır halklarının bugüne kadar bize büyük bir gizem olarak gözüken büyük göçlerinin, bu halkların Asya yollarına gönderdikleri kervanlar tarafından hazırlandığını, bu kervancıların önden giderek edindikleri coğrafi bilgileri daha sonra bu halklara aktardıklarını, dolayısıyla bu göçmenlerin bir *terra incognita*'da (yani "bilinmeyen topraklar"da) maceraya atılmadıklarını aksine nereye gittiklerini, nelerle karşılaşacaklarını ve oralarda ne bulacaklarını çok iyi bildiklerini keşfettim.

Bunun dışında kitabımda olabildiğince özlü bilgiler vermeye çalıştım ve bu, her şeyi kısaltma, özleştirme kaygısı nedeniyle bazı bölümlerin anlaşılması zor, yoğun bölümler olduklarının farkındayım. Pek çok konuyla ilgili olarak suskun kalmak zorunda olduğum gibi bazı eksiklikleri doldurmaya çalıştığım da oldu. Bu kitapta, BDT cumhuriyetleri halklarına, tarihin önemli kişiliklerine ve daha önceki basımlarda çok kısa geçtiğim kimi olaylara daha fazla yer vermeye çalıştım. Özellikle kültürel hayatın ve mimarinin üzerinde durmaya çalıştım. Çünkü turistler, yapılar aracılığıyla insanlara yaklaşır ve sadece onlarla ilgilenirler.

Sonuç olarak haritaların sayısını artırarak, sürekli olarak atlaslara başvurmak zorunda kalan okurlarımın işini kolaylaştırmak istedim.

Jean-Paul Roux

GİRİŞ

Bu eser benim oldukça sık kullanıldığını düşündüğüm bir kurala uymadan hazırlanmıştır: tarih araştırmaları, belli bir noktadan başlayıp günümüze yaklaştıkça sayfa sayılarını artırarak ters bir piramiti andıran bir özellik arz ederler. Benim kaygım tarihin en az bilinen ve Türklerin çok önemli roller oynadıkları, dehalarını sergiledikleri dönemini aydınlatmak oldu. Bu kitabın üçte ikilik bölümünde, miladın başlangıcından 1400'lü yıllara kadar olan yüzyıllar işlenmektedir. Her ne kadar XVI ve XVII yüzyıllarda Osmanlı İmparatorluğunun şanlı günleri ya da Hindistan'daki Büyük Moğol İmparatorluğunun yükselişi gibi büyük zaferleri azımsamak gibi bir düşünceye asla sahip olmasam da, bu yüzyıllarda Türklere özgünlüğünü veren unsurların giderek kaybolmaya başladığını ve Türklerin Ukrayna bozkırlarında, Volga'da ve Sibirya'da Rusların, Orta Asya'da Çinlilerin karşısında gerilemekte oldukları ve gelecekte yaşanacak çöküşün işaretlerinin daha o yüzyıllardan ortaya çıktığını görebiliriz.

Bu kitabın asıl konusu, MS 2000'li yıllara kadar Asya, Avrupa ve Afrika'da yaşayan ve bugün de dünyanın farklı bölgelerindeki çok kalabalık Türk topluluklarının tarihidir. Türkiye Türkleri, kuşkusuz, büyük Türk ağacının en sağlam dallarından birini oluşturmaktadır, ama bu ağaçta daha pek çok dal vardır.

Tarih boyunca farklı isimler taşıyan, ama Türkçe konuşan pek çok halka rastlanmaktadır: Hiong-nular, Hunlar, Uygurlar, Selçuklular, Memluklar, Kıpçaklar, Timuroğulları, Büyük Moğollar, Osmanlılar. Bugün de farklı biçimlerde adlandırılmaktadırlar ve bu konuda bilgisiz biri bu halkların ortak kaynağını adlarına bakarak tahmin etmede yetersiz kalır: Türkler, Türkmenler, Kırgızlar, Özbekler, Tatarlar, Azeriler, Kazaklar, Yakutlar, Çuvaşlar, Başkırtlar...

Türklerin insanlık serüvenindeki rolü temel nitelikte olmuştur. Bu nedenle de bu serüveni onlara büyük bir yer ayırmaksızın anlatmak hemen hemen olanaksızdır. Osmanlı İmparatorluğunun özellikle XVI yüzyılda dünyanın en büyük gücü olduğu bilinir. Buna karşılık, Türklerin göçebe sürülerinin Mançurya'dan Macaristan'a tüm Avrasya bozkırlarını baştan başa sardığı, Türklerin Avrupa ve Uzakdoğu'yu saldırılarıyla bunalttıkları, Hindistan'a pek çok akın yaptıkları, bu akınların çılgınca korkulara neden olduğu, Ruslara boyun eğdirdikleri ve egemenliklerini Pekin'e, Delhi'ye, Kâbil'e, Isfahan'a, Bağdat'a, Kahire'ye, Şam'a, Konstantinopolis'e, Tunus'a, Cezayir'e kadar yaydıkları bilinmez. Türk toplulukları, bozkır sanatını, Sibirya'da Yenisey kıyılarına, Çin sınırlarına kadar yaymışlardır. Long-men mağaralarındaki heykelleri diktiren Çin Vey hanedanlığı aslında bir Türk hanedanlığıdır. Kahire'deki Ibn Tolun Camii bir Türk tarafından yaptırılmıştır ve Hindistan'daki Agra'da benzersiz Tac Mahal, Türk kanı taşıyan bir prensin eşi için diktirdiği anıtmezardır.

I. François ve Pierre Loti gibi birbirinden son derece farklı kişilerin gösterdikleri ilgiye ve Türkiye'ye kuşkulu ve güvensiz giden, ancak ülkelerine Türkiye'nin büyüsüne kapılmış bir şekilde geri dönen binlerce turiste karşın, "Türk" sözcüğü Fransa'da pek iyi bir üne sahip değildir. Türklere karşı duyulan bu güvensizliğin temelinde pek çok şey yatmaktadır elbette ve bunlar çok da kayda değer nedenler değildir –örneğin biz Fransızlar için– bu güvensizlik, genelde bilgisizlikten kaynaklanmaktadır. Bu yanlış değerlendirmelerden kim sorumludur? İtiraf etmeliyiz ki, Fransa'da, Türk dünyası konusunda çalışan uzmanların sayısı hiç de fazla değildir ve bilim adamlarının ilgisi, özellikle temel araştırmalara, coşku veren herhangi bir olaya, bir uygarlık niteliğine, dilbilgisi özelliğine ya da herhangi bir özel nesneye yönelik olmuştur. Ayrıca bilim adamları kamuya, söz konusu çalışmanın nedenlerini, sonuçlarını ve içinde yer aldığı genel çerçeveyi iletmeyi pek umursamıyorlar.

Türkler üzerine çalıştığım uzun yıllar boyunca bana hep "Neden Türkler?" diye sorulmuştur. Göreceğimiz gibi Türklerle evrensel tarihi kucaklıyoruz. Bir araştırmacıya onu Mısırbilimci, Yunan dili ve uygarlığı uzmanı ya da İbranice uzmanı olmaya neyin ittiği hiç sorulur mu? Hepimiz kadim Mısır'ın, ilkçağ Yunanistan'ının ya da Musevi dünyasının ne anlama geldiğini biliriz.

Din ve sanat tarihçisi olarak, yaklaşık yarım yüzyıldır, zamanın değişkenlikleri içinde, "Türk" deyince akla ne gibi fikirler geldiğini araştırdım ve Mağrip'ten Ganj'a, Belgrad'dan Pekin'e egemenlik kurdukları bütün toprakları ziyaret ettim. Türkleri yalnızca bir tarihçi olarak değil aynı zamanda bir etnolog olarak da inceledim. Türk topluluklarını yerinde araştırdım, öncelikle Türkiye, daha sonra İran, Afganistan, Sovyet Orta Asya'daki, Sovyet sonrası ya da Çin egemenliği altındaki Orta Asya'daki Türk topluluklarıyla görüştüm.

Çizdiğimiz bu iki bin yıllık tablonun kuşkusuz hiç de geniş olmayan, kesinlikle eksik, dolayısıyla bazı yerlerinin belirsiz olduğu bazı bölümlerine karşılık doğru, aslına uygun olduğu umudundayız; çünkü bu tablonun amacı, Türkleri kendine özgü yasaları, ayırt edici özellikleri olan canlı bir organizma; çok çeşitli öğelerden oluşmuş, ancak matematiksel anlamında gerçek bir bütün oluşturmuş ve kesin ve net bir tanımla, "Türk" adını almış bir insan topluluğu olarak göstermektir.

Okurları bu büyük, olağanüstü, eşsiz serüvene davet ediyorum. Bu serüven dörtnala giden atlardan, talanlardan, ırza geçme olaylarından, yanan kentlerden, kafatası kulelerinden oluşuyor. Şiddetten, kandan ve esriklikten oluşuyor. Ama aynı zamanda dinginlikten, barıştan, düzenden, örgütlenmeden, ölçülülükten, bilgelikten, yakarışlardan, hoşgörü ve dostluktan, kardeşlikten, ince zevkten, olağanüstü gizemcilik coşkularından, çok güzel sanat ve duygu ifadelerinden oluşuyor. Bu serüven, sıradan olanın üstüne çıkan her şey gibi, karşıtlıklar, aykırılıklar ve aşırılıklardan oluşuyor. Ve aslında bu serüven, bir zamanlar içinde yaşattığı barbarla, bugün oluşmakta olduğu uygarı aynı anda içinde yaşatan insanın, en iyiye olduğu kadar en kötüye de muktedir olan insanın yapıtıdır.

* * *

Kitapta eleştiri niteliğinde bilgi vermedim, zira sayılarının binleri bulması gereken notların genel okur açısından pek büyük bir önemi yoktur. Kuşkusuz eksiksiz olduğu söylenemeyecek ancak konular itibariyle son derece yetkin yapıtlar içeren kaynakça, araştırmalarını genişletmek isteyenlere yardımcı olabilir. Bu arada, çok az Fransızın Türkçe bilmesine karşın, dürüst davranmak adına klasik olmuş ya da temel başvuru kaynağı niteliğindeki Türkçe yapıtlardan da söz ettim.

I. BÖLÜM

TÜRK OLGUSU

Türkler hakkında sandığımızdan çok şey biliyoruz, ama bu bilgileri birbirine bağlayan bağlardan yoksunuz. Okulda öğrendiklerimizden aklımızda kalanlar, Haçlı Seferlerine Kutsal Toprakları onların ellerinden kurtarmak için girişildiği; Türklerin 1453'te Konstantinopolis'i ele geçirdikleri ve bu olayın ortaçağın sonu sayıldığı; Kanuni Sultan Süleyman'ın Şarlken'in hegemonyasına karşı I. François'ya yardım ettiği; tüm XIX yüzyılın, "hasta adam" adı takılan Osmanlı İmparatorluğunun zayıflaması sonucunda ortaya çıkan doğu sorunuyla uğraşarak geçtiği ve XIX yüzyıldaki bir "Jön Türk Devrimi"dir. Racine aracılığıyla Sultan Bayezid'i tanıyoruz; Molière ve *Kibarlık Budalası* adlı eseri vesilesiyle ve daha sonra Rotrou ve Scudéry gibi yazarlar aracılığıyla, XVIII yüzyılda da gözde olmaya devam eden [Türklere özgü alışkanlıklar ve özellikler anlamına gelen] *turquerie*'leri biliyoruz. Théophile Gautier "gökyüzü ile yeryüzü arasında rastlantısallığın mükemmelliğiyle uzanan siluet"iyle İstanbul'un düşünü kurdurmuştur. Anatole France geçmişe takılıp kalmış, ölmeyi bile başaramayan, İslamiyetin devamını ancak tüm Hıristiyanları öldürerek sağlayabileceğine inanmış bir "Kızıl Sultanı" akıllarımıza işlemiştir. Pierre Loti bize, *Aziyade*'nin (1879) ve *Mutsuz Kadınlar*'ın [*Les Desenchantées*, 1906] güzel yüzleriyle ince ve şiirsel bir dünyanın düşünü kurdurmuştur. Ayrıca belleğimizde Hugo'dan kimi dizeler, Lamartine ve Nerval'den cümleler, Ingres ve Delacroix'nın bazı tabloları, Mozart'tansa bazı ezgiler (*Saraydan Kız Kaçırma*) kalmıştır...

Türklerin yaşam biçimi ve Türklere ait eşyalar günlük yaşamımıza sandığımızdan fazla girmiştir. Ortaçağda Fransa'da yel değirmenlerine *turquois* denilirdi. Fransızcada *kiosque* adıyla bilinen halka açık müzik ya da gazete bayilerimiz, Türklerin *köşk* adını verdikleri küçük, gösterişli binalardan devşirmedir. Hollandalıların Avrupa'ya Boğaziçi'nden taşıdıkları lale, *tulipe* adını, bu çiçeğin taç yapraklarının bir türbanı andırmasından dolayı *tülbent* sözcüğünden almıştır. XIV yüzyıldan beri Avrupalılar evlerini, çoğunlukla Türklerden, arada sırada İranlılardan (uzakta kalan İran yerine daha çok Türkiye'den alışveriş yapıyorlardı) aldıkları doğu halılarıyla süslemişlerdir; ressamlar Türklerden o kadar çok etkilenmişlerdir ki bugüne kadar ulaşan değerli birçok parçaya adlarını vermişlerdir. Bellini, Lotto, Holbein halıları (Holbeinler en ünlüleri ve en değerlileridir) XV ve XVI yüzyıllarda ve XVII yüzyılın bir bölümünde Türkiye'de üretilmiştir.

Sandığımızdan daha sık Türk yemekleri yemekteyiz; bunlar *şiş kebap*'tan ibaret değildir. Kahve, Osmanlıların Viyana Kuşatmasından sonra Avrupalılar arasında yayılmıştır, ki o güne kadar çok bilinen bir içecek değildir Avrupa'da ve kahvaltılarımızın baş tacı *croissant*'lar aslında Türklerin bayraklarındaki hilalden esinlenerek ortaya çıkmışlardır. Ve *yoğurt*, *Larousse* tarafından çok uzun bir süre şaşırtıcı bir biçimde "dağlı Bulgarların ulusal yemeği" olarak adlandırılırken, aslında yüzyıllardır bozkır göçebelerinin baş yiyeceği olmuş ve Fransızca *yaourt* sözcüğü de yoğunlaştırmak anlamına gelen eski Türkçe bir eylemden (*yogurtmak*) türetilen *yoğurt* sözcüğünden gelmiştir.

Türklerden alınan şeylerin bu görece bolluğu, bu kadar geniş olabileceğini hiç aklımıza getiremediğimiz bir ufkun önünü açmaktadır. Oysa her duyduğumuzda libidomuzu harekete geçiren *saray*, *odalık* gibi sözcükler ya da tüylerimizi ürperten *pala*, Hergé'nin tiplemesi

Kaptan Haddock'un ağzından düşürmediği *başıbozuk*[Φ] hakareti kulaklarımızda çınlamaktadır. Yeniçerilerin bilinçaltımızda yaktıkları ateşlerin dumanı hâlâ tütmektedir:

Dostum, dedi Yunanlı çocuk, mavi gözlü çocuk,
Barut ve kurşun istiyorum.

Ama Ingres'in kadınları hamamda dolgun kalçaları ve göğüsleriyle salınırlar; pazar yerlerinde kavuklu adamlar birbirlerini selamlarlar; kayıklar Asya'nın durgun sularında gezinirler. Bu güzel tablo giderek daha da zenginleşir ve nargilenin dumanında ve siste biraz silikleşir ve bu duman bizi Borodine'in müziği eşliğinde yavaş adımlarla ilerleyen kervanların kaldırdığı toza dumana götürür...

Böylece oldukça az tanınan ve sınırlı bir dizi anı, bizi, fantezilerimizle renklendirdiğimiz gerçeküstü hayallere taşır; çarpıcı, güzel, ilginç, korkunç ya da kaba saba bir dizi hayale...

Ama elbette gerçek başkadır. Türkler, insanlık tarihinde Pasifik'ten Akdeniz'e, Pekin'den Viyana'ya, Cezayir'e oradan Troyes'e uzanan ikibin yıllık tarih demektir; kaderleri dünyanın tüm eski halklarının kaderiyle harmanlanmıştır; ve tarihimizdeki pek çok büyük olayda, biz bilmesek de onların payı ya da etkisi söz konusudur ya da tarihin kimi dönemlerinde tamamen bizden uzak, görüş alanımızın dışında kalmışlardır: Attila ve Hunlar, Kuzey Çin'de Tabgaçlar imparatorluğu, Güney Rusya'da bir Musevi krallık, Abbasilerin başkenti Samerra kentinin kuruluşu, Uygur döneminde Orta Asya'da tüm büyük dinlerin bir arada barış içinde yaşaması, İran Selçukluları, Cengiz Han ve Moğol egemenliği, Mısır Memlukları, Altınordu Devleti-

---

Φ *Başıbozuk*, "deli, çılgın" anlamına gelmektedir. Bu sözcük Osmanlı ordusundaki disiplinsiz askerleri tanımlamak için kullanılırmış.

nin iki yüzyıl boyunca egemenliği altında tuttuğu Rusya, Timur, Semerkant ve Herat'ta Timur Rönesansı, Osmanlı İmparatorluğu, XVI yüzyılın en büyük gücü Babur Şah ve Hindistan İmparatorluğunun kuruluşu, Atatürk ve yeni Türk devrimi...

1903'te Édouard Chavannes, De Guignes'in XVIII yüzyılda yaptığı parlak, ama erken sezgilerine rağmen, "Türklerin tarihiyle ilgili daha yazacak pek çok şey olduğunu" fark ettiğinde çok şaşırmıştır. Bugün de aynısı geçerlidir.

Türkoloji

Türkoloji şarkiyatçılıktan doğmuş yeni bilim dallarından biridir. Günümüzde kısa bir süre öncesine kadar Ortadoğu konusunda, İslamoloji içinde yer alırdı. Uzakdoğu konusunda ise Çinbilimcilerin uzmanlık alanına girerdi ve böylece de Çinbilimciler kendi uzmanlık alanlarının dışına çıkarılmış olurlardı. Türkolojinin temel nitelikteki bazı noktalardaki bilgileri şimdilik oldukça sınırlıdır, tıpkı eski bir haritadaki bilinmeyen yerler gibi tarihte bilinmeyenler, uzun aralıklar, boşluklar mevcuttur. Bugün bu konuyla ilgili olarak elimizde, çevirisi yapılmamış ve incelenmemiş binlerce elyazması ve arşiv belgesi bulunmaktadır. Bu kaynakları değerlendirmek güçtür ve büyük bir sabır ve azimli bir hazırlık dönemi gerektirmektedir. Kaynaklar sadece Türkçe olmayıp, Türkler tarafından konuşulmuş çeşitli dillerde ve çevrelerinde onlarla mücadele etmiş, diplomatik ilişkiler kurmuş ya da sadece Türkler hakkında yazmış olan çeşitli topluluk ve halkların da dilindedir: Araplar, Sogdlar, Çinliler, Farsiler, Ermeniler, Süryaniler, Gürcüler, Ruslar, Moğollar, Yunanlılar, Latinler ve daha küçük ölçüde başka topluluk ya da halklar.

Türk tarihinin bazı yazılı kaynaklara başvurma olanağını ortadan kaldıran kimi özel güçlükleri vardır. Yüksek kültürlü ülkelerde cereyan etmiş olaylar genelde ya okuması yazması olmayan ya da davranışlarının ayrıntılarını bir kenara kaydetmeye pek alışkın olmayan topluluklarca gözden uzak bir biçimde hazırlanmışlardır. Kimi zaman, bu olayların ortaya çıkış nedenlerini bilmemekte ve bu nedenleri araştırmaya çok az bilgiyle başlamak zorunda kalmaktayız. Araştırmalarımızın bizi götürdüğü, dünyanın hiç de konuksever olmayan bu bölgelerinde alanlar sonsuz denecek kadar geniştir ve aradığımız kişiler sürekli olarak yer değiştirme alışkanlığındadır. Kuşkusuz göçebelik sanıldığı gibi düzensiz bir biçimde dolaşıp durmak demek değildir, her topluluğun yaz ve kış için kendine ait konaklama yerleri ve göç yolları vardı, hiçbir topluluk komşusunun yolunu kullanamazdı ve yüzyıllar boyunca düzenli olarak aynı bölgelere giden göçebeler elbette kıtalararası yolculuklara diğer halklardan daha yatkındırlar. Örgütlenme biçimleri ve adları değişmediği sürece izlerini takip etmek kolaydır. Ama onlar sanki izlerini kaybettirmek istiyormuş gibidirler. Dağınık boylar, federasyonlar biçiminde bir araya gelirler. İçlerinden biri bu federasyonun başına geçer ve adını kabul ettirir ve daha sonra bir araya gelişleri kadar ani bir biçimde dağılırlar. Boyların her biri yeniden bağımsız olur ve bu durum geçici, ama büyük bir karmaşa yaratır. Derken başka bir boyun yönetiminde, dolayısıyla yeni bir adla başka bir birleşme olur. Bu birleşme, eski ortaklarından bazıları ve yenilerin bir araya gelmesiyle gerçekleşir. Kimi zaman, ki bu işleri biraz karıştırır, aşağı yukarı aynı birlik, büyüklüğü ne olursa olsun, başka bir adla ortaya çıkar. Örneğin kimileri Kuman der, kimileriyse Polovets veya Kıpçak. Hatta çoğu zaman geçmişteki başarılı boyların itibarından yararlanmak, sanki onların soyundan geliyormuş gibi görünmek için isimlerini almaktan çekinmezler. Bizim batı tarihimizde Avarlar olarak adı geçenler gerçek Avarlar değil, bu adı Çince karşılığı "Juan-juan" olan bir halktan alan bir halktır. XVI yüzyılda Babur Şah, Hindistan'da Büyük Moğol İmparatorluğu adı altında bir Müslüman-Türk devleti kurmuştur. Bu devletin kökeni Türktür, ama kendini Cengiz Han'ın Moğol İmparatorluğuyla bağlantılı göstermek istemiştir. Garip bir rastlantıyla bir boy ya da halk adı, çok geniş anlam kazanabilmektedir: örneğin Tatarların adı, ilkçağdaki lanetlenmiş bir yer adına ve "barbarlar" sözcüğüne gönderme yapacak biçimde XVIII yüzyıldan itibaren Mançular da dahil olmak üzere tüm göçebe ve yarı göçebeleri kapsayacak bir topluluğu tanımlamak üzere Tartarlar olarak değiştirilmiştir. Türk adını taşıyanlarsa başlangıçta Altay Dağlarında yaşayan demirci bir halktır.

Ortak Paydalar

Farklılarını ve çeşitliliklerini belirtme çabasına girdiğimiz insanlarla ilgili olarak, onların ortak nitelik ya da kusurlarından, Türk karakterinin baskın özellikleri ya da eğilimlerinden söz edebilir miyiz? Sibirya'daki avcı bir Yakut ile bozkırda hayvan yetiştiricisi bir Kazak, Sin-kiangli bir çiftçi ile İstanbullu bir kentli arasında nasıl ortak bir bağ olabilir? Bir Hun savaşçısı ile VIII yüzyıldaki Moğolistanlı bir kervancı, X yüzyıldaki mutasavvıf, XVI yüzyılda Avrupa'da savaşan bir Osmanlı paşası, XVIII yüzyıldaki Berberi bir korsan, çağdaş Altaylardaki bir Şaman, komünist şair Nazım Hikmet ya da *Yol* filminin yönetmeni arasında bir soy ilişkisi olduğu nasıl düşünülebilir?

Kuşkusuz Avrasya'nın bir ucundan diğerine sürüklenen iki bin yıllık bir macerada yaşam koşulları aynı olmamıştır. Siyasal, ekonomik, kültürel koşullarda köklü değişiklikler olmuştur. Ama bazı gelenekler varlığını sürdürmüştür. Örneğin Afganistan'daki Türk köylülerinde, Anadolu'daki göçebe ve yerleşiklerde, çağımızın birinci bin yılının son yüzyıllarında, güney Sibirya'da yazılmış metinlerin açığa kavuşturduğu ayinlere şahit oldum. Öte yandan ortaçağın başlangıç dönemindeki Uygur toplumlarına, Hazar Denizi kıyısındaki Hazar Krallığına, Altınordu Hanlığına ve Osmanlı İmparatorluğuna özgünlüğünü veren bazı tutum ve davranışlar da aynı kalmıştır: maddi ve manevi sağlamlık, yüksek onur, verilen söze sadık kalmak, ihanet edenlere karşı acımasızlık, ırkçılıktan uzak oluş, vurgulu bir askeri anlayış ve buna uygun erdemler, gözü peklik, savaşanlar arası dayanışma, üste kesin itaat, kendisinin ve başkalarının yaşamını hiçe saymak, idarecilik ve muhasebe anlayışı, arşivleme becerisi, toplumsal sınıflar çok güçlü bir biçimde yapılandırılmış olmakla birlikte aralarında geçiş yapma kolaylığı, bilim ve sanat sevgisi, büyük mimarlık başarıları, İslamiyetin ancak çok yavaş bir süreçle yok edebildiği, kadınların toplum içindeki şaşırtıcı sağlam konumları, din alanında bitmek tükenmek bilmeyen bir merak ve kiliseleri örgütleme çabası, hoşgörü, tasavvuf merakı ve bir tür alaycı kuşkuculuk. Zihniyet, dilin yansıması (ya da dil, zihniyetin yansıması) olduğuna göre, bu özelliklerin aynı zamanda Türkçenin özellikleri olduğunu söylememiz yadırganmamalıdır.

Irk ya da Dil?

Türk olgusunu çerçevelemek istiyorsak yine dil konusuna dönmemiz gerekir. Kullanıma uygun olması açısından için "olgu" dedim; ama Türk gerçekliğinden söz etmek daha uygun olacaktır.

Türklerle ilgili olarak kabul edilebilecek tek tanım dilbilimsel olandır. Türk, Türkçe konuşandır. Başka bir tanım, son derece yetersiz kalır. Bir ansiklopedide, Türklerin, dar anlamda, Türkiye Cumhuriyetinin yurttaşları olduğunu yazarsak, sözcüğün geniş anlamında, Türkçe konuşan ya da konuşmuş bütün insan topluluklarını dışta tutmuş oluruz. Öte yandan da Türk hükümetinin yönetiminde oldukları için, Türkiye'deki azınlıkları, özellikle, İranlı olan ve kendilerini Türk saymayan Kürtleri Türk saymış oluruz. Dolayısıyla siyasal nedenler yüzünden dilin kötüye kullanıldığı açıktır. Buna karşılık, Türkçe konuştuklarını kabul ettiğimiz halde, SSCB'den çıkmış bağımsız ya da Rus nüfuzunda kalmış cumhuriyetlerin halklarını (Tatarlar, Başkırtlar, Çuvaşlar, Yakutlar vs) Türk niteliğinden mahrum bırakmak, onları yalnızca Türkçe konuşan halklar olarak kabul edip, basitçe Azeriler, Özbekler, Kazaklar, Türkmenler ve Kırgızlar vs olarak görmek –ki bir düzeyde doğal olarak öyledirler– sözcüklerle oynamaktır.[ɸ]

Karışıklığı önleme açısından faydalı olan adlandırma, yine aynı siyasal nedenle kimsenin Türk olarak adlandırmakta tereddüt etmeyeceği Gazneliler, Selçuklular, Uygurlar, Karahanlılar ve Hazarlar için de kullanılmıştır. Şayet Türk gerçekliğini ele almak amacıyla, sadece kendilerini Türk olarak adlandıran halkları Türk saysaydık, araştırma alanımızı çok daraltmış ve çoğu zaman Türkçe konuşmuş olan toplulukları dışta bırakmış olurduk. İleride, tarih boyunca Türkiye sözcüğünün kapsamının ne kadar sınırlı tutulmuş olduğunu göreceğiz.

Bu arada bu söylediklerimizle çelişen bir başka olguyu da belirt-

---

[ɸ] Bazı Fransız yazarlar, Türkiye'de yaşayan Türkler için *turcs*, Türkçe konuşan öteki topluluklar için *türks* karşılığını kullanmaktadırlar. Bu çözüm tamamen yazımsal, oldukça yapay ve çok da anlamlı olmayan bir ayrımdır.

memiz gerekir. Resmi dili Farsça ve diğer İran dillerinden olan, Türk topluluklar da var olmuştur. Bunların Türklükten uzaklaşma sürecine girdikleri apaçıktır; ama bu sürecin sonuna kadar sadece yönetici sınıf gitmiş, bu nedenle de Türk dünyasının içinde kalmışlardır. Ataları Türkçe konuşan bu toplulukların çocuklarının dili de Türkçe olmuştur. Buna karşılık göçebe Bulgar Türk toplulukları tamamen Slavlaşmış, Türkçe konuşanlar dünyasından kesinlikle çıkmış ve Türk dünyasının bunlarla bir ilgisi kalmamıştır: aldatıcı görünümlere karşın, yegâne ölçüt hep dil olmuştur.

Bu ölçüt asla etnik değildir. Arkeologlar en eski Türk yerleşimini, mezarlarında sadece brakisefal, yani Moğol özellikleri gösteren kafataslarının bulunduğu bölgelerde belirlemeye çalışmışlardır. Her ne kadar girişimleri ihtiyatsızca sayılabilirse de büyük bir olasılıkla haklıydılar; Türklerin ilk kolunun belirgin bir ırkın özelliklerini taşıdığı doğrudur. Ama bu antropolojik niteleme ayırıcı özelliğini hemen kaybetmektedir. Hıristiyanlıktan hemen önceki dönemde, uzun boylu, sarışın, mavi gözlü paleo-Asyalılar ya da Türkleştirilmiş Hint-Avrupalılar olması gereken insanlardan oluşan Kırgız halkından Türk olarak söz edilir. Bu durum, yüzyıllar boyunca artarak sürmüştür. Türkler dışardan evlenme eğiliminde oldukları ve eşlerini Türk olmayanlar arasından seçtikleri, rastladıkları her kavimle karıştıkları, dilleri çok büyük bir çekim gücüne sahip olduğu ve pek çok topluluk da bu dili benimsediği için Türklerle ilgili karakteristik denilebilecek fiziksel herhangi bir özellik saptama olanağı kalmamıştır. Yeryüzünde saf ırk olmadığını biliyoruz. Ama bu konuda daha ileri gitmek ve Türklerin karma bir ırk oluşturmadıklarını söylemek zorundayız. Türklerin hiçbir ırksal özelliği yoktur. Dolayısıyla kendi içinde bir Türk ırkından söz edemeyiz. Belki sadece Orta Asya'nın ücra dağlarından dünyanın herhangi bir yerine, Türklerin damarlarında, eski Türk kanından, elmacık kemiklerini çıkık ve gözlerini çekik yapan o kandan daha çok yabancı –Moğol, Çinli, İranlı, Yunanlı, Kafkas, Rus, Afrikalı– kanı akmaktadır.

Uzun süre, en azından Fransa'da, tıpkı bugün bütün Müslümanların Arap sanılması gibi, Türklerle Müslümanlar birbirine karıştırılmıştır. Aslında bu saptama çok da temelsiz değildir. Türkler batılılara Haçlılar döneminden XX yüzyıla kadar, Muhammed ve *Kuran*'ın ateşli yandaşları, ardılları olarak görünmüşlerdir. Türklerin Müslümanlığa eğilimleri görece yeni bir olaydır ve yalnız onlara özgü değildir. İslamiyet Türklerle çok erken bir tarihte –en azından VIII yüzyıldan başlayarak– ilişki kursa ve Türklerin ilgisini çekse de, onları derin bir biçimde etkilemeye başlaması ancak XI yüzyıldan sonra ve yavaş yavaş olmuştur. Orta Asya'da çok geniş topluluklar İslamiyeti kabul etmeye ancak XVII yüzyılda başlamıştır; ancak İslamiyetle hiçbir zaman ilişki kurmamış Türk toplulukları bugün de vardır ve sayıları az olmakla birlikte, bu kayda değerdir. Hatta içlerinde ilk uygarlıkları geliştiren ve İslamiyete yalnız direnmekle kalmayıp onu etkilemiş de olan özgün Türk dinsel yapıları da mevcuttur. Ve nihayet Türkler, tarihlerinin çeşitli zamanlarında, bütün büyük evrensel dinleri kabul etmiş ve çoğu zaman bu dinleri başarılı biçimde temsil etmişlerdir.

Türkler ve Türkiye

Ne etnik ne de dinsel değeri olan Türk sözcüğü herhangi bir devlet ya da ulus kavramını akla getirmez. Türkler tarihlerinin hiçbir döneminde, tek bir yerde, belirli sınırlar içinde, ortak bir buyruk altında bir arada olmamışlardır. Kurdukları en büyük imparatorluklar bile içlerinden ancak bir bölümünü ilgilendirmiş ve kendilerinden daha kalabalık Türk olmayan topluluklara dayanmıştır. Hatta günümüzden önce gerçek bir Türk devletinin, yani çoğunluğunu Türklerin oluşturduğu, Türklerin yönettiği ve kendini Türk olarak kabul eden bir devletin hiç var olmadığı bile söylenebilir. Bu konuda, Türkiye Cumhuriyetinin kurulmasından önceki tek istisnanın (oldukça paradoksal bir biçimde, Çin transkripsiyonu *T'u-kü-e*'yle bildiğimiz) Türük devleti olduğu söylenebilir.

Daha sonraları Türkiye adı, bazıları bugün bize şaşkınlık veren kimi anlamlar kazanmıştır. Örneğin Marco Polo, Küçük Asya'ya (Anadolu) Türkomanlar ya da Türkmenler, yani göçebe Türkler ülkesi anlamına gelen Türkmenistan, Lob-nor'dan Kaşgar'a, yani Çin Türkistanı'na "büyük Türkiye" adını vermiştir. İbn Batuta ise Anadolu'ya "el Türkiye" diyecek, ama aynı zamanda da buranın Müslüman Türkmenlerin koruması altındaki "Rumların ülkesi" (yani Romalıların, dolayısıyla onların mirasçısı Yunanlıların ülkesi) olduğunu ekleyecektir. Arap tarihçi ve coğrafyacılar da Türklerin sayıca az olmalarına karşın, Memluk Mısır ve Suriye'sini 1917'ye kadar "Devlet-ül-Türkiye" ve "Devlet-ül-Etrak," yani Türklerin Devleti adıyla anacaklardır.

Buna karşılık modern Türkiye'nin (aynı zamanda, Osmanlı İmparatorluğunun sona ermesine ve Türkiye Cumhuriyetinin kurulmasına bağlı olarak ortaya çıkmış birçok ulusun da) atası olan Osmanlı İmparatorluğu kurucu hanedanın adıyla anılır ve Osmanlı ya da Osmanoğullarının Türk sözcüğünü küçümsemesi, bu sözcüğü garip bir biçimde gözden düşürür. Türk sözcüğü XIX yüzyılda köylüyü, kaba saba olan kişiyi anlatmak için kullanılmıştır. Ve Türk sözcüğü ancak yeniden, Fransız Devrimi taraftarları, doğuya milliyetçiliği getirdikleri zaman moda olmuştur. Şair Mehmet Emin Yurdakul kamuoyunun tepkisini çeken, "Ben bir Türküm, dinim, cinsim uludur" dizesiyle başlayan şiirini söylemek cesaretini gösterdiğinde, milliyetçilik, Osmanlı İmparatorluğunun Hıristiyan milletleri tarafından uzun bir süre önce benimsenmişti.

Ama ne denli hırpalanmış olursa olsun yine de Türk sözcüğü Türk halkları arasında gerek temel yakınlıklar gerek tarihsel koşulların bir sonucu olarak, kimi zaman Moğollara kadar yayılmış, yalnız duygusal değil, aynı zamanda dinamik, etkin bir akrabalık duygusu yaratır. Hatta bu akrabalık duygusu, kimi zamanlarda da utanmazca sömürme amaçlı kullanılmıştır. Çağımız –Sovyet Devriminin, daha sonra da İkinci Dünya Savaşının sonucu olarak– bazı "Tatar" topluluklarının Orta Asya'dan Türkiye'ye göçüyle ya da çok yakın tarihlerde Rusların Afganistan'ı işgaliyle, Pamir Yaylasındaki Kırgızların, önce Pakistan'a ardından Doğu Anadolu'ya sığınma istekleriyle bu akrabalığın kanıtlarını ortaya koymuştur. Geçmiş bu konuda çok dikkat çekici örnekler sunmaktadır.

Tek Tanrı, Tek İmparator

Belirli bir güç düzeyine gelen Türk önderlerin öncelikle komşuları olan tüm Türkleri ve gerektiğinde Moğolları da yok etmeyi temel görev saymaları tipik bir durumdur. Bu durumun en açık örneğini Timurlenk sunmuştur; Timur'un tüm seferleri, o sırada var olan büyük Türk devletlerine, Harezm Devleti, Altınordu Devleti, Memluklar, Halaciler ve Osmanlılara karşı olmuştur. Bunun başka örnekleri de vardır. Bu iradeyi tetikleyen, nasıl gökyüzünde tek bir Tanrı varsa yeryüzünde de tek bir hükümdar olması gerektiği düşüncesidir. Bu, çoğunlukla kibirden, ama genelde belirli bir ideal uğruna yani tüm halkların birleşmesi, dünyanın uyumlu bir yönetime ve barışa kavuşması ideali uğruna, kısacası toplumlarının iç savaşlara neden olan yapısından muzdarip insanlara arzu edilir gelen her şey uğruna defalarca tekrarlanacaktır. Pek çok kavim, gelecekteki kavimlerin mutluluğu için bir kuşağın feda edilmesi inancıyla bu ideale bağlı kalmıştır ve bunu öteki kavimlere de dayatmaya çalışmışlardır. Elbette bu düşüncelerini hayata geçiremediklerini söylemeye gerek yoktur.

Silahlı çatışmalarda, düşman da Türk ise, Türk birliklerinin, meşru önderlerini terk ederek, düşman tarafına geçmeleri, yabancı paralı askerlerinse sadık kalmaları ve Türklerin bunu, üstün saydıkları bir meşruluk adına yapmaları da hiç de az rastlanan bir olay değildir. Örneğin 1402'de Ankara Meydan Savaşında da böyle oldu: Yıldırım Bayezid'in askerlerinden olan Türkler, Türk Timur'un tarafına geçti; oysa Yıldırım Bayezid'in ordusundaki yardımcı kuvvetler, Sırplar savaşarak can verdiler. Müslüman ordularının Türk paralı askerlerinin, sınırları neden etkili bir biçimde korumadıkları ve Selçukluların büyük istilaları karşısında neden kolayca dirençlerinin kırıldığı böylece daha iyi anlaşılmaktadır.

Bu arada birlik eğiliminin, çokluk yönünde aynı derecede etkin bir eğilimle kaynaştığı görülür. Tek bir yüce Tanrı vardır; ama onun çekiciliğine sahip, ondan küçük, çok sayıda Tanrı vardır. Bu nedenle de Türk boylarının tarihi sürekli olarak, ülkeye refah ve ihtişam getiren merkeziyetçi monarşi ile kimi zaman oldukça ağır bedellerle boyların dağılmasına neden olan bağımsızlık aşkı arasında gidip gelmiştir. Tek tek topluluklar gölgede kaldığında, gün ışığına çıkan imparatorlukların daha fazla tanındığı açıktır. Ama bu iki kanatlı tablonun sadece çok da özgün olmayan kanadını oluşturan devletlere bakarak bir yargıya varmaktan kaçınmak gerekir. Çünkü imparatorluk kültürü sürekli olarak halkın kültürüyle çatışma içindedir ve yabancı öğelerin imparatorluk kültüründe sayıca çok oldukları görülür; bu durum bağdaştırmacılıkla sonuçlanır. Bu, birliğin yerleşik uygar ülkeleri fethetmesi durumunda özellikle doğrudur. Aşırı uç durumlarda, örneğin fatihlerin fethedilenler arasında küçük bir azınlık olmaları durumunda, fatihler uyruklarını yitirir ve sonunda onların içinde yitip giderler. Ama varlıklarını sürdürmeye yetecek kadar kalabalık oldukları zaman dahi özelliklerini kısmen ya da tümüyle yitirirler.

Bu durumda Türkologların, bu boyların öz malı olan özelliklerini ve boyun eğdirdikleri ve adına konuştukları boyların özelliklerini göz önünde bulundurması gerekir. Türklerin eğilimi imparatorluk kurmak yönünde olduğu ve sürekli olarak –tek başlarına ya da üstünlüklerine katlanmak zorunda oldukları Moğollarla birlikte– Çin, Hindistan, İran, Mısır gibi büyük devletleri yönetmek durumunda kalmaları olgusu bunu daha zorunlu kılar. Özetle onları imparatorluk kurmaya ya da imparatorlukların içinde belirli bir rol oynamaya yönelten kader, gerçeklikten yoksun, modern çağ icatlarından pantürkizmin doğmasını ve gelişmesini doğal olarak önlemiştir. Bu, en azından dün ve bugün için böyledir.

Pantürkizm, gerileme dönemindeki Osmanlı İmparatorluğunda ve devrim Rusya'sında, Avrupa milliyetçiliğinin nihai bir sonucu, gerilemelerin ve bozgunların bir telafisi olarak ortaya çıkmıştır. Liberallere, modern olmak isteyen, 1789 Devriminin fikirleriyle dolu insanlara pek uygun gelmeyen ve düş kırıklığına uğratan panislamizme rakip olarak gelişmiştir. Pantürkizmi benimseyen en ünlü kişilerden biri, Birinci Dünya Savaşında, Osmanlı İmparatorluğunun önde gelen kişilerinden olan Enver Paşa, 1922'de, o sıralar Bolşevizmin depremiyle sarsılmakta olan Orta Asya enginliklerinde, bu hayalinin peşinde ölmüştür. Pantürkizmin Rusya'da çarlığın devrilmesinden önce sahip olduğu konum panislamizm tarafından tehlikeye atılıyordu. Zaten Enver Paşa'nın amacı, dünyadaki tüm Türkçe konuşanları bir araya getirmek değil, ileride Sovyet Sosyalist Cumhuriyetleri Birliği olacak ülkenin sınırları içinde yaşayanlara açık bir cumhuriyet kurmaktı. Ama bu çabası, Müslüman-Türk bir kitle yaratmak istemeyen yetkililerin iradesi sayesinde ve birçok federe cumhuriyet kurulmasıyla sonuçsuz bırakıldı.

Türk Dilleri

Milattan sonraki ilk yüzyıllardan günümüze kadar varlıklarını sürdürmüş ve Kuzeydoğu Sibirya'dan Kıbrıs ve Balkanlar'a kadar konuşulan tek bir Türk dilinden değil, tıpkı ya da hemen hemen Roman dillerinde olduğu gibi aynı ortak dilden çıkmış birçok Türk dilinden ya da lehçesinden söz edebiliriz. Bunlardan birçoğu birbirine çok yakındır ve bu dilleri konuşanlar, çok az bir çabayla birbirlerini anlayabilirler. Diğerleriyse birbirinden oldukça farklıdır ve bu dilleri konuşanlar arasına belirgin bir engel koyar.

Bu dil ya da lehçeler eskiden Ural-Altay Dilleri denilen, bugünse Ural Dilleri ya da Fin-Uygur Dilleri (Fince, Estonca, Laponca, Macarca) ve Altay Dilleri (Türkçe, Moğolca, Tunguzca) olarak ayrılan ve "bitişimli" olarak nitelenen bir dil grubuna girerler. Altay Dilleri kuramı, tartışmalı olmakla birlikte, en azından uzmanlar için bir çalışma alanı olarak yaygın bir kullanıma sahip olmayı sürdürmektedir. Bu diller ile Hint-Avrupa Dilleri (örneğin Farsça) ve Sami Dilleri (özellikle Arapça) arasında aktarımlar ve özellikle de sözcük aktarımı dışında ortak bir nokta yoktur. Bu diller uzun bir süre önce birbirinden ayrılmış başlıca iki öbekten oluşmaktadırlar. Bu öbeklerden birincisi olan ve "R grubu" denilen öbek az sayıda dili kapsar: eski Bulgarca ve modern Çuvaşça. İkinci grup "Z grubu"dur ve bütün öbür Türk dilleri bu gruba girer; ama bu grup da ikiye ayrılır: "D grubu dilleri" ve "Y grubu dilleri." "D grubu dilleri" batı, "Y grubu dilleri" ise doğu yani, Sibirya, Moğol ve Türkistan dilleridir.

Bitişimli bir dil köke, bu kökü değiştirmeyen ve kendileri de (ünlü uyumu dışında) değişmeyen sonekler getirilmesine dayanan ve çeşitli dilbilgisel bağıntıları dile getiren bir dildir. Louis Bazin, *Grammaire Turque* [*Türk Dilbilgisi*] adlı kitabında bu konuyla ilgili olarak oldukça eğlenceli bir uç durum örneği verir. Buna göre, Türkçe "Türkleştiremediklerimizden misiniz?" sözcüğünün Fransızcası şöyledir: *Êtes-vous de ceux que nous n'avons pas pu turquiser?* Nitekim Molière de *Kibarlık Budalası* adlı yapıtında, haklı olarak, "Şu Türkçe ne hayran kalınacak bir dil!" der ve sözünü şöyle sürdürür, "az sözcükle çok şey söyler."

Daha basit bazı örnekler, bu dilin mekanizmasını anlamamızı sağlayacaktır. Örneğin Türkiye Türkçesiyle *ev* sözcüğünün Fransızcası *la maison*, *evlerin* Fransızcasıysa *les maisons*; *evlerimin*, *mes maisons*, *evlerimde* ise, *dans mes maisons*'dur. Dolayısıyla Türkçede morfolojinin yegâne yöntemi son eklemedir ve sayılarla ilgili olarak sıfat belirttiğinde sözcüğü çoğul yapmaya gerek yoktur. Öte yandan hayvanların dişisi ile erkeği arasında herhangi bir yazım farkı yoktur. Örneğin Fransızcada erkeği *lion*, dişisi *lionne* olan, "aslan"ın dişisi de erkeği de Türkçede aynı biçimde yazılır. Erkek çocuklar, tek bir sözcükler belirtilir: *oğlan*. İnsan yavruları için de tek bir sözcük kullanılır: *çocuk*; kız olduğunu belirtmek için *kız çocuk*, erkek olduğunu belirtmek için *erkek çocuk* denilir. Türkçe sözdiziminde yan tümce ana tümceden sonra gelir. Bunun sonucu olarak da ortaya, genç edebiyatçıların anlatım tarzını yenileştirmeye çalıştıkları, İkinci Dünya Savaşı sıralarına dek değişmeden kalmış, kesin ve birleşimsel bir cümle yapısı çıkmıştır. Başka bir sözcükle ilişkili olan her sözcük, tümce içinde söz konusu sözcükten önce yer alır ve birbirlerine bağlı sözcük kümeleri de sıra bakımından tek sözcükler gibi ele alınır. Basitleştirerek söylemek gerekirse, Fransız okurun Türkçe bir tümceyi, Fransızca bir tümceyi sonundan başına doğru okuyormuş gibi okuması gerekir. Ad çekim ve fiil çekiminin tek bir kipi vardır ve dilbilgisinde hemen hemen hiç istisnaya rastlanmaz.

Bu dilbilimsel yapı Türk karakterinin temel özelliklerini, onun ayrıntıdan esasa giden zihin yöntemini, mantığını, bireşim, kesinlik, düzenlilik, belirli ve değişmez kurallara düşkünlük, uyum ve denge eğilimini ortaya koymayı sağlar. Dilin tutuculuğu, o dili konuşanın tutuculuğuyla örtüşür.

Ama yine de ne denli tutucu olursa olsun, zamanla değişmeyi kabul etmek zorunda kalmayan hiçbir tutucu yoktur! Çok istikrarlı olan Türk dili de zamanla yıpranmıştır ve bu yıpranma, elimizdeki, Türk diliyle ilgili belgelerden anlaşıldığına göre, daha VIII yüzyılda belirgindir ki, bu da bu dilin, en azından sözel bir iletişim aracı olarak çok kullanıldığını gösterir. O zamandan beri ise evrimin daha yavaş geliştiği anlaşılıyor. Buna karşılık iki büyük dala ayrılmasının milattan öncesine rastladığını kanıtlayan bir bulgu mevcut değildir.

Türk dilinin uğradığı ilk önemli değişim, Osmanlı yönetici sınıfların dinsel snobizminin sonucudur. Türk dilini çok sayıda Arapça ya da Farsça sözcük ve kural istila etmiştir. Bu durum ince, ama karanlık ve yapay bir tümce yapısı ortaya çıkarmıştır. Bu dil, halkın konuştuğu ve Osmanlı İmparatorluğu yıkıldığı zaman yeniden yükselen ve Türkiye'nin bugünkü çağdaş dilinin temelinde yer alan dilden çok uzaktı. Çoğu zaman telaffuz kusurunun sonucunda ortaya çıkan lehçe farkları, bölgesel deyimler, XX yüzyılda farklı siyasal-ekonomik sistemlere (sosyalist dünya ve kapitalist dünya) ait genç Türk cumhuriyetlerinin dilbilgicileri tarafından saptanmakta, bu arada da bu cumhuriyetlerin dillerine bir yandan Fransızca-İngilizce, öte yandan da Rusça sözcük ve deyimlerin girmesi, istila edici bir nitelik kazanmaktadır. Böylece Sovyetler tarafından çizilen yolda devam ederlerse ortaya, Türkçenin çeşitli kolları arasındaki kopmayı artıran yeni edebi diller çıkacaktır. Ancak bu kolları yakınlaştırma arzusunun bu evrimi frenlemesi ya da eğilimi tersine çevirmesi de mümkündür.

Çağlar boyunca Türk dillerini yazmak için çeşitli alfabeler kullanıldı. Bunlardan en eskisi, yanlış olarak Runa Yazısı ya da Runik Yazı denilen, önceleri sadece yazıtlar, sonraları elyazmaları için de kullanılan bir alfabedir. Bu alfabe, Türk fonolojisine iyi uyarlanmıştır. Türklerden kaldığı bilinen ilk metinler dikilitaşlar üstüne bu alfabeyle yazılmıştır. Bu alfabe Türkler tarafından sanıldığından daha uzun bir süre, en azından XI yüzyıla kadar kullanılmıştır. "Uygur alfabesi" denilen alfabe ortaya çıktığı sırada bu alfabe vardı ve büyük bir olasılıkla kısa bir süredir kullanılıyordu. El yazısına daha uygun olan Uygur alfabesi, Runik alfabeden daha işlevsel olmayan, yeni bir düzen verilmiş bir Sogd alfabesi türeviydi. Bu alfabenin IX yüzyıldan başlayarak kullanımı yaygınlaşacak ve Müslümanlığın yayılması Arap yazısını zorunlu kılıncaya kadar çeşitli Türk halklarının "ulusal" aracı olacaktır. Arap alfabesi Türk fonetiğine fazla uygun olmamakla birlikte çok tutuldu; Arap alfabesinde çok ünlü yoktur, oysa Türkçede sekiz ünlü vardır. Arap alfabesi Türkçede bulunmayan Sami seslerini yazmaya yarar, ama buna karşılık da Arap alfabesinde Türk dilindeki bazı sesleri vermeye yarayan harfler yoktur. Bununla birlikte Arap alfabesi yine de çok geniş bir edebiyatın doğmasını sağlamıştır.

XX yüzyıldan bu yana Türkiye Türkleri, dillerindeki her sesin yazıda bir tek işaretle gösterilebilmesini sağlamak amacıyla, biraz değiştirilmiş bir Latin alfabesini kabul ettiler, Sovyet dünyası Türkleri ise, önce Latin sonra Kiril alfabesini, daha sonra yeniden Latin alfabesini benimsediler.

İmparatorluk Kurma Eğilimi

Daha önceki bölümlerde, Türk uygarlığının değişmez eğilimleri olarak kabul ettiğimiz özellikleri ortaya koymuştuk. Şimdi yine bu konuya dönmemiz gerekiyor, çünkü bunlar bize iki bin yıllık ve bütünlükten yoksun bir tarih içinde arayacağımız Türk gerçekliğini ortaya koyma yolunda kılavuzluk edecekler. Bizim Aryan yönergemiz, uzmanların dili olmasına rağmen yine de dil olamıyorsa, o zaman bu yönergeyi, bu dili ifade eden zihniyette aramamız gerekmektedir.

Bu arada bir ilk saptama zorunlu görünüyor. Savaştan söz etmeksizin bir Türk olgusundan söz edemeyiz. Yalnız bununla Türklerin savaşı diğer uluslardan daha fazla sevdiğini söylemiyoruz; bu, Türklerin evrensel barış özlemlerini yok saymak demek olur. Ama kendilerini savaşa karşın ortaya koymayı başaranlar olduğu gibi, savaşa hizmet etmiş, savaştan kendilerine övünç payı çıkarmış ve yazgıları tümüyle savaşa bağlı olmamakla birlikte savaştan yararlanmış olanlar da vardır. Bu arada eğer Türkler silahlara sarılmasalardı, sürülerini bozkırlarda otlatmaya devam etselerdi yazgılarının ne olabileceği sorusu da ayrı bir sorudur.

Bunun nedeni Türklerin askeri niteliklerden başka erdemlere sahip olmamaları değildir. İlk yurtları, yani Sibirya ormanlarından çıktıktan sonraki ilk yerleri, büyük bir uygarlığın doğmasına elverişli değildi ve çok sayıda olmamak ve yiyeceklerini hayvanlarla mücadele ederek elde edebilmek rakiplerine en küçük bir hoşgörü göstermemeleri koşuluyla yalnızca beslenmelerine yetiyordu. Herhangi bir nüfus artışı birbirlerini öldürmeleri ya da göç etmeleriyle sonuçlanıyordu. Boylara bölünmüş olarak yaşayan Türkler varlıklarını ancak savaşarak sürdürüyorlardı. Federasyonlar, René Grousset'nin çok doğru adlandırdığı gibi, "bozkır imparatorlukları" biçiminde bir araya gelmişlerdi ve bunu ancak en güçlünün iradesini en zayıfa kabul ettirerek yapabilmişlerdi. Bu devletleri kurduklarında, o kadar büyük bir vurucu güce sahip oldular ki, kaçınılmaz olarak bu güçten yararlanmak durumunda kaldılar. Bu gücü, yerleşik krallara karşı kullanarak onları yerle bir ettiler; kimi zaman birini, bazen de aynı anda birçoğunu birden işgal ettiler.

Bozkırlardaki uzun sessizlikten sonra böyle birden ortaya çıkışlarıyla yeryüzü, yankıları birbirini izleyen dalgalarla sarsıldı. Attila, Cengiz Han, Timur geriye korkunç anılar bıraktılar. Üç kıtada, Pekin'de, Delhi'de, Isfahan'da, Şam'da, Kahire'de, Konstantinopolis'te, Cezayir'de, sahip oldukları güce bağlı olarak kabul edildikleri için buraları bırakmamak için yine kuvvete başvurmuşlardır. Kimi zaman bazı halklar Türkler tarafından ezildiklerini söylemişlerdir. Örneğin Altınordu döneminde Ruslar için durum böyleydi. Ama genelde Türkler egemenlikleri altına aldıkları halklara olağanüstü parlak dönemler yaşatmışlardır. Bu durumun örnekleri ise Selçuklular dönemi İran'ı, Tabgaçlar dönemi Çin'i, Memluklar dönemi Mısır'ı ve Moğollar zamanı Hindistan'ıydı. Öte yandan Osmanlı İmparatorluğu da dünyanın en büyük güçlerinden biriydi. Çoğu zaman Türklerin Müslümanlığın önce kılıcı, sonra da kalkanı olduğu söylenmiştir. Türkler hep savaşmıştır.

Düşmanları kimlerdi? Herkes. En yakındakilerden en uzaktakilere tüm halklar: Çinliler, hatta kuşkusuz Japonlar ve onlarla birlikte Koreliler, Tonkinliler, Birmanlar, Cavalılar, Hintliler, İranlılar, Araplar, Ermeniler (günümüzde onları unutmanın pek olanağı yok), Gürcüler, Kafkasyalılar, Ruslar, Polonyalılar, Litvanyalılar, Yunanlılar, Sırplar, Rumenler, Bulgarlar, Arnavutlar, Fransızlar, Almanlar, Macarlar, İspanyollar, Portekizliler, İtalyanlar, Afrikalılar ve fazla kayda değer olmayan diğerleri. Sınır komşuları ise, her zaman düşmanları olmuştur! Kuşkusuz *pax turcica* [Türk barışı] dönemleri de olmuştur; ama bunlar her zaman büyük kıyım dönemleri arasında yer almıştır.

İnsan bir şeyin üzerinde dururken başka şeyi unutabiliyor. Ancak bir ölçüde her şey birbirini tamamlar. Aslında Marco Polo'nun sözünü ettiği Türkler değil onları askeri güçleri ve yıkımlarıyla geçen, ancak onlardan doğan Cengizhan'ın Moğollarıydı. Fatih öldüğünde onun için, "Öldü mü? Çok yazık oldu! Çünkü cesur ve bilge bir adamdı" demiştir. Tüm bu yangınlar ve kıyımlar içinde Venedikli Marco Polo ortaya çıkan eseri görebilmiştir ve yargısı kesinlikle anlamsız değildir: "Cengizhanlılar her zaman dünyanın kurucularından biri olmuştur."

Türklerde imparatorluk kurma eğilimi vardır. Türkler sözcüğün tam anlamıyla yeryüzünün hükümdarlarıdır. Kurdukları ve hiçbiri diğerine benzemeyen imparatorluklar iki bin yıl boyunca bazı temel özellikler taşımaktadır. Bu imparatorluklar birer halk mozaiğiydi: Türkler bu imparatorluklarda, halkları uyum içinde bir arada yaşatmaya çalışıyor, onlara güçlü bir biçimde merkezileştirilmiş ve despotik bir iktidarın yönetimi altında kimliklerini, dillerini, kültürlerini, dinlerini, hatta çoğunlukla önderlerini muhafaza etme hakkını da tanıyorlardı. Fetih hakkı olarak en yüksek görevler kendilerinin olduğu halde, ele geçirdikleri ülkenin insanları onlardan uygarsa, yerli halkı güven gerektiren görevlere getirmekten çekinmemişlerdir. Osmanlı İmparatorluğunda yüksek devlet görevlilerinin çoğu Ermeni, Rum, Arnavut kökenliydi. Hatta Latin kökenli paralı askerlerin bile devlet hizmetine girdiği görülüyordu. Devlete yararlı olabilecek yabancıları çekiyorlardı, Galata'ya yerleşen Cenevizliler, Hıristiyan *Reconquista* tarafından İspanya'dan kovulan Yahudilerdi. Hatta onların, kendilerine yararlı olacağını düşündükleri tekniklerini, kimi zaman yaşam tarzlarını, kimi zaman dinlerini, kimi zaman da dillerini almışlardır. Başlıca kaygıları ise onları örgütlemek, idare etmek, savaşa sürmek, ticaretlerini, sanayilerini geliştirmek, sanat eserleri üretmelerini sağlamak, arşivler kurmak olduğu anlaşılmaktadır. Neden, genelde, sonuçta ele geçirdikleri ülkelerin halklarının içinde eridikleri de böylece daha iyi anlaşılmaktadır.

Kırtasiyeci batı uygarlığında, Türk arşivlerinin gerçekten şaşkınlık verici nitelik ve niceliklerini kavramak güçtür. Bunlara her yerde, işgal ettikleri tüm büyük kentlerde rastlanır; çünkü Türkler her şeyi kaydetmiş ve muhafaza etmişlerdir. Bu konuda bir tek örnek vermek yeter. Türkiye Cumhuriyetinin büyük ölçüde Osmanlı İmparatorluğu vezirlerinin arşivlerinden oluşturulmuş Başbakanlık Arşiv Genel Müdürlüğü arşivlerinde yüz milyondan fazla belge bulunduğu ve bu belgelerden bazılarının yüzlerce sayfalık bir kütük de olabildiği bilinmektedir. Kütüphaneler de olağanüstü zengindir. İstanbul'da yirmi kadar kütüphane vardır ve bunların başlıcaları Topkapı Kütüphanesi ile Süleymaniye Camii Kütüphanesi'dir. Süleymaniye Camii Kütüphanesi'ndeki elyazması sayısının, 56.483 olduğu düşünülmektedir. Bu durumda insan ister istemez bir karşılaştırma yapmak zorunda kalıyor. Avrupalıların, gerileme dönemindeki Osmanlı İmparatorluğu için bu imparatorluğun ortaçağdan sonra hiçbir gelişme göstermediğini düşünmelerine karşın, biz burada sadece Fransa kralı V. Charles'ın ölümünde, kitaplığında 1200 elyazması olduğunu, bunun son derece yüksek bir miktar sayıldığını, bu nedenle de "kitaplığın" o dönemin seçkin aydınlarını çeken bir yer durumuna geldiğini anımsatmakla yetinelim.

Dışarıdan gelen her şeyi almaya çok yetenekli bu insanlar ilkel yapılarında, antik Yunan alışkanlığıyla batılıların barbarlık[Φ] olarak adlandırdığı atalarından kalma yabaniliklerini muhafaza etmekle birlikte, bazı dönemlerde uygarlığın en incelikli düzeyine de yükselebilmişlerdir. Kendilerini güçle kabul ettirdikleri dünyaya açılmaları, onları çevirmenler, aracılar durumuna getirmiştir. Zaten birbiri ardınca yerleştikleri yerlerin coğrafi konumları da onları buna hazırlamıştır. Yukarı Asya'da, Uzakdoğu'nun zenginliklerinin batıya iletildiği, aynı zamanda Budizm, Hıristiyanlık, İslamiyet ve Manizm gibi dinlerin ve sanatların da dolaşım yolu olan, XIX yüzyıldan sonra bir Alman seyyahın ona verdiği isimle tanınan İpek Yolu onların denetimindeydi. Yakındoğu'da ise Türkler, Avrupa'dan doğuya, Karadeniz'den Akdeniz'e, kimi zaman da Akdeniz'den Kızıldeniz ve Hint Okyanusu yönüne dek uzanan kilit niteliğindeki sınırlara sahip olmuşlardır.

Günümüzdeyse Türkiye Cumhuriyetinin özelliklerinden biri hem Müslüman hem Avrupalı olmasıdır. Doğu ve batı arasında köprü konumundadır. Bu özellikler Orta Asya'daki bazı ülkeler için de geçerli-

---

[Φ] Çinlilerin de Han olmayan herkesi, "barbar" olarak tanımladıklarını biliyoruz.

dir, ancak onlar bu role sahip olmak için coğrafi olarak çok elverişli bir konuma sahip değillerdir.

Fanatizm ya da Hoşgörü?

Fanatizm, Yunanlılar ve Ermenilerin bugün hâlâ belirgin bir kötü niyetle sürdürdükleri, ancak nedensiz de olmayan Türk aleyhtarı propagandanın değişmez ve en eski konularından biridir. Gerçekten Türkler, özellikle İslamiyeti bir dava olarak kucakladıktan sonra, saldırılar sırasında savaş türküleri ve savaş destanları söylemeye, kıyımlara girişmeye başladıkları zaman hoşgörüsüz görünebilirler. Ancak Türklerin tarihe geçmiş fanatizm örnekleri nadir olarak kendiliğinden meydana gelmiş olaylardır. Aslında olayların çok büyük bir bölümü çeşitli entrikaların sonucudur. Çok uluslu ve çok dinli varlıklarını ancak herkesin uzlaşmasıyla sürdürebilen devletlerin başında bulunan Türkler nasıl fanatik kalabilirdi? Hoşgörüsüzlük, temel yönetim esaslarına tamamen ters düşen ve onların mahvını getiren bir kusur olurdu. Türkler, imparatorluk kurucuları olarak kavimlerini düzene koydukları gibi, dinleri düzene koymayı, onlara hak ettikleri yeri vermeyi, birinin diğerini ezmesine izin vermemeyi de kendileri için görev sayıyorlardı. Bunu her zaman başaramadılar ve Budistler, Taocular, Hıristiyanlar ve Müslümanlar zorbalıklarını uygulamak için verilen ödünlerden, sağlanan kolaylıklardan yararlandılar: sonunda suçlanan Türkler oldu!

Türkler doğaüstü güce sahip olduklarına ya da tanrıyla ilişkili olduklarına inandıkları her şeye karşı doğuştan saygılıydılar ve bunlardan çekinirlerdi. Kiliselerin önde gelenleriyle çatışma içine girmekten kaçınmışlar, onlara iyi davranmış, onları ayrı tutmuş ve büyük bir beceriyle onlara hizmet eder gibi görünüp, onların kendilerine hizmet etmelerini sağlamışlardır. Devletlerinin teokratik olduğu söylenmektedir, ancak dine hizmet eden genelde devlet olmamıştır; ama dinden yararlanmışlardır, her zaman ustalıkla dinsel duyguları kullanmasını bilmişlerdir. Her zaman devlet ve din kurumunun uyumla çalışmasını sağlayamamış olabilirler; çatışma kaçınılmaz olduğunda baştaki hükümdarın din sınıfına üstün gelmesi her şeyden öncelikli olmuştur. Ancak hükümdar yine de din erkine ya da en azından onun temsil ettiği ruhani erke her zaman saygıyla davranmıştır. Kıyımlarda, kentlerin yağma ve tahrip edilmeleri sırasında, papazların öldürülmemeleri için emir verilmesi hiç de az görülmüş bir olay değildir. Devletlerinde sürekli olarak ibadet özgürlüğünün tanınması anlamında, din adamlarına onlar için dua etmeleri koşuluyla vergi muafiyeti sağlayan "Hoşgörü Fermanları" çıkarılmıştır.

Türklerin dinle ilgili her şeye karşı büyük bir merakları olmuştur. Islamiyette yollarını bulmadan önce birbiri ardınca dünyanın tüm dinlerini kabul etmişlerdir. Müslüman olduktan sonra bile, önceki kadar sık olmamakla birlikte, diğer dinsel inançlara ilgi göstermeyi sürdürmüşlerdir. Kutsal metinleri dillerine çevirtmişler, teologlara sorular sormuşlar, kolokyumlar düzenlemişler ve bunlara çeşitli dinsel inanç temsilcilerinden olabildiğince çok sayıda kimsenin katılmasına çalışmışlardır. Kimi zaman senkretizme eğilim göstermişlerdir. Bir uç örnek verirsek: Hintlileşmiş Türk I. Ekber Şah, temeli İslamiyet olan, ama farklı öğeleri bir araya getiren bir din kurmuştur.

Halkın, hükümdarın dinini benimsemesini isteyen Avrupa'nın tersine oldukça şaşırtıcı biçimde *cujus regio ejus religio* [insanın yaşadığı yer onun dinidir] ilkesini benimsemelerine karşın Türkler, tüm din ve inançların bir arada barış içinde yaşayabileceği düşüncesini kabul ettirmeye çalışmışlar, ancak Müslüman olduklarında Müslüman olmayanları "kâfir" olarak nitelendirerek bunun aksi tutumlarda da bulunmuşlardır. Yine de bu konudaki tavırları evrensel uygarlığa en büyük katkılarından birini sağlamıştır.

Türk Toplumları

Geleneksel olarak göçebe olan Türk imgesini Arap imgesi değiştirmiştir. Öte yandan birinin göçebeliği ile diğerininki aynı yasalara uymadığı gibi aynı ideali de içermez. Kuşkusuz göçebelik Türkün başta gelen yaşam tarzlarından biri olmuştur, ama tek yaşam tarzı değildir. Türklerde hiçbir zaman soyluluk olmamıştır. Tarımcının, çiftçinin sürekli olarak hor görülmesine de rastlanmaz. Türk ancak nadiren ahlakçı olmuştur. Pragmatik Türkler kendileri için yarar gördükleri zaman her türlü yaşam tarzından vazgeçmeyi bilmişlerdir. Yerleşik yaşam Türkler için her zaman çekici olmuştur. Ama tehlikelerle dolu olan bu çekiciliğe karşı durmak zorunda kalmışlardır. Bunu, daha VIII yüzyılda bir kent kurarak buraya yerleşmek isteyen Bilge Kağan'ın çok direndikten sonra, şehirlerin imparatorlukların kalıcılığı açısından bir tehdit oluşturduğuna inanan Tonyukuk'un bu tasarısından vazgeçmesi yolundaki isteğini kabul etmesinde görürüz. Bunu XX yüzyılda Anadolu'da, develerini satmalarına karşın mevsimlik göçlerini otobüslerle gerçekleştirmeye devam eden Toros yörüklerinde de görüyoruz.

Türklerin yerleşik yaşamı çekici bulmalarının nedeni göçebeliği sevmemeleri ve göçebeliğin onlara damgasını vurmaması değildir. Hükümdarları saraylarında, göçebeliklerinin özlemini her zaman içlerinde taşımışlardır; yazlık ve kışlık saraylar inşa ettirmekle kalmamış, saraylarının büyük geniş bahçelerine birçok köşk yaptırarak, bir çadırdan ötekine gider gibi, bunlar arasında gezinmekten hoşlanmışlardır. Türkiye ve İran'daki yöneticilerin, yerleşik düzene geçirmek için halka yüzyıllar boyunca baskı yaptıkları görülmüştür. Dilleri göçebeliklerinin kanıtı niteliğindedir. Örneğin *oda*, *otağ*, yani *çadır*'dan gelir; "ateş yakılan yer" demektir. *Damga* önceleri *tamga*, "sürü hayvanlarına vurulan işaret"tir; *ordu* ise "boy başının tahkimli ordugâhı"dır.

Türkler, kendilerini tarıma vermeye eğilimlidirler ve toprağa bağlandıkları zaman da bugünkü Anadolu halkı gibi, en dayanıklı köylü soylarından biridirler. Dünyanın en eski maden işleyicilerinin, yontucuların mirasçıları Türkler madenci, sanayici, zanaatçı olmuşlardır. Kent yalnızca yağma, ırza geçme ve ateşe verme bakımından değil, yaşamak için de başlarını döndürmüştür. Soylu Arap göçebeliği olgusuna karşın, temelde burjuva toplumu, kent toplumu olan İslam toplumu modeline geçişleri, onların bölgesel metropollere ve daha o zaman bile "megapol" olarak adlandırılabilecek yerlere düşkünlüklerini arttırmıştır. İstanbul'da Rum, Ermeni ve Musevi satıcıların oldukça fazla sayıda olması aksini ortaya koymuş olsa da Türkler iyi tüccarlardır. Uygur belgeleri arasında, bono ya da poliçe niteliğinde olanlara ayrı bir yer vermek gerekir. Öte yandan Küçük Asya'daki son derece güzel Selçuklu kervansarayları da görülmemiş bir olguyu, Müslüman bir toplumda ticarete dinden önce yer verildiğini ortaya koymaktadır.

Görece modern olan Osmanlı haremlerine karşın, Türk toplumlarında kadının yüksek bir yeri ve göçebeliğin getirdiği doğal bir özellik olarak özelliklerden biri olan özgürlüğü vardır. Erkeklerin cinsel gücünün yüksek olması nedeniyle kadın her zaman bir av olarak görülmüştür. Ama aslında bu av tıpkı öykülerde ve mitlerde olduğu gibi gündelik hayatın gerçekliğinde de kendini avcıya karşı korur, kaçar, dövüşür. Kadının elde edilmesi, Türklerde bir savaş ve av başarısı değerindedir. Çoğu zaman düşmanlarının karısına ya da kızına sahip olmak Türkler için elde ettikleri başarıların yeterli bir kanıtıdır.

Sanatçı

Türkler büyük bozkır hayvan sanatını yok etmekle ve İslam topraklarında sanatsal hiçbir şey yaratmamakla suçlanmışlardır. Selçuklular, Osmanlılar, Büyük Moğolların, İran, Ermeni, daha sonra da Bizans sanatını taklit ettikleri söylenmiştir. Zamanla bu yargılardan ilk ikisinin yanlış, üçüncüsünün de abartılı olduğu anlaşılmıştır. Türklerin mimaride, heykel sanatında, resimde ve güzel sanatlarda oynadıkları rolü, genelde tebaasının rolünden ayırt etmek güçtür. Bir Türk halısı, İran halısından yalnızca dokuma tarzıyla değil motif ve renkleriyle de ayırt edilebilir. Aynı şekilde kimi durumlarda tıpatıp aynı olsalar bile Türk seramiğini İran seramiğinden ayırabiliriz. Safevi minyatürleri ile çağdaşları arasında, Osmanlı ya da Hint minyatürleri arasında büyük fark vardır! Her ne kadar Mehmed Siyah Kalem'de (XV yüzyıl) Çin etkisi belirginse de sanatına kişiliğini yansıtmayı başarabilmiştir. İran dehasının en çarpıcı örneklerinden, Isfahan'daki Ulu Cami'nin (inşaasının tamamlanması neredeyse bin yıl sürmüştür), Agra'daki dünyanın en güzel anıtkabiri Tac Mahal'in, çok fazla tanınmayan büyük bir şaheser olan Edirne Selimiye Camii'nin, bu halkın egemenliği altında yapılmasını, onların baskın varlıklarına değil de tesadüflere atfetmek oldukça güç olacaktır.

Türkler iyi sanatçılardı, bunu kimse inkâr edemez. Sanatçılara karşı her zaman saygılı davranıp, onları korumuşlardır, aynı şekilde rahipleri ve din adamlarını da korumuşlar, saraylarına, başkentlerine götürmüşlerdir ve bu, bir biçimde, onlara sunulan bir onurdu. Eski zamanlarda oldukça ender görülen bir olgu olarak Türkler antikacı ve oldukça tutkulu koleksiyoncuydular. XV yüzyılda Osmanlılar, XVII yüzyılda Büyük Moğollar, Avrupa resim sanatına büyük bir ilgi göstermişler, sanat eserleri satın almışlar, birbirlerine hediye etmişler ve sanatçıları ülkelerine davet etmişlerdir. Ortaçağda Selçuklular, Greko-Romen heykelleri toplamışlar, bunlarla şehirlerinin ve saraylarının duvarlarını süslemişlerdir; dünyanın başka bir yerinde kim Türklerden daha fazla geçmişin eserlerine ilgi göstermiştir? Gazneliler, İslamiyetteki tasvir yasağı uyarınca, Hindistan'daki bazı tapınakları ve başyapıtları yok etmişlerdir. Ama Afganistan'nın ulu dağlarına kurulmuş şehirlerine, hepsi birbirinden çarpıcı pek çok parça getirmişlerdir. Hugo'nun ünlü "Bir Türk geçmeye görsün bir yerden, geriye sadece yas ve harabe kalır!" deyişinin bir yalan olduğunu görmek için Anadolu'yu dolaşmak yeterlidir.

Türklerin edebi yetenekleri üzerine tartışabiliriz, çünkü sanat eserleri henüz yeterince tanınmamaktadır. Çağdaş roman yazarlarının nitelikleri bize arkalarında büyük bir geleneğin olduğunu gösteriyor. En geniş Türk edebiyatı olan Osmanlı edebiyatı İslam, Arap ve Fars edebiyatlarıyla karşılaştırıldığında çok öne çıkamıyor ve yüzyıllar içinde birbirine dolaşmış cümle yapısı da işini kolaylaştırmıyor. Ancak popüler metinleri dikkate değer güzelliktedir: *Kitab-ı Dede Korkut*, hâlâ coşkuyla okunan Yunus Emre şiirleri, Nasreddin Hoca'nın mizah dolu, nükteli fıkraları... VIII yüzyılda karşımıza çıkan ilk örneklerinden, Babur Şah'ın *Vekayinâme*'sine, oradan 2000 yılı ürünlerine kadar Orta Asya'da bu anlamda oldukça bereketli bir topraktır.

II. BÖLÜM

KUZEYİN BARBARLARI VE DİĞER HUNLAR

Binlerce yıl boyunca, hatta yaşadığımız çağa gelene kadar dünya tarihi göçebeler ve yerleşik halklar arasındaki rekabete dayanmıştır. Bundan İbrahim'in iki oğlu Habil ile Kabil'i karşılaştıran İncil'de de belki de Yaradılış'tan bu yana söz edilmektedir. Eğer göçebelerin yerleşik halkların karşısında her zaman üstün geldiğini ve Türklerin de göçebeler arasında en azından başlangıçta yer aldığını kabul ediyorsak, bunun Türkler için uzun ve şanlı serüvenlerinin kapısını açan bir anahtar olduğunu anlamamız gerekir.

Sibirya Ormanlarında (Taygalarda)

Türkler bilinmeyen bir tarihte Avrasya'nın kuzey bölgelerinde, daha kesin bir deyişle bu bölgelerin en uç doğu noktalarında ortaya çıkmışlardır. Buralarda dimdik göğe yükselen gövdeleriyle kozalaklı çamların doldurduğu, alabildiğine uzanan sonsuz ve muazzam alanlar olarak Sibirya ormanları bulunur. Her tarafı sulara çevrili, dağların kestiği ve aylar boyu kar altında kalan bu ormanlar sessizlik ve yalnızlıkla doludur. Taygalarda yaşam yok denecek kadar azdır, ama yine de hayatını orada sürdüren insanoğlu buranın zengin olduğunu söylemekte diretir; duyguların, gizlerin, bilinmezlerin, yaz kurağında bitki örtüsünü yutan alevler misali birtakım görünen güçlerin ya da hışırtı yayarak dolaşan görünmeyen güçlerin zenginliği. Karşı konulup meydan okunması, egemen olunması gereken bu güçler, aslında

Şamanizmin ya da Şaman denilen büyüsel din yöntemlerinin temelinde yatmaktadır. Bu din, doğduğu yer olan Sibirya'dan çıkarak hemen hemen tüm Asya'ya yayılmıştır.

Mevsimler arası ani değişimler ve dönüşümlülük yasaları tayga insanına ilk eğitimini verir. Bu insanlar kabile dayanışmasının sağlam yapısını öğrendiği gibi, herkesin bir başkasına yem olduğunu ve zamanından evvel yenilmemek için de uzunca bir zaman yenen taraf olarak kalınması gerektiğini de öğrenirler. Oldukça kısa süren sıcak aylar boyunca, soğanlarını yedikleri yabani zambakları, taneli meyveleri, şifalı otları, boya elde ettikleri bitkileri ve saatlerce kaynattıkları bazı ağaç katmanlarını toplarlar. Dost ya da düşman tüm hayvanlar, özellikle de geyik türleri taze et ve kürk ihtiyaçlarını karşılar. Göllerin aşığı kuğular, gökyüzünün en yüksek noktalarına erişebilen kartallar ve tüm göçmen kuşlar, korkunç güçler olan ayılar ve kurtlar onların gözünde sanki başka bir dünyaya aittir. Bütün bu hayvanlar Türklerin önce mitolojisinde, daha sonraysa masallarında yer alacaklardır.

Bu insanlar avlanarak, bitki toplayarak ve barınaklarını yapmak için ağaç keserek yaşamlarını sürdürüyorlardı. Belki biraz geyik yetiştiriciliği yapıyor, belki de balık kaynayan nehirlerde, bazı geleneklerin etlerini yemekten kaçındıklarını düşündürtmesine rağmen balık avlıyorlardı. Av hayvanı ve meyve peşinde oradan oraya dolanıp durmaktaydılar. Kayağı ve geyiklere çektirdikleri kızakları daha o devirde bile kullandıklarına hiç şüphe yok, ama atı henüz tanımıyorlardı. Bugünkü uzak soydaşları Yakutlarınkine benzer şarkılar söylüyor olmalıydılar: "Doğayı okuyabilirim ben. Ben onun çocuğuyum. Gölgeleri, imgeleri, şekilleri görüyorum... Ben taygada harika sesler işitiyorum."

Gerisine gelince, itiraf etmemiz gerekir ki, bugüne bakarak binlerce yıl öncesinin nasıl olduğu hakkında hayalimizde canlandırdıklarımız dışında hiçbir şey bilemeyiz. Ormanlar gizemlerini koruyorlar.

Dilbilimi ve Antropoloji

Proto-Türkler, Doğu Avrupa ovaları ile Pasifik kıyıları arasında dolanıp duran göçebe topluluklarına, kendi seslerini de duyurabilmek amacıyla taygayı, milattan önceki bininci yılın acaba hangi tarihinde terk etmişlerdi? Tahminden öteye geçemiyoruz. Bizim ilgi konumuz olan bu kişileri isimsizlikten kurtarabilmek için dilbilime başvurmaktan başka çaremiz kalmıyor. Fakat bunun sonucu oldukça düş kırıcı, çünkü Türkçe olabilecek en eski sözcük *Tengri* milattan önce ancak III yüzyılda karşımıza çıkıyor. Aynı zamanda hem gökyüzünü hem de ulu Tanrı'yı simgeleyen bu kelime Türk ve Moğol dillerinin ortak sözcüğüdür. Demek ki bu kelime bu toplumlardan birine olduğu kadar öbürüne de ait olabilir.

Kültürel olgular kanıtlayıcı değildirler, bunlar koca Avrasya bozkırlarının bir ucundan ta öbür ucuna kadar büyük bir bütünlük ortaya koyarlar. Herodotos İskit uygarlığı üzerine söylediklerinin büyük bir bölümü ortaçağın Türk topluluğu için de geçerli sayılabilir. Macaristan ovasından Sarı Irmağın büyük kıvrımına kadar olan bölgedeki hayvan resimleri sanatı tarzlara ayrılabilir ve aralarındaki benzerlik de şaşırtıcıdır. Sibirya Şamanizmi, bronz çağından itibaren varlığını kanıtlamıştır. Çağımızdan sadece birkaç yüzyıl önce Ukrayna'da olduğu gibi Çin sınırlarında da Şamanizmin varlığını keşfetmek insanın hoşuna gidiyor.

Eğer proto-Türklerin hepsinin brakisefal olduğunu kabul etseydik yalnızca antropolojik özelliklere başvurarak yararlı sonuç alabilirdik. Oysa bu hipotez daha fazla kanıt gerektirmektedir, çünkü Çinlilerin MÖ 201 yılında Türkçe konuştukları bilinen en eski topluluk olduklarını kanıtladıkları Kırgızlar, antropolojik olarak Hint-Avrupa ya da paleo-Asyalı grubundandır. Bununla birlikte bu özellikler yalnızca o an bulunamadıkları yerleri saptarlar, dolikosefal kalıntılarından başka bir şeyi ortaya koymayan gömütler gibi; kendilerinin gerçekten bulundukları yerleri belirlemezler, kısakafalılar Türk olabileceği gibi Moğol ya da Tunguz, yani Altaylı da olabilir. Yine de bulundukları bölge göz önüne alındığında, mezarlarda bulunmuş tüm kuru kemiklerin proto-Türk, proto-Moğol ya da proto-Tunguzlardan herhangi birine ait olması mümkündür, çünkü bu üç insan grubunun da çağımızın başında, yani Hıristiyanlığın ilk yüzyıllarında bu bölgelerde yerleştiğini görüyoruz.

Az çok güvenilir bir yer saptamasında bulunamadığımız en eski Orta Asya insan coğrafyası tablosu proto-Tunguzları en doğu uç noktaya, yani bugünkü Mançurya'ya; proto-Moğolları Doğu Moğolistan ile Batı Mançurya'ya yerleştirir.[Φ] Proto-Türkleriyse Moğolistan'ın büyük bir bölümüne ve Balkaş Gölü yönünde biraz daha batıya doğru yayarak yerleştirmektedir. Bunun dışında kalan bütün bölgeler ile güneydeki ve batıdaki bozkırlar Hint-Avrupalıların ve paleo-Asyalıların bölgeleridir ve bu bölgelerde en küçük Altay yerleşimine henüz rastlanmamıştır. Sibirya'da zamanında Karasuk diye anılan (MÖ 1200-700)

[Φ] Genel kural olarak "günümüz Mançurya'sı," "ileride Moğolistan olacak bölge," "geleceğin Afganistan'ı." Afganistan'dan, daha kurulmadan bahsetmek tarihe aykırıdır, anakronizmdir. Fakat sözcük hazinemiz zaten oldukça karmaşık. Okuyucumuz gerekli yerlerde sınırları belirleyici terimleri kendisi ekleyecektir.

ve Yukarı Yenisey kıyısında bulunan Minusinsk bölgesinde yapılan kazılarda çıkan brakisefal kafataslarında düzenli bir artış görülmüştür. Bu, büyük bir olasılıkla proto-Türklerin ya da ön-Türklerin sonraki devirlerde buraya yerleşmelerinden kaynaklanmaktadır. Tagar çağındaysa (MÖ 700-300) aynı durum Altay bölgesinde meydana gelmiştir. Ve nihayet 300 yılından sonra Güney Sibirya ile Altay Sıradağlarının güneyinde brakisefallerde artış meydana gelmiştir. Dolayısıyla Türklerin o güne kadar hep kuzeyde kalan atalarının miladın başlarında, önceleri yavaş yavaş, daha sonralarıysa birden kopup gelerek Balkaş Bozkırları ile Tien-Şan Dağlarının kuzey bölgelerine kadar eriştiklerini söyleyebiliriz.

Bu yeni gelenler, önlerine çıkan Hint-Avrupalıları kovmuşlar, onlara karışmışlar ya da onları etkileri altına alarak, kendi kültür ve dillerini benimsemelerini sağlamışlardır. Büyük bir olasılıkla Kırgızlar da bu etkinin altında kalmıştır ve onlarla birlikte ilk defa (?) Hint-Avrupalı olan, en azından Mongoloyit olmayan bir halk da Türklerin arasına katılır.

Bozkırlara Geliş

Proto-Türkler tarihlerinin en büyük devrimini ormandan bozkırlara yaptıkları göçle yaşadılar: avcılık ve toplayıcılık uygarlığından yetiştiriciliğe, rengeyiği kültüründen at kültürüne geçtiler. Altaylardaki Pazırık (MÖ V-II yüzyıl) kazılarında çabuk bozulan eşyaların yanı sıra mezarlardaki buzullaşma sonucu çok iyi durumda kalmış bazı dayanıksız eşyalar ile diş etlerindeki piyore [diş eti hastalığı] gibi pençesine düştükleri hastalıkları teşhis etmemizi sağlayan ölüler de bulundu. Ayrıca maskeli adamlar ve yitip giden bir dünyanın özlemiyle yeni bir yaşama uymanın güçlüğünü yansıtan geyik kılığına sokulmuş atlar çıkarıldı.

Ve kısa bir süre sonra barbarların –eğer bu sözcük yüksek bir uygarlıktan yoksunluktan çok daimi bir saldırganlığı ifade ediyorsa gerçekten barbarların– bir çeşit mirasçısı olan bu insanlar artık tamamıyla birer bozkır insanı haline gelirler.

Çinlilerin binlerce yıldır Hu diye adlandırdıkları bu barbarlar, gizemli görünen nedenlere boyun eğerek –ki bunlar buzullaşma, aşırı nüfus artışı, açlık, salgındır– hiç durmaksızın yer değiştirirler; bir ortaya çıkar bir kaybolurlar; kâh bir araya gelip birleşir kâh ayrılıp dağılırlar. Çin'e, İran'a saldırmakta, sonra da arkalarında sadece sayısız ölü mezarlarıyla dolu taş yığınları bırakarak kaçmaktadırlar. Bu boyun eğmez biniciler atlarıyla adeta tek vücut halindedirler, seyredenler onların atın üstünde doğup bir daha da hiç inmediklerini zanneder. Atları için eyeri, üzengiyi ve koşumu icat ederler. Birer ok ustası olan bu adamların yayları diğer herkesten uzağa ok atabilirken, en sivri çelikten olan okları son derece de keskindir. Böyle bir donanım ve silahla hiç yenilmez olarak aşağı yukarı iki bin yıl kadar yaşamlarını sürdüreceklerdir.

Hiong-nular

Çok eski devirlerden beri (MÖ II-III binyıl) Çin'e saldıran Kuzey Barbarlarının (Hular) içindeki proto-Türk varlığı, bizim için saptanabilir ilk göçebeler birliği olan Hiong-nu'nun kuruluşundan önce açıklık kazanamaz.

Bu konfederasyon da daha sonraki diğer tüm bozkır imparatorlukları gibi, kendisini ilkin kendi topluluğuna, daha sonra da sırasıyla bütün diğer boylara kabul ettirmeyi becerebilen bir adamın enerjisinden doğmuştur. MÖ 210 yılına doğru ölmüş olan bu adam hakkında adı olan Teoman'ın yazılışı ile *şan-yu* unvanı dışında pek bir şey bilmiyoruz. Hiç şüphesiz ki Şan-Yu unvanı, "imparator" unvanıyla aynı anlama gelir, hatta daha doğru bir söyleyişle bu san *Çeng-Li Ku-Tu Çen-Yu*'ydu. "Çeng-Li" Gök-Tanrı anlamına gelen Tengri kelimesinin klasik yazılışıdır. Ku-Tu'ysa bilinmeyen bir kelime olup muhtemelen gökyüzü ile hükümdar arasındaki bağlantıyı belirtmektedir (soy ile ilgili bir bağ olması olasıdır). Bu topluluk ile çevresindekiler hakkında hiçbir bilgimiz yok. Kendisini takip eden boylara gelince bunlar farklı kavimlerden gelmiş olmalıydılar ya da daha kesin söylemek gerekirse, çeşitli dil gruplarına aittiler. Bunların arasında elbette proto-Türk boyları da bulunmaktaydı.

Demek ki tarihçinin kendisine sorması gereken soru Hiong-nuların kim olduklarından çok, onları kimin yönettiği veya onları meydana getiren farklı öğelerin niceliksel istatistikleridir. De Guignes tarafından daha XVIII yüzyılda ortaya atılan bu soruya, aşağı yukarı konuyla ilgili bilim adamlarının sayısı kadar yanıt getirilmiştir. Bununla birlikte onları Hint-Avrupalı olarak kabul etmeyi gerektirecek hiçbir bulgu yoktur, ne brakisefal kafatası yapıları, ne de Çinlilerin onlar hakkında yaptığı tanımlamalara göre. Bu adamlar kısa boylu, kalın gövdelidir, büyük ve yuvarlak bir başları ve geniş yüzleri vardır. Elmacık kemikleri çıkıktır, kalın kaşları, çekik gözleri ve dudaklarının üzerine düşen kalın bıyıkları vardır. Sivri sakallıdırlar ve başlarının tepesinden aşağı tek bir saç örgüsü iner.

Bu insanlar Asyalıydı, ama kimlerdendiler? Bazılarına göre (örneğin Ligeti) paleo-Asyalı, bazılarına göre (Shiratori'nin ikinci varsayımı) proto-Moğol ve nihayet çoğunlukta olan son bir gruba göre de proto-Türktüler (Shiratori'nin birinci varsayımı, Pelliot, Hambis vs).

Öyle gözüküyor ki, pek çok analizin sonuçlarının da kanıtlama eğiliminde oldukları bu sonuncu varsayım gerçeğe en yakın olandır. Üstelik Hiong-nu İmparatorluğunun merkezi Moğolistan'ın kuzeyindeki Orhon ve Selenga bölgelerinde bulunuyordu. Daha sonraları Türkçe "Ötüken" adıyla tanınacak olan bu yer, sırasıyla V ve XIII yüzyıllardaki ilk bozkır imparatorluklarının, tarih sahnesindeki ilk Türklerin, sonra Juan-juanların, Uygurların, Kırgızların ve nihayet Cengiz Han Moğollarının hassas noktaları olarak kalacak olan stratejik bir bölgeydi. İlk Türklerin tarihi, Türk boylarının bir araya getirdiği, ancak daha eski bir hazırlık dönemiyle fazla açıklanamayacak bir dinamizmi gözler önüne serer. Bu Türk imparatorluğu kendisini en azından Hiong-nular olarak görmekte haksız sayılmazdı, çünkü Hiong-nular halkları kaynaştırmış, yeni bir göçebe kültürünün temelini atmış ve Altaylıların tüm Yukarı Asya bölgesinde hâkimiyet kurmalarına büyük ölçüde katkıda bulunmuşlardı. Brakisefal toplulukların göçleriyle başlayan büyük göç dalgasını sürdürerek Hint-Avrupalılar üzerinde büyük bir baskı oluşturmuşlar ve onları batıya doğru çekilmek zorunda bırakmışlardır.

Teoman (Teu-man) ve Mete (Mao-tuen)

Teoman ile oğlu Mete (210-174) kendilerine katılan boyları örgütlediler. Sonra onları, biri veliahta verilecek şekilde doğu (Yukarı Kerülen bölgesi), diğeri de batı (Hang-hai) olarak iki bölüme ayırdılar ve bu daha sonra kural haline geldi. Ordu birliklerini, mirasçılarının da yapacağı gibi Ahamenid usulünde, yani 1000, 100 ve 10 kişilik guruplar halinde yapılandırdıklarından kuşkumuz yok. Ve Çin'e karşı büyük bir saldırıya geçecek olanakları elde ettiler.

Çin tam bir refah ve kalkınma döneminin sonundaydı. MÖ 307 yılına yaklaşırken ordusu yenilenmişti. Göçebelerinki gibi bir süvari birliği kurumuşlar, askerler için aslında İran kıyafeti olan bir göçebe giysisi modelini benimsemişler, sınırlarına da dayanıklı surlar dikmeye başlamışlardı. *Ts'in-che Houang-ti*'nin (Çin-şi Huang-ti) ülkesini öylesine unutulmaz bir şekilde yönetmişti ki, isminin ilk bölümü *Ts'in* hecesi *Çin* kelimesini doğurdu. Ts'in, seleflerinin diktikleri bütün savunma duvarlarını birleştirip tek bir bütün haline getirerek Çin Seddini oluşturdu. Uzunluğu altı bin kilometreyi, yüksekliğiyse yedi ila sekiz metreyi bulan, üzerinde burçların ve hisarların yükseldiği bu büyük set yüzyıllar içinde sürekli olarak yenilendi, güçlendi. Çin Seddinin günümüzdeki durumuna getirilmesi esasında Ming devrinde olmuştur. Ancak Ts'in'in kurduğu bu kısa ömürlü hanedanlık yıkılmıştır. Han sülalesiyse (MÖ 209-MS 230) o sıralarda henüz tam olarak kurulmamıştı.

Mete işte tam bu sırada saldırıya geçer. Şan-si'ye girip Taiyüan'ı (T'ai-yuan) kuşatır. Çinliler için tehlike fazlasıyla büyüktür. Karşılıklı görüşme talep ederler. Çin imparatoru anlaşma yoluna giderek kızlarından birini, onurlu yüce *şan-yu*'ya vermeye söz verir. Çünkü barbarları imparatorun damadı olmak kadar cezbedecek bir şey yoktur. Daha basit bir deyişle, yenen taraf Sarı Irmağın kıvrımı içinde, günümüzde Ordos denilen yerde kalma hakkını elde eder. Ne Mao-tuen (Mete) ne de halefi Lao-çang bu üs bölgesinden Çin'i yağmalamak için yararlanmaktan kaçınmazlar, yağmadan vazgeçtiklerindeyse karşılık olarak yıllık vergi alırlar.

Hiong-nular bütünüyle Çin macerasına girişmeden evvel, tüm bozkırların hakimi olma arzusundadırlar. Önce bizim neredeyse hiç tanımadığımız bir halk olan doğu barbarlarını, T'ang-huları boyunduruklar altına alırlar (201), arkasından Kansu'daki (Kan-su) Yüe-çilerin üzerine saldırırlar. Batılılarsa bu halkı sonradan belirsizlikle Hint-İskitler diye adlandıracaklardır, yani Hint-Avupalılar. Onlar belki de aslında klasik antikçağdaki Toharlardır. Hiong-nular birçok çarpışmadan sonra MÖ 177-176 yıllarına doğru Yüe-çileri ezip geçer, hükümdarlarını MÖ 170'te öldürüp, kafatasını İskitlerin de yaptığını Herodotos'tan öğrendiğimiz gibi kadeh olarak kullanırlar. Çılgına dönen Yüe-çiler kaçarak dört bir yana dağılırlar. Çinlilerin *Ta*, "büyükler" adını verdiği ana öbekleri batıya doğru ilerler, Tarım havzasını istila eder, Cungarya'daki Turfan geçidinden geçer ve sonunda İli Nehrine varır. Orada şanslarını gidip başka bir yerde, Sakaların arasında aramak zorunda bırakacak olan Vu-suenlerle karşılaşırlar. Bu olaydan yirmi yıl sonra Sakalar, Sogd ülkesi ve Baktriane'ye (138) giderek yerlerini Ta'lara bırakırlar ve orada Büyük İskender'in mirasçıları olan Seleukosları yok ederler.

Yüe-çilerden kurtulan Kansu ve onlarla birlikte batılarında bulunan birtakım topraklar –en azından Balkaş, belki de Aral Gölünün kuzeyine kadar uzanan bütün bozkırlar– Hiong-nuların ellerine geçer. Hiong-nular bu sıralarda Tarım havzasındaki, hatta Sogd ülkesindeki vahalara kadar dayanmışlardır, ama daha da içerilere kadar girmek arzusuna karşı koyamazlar. Hiong-nuların yalnızca varlığı bile Turfanlılar ile Kuçanların hiç savaşa gerek kalmadan korumaları altına girmesine yeter. Hiong-nuların kalkınmalarının asıl nedeni işte budur ve Çinliler de bunu gayet iyi kavrarlar.

Bütün bu zaman zarfında Çinliler askeri ve diplomatik konularda eşgüdümlü hareket ediyorlardı. Entrikaya çok yatkındılar ve Türklerin fark edecekleri gibi, düşmanlarını her zaman başka düşmanlara karşı ayaklandırmaya uğraşıyorlardı. En şaşırtıcı davranışlarından biri kendilerinden intikam alacaklarını düşündükleri Yüe-çileri kendi davalarına ortak etme girişimleridir. Çinliler onlara MÖ 138'de Çang Kien adında bir elçiyi gönderir. Hiong-nular tarafından iki kere esir alınan elçi yine de Sogd ülkesine ulaşır ve orada Yüe-çilerin yerinden kımıldamayı reddeden kralıyla görüşür. Geriye ancak MÖ 126'da süklüm püklüm bir halde döner. Bu adamın yolculuğu tarihin tuhaf bir cilvesiyle ölümsüzleşmiştir, çünkü "İpek Yolu"nun bu seyahatle açıldığı düşünülür. Çin ile İran arasındaki ilişkilerin bu tarihte başlamadığı elbette bellidir, ama Çin'in büyük dış politika projesi işte bu sırada doğmuştur: kıtalararası ticaretin önemli konaklama noktaları ile tarım ve ekin merkezleri olan Orta Asya vadilerinin göçebelerin ellerinden alınarak sömürgeleştirilmesi. Hanlar zaman zaman yenilseler de sonunda zafere ulaşırlar ve Han orduları 70 ile 60 yılları arasındaki süreçte bütün Asya'yı işgal ederler. Ara sıra gerileseler de MS VIII yüzyıla kadar orada kalacaklardır.

Hiong-nuların Gerileme ve Düşüş Devirleri

MÖ II yüzyılın son yıllarında uğradıkları bozgunlardan sonra Hiong-nular kendilerine çeki düzen verip Çin'i yeniden tehdit etmeye başlarlar. 99 yılındaysa Çinliler bu saldırıları önlemek amacıyla Moğolistan istikametine doğru yeni bir sefer düzenlerler. Sonuç beklenenin aksine kötü çıkar, fakat bu olay akıllarda yine de büyük bir destan olarak yer edecektir. Çin ordusu daha geri çekilirken bile bir zafer kazanmış havasına bürünmüştür. Çinlilerin bu başarısızlıkları seferlerine nokta koyar.

Madem ki barbarlar güç yoluyla yenilemiyorlardı, öyleyse kurnazlıkla alt edileceklerdi. 80 yılına yaklaşırken proto-Türk, proto-Moğol, hatta proto-Tunguz bile olabilecek Vuhuanları bu güçlü göçebe devleti Hiong-nular üzerine salanlar kesinlikle Çinli casuslardır. Hanlar Vuhuanları 200.000 adamla (bazıları 30.000 olduğunu söyler) kurtarmaya gelir.

Birkaç yıl sonra Vuhuanlar (MÖ 46) yeniden saldırmak için Hiong-nuların zayıf düşmelerinden yararlanırlar. Çin'deki saraylarına, düşmanlarının ellerinden aldıkları kızlarla, sığır ve atlarla, kaplan, leopar ve samur postlarıyla gurur içinde dönerler. Göçebe imparatorluğu içinse artık büyük bir çöküş devri başlamaktadır. Bağımlılarının kendilerine başkaldırması, şanssız giden savaşlar, hayvanlarının salgın hastalıkları, olağandan sert geçen kışlar ... hepsini tam olarak bilemiyoruz. Hayvanları hemen hemen tümüyle yok olur. Daha dün kişi başına düşen hayvan sayısı 300'ken, 25'e, 15'e iner ve bu sayı 68 yılındaysa 2'ye düşecektir. Refahın kaybolmasıyla artık federasyon istemeyen boylar bağımsızlıklarını ele geçirirler: Ilili Vu-suenler, Kao-kiu Ting-lingler, Yukarı Şar bölgesindeki Ting-lingler, karşımıza ileride de çıkacak olan proto-Türkler ve elbette birtakım başka boylar.

MÖ 51 yılında yönetimin devriyle ilgili önemli bir kriz patlak verir. Iki lider de, yani Huan-ye ile Çi-çi, ölmüş olan *şan-yu*'nun yerine geçmek istemektedirler. Çi-çi'nin bulunduğu konumun başa geçmeye daha uygun olmasından dolayı rakibi Huan-ye Çinlilerin desteğini kabul eder. Huan-ye, Çi-çi'yi ilkin MÖ 48'de, sonra da 43'te saf dışı bırakarak Tola ve Orhon bölgelerine yerleşir, bu kendisini artık yasal hükümdar olarak kabul ettirdiği anlamına gelmektedir. Çi-çi ise kendi yandaşlarıyla birlikte batıya göç eder. Yolu üzerinde karşılaştığı Vu-suenleri bozguna uğratarak Çu ve Talas bölgelerine yerleşir; burada parlak zaferler elde ederek bir Batı Hiong-nu Imparatorluğu kurmanın eşiğine gelir. Fakat Çinliler böyle bir şey için kendisine zaman bırakmazlar. MÖ 36'da Çi-çi'yi ele geçirip kellesini uçururlar. Ona bağlı bulunan göçebe topluluklarının ne olduğuysa tam olarak bilinememektedir. Bazıları batıya doğru göçlerine devam edip, ilk Hunları oluşturduklarını düşünüyorlarsa da, Hunlarla ilk olarak ancak 400 yıl sonra, yani 374'te, Don ve Dinyeper Nehirlerini geçerken karşılarına çıkan Gotlara ve Alanlara saldırdıkları sırada karşılaşacağız. "Hun" ve "Hiong-nu" isimlerindeki benzerlik elbette bir tesadüf değildir, fakat öte yandan biz Hunların isimlerini, tıpkı Batı Avarlarının yaptığı gibi, başka bir halkın adından çalıp çalmadıklarını bilemiyoruz. Batı Avarları, gerçek Avarlar olan Juan-juanların ismini çalmışlardır.

Hiong-nuların sonu gelmektedir. Çöküşleri bir mucize sayesinde –ya da son derece sıradan bir olay da diyebiliriz– yavaşlar: Çin'de bir iç savaş patlak verir. Başkaldıran barbarlar Serinde'ye girer, Turfan'ı alır ve Çin sınırlarına baskınlar düzenlerler. Fakat son Han sülalesinin başa geçmesiyle Çin'de işler yoluna yeniden girmekte gecikmez. Göçebe grupların kopmaları çabuklaşır. MS 48'de güney boylarından sekizi hükümdarlarına başkaldırır ve Çinlilere teslim olurlar. Çinliler de onları Şan-si ve Kansu sınırlarına federe beylikler olarak yerleştirirler. O sıralarda kuzeydeki ve Moğolistan'daki Hiong-nu boylarının sayıları çok fazla değildi. Çinliler kâh tek başlarına kâh Vuhuanların veya Yukarı Amur bölgesinde kimsenin henüz haklarında pek bir şey bilmediği bir halk olan Siyenpilerin, proto-Tunguzların ya da proto-Moğolların desteğiyle bunlara birçok saldırı düzenlerler. 91 yılında Orhon Irmağına kadar ilerleyip *şan-yu*'nun ailesini esir alırlar. Kuzey kabileleri II yüzyılda sahneden çekilirler, bazıları Yukarı Asya'nın en uzak bölgelerine sığınır, diğerleri de kazananların yasasına boyun eğmektense batıya kaçıp Çi-çi'nin haleflerine katılır. İrtiş Nehri boylarına ve Aral Gölünün güneylerine yerleşerek Ostyaklar ve Vogulları kuzeye doğru sürerler. Güney göçebe topluluklarına gelince, onlar da Sarı Irmağın büyük kıvrımında ve Alaşan'da toplanarak Çin'in federe boyları olarak, Almanların Roma İmparatorluğu sınırlarında oynadıkları rolün hemen hemen aynısını bu bölgede oynarlar (220-265). Ve yine, tıpkı batıdaki Cermenler gibi, Han hanedanlığının yıkılmasından (220) sonra Çin'in içlerine yayılarak istikrarsızlıklarını daha onlarca yıl sürdürürler.

Hiong-nu Uygarlığı

Koskoca Çin, nüfusu bir buçuk milyonu geçmeyen küçük bir halk topluluğu karşısında titremişti. Üstelik bu küçük halk topluluğu sadece savaşçılardan ibaret değildi, örgütlenme konusunda son derece yetenekliydi ve barbarlığına rağmen bir medeniyete de sahipti. Sağ ve sol olarak iki kanat oluşturacak şekilde ikiye bölünmüş bulunan sosyal yapı çok sağlam olup yirmidört boydan oluşuyordu. Örgütlü orduları hiç de öyle kural tanımaz adamlardan oluşan çılgın bir göçebe kalabalığı değildi; Hiong-nular gayet karmaşık bir din öğretisine sahiptiler. Dış siyasal sorunlardan habersiz değildiler, üstelik ekonomik ve diplomatik müdahalelerinde de etkiliydiler. Hayvan yetiştiricisiydiler, geçimlerini hayvancılıkla sağlıyorlardı, belki de Çinli ve Tarımlı kölelerine emanet ettikleri çok ilkel bir tarımları vardı. Tüm bozkır insanları gibi birer sanatçıydılar; Ordos'ta bulunmuş muhteşem metal baston sapları ya da levha gibi malzemeler dehalarını kanıtlamaktadır (bu bronzlar onlarınkinden daha yaygın bir medeniyetten, İskitlerin sanatından kalmaydı). Özellikle köşklerini yaptırmak için Çinli öğretmenler getirtip Çin ekolüne katılmış olsalar bile Hiong-nuların kendileri de mimardı.

Sibiryalıların istilasından korunmak için kuzey sınırlarına yaptırılan korunma sistemi Mete'ye atfedilir (Mao-tuen). Selenga Nehri üzerindeki Ulan-Ude'de 72.000 m^2'yi geçen bir alana yayılmış ve yarı yarıya sular altında kalmış bir halde, ihtiyaç malzemeleri içeren büyük çukurların ve günümüz Moğolistan'ında gördüklerimizi andıran tahta sütunlar ile en azından bir metre enindeki kalın duvarların bulunduğu tahkim edilmiş muazzam bir külliye ortaya çıkarılmıştır.

Sadece estetik açıdan bakıldığında, ne kadar önemli olursa olsun Ulan-Ude dışında, başka birçok yerleşim kalıntısı bizi fazlasıyla büyüler: Orhon, Jehol, Kalgan'ın güney ve kuzeyi, İç Moğolistan ve elbette Ordos bölgesi. Kiahta'nın kuzeyindeki Derestoninsk mezarları Çin paralarının üzerindeki resimlerinden anlaşıldığı gibi MÖ 118 yılına aittir. Transbaykallarda Çita'daki (Tchita) mezarlar da kuşkusuz bunların çağdaşıdır. Bütün bu arkeolojik kentler içinde en ilginci Ulan-Bator (Urga) yakınlarındaki Noin Ula'dır. Buz altında kalan *kurgan*'larda, kral gömütlerindeki alışılagelmiş malzemeler dışında pek çok malzeme daha bulunmuştur: hayvan motifli bronzlar; keçe, kürk, kartal başlı aslan ve dövüşen yak motifleriyle bezeli yün kumaşlardan yıpranabilir malzemeler, lake Çin eşyaları, ipekler ve ayrıca bu bölgenin I yüzyıla ait olduğunu kanıtlamamıza imkân veren iki adet Çince yazıt. Bulunan bazı parçalarda Helenizm etkisi açıktır, bu da Karadeniz bölgelerinden getirildiklerini neredeyse şüpheye yer bırakmayacak bir şekilde ortaya koyar.

Korkunç IV Yüzyıl

IV yüzyıl büyük istilalar çağıdır. Sarı Irmağın büyük kıvrımında, Alaşan ve Ordos'a yığılan Çin'in tüm barbar federe boyları sık sık istikrarsız davranışlarda bulunuyorlar ve bağımlı statüsünden çıkıp egemen statüsüne geçiyorlardı. Sienpiler, Vuhuanlar ve Hiong-nular, hepsi pastadan pay kapma yarışına girmişlerdi. Bu saldırılar aslında baskınlardan, yağmalamadan, arada bir de toprağa yerleşme çabalarından öteye geçmiyordu; daha sonraki dönemlerde Çinli olması arzulanan, ama pek Çinli olamayan krallıklar kurma çabaları da olmuştur. Aşağılanmaktan bitap düşen milliyetçiler sonunda fırtınaya kafa tutmaktan vazgeçtiler. Geleneksel başkentlerini terk edip güneye, Nanking'e yerleşmeye gittiler. Batıdaysa, René Grousset'nin de belirttiği gibi aynı nedenlerden dolayı ve neredeyse aynı zamanlarda Roma'nın yerini Bizans almıştı.

308 yılında Hiong-nulu bir lider, *şan-yu* Lieu Yuan, 50.000 kişinin başına geçerek kendisini Taiyüan'da Han sülalesinin vârisi olarak imparator ilan etti. Çao (Tchao/Zhao) adı da verilen Kuzey Hanları (Pei-Han/Bei-Han) sülalesini kurdu. Bu olaydan üç yıl sonraysa oğlu Lieu Ts'ong (310-318) Lo-yang'ı ele geçirdi.

Tabgaçlar

Çin tarihi için pek karışık bir dönem sayılan (Hiong-nuların ardından ortaya çıkan boşluk nedeniyle barbarların ülkenin kuzeyine dalga dalga akınlar yaptıkları) III yüzyılın 260 yılında Baykal Gölü kökenli ve kuşkusuz Türkçe konuşan bir halk olan Tabgaçların boyları, Çince yazılışıyla T'o-pa boyları, Ta-tung (Ta-t'ong/Da-tung) bölgesinde bulunan Kuzey Şan-si'ye yerleşirler. Büyük bir rol üstlenecek olan bu insanlar hakkında kesin tanımlarını yapacak kadar bilgi sahibiyiz.

Bu boylar birkaç yüzyıl kendilerinden söz etmeye değecek bir şey yapmazlar. Derken IV yüzyılın sonlarında hükümdarları T'opa Kuei,

Şan-si ve Ho-pei'yi (Hopey) ele geçirir ve Tabgaçlar birden gün ışığına çıkarlar. 422'deyse başkent Lo-yang'ı alırlar ve fırsatını yakalar yakalamaz da Vey hanedanı adı altında kendilerine Çin imparatoru süsü verirler. 448'de Kuça ve Karaşar'ı, 456'da Hami'yi alarak Orta Asya vahalarının koruyuculuğu ile tüm Çin toprakları üzerinde hak iddia ederler. Bu arada Şen-si (436), Şan-dung (Şan-tung), Ho-nan ve Kiang-su'nun bir bölümünü (446) alarak Çin'in kuzeyinin en azından yarısını topraklarına katmayı başarırlar. 469 yılından sonra birliklerini Nanking kıyılarına sürdüklerinde Tabgaçları, Güney Çin karşısında başarısızlığa uğratan tek sebep onların göçebe niteliklerini ortadan kaldıran Çinlileşmeleridir.

Bununla birlikte Tabgaçların ünlerini sağlamlaştıran bu parlak harekâtlardan ziyade, uygarlaşmaktaki ve öteki barbarlara karşı Çin uygarlığının savunucuları olarak sahip oldukları muhteşem yetenekleridir. İlk başta, özellikle en büyük hükümdarlarından T'opa Kuei (386-409), T'opa Sseu (409-423) ve T'opa Tao'nun (423-452) saltanatları sırasında yetenekleri kadar yaptıkları zulümler de kendilerinden söz edilmesini hak ederler; örneğin başa geçen hükümdarın annesi, oğlunu etkileyebileceği düşüncesiyle öldürülürdü. Fakat T'opa Siun'un (452-456) devrinden itibaren kendilerini Budizme verirler ve bu dinin Çin'deki yayıcıları durumuna gelirler. Lo-yang'da en azından 1300 tapınak bulunmaktadır. I. T'opa Hong'sa o kadar dindardır ki, keşiş olmak için tahtını bırakır. Torunu II. T'opa Hong (471-499) Long-men'deki elle oyulmuş ünlü mağaralarını yaptırmanın ayrıcalıklı şöhretine sahiptir. Bu şartlar altında Budizm artık devletin resmi dininden başka bir şey haline gelemezdi, nitekim öyle de oldu.

Tabgaçların örf ve adetlerinin bu yeni dinin etkisiyle yumuşaması, ayrıca gittikçe daha fazla Çinlileşmelerinden dolayı Çinlilerin sorunlarını benimsemeleri T'opa Ki'ao (499-515) döneminde bir gerilemeye yol açmıştır. Ki'ao'nun yaşlı, ama enerjik ve Budizm'den yana olmasına rağmen Türk geleneğinde yetişmiş dul karısı Hu'nun (518-528) naipliği bu gerilemeyi bir süre için frenler: ünlü seyyah Song-yun'u Hindistan'a gönderen Hu'dur. Fakat 534 yılında imparatorluk kendi kendini yavaş yavaş yok edecek şekilde ikiye bölünür ve hızla Çin "yığın"ları arasında eriyip giden Tabgaçlardan geriye artık hiçbir şey kalmayacaktır.

Tabgaçların Çin üzerindeki yüz elli yılı bulan hâkimiyetinin askeri ve politik alanlardaki sonuçları önemsiz sayılmaz. Proto-Moğollar, Juan-juanlar ya da doğru isimleriyle söylemek gerekirse Avarlar, Hiong-nuların göçleriyle kısmen boşalan bozkırlarda 402 yılından sonra fetih hırsları seleflerini aratmayan yeni bir göçebe imparatorluğu kurmayı başarmışlardır.

Bozkır yaşamı alışkanlıklarını kaybetmeyen ve büyük bir süvari birliği bulunan Tabgaçlar bu yeni gelenleri bastırmakla yetinmezler. 400 yılına yaklaşırken T'opa Kuei'nin saltanatı sırasında yani tam yeni yeni oluştukları sırada onlara karşı savaş açarlar. Onları, ülkelerinin göbeği olan Ötüken'de ele geçirmek için, 429, 443 ve 449'da, Asya'nın en büyük çölü olan Gobi Çölünü geçmekten çekinmezler. Bu arada 439'da, 397'den beri orada yerleşik olan bir Hiong-nu topluluğunu kovarak Kansu'yu ilhak ederler. Hiong-nu topluluğu Turfan'a kaçar ve orada ancak 460 yılına kadar barınabilir. Tabgaçlar 458'de en nihayet Juan-juanlara öyle kuvvetli bir darbe indirirler ki, eski güçlerinden eser kalmaz (552 yılına kadar). Derken boylar ayaklanarak gelecekteki Türk hakimiyetinin hazırlığına koyulurlar. Tabgaçlar Çin'e öyle bir damga vurdular ki, dünya milletlerinin bir kısmı (Araplar ve ortaçağ Yunanlıları) bu ülkeye onların adını verdiler.

Bozkır Göçebeleri

Çi-Çilerle kaçan Hiong-nuların gelip yerleştikleri Balkaş Gölü ile Aral Gölü arasında kalan bölgeler MÖ III yüzyıldan beri zaten kısmen Türkleşmişti. Çinlilere göre o bölgede, en azından Batı Denizi (Hazar?) ile Talas Irmağı arasında kalan kısımda bir yığın kavim göçebe yaşamı sürmekteydi. Bunlar yıllıklarda değişik isimler altında geçer. Bu adları çözmek kendileriyle ilgili belgelerin son derece belirsiz olması dolayısıyla oldukça güçtür. Onlara toplu olarak Çi-lo (Tchie-lo) sözcüğünün bozuk şekli olan Tö-lo ya da Tie-lo adı verilir, bu, ya doğru olarak ya da uydurma olarak Kao-kiu'nun "Ulu Savaş Arabaları" sözcüğüyle eşanlamlı bir sözcüktür. Ayrıca Çin'de henüz Vey hanedanlığı döneminde onlara Kao-kiu Ting-ling deniyordu. *Ting-ling* zannedildiği gibi Tölös'ün değil, Tegrek'in karşılığıdır. Kao-kiu Ting-lingler kimlerden olurlarsa olsunlar, Çinliler için sadece Hiong-nuların mirasçılarıydılar. Kesin olarak Türkçe konuşmaktaydılar ki, bu da onların zaten Türkleşmiş bir ortamla iyice kaynaşmalarını kolaylaştırmıştır.

Öte yandan 600 yılına yaklaşırken Uzakdoğu'da yaşadıkları konusunda kuşku duymadığımız bir kesim dokuz boyu bir araya getirir ve adı Türkçe *Tokuz Oguç* olan yeni bir federasyon kurar. Hamilton'un açıkladığına göre Tokuz Oguç ses uyumuna göre değişime uğrayarak *Tokuz Oğuz* halini alacaktır. Bu yepyeni dokuz boyun en güçlüsü çok geçmeden, belki de VII yüzyılın ortalarında, on müttefik oymaktan oluşan *On Uygur*'ları, yani "on akraba," "on müttefik"leri meydana getirecektir. Uygur kelimesi Türkçede hısım, akraba, yakın, müttefik anlamına gelen *uya*'dan türemiştir; uymak anlamındaki *uy*'dan gelmez. Bunlar daha sonra bu federe topluluğun yönetimini almışlardır, çünkü sırasıyla bir Tokuz Oğuz'dan bir Sekiz Oğuz'dan söz edilmektedir. Sekiz Oğuz denilir, çünkü daha sonraki dönemlerde üstünlük kuracakları bu federe bütünde yer almayan Uygurlar bu birliğin dışında tutulmaktadır.

Bu kuruluş aslında varsayımlara dayanmaktadır ve olayların, yapılanmaların ve kelime dağarcıklarının arasındaki benzerliklerden, birbirini takip eden göçlerden, Uygur topluluğundaki bölünmelerden yola çıkar. Aslında Jordanès ve Agathias 531 ve 552 yıllarında On Oğurların, Oğundurların, Sarı Uygurların, Utrugurların, Kafkaslar'ın kuzeyinde, Bulgarların yanı başında yaşayan Kutrugurların, Ak-Kazırların, Işgil ya da Isgillerin isimlerini sayarlar. Bu arada Tokuz Oğuzların ve On Uygurların hareket alanlarıysa bunlara göre daha doğuda, Baykal Gölünün güney bölgeleridir, bu boyların hareketlenmesi de daha sonraki bir tarihe rastlar. Öte yandan Islam kaynakları ilkin Tokuz Guzların, daha sonra sadece Guzların, yani Oğuzların doğuya gelişiyle ilgili olarak zamanımıza çok daha yakın bir tarih verirler. Özellikle yer ve tarih saptamalarıyla ilgili olarak bütün bu iddialar açıklık kazanmamıştır.

Yaygın ve dağınık olarak kullanılan çok fazla eski adın bulunmasının dışında tüm saptayabildiğimiz bir de milattan sonra ilk 500 yılın son yüzyılları boyunca Türklerin art arda dalgalar halinde Doğu Avrupa'ya doğru kaymış olduklarıdır.

Aral Gölünün bozkırları üzerine toplanan bilgilerin eksikliği araştırmacıları kesin bilgiye ulaştırmak yerine, ancak varsayım üretmeye götürmüştür. Bazılarına göre Çi-Çilerin halefleri ile II yüzyılda onlarla birleşen Hiong-nular batıya doğru göçlerine devam ederek çok geçmeden bugün Ukrayna dediğimiz bölgenin güneyine Volga ile Don arasına ulaşmış olmalıydılar. Başkalarına göreyse tam tersine Hiong-nular bulundukları yerde kalarak karşılarına çıkan ve bugün kim olduklarını maalesef bilemediğimiz bazı kitleleri oradan sürmüş olmalıydılar. Dolayısıyla bizim orada Hun (eğer aslı değiştirilmediyse 150 yılında Ptoleme'de, "Hunoi" olarak geçmektedir) adıyla karşımıza çıkacak olanlar ya bu Hiong-nulardır ya da kendilerinin onlar olduğunu iddia eden bu isimsizlerdir. Hun ismi talihin bir rastlantısı olamayacak kadar Hiong-nuların ismine benzemektedir, o kadar ki Hiong-nu kelimesinin Sogdcası Hun'dan başka bir şey değildir.

Hunlar

Eğer Ptoleme'nin belirlemeleri gerçeğe uygunsa, Hunlar MS II yüzyılda Aşağı Volga bölgelerine yerleşmiş olmalıydılar. Burada, MÖ III yüzyıldan sonra Karadeniz'in kuzeyindeki Volga ve Dinyester Nehirlerinin arasında kalan bozkırlara gelerek İskitlerin yerini alan Sarmatlarla ilişki kuracaklardır (bu tarihte değilse daha ileri bir tarihte). Ayrıca II yüzyılda İskandinavya'dan inerek, Dinyeper'in batısına yerleşen Gotlarla da komşu olacaklardı.

En azından Hunların, 374-375 tarihlerinde Balamir ya da Balamber adındaki bir önderin yönetiminde Don ve Dinyeper'i aşarak Cermen olan Vizigotlara, Ostrogotlara ve paleo-Asyalı olan Alanlara saldırdıkları kesindir. Kendilerinden daha vahşi ve daha iyi silahlanmış olan Asyalıların bu baskını karşısında darmadağın olan Cermenlerin her biri dehşete düşüp selameti kaçmakta bulmuştur. Daha önce görmüş olduğumuz gibi, aynı dönemde, binlerce kilometre uzakta, Çin'e yapılan saldırılarla büyük ölçüde benzerlik gösteren bu müthiş barbar akınları böylece Avrupa'nın kapılarına da dayanır.

Üç gruba bölünmüş olan Hunlar, Uldız ve Muncuk'un saltanat sürdüğü dönemlerde kaçmayanları bir araya topladılar. Artık onlar Ural Ovaları ile Karpatların rakipsiz efendileridirler.

Romalılar onlara saygı duyuyor olmalıydılar: Hunlardan korkmaktan çok onlara hayrandılar. Hatta Romalılar çocuklarını Hunlara rehin olarak sunup, karşılığında Vizigotlara (427), Fransızlara (428) ve Burgondlara (430) karşı kendileriyle ittifak yapmalarını isterler. (Aetius, yani Attila'nın hem arkadaşı hem de gelecekte kendisini yenecek olan düşmanı da 405-407 tarihlerinde rehin verilmişti). Böylece o tarihlerde İtalya'da, Galya'da, hatta söylendiğine göre Toulouse kadar uzak bölgelerde bile Hun atlıları görülür. Onlara Roma İmparatorluğunun en güvenilir müttefiki olarak bakılmaktadır. Yoksa Romalılar da Çinliler gibi kendilerini en yakın komşularından en uzaktakiler vasıtasıyla mı korumayı tercih ediyorlardı? Romalılar herhalde Hunları henüz gelecek kuşakları için endişe ya da korku verici bir halk olarak görmüyorlardı.

Attila'nın sarayında 448-449 yıllarında elçilik yapan Priskos, şatafat tutkunu, uygarlaşmaya yetenekli bu yabani koca adam için acaba tarafsız bir yargıç olabilmiş midir? Söylediklerine bakılırsa, Hunların kralı, büyük bir olasılıkla Eflak'ta bir yerlerde, üzerinde kulelerin yükseldiği duvarlarla çevrili ahşap bir kentte ikamet etmektedir. Sarayı tahta oyma işleriyle ve kıymetli yün halılarla süslüdür, kıyafetleri nakışlarla donanmıştır, kıymetli, taş kakmalı, altın ve gümüş sofra takımlarından yemek yemektedir. Etrafı kendisine yardım eden, fikir veren tercüman kâtiplerle, birtakım ünlü yabancılarla çevrilidir (Cengiz Han'ın da yapacağı gibi): örneğin Yunanlı Onegesios, Romalı Orestes. Çift başlı imparatorluk hakkında bilmediği hiçbir şey kalmamıştı ve Yunanca ile Latinceyi de çok iyi konuştuğu da iddia edilmektedir. Büyük bir askeri uzman, yönetmeyi bilen iyi bir kılavuz ve her zaman uzlaşma yolunu savaşa tercih eden usta bir diplomattı.

Attila iktidara 434 yılında kardeşi Bleda'yla birlikte geçmiştir. Bu iki kardeşin ilk önemli sorunu II. Theodosius'a, seleflerine vaat ettiği 350 altın-lira yıllığı ödetmek, hatta miktarı arttırmak, daha fazla istekler karşısında da iki katına çıkartmak olmuştur. Bunun gerçekleşmesi için de birkaç şehre sefer düzenlemesi ve buraları yakıp yıkması gerekmiştir, fakat sonunda uzlaşırlar. 445 yılında Bleda öldüğünde ya da ortadan kaldırıldığında, bu görüşmeler sürmektedir. Elçi Priskos'un bulunduğu konuma gelmesiyse bu olayın hemen sonrasındadır. Derken her şey bir anda değişir. Batıda çıkacağı iki sefer Attila'yı "Tanrının Gazabı"na dönüştürecek ve azim dolu tüm yaşamı boyunca elde ettiğinden çok daha fazla şöhrete kavuşturacaktır. Artik kendisi, geçtiği yerde ot bitmeyen adamdır, o zamana kadar hiç dikkat çekmeyen askerleri Hunlarsa, insanlıktan nasibini almamış yaratıklardır. Attila'nın yöntemleri kendisinin bir Cengiz Han, bir Timurlenk gibi bazı çok uzak ardıllarının kullanacaklarına benzemektedir: atom bombası kadar caydırıcı bir silah olan teröre dayalı bu yöntemler kayıtsız şartsız teslimiyet ile toptan imha dışında hiçbir seçenek bırakmazlar. Zaten bu yıldırım seferlerin esas amacı fetihlerden çok yağmaydı, yayılma ve genişlemeden ziyade kadın ve altın tutkusuydu (bu seferler, hayvanların yeniden otlağa dönene kadar dayanabilecekleri dört beş aylık bir süreyi aşmıyordu).

Galya'da ve İtalya'da Attila

451 kışının Şubat sonlarında Attila, Tuna ve Ren Nehirlerinin yukarılarına kadar çıkarak Mayence'de yani bölünmüş sınırın savunmasız noktasından Roma İmparatorluğuna girer. Burası Frenklerin 440-441 savaşında yol açtığı felaketlere rağmen Roma mülkiyetine ait tüm topraklar içindeki hâlâ en kalabalık, en etkinlik dolu ve en dü-

zenli bölgeydi. Attila burayı tıpkı bir bomba gibi ani ve şiddetli bir biçimde vurur. Şehirler ya para ödeyecek ya da yakılacaklardır. Hem yakılır hem de para öderler: Trèves, Metz, Laon, Troyes, Saint-Quentin, Auxerre, Lutèce, Orléans. Korku içindeki halk devasa bir göç dalgası halinde tepelere, ormanlara kaçışır, sokaklara dökülür. Hunlar, Roma İmparatorluğu içinde de görev yaptıklarından iyi tanınıyorlardı. Konstantinopolis'e yaptıkları saldırılar da biliniyordu, İllirya'yı (Arnavutluk), Moesia'yı, Makedonya'yı, Trakya'yı dümdüz edip bir çöle çevirdiklerine, ki bu biraz şüphe götürmektedir, canı gönülden inanılmaktaydı (444-447). Attila'nın geçtiği her yerde, sanki ayağını bastığı yerde azizler bitiyordu: Troyes'de Loup, Orléans'da Aignan, Lutesya'da Geneviève, piskoposlar, bakireler yani donup kalmış Galya adına konuşma gücüne sahip olanlar. Tanrı'ya yöneltikleri hiçbir işlerine yaramayan, sonsuz dualarıyla barbarlara ne söylüyorlardı? Attila ise Ren'e doğru ilerlemesini yavaşlatan ağır ganimetinin yükü altında iki büklümdü. Acaba Orléans'da bir başarısızlığa mı uğramıştı? Kuşkusuz, ama öte yandan da yenildiğine dair hiçbir kanıt yoktur. Artık üssüne dönmek için yeteri kadar zengindir. Tüm gücünü yitirmiş haldeki ülke uğradığı yıkımın boyutlarını ancak fırtına dinince fark eder. Tüm ülke yardım ister. Geç de olsa Aetius'un lejyon birlikleri ve Galyalılardan oluşan yardımcı kuvvetler şanslarını bir kez daha denemek isterler. 451'in 20 Haziran günü Troyes'in yirmi kilometre dışındaki Katalanum ovalarında ya da bugün tercih edilen adıyla Mauriacus ovalarında Hunlara yetişirler. Bu ünlü alanı tam olarak ifade edebilmek için bu meydan muharebesinin belirli tek bir alanda değil, koskoca bir eyalette yapıldığı söylenir, yüz binlerce adamın manevralarını gerçekleştirebileceği kadar geniş bir alanda!

Attila savunmada beklemektedir. Ama bu durum pek ona göre değildir. Bozkır insanı girişimci olmalıdır. Yoksa yurdundan çok mu uzağa gitmiştir? Bütün bu ganimetlerle, bir yığın adamını feda etmeden kurtarmak istediği bunca çalınmış malla aşırı mı yüklenmiştir? Kendisi için korkunç olabilecek tek adamı, "arkadaşı" Aetius'u küçümsemiştir. Can çekişen Roma İmparatorluğunun böyle bir çıkış yapabileceğine inanmamıştır. Kendisini sıkıştıran ordu, Galya-Romenlerden, aralarında Loirèlı Alanların ve Teorodik'in yönetimindeki Vizigotların da bulunduğu her türden barbardan oluşmuştur. Attila yenildiği takdirde, savaşlarının bütün meyvelerini, itibarını ve o gün kendi tarafında olan Frenkler, Ostrogotlar ve Gepidler gibi bağımlı beyliklerinin ve uzaklarda bozkır ormanlarında yaşayanların sadakatlerini kaybetme riskini taşıyacaktır.

Eski bir taktiğine başvurur: yük arabalarını arkasında gizlenebileceği bir siper meydana getirmeleri için daire şeklinde dizdirir. Düşmanını zayıf düşürerek kamp yerlerine ulaşmalarını engellemek için öğleden sonra üçte üzerlerine süvarilerini saldırttığı söylenmektedir. Kamp mahalline sadece Vizigotlar ulaşabilecektir, üstelik de boşuna. Daha sonraysa Attila gece karanlığından yararlanarak geri çekilir ve Ren Nehri doğrultusunda yola koyulur. Aetius şafak vakti savaş alanında tek başına kaldığını fark eder ve Hunları yendiği için övünür durur.

Elbette Hunlar yenilmemişlerdir; belki sadece zamanın kurnaz propagandacıları kendi çağdaşlarını onların yenildiklerine ikna etmeyi başarmışlardır. Oysa Hunlar savaştan hiçbir zarar görmemişlerdir. Hatta ordu öylesine yerindedir ki, Attila bir yıldan az bir zaman sonra yeni bir sefere çıkar. Bu defa artık alacağı bir şey kalmayan Galya'ya değil, İtalya'ya doğru yola koyulur. Latin şehirleri birbiri ardına düşer. Papa Attila'nın karşısına çıkar ve kendisini çekilmeye ikna eder. O da Loup gibi, Aignan gibi, Paris'in koruyucusu Nanterreli güzel kız gibi Aziz Büyük Léon adıyla ermişler listesine eklenmiştir; Troyes'de, Lutesya'da, Orléans'da, Roma'da yaşanan bu dört mucize, talihin Attila için fazlasıyla yaver gittiğini gösteriyordu ... özellikle alması son derece kolay olan Roma'da! Aslında mucizelerden söz etmek gerekiyorsa buna değecek tek bir mucize vardı; o da Hıristiyanlık dünyasının, Tanrı namına konuşan herkese karşı korku ve saygı duyan gerçek bir Altaylı tarafından saldırıya uğramış olmasıydı. Bu adam belki de Hıristiyanlığın gücünü iyi kavramış, imparatorluk içindeki geleceğinin bu dine bağlı olduğunu anlamıştı. Katalon vadilerindeki karşılaşmaların coşkulu anlatıları okunduğunda bu savaşın çok büyük bir efsane yarattığı anlaşılmaktadır. Got tarihçi Jordanès, "Bu çok büyük, korkunç, bugüne kadar duyulmamış bir savaştı. İlkçağ bunun eşini benzerini görmemiştir... Küçücük bir dere bir sele dönüşüp kan olup akmıştır... Dünyanın en yiğit uluslarının bu büyük savaşında iki tarafın tam yüz altmış beş bin adamı telef olmuştur" diye anlatır. Açıkça görülüyor ki Galya'yı kurtarmaya bu savaş da yetmez. Fakat bundan sonra Hunları bir daha hiç görmedikleri için Galyalıların kurtulmuş olduğu iddia edilebilir. Attila 453 yılının Mayısında, sarışın Cermen İdilko'yla evlendiği günün gecesinde öldü; belki de katledildi ya da onca seks taşkınlıklarından, oburluklardan ve içki âlemlerinden sonra şiddetli aşk arzularının kurbanı oldu.

Attila'nın imparatorluğu bir anda parçalanır. Gotlar ayaklanırlar. Diğer Cermenler de ayrılırlar. Hunlar doğuya çekilirler ya da kendilerinden önce Hiong-nuların da başına geldiği gibi Romalıların himayesini isterler. Neticede bağımlı olarak Roma toprakları dahilindeki Moesia ile Dobruca'ya yerleşirler.

Bir destan yeniden yazılabilir mi? Bozkır insanları güçten düştükleri gerileme devirlerinde hep geçmişin güzel günlerini yeniden yaşamayı hayal ederler: Attila'nın oğullarından biri Bizans'a saldırır. Fakat çocuklar her zaman babalarına benzemez. Attila'nın oğlu başarısızlığa uğrar, mızrağın ucuna geçirilmiş kellesi Hipodrom'da halka teşhir edilir.

Hunların Sorunu

Sözünü ettiğimiz bu olaylar Hunları Türk olarak kabul ettiğimizi ima etmektedir: ya da daha kesin konuşmak gerekirse Hunların ortak ana gövdeden çok önce kopmalarına rağmen Türklerle aynı dil ailesinden geldiğini göstermektedir. Bu konuda oryantalistlerin büyük bir çoğunluğu fikir birliği içindedir. Ukrayna'da yapılan kazılar ortaya pek kesin bilgiler koymamışsa bile Macaristan'dakiler Hunların adeta çarpıtılmış biçimde bir brakisefal ırktan olduklarını göstermektedir. Ayrıca Hunlar ortadan temelli silindiklerinde onların yerini tartışmasız proto-Türk kabul edilen boyların aldığını görüyoruz. Bunlar Hunların ya mirasçıları ya da bağımlılarının uzak akrabalarıydı. Bu boyların tümü Tie-lolarla, yani ele geçirilemeyen On Uygurlarla birlikte gelmemişti!

Dile gelince o da bizim için hâlâ pek zayıf bir kaynak teşkil etmektedir. Hun dilinde bilinen tek kelime, hem Türkçe hem de Got dilindeki karşılıklarının da ortaya koyduğu gibi *strava*, "şölen"dir. Bir sır gibi anlamı gizli kalan isimlerden biri de bir yığın anlam verilmeye çalışılan *Attila* adıdır, tıpkı Volga'nın Türkçe adı *Idil* ya da *Etil* gibi. Acaba bu olağanüstü adamın adı bir Cermen-Türk adı mıydı? Bütün babaları kapsayan bir sözcük olan "baba" anlamına gelen *ata* sözcüğüne, Cermen dilindeki küçültme eki *-ila* eklenmiş olamaz mı? Böylece bu ad insanların "Küçük Babası," "Babacığı" anlamına gelmiş olamaz mıydı?

İnsan topluluklarının "Babacığı," bir Tanrı gazabı mıydı? Bazı kültürler onu bu gözle görmüşlerdir. Aslında elinde Hunların zarar ve tahribatından başka bir şeyi hatırlamayan ortak geleneğe karşı, ülküleştirilmiş bu kahramana karşı son derece bağlı olanlar da vardı. Türklerin ve Macarların görüşlerinden değil (Türkler Attila'yı XX yüzyılda yeniden keşfedecekler, Macarlarsa onu yüceltmekten asla vazgeçmeyeceklerdir), Almanların ve Fransa'nın çeşitli yörelerinde yaşayan halkların görüşlerinden söz edelim. Almanların destan-şarkıları *Nibelungen* ile Burgonyalıların (Burgonya'ya V yüzyılda yerleşen Cermen kökenliler) epik şiirleri birbirlerine oldukça yakındır. Bu şarkılarda örneğin "Attila'nın sarayındaki Burgonyalı Kralların Şarkısı" veya "Attila'nın Ölümü"nde, Attila'nın ismi *Atli*, iyi kalpli koruyucu baba olarak geçer. Aslında Frenklerin doğuşuyla ilgili olmasına rağmen Alsace yöresinin destanı Aziz Odil (Frenklerin bir kısmı Attila'ya katılmışlardı), Odil'in babası Ethelrik'i (muhtemelen Atli'nin veya İdil'in değişik söylenişi) ve kuzeni Azize Hunna ile kocası Hunno'yu *Hunnawihr* isimli bir şehre yerleştirir.

Juan-juanlar ya da Avarlar

Hiong-nu İmparatorluğunun yıkılması, göçebe toplulukların Çin'e doğru göç etmesi ve Sienpilerin güçsüzlüğü bozkırları efendisiz bırakmıştı. Fakat yeni lider çok geçmeden kendini belli etti. 402 yılından itibaren oluşan ve Çinlilerin küçümsemeyle kendilerine "uğuldayan böcekler" anlamına gelen *Juan-juan* adını taktıkları bu yeni federasyon, çok güçlü bir "imparatorluk" kurmasına karşın, tarih açısından son derece zayıf ve etkisiz kalmanın çelişkisini yaşayacaktır. Juan-juanlar kendilerine "Avarlar" diyorlardı, ki bu ad daha sonra batıda Moğolca konuşan bir grup boy oluşturup bu ismi alanlar tarafından çalınacaktı. Avarların başında bir *şan-yu* değil bir *kağan* ya da *han* bulunuyordu. Han unvanı kağan unvanının değişik bir şekli olup şüphesiz daha düşük bir hükümdar rütbesiydi.

Avarlar Kobdo yöresinde Kao-kiu Ting-lingleri yener yenmez Avar üstünlüğü başladı. O andan itibaren Avarlar Kore'nin kuzeyinden Yukarı İrtiş ve Karaşar'a kadar olan tüm bozkırlara egemen oldular. Onları sınırlayan kendi iç çekişmelerinden çok, kendileri gibi eskiden göçebe olan ve Çinlilerin çekimine kapıldıklarını hiçbir zaman unutmayan Veylerin (Tabgaçlar) daimi uyanıklıkları olmuştur. Veyler, Juan-juanlara karşı giriştikleri önleyici savaşlarına ara vermezler: 402'de onları Ordos'tan uzaklaştırırlar, 425'te Moğolistan'ın kuzeyine doğru püskürtürler, 439'da Kansu'yu ilhak ederler ve nihayet 458'de Juan-juanlara geriye artık gölgelerinden başka hiçbir şey bırakmayacak şekilde darbe indirirler. Tölösler Türkçe konuşan bir halk olduklarından Moğolca konuşan bir grubun egemenliğine tahammül edememiş olmalılar, dolayısıyla büyük bir olasılıkla kimsenin kendilerini cesaretlendirmesine gerek kalmadan başkaldırmışlardır. Fakat buna rağmen, onları VI yüzyılın başlarındaki dur durak bilmeyen isyanları için de Veylerin kışkırtmış olması hiç de imkânsız değildir. Veyler 534 tarihinde parçalandıklarında Juan-juanlar henüz başlayamadıkları kendi zafer tarihlerini yazmak için nihayet önlerindeki yolun açıldığını gördüler. Fakat işte tam bu sırada birdenbire tarih sahnesinden siliniverdiler. Gelecek bölümde bu konuya değineceğiz.

Eftalitler

Juan-juanların, yani Avarların Altay Dağlarında yaşayan ve Eftalit, Ye-ta ya da Ak Hunlar adı verilen bir halktan oluşan vasalları vardı. Avarlar bu halka boyun eğdirmekle beraber onları küçümsemiyor, hatta onlarla evlilik ilişkileri kuruyorlardı: Avarların en meşhur kağanı A-na-kuei, Eftalit hanının yeğeniydi.

Bu halkların tarihi, tarihçi için ortaya pek çok soru atar. Daha önce de gördüğümüz gibi sadece değişik isimlerle karşımıza çıkmakla kalmazlar (aynı halka Çincede Hoa, Hintçede Houna denilmektedir), aynı zamanda bu küçük dağ boyunun ne zaman ve nasıl bozkırlara yayıldığı tarihçiler tarafından bilinmemektedir. Bu boy V yüzyılın sonlarındayken henüz bir hiçti. Ancak VI yüzyılın başlarına gelindiğinde Ili, Balkaş gölünün güneyi, Issık Gölü kıyıları, Çu ve Talas havzaları, hatta Sirderya'nın sağ kıyısından Aral Gölüne kadar olan yerleri içine alan geniş bir bölgenin sahibi durumuna gelivermişti bile. Dahası konuştukları dil tek bir dil grubuna ait değildi, birçokları onlarda proto-Moğol özellikleri görürken, başka bir grup da onlarda proto-Türk kimliği bulmaktadır. Eftalitlerin ilk temel yaşam alanlarının Türkçe konuşanların bölgesi olan Altaylar olması adeta bu ikinci görüşü doğrular gibidir. Ancak kesin olan bir şey varsa, o da bu boyun etnik olarak zamanın diğer topluluklarından daha fazla bütünleştirilmiş olmadığıdır. Ayrıca konuştuğu dil, her zaman için tartışma konusu olan yönetici sınıfın yanında Türkçenin temsilcileri de bulunmaktaydı. Bu bozkır imparatorluklarında tarih belki ikincil olgular bağlamında değişebilir, ancak temelde değişmemektedir.

Eftalitler kesin olarak bilinmeyen, ama büyük bir olasılıkla 440'tan önceki bir dönemde Baktriane ile Sogd ülkesine aynı tarihlerde girerler. İran'daki Sasanilere komşu olunca da onlarla dalaşmadan duramazlar. Fakat kendilerine pahalıya mal olan birtakım başarıları elde ettikten sonra Sasanilerle anlaşma yoluna gidip tüm güçlerini Hindistan'a yöneltmeyi tercih ederler. Sonuç olarak Iran, Akdeniz ile Eftalitler ve Budizm ile Hıristiyanlık arasında bir engel oluşturarak daha önceki yüzyılların yakınlaştırdığı iki dünyanın arasını açar.

Zamanında inşa ettirdikleri surların kalıntıları bugün de görülebilen Kâbil'in efendileri, Hint-Ganj yarımadasına düzenleyecekleri saldırılarda kullanılabilecek en iyi üsse sahiptiler. Bu yarımadanın hâkimi Gupta Imparatorluğuydu (90-685). Acaba Kağan buraya bu nedenle mi bizzat gitmemişti? Öyle gözüküyor ki Kağan, sefer için, kendi çıkarı doğrultusunda hareket etmemek kaydıyla Kâbil Tegini'ni (prensi) vekil tayin etmişti. Harekât yaklaşık 455 yılında başladı. Önceleri büyük Kumara Gupta'nın, sonra da oğlu Skanda'nın güçlü direnişi Eftalitleri uğraştırdı. Ancak Gupta Imparatorluğu, Skanda'nın 470'te ölmesinden sonra çıkan uyuşmazlıklardan dolayı zayıf düşünce Eftalitler yıkım ve talana giriştiler. Hintlilerin belleklerine Eftalit işgaline ait çok korkunç ve kalıcı bir hatıra işlemiştir. Çinli gezgin Hiuan-tsang ise bunu doğrulayan bir betimleme yapmıştır. Hiuan-tsang'a göre Kandehar nüfusunun üçte birinin boğazı kesilmişti, geri kalanı esaret altında zulüm görmüştü, Budistler yerlerinden kovalanmış, tapınaklar da sistematik biçimde yıkıma uğramıştı.

Yapılan bu kötü muameleler üzerinde düşünmek gerekiyor. Türk ve Moğol geleneğinde din konusunda hoşgörüsüzlük yoktur. Ayrıca Hindistan'da yaşanmış bu olayların benzeri Orta Asya'nın vahalarında hiç yaşanmamış gibidir. Hatta tam tersine bu vahalar altın çağlarının arifesindedirler. Bu durumdan kesinlikle şu sonucu çıkarabiliriz: Orta Asya vahalarında yaşayan insanlar, daha sonraları Cengiz Han'a katıldıkları gibi, kendi ülkelerini istila edenlerle gönüllü olarak birleşiyorlardı. Oysa Hintlilerin saldırganlara canla başla karşı koymaları katliam için kışkırtıcı bir etken olmuştur. Bu korkunç talandan sonra Budistler intikamlarını almakta gecikmezler. Tu-kiu [Tu-küe] ve Sasanilerin işbirliğiyle birkaç on yıl içinde Eftalitler tamamen ortadan kaldırılacaktır (565).

Kendi yaşam tarzlarına sıkı sıkıya bağlı olan Eftalitler tam anlamıyla barbardılar. Biri Herat yakınlarında, diğeriyse Baktra'da (bugünkü Belh) bulunan iki daimi başkentleri olmasına rağmen oralarda kalmıyor, yerleri değişen kamplarda keçe çadırlar içerisinde yaşıyorlardı. Su ve otlak peşinde yer değiştirip, yazları serin, kışlarıysa daha ılıman bölgelere gidiyorlardı. Büyük bir lüks içinde yaşamaktaydılar. Zenginlik ve şatafatlarını sergiliyor, diğer uluslarla ilişkilere giriyorlardı. Çin'de bulundurdukları elçiler gibi en azından Bizanslı Theophanes, Menandros ve Prokopios gibi bazı kişiler tarafından batı dünyasınca tanınıyorlardı ve bu anlamda burada da elçileri olduğu söylenebilir.

Güçlerini tamamen kaybettikten sonra Eftalitlere ne olduğu hakkında pek bir şey bilinmemektedir. Büyük bir çoğunluğu kesinlikle Hint nüfusu içinde, soylularının bir bölümü de gururlu Racput aristokrasisi içinde eriyip gitmişlerdir. İçlerinden bazıları Doğu Afganistan'da yerel bir soylu sınıfı oluşturdular, belki de Hıristiyanlığı kabul eden bir soylu sınıfı. Tarihçi el-Harezmi'ye göre Türkçe konuşan bir halk olan Kalaçlar (Halaçlar) işte bu sınıftan gelmedir. Bu insanlar ünlerini uzunca bir süre korudular. XIV yüzyıla ait *Oğuzname*'de onların doğuş efsanesi anlatılır; burada onların ilk yurdu olarak çeşitli İslam kaynaklarının da onayladığı Kâbil yöresi gösterilmektedir. Belki Halaçların uzak torunlarını, Afganistan'ın XIX yüzyılda halkının Müslümanlığı kabul etmesiyle adı Nur Ülkesi olan ve eskiden *Kâfiristan* (imansızların ülkesi) denilen bölgesinde yaşayan *Kâfirler*'in arasında ve Pencap'ın kuzeyindeki Yukarı Swat yörelerinde yaşamış, yarattıkları muhteşem güzellikteki, adeta canlı gibi duran ahşap put ve heykelleri borçlu olduğumuz halkın arasında aramamız gerekir.

III. BÖLÜM

TÜRKLERİN ORTAYA ÇIKIŞI

Juan-juan egemenliği (407-552) çoğunluğu Türk olan Yukarı Asya halkları tarafından pek hoş karşılanmamış gibi gözükmektedir ve Türkçenin baskın olduğu, Moğolcanın ise özellikle Uzakdoğu'da egemen olduğu uzun dönem sırasında tarihsel bir rastlantı olarak belirmiştir.

V-VII yüzyıllara ait bir Türk dünyası haritası çıkarabilmenin imkânsız olduğunu kabul etmek gerekir. Çin yıllıklarına çevriyazı yoluyla geçmiş birçok adın kabul edilmesiyle ilgili olarak henüz bir görüş birliğine varılmamıştır. Yerleşim bölgeleri de belirsiz olmadıkları durumda bile açıkça çelişkilidir. VIII yüzyıldaki Türkçe yazıtlara gelince, bunlar halkların dökümünü vermelerine, Türkçe dilinde yazılmalarına ve çok açık olmalarına karşın, savaşlardan söz ettiklerinde yer adlarını tanımlamamıza imkân vermezler. Boy ya da kavim isimleri daha da zor seçilir. Seslendirilmemiş ünsüz öbekleri hem Türklere hem de Türk olmayanlara ait olabilir, hatta bir listede bir boy adının hemen önündeki niteleme sıfatından başka bir şey olmayabilir de. Üstelik herhangi bir Türk oluşumunun herhangi bir yerdeki doğrulanmamış varlığı onun oranın hâkimi olduğunu ya da orada tek başına yaşıyor olduğunu göstermez. Hint-Avrupalılar, özellikle da Sogdlar ya da başkaları bu oluşuma katılıp karışmış olabilirler; hatta karışmış olmalıdır.

V-VII Yüzyıllarda Doğuda Türkçe Konuşan Halklar

Doğu Moğolistan'ın en uzak noktalarında, Mançuryalı proto-Moğolların çevresinde yaşayıp onlarla sıkı temas halinde olan, bazılarınca kısmen Moğollaşmış (?) addedilen Türk halklarından oluşan bir topluluk vardır. Aralarında en tanınmış olanlar İşgiller, Bayırkular, Tatarlar ve Oğuzlardır. Bu sırada Kitanlar veya Kitaylar adındaki proto-Moğollar daha henüz Kadırıkan Tepelerini aşmamalarına rağmen bölgede çok önemli bir rol oynamaya başlarlar ve söz konusu Türk boylarıyla birlikte bu bölgeye yerleşirler. Işgiller ve Bayırkular büyük güçler sayılmazlar: Işgillerin tek bir yaşam alanları bulunmaz, Bayırkular Yukarı Kerülen'de yaşamaktadırlar. Bu ikisinin tersine Tatarlar ile Oğuzların önlerinde, parlak bir gelecek uzanmaktadır.

Tatarlar en azından otuz boydan oluşan "Otuz Tatarlar" adında bir federasyon kurarlar. Derken dokuz boydan meydana gelen ve ilkinden biraz daha küçük olan "Tokuz Tatarlar"ı meydana getirirler, elbette eğer bu sonuncusu ilk gruptan ayrılmış bir grup değilse. Bunlar muhtemelen Bayırkuların aşağısına doğru, Kerülen Irmağı ile Baykal Gölü arasında kalan bölgeye yayılmışlardır. Her şekilde bu gölün güneybatı burnundan öteye geçmemiş olmaları büyük bir olasılıktır. Bazı tarihçiler için bu insanlar çok sonra Türkleşecek olan proto-Moğollardır. Her durumda, önceleri proto-Moğollarla, daha sonraysa Moğollarla sıkı ilişkilerini, adlarının hatalı bir biçimde "Tartar" olarak tüm dünyaya yayıldığı Cengiz Han devrine (XIII yüzyıl) kadar sürdüreceklerdir. X yüzyıla kadar adları çok duyulmayan bu halk, bu yüzyıldan itibaren yiğitliği ve vahşetiyle adını sık sık duyuracaktır; ne yabaninin ne de yiğidin hiç eksik olmadığı bir ülkede bunlar ana özelliklerdendir. XI yüzyılın büyük sözlük üstadı olan Mahmud el-Kaşgari, Tatarları, bu konu hakkında çok bilgili olmasına karşın ya yanlışlıkla ya da aniden gelişen bir Tatar göçü neticesinde, Ötüken ülkesine yerleştirir. Fakat bu halk XIII yüzyılda yeniden Yukarı Kerülen'e yerleşecektir.

Daha önce sözünü ettiğimiz Tokuz Oğuzlara gelince, muhtemelen batı yönünde oldukça uzak diyarlara kadar yayılmış, devasa bir Türkçe konuşanlar topluluğunu temsil etmekteydiler. Çin yıllıklarının Tu-kiu [Tu-küe] olarak adlandırdıkları geleceğin Türkleri de bunların arasından çıkmış olmalıdır. Her ne kadar Uygurlar Tokuz Oğuzlara üstünlük sağlamakla kalmasalar da, Bayırkularla birlikte Uygurları da bu topluluğun içinde sayabiliriz. VIII yüzyıl yazılı kaynaklarına göre Tokuz Oğuzların hareket alanları Baykal Gölünün güney ve güneydoğusunda kalan bölgelerdir.

Gobi Çölünün güneyinde Tibetlilerle Çinlilerden başka hiçbir ırkın varlığından söz etmeyen paleo-Türk yazıtlarına göre bu devirde söz konusu bölgede Türkçe konuşan hiçbir halk yaşamamaktadır. Kendilerinden evvel Hiong-nular ve Juan-juanların da yaptığı gibi Tukiuler de (Türükler – Tu-küeler) Ötüken ülkesini sabit başkentleri yapmadan önce Sibirya'nın güneyinde ve Kuzey Moğolistan'da Kurıkanları, Sir-Tarduşları, Uygurları ve Kırgızları göçebeleştirdiler. Bunlardan ilk ikisinin yaşadıkları yeri tespit etmek zor değildir. Kurıkanlar Baykal Gölünün batısında, bugünkü İrkutsk kenti dolaylarında yaşamışlardır; hatta belki de Uygur Konfederasyonunun bir üyesiydiler. Sürülerini Altay Dağları ile Baykal Gölünün arasındaki Kırgız topraklarında otlatan Sir-Tarduşlarsa gizemlerini hâlâ korumaktadırlar. Henüz V yüzyılda kullanılmıyorduysa da Tarduş kelimesinin pek açık seçik olmayan bir şekliyle VII yüzyılda Doğu Türkleri için kullanıldığı düşünülmektedir.

Uygurlar, yani daha önce de söz ettiğimiz bu on müttefikten oluşan grup (On Uygur), VIII yüzyıl kayıtlarına göre Baykal Gölünün güneyinde bulunmaktaydılar. Tam olarak Ötüken tepelerinin kuzeyi ile günümüzün Sibirya-Moğolistan sınırına kadar olan bölgelerde yaşamış olmaları mümkündür.

Kırgızlar

Kırgızlar bizim varlıklarını kesin olarak bildiğimiz ilk Türk halklarındandır. Kırgızlar, bugünkü Minusinsk ve Abakan şehirlerinin [Sibirya ırmaklarından Yenisey'in büyük kolu Yeni Çay'ın] bulunduğu bölgedeki verimli zengin vadilere yerleşmişlerdir. Bizlerin doğal olarak çok ıssız hayal ettiğimiz bu bölge, uzak başka bölgelerle pek sıkı olmasa da sürekli ilişki içindedir: güneyde kendilerinden Gobi Çölüyle ayrılan Çin ve Tibet'le, batıdaysa önceleri Bizans, daha sonralarıysa Arap dünyalarıyla ilişkilerini sürdürmüşlerdir.

Kırgızların Çinlilerle kurdukları ilişkileri Kırgızların kendi ülkelerinde bulunmuş olan yıllıklar ve paralarla kanıtlanmıştır. Bunun yanı sıra arkeolojik kazılarda çıkarılan VII yüzyıl Budist tapınaklarına ait çanların üzerindeki Çince yazılar ya da Abakan'da bulunan, çinileri Türklere özgü "damga" (*tamga*: Türklerin mülkiyetindedir) motifleriyle süslü Çin tarzındaki bir köşkün varlığı da kanıt olarak gösterilebilir. Batı Asya'yla ilişkiler, örneğin batılı Tu-kiulerin Bizanslı Zemark'a hediye ettiği Kırgız köle gibi ufak tefek olaylarla ya da VII yüzyılda değerli bir ticaret ürünü olan miski Yukarı ve Orta Yenisey'e taşıyan Müslüman kervanlarının kullandığı yollardan söz eden Çin kaynakları ve bu ticareti doğrulamanın yanı sıra Kırgızları Asya'nın bu uzak köşesindeki tüm diğer insanlardan çok daha iyi tanıyormuş izlenimini veren Islam kaynaklarıyla doğrulanmıştır.

Kırgızlar bugünkü Tuva bölgesine de sahipler miydi? Tuva'da bulunan yazıtlar ilk bakışta Yenisey vadisinde bulunmuş olanlarla aynı gibi duruyorsa da, aralarındaki fark etmesi zor değişiklikler bizi iki farklı bölgede birbirinden farklı iki halk olduğunu düşündürüyor. Çok sayıda, ancak kısa olan Yenisey yazıtlarının hepsi (Vasiliev tarafından 1983'te derlenen katalogda 140'tan fazladır), Kırgızların Uygurlara karşı kazandıkları bir zaferi öven Suji dilinde yazılmış olanı hariç, çoğunlukla Türkçedir. Bunların hepsi cenaze törenleriyle ilgilidir. Bu yazıtlarda son derece basmakalıp olan ağıt biçimlerinin yanı sıra bir de ölüm (ortalama 45) ve evlenme yaşları belirtilmiştir. Anlaşıldığına göre evlilik akitleri genelde çok gençken, daha 15, 16 yaşındayken yapılıyordu. Uzun süre, bu yazıtların çok eski tarihlere dayandıkları, belki de en eski Türkçe yazıtlar oldukları zannedildi. Fakat Louis Bazin sayesinde, bu dilin arkaik gözükmesinin sadece kullanılan taşra ağzından ileri geldiği, ayrıca yazı karakterlerinin Kırgızlardan, yazı tarzının ise büyük Tu-kiu imparatorluğundan alındığı keşfedildi. Üzerlerinde tarih bulunmamasına rağmen en eskilerinin VIII yüzyıla dayandığı, en yenilerininse IX yüzyıl ya da X yüzyılın başlarına ait olduğu kabul edilmektedir.

Demek ki Kırgızlar 700'lü yıllarda Türkçe konuşuyorlardı. Ve hiç şüphesiz bu dili en azından bin yıldan beri konuşmaktaydılar. Çinliler tarafından derlenen kelime dağarcıklarında yer alan sözcükler de isimleri gibi saf Türkçedir. Adları, *iz* (iki, ikiz) eki almış *kırk* kökü̈yle açıklanır. Demek ki onlar da, yani "Kırklar" da Oğuzlar ve Tatarlar gibi federe beyliklerden oluşuyorlardı (kabile ya da boy). Fakat halk etimolojisi ve efsane bizi, bu ismin, iki ayrı kelime olan *kırk* ile *kız*'dan (Kırk-kız) oluştuğuna inandırmıştı. Aslında Kırgızlar kendilerinin, refah ve bolluk içinde bıraktıkları kamplarını daha sonra yerle bir olmuş bir halde bulan kırk bakirenin karşılarına çıkan başıboş vahşi köpeklerle birleşmelerinden doğduklarına inanırlar. Bu iyice kökleşmiş ve daha sonra Islamlaşacak mit daha sonra, atalarının bir inek ya da boğa olduğunu söyleyen başka bir efsaneyle yarışacaktır.

Kırgızların bu Türkçe dil grubuna yadsınamaz aidiyetleri, bir o kadar kesin olan başka bir aidiyetle, antropolojik bir aidiyetle çakışır. Bu, bir Hint-Avrupalı grubuyla, hatta bir paleo-Asyalı grubuyla olabilecek bir bağdır. Hıristiyanlığın başlamasından hemen önce, Han sülalesi devrinde Çinliler Kırgızları "mavi gözlü sarışın adamlar" olarak tasvir ederler. Daha sonraları bilinmeyen birtakım eski kaynaklara dayanan Arap yazar Gardizi açık renk tenleri ve kızıl saçları olduğunu anlatır. Bu da bizi Kırgızların Slav özellikleri taşıdığını düşünmeye yöneltiyor. Arkeoloji bilimi Avrupalılıkları gözle görülür şekilde belli olan bu insanların mezarlarını gün ışığına çıkararak yazılı kaynakları doğrulamıştır. Dolayısıyla burada Türkleştirilmiş bir halkla karşı karşıya bulunduğumuz sonucuna varmamız gerekiyor.

Son derece istikrarlı ve ülkelerine bağlı olan Kırgızlar komşularını yağmalamaktan geri kalmazlar ve sık sık Kuzey Moğolistan platolarına akınlar yapmışlardır. Büyük bir imparatorluk macerasına ise sadece bir kere kalkışacak, onda da başarıya ulaşamayacaklardır. Sonra da XV veya XVI yüzyıldan önce, yani Sibirya'da ilerleyen Rus hegemonyasından kaçmak için göç edene kadar, ülkelerini yeniden bırakıp gitmeyi bir daha hiç düşünmeyeceklerdir. Bu göçten sonra, onları karşımızda bulduğumuz yer bugünkü Kırgızistan Cumhuriyetidir.[Φ]

Barthold, Kırgızların kendilerini, "medeniyetin özellikle düşük bir düzeyine" tanıklık eden, çok kaba kişiler olarak gösterdiklerini söyler. Ancak Moğolistan'ın onların hâkimiyeti altındayken gerilemeye

---

[Φ] Bugün, bütün Türk halkları arasında Moğol ırkının özelliklerini en fazla taşıyanların Kırgızlar olması ilginçtir.

maruz kalmasından başka bu fikri doğrulayacak hiçbir şey yoktur. Vârisi oldukları Yenisey Vadisi eski çağa dayanan bir sanat kültürüne ev sahipliği yapmıştır. Buralarda tarihöncesine ait büyük bir sanat ekolü MÖ 1000'den çok daha eski devirlerde gelişmişti. Bu Karaşuklar (1300-700) ekolü olup Tagarlar (700-300) denilen başka bir ekol tarafından miras alınmıştır. Bunların her ikisi de bozkır sanatının temsilcileridir. Buralarda oluşmuş geleneksel sanat sağlam temellere dayanmaktadır ve kendisinden geriye basit birtakım izlerden çok daha fazlasını bırakmıştır. Kırgızlar imparatorluklarını kurdukları sırada sanatlarında herhangi bir zayıflık ya da gerileme belirtisi yoktur. Yaklaşık on kasabada, ırmak boyunca uzanan pek çok ıssız alanda onların lehine tanıklık edecek nesneler bulunmuştur: bunlar hayvan resimleri konusunda gerçekçilik ile anlatımsal üslupçuluğun enfes birleşimini sergilerler. Minusinsk şehri yakınlarındaki Kopeni'de, üzerlerinde atlayan vahşi hayvanların, dörtnala uçan atların ve "Pers ya da Part oku" tarzında omuzlarının üstünden geriye doğru ok atan süvarilerin resimleri bulunan koşum takımı parçaları ile plakalar çıkmıştır. Atçılık ve binicilik malzemelerinde görülen bu bolluk "göçebe süvariler ekolü" diye bir adın ortaya çıkmasına neden olmuştur.

Göçebe süvariler konusundaki güvenilir kaynaklar pek fazla tatmin edici değildir. Kuşkusuz Kırgızların asıl uğraşı hayvancılıktır, fakat oldukça gelişmiş sulama sistemleri sayesinde tarım da yaparlardı (darı, arpa, buğday). Maden çıkarıp işler (demir, kalay), ticaretle uğraşır ve bu kaynaklarından eğlenceye düşkün ruhlarını doyurmak için yararlanırlar.

Kırgızların akrobat ve hayvan eğitmenlerinden söz eden Çinlilere göreyse müzik ve sirkten de hoşlanırlar. Derken birden şehirleşme başlar: memleketlerinde VIII yüzyıldan önce yalnızca tek bir şehir var gibidir, fakat IX yüzyıl ila XIII yüzyıl arasındaki süreçte şehirler çoğalır. Budizm onlara bilinmeyen oldukça erken bir tarihte ulaşmıştır. Ve kesinlikle Müslümanlık ile Hıristiyanlık da. Buna rağmen onlar yine de esas olarak Şaman olarak kalmaya devam etmişlerdir. Şamanın Türkçesi olan *kam* kelimesine ilk olarak Kırgızlarda T'ang devrinde rastlanması da salt bir tesadüf değildir.

Batıdaki Türkçe Konuşan Toplumlar

Moğolistan ve Sibirya'da uzanan Altay Sıradağları, I yüzyıldan itibaren Türk halklarının barınma bölgelerini oluşturmaktadır. Özellikle kuzeyde Pazırık'ta, sonra biraz daha güneyde Çibe'de (MÖ I yüzyıl) ve Katanda'da da (günümüze biraz daha yakın) geniş arkeolojik kazı alanları vardır. Eğer bu alanlar, bu halkların söz konusu uzun yolculuklara ölülerini gömmek amacıyla çıktıklarını kanıtlamasalardı ve Çin mürekkeplerinin yanında buzulların arasında çok iyi muhafaza edilmiş ve üzerinde Ahamenid etkisinin de açıkça görüldüğü ilk örgülü halılar bulunmasaydı, ister istemez bu çok yüksek bölgeleri uluslararası kültür hareketlerinin tamamen dışında hayal edecektik. Buralarda dünya tarihinde çok önemli roller üstlenecek iki halk yaşamıştır; birincisi daha önce de görmüş olduğumuz Eftalitler, diğeriyse yakında göreceğimiz gibi Türk ismi taşıyacak olan ilk Türklerdir. Bunlar daha çok adlarının Çince yazılışı olan Tu-kiu'yle (Tu-küe/Tu-jüe) tanınırlar.

Batıda Balkaş Gölünün kıyılarına kadar olan bölgede Karluklar ("karlı, kar gibi") yerleşmişlerdi. Karluklar, VIII yüzyılda Orta Asya'daki Çin egemenliğini alt etmek için Araplarla birleşeceklerdir. Yine bu bölgede, belki de büyük bozkır imparatorluklarının batı kanadından ibaret olan, Tarduşlar gibi bilinmezlerle dolu olan Tölösler de yaşamaktadırlar.

Altay Dağlarının güneyindeyse Çinlilerin Türkçede ne anlama geldiğini bilmeden Şa-t'o (Cha-t'o) adını verdikleri birtakım "çöl adamları" göçebe hayatı sürdürmekteydiler. Bunlar Çin'i kendi adlarıyla istila edecek olan en son Türklerdir. Cungarya'nın güneydoğusundaki komşu bölgelerde Basmiller yaşamaktadırlar. "Basmil," *basmış* kelimesinin *-l* harfiyle değişikliğe uğramış şeklidir. Zamanla bir ada dönüşmüş olan bu lakap aslında, Basmillerin fazlasıyla yakınlarında bulunan yerleşik alanlara, özellikle Tarım havzası ile çevresindeki zengin vadilere uyguladıkları baskılara gönderme yapmaktadır. Elimizde onların bu bölgelere gerçekten girdiklerini kanıtlayacak hiçbir olgu yoktur, hatta geleceğin Doğu Türkistan'ı, yani Sin-kiang hâlâ esas olarak Hint-Sasani kültürü ile Budizm krallıklarına ait bölgeler olarak kalmaktadır.

Türgişlere nihayet Balkaş Gölünün güneyinde rastlıyoruz. Bunlar Tu-kiulerle, yani Türklerle çok yakın akraba olmalılar, çünkü isimleri *-eş* (arkadaş) eki ile *Türk* kökünden oluşmaktadır. VIII yüzyılda Tu-kiuleri sık sık On Ok adıyla karşımızda buluyoruz. Bu halkı Çinliler "Sarılar" ve "Karalar" diye ikiye ayırırlar. Önceleri Tu-kiu İmparatorluğunun kurucu elemanı, sol kanadı olarak, daha sonra 766'da ise, Karluklara bağımlı bir halk olarak tanınmışlardır.

Her ne kadar eksik de olsa bu tablodan çıkan sonuç, etkili ve dinamik bir Türk dünyasının görece dar (genel hatlarıyla 45-55. paraleller arası), fakat çok uzun bir toprak parçası üzerinde, hemen hemen kesintisiz olarak, kuzey ormanları ile güneydeki büyük uygarlık yatakları arasında Mançurya sınırlarından Bizans sınırlarına kadar yayıldığıdır.

Tarihteki İlk Türkler

Veylerin kendilerine karşı 458 yılında sürdürdükleri saldırılar sonucunda oldukça zayıf düşen Juan-juanlar (Avarlar), yeniden bağımsızlıklarını elde etmek için sabırsızlanan Tölöslerin sürekli isyanlarına karşı koymak zorunda kalırlar (503, 516, 521). Bu yılmaz isyankârlar tek başlarına başarılı olamayınca komşularını da bu ayaklanmaya katmaya karar verirler. Onlarla temasa mı geçmişlerdir, yoksa ne istediklerini komşuları mı tahmin etmiştir? Belli değil. Her ne olursa olsun, Altay kabilelerinden biri 546'da Tölöslerin bu planlarından haberdar olur ve onları Juan-juanlara ihbar eder ve ayaklanma başlamadan bastırılır.

O güne kadar ki bilgilerimiz dışında kalan bu boyu önceleri isminin Çince yazılışı olan Tu-kiu'yle (Tu-küe) tanıyoruz. Bu adın içinde ya tekil olan *Türk* ya da büyük bir olasılıkla çoğulu olan arkaik (aynı şekilde göz önüne alabileceğimiz *Türküt*'ten ziyade) *Türük* kelimesi gizlidir. Daha sonraları 581 sularına ait bir yazıtın ortaya koyduğu gibi bu sözcüğün Sogdcası *Trwk*'tür. En sonunda bu isim, gerçek haliyle, *Türk* ya da *Türük* yazılımıyla, VIII yüzyıla ait büyük yazıtlarda yer alır. *Türk* kelimesi "güçlü" ya da "güçlüler" anlamına gelmektedir ve hiç şüphesiz ki bu ifade, kavime ya da boya ilişkin bir kimlikten değil, siyasal bir örgütlenmeden kaynaklanmaktadır. Bu isim tüm dünyada sükse yapacaktır, çünkü günün birinde Müslümanlar Tu-kiulerden başka boyların da aynı dili konuştuğunu, fark edip hepsine *Türk* ismini vereceklerdir. Çünkü Tu-kiuler Türkçe konuşanların dünyasına müthiş bir damga vurmuş ve canlanma getirmişlerdir.

Tarihte Bumin Kağan olarak tanınan, Çinlilerinse Tu-men olarak tanıdığı Tu-kiulerin lideri Bumin, Juan-juanların kağanına yaptığı hizmetin farkındadır ve karşılık olarak kızlarından biriyle evlenmek ister. Bu duruma öfkelenen kağan "Sizler Altay Dağlarında bizim silahlarımızı imal eden demirci kölelerimiz değil misiniz?" diyerek Bumin'i reddeder.

Demirci; bu kelimenin üstünde durmaya değer. Türkler yalnızca hayvan yetiştiricisi olmakla kalmazlar, ürettikleri nefis bozkır sanatı eserlerini şöyle bir düşünürsek aynı zamanda maden işleyicileri olmalarına da şaşırmamalıyız. Bu sanattaki ustalıkları kendilerine büyülü bir güç vermektedir; demirci ile Şaman, çağdaş bir Yakut atasözünün dile getirdiği gibi "aynı yuvadan" çıkmadır. Ergenekon adı verilen ve yüzyıllar boyunca dilden dile aktarılacak olan bir mitte, hapis oldukları dağlardan bir demir madenini eriterek kurtuldukları anlatılır.

Bumin, Juan-juanların cevabı karşısında çok kırılır ve alınır. Köle ha? Derhal elçilerinden birini Vey hanedanından bir prensesi istetmek için Çin sarayına gönderir. Onun gözünde bu Vey prensesi bir Avar prensesine eşdeğerdir, üstelik bu ilişki hem aralarındaki dostluğu ortaya koymanın hem de kendileri için Çin İmparatorluğunun yardımlarından, lütuflarından faydalanma imkanı vermektedir. Gayet yüksek bir unvan olan "İmparatorun Damatlığı"na erişen bu Türk, artık hıncını engelleyemez ve başkaldırır. Bumin'in ordusu Juan-juanlarla ilk karşılaşmasından tam bir zaferle çıkar. Juan-juanların kağanı kederinden ölür ve imparatorluğu bir anda yok olup gider (552). Bumin "kağanlık" sanını kendi üzerine geçirerek Kuzey Moğolistan'daki nehir yörelerine, daha doğru bir deyişle "Ötüken tepesinin kutsal ormanı" denilen yere gidip yerleşir. Biz burada, Tu-kiulerin bozkır imparatorlukları kurma geleneği içinde yer alma isteklerini, ayrıca Hiong-nular ve Juan-juanların miraslarını devralıp, onların yaşadıkları topraklara yerleşmedeki azimlerini görüyoruz. Türkler Ötüken Ormanı için şu şarkıyı söylerler: "Ondan daha üstün hiçbir şey olamaz... Eğer orada yaşıyorsan sonsuz krallığın sahibi olarak kalacaksın demektir."

Doğuş Efsanesi

Bumin Kağan, kardeşi İstemi ve oymakları kendilerini Gök Tanrı'nın da arzusuyla bütün diğer insanlardan daha üst bir düzeye, hatta neredeyse dünyanın yaratılışına yerleştirilecekleri kutsal bir köken ve Hiong-nulara dayanan bir soy iddiasındadırlar. Bunu onların VIII yüzyılın başlarındaki haleflerinden biri ünlü bir yazıtta açıklayacaktır: "Yukarıda mavi gök, aşağıda karanlık yeryüzü oluşurken ikisinin arasında insanoğulları belirdi. İnsanoğullarının üzerindeyse benim atalarım olan Bumin Kağan ile İstemi Kağan hüküm sürmekteydi."

Çinliler onların efsanevi doğuşunu sadece ayrıntıda farklılık gösteren çeşitli hikâyelerle anlatırlar. Onların bu doğuş efsanesi Bugut yazıtı (VI yüzyıl) denilen başka bir Türk yazıtının tepesinde bulunan ve dişi bir kurdun karnının altındaki bir insanı temsil eden taş kabartma tarafından da onaylanmaktadır.

"Tu-kiuler Hiong-nuların özel bir koludur. Aile adları A-se-na'ydı. Kendileri apayrı bir topluluk oluşturdular, ama daha sonra komşularından bir devlet onları yendi ve on yaşında bir oğlan çocuğu dışında ailenin tümünü yok etti. Askerlerin hiçbiri, çok küçük olması nedeniyle bu çocuğu öldürecek cesareti kendinde bulamadı. Ve sonunda ayaklarını keserek, çocuğu otlarla kaplı bir bataklığa attılar. Ancak orada dişi bir kurt çocuğu etle besledi. Böylece çocuk büyüdü, dişi kurtla çiftleşti ve kurt gebe kaldı. Ailesini yok eden hükümdarsa hâlâ yaşadığını öğrenince adamlarını onu öldürtmek üzere geri gönderdi. Çocuğun yanındaki kurdu gören adamlar onu da öldürmek istediler. Fakat dişi kurt Turfan ülkesinin kuzeyindeki bir dağa kaçtı. Bu dağda bir mağara vardı, mağaranın içinde dört bir yanında dik dorukların göğe yükseldiği sık otlarla kaplı dümdüz bir ova uzanıyordu. Buraya sığınan kurt, on oğlan çocuğu dünyaya getirdi. Büyüyen bu oğlanlar dışarıdan kadınlarla evlendiler ve o kadınlar da anne oldular. Bunların çoluk çocuklarının her biri kendilerine bir aile adı seçtiler ve içlerinden biri kendisine A-se-na adını verdi."

Bu hikâye elbette Hint-Avrupa kökenli bir efsanedir, çünkü özellikle Roma'nın kurucuları olan Remus ve Romulus'u anlatan Etrüsk mitiyle arasında birçok ortak nokta vardır. Bunu, Türkçe kökenli olmayan kabile adı *Aşina* gibi (*Aşina* ya da *A-se-na* adının, "dağı aşmak" anlamına gelen *aş* fiilinden üretildiği iddiasında olan Boodberg'e rağmen), Acemce konuşanların yaşadığı ve Turfan'da bir vadi olan "Serinde"ye yapılan gönderme de doğrulamaktadır. Bu mit suyun içine, yani hayatın kaynağına terk edilme ve kurt teması üzerinde ısrarla durur. Kurt totem ya da paratotem hayvanı olarak kabul edilen yüce bir hayvandır; uzun süre imparatorluğun daimi koruyucusu ve yol göstericisi olarak kalacaktır ve daha sonra anısı yeniden canlandırılarak yeni bir yaşam bulacağı Moğol egemenliği devrine kadar sürüp gidecektir. Günümüzde de unutulmuş değildir. Bu kurt teması, MÖ II yüzyılda İli Vadisi ile Isık Köl'de yerleşmiş, Hint-Avrupalı olan ve mavi gözlü kızıl sakallı olarak tasvir edilen Vu-suenlerde varlığını sürdürmektedir.

Tu-kiulerde hanedanın resmi dili, Bumin Kağan'ın oğlu, Çinlilerin Mu-han dediği Mugan Kağan'ın (553-572) mezar anıtı Bugut İmparatorluk Yazıtında da olduğu üzere en azından başlangıç devrinde Sogdcadır. Dolayısıyla kendi kendimize, Türükler ayaklandıkları sırada henüz Türkleşmiş değil miydiler, yoksa bunlar Sogd kültürü altına girip kendi ardıllarının da başına geldiği gibi kendi ulusal dil ve geleneklerini yabancı bir tarz uğruna terk etmeye mi sürüklendiler diye sorabiliriz. Ama yine de Türkçe konuşuyor olmaları mümkündür; çünkü yüzelli yılın sonrasında Türkçenin bütünlüğü sağlanmış durumdadır. Ayrıca Tu-kiuler hiç zorlanmadan Avarların yerini alırlar ve gayet az bir zaman içerisinde üstünlüklerini Moğol egemenliğinden bezmiş tüm Türkçe konuşan kavimlere kabul ettirirler.

İranizm ve Budizm

Bugut yazıtlarının Sogdca olması bunların yazarlarının Sogd oldukları anlamına gelmez, bunların Altaylar'da yaşarken İran dünyasından ve kültüründen çok etkilendiklerini doğrular. Tu-kiuler Sogd öğretilerinden yana olmaya devam edecekler, ayrıca İran Sasanilerinin sanatını, gümüş levhalar üzerine Krallar Kralı Hüsrev'in kabartma resimlerini işleyecek kadar etkisinde kalıp beğeneceklerdir. Tu-kiulerin, Çinlilerin "düzenbazlık" ve "fesatlıklarını" her fırsatta dile getirdikleri Sogd danışmanları bulunuyordu. İmparatorluğu, Tu-kiulerin hiç durmadan tekrarladıkları "oluşturmak" ve "örgütlemek" endişelerini gideren bu Sogdların yönettiğine hiç şüphe yok. Onlara, İran ve Bizans'la kuracakları ilişkiler için gereken dünya kültürünü temin edenler de yine Sogdlardır.

Öte yandan Tu-kiuler hem Bugut yazıtının dört yüzünden birindeki yazıların hem de Tu-kiu prenslerinin Hintli seyyahlara gösterdiği misafirperverliğin ortaya koyduğu gibi Hintlilerin tesirinde kalmışlardır. Bu gezginlerin birçoğu bu misafirperverlikten söz ederler. 574 yılından 584'e kadar Tu-kiulerin yanında kalan meşhur Budist hacı Jinagupta orada özgürce vaaz verebilmesiyle övünür. Prabhakaramistra 626 yılında onlara yasaları öğretip onları Budizme teşvik eder ve "hükümdar kendisine büyük bir güven duyar ve tam bir bağlılık gösterir." Hiuan-tsang'sa (629-645) ev sahiplerinin erdem ve anlayışlılıklarını anlata anlata bitiremez. Budistler Çinlilerden zulüm gördüklerinde, Bizans kıyımından kaçarak Hazarlara sığınan Yahudiler gibi Türklere sığınacaklardır.

Hindistan'da doğmuş olan Budizm Çin'e yayılabilmek için Orta Asya'yı önemli bir yol olarak kullanmış, sağlam barınaklarını orada inşa etmiş ve bildiğimiz gibi II yüzyıldan itibaren de Pers, Hintli ve Yu-çe misyonerlerini bu yörelere salıvermiştir. Başkalarıyla birlikte bazı Türkçe konuşan halkların da VI yüzyılda Budizmi kabul ettiği şüphe götürmez. Fakat bu, onların arasında bu dönmelerin çoğunlukta olduğu veya Tu-kiulerin ve hükümdar ailesinin Budist olduğu anlamına gelmez. Bugut Yazıtı ilk bakışta Budizm yanlısıymış gibi durabilir veya bu anıtın adına dikildiği Mugan Kağan da Budist dinindenmiş gibi gözükebilir. Ama ikinci kere okuduğumuzda yazıt o kadar basit gelmez ve prensin bu dine geçip geçmediği daha da belirsizleşir. Yazı aslında prensin Budizmi kabulü olasılığı üzerine tanrıların bir sorgulamasını, büyük bir Samgha'yı yüceltme tarzını konu etmektedir Prense sunulan ayrıcalıklardan söz eder ki, bunlar son derece tutumsuz Türk ve Moğol prenslerinin, her tür mezhepten dindarları vergilerden ve bazı angaryalardan her zaman muaf tutmalarına benzer bir olaydır. Üslup, biçim ve cümle yapısı bakımından ne Budist yazılarıyla ne de daha sonraki Uygur yazılarıyla bir benzerlik gösterir. Sözcükler Zerdüşt dilindedir (Mazda dilinde), bu da Tu-kiulerin Zerdüşt dininden diğerlerinden çok daha fazla etkilendiklerini kanıtlar. Öte yandan Bugut Yazıtı'nı çevreleyen mezar sütunlarının tarzı tamamen Şaman tarzıdır. Bu yazıtı ilk inceleyen Rus bilimadamları haklı olarak, Türklerin 570-590 yılları arasında Budizmi bozkır halklarını birleştirici ya da yeniden bir araya getirici bir güç olarak gördüklerini, ama daha sonra bu dinden vazgeçtiklerini düşünmüşlerdir.

Birinci Tu-kiu İmparatorluğu

Juan-juanları yenerek Kuzey Moğolistan'a yerleşen Bumin Kağan bir yıl sonra ölür. Bizanslıların Dilzibul adını taktıkları oğlu Mu-han (Mugan Kağan) başa geçer. Mugan kendisini batıda temsil etmesi için amcası İstemi'yi görevlendirir. Gelecek kuşaklar İstemi'yi sahip olduğu "kral naibi" anlamına gelen mütevazı *Yagbu* sanına karşılık *Kağan* diye anacaklardır. Tek bir imparatorluk görüntüsü altında, aslında biri Batı Tu-kiulerine, diğeri de Kuzey veya Doğu Tu-kiulerine ait olan iki ayrı imparatorluk bulunmaktadır. Birlikte ya da ayrı ayrı büyük bir hızla ikisi de parlak başarılar elde ederler.

Tu-kiuler, Juan-juanları yenince Eftalitlerle komşu olmuşlardır. Bu sefer vakit kaybetmeden onlara saldırırlar. Savaş uzun sürse de sonucu kesindir. Eftalitler 568'de, hatta muhtemelen daha da önce, 563 ya da 564 yılında Tu-kiulere yenilirler. Zamanın en büyük gücüyle çatışmaya giren Türkler kendilerine bir müttefik bulmak zorunda kalırlar. Bu müttefik İran'dan çıkar. İstemi Bey kızını Sasani kralı Hüsrev Anuşirvan'la evlendirir. Bu evlilikten doğan IV. Hürmüz (579-590), *Türkzâde*, yani "Türkün oğlu" lakabıyla Hüsrev'in halefi olacaktır. Bunu fırsat bilen Türkler ilk kez İran ordusu için Hıristiyan paralı askerler temin ederler. Türkler çağdaş devirlere gelene kadar Müslüman İran'da, Bizans İmparatorluğunda, Bağdat Abbasi Halifeliğinde, Mısır'da çeşitli hizmetlerde bulunacaklardır. İster er ister komutan olsunlar gücü ele geçirerek Müslüman Arap imparatorluklarını birer Türk imparatorluğuna dönüştüreceklerdir. 590 yılında daha sonraları da sık sık yaşanacak bir olay meydana gelir: Hüsrev'in ordusundaki bir Türk subay olan Behram Çubum başkaldırır, fakat yenilir. Hıristiyan olan askerleri, Sasanilerin Hıristiyanlığın en yüksek mevkideki din adamı olarak gördükleri Bizans *basileus*'una teslim edilir.

Müslüman tarihçilere göre Eftalit İmparatorluğunun parçalanmasından aslan payı İran'a düşmüştür: Sogd ülkesi, Fergana, Kaşmir ve Hindistan'ın batı kesimi. Başka kaynaklara göreyse İstemi Kağan Şah kentini (Taşkent), Semerkant, Buhara, Keş ve Nesef'i sahiplenir. Bu birbirinden farklı görüşlerden Türklerin Sogd ülkesine girmeye başladıklarını, fakat tutunamadıklarını ve Amuderya (*Oxus*) Nehrinin bu iki halk arasında mükemmel bir sınır meydana getirdiği sonucunu çıkarabiliriz.

Maveraünnehir'in kaderi belli olmuştur: burası bir Türk ülkesi olacaktır. Hint-Avrupa uygarlığı geri çekilir. Özbekistan adını almadan evvel Türkistan diye anılacak olan yeni bir Türk ülkesi doğar. Türkler böylelikle büyük medeniyetlerin dünyasına girerler.

Şimdi Türükler ile İranlılar upuzun bir sınır çizgisi boyunca bitişiktirler: Turan ve İran. Firdevsi'nin büyük destanı *Şahnâme*'nin (*Krallar Kitabı*) ana hatları ortaya çıkmıştır bile. İlk başlarda kimse harekete geçmez. İstemi, 565 yılından hemen sonra Sasanilerin yanında Maniaş başkanlığında Sogdlardan oluşan bir elçi grubu bulundurmaya başlar. 567'den sonraysa ilişkiler ağını, Bizans'la sıkı münasebetler kurarak daha da yayar. İmparator II. Iustinos'a İskit, yani Sogd harfleriyle yazılan mektubu sunmaya gönderilenler işte bu Maniaş ve Sogdlardır. Aynı yıl içerisinde Bizanslı Zemark, Türk sarayına gelir. Onu, daha önceden Konstantinopolis'e gelmiş olan yüz altı Türkü de (veya Türklere bağımlı İranlılar?) beraberinde getiren Valentinos ve daha başkaları takip edecektir.

Bu düzenli ilişkiler (bize Batı Türükler hakkında değerli bir kaynak teşkil eden Bizans notlarının oluşmasını sağlayan ilişkiler de bunlardır; en azından 569 ve 576'dakiler kanıtlanmıştır), İstemi ile oğlu Tardu'nun (575-605) Güneydoğu Avrupa ovalarında yaşayan halkların himayesini üstlenmeleri sayesinde gerçekleşmiştir. Türkler açısından bu ilişkilerin başlamasına neden olanlar şunlardır: İpek Yolu'nun güneyini elinde tutan Sogdların, kendi ticaretlerine karşı çıkan Sasanilerin zararına bu kıymetli malın tekelini ele geçirme peşinde olmaları ve bu amaçla Türk hamilerinden yardım istemeleri; Yunanlılar açısından ise, Bizans'ın yüzyıllardır, hatta daha Roma devrinden beri İran'a karşı sürdürdüğü uzun savaşlar (bu anlamsız ve yıpratıcı savaşlar iki tarafın gücünü de tüketip onları Arap akınlarına karşı koyamayacak hale getirecektir) ve sonuç olanak Bizans'ın bu kalıtsal düşmanını kendisinden uzağa çekecek bir müttefiki doğuda bulma isteği.

Siyasal gerçeklerin farkında olan Tardu, Yunan dostluğu lehine İran dostluğundan vazgeçer. 584, 588 ve 590 yıllarında İran'a saldırır. Fakat Sasaniler o sıralarda güçlerinin zirvesindedir ve Bizans onlara karşı hiçbir şey yapamaz. Türkler Sasaniler karşısında başarısızlığa uğrar. Müttefikler koca ordularıyla (Türklere göre 300.000 kişilik bir kuvvetle) doğuda Horasan ve batıda Suriye'de boş yere IV. Hürmüz'e saldırır dururlar. Bu sırada Tu-kiulerin vasalı olan Hazarlar, Hazar Denizinin güneyindeki bölgelere saldırırlar. Tardu'nun bu uzun süren savaşlardan eline geçen sadece Toharistan'ı topraklarına katmasıdır.

Yine de Tardu fırsatını yakaladığı anda Bizans'la olan anlaşmazlıklara müdahaleden kendini mahrum etmez. Valentinos'un, Ili Nehri üzerinde kendisinde misafir olduğu bir gün Tardu, geleceğin Ukrayna'sındaki Türklere Kırım tüccarlarıyla mücadele etmeleri için bir birlik gönderir.

Adeta hiçbir şey Türükleri yayılmaktan alıkoyamaz. Hâkimiyetlerini Moğolistan, Rus Türkistanı, Çin Türkistanı'nın bir bölümü, Hazar Denizinin batısı, Kuzey ve Doğu Afganistan, Kuzey Hindistan, Keşmir ve Kandehar'a kadar genişletmişlerdir. Kağanın oğlu ya da *Hatun* ("imparatoriçe") tarafından yaptırılan bir sürü Tu-kiu tapınağından bunu anlıyoruz. İmparatorluk en parlak devrinde Kore ve Mançurya sınırlarından Karadeniz'e kadar olan bütün bozkırları içerdiği gibi, kendisiyle sınırdaş olan neredeyse tüm ülke topraklarına da saldırılarda bulunur. Juan-juanların bir zamanlar köle muamelesi yaptığı bu halka kendi imparatorluklarını kurmak için sadece yirmi yıl yetmiştir. Fakat bu imparatorluk uçsuz bucaksızdır ve Çinliler üzerlerinden gözlerini ayırmamaktadır. Bu yeni barbar güçten şaşkına döner, her zaman yaptıkları gibi ilkin bu güç karşısında boyun eğerler. Juan-juanların son torunları topraklarına sığınmaya geldiklerinde, kağanın suçluların iadesi isteğine karşı koymayı beceremezler. İade edilen mülteciler hemen Çin Seddinin dibinde katledilirler. O sırada T'ang sülalesini (618-930) başa getirmeye çalışan Çinliler bu durum karşısında kendilerini tutarlar. Büyük bir sebatla kendi geleneksel dış siyasetlerini devam ettirebilecek gücü elde etmişlerdir. Geleneksel siyasetleri, askeri savaşla birlikte sürdürülen diplomatik mücadeleden ibarettir. Türükler bu durumun farkındadır ve rakiplerini gayet doğru olarak, ancak boşuna analiz ederler: "Çin halkı çok kurnaz olup nifak sokucu, ayartıcı ve rüşvetçidir... Bu halk büyük kardeşi küçük kardeşe düşüren dolaplar çevirir... Bey ile halkın arasını açmak için iftiralar atar... Eğer Çin halkına doğru gidersen ölürsün" diye yazmışlardır.

Türükler Çin'e doğru giderler ve ölürler. Batıdaki hısımları tarafından tanınan T'o-po Kağan'ın (Taspar; 572-581) saltanatı sırasında henüz her şey yolunda gitmektedir. Ancak halefi, Çin yıllıklarında Şa-po-lio diye geçen İşbara Kağan (581-587) Tardu'dan başka lider istemeyen Batı Tu-kiulerini razı edemez. Derken başka adayların da katılmasıyla bu gözü pek iki prens arasında, boyların isyan etmesiyle gittikçe şiddetlenen bir çatışma patlak verir. Tardu Moğolistan'ı fethetmeyi dener. Hası dahilinde Tölöslerle kapışınca kaçmak zorunda kalır ve Kuku-nor'da yok olup gider. Batı Tu-kiu İmparatorluğu can çekişmektedir, Kuzey Tu-kiu İmparatorluğu da daha iyi bir durumda değildir.

Çin yavaş yavaş Orta Asya'daki hâkimiyetini yeniden kurar. Yine de Tu-kiulerin bir süre daha parlak dönemleri olur. (El Kağan'ın saltanatı (620-630) sırasındaki savaşlar onları Çang-an (Şang'an) dolaylarında iki yerin geri alınmasını sağlar.) Ancak sonunda Tu-kiuler tamamen Çinlilerin boyunduruğu altına girerler. Çin, Moğolistan'ı istila ettikten sonra, 630'dan 681'e kadar Orhon'daki imparatorluk sarayı üzerinde tam bir himaye uygular ve batıya kalıcı bir şekilde koloniler yerleştirir. Dünyanın bir numaralı gücü haline gelir. Kuçanların kahramanca savunmalarına rağmen Çinliler 647'de tüm Tarım havzasına sahip olurlar. 652'de On Oklara, 656'da Karluklara saldırır, Sogd ülkesi ve Fergana'ya valiler atarlar. Fakat bir zamanlar Tu-kiulerin olan bu ülkeyi fethetmelerinden beş yıl bile geçmeden neredeyse tüm yörelerdeki egemenliklerinin aldatıcı olduğu ortaya çıkar ve en sonunda Tibetliler ayaklanırlar.

Tu-kiulerin Yeniden Doğuşu

İşte tam bu sırada Türükler, kağanlıklar ülkesi Ötüken'deki imparatorluklarını yeniden canlandırırlar ya da daha doğrusu yeni bir imparatorluk kurarlar. Bu özünde halk kökenli bir harekettir.

İmparatorluk kayıtları "genelinde yoksul bir halk" olduğunun bilincine varışı ifade eden uzun bir cümleyle bunu doğrulayacaktır. Bu tümcede suç "hepsi de bilgisiz ve değersiz" denilen "cahil" kağanlar ile "bunların hizmetindeki kötü kağanlar"a yüklenir. Ardından daha da zalim bir tarzda, "Asil Türkler kendi Türk adlarını terk ettiler, Çin adları aldılar, Çin asilleri olarak Çin imparatoruna itaat ettiler" diye devam eder. Fakat bu halk hareketi ancak halk ile hükümdar sülalelerinin yenilenmiş ittifakıyla somutlaşabilecekti. Çinli olan her şeyden nefret etmesine karşın kendisi fazlasıyla Çinlileşmiş olan barbar Tonyukuk garip bir şekilde bu halk ittifakını bir devrim gibi destekler. Önceden kestirilmesi imkânsız olan bu yeniden doğuşun koyu bir milliyetçiliğin sonucu olduğu kesindir. Her şey bunu kanıtlamaktadır: özellikle de imparatorluğun ilk on yılında çok gözde olan ve hükümdarların hâlâ eğilimli oldukları yabancı bir din olan Budizme karşı doğan ani kuşku ile geleneksel dinin yeniden ortaya çıkması bunu kanıtlar. *Tengri*, Gökyüzü ya da İmparatorluğun Tanrısı denilen ve yeryüzündeki hükümdarın da olması gerektiği gibi tek olan Ulu Tanrı üzerinde ısrarla durulması da bu kanıtlardan biridir. Bir başka kanıt da ısrarla Bumin ve İstemi'ye bağlılık ve ulusal dile dönüştür; resmi metinlerde, Koço-Tsyadam Yazıtları ile hâlâ Orhon Yazıtları da denilen Bain Tsokto Yazıtlarında, ilk defa Sogdca yerine ulusal dil kullanılmıştır. Orhon Yazıtları, Bilge Kağan ile kardeşi Kültigin ve onların bilge danışmanları Tonyukuk onuruna 732-734 ve 724-726 yıllarında dikilmiştir.

Fetihler sırasında tek duyguları boylarına sadık kalmak ve eserini yaşatarak ölmüş bir ataya saygı göstermek olan bir halk düşünüldüğünde bu, Türklerin tarihinde ender görülen bir olaydır: "Kendi İmparatorluğu olan bir halktım ... Şimdi imparatorluğum nerede? ...

Kendi Kağan'ı olan bir halktım ... Şimdi Kağan'ım nerede? Böyle diyerek ..."

Evet, böyle diyerek, bir avuç Türük, yine aynı yazıya göre, önce onyedi, sonra yetmiş, daha sonra yedi yüz kişi olarak (bu sayılara harfi harfiyen inanmamalı, çünkü bunlar uğur getirdiğine inanılan rakamlardı kesinlikle) *Kutluk* adı da verilen soylu prensleri Ilteriş Kağan'la birlikte dağa çıkar. *Kutluk*, "Kutlu, yani Tanrı'nın rahmeti, desteği üzerinde olan" demektir. Böylece macera yeniden başlar. Neredeyse sadece altmış yıllık bir süre içerisinde (681-744) bütün kaygısı her zaman olduğu gibi (devlet) "oluşturmak" ve (halkı) "düzenlemek" olan gerçek bir devlet, şimşek gibi müthiş bir güç, belki de daha fazlası, önce doğar, gelişir ve sonra yok olur. Bu devleti üç prens ünlü kılar, üçünün de danışmanı otuz yaşında görevine başlayıp seksenlerinde ölen Tonyukuk'tu. Tonyukuk bu görevine sadece 705'ten 716 yılına kadar, o da anlaşıldığına göre geçici bir talihsizlik yüzünden ara vermiştir. Bu üç prens sırayla, devletin temellerini atan Ilteriş (681-691), aynı zamanda Bög Çor adıyla da tanınan ve devleti doruk noktasına çıkaran Kapağan Kağan (691-716) ve Bilge Kağan'dır (716-734). İçlerinde en az zafer kazananın Bilge Kağan olmasına karşın onun anısına yazılan ve adını taşıyan ve ayrıca Türk dilinin en eski ve en güzel belgelerinden biri olan yazıt sayesinde kuşkusuz en şöhretli, en görkemli olan yine de odur.

Çin boyunduruğundan kurtulup Türükleri bir araya getirmek; önce sistemlerinin temel direği olan Tokuz Oğuzları, sonra da aralarında On Okların yani Batı Türüklerinin de bulunduğu Türk boylarını, Türgişler ve Kırgızları itaatleri altına almak. Şimdiye kadar tarihin adlarını çok seyrek andığı, oysa pek yakında büyük bir yazgıda rol almak üzere sahneye çıkacak olan proto-Mongol Kitanları (Kitaylar/Hitanlar/Hitaylar) püskürtmek. Silahlarının gücünü Demir Kapılara, yani İran ve Yunan ülkelerine kadar taşımak. En nihayet Çin'i talan etmek, yirmiüç şehrini pek övündükleri gibi tek bir savaşta yerle bir etmek. Peçili Körfezinden Okyanus-Irmak'a, yani Büyük Okyanusa ulaşmak. İşte bunlardır yaptıkları.

Bunlar kesinlikle büyük ve önemli olaylardır, fakat tamamlanamayıp yarım kalmıştır. Ayrıca burada amaç bir toprak işgali mi yoksa vurgunculuk mudur, düşmanı yola getirmek mi yoksa ortadan kaldırmak mıdır, sonuç olarak bilemiyoruz. Yazıtları okuduğumuzda aynı olayların belirli aralıklarla tekrarlandığı hissine kapılıyoruz. Bu aslında kısmen doğrudur. Çin'e yapılan akınlar 683 yılında Şan-yu'ya düzenlenen bir saldırıyla başlar. Bu saldırı 685'te Taiyüan kıyılarına kadar varan bir seferle, 687'de Pekin bölgesine, 694'te Ning-hia'ya, 698'de yeniden Pekin bölgesine, 699'da Ho-pei'ye, 702'de Şan-si ve Ho-pei'ye ve nihayet 716'da Kansu'ya yapılan yeni saldırılarla tekrarlanır. Sogd ülkesine ilk sefer 700-701 yıllarında yapılmıştır. Buhara halklarının çağrısı üzerine 707'de ikinci sefere çıkılmıştır. Ve Arap yazarların söylediklerine göre 712-713 yıllarında çıkılan üçüncü bir sefer onların Semerkant dışında tüm ülkeleri işgal etmelerini sağlar, fakat bunların tümü aslında başarısızlıkla sonuçlanır. Tu-kiuler 683'te Şan-yu'ya yaptıkları ilk seferi görkemli bir şekilde kutlayıp oraya her ne kadar bir düzen getirdiklerini haykırıp dursalar da sapsarı altınları, bembeyaz gümüşleri, kadınları, genç kızları, hörgüçlü develeri (yani Baktriane'nin çift hörgüçlü develeri) ve ipek kumaşları yanlarında götürerek ülkeyi boşalttıklarını gizleyemezler. 707'de çıktıkları seferden hiç söz etmezler. 712-713 seferi üzerine de sadece bir satır yazmakla yetinmişlerdir.

İç çatışmalara gelince, bu sonu gelmez çatışmaların nedenleri belirsiz görünüyor. Yeni yenik düşmüş olan On Oklar ve Kırgızlar, hemen bellerini doğrulturlar; en azından 697, 709 ve 711 yıllarındaki savaşlarda oldukça inatçı bir direniş sergilerler. Karluklar ve Türgişler, 711'de düzene sokulmuş olmalılar. Ama her şeye rağmen Tu-kiu İmparatorluğu da tüm bozkır imparatorlukları gibi boylar arasındaki gönüllü işbirliğine dayanıyordu. En önemli ortaklık da Tokuz Oğuzlarınki gibi gözükmektedir. Bu grubun 681'de İlteriş'e bağlanması son derece önemlidir; 716'dan sonra ayrılmasıysa Bilge Kağan'ın düşüşünü tartışma götürmez bir şekilde gösterir.

Adı kimilerine göre "kapan/yakalayan" kimilerine göre "yaban domuzu" anlamına gelen Kapağan Kağan, Bayırkular tarafından tuzağa düşürülüp öldürülür ve kafası kesilip Çin'e gönderilir. Şanlı bir son! Bilge, 25 Kasım 734'te zehirlenerek ölür. Desteğini kendisinden hiçbir vakit esirgemeyen Kardeşi Kül (Göl) Tigin zaten çoktan, daha 731 yılının Şubatında ortadan kaybolmuştur. Çin kültüründen derinden etkilenmiş koca Tonyukuk ilginç bir şahsiyet olduğu kadar kuşkucu ve uzlaşmaz bir vatanseverdir de. Arkasında taşa kazılı siyasal bir vasiyetname bırakan, ordunun bu yorulmak bilmez liderinin 725 yılında öldüğü konusunda kuşku yoktur.

Çinliler o sıralar Cungarya'yı yeni ele geçirmişler (714), Türgişlerse Su-lu Kağan'ın idaresi altında (717-748) Tarım havzasını istila etmişlerdi. Ardı arkası kesilmeyen isyanlar yüzünden sarsılan, darbe tehditleri altında bulunan ve karmaşanın arttığı imparatorluk yine de birkaç başarı kazanır: 723'te 17.000 Çin atlısını yendiklerinden ve 732 yılı yaklaşırken de 40.000 kişilik bir başka Çin bölüğünü yok ettiklerinden kuşku yoktur. Fakat bu geçici zaferler bir fayda sağlamaz ve ganimetlerden, getirilen hayvan sürülerinden, ele geçirilen kadınlardan başka hiçbir şeyden konuşulmaz olur. İmparatorluk varlığını, önce kendisine Tanrı dedirtecek kadar kibirli olan Tengri Kağan'ın, sonra da tahtı zorla ele geçiren Özmiş Kağan'ın yönetimleri altında 744 yılına kadar devam ettirir. Ancak yine de imparatorluk, Türk dünyasına kendilerini yüzyıllar boyunca taşıyacak bir ivme kazandırmıştır.

Bulgarlar

Biraz geriye dönmemiz gerekiyor. Bizans'la müttefik oldukları sırada Türüklerin Güneydoğu Avrupa bozkırlarındaki müdahaleleri hâlâ aklımızda. Fakat orada neler olup bittiğini henüz kavrayabilmiş değiliz.

Attila'nın ölümünden sonra, her zaman olduğu gibi, bu bölgedeki ana rolü, üç federe ana grup ya da boylardan oluşan belirsiz üç topluluk üstlenmiştir: Bulgarlar, Hazarlar ve Macarlar. Bunlardan ilk ikisi Türkçe dil grubundandırlar. Üçüncüsü olan Macarlarsa Fin-Uygur dili konuşan, fakat Türklerin egemenliği altında bulunan bir gruptandırlar.

Bunların kökenleri belirgin değildir. İşte bu yüzden Bulgarların, doğuya doğru geri çekilen bir Hun grubu ve Asya'dan onların peşinde gelen çeşitli öğelerden oluştuğunu farz edebiliriz. Bulgarların bizzat kendileri ya da egemen boyları olan Dulo (Djula) boyu kendilerinin Attila'nın oğullarından biri olan İrnek'in soyundan geldiği konusunda ısrar ederler. İrnek'in anısını muhafaza edip tuhaf bir şekilde babası Attila'nınkini kaybetmişlerdir. *-ar* soneki almış olan "karıştırmak, karmak" anlamına gelen *bulgar* adı, "karışıklar" adına işaret ederek karma yapılarını doğrular. Dillerinin özellikleri vasıtasıyla, o zamanlar Orta Volga civarında, günümüzdeyse kısmen aynı isimdeki Rus Cumhuriyetinde yaşamakta olan vârisleri Çuvaşlarla birlikte "R"li bir dilin yegâne temsilciliğini yaparlar. Bununla birlikte bu özellik Bulgarların ortak Türk dalından kopuşlarının da altını çizmektedir.

Bulgar adından ilk olarak, Karadeniz'in kuzeyinde ilerleyerek oradaki halkları egemenliği altına alan Avarların yardımcı birlikleri Gotlara karşı Bizans İmparatoru Zenon'un müttefiki olarak, Hazar Denizi ile Tuna Nehri arasındaki bölgede ortaya çıktıkları 480 yılında bahsedilmiştir. Bulgarlar o zamanlar "valiler" tarafından yönetilmekteydi. Bunların içinde en meşhuru, 603'te başa geçip oldukça uzun, ancak belirsiz bir süre boyunca bu görevde kalan Gostun'dur. Gostun'un deforme edilmiş şekliyle *Kurt* adını taşıyan Kovrak (Kavrak) ya da Kubrat adındaki yeğeni Bizanslıların eski bir talebesidir. 619'da vaftiz edilir, 642'de de ölür (Pritsak'ı takip eden kimilerinin dediği gibi 665 yılında değil). Kurt 635 yılında Avarların himayesinden kurtularak beş yıl süren bir mücadeleden sonra *han* unvanı alır ve Büyük Bulgaristan'ı kurar. Öldüğünde toprakları henüz din değiştirmemiş beş oğlu arasında paylaştırılır: "Bıkmak usanmak bilmez" anlamındaki adıyla Bezmer, bir yırtıcı kuş ismi taşıyan ilk prenslerden biri olup "delice doğan" anlamındaki adıyla İsperik ya da Asparuk ve büyük olasılıkla bazı kaynaklara göre "zengin" anlamındaki Moğolca adıyla Bayan da bu beş oğul arasında bulunanlardır. Bu bölünme Asya'nın içlerinden çıkıp gelen Hazarların işini kolaylaştırır ve Bulgarlar en nihayet kolayca üç topluluğa bölünürler.

Bu yeni işgalcilerin baskısıyla bağımlılığa razı olan birinci topluluk orayı terk etmez ve orta Kafkasya'da bulunan diğer etnik boylar arasında yok olup gitmeye mahkûm olur.

İkinci topluluk İsperik'in (644-702) yönetiminde batıya doğru kaçar. 679'da Tuna Nehrini geçerek 680 yılında bugün Bulgaristan adıyla bilinen ülkeye yerleşir. 762 ve 811'dekiler başta olmak üzere birçok kez saldırdığı Konstantinopolis için korkunç bir güç haline gelir. 811'deki saldırıda Krum Han (803-814) İmparator I. Nikephoros'u yenerek öldürür ve Türk geleneklerine göre kafatasından bir kadeh yapar. Bu topluluk Güney Slavlarıyla karışarak çabucak Slavlaşır. Bulgar hanı I. Boris'in, 864 ya da 865'te Hıristiyanlığı kabul etmesiyle bu asimilasyon süreci iyice hızlanır. I. Boris'in kabul ettiği bu dinin öğretileri üzerine Papa'ya sorduğu sorular yüz altı maddelik *Responsa Nicolai Papae*'nin doğmasına neden olur. Bu metin Slavlık öncesi Bulgar uygarlığının çeşitli yönlerine ışık tutmaktadır. Fakat bundan sonra Balkan Bulgarları artık Türk tarihinin ilgi alanına girmez.

Üçüncü topluluk Volga boyunca tırmanır ve VIII yüzyıl sonlarına doğru bu nehrin Kama'ya karıştığı kavşak noktasında Büyük Bulgaristan, Volga ya da Kama Bulgaristan'ı adlarıyla bilinen iyi yapılanmış bir krallık kurar. Bugünkü Kazan şehrinin birkaç kilometre ötesine düşen başkentleri Bolgar en eski Türk kazı alanlarından biridir. Bu kentin gelişmesi kendi mahvını da beraberinde getirmiştir.

Esasen geç İslam dönemi mezar taşları yazıtlarından oluşan bir Volga Bulgar edebiyatının var olmasına karşın (XIII-XIV yüzyıllar), bu dildeki en önemli tarihsel belge "Bulgar Prensleri Listesi"dir. Bu liste VIII yüzyıla dayandığına dair kuşkumuz olmayan eski Slav dilindeki bir vakayinâmenin arasına sıkıştırılmış ondört satırdan ibarettir ve anlaşılmamış birçok nokta içermektedir. İki bölümden oluşur. Birinci bölümde Tuna Nehrinin ötesindeki prenslerin (Kniaz) adları vardır. İkinci bölümse İsperik'in ve 763'te ölen Umor'a kadar olan bütün haleflerinin isimlerini içerir. Attila'nın ilk bölümde ismi geçen oğlu İrnek'in yüz elli yaşına kadar, babası Avitokhol'un ise üçyüz yıl yaşadığı söylenir. Mitlere özgü bu uzun ömür, bu iki şahsiyeti zaman içinde ulu bir mevkiye yükseltme imkânını verir. Aslında İrnek, 603'te başa geçen Gostun'dan yüz elli yıl evvel 453 yılında hüküm sürmekteydi. Dolayısıyla Avitokhol'u Irnek'ten üç yüzyıl öncesinde, yani MS 153 yılında aramalıyız. Oysa bu devirde Bulgarlar hâlâ Yukarı Asya'daydılar. Kendisini Hiong-nulu Mete ve daha bir yığın başka yakıştırma şahsiyette canlandırma girişimlerine rağmen Avitokhol bir türlü bulunamamıştır. Onun sadece göçlerinin sorumlusu olduğu düşünülebilir.

X yüzyılda batıdaki son istila hareketlerinin en korkunçlarından birini yaratan Macarlar sadece tek bir olguda, fakat önemli bir noktada Türkolojinin ilgi konusuna girerler: V ya da VI yüzyıla doğru, ne etnik bir birlik ne de tutarlı bir ortak dil oluşturmaktan oldukça uzak olan Macarlar, aslında Kabar adındaki bir Türk boyunun yönetimindeki Fin-Uygurlardır. Türklerin, ne Türkleşmelerini ne de bir Türk Devleti kurmalarını sağlayabildikleri Macarlar üzerindeki bu geçici egemenliği bize boyların nasıl bir esneklikle oluştuklarını ve birbirleriyle nasıl bağlantılı olduklarını göstermektedir. Bu egemenlik, haklarında fazla bilgiye sahip olmadığımız eski oluşumlar konusunda kendimize yeni sorular sormamızı sağlar, ayrıca herhangi bir unvan olgusuna, prens ya da hanedan adlarına aşırı bir önem atfetmememiz gerektiğini gösterir. Hem zaten Türklerin Macarlar üzerindeki egemenliği hiçbir şekilde Müslüman ve Bizans kaynaklarının, özellikle VII. Konstantinos Porphyrogenetos'un Macarları Türk olarak sınıflandırmalarının nedeni sayılamaz. Daha sonraları Ruslar ya da Slavlar da Müslümanlar tarafından Türk olarak adlandırılacaklardır. Karşılaştırılabilir bir yaşam tarzı ya da kesin olmayan yer belirlemeleri, sadece yaklaşık olan etiketleri insanların üzerine yapıştırmak için yeterli görülmüştür.

Hazarlar

Tıpkı Bulgarlar gibi Hazarların da Yukarı Asya'da, On Uygur federasyonu içerisinde Kazar ya da Kasar biçiminde bilindiği anlaşılmaktadır. Dolayısıyla Hazarlar Güney Avrupa'ya On Uygurlardan kopan bir grupla gelmiş olabilirler. Bu da doğal olarak melezleşmiş, bir başkasının adını almış ya da başkalarıyla ortak bir ad kullanıyor oldukları olasılıkların ortadan kaldırmaz. Bazılarına göre Hazarlar doğrudan doğruya Batı Hunlarının soyundan gelmektedir. Şayet kaynaklarda değiştirme yapılmamışsa, batıdaki Gürcü ve Ermeni vakayinâmelerinde, adları MS II ve III yüzyılda bu halklarla ilgili olarak geçer. Belki de söz konusu olan 448 yılında elçi Priskos'un bahsettiği Ak-Atzirler'di (İstahri'nin Kara Hazarlarla aynı zamanda tanıdığı Ak Hazarlar mı?). Hatta belki de Zajackowski'nin de düşündüğü gibi I. Hüsrev (531-578) dayanıklı Derbent kalesini ve Kafkas surlarını bu Hazarlardan korunma amacıyla yaptırmıştır.

Bu ulusun resmi olarak doğuşu *Basileus* Herakleios'un Sasani İran'a karşı saldırıya geçmek için onlardan kırk bin kişilik bir süvari birliği istediği 626-627 yıllarında olmuştur. Bizans İmparatoru ile Hazar liderlerinin Tiflis surları altında geçen görüşmelerini anlatan metin Hazarların tarihine güzel bir giriştir. Ama tarihleri bu olaydan eskidir, çünkü böyle bir görüşme ancak onların güç ve şöhrete ulaştıklarının bir kanıtıdır. Ve gerçekten de Hazarlar, uzun zaman anılacak ismiyle Hazar Denizinin, yani "Hazarların denizi"nin etrafına ve Karadeniz'in kuzeyine, tam olarak Yukarı Don bölgesi, Kafkaslar ve Volga Nehri arasında kalan üçgenin içinde yayılmışlardı.

Bu dönem aşağı yukarı Arap istilalarının başlangıcına, Müslümanların kalıntılarını devraldığı Sasani İmparatorluğunun yıkılışına ve Bizans'ın gerilemesine denk gelir. Böylece Bizanslılar ile Hazarlar arasında 626'da kurulmuş olan ittifak yeniden güçlenir. İki taraf için de yararlı olan bu ittifak, taraflardan birine üstün nitelikli bir askeri müttefik sağlarken, diğerine Uzakdoğu malları için önemli bir ticari pazar temin eder ve büyük bir kültürün yükselmesini sağlar. Taraflar arasında hiçbir sorunun yaşanmadığı bu birlik dönemi hiç olmazsa ilk yüzyıllar boyunca devam ettirilmiş gibidir. Sıkı bir dostluk *basileus*'lar ile kağanları birbirine bağlamaktadır ve bu dostluk VII ve VIII yüzyıllarda kendini pek çok kez yeniden gösterir. Sürgüne zorlanan II. Iustinianos (685-695 ve 705-711) Hazarların sarayına sığınır. Kağanın kız kardeşiyle evlenerek iki taraf arasında bir akrabalık bağı kurar ve Theodora adıyla saltanat sürecek olan karısını Konstantinopolis'e getirir. Onun bu hareketi bir örnek teşkil eder; V. Konstantinos da bir Hazar prensesiyle evlenir ve sonuç olarak tahta bir barbarın oğlu olan IV. Leon Khazaros'un [Hazar] (775-780) çıkmasına sebep olur. IX yüzyılda siyasal yönden gerilemeye başlayan Hazarlar kendilerini Kievli Sviatoslav'ın idaresi altında güçlenen Ruslarla savaşta bulurlar. II. Basileus'un yönetimi altındaki Bizanslılar sadık müttefiklerine ihanet etmek için uygun bir an yakaladıklarını düşünerek Ruslara destek vermek amacıyla donanmalarını Hazarların üzerine gönderirler (1016). Elbette bu olayla Hazarların sonu yaklaşır, 1030'dan sonra tarih sahnesinden silineceklerdir; fakat Konstantinopolis'e karşı saldırılar devri gelmekte gecikmeyecektir.

Hazarların kendilerinden daha az uygar olan diğer bozkır göçebesi Türklere karşı uzun zamandır üstlendikleri rol ne olursa olsun, bunların Dunlop'la birlikte, en ateşli evresinde olan İslama karşı verdikleri mücadeleyi küçümsediğimizi kabul etmeliyiz. Hazarlar, Bizans kuvvetlerinin yükünü önemli ölçüde hafifleterek direnme güçlerinin artmasını, kısacası Konstantinopolis'in ve Hıristiyanlığın kurtulmasını sağladılar. Ayrıca kendi kendimize, "Ya Hazarlar, Türklerin Bizans'a karşı her zamanki saldırgan politikalarını benimseyip Müslümanlığın müttefiki olsalardı ne olurdu?" diye de sorabiliriz.

Hazarlar Müslümanlarla düşmandılar. Halife Ömer devrinde (644-656) Müslüman birlikleri Kafkasya'ya girerek kuzeydeki ovalarda kendilerine yeni bir çıkış noktası aradılar. Arkasından, 722-723 yıllarında Hazarların Terek bozkırlarındaki başkenti Belencer yahut Semender'i yakıp yıkar, Hazarların kağanlarını, tehdit altında bulunan bu bölgeden uzaklaşmak, biri Volga Nehrinin ağzındaki İdil, diğeriyse Orta ya da İç Don bölgesindeki Sarkel olan iki yeni şehir kurmak zorunda bırakırlar. Bu sırada Hazarlar karşı saldırıya geçer. 731 yılında Kafkasları aşıp Irak'a kadar ilerlerler ve 779'da yeniden, bu defa Harun er-Reşid devrinde Irak'a ulaşırlar.

Yahudileşmiş Bir Türk Krallığı

Hazarlar tarihinin esasını oluşturan onların askeri başarıları değil, tam tersine Bizans'la yaptıkları ittifak ile barış ve din politikalarıdır.

"Hazar Barışı (*pax khazarica*)" ilkesi ülkeye nispi bir istikrar getirmiş, kültürün gelişmesini sağlamıştır. Bir bölümüyle, Rusya'nın "Kara Toprakları" olacak olan Hazar toprakları henüz kullanılmamaktadır: bu konuda bilgi veren herkes ülkenin hiçbir şey üretmediği konusunda birleşmektedir. Fakat ülkenin zenginliği de gerçekdışı değildir. Bu zenginlik toplumun ticaret etkinliğinden, daha doğrusu ithalat ve ihracat, yani aracılık rolünden kaynaklanmaktadır. Konaklama merkezlerine, şehirlerine tüm Ortadoğu'dan seyyahlar ve tüccarlar akın etmekteydi. Bu insanlar buralara kendileriyle birlikte yabancı modaları, zevk ve fikirleri taşımaktaydılar.

Bizans'la ilişkileri Hazarları belli bir ölçüye kadar Yunan ekolüne yerleştirir, fakat hızlı bir biçimde yüksek uygarlık düzeyine ulaşan İslamiyetin parlak etkisi Bizans'ın etkisini dengelemektedir. Bütün diğer Türk imparatorlukları gibi Hazarlar da dış etkilere açıktılar. Ama bunların pek çoğunun aksine katı gelenekleri olmayan topraklarda yaşadıkları ve yoğun bir nüfus çekirdeği içerisinde bulundukları için kimliklerini kaybetmediler: dilleri Türkçe olarak kalır, yaşam şekilleriyse göçebeliktir. Şehir kurmuş olmaları yanıltmasın; bunlar Bizanslılar tarafından yapılsa bile büyük bir olasılıkla kimsenin orada bütün bir yıl kalmadığı, büyük bir kalabalığın sadece kışlarını geçirmekle yetindiği, ıslah edilmiş kamp alanları ya da büyük köyler olarak kalmışlardır. Medeniyetin aldatıcı görünümüne sahip olanlar tarafından yalnızca geleneksel din terk edilmiştir. İslamın kabulünden önce de her zaman yeni dinlere doğru sürüklenen Türklerde çok özel bir durum değildir bu.

Ama yine de yaptıkları seçim şaşırtıcıdır: Yahudi dinine kucak açarlar. Anlaşılır ve açık olmasına rağmen Arap metinlerini uzunca bir zaman dikkate almayan Hazarlar'dan Yahudi bir halk yaratılmak istenmiştir. Batıdaki başlıca Hazar tarihçisi olan Dunlop'un, yazdığı eserin adı *The History of the Jewish Khazars*'dır [*Yahudi Hazarların Tarihi*]. Bununla birlikte bu din üzerinde hâlâ anlaşılamayan bir tarihte sadece yönetici sınıf tarafından benimsenmiştir. İbrani kaynakları bu tarihi VIII yüzyılın ilk yıllarına kadar indirme eğilimindedir. Büyük tarihçi Mesudi (ö. 956-957) kendi adına bu tarihin Halife Harun er-Reşid (786-809) zamanına denk geldiğini ileri sürmektedir ki, bu daha gerçek gibi gözükmektedir. IX yüzyılın ortalarında tüm mezheplerin önüne büyük imkânlar serilmiş olmalıydı, çünkü Aziz Kiril Bizanslılar tarafından Hazarları Hıristiyanlaştırmak için o tarihlerde (851-863) gönderilmiştir. Kiril, Türklerin dindarlara her zaman gösterdikleri saygıyla karşılandı ve hükümdar masasında hahamlarıyla ilahiyat üzerine tartışmalar yapma imkânını yakaladı. Böylesi bir durumla ilk defa karşılaştığımız için saygı duymamız gerekiyor. Fakat öte yandan bu, tarihin pek çok örneğini sunduğu gibi hiçbir şekilde farklı kiliselerin arasında düzenlenmiş ya da kendiliğinden gelişmiş müzakerelerin ilkörneği olamaz. Bunun örnekleri zaten çok daha eskiden ve daha da doğuda hem de eşsiz bir yoğunlukta yaşanmıştı.

Hazarların ülkesinde dinin statüsünü ve Yahudiliğin ne kadar ilgi gördüğünü bilmiyoruz. İmparator Romain Lécopène'in (919-944) Yahudilere yaptığı zulüm birçok Yahudiyi bu ülkeye sığınmaya teşvik etmiştir. Bu olay da zaten burada yaşamakta olan Yahudi topluluğu daha da güçlendirmiştir. Arap coğrafyacısı Sicilyalı el-İdrisi'nin de (ö. 1166) söylediği gibi, esası hoşgörü üzerine kurulu, herkesin kendisini hür bir şekilde ifade edebildiği bir toplumda, ister Yahudilik ister başka bir din olsun, devlet dini hiçbir zaman oluşmamıştır.

Eğer İbn Rüşt'e (X yüzyıl) inanırsak, Hazarların hükümdarı Musevidir fakat halk hâlâ diğer Türklerin dinsel inançlarını sürdürmektedir; aslında büyük bir olasılıkla halk yığınları eski dinlerini hiçbir zaman tamamen unutmamıştır. Mesudi'ye göreyse Hazarlarda baskın din Yahudilikti, ama yedi ayrı yargıç bulunmaktaydı. İki tane Müslümanlar, iki tane Yahudiler, iki tane Hıristiyanlar ve bir tane de paganlar, Ruslar, Slavlar ve diğerleri için. Dinler arasındaki bu eşitlik, resmi olarak mı gerçekleşti, yoksa dinlerin eşit yayılımından mı kaynaklandı bilinmemektedir. Örneğin Matarka'da bir piskoposluk bulunuyordu. Semender'de kilise, cami ve tapınakların bulunduğuna, İtil'deyse Yahudiler, Hıristiyanlar, Müslümanlar ve paganlar için birbirinden ayrı mahallelerin varlığına dikkat çekilmektedir. Ama yine de Müslümanlık rakiplerine kıyasla, özellikle de IX ve X yüzyılda daha belirgin bir ilerleme kaydetmiş gibi gözükmektedir. Müslümanlığı kuşkusuz siyasal nedenle kabul eden bir "kağan" olduğundan söz edilir. Genel koşulların böyle olduğu durumlarda, bir çeşit dinsel kayıtsızlığın oluştuğu görülebildiği gibi, ilgisiz kalınamayan bir çeşit bağdaştırmacılığın geliştiği de görülebilir. Zaten bunu daha açık olarak göstermek için, Dağıstanlı bir Hazar prensinin üç dinin gereklerini aynı anda yerine getirdiği anlatılmaz mı? Sadece Arapların askeri amaçlı seferleri kargaşa yaratıyor, ara sıra da bu seferler sırasındaki kötü muamelelere tepki olarak cami yakmak gibi çeşitli şiddet olayları meydana geliyordu.

Sadece Türkçe konuşan, Musevi olup Zebur'u kabul etmeyen, geçmişte özellikle Polonya ve Kırım'da, günümüzdeyse göç bölgelerinde yaşayan yirmi bin kişilik Karaimler ya da Karaitlerin Hazarların soyundan geldikleri genel olarak kabul edilmez. Ancak sonuçta batıdaki Türk dünyasının Musevilikle başka ilişkiler kurmuş olması ve bu dine karşı açık olduğunu göstermiş olması hiç de imkânsız değildir.

IV. BÖLÜM

İLKÇAĞ VE ORTAÇAĞ BAŞINDA TÜRK UYGARLIĞI

İslamiyetin doğuşuyla yeni bir dönem başlamıştır. Hicret çağı sadece Müslümanları ilgilendirmez. Bu dönemde Türkler tamamen İslama tabi olmakla kalmaz, onları kendi Çinleri ve Sogd ülkeleri, yani kendilerini etkileyen ve büyüleyen her şey haline getirirler. Büyük uygarlıkların düzeyine gerçek anlamda çıkmalarından hemen önceki dönemlerinin üzerlerine daha dikkatle eğilmenin şimdi tam sırasıdır.

Bozkır

Türkler arkalarında, bugün henüz neler olduğunu bilemediğimiz bir şeyler bıraktıkları Sibirya'dan çıktıktan sonra bozkır insanları, daha doğru bir deyişle yeni beşikleri belledikleri Moğolistan bozkırının insanları oldular. Böylesine farklı bır coğrafi ortamda yaşamak karşılarına bazı uyum sorunları çıkardı; ama muhafaza edebileceklerini saklayarak (bunu, orman avcıları ile göçebe çobanlar arasındaki pek çok benzerlik ve özellikle de inanç benzerlikleri göstermektedir) vazgeçebileceklerinden, kimi zaman istemeyerek ya da doğal bir kurnazlıkla vazgeçerek, bu sorunların üstesinden gelmeyi başardılar. Örneğin Pazırık kazılarında mezarlardan, rengeyiği görünümü verilmiş atlar çıkartılmıştır!

Aslında Türükler, kendilerini "güçlüler" olarak adlandırmakta haklıydılar. Ülke acımasızdı, koşulları çetindi ve ancak yasalarına uyanlar sağ kalabilirdi. Çünkü bu bölge yükseltisi 1200 ila 1400 metre arasında değişen bir yayladır: büyük çöküntüler ve yüksekliklerden oluşan bu arazide Altay'ın yüksekliği 4600 metreden fazladır, Ötüken'in bulunduğu Hangay Dağlarınınki 4000 metre, Tannu Ola Sıradağlarınınkiyse 3000 metreye yakındır. Çok az yağış almaktadır: Cungarya'da, Gobi Çölünde yağışlar yılda 100 milimetreden azdır ve yüksek yerler dışında hiçbir yerde yılda 200 milimetreyi geçmez. Kışın soğuk şiddetlidir: sıcaklık -50 °C'ye kadar düşer ve o zaman da akarsular ve göller donar, ayrıca her şey ince bir kar tabakası altında kaybolur. Yazın hava birden çok sıcak olabilir; ama kötü geçen bazı yıllarda güneş toprağı yeterince ısıtamaz ve fırtınalar görülür. Sık ladin, çam, köknar ormanlarıyla kaplı yüksekliklerin eteklerinde çayırlar vardır. Çukur yerlerdeyse ağaçlıklı otlaklara rastlanır ve zayıf çalılıklar yavaş yavaş çöle dönüşür.

Buralarda görünür bir düzeni olmayan, ama mevsimlerin belirlediği bir düzenle hayvan sürüleri dolaşır. Bu sürüler yazın yükseğe, yaylaya çıkar, kışın ise sertliği daha az topraklara, kışlaklara inerler. En usta yöntemlerle düzenlenmiş takvimlerin hiçbir zaman ortadan kaldıramayacağı bu en eski takvim yöntemi, otların yeşermesiyle başlayan güneş yılına ve ay döngüsüne uygun kameri aylara dayanır ve bu yönteminin bir rakibi de fırtınalar, geyik böğürtüsü, küçük hayvanların doğması, bir göçmen kuşun geri dönmesi gibi doğa olaylarının gözlemlenmesidir. Gökyüzünün incelenmesi biliminde henüz çok ilerlenmediği bir sırada, yılın, Güneş ile Ülker takımyıldızının birbirine karşı konumda olması ya da aynı hizada bulunmasının sonucu olarak bölünmesine dayanan bir takvim yöntemi kullanılmıştır.

Türkleri derinlemesine etkileyen, bu nedenle de XI yüzyılda, başlangıcıyla ilgili bir efsane ortaya koydukları Oniki Hayvan Takvimi, Çinlilerden alınmıştır. Bu takvimle ilgili en eski tanıklık 584 yılından kalma olup Batı Türükleriyle ilgilidir ve söz konusu takvim, kuşkusuz Avarlar aracılığıyla Ukrayna bozkırlarına gelerek VII yüzyılın başında Bulgarlar tarafından kullanılmıştır. Oniki Hayvan Takvimi oniki aylı bir döngüye dayanır ve bu döngüye göre her yıl, her ay, her gün ve her saat bir hayvanın adıyla anılır.

Arabalar ve Yurtlar

Herhangi bir vesileyle ya da mevsimsel olarak yapılan yolculuklar iki hörgüçlü deve, Orta Asya devesi ya da Baktriane devesi de denilen soğuğa dayanıklı develer, arabalar ya da kızaklarla yapılırdı. Kızaklardan yazıtlarda söz edilmiş olup, oyma resimlerde de tasvir edilmişlerdir. Yakındoğu'nun bize dayattığı alışık olduğumuz görüntüye karşın Türkler ve Orta Asya'daki soydaşları kuşkusuz ticaret için develeri kullanıyorlar, ama hayvan koşulan arabaları yeğliyorlardı. Bu taşıt araçları, batı bozkırlarında rakipsiz hüküm sürüyorlardı. Öküzlerin, daha seyrek olarak da develerin çektiği bu arabalar, onları "yüzlercesi aynı zamanda, düz bir çizgi halinde ağır ağır ilerler durumda" gören Clarke gibi gezginlere çarpıcı gelen dikkate değer bir görünüm sergiliyordu. Pazırık'ta bir mezarda görüldüğü gibi bu arabaların boyutları son derece büyüktü. Eldeki bir örnekten anlaşıldığına göre, bu arabaların yüksekliği 3 metre, genişliği 3,35 metre, tekerleklerinin çapıysa 2,15 metreydi ve böylece arabanın yol boyunca giderken bir yerde batması ya da bir yere saplanması önleniyordu. Çinliler iki tekerlekli arabaların Tie-lolar ya da Ting-linglere (Yüksek Arabalar) özgü olduğunu söylemişlerdir; ama boyutları daha küçük olmak kaydıyla bu arabaları Hunlar da kullanmıştır. Bu arabaları "ailelerini taşımak için" kullanıyorlardı ve XIV yüzyılda Güney Rusya'da İbn Batuta ve daha pek çok kişi bunları betimler. Tam anlamıyla birer göçebe arabası olan bu arabalar, içinde ev tanrılarının taht kurduğu, kadınların yün eğirdikleri, dikiş diktikleri, doğum yaptıkları, çocuklarını emzirdikleri gerçek birer konuttu.

Bu arabaların kullanılması keçe çadırdan yararlanılmasını ortadan kaldırmıyordu. Dikdörtgen ya da kare tabanlı, kimi zaman hükümdarlarınkinde olduğu gibi tabanı daha genişti (Eftalit hükümdarının çadırının bir kenarı kırk kademdi. Biz bunlara eski Rus gezginlerine uyarak *yurt* diyoruz ancak burada bir karşıt anlam söz konusudur. Çünkü *yurt* Türkçede "ülke, konaklama yeri, kişinin üzerine evini inşa ettiği toprak parçası" anlamına gelir. Birbirine yan yana bağlanmış keçe kaplı, esnek odunlardan yapılan yurt, yuvarlak tabanlı ve büyük bir çan biçimindeydi. Üst ucunda bir duman deliği vardı. Çadırın ortasındaki ocağın üstüne açılan ve aşağıdan açılıp kapatılabilen bu delik, pekâlâ küçük bir evren olan bu çadırın ana eksenini oluşturuyordu. Bu yerinden çıkarılabilir kapak, ancak ocağın ateşi söndürüldüğü ya da ateşin muhafaza edilebilmesi için üzeri külle örtüldüğü zaman kapatılmasına olanak veriyordu.

Kapı, "güneşin doğduğu yöne saygı" nedeniyle doğuya açılırdı. Eski Türkler tarafından kesin şekilde uyulan bu uygulama, büyük bir olasılıkla X yüzyıla doğru, Çin etkisiyle değişecekti ve kapı bu kez de güneşin geçtiği en yüksekteki nokta göz önünde tutularak güney yönüne açılacak biçimde yapılmaya başlandı. Ana yönler, Çin tarzında bir renk adıyla ya da evrenin dört ana öğesinin adıyla anılırdı. Örneğin Osmanlılarda Karadeniz adı, söz konusu denizin kuzeyde olması nedeniyle verilmiştir. Güneyde olan Akdeniz'in adı ise, yine bu nedenle "ak" olan denizdir.

At

Hayvan yetiştiriciliği bozkır Türklerinin temel uğraşıydı. Türklerin ilk yurtları olan Moğolistan tam bir hayvan yetiştirme yeriydi ve gücü de buradan geliyordu. Devletlerin başkentlerini burada kurmalarının nedeni budur. Moğolistan'ın en nihayetinde bir atlar tarihi olan tarihinin biricik açıklaması da budur. Türklerin ve Moğolların yeryüzündeki tüm yazgılarını aydınlatan da budur. Türklerin tarihinin, birçok temel özelliğinin geçerli birçok kanıta karşın sisler içinde kalmamasını, kötü ayarlanmış bir objektifle çekilmiş bir fotoğraf gibi silik olmasını sağlayan da budur. Göçebelerin üstünlüklerini sağlayan tüm iyi niteliklerinin özgür bir biçimde gelişebilmeleri için atlı gücün temel desteğine gereksinimi vardır.

Yoğun at yetiştiriciliği en yüksek noktasına Moğolistan'da erişmiş ve hemen hemen tüm bozkır ülkelerinde yaygın bir hale gelmiştir. Ama çöllerde, ormanlık bölgelerde, tarım bölgelerinde, elbette Sibirya'da, aynı zamanda Çin'de, Avrupa'da ve hepsinden de çok ırmak vadilerinde, Dicle, Fırat ve Nil vadilerinde olanaksızdı. Müslüman Turk gücü Balkanlar'da, Yakındoğu'da, Hindistan'da başka temellere dayanmıştır. Oysa yerleşik ülkelerin hiçbirinin büyük sürüleri beslemeye yetecek kadar otlağı yoktu. İşte bu nedenle Türkler yerleşmektense buraları yağmalamayı tercih edeceklerdir; aslında er ya da geç oradaki insanlar tarafından asimile edileceklerini ya da onları sert yaşam koşullarından uzaklaştıran uygarlıktan çok, oraları ele geçirmelerini sağlayan yıkım gücünün, yani atlı gücün çökmesi nedeniyle atılacaklarını bileceklerdir.

Şu an biliyoruz ki Moğolistan Bağımsız Cumhuriyeti ("İç" ya da Çin Moğolistanı dışında) 1918'de, ülkeye modern ekonominin girmesinden önce 1,5 milyon at, 1 milyondan çok sığır, 7 milyondan fazla koyun ve 225.000 deveyi, yani toplamda (her bir birim 1 at, 1 deve, 1 sığır ya da 5 koyundan oluşacak şekilde) 3.895.000 birim hayvanı besliyordu. Eskiden, yani savaşlar, salgın hayvan hastalıkları, çekirge istilaları, (MS 46 yılındaki gibi) kuraklıklar küçük ve büyükbaş hayvan sayısında çok büyük azalmalara değil, ancak geçici düşüşlere yol açtığı ya da elverişli koşullar bunların sayısında aşırı artışlara neden olmadığı zamanlarda da durum herhalde bundan farklı değildi. Ama 1918'de Moğolistan savaşçı ya da fetihçi eğilimli değildi ve ülkede göçebe hayvancılığı atçılıktan çok daha önemliydi. Etkinliklerin temelinde savaş yer aldığı zamansa durum değişiyor; o zaman atlar öbür hayvanlardan daha değerli oluyordu. Hiong-nuların sürülerindeki hayvan sayısı normal zamanda kişi başına onbeş ila yirmibeş büyükbaş hayvan arasında değişiyordu. Bu sayı yokluk yıllarında en yoksul boylarda kişi başına ikiden aza düşer, refah dönemlerinde ise en zengin boylarda kişi başına yaklaşık üç yüze çıkardı (MÖ 127'de yapılmış bir değerlendirme). Hiong-nuların sayısının bir buçuk milyon kadar olduğu tahmin edildiğine göre, hayvanlarının sayısının da en az iki milyon, daha geniş topraklarda ise 1918'e göre 2 veya 3 kat daha fazla, yani ortalama bir sayıyla 30 milyon olmuş olması gerekir. Bunların arasında, at oranının yüzde 12 ila 15, dolayısıyla 4 milyon baş kadar olması gerekir. Ama at yüzdesinin kırka kadar çıkabildiği düşünülürse, demek ki sonuç ürkütücü olabilmekte, yani 12 milyon ata çıkabilmektedir (MS 46 tarihinde yapılmış değerlendirme). Karşılaştırmak gerekirse: SSCB'de 1955'te 13 milyon, 1965'te 8 milyon adet at vardı.

Özenle belirlenen bu sayılar, göçebelerin savaşa en az kişi başına iki ila üç at götürdükleri, bunun onlara her zaman yorgun olmayan bineklere sahip olmak olanağı sağladığı yolundaki bilgileri doğrular niteliktedir. 1 milyon at, 300.000 kişilik bir ordu için yeterli olmanın ötesinde aşırı bir sayıdır. 300.000 kişi ise o dönem için dev bir ordu demektir ve kuşkusuz o dönemde bir eşi de yoktur. Ne var ki kimi kaynaklar bazı tarihçilerde, bence haksız kuşkular da doğurarak, bu sayıda ordulardan söz etmektedir. Yeryüzünün tüm askerleri, Uzakdoğu ya da batının ortaçağ şövalyeleri üzerinde kesin bir üstünlüğe sahip olabilmek için bile bu sayı çoktur. Bu kadar çok sayıda hayvanı ne Çin'in ne Hindistan'ın ne de Avrupa besleyebilirdi. İran ve Türkiye'nin yaylaları bir ölçüde besleyebilirdi. Tüm Avrupa'nın otlak bakımından en zengin yeri olan Macaristan Ovası en çok 323.000 birim hayvan için yeterliydi ve üstelik eskiden ormanlar günümüzdekinden daha geniş alanlara sahipti. Bu sayı Moğolistan'dakinin onikide biriydi. Beslenme için gerekli küçük ve büyükbaş hayvan sayısı akılcı sınırların ötesine dek azaltılsa bile, Macaristan Ovası ancak 50.000 ila 70.000 kadar atlıya yeterli olabilirdi. Ve bu sayı, katılan kuvvetlerin de desteğiyle, Galya ve İtalya'ya seferler düzenlemek için yeterli, ancak işgal etmek için yeterli bir sayı değildi. Ayrıca atların oralarda besin bulamayacak olduklarını da unutmamak gerekir. İşte bu nedenle Attila Avrupa'yı fethetmeyi düşünmemiştir.

Ve yine bu nedenle, atlı güce her zaman önem vermiş Selçuklular, İran ve Anadolu'da tarımı ihmal etmek zorunda kalmışlardır. Ve yine aynı nedenle Moğollar ve Türkler Suriye ya da Irak'ta uzun süreli başarılar elde edememişler özellikle de bu ülkelerden Nil Vadisi'ne gidebilmek üzere hareket üssü olarak yararlanamamışlar ve Memlukların darbelerine açık durumda kalmışlardır (acaba güçlü bir süvari kuvveti Sina Çölünü geçebilir miydi?). İşte bu nedenle keskin bir zekâsı olan, karşısındaki sorunun verilerini çok iyi kavrayan, bununla birlikte dünyaya egemen olmak fikrinden vazgeçmeyen Cengin Han, Çin'in sulanabilen tüm topraklarını otlağa dönüştürmeyi tasarlamıştır. Ve yine bu nedenle savaşılmadığı zaman atlar dışarı satılmak zorunda kalınmıştır. Çin'in, barış içinde kalmak amacıyla Uygurlardan, daha sonra ölmelerine seyirci kalma pahasına bile olsa, akıldışı fiyatlara çok sayıda at satın almak zorunda kaldığı bilinmektedir. Bu yüzden seferler çoğu zaman kısa sürer, otun tüketilmesi ve hayvanların güçten düşmesiyle birlikte sona erer ve yıldan yıla tekrarlanırdı.

Uygarlık topraklarına, bozkıra dönüştürmeksizin yerleşebilmek için, yeni koşullara son derece yavaş bir süreçle, bir iki yüzyıl süren bir süreçte hazırlanmak gerekliydi. Bu, Osmanlılarda olduğu gibi, önemli miktardaki bir atlı gücün varlığını sürdürmekle birlikte, süvari gücüne artık kilit rol atfetmeyen yerleşikliğin bir sonucu olacaktı. Yeni koşullara uyma adına, Roma İmparatorluğunun tek buyurucusu Attila, Macaristan ovalarını terk etmemiştir.

Çoğu zaman simgeleri olarak gördükleri kurt gibi, gerçek göçebe barbarlar da uygarlığın sınırında dolaşmak, bundan yararlanmak, beslenmek, ama o sınırı aşarak uygarlığın içine girmemek zorundaydı. Atlar artık yeterli sayıda değilse silahlar, koşum takımı, Türklerin benimsedikleri ve uygarlarmış olanların da benimseyecekleri atlı yaşama uygun giyim neye yarayabilirdi ki? Bütün bunlar ancak bozkırda işe yarayabilirdi. İnsan nice büyük fatihin yerleşik bir ülkede kalmaktan çekinmesi karşısında şaşkınlığa düşer. Ve bir zamanlar buraların göçebelerin yurtları olduğu bilinince, modern Asya'nın nice kurak ve çorak bölgesinin durumu daha iyi anlaşılmaktadır.

Ticaret

Hayvancılık, avcılık, savaş ve istilalar gibi insanlığın temel gereksinimleri Orta Asya'daki Türklerin ekonomik faaliyetlerini fazlasıyla karşılıyor gibiydi. Başka etkinliklerde bulunmuş olsalar da, Hazarlar servet yapma olanağı sağlamış olsa da, ticaret onların harcı değildi.

Yaklaşık bir yüzyıl, belki de daha uzun bir süre boyunca Akdeniz'i Uzakdoğu'ya bağlayan büyük eksenin, Mezopotamya, İran, Maveraünnehir (Sogd ülkesi) ve Tarım havzasının kuzeyinde ve güneyinde sıralanan ve Singan-fu'ya (eskiden Çang-an) varan Serinde vahalarından (günümüzde Sin-kiang) geçtiğine inanılıyordu. XIX yüzyılda bir Alman, geçip giden değerli mala atfen bu yolu "İpek Yolu" olarak adlandırmıştı. Aslında ipek Çin'de para birimi değeri taşıyan bir maldı. Almanın bu önerisi büyük bir kabul görmüştür.

Aslında ipek bu yoldan geçen tek ürün değildi, özellikle de önce İran'ın sonra da Bizans'ın (en azından 551'den sonra) ipekböceği kozacılığının sırrını keşfedip ipek üretmeye başlamalarından sonra: Baharatlar, misk, Sibirya kürkleri, madenler, deri ve her türden tekstil ürünü, değerli taşlar, yeşimtaşı, lakeler, porselenler ve daha pek çok ürün ticari açıdan belki de ipekten çok daha önemliydi. İpek Yolu öncelikle dinlerin yolu olmuştur, önce Budizmin, sonra Manizmin, Hıristiyanlığın ve son olarak da İslamiyetin. Dindar misyonerler vaaz vermek için bir yerden ötekine bu yol boyunca dolaşıp durmuşlardır. Bu yolun öneminin bir diğer nedeni de otlaklara dönüştürmek için fazla verimli topraklar olan vahaları birbirinden ayıran çorak çöllerden kervanların geçememesidir. Elimizdeki belgelere göre, ortaçağda, XX yüzyılda olduğu gibi, bu yoldan geçen malların miktarları, devasa rakamlarla değil küçük birimlerle ölçülürdü (en fazla yirmi insan ve dört beş hayvan, özellikle de eşek). Buna karşın, tüm eski dünya yollarını arşınlayan, deyim yerindeyse, bozkır yollarından geçen, devasa kervanlar vardı (bunların bazılarında 3000 deve ve 5000 kişi olurdu). Bu kervan ticareti büyük bir olasılıkla tarihöncesi dönemden beri bu biçimde yürüyordu. Bu yollar Moğolistan, Yenisey Vadisi ve Çin'i Yakındoğu'ya Balkaş Gölünün hem güneyinden hem de kuzeyinden bağlıyordu ve kaçınılmaz olarak Sogd ülkesine, Harezm'e varıyorlardı. Buralarda da Afganistan üzerinden Hindistan'dan gelen yollarla birleşiyorlardı. Daha sonra Hazar Denizinin kuzeyinden ve güneyinden batıya doğru yöneliyorlardı.

Tüm göçebe halklar, önce İranlılar, daha sonra Türkler kuzey yollarını denetimlerini altına tutuyorlardı. Örneğin çok fazla kullanılan, X'ian'da yola çıkıp Bezeklik ve Turfan'dan geçen yol gibi. Bu yol daha sonra Çu ve İli Vadilerinden geçecektir. Bunun yanı sıra, en azından dolaylı bir biçimde de olsa, Serinde ve Sogd ülkesi yollarını da yönetimleri altına almak için çaba gösteriyorlardı. Deve, at, sığır yetiştiricisi olan bu halklar hemen hemen tüm malların taşımacılığını yapıyorlardı. Hatta elimizdeki birkaç kanıttan yola çıkarak bu malların alımlarını ve satımlarını da yapıyorlardı diyebiliriz.

Bu uluslararası ticaret, koşullar elverdiğinde, Orta Asya'daki tüm sınırları ortadan kaldırarak sanıldığından çok daha kısa bir sürede gerçekleşiyordu: örneğin Sogd ülkesinden yola çıkıp iki ayda Moğolistan ya da Pekin'e varmak mümkündü. Bu yolu kullananlar, coğrafi ve demografik açıdan bu uzak ülkeler hakkında çok fazla bilgi ediniyorlardı ve fetih ordularının ve yolculuk eden insan topluluklarının doğal rehberleri oluyorlardı. Dolayısıyla işgaller rastgele bilgilerle değil, oldukça iyi bir donanıma sahip olunarak yapılıyordu. Tüccarlarla, komutanlar ve boy liderleri arasındaki bu bilgi alışverişi, büyük göç olaylarının nedenlerini de yöntemlerini de daha iyi anlamamızı sağlamaktadır.

Tarım ve Sanayi

Tarım daha küçük bir rol oynuyordu, ama büsbütün de yok değildi. Irmak vadilerinde ilkel olmasına karşılık, zengin vahalarda daha gelişmiş durumdaydı ve Türkler vahalarda artık sık sık görüldükleri için tarıma uzak kalmamışlardır. Kent yaşamı Moğolistan'da henüz bilinmiyordu. Bulgarlar ile Hazarlardaysa gelişmesinin başlangıcındaydı. Kentler birçok kimse için son derece büyüleyici bir ülkü, tehlikeli olduğu kadar da çekici bir seraptı. Bilge Kağan'ın Çin'deki örneklerine bakarak bir kent kurdurmayı düşlediği günler, çekiciliğin korkuya üstün geleceği günün uzak olmadığına işaret ediyordu.

Bir sanayinin varlığından söz etmek mümkündü. Bu yalnız keçe ve halı sanayi –Türk ve İran dünyasının hemen hemen tümüyle kendilerine özgü üretimi– değil, aynı zamanda da maden, demir, tunç ve altın sanayiydi. Hiong-nuların, hayvan resimli bozkır sanatının bir veçhesinden başka bir şey olmayan ve onlardan sonra yüzyıllar boyunca süren sanatı, Asya bozkırlarının eski halklarının maden sanayi alanındaki ustalığını göstermektedir. Huang-ho'nun (Sarı Irmak) büyük kıvrımındaki Ordos'ta, güney Sibirya'da, Minusinsk'te, Moğolistan'ın güneyinde ve özellikle de Noin Ula'da, kemer tokaları, binek ve koşum gereçleri, bayrak direği ucu gibi hayranlık uyandıran çeşitli nesneler bulunmuştur. Türüklerin, Juan-juanların egemenliği sırasında Altay'daki güçlerini kısmen demircilik mesleğine borçlu olmalarının nedeni onları Şamanlara yakın kılan ateş ve demir bilgisine sahip olmalarının yanı sıra üretici olmalarıdır. Bağımsızlıklarını elde ettiklerinde Bizanslılara da demir satmayı önermişlerdir.

Korkunç Portreler

Tüm Türkleşmişleri, yani sarışın ya da kızıl saçlı ve açık renk gözlü, kolaylıkla Cermen kavmi Alamanları ya da Vikingleri düşündürebilecek toplulukları bir yana bıraksak bile, dıştan evlenmeyle, nikâhsız eş olarak aldığı kadın kölelerle ve hükümdarların eşlerini yabancı saraylardan, o dönemde özellikle de Çin sarayı prensesleri arasından seçmesi sonucu melezleşmesi nedeniyle, ortaçağın başlangıç dönemi Türkünün bir robot resminin çizilebileceğini söyleyebilmek güçtür. Bununla birlikte yine de Mongoloitler yüz çizgileri ve vücutlarının biçimiyle, yabancı gözlemcilerde –bir korku ürpermesinin yanı sıra– büyük bir ilgi uyandıracak kadar ırklarının özelliklerini taşırlar. Özellikle batılılar onları çok çirkin bulur, sözcüğün gerçek anlamında birer canavar, yani insandan çok hayvana yakın sayarlardı. Ammianus Marcellinus, "Bodur olmaları ... son derece büyük el ve kolları, ölçüsüz derecede iri kafaları" nedeniyle onlar hakkında böyle düşünür. Sidonius Apollinaris'de ise korku salma nedenleri, "biçimsiz ve basık" burunları, "iyice oyuk göz çukurlarına gömülmüş, en uzak mesafelere ulaşan keskin bakışlı gözleri"dir.

Batılılar aslında kendi kendilerini korkutuyorlardı. Cengiz Han egemenliği sırasında tüm eski metinleri neredeyse harfi harfine tekrar etmişlerdir. Matthieu de Paris Moğollar hakkında, "İnsan olmalarına karşın daha çok hayvana benziyorlar, bunlara insandan çok canavar demeli" demiştir. Oysa aynı Türk-Mongollar, uzun saç örgüleriyle, çıkık elmacık kemikleriyle, çekik, badem gözleriyle, Müslüman estetik uzmanlarına göre, insan güzelliğinin en yüksek derecesine erişmiş kabul edilmekteydi. Ve gerçekten de onları konu alan İran minyatürlerinde ve Gaznelilerin duvar resimlerinde nasıl da çekicidirler!

Karakterleri de aynı şekilde dikkati çeker, yalnız bu açıdan da haklarında daha olumlu kanılar yoktur. Yürekli ve sert, yırtıcı, kötü niyetli, kıyıcı, pis ve iğrençtirler. Kendilerini eşkıyalığa vermişlerdir; "yırtıcılıkta, kıyıcılıkta, barbarlıkta, düşünülebilecek her şeyi geride bırakırlar." "Zaten hayvan gibi yaşamakta, yediklerini ne pişirmekte ne de içine çeşni veren bir şey katmaktadırlar." "Onlara çölde dolaşan korkunç, iğrenç ruhlar yaşam verdi. İnsan yüzü altında, yırtıcı hayvanların acımasızlığı içinde yaşıyorlar." Ammianus Marcellinus ve Jordanès Hunlardan böyle söz eder. Diğerlerinin yanı sıra Matthieu de Paris de Cengiz Han'ın Moğollarından söz ederken, neredeyse kelimesi kelimesine aynı şeyleri söyler. Kuşkusuz istilalarının eskatolojik bir yanı vardı: "Ülkeme bir topluluk karşı çıktı... Kırlar tahrip oldu, toprak yas tutuyor... Çünkü Yahve'nin günü yakın... Bu halk gibisi hiçbir zaman var olmamıştır... Önünde bir ateş yok ediyor, arkasında bir alev kavuruyor."

Bu gözlemler arasında doğru olan da var yanlış olan da; kimi zaman anlaşılmamış, kimi zaman bilerek olduğundan acıklı gösterilmiş gözlemler ve kolayca ortadan kalkmayacak yargılar var. Çökme dönemindeki uygar bir Romalı, arılığına, temizliğine duyduğu saygıdan dolayı suyu kirletmekten çekindiği için o suda yıkanmayan ve hiç olmazsa birçok önlem almaksızın orada araç gereçlerini ve giysilerini yıkamayan insanlar hakkında ne düşünebilirdi? Bu insanların açık açık ve yüksek sesle, kurtla dişi geyiğin çiftleşmesi sonucu ortaya çıktıklarını, atalarının gebeliklerini bataklıklarda, mağaralarda geçirdiklerini söyledikleri düşünülünce, batılıların, bunları "Çölde dolaşan korkunç, iğrenç ruhlar"dan çıkmış kabul etmeleri pek mi abartılıydı? Binicinin baldırları ile atın sırtı arasına sıkıştırılmış et parçası anektodu ünlüdür ve hor görmenin mantıkdışı boyutunu ortaya koymaktadır. Her binici eyerin altına hayvanın derisiyle temas edecek şekilde bir et parçası koymanın onun sırtında yara açacağını bilir. Hunlar atlarından inmeden beslenebilmek için eyerlerinin iki yanındaki ceplere yerleştirdikleri kurutulmuş etleri yerlerdi.

Akınlarının şiddeti, katliamları, korku ve dehşet yaratmak amacıyla kendi haklarında yaydıkları korkunç öyküler ve özellikle davranışları geriye kalan resmi tamamlamaya yeter. Paniğin bulaşıcı olduğunu, korku ve dehşetin herkesi elden ayaktan düşürdüğünü, felç ettiğini biliyorlardı. Canavar olarak görülmekten rahatsız olmak bir yana, bunu adeta doğruluyorlardı. Örneğin saldırırken korkunç çığlıklar atıyorlar, *Ur Ah!*, yani "Haydi Vur!" diye bağırıyorlardı. Daha sonra batıda bu çağrı biçimi "Hurra!" ünlemine dönüşmüştür. Kendileriyle ilgili en korkunç, en dehşetli öyküleri uyduruyor ve yayılmalarını sağlıyorlardı, örneğin yamyamlıkları hakkındaki her şeyi abartıyor, her tarafa gönderdikleri casusları bunları bire on katarak anlatıyordu. Acımasızca ve ruhsuzca öldürürlerdi. Öldürmenin inceliklikleriyle ilgilenmezlerdi. Işkence ise barbarların değil, uygarlaşmış kişilerin harcıdır. Bu, duyarlılık yokluğunun mu, yoksa hayal gücü eksikliğinin mi sonucudur bilmiyoruz? Kırımlar onlara korku vermiyordu. Ölmektense öldürmenin yeğ olduğuna ve yaşamlarının başkalarının yok olmasına bağlı olduğuna inanırlardı. Doğayla iç içe yaşadıkları için doğanın yasalarını biliyorlardı; yaşamın ölümden doğduğunu, varoluşun sürüp gitmesininse birilerinin yenilip birilerinin yenmesine bağlı olduğunu öğrenmişlerdi. Ölüm bir "zorunluluk"tur diyorlardı. Ama insanlar derin biçimde insani duygular taşır. Bilge Kağan kardeşi Kültigin'in ölümünden şu dokunaklı ifadeyle söz eder: "Gören gözlerim görmez, bilen aklım bilmez oldu... Evet, gözler yaşla, ruh ve yürek hıçkırıkla doluyor..." Ve oğlu da babasının mezar yazıtına şu sözleri kazıtmıştır: "Bilge Kağan göğe uçtu. Yaz gelince yukarıda, gökyüzünde gökkuşağı çıkınca, dağda maral kaçınca, seni düşünürüm..." Son olarak bir önderin sade ve umutsuz haykırışı uzun bir söylev kadar edebidir: "Savaşa gittin ve seni o zamandan beri görmedim, oğlum, aslanım!"

Savaş

Yenilmezlik ününe hiç de haksız bir biçimde sahip olmamışlardır ve başarılarının güvencesi de kısmen bu ündür. Sürdürdükleri savaşın korkutucu görünmesi gerçekliğe ve düşmanları üzerinde yarattıkları kaygıya uygundu. Çünkü onlardan ne kadar çok korkulursa o kadar az direnilir. Böylece bu saldırgan toplulukların kişiliklerini tam olarak yansıtmayan bir imge ortaya çıkar. Bugün belgeler bu yanlışlığın düzeltilmesine olanak veriyor.

Bunlar başıbozuk ve öfkeli bir grup vahşi değil, düzenli ve iyi yönetilen bir orduydular. Önderleri tartışılmaz bir otoriteye sahipti. Ancak çok gerekli olduğunda kendilerini gösterirlerdi; çünkü ölümlerinin orduyu dağıtacağını bilir, harekâtı dışarıdan bütün yönleriyle takip etmek isterlerdi. Kuşkusuz Ahamenid İran'dan alınan örgütlenme biçimi son derece katıydı. Askerler on, yüz, bin ve onbiner kişilik gruplardan oluşurdu. Bu gruplar Farsi kökenli bir sözcükle adlandırılırdı: *tümen*. Bu tümenler yak ya da at kuyruklu sancaklar, sarı bir kurt başının ya da herhangi bir hayvan betiminin takılı olduğu flamalar etrafında toplanırlardı.

Herkes asker olabilirdi (olmalıydı), hatta gerekli olduğu durumlarda kadınlar bile. Elbette kimseye bu hizmet karşılığında bir aylık ödenmiyordu. Bu, sürekli hareket halinde, hep ayakta olan bir ulustu. Mümkün olduğunda elde ne varsa o yenirdi, eğer hiçbir şey yoksa bir, hatta iki gün boyunca hiçbir şey yenmediği de olurdu. Dönemlerindeki tüm gözlemciler bu toplulukların azla yetinme özelliklerine hayran kalmışlardır. Erkekler en sert şartlarda yetiştirilirlerdi, daha küçücük bir çocukken soğuğa, açlığa, yorgunluğa dayanmayı öğrenirlerdi. Sadece en güçlüler hayatta kalabilirdi.

Bunlar kuşkusuz birinci sınıf süvariydiler. Ama sadece süvariden ibaret değildiler. Piyade sınıfı, varlığının uzun süre yadsınmasına ya da sözünün edilmemesine karşın tartışmasız olarak mevcuttu – aksine vakayinamenin anlattığına göre Hunlar atsız savaşma gücünden tümüyle yoksundular. Kırım'da Kul Oba kurganındaki kayaya oyulmuş gravürler ayaklarını açmış, dizleri hafifçe bükülmüş, sırt sırta duran yaya askerleri ve ok atan iki İskit'e karşılık veren, diz çökmüş, yaylarını germekte olan okçuları betimlerler. Türük komutan Tonyukuk sefere çıkarken yanındaki askerlerin üçte ikisinin süvari, üçte birinin piyade eri olduğundan söz eder. Ne yazık ki, bu piyadeler ve etkinlikleri konusunda hiçbir bilgi yoktur.

Savaş alanlarında her an her yerde olan hareketli, hızlı, yorulmaz atlılar bize, bu benzetme doğru olmasa bile, ata eyersiz binen, yarı çıplak ve hafif silahlı Uzak Batı Kızılderilileri gibi gelirler. Gerçekte koşum takımları ve silahlar yüzyıllar boyunca sürekli geliştirilmiş ve durmadan yeni koşullara uydurulmuştur. Ele aldığımız dönemde koşum takımları göz kamaştırıcıydı, ayrıca savaş sırasında ata bir de pirinçten bir baş zırhı takılırdı. Süvari ise zırh, halkalardan oluşan bir eteklik ve kalkan kuşanır, silah olarak da ince ve uzun olarak resmedilen bir kargı, kuşkusuz bir balta, kılıç, uzun bir kalkanla korunan ve sağ elle kullanılan başka bir tür kılıç, sonraki zamanlarda bir takım özel silahlar ve İskitlerin ve Partların ününü duyurduğu eşsiz bir yay taşırdı. Sidonius Apollinaris bu konuda, "okunu yönelttiği kişinin vay haline, çünkü okları ölüm getirir" der. Ammianus Marcellinus ise şöyle ekler: "İnanılmayacak kadar uzak mesafelere sert ve ölümcül oklar atarlar, bu ustalıkta kimse onlarla yarışamaz."

Silahlardaki bu değişime karşılık bozkır ataları değişmemiştir; oldukça küçük boylu, sağlam, dayanıklı, sahibi tarafından çok sevilen at, boylar için bir insan kadar değere sahipti, rengi, kökeni ya da gövde yapısıyla ilgili bir özelliğini yansıtan bir ad taşırdı ve geçmişten kalan metinlerde çoğu zaman at hakkındaki bilgiler sahibi hakkındakinden daha kesindi.

Orduları kesinlikle saldırı amacına yönelikti; ama elbette kendilerinin de bildikleri ve çoğu zaman uyguladıkları baskınlara, beklenmedik saldırılara karşı da her zaman hazırlıklıydı. Ordu surlar arkasına sığınmasa da, çok sayıda gözetleme kulesine sahipti. Kentleşmiş bir ülkede harekât yeteneğine sahip olan bu ordunun, anlaşıldığı kadarıyla kuşatmaya yönelik araç ve gereçleri yoktu. Kaynaklar kentlerin nasıl ele geçirildiğini söylemiyor.

Ordu mevcutlarına dair bilgiler her zaman doğrulanabilir değildir ve birinden diğerine değişebilir. Sadece onyedi, yetmiş ve yedi yüz kişiyle imparatorluklar kurulduğunu anımsatalım. Bunlar kuşkusuz simgesel sayılardır, ama bilerek düşük tutulmuşlardır. XII yüzyılın sonunda Komutan Halaci Bengal'in başkentini onsekiz atlıyla ele geçirmişti! Moğolistan yazıtlarında, bir çarpışmada iki ila üç bin arasındaki Türük ile altı bin Oğuzun karşı karşıya geldiği belirtilir; bir başka savaş ise Türükleri ovada toplanmış 100.000 savaşçıya saldırmaya mecbur bırakır. 100.000! Eğer büyük sayılar daha çok 7 ve 9'un katlarıyla ifade edilmese ve ordu on mevcutlu, yüz mevcutlu vb birliklerden oluşmasaydı, işte o zaman bu büyük bir sayı olurdu. Hazarlar Bizanslılara 40.000 atlı sunmuştur ve On Okların cepheye 300.000 asker sürdüğünden söz edilir. Bin yılı aşkın bir süre boyunca çeşitli belgelerde, mevcutların güçsüzlük veya önemi üzerinde durulmuşutur: bu konuda Türklerin arşiv, istatistik ve muhasebe meraklısı olduklarını unutmamak gerekir. Çin ise Türük kuvvetlerinin bir milyon civarında olduğunu düşünüyordu. Bu abartılı değildir. Türklerde her erkek erişkin yaşa gelmesinden başlayarak en ileri yaşlara kadar askerdi. Ne toplu halde askere alma ne de bugün bize uygarlık dahilinde canavarca gelen, sağlıklı her insanın adam öldürmesi ya da kendisinin ölmesi gerektiği fikri modern zamanlarda ortaya çıkmamıştır.

Türkçe metinlerde kimi zaman kış ortalarında yapılan harekâtlardan söz edilmektedir: "Kalın karı güçlükle aştım. Dizginlerinden çekilen atları ve ağaçlara tutunarak ilerleyen adamları tepeye çıkarttım." der Tonyukuk. Irmak geçitleri buz tutmadığı zaman yüzerek ya da sallarla geçilirdi. Kaçarlardı. Kaçanları kovalarlardı. Büyük bir mesafe ya da doğal engeller nedeniyle kendini tehlikeden uzak sayan düşmanın üzerine saldırmak için, asker çok bitkin olsa da, gece ya da şafak beklenirdi: eylemde hızlılık ve yenme azmi parolalarıydı. İrade her şeye kadirdi, ancak tanrı inancı ve önemli savaş taktikleri içeren stratejiler de iradeyi tamamlıyordu.

En iyi süvariler ve en iyi okçular oldukları bilinmekle birlikte, bu iki üstünlüklerinden nasıl yararlandıkları bilinmezse, göçebelerin, İskitler döneminden ateşli silahların gelişmesine dek yineledikleri başarılar anlaşılmaz. Konumları ya da sayısal üstünlüklerinin zafer getireceğinden olmadıkları müddetçe göğüs göğüse savaştan kaçınırlardı. Düşman hatlarına dörtnala saldırıya geçerek ortaya yaklaştıkları sırada, tam üzerlerine ok atılmaya başlanacağı anda birden dönerek omuzlarının üzerinden "Part okunu" savururlardı. Ammianus Marcellinus, Hunlar hakkında şunları söyler: "Direnmeyle mi karşılaştılar, hemen dağılır, ama aynı hızla geri dönerek yolları üzerindeki her şeyi dağıtır ve alt üst ederler." Kazandıktan sonra kendilerine katılmasını sağlayamayacaklarını anlarlarsa düşmanlarını ibret olsun diye yok eder, böylece farkında olmadan aşırı nüfus artışının önüne geçmiş olurlardı. Theophylaktos Simokates tek bir savaştaki ölü sayısını 300.000 olarak değerlendirir: "Cesetler dört günlük yürüme mesafesine sahip bir alana yayılmıştı." Savaşı bırakmaktan, savaştan kaçmaktan hiç utanç duymazlardı. Tam tersine düşmanı, hiçbir zaman ele geçmeyeceklerini bildikleri uçsuz bucaksız alanların derinliklerine çekmeye çalışır, oralara varıncaya dek de düşmanın geri bağlantılarını keserek levazım hizmetine engel olurlar, Çinlilerin güzel bir benzetmesiyle söylemek gerekirse, düşmanı "vızıldayan böcekler gibi" tedirgin eder, hırpalarlardı. Yalnızca kıstırıldıklarında ya da ganimetlerin ağırlığı hızlarını kestiğinde cepheden karşı koyarlardı – ki İskitler ancak atalarının mezarlarına kadar kıstırıldıklarında karşı koyduklarını söylerler, daha önce değil. Ve o zaman da çember şeklinde dizilmiş, neredeyse hareketli birer tabya olan arabalarının arkasına kapanırlardı: Attila Katalanum Ovasında yaptığı buydu.

Toplumsal Yaşam

Temel çekirdekleri dış evliliklere dayanan, soyun babadan geldiği, üyelerinin ortak bir ad ve köken efsanesine sahip oldukları dar bir aile biçimiydi. Bu aile karmaşık bir ilişkiler ağı içindeki bir oymağın üyesiydi, çünkü coğrafi ve ekonomik koşullar tek başına kalmaya izin vermiyordu. Bununla birlikte büyüye duydukları eğilim nedeniyle (Şamanlar) ya da topluluktan dışlanıp yersiz yurtsuz çoğu zaman sefil bir yaşam sürenler de vardı. Ancak güçlü ve becerikli olanlar gelecekteki başarılarının temelini buradan alırlardı. Pek çok önemli kişilik yaşamlarına bu şekilde başlamıştı. Örneğin İlteriş Kağan, Cengiz Han, Timur vb. Bunlar ne pahasına olursa olsun türlü ittifaklar peşinde koşmuş ve çok eski bazı bağlara başvurmuşlardır. Bu bağlar ya doğal ya da akrabalık ilişkileri, ailevi taahhütler, daha çocuklukta kesilmiş sözler ve nişanlar veya karşılıklı olarak, birbirlerine anlamlı armağanlar verdikten ve bileklerinden akıttıkları kanı birbirlerininkiyle karıştırmak ya da birbirlerinin kanını içmek yoluyla gerçekleştirilen "kan kardeşlikleri" gibi birleşmelerdir.

Ama halkları çoğunlukla hem tehdit altında hem de güçsüzdü ve işte tam da bu nedenle federasyon halinde birleşmişler ve imparatorlukları kolayca kabul etmişlerdir. En iyi bildiklerimizin imparatorluklar olduğunu, o zaman çok bozulmuş olmakla birlikte, toplumsal yaşamı ancak onlardan hareketle inceleyebileceğimizi söylemiştik: Türk-Moğol dünyasının ilk sistemi saydığım totemizm, gökyüzünü bir *deus otiosus* [dünya işlerinden elini çekmiş tanrı] yapmaya yönelen politeizm, sınıflandırıcı ve ayırıcı öğeler, mülkiyetin somut belirtilerinden biri olan ve sığırgillere kızgın demirle vurulan ya da taş üzerine kazınan *tamga*'lar yerlerini, daha sonra Büyük Ata olacak, çeşitli alt tanrılı monoteizme bıraktılar; böylece *tamga*, "mühür" oldu.

İmparatorluk merkezileşmiş ve hiyerarşik bir yapıya kavuşmuştu. İmparatorluğun başında bir hükümdar, örneğin Hiong-nularda *şanyu*, Juan-juanlarda da *kağan* ya da *han* (ya da *kan*) vardı. İmparatoriçeyse *katun*, *kadın* ya da *hanım*'dı. Pierre Loti, *Les Désenchantées* [*Mutsuz Kadınlar*] adlı yapıtını, bir Türk kadınının "büyük bir saygı duyulan, buruk ve sevgili anısına" sunacaktır. İmparatorluk çifti "Gök'e benzer," "Gök'ten gelmiş" ve "Gök tarafından seçilmiştir." Gök'ten *kut*'unu, destek ve ruhunu almıştır. İmparatorluk çifti tahta çıkarken Tanrının onları kabul etmesi için keçe bir örtü üstünde göğe doğru yükseltilirdi.

Bu çiftin çevresinde önemli kişiler, *beg*'ler, yani *bey*'ler yer alırlardı. *Katun* gibi *bey*'in de bugün değeri azalmış ve artık sadece "bay" olmuştur. Ayrıcalıklı bir sınıfın üyeleri olan *beg*'lerin uygar olmaya özel bir eğilimleri vardı ve yabancı gelenekleri ilk benimseyen ya da örneğin Çinlileşmek adına halka ilk ihanet eden onlar olurdu. Beyler, unvanların birbirinden ayırdığı pek çok göreve sahipti. En büyük beyler batıda "kral naibi"ne karşılık gelen *yabgu*'lardı. Bunlar, Türüklerde büyük bir olasılıkla batı uç beyliklerinin komutanlığını yapan hükümdarların büyük oğulları, küçük oğulları ya küçük erkek kardeşleri *tigin*'ler (*tegin/tekin*) ya da en azından imparatorun akrabaları ve *kağan* olmadan önce *şad* olan İlteriş ve Bilge'nin durumlarından çıkartarak söylemek gerekirse, hükümdardan sonra gelen belki de en büyük beylerdi. Onların ardından *tarkan*'lar, *çor*'lar, *tutuk*'lar, *ataman*'lar gelirdi. *Ataman* unvanı Almancadaki *Hauptmann* [yüzbaşı] sözcüğünün Lehler aracılığıyla geçip yerleşmesinden değil, Kozaklardan gelmektedir. "Atamanlar" vergi toplayıcısı oldukları için halk tarafından pek sevilmezlerdi, ki bu da onların boyun üyesi değil, hükümdarın çevresinden olduklarını ortaya koyar.

Tahta veraset yoluyla çıkılırdı, ama bu belirli bir düzen dahilinde değil, kuşkusuz bir seçime ya da kişisel değere bağlı olarak gerçekleşirdi. Kardeşler sık sık anlaşmazlığa düşerlerdi, ancak anlaştıklarında da bu onların lehine olurdu: Bumin ile İstemi, Bilge Kağan ile Kültigin, hatta belki de Bleda ile Attila bu duruma örnek olarak gösterilebilir. Daha sonraki dönemlerde annelerinin onları simgeler ve mesellerle, birleşik kalmak zorunda olduklarına nasıl inandırmaya çalıştıklarını göreceğiz. Hükümdar ailesi üyelerinin hapsedilmesi ya da öldürülmeleri gibi radikal çözüm yollarının benimsenmesine dek, aile üyeleri arasındaki kavgalar Türk devletlerinin kanayan yarası olmayı sürdürecektir. Bu konudaki tek yararlı yasa olan, en büyük erkek çocuklara babalarının sağlığında, ülkenin başkentinin uzağında bir has verilmesi ya da baba mirasının bir bölümünü almaları, en küçük erkek çocuklarınsa baba evini ya da imparatorluk tahtını muhafaza etmeleri yasasının o sıralar geçerli olduğunu kanıtlayacak bir bilgi günümüze ulaşmamıştır.

Göçebeler yaşanan beklenmedik felaketler dışında, bazı büyük birlikler düzeni koruduğu ya da akınlar gerçekleştirdikleri müddetçe durumlarından şikâyetçi değildi. Bu topluluk siyasaldan çok toplumsal bir kavramı dile getiren *budun*, yani "halk" sözcüğüyle anlatılırdı. *Budun*'un kağanla uyum içinde olması, halkın kağanın yararlı eyleminin bilincinde olduğunu, kağanın da halkına gösterdiği özeni ortaya koyuyordu. Bir Çin metninde bir kağanın, "boylarım bolluk içinde yaşıyor, bu bana yeter" dediği nakledilir. Türükler genellikle kürk ve yün giysiler giyen ve saçlarını açık bırakan kimseler olarak tanımlanır. Hunlar ise "keten gömlek ve sıçan derilerinden üstler ... başlarında bir miğfer ya da yumuşak bir başlık ... ayaklarındaysa teke derisinden dolaklar" taşırlardı.

Kadınlar büyük bir serbestliğe sahiptiler ve özel görevler üstlendiklerinde erkeklerin yapabildiği her işi yapabilirlerdi. Ata binebilir, avlanabilir, dövüşebilir, Şaman ayinleri düzenleyebilirlerdi. Kadınların klanları üzerinde çok etkili oldukları, devlet içinde yüksek görevlere geldikleri dönemler de olmuştur. Bu göçebe toplumu hermafroditizmi en ideal biçimiyle yaşamaktaydı, her iki cins de birbirine tamamen eşitti, cinsiyet ayrımı asla gözetilmiyordu. Buna karşın kadınlar her zaman birer av olarak görülmekteydiler. Ele geçirilmeleri, elde edilmeleri gerekliydi. Ve fethedilmeleri sadece baştan çıkarmanın bir sonucu değildi.

Şölenler

Günlük meşguliyetleri onlara ziyadesiyle boş zaman bırakıyordu.

Pek çokları için gün, hareketsiz duran atlarının üzerinde sürüleri beklemekle geçerdi. Hunlar, Türkler ve Moğolların sanki at üstünde doğdukları yönündeki aktarımların nedeni budur. At üstünde düş kurar, yemek yer, hatta kimi zaman yine at üstünde uyuklarlardı. Zar, aşık oyunu, bilmece, uçurtma, sürüp giden masallar ve "yarı yabani, ama kulağa hoş gelen ve insanı şenlendiren" bazı gece ve gündüz eğlencelerinin dışındaki dinlendirici, eğlendirici ya da hoşça vakit geçirmeye yönelik etkinlikler şiddet içeriyordu. İçki içilir, avlanılır ve aşk yapılırdı.

Av, savaşın yerini tutan bir etkinlik olarak görülürdü ya da daha sonraki bir tarihten kalma bir metne göre, savaşı en iyi öğreten etkinlikti. Türklerin gözünde, savaş ile av hemen hemen eş anlamlıydı ve genel kural olarak erişkin sayılabilmek için bir insanı öldürmek gerekiyordu, av başarısı da genellikle buna eş tutulurdu. Okla avlanılırdı, ancak avlanan hayvanın kanının akmasının ruhun bedenden çıkmasına neden olarak tehlike yarattığı inancı ve ayrıca yaralı hayvanın öç almak için saldırması ihtimali göz önüne alınarak av hayvanlarının avcıların bulunduğu yere güdülmesi suretiyle bunları av için eğitilmiş çakırdoğan kuşu, kement, tuzak, taşlama, kırbaç vb kullanarak avlama tercih edilirdi.

Onları harekete geçiren başlıca güç zenginliklerden çok kadın düşkünlüğüydü. Cengiz Han bunu büyük bir dobralıkla ifade edecektir: "... düşmanının karısını ve kızını kollarına almaktan daha büyük bir haz yoktur. ..."

Spor adı verilebilecek etkinliklere meyilli olmaları, Çin kaynaklarına göre "cins-i latif" tarafından oynanan ayaktopu oyunlarına, at yarışlarına, güreş, ok atma, cirit, hayvanların birbiriyle ya da insanların deve, koç ve boğa gibi hayvanlarla yaptığı dövüşlere itibar kazandırmıştır. Bazı kaya gravürlerinde, bugünün Türkiye'sinde hâlâ yapılan deve güreşlerinin ne kadar eski bir tarihi olduğu görülmektedir.

Şölene düşkündüler: evlenmeler, ergenlik için yapılan erginlenme ritüelleri, elçi kabulleri, antlaşmalar, yeminler, yas ve ölüleri anma hep şölen bahanesiydi. Konuklar her zaman el üstünde tutulurlardı, nitekim konukseverlik anlamında Türklerde dünden bugüne değişen bir şey olmamıştır. Şölenlerde bol bol yemek yenir, doyasıya içilirdi. Şarap bilinmiyordu –Sogd ülkesinde bilinirdi; ayrıca üzüm Kuzey Çin'e Türkler tarafından götürülmüştür– ama sarhoşluk kuraldandı. Mayalanmış kısrak sütü olan *kımız*'ın, alkol derecesinin yüzde dört ila beş arasında değiştiğini biliyoruz. Bir Moğol olan büyük yasa koyucu Cengiz Han, yalnızca haftada bir kez sarhoş olunmasını isteyecektir. Ama bunun da bir yararı olmamıştır. Ve tarihçi için, Orta Asya kağanlarının yaşamöykülerini şu sözlerle bitirmek alışıldık bir şeydir: "Ayyaşlıktan öldü."

Giyim ve Beslenme

Çinli gezgin Hiuan-tsang Türüklerin sofrasında yemek yemiştir: "Kağan elçilerden oturmalarını rica etti ve onlara çalgı eşliğinde şarap ikram ettirdi. Herkes içmeye koyuldu. Kısa bir süre sonra herkeste büyük bir canlılık görüldü. O zaman haşlanmış büyük dana ve koyun eti parçaları getirilerek davetlilerin önüne yığıldı." Bugün Moğolistan'da hâlâ görgü kurallarının gerektirdiği gibi, ellerini ev sahibinin giysisine silip silmediğinden söz etmiyor. Çok lekeli bir giysi zenginlik ve cömertlik belirtisiydi. Örneğin *Tonyukuk*, "giysisi yağlı" anlamına gelir.

Dönem büyük bir refah dönemiydi. Şartların bu kadar elverişli olmadığı zamanlarda besin sadece sürülerden sağlanabiliyordu, yani süt, süt ürünleri ve elbette Türklerin en ünlü buluşlarından biri olan yoğurt. Bunların yanı sıra sonbaharın sonunda kesilen hayvanlardan elde edilen ve kışın donmuş toprakta saklanan etler de tüketilirdi. Etlere doğada bulunan ya da kimi zaman özellikle yetiştirilen bazı bitki kökleri ve etle beslenenlerin sıklıkla –Tabgaç boylarından birinin bu adı almasına neden olacak kadar sıklıkla– kullandığı *kümükren*, yani göçüşme yoluyla *kümürken*, "soğan" eklenirdi.

Sefaletin tehdit ettiği, örgütlü bir yaşama geçmeden önce insanların açlıktan öldükleri bu topraklarda mutluluk sadece şu sözlerle dile getirilmiştir: "Geyik yiyerek, tavşan yiyerek hüküm sürüyorduk. Halk toktu." Bu sözler, zaferlerden sonra bile gerçeklikten uzaklaşmayan bir bilgenin, Tonyukuk'undur. Türklere dört bir yandan altın ve gümüş, nakışlı ve ipekli kumaş topları (kervancıların para birimi) ve çok sayıda köle geliyordu... Şatafat düşkünü bir barbar bile uygarların gözlerini kamaştırabilir. Bizanslılar Türüklerde, en güzel renklerin ustalıkla birbirine karıştırılarak dokunduğu ipekli kumaşlar, altın fıçı, heykel, kavanoz ve ibrikler, gümüş sofra takımları, yaldızlı ahşap sütunlar, "tavuskuşu biçiminde oyulmuş dört ayakla desteklenen" yaldızlı karyolalar ve sandalyeler gördüler. Hiuan-tsang, kendisini bir avda kabul eden kağana hayran kalır: "Üzerinde yeşil atlastan bir giysi vardı ve tüm saçları görünüyordu. ... Alnına ipekten birkaç kat bir şerit sarmıştı ve ucu başının arka tarafından yere sarkıyordu. Çevresinde, nakışlı kumaştan giysileri olan, hepsi de örgü saçlı, yaklaşık iki yüz görevli vardı." Çadırı, parlaklığı gözleri kamaştıran altın çiçeklerle bezeliydi. Adamları çadırın önüne hasırlar sermiş, iki sıra halinde oturuyorlardı. Her biri işli ipek kumaşlardan dikilen parlak giysiler giyiyordu." Song Yun, 520'de Eftalitler için benzer bir tablo çizer: "Kralları kendisi için kırk direkten oluşan kare bir keçe çadır yaptırmıştı. Çadırın içi çepeçevre yün halılarla kaplıydı. Işli ipek giysiler giyiyordu, ayakları ankakuşu biçiminde oyulmuş altın bir yatakta oturuyordu. Gözde eşi üç ayak uzunlukla yere sarkan işli ipek bir elbise giyiyordu, başının üzerinde sekiz ayak uzunluğunda, beş değişik renkte değerli taşlarla yapılmış bir boynuz taşıyordu." Islam minyatürlerinde de göreceğimiz *boktak* adındaki bu özgün başlık biçimi büyük bir olasılıkla batıda ortaçağda görülen *hennin* adlı başlığın kökenidir.

Kültür

Bütün bu toplumsal öğeler, ayrıntı niteliğindeki kimi farklara karşın, Batı Avrupa'dan Pasifik kıyılarına dek tüm bozkır dünyasında var olan, yüzyılların fazla değişikliğe uğratmadığı bir bütünlüğü ortaya koyar. Dumézil, Iskitlerin uzak mirasçılarının Osetler olduğunu ortaya koymuştur. Bununla birlikte İskit olguları ile Altay olgularını birbirine yakınlaştırılabileceğinin bilincinde olmasına karşın, bir Hint-Avrupa uzmanı olarak bundan gereken tüm sonuçları çıkaramamıştır.

Dumézil'in dediği gibi aynı yaşam koşullarından kaynaklanabilen bu benzerlikler, VIII yüzyıla ait bir olguyu XII yüzyıla ait bir olguyla açıklamaya, ortaçağ Moğollarını daha iyi kavramak için günümüz Anadolu kalıntıları üzerinden bir araştırma yapmaya olanak verir. Bu, her yerde ve her zamanda benzer bir tablonun görülebileceği anlamına gelmez. Kültürel farkların sosyal sınıf ve siyasal örgütlenmenin sonucu olduğunu kabul ediyorsak, az çok geçirgen olmayan sınırların ötesinde yanılgı olanın, beride hakikat olduğunu kabul ediyoruz demektir. Örneğin fazla ve yaygın olmayan kafaya tüyler takma geleneği, Moğol egemenliği dönemine kadar kesin bir biçimde doğu tarzı olarak görülmüştür.

Örneğin Doğu Türüklerini Çin, Batı Türükleriniyse İran etkisi altında göstermek çok kolay yanlıştır ve olgular da bunu kanıtlamaktadır. René Giraud, pantürk olan ateş kültünün, Batı Türükleri tarafından, İran'ın yakın olması nedeniyle uygulandığını, Doğu Türükleri tarafından bilinmemesinin nedeninin ise uzakta olmaları olduğunu düşünmekle yanılgıya düşmüştür. Oniki Hayvan Takviminin, Ukrayna'da kullanıldığı kanıtlanmıştır ve üzüm asması Çin'e Türkler tarafından Ortadoğu'dan götürülmüştür. Teknikler, düşünceler, sanatlar Avrasya'nın bir ucundan diğerine büyük ölçüde iletilmiştir ve arkaik Türk dünyasının Çin ve İran'a, Hindistan'a, Cermenlere, paleo-Asyalılara, Toharlara, Kuçanlara da neler borçlu olduğunu belirleyebilmek bugün hâlâ olanaksızdır. Sin-kiang vahaları çok yüksek bir uygarlık düzeyine ulaşmıştı. Bu konuda, oradaki büyük resim ekollerini, örneğin en parlak dönemini 450 ile 750 yılları arasında yaşayan Kızıl ekolünü, Kuça'nın ünü Çin'e kadar yayılan müzisyenlerini, dansçılarını, kibar fahişelerini ve Çinlilerin Kuça kentinin saraylarına yönelik gizleyemedikleri hayranlıklarını anımsamak yeter.

Çinlilerin göçebeler üzerindeki etkisi uzun zamandan beri malumdu. Soylu Türükler Çinlileşirken, uyrukları da sonraki elli yıl boyunca Çin'in himayesi altında bulunacaklardı. Kuşkusuz bu etkı fazla abartılıyordu, zira daha kuzeydeki halklar bundan çok etkilenmiyorlardı. Kumanlar Çin takvimini bilmiyorlardı. Buna karşılık bir kültürün başka bir kültürden ödünç alma eylemi tek taraflı olmadığı için, bazı Çin olgularının Türk olgularıyla açıklanması olanaksız sayılmamalıdır.

Sogdcanın tüm Orta Asya'nın dili, *lingua franca*'sı [ortak dil] olduğunun kabul edilmesine karşın, Sogd etkisi azımsanmıştır. Bugut yazıtının bulunması, Sogdcanın VI yüzyılda Moğolistan'a kadar tüm bölgede kullanıldığının ve ilk Türük imparatorluğunun resmi dili olarak benimsendiğinin kanıtıdır. Bu olgudan daha önce söz etmiştik ve aynı zamanda unutulmaması gereken Hint etkisinden de söz etmiştik.

Dolayısıyla Türk kültürüne özgü gibi görünen öğelerin kısmen yakın ya da uzak, göçebe ya da yerleşik çeşitli halklardan alındığı kabul edilebilir. Şayet bunun bir anlamı varsa, kolayca tüm bu öğelerin sentezinin Türk kültürünü oluşturduğu da söylenebilir; ama her şeyi kendisi yaratmış özgün bir uygarlık var mıdır ki?

Halkların birbirine karışması Türklerin bozkır sanatının üretimindeki rolünü belirsiz kılmıştır. Onların kendi öz malları olan halılar ve madeni eşyalar dışında, saraylardaki o değerli parçalardan ne ölçüde onlar sorumluydu? Vahalarda üretilen resimle tanışmışlar mıydı? En azından üzerlerinde iz bırakan bozkır yontma sanatını sürdürdüler; canlandırdılar mı, yoksa yok olmasına göz mü yumdular? Bunlar yanıtlanması bugün için pek mümkün olmayan sorulardır.

Türklerin beceri ve yetenekleri bilinmese de, zevkleri biliniyor. Çinlileşmiş olarak bilim ve sanat koruyucusu olarak ortaya çıktılar. Çin bazı büyük eserlerini Vey hanedanlığına, yani Tabgaçlara borçludur. Doğu Türükleri kağanlarının mezarları için Çinli sanatçılara başvurarak, tek mimari üretimleri olan anıtmezarları süslemelerini istediler. Bu yapılardan ne yazık ki sadece bazı yazıtlı dikilitaşlar, heykeller ve *balbal*'lar kalmıştır. Bunlar belirli bir biçimi olmayan, öldürülmüş ya da kurban edilmiş düşmanları temsil eden, zafer yolları oluşturacak biçimde dikilmiş ve sayıları pek çok olabilen tek parçadan oluşan anıtlardı: Mogan Kağan'ın anıtmezarındakilerin sayısı 270'tir. Her bozkırda bulunabilen ve Rusların *kameniye babi*, "yaşlı taş kadınlar" adını verdikleri heykeller her iki cinsi de temsil eder, oldukça kabadırlar ve bizde bunu yapan kişilerin sanatsal bir inceliğe sahip olmadıkları hissini yaratırlar. Bunlar, kuşkusuz ölmüş insanların heykelleridir. *Balbal*'larla hiçbir ilgileri yoktur, ancak yine de uzmanlar tarafından sürekli karıştırılmaktadırlar. Yükseklikleri 0.55 metreyle 2 metre arasında değişen *balbal*'ların ve istisna olarak 2,85 metreyi bulduğu da olur. Silahlı, oturmuş ya da daha seyrek olarak ayakta ve sağ elinde göğsüne bastırılmış bir kupa bulunan kişileri betimlerler. Bu tasvir IX yüzyıldan başlayarak Islamiyetin yükselişiyle birlikte kağanların geleneksel imgesinin prototipi olarak ortaya çıkar ve daha sonra tunç ve fildişi heykellerde de görülür.

Paleo-Türk Yazıtları

Yazı kuşkusuz uygar olmayan topluluklara yabancıdır. Buna karşılık Türükler tarafından oldukça erken bir tarihte kullanılmaya başlanmıştır. Türüklerle ilgili en eski tarihsel belge, 1956'da Moğolistan'da, Selenga Irmağının sağ kollarından birinin kıyısında bulunan Bugut Yazıtı'dır. Tarihi belli olmayan bu yazıtın yaklaşık olarak 581 yılından kalma olduğu sanılmaktadır. Ve bütün Türük (daha sonra da Uygur) yazıtları gibi bu yazıt da bir kaplumbağanın sırtına dikey olarak konulmuş bir dikilitaşın üzerine yazılmıştır. Çin kozmolojisine ait bu imge "dünya" demektir ve *Veda*'lar Hindistanından alınmıştır. Metin, her biri 1,20 metre boyundaki üç yüzey üzerine, usta bir el tarafından zarif bir biçimde yazılmış olup, yıpranmış, boşluklu 29 satırlık bir metindir. Türkçe değil, Sogdcadır. Dördüncü yüzeyde ise henüz çözülmemiş Sanskritçe bir metin vardır. Türk dilindeki yazıtlar daha geç döneme ait olup Kapağan Kağan'ın ulusal devrimiyle ilgilidir. Bunların en eskisinin (?) 715 (?) yılına doğru Tonyukuk tarafından diktirilmiş Bain Tsokto yazıtı olduğu sanılmaktadır. Bu yazıt, 732 ve 735 tarihli ve adları genel olarak Orhon ya da Koço-Çaydam Yazıtlarında geçen imparator Bilge Kağan ile Kültigin kardeşlerin yazıtlarını önceler. Bu yazıtları taşıyan dikilitaşlar 3,75 metre boyundadır ve birçok bölümde aynı Türkçe metinlerin yanı sıra Çince metinler de vardır.

Bunlarla çağdaş olan diğer metinler çok büyük önem taşımamaktadır: kuşkusuz 729 yılından kalma Ongun Yazıtı, Ihe Aşete Yazıtı ve Küli Çor Yazıtı (724-725?) ve birinin tarihi 732'ye dayanan Talas'ın On Ok Yazıtları. Bunların tümü taş üstüne, hatalı olarak Runik yazı adı verilen, dile iyi uyarlanmış ve kuşkusuz Sogd ülkesinin VI yüzyıla yakın olması gereken bir dönemde Aramcadan Partlar aracılığıyla türetilen harflerinin ödünç alınmasıyla yazılmıştır. Bu yazıtlar, bulunmalarından kısa bir süre sonra birbirlerinden ayrı çalışan Danimarkalı Thomsen ile Rus Radlov tarafından okundu (1896). Oldukça kötü bir biçimde kaleme alınmış, ama destansı ve şairane çıkışlarla birer edebi yapıt niteliği kazanan bu metinler dinsel temsiller, toplumsal düzen ve siyasal ideoloji konusunda kesin bilgiler verir; ayrıca seferler ve yaşamöyküleri konusunda da aydınlatıcıdır.

Ulusal Din

Türklerin farklı halklarla olan kültürel ilişkileri ve maruz kaldıkları etkiler, Moğollar ve belki tüm Altaylılarla paylaştıkları dinlerini güçlü bir özgünlükten yoksun kılmıştır; dolayısıyla bu dinde bilinmeyen pek az şey vardır. Hatta vecde gelmek için her biri hayvanbiçiminde olan kötücül ruhlarla mücadele eden iyicil ruhların yardımıyla kozmik yolculuğu gerçekleştirmek adına kullanılan, tarihöncesinden beri var olduğu malum olan ve Sibirya ile Yukarı Asya'ya özgü olduğu düşünülen ve büyüsel-dinsel bir teknik olan Şamanizm bile bütünüyle özgün değildir. Dine gelince, Şamanizmi fazlasıyla aşan ve büyü dinin karşısında yer aldığında, onunla çatışan din monolitik değildir. Bazı temel ilkelere ve belirli bir dünya görüşüne dayanan din, bölgeye, zamana ve onu uygulayanların toplumsal sınıfına göre değişebilir. Son tahlilde mistik olarak belirir.

Kendini en yüce ortaya koyuş biçimi Tengri, yani Gök Tanrı'dır. Tengri mavidir. Ezeli ve ebedi, yüce, kudretli, evrenin "kendiliğinden oluşmuş" ya da "yaratılmış" olmasına göre yaratan ya da değildir. Buyruklarını verir, insanlar üzerinde baskı kurar, ölümden başka ceza bilmez. Kuşkusuz aşkındır; ama belki de hükümdarlar, şamanlar ve ruhun ikamet yerlerinden biri olan ölülerin kuş-ruhları ona erişebilir; habercileri olan kartallar ve şahinler ve yaşam veren ve kadınları dölleyen ışınlar sayesinde insanlarla iletişime girer.

Yüksek ruhlardan ayırt edilmesi güç olan ikincil tanrılar Tengri'yle aynı zamanda işe karışır, ona bağlı olabilir. Örneğin Tengri'nin kapladığı, koruduğu ve birlikte karar aldığı Toprak Ana. Daha sonra "yeryüzü ve kutsal sular ruhları" ya da daha doğru bir deyişle "serbest bırakılanlar (*ıduq*)" gelir. Bunlardan hiçbir biçimde yararlanılmaz. Bazı hayvanlar da *ıduq*'tur. Bunlar ne sağılabilir ne yünleri kırpılabilir ne yenilebilir ne binek olarak kullanılabilir. Daha sonra yeni doğum yapan kadınların ve yeni doğanların koruyucusu tanrıça Umay ve Gök'ten ayrı bir tanrı olarak da görülebilen ya da sadece onun görünüşlerinden biri olan "Zaman Tanrısı," *Öd Tengri* gelir.

En azından o dönemde diğer tanrılardan Tengri'yle aynı anda söz edilmez, hatta Türkçe metinlerde adları bile geçmez. Ay ve Güneş'i, Venüs'ü, dağ ve özellikle kozmik eksen, dünyanın merkezi olan Ötüken Dağını, Büyük Ağaç'ı ve birçok ağacın bir araya gelmesiyle oluşan koruyu, orman ve yine burada da Ötüken ormanını, arındırıcı ve aile ocağının bekçisi, koruyucusu, ayrıca Şamanın, onun gibi kendinden geçmeye boyun eğmiş ve dumanı onun gibi Gök'e yükselen *alter ego*'su ateşi, Eşik Tanrısını ve hayatın ifadeleri, *numen*'le donatılmış nesneler, belki de daha o zamandan beri, ileride daha iyi algılayacağımız "put"larda, *ongon*'larda tecessüm eden şeylerin ruhları gibi belirsiz tanrısallıkları dış kaynaklı bilgiler ve daha sonra gerçekleşen olaylar aracılığıyla tanıyoruz.

Asena (Aşina) ailesinin totemi olan kurdun büyük ata haline gelmesine ve diğer totemlerin çekiciliklerini yitirmelerine rağmen hayvanlar alemi "hem insandan gayrı hem de ona benzer" olarak ve insanınkinden ileri güçlere sahip olarak üstünlüğünü korudu. Hayvanlar aleminin işbirliği vazgeçilmezdi. Hayvanların kırkılmaya, sağılmaya ya da kurban edilmeye karşı direnmemesi gerekiyordu. Zaten onlar da kendilerini bırakıyorlardı; çünkü ayinlerin gerekleri yerine getiriliyordu: ilk ürün, av, kurban etme, türün bazı temsilcilerinin "serbest bırakılması," yani ne şekilde olursa olsun kullanılmadan, yararlanılmadan "bırakılma" ayinleri yapılıyordu.

Kült genellikle hatalı algılanmaktadır. Dualar, anlık kendinden geçmeler, kansız sunular ve günlük ikramlar, Gök'e ve diğer tanrılara kurbanlar sunulması, örneğin esas olarak bir atın ya da Bulgarlarda olduğu gibi köpek ya da başka hayvanların kazığa oturtulması gibi eylemlerle yerine getiriliyordu. Salt birer saygı gösterisi olan kurbanların amacı kurulu düzenin muhafazasıydı: göğün çökmemesi, yerin batmaması, sürülerin ve çocukların artmaya devam etmeleri...

Cenaze törenleri ve ölüleri anma törenleri ritüelin belki de en önemli olgularıydı. Cenaze törenlerinin tek bir biçimi yoktu. Türük egemenliği sırasında değiştiğine dair işaretler vardır. Çin kaynakları da bu konuda, "önceleri adet ölüleri yakmaktı, şimdiyse gömüyorlar" demektedir. Bununla birlikte ölüleri yakma, gömme ya da bir ağaçta sergileme törenleri aynı dönemde de var olmuş olabilir; çünkü bunlar her zaman için aynı amaca yönelik farklı yöntemler olarak görülmüşlerdir. Amaç ölü bedenin büyük bölümünün, yani kemiklerinin yılın cenaze töreni yapılmasına olanak veren iki dönemine, yaprakların düşme ya da yeniden çıkma zamanına dek muhafaza edilmesiydi. Cenaze törenleri büyük gösterilere neden olur, ölmüş kişinin bir hükümdar olması durumunda ise vasallar ve müttefikler törene temsilci gönderirlerdi. Törene orada bulunanların tümünün katılması gerekirdi; ölünün çevresinde dönülür, sakal tıraşı olunur, yüz kesilir, ağlayıp sızlanılır ve ölünün savaş başarıları anlatılır, hep birlikte yemek yenilirdi. Mezara, dirilince gerekecek olan nesneler de gömülürdü: atlar, köleler, karılar. Ama Türük döneminden başlayarak ölünün karısının öldürülmesine artık gerek görülmediği anlaşılıyor. Bunun yerine ölünün karısı, onu ölen için muhafaza etmekle görevli olan kayınbiraderi ya da üvey oğluyla evlendirilirdi. Gömüldükten kırk gün sonra ve yıl sonunda ölü için hemen hemen aynı tarzda bir tören daha yapılırdı.

Var olan her şey gibi insanın da hem tek hem de birçok olduğuna inanılırdı. Ruhlar hem tek bir yerde hem de her yerde bulunurdu. Bu ruhlar insanın kanında, kemiklerinde, soluğunda bulunur; vücudunda dolaşır ve her biri yaşamlarını, o insanın ölümünden sonra çeşitli yerlerde, "tıpkı yaşayanların arasında bulunuluyormuş gibi," gökte, "ataların totem bölgesi"nde, mezarın içinde, sancakta, "*balbal*"larda sürdürülebilir; başka bir vücutta ya da terk ettikleri ve yeniden canlanan vücutta yer alabilir; ayrıca dolaşıp durur ve birer hayalet olarak yaşayanları tedirgin etmek için geri gelebilirlerdi.

Kut bunlardan biri olabilir. Genellikle "mutluluk," "şans" ("şans"ın karşılığı aslında *ülüg* olup kutsal bir kavramdır) biçiminde tercüme edilir, bununla beraber terim Çince anlamıyla "himaye" olarak ya da eski İran'a ait *hvarnah* [devlet kuşu] sözcüğünün dengi olarak yorumlanabilir; Henry Corbin bu sözcüğün "muzaffer güç," "ihtişamın nuru" kavramlarını içerdiğini belirtmiş ve göğün armağanı olan, başarı sağlayan, kaybedilebilen ve devamlı hak edilmesi gereken bir şeyi çağrıştırdığını vurgular.

Ahlak pek belirgin değildi ve çoğu zaman da "genel ahlak" adını verdiğimiz kavramdan uzaktı. Bir tabuya karşı gelmek ya da ayinlerin muhafaza etmeye çalıştığı düzeni bozabilecek bir şey yapmak yasaktı. Suya, ateşe saygılı davranmak, onları kirletmemek, doğadan verebileceğinden çok istememek, çevreyi yok etmemek, türleri tüketmemek, kazara bile olsa sahip-efendilerine karşı saygısız davranmamak gerekliydi. Birinci ödev, evrenin güvencesi kağana itaat etmek, ona sadakatle hizmet etmekti. Düşmana boyun eğmek kolektif bir suçtu ve kolektif bir ceza gerektiriyordu. Suçlar ancak ait olunan toplumun içinde işlenmişlerse suç sayılır ve cezalandırılırdı. İnsan öldürme, hırsızlık, zina, ırza geçme, düşmana ait olan yerde suç sayılmazdı. Verilen sözden dönülmezdi ve andını tutmamak en büyük kötülüktü: sözünün eri olmak, her zaman Türk toplumlarının değişmez bir kuralı olarak karşımıza çıkacaktır.

Evrensel Dinler

Her şeyden önce mistik bir inanış olan bu ulusal dinin güçlü kalabilmesi için diğer tüm dinleri de kucaklaması gerekiyordu. Bununla birlikte tarihin de kanıtlayacağı gibi kimi ayinlere, din değiştirmeye engel olacak kadar büyük bir önem veriyordu. Bu durum çatışma çıkması tehlikesi yaratıyordu. Ama din savaşı Türklere yabancı bir olguydu; onlar genel olarak kendilerini olduklarından farklı göstermeye, gizli tutmaya çalışırlardı ve sonunda da gerektiğinde kabul edilebilir olan öğelerden taviz vermeyen katı bir tutum koşuluyla, anlaşmazlık konusu oluşturan noktalarda boyun eğerlerdi: çünkü Türkler için evrensel dinlerin çağrısı karşı konulmaz nitelikteydi. Çok açık görüşlü ya da çok muhafazakâr olanlar tüm güçlerini dengede kalmak için harcarlar, direnmek için tüm nüfuzlarını kullanırlardı. Örneğin Bilge Kağan'ın veziri Tonyukuk hükümdarının Budizme eğilim gösterdiğini ve hayalini kurduğu şehirde bu din adına bir tapınak inşa ettirmeyi düşündüğünü görünce, Çin yıllıklarına göre, şu savunma da bulunarak hükümdarını caydırır: "Budha ve Lao-tseu insanlara yumuşaklığı ve aşağılanmayı öğretiyor. Bunlar savaşçılara uygun meziyetler değiller."

Budizmden daha önce de söz etmiştik. Lao-tseu ve Taoculuğa yapılan gönderme bizi şaşırtabilir, çünkü bu din yalıtılmış gözükmektedir. Ama bunda şaşıracak bir şey yoktur. Hıristiyan Türklerle daha önce karşılaşmıştık, çünkü Nasturilik Asya'da oldukça başarılı olmuştur. Nasturılık V yüzyılda Baktrıane ve Margiana'da, VI ve VII yüzyıllarda Çu'da ve Tarım Havzasında görülmüştür. 635'te Hıristiyan keşiş A-lo-pen, T'angların başkentine gelmiştir. 638'de resmi bir kararnameyle bir tapınak inşa etmesine izin verilmiştir. Mani din adamları, Paul Pelliot'un dediklerine göre, Çin'e VI yüzyılda ulaşmışlar ve burada 621 yılında bir Ateş Tapınağı kurmuşlardır.

Böylece Hazarların, tarihçilerin şaşırdığı ve eşsiz bulduğu bir hoşgörü politikası benimsedikleri sırada, Türükler eski dinlerini muhafaza etmenin yanı sıra büyük evrensel inançlara da açılıyorlardı.

Böylece ortamı, yerlerini alacak olan o olağanüstü topluma, Uygur toplumuna hazırlamış, Türkleri yüksek kültürün içine sokmuş ve dünyaya gerçek bir evrenselliği (ekümenizm) o güne kadar işitilmemiş, görülmemiş bir boyutta sunmuş oldular.

V. BÖLÜM
UYGURLAR

VIII yüzyılın yaklaşık ortasında büyük değişiklikler Asya'yı alt üst etti ve tüm gelecek yüzyıllar için kaderini çizdi. İki olay, yeni bir çağ başlatacaktı. 744'te Tu-kiulerin, yani Türüklerin yenilgiye uğraması olayı; 751'deyse Çin'in Orta Asya'dan çıkarılması daha doğrusu tam da Orta Asya'yı Çinlileştirmek üzereyken bu olanağının elinden alınmasını sağlayan Talas Savaşı.

Fetihlerini henüz sindirmekte olan İslamiyet dışında tüm büyük evrensel dinler Asya'nın ortasından geçerek Yakındoğu'dan Çin'e, tüm Asya'ya yayılmış, gerçek anlamda evrensel olmuşlardı. Söz konusu dinler Asya'da coşkuyla karşılandılar ve daha sonra gelişip meyve verdiler. Türklerin ve Moğolların hoşgörüye doğal eğilimi ve dinsel konulara merakı bu dinlerde elverişli bir ortam buldu; onlara başka durum ve koşullarda ve daha az hazır çevrelerde kesinlikle sahip olamayacakları kadar uzun ömürlü bir kitle sağladı. Onlarda engizisyon yoktu. İslami *cihad* Çinlilerin fanatizm hareketleri gibi yaradılışa aykırı geliyordu. Bu bölgede, Kansu ve Sin-kiang vahalarını aydınlatacak, dünya tarihinde görülmemiş bir evren doğmaya hazırlanıyordu.

Arap İşgali

Türük İmparatorluğu henüz yeni batmışken, Çin, Araplarla ilişki kuruyordu. Muhammed'in 632'de Medine'de ölümünün ardından, ardılları olan halifeler, dünyayı fethetmeye girişmişlerdi. Yüzyıllardır din savaşları nedeniyle yorgun düşmüş, ama hâlâ Yakındoğu'nun en güçlü iki topluluğu olan Bizanslılar ve İranlılar bunlara direnecek güçte değildiler. Yarmuk Savaşını kaybetmelerinin ardından, Bizanslılar, 20 Ağustos 636'da, Küçük Asya'ya doğru geri çekilip Konstantinopolis'e sığındılar ve buradan mücadeleye devam ettiler. Ancak İran, 637'de Kadisiye ve 642'de Nihavend'de yenildikten sonra çöküşe geçti. Birkaç yıl sonra, 651 ya da 652'de, son Sasani imparatoru sığınmaya çalıştığı Türk sınırlarında öldürüldü. Eski İran'dan geriye sadece bir hayal kalır: uzun bir süre, kukla bir prens, Türkler ve Çinliler için Krallar Kralı olarak kalmaya devam edecektir. Böylece Araplar ve Türkler, aynı genişleme hareketiyle canlanarak farklı yönlerde ilerleyip en sonunda karşı karşıya geldiler.

Bu başarılardan sonra Araplar tüm cephelerden saldırdılar. Ancak bu kadar yoğun bir saldırıyı kaldıracak güçte değildiler. Halife Ömer döneminde, 705 yılından itibaren, giriştikleri seferler yıldırım savaşlar olma özelliklerini kaybettiler. Toharistan'a, o sırada üç Budist Türk kral tarafından Kunduz'dan yönetilen eski Baktriane'ye, Harezm'e, Sogd ülkesine girdiler. Buralarda çeşitli gelgitler yaşayarak yerel prenslerle karşı karşıya geldiler, Türk ve İranlılarla, Orhon'daki Türüklerle pek çok kez ve nihayet en acımasız rakipleri olan Türgişlerle karşılaştılar. Çin'e gelince tam bir ilgisizlikle bu mücadeleye karışıp karışmamak konusunda çekimser davranmıştır.

Talas Savaşı

Açgözlülük, kurnazlık ve Pamir'de yükselen büyük Çin generali Kao Sien-çe'nin hırsıyla Çin sonunda harekete geçmiştir. Kuça'nın genel komiseri Kao, batı ülkelerindeki han topraklarının gerçek efendisiydi. Yandaşları arasında, saray tarafından onura boğulan Taşkent kralı da vardı. Oysa 750'de Kao bu kralı sınır bekçiliği görevlerini yeterince yerine getirmemekle suçladı. Ve hatasını kabul etmesini istedi. Kral da özür diledi. Kao, itiraf edilen bu suçun bir ceza gerektirdiğini belirtti. Kralı tutuklattı, öldürttü, sonra da servetine el koydu. Kao'nun savaş istediğinden kimsenin şüphesi yoktur. Tu-kiuler bertaraf edilmişti, Sogd ülkesi İslamiyete karşı ayaklanmıştı, Araplar da kendi aralarında kavga ediyorlardı. Kao bunun kolay bir zafer olacağını düşünüyordu.

Kralın kaçmayı başaran oğlu yardım istedi. Doğu İran'ın bir efsaneye dönüşen Müslüman yöneticisi Ebu Müslim ve Karluklar yardım çağrısına cevap verdiler. Ziyad ibn Salih'in komutasında güneye gelen Araplar ve kuzeyden gelen Karluklar, Atlaş'ta, Talas Nehri yakınında, 751 yılının Temmuz ayında Çin ordusuyla karşı karşıya geldiler. Savaş beş gün sürdü ve "Neredeyse tüm (Çin) askerleri ya öldüler ya da kayboldular." Araplar 50.000 kişi öldürdüklerini, 20.000'ini de esir aldıklarını bildirirler. Çinlilerse 30.000 kişi kaybettiklerini itiraf ederler. Böylelikle bir günde Orta Asya'nın kaderi belirlendi. Orta Asya, bir Çin Orta Asya'sı olacakken, İslamiyete kucak açmıştı. Daha alçakgönüllü olan Karluklar, sadece *yabgu*, yani "kral naibi" unvanını almakla ve egemenliklerini On Okların eski ülkelerine kadar yaymakla yetinmişlerdir. Çin'e gelince kuşkusuz karşı saldırıya geçecektir, ancak sekiz yıl süren bir iç savaşın içine düşecektir (755-763).

Türkler ve Araplar Karşı Karşıya

VIII yüzyılın ortalarında Arapların askeri yayılımı en uç noktasına varmıştı ve daha fazla ilerleyemeyecekti. Arabistan'dan doğan ve Abbasi halifeleri tarafından Bağdat'tan yönetilen bedevi imparatorluğunun sınırları uçsuz bucaksız bir hal almıştı: Pirene Dağlarının güneyinden Indus ve Maveraünnehir'e ulaşmıştı ve iç sorunlar kısa bir süre içinde parçalanmayı getirmek üzereydi. Oldukça şiddetli ideolojik tartışmalar yaşanıyordu. Son derece zengin olan Müslüman hükümdarları savaş hırslarını kaybetmişlerdi ve en önemli dertleri zenginliklerini nasıl kullanacaklarıydı. Bu zenginliklerin bitmez tükenmez olmasını sağlama ve zenginleşmenin yeni yollarını elde etme kaygısına düşmüşlerdi. Onlarla birlikte Islamiyet, saldırganlığından sıyrılmaya, daha çekici bir hal almaya başladı. Geniş ölçüde Yunan ve Iran geleneklerinden yararlanarak muhteşem bir uygarlık geliştirdiler, dönemin en büyüğü haline geldiler. Bu uygarlığı, özellikle kuzey barbarlarına kadar yaymayı başardılar. Araplar barbarların açgözlülüklerinden korunmak için tamamen savunmaya dayalı bir politika uyguladılar. Bozkır sınırlarına, denizin azgın dalgalarının boşuna yıkmaya çalıştığı bir dalgakıran gibi bir duvar diktiler. Islam imparatorluğunun amaç ya da yöntemlerinin sınırlarını Çinlilere karşı kazandıkları zaferden sağladıkları çıkarlara bakarak anlayabiliriz. Tien-şan Dağlarının eteğindeki Taşkent bölgesine yerleşmekle yetindiler.

Arapların yeni sınırlarında, Karadeniz'den Pamir'e dek Türk dünyası ya da en azından Türkleşme yolundaki bir dünya uzanıyordu. Hint-Avrupalılar her yerde gerilemişlerdi ve ortadan kalkmak üzereydiler. Göçebe Türklerin güney Ukrayna bozkırlarındaki sayıları artmıştı. Iskitler ve onların mirasçıları olan Sarmatlar, Sakalar ve diğer Massagetesler, Cermenler gibi ortadan yok olmuşlar, Slavlarsa henüz yollarını bulamamışlardı. Serinde Vahaları, henüz Sogdlarındı. Ama daha o zamandan gelecekteki ilhakına hazırlanmakta olan Moğolistan göçebelerinin etki alanına girmiş bulunuyordu. Her şey sanki Sogd ülkesi Türklere tarafından, onlara güç verdikçe sarılıyor, ileride bazı melezler doğacak kadar madden ve manevi olarak seviliyormuş gibi cerayan ediyordu. Kuşkusuz Türkler bir süre daha, eskisi kadar güçlü olmayan bir hırsla ve başka ufuklara da kayan gözlerle Çin yönüne bakmayı sürdürdüler. Güçlerinin merkezi daha bir yüzyıl boyunca kutsal Ötüken ülkesinde olmayı sürdürecekti: yalnızca bir yüzyıl! Her şey onları batıya itiyordu. Türükler bu yönde fantastik bir atılım imkanı verdiğinden beri her şey onları bu yöne çekiyordu. Kaderleri artık oradaydı

Arapların doğuya doğru ilerlemeleri Türklerin batıya hareketiyle aynı anda gerçekleşiyordu. Sanki ters istikametlerde esen iki kuvvetli rüzgâr çarpışmak üzere gibiydi. Bu sert rüzgârlardan ya korkunç bir girdap doğacak ya da ikisi birleşip tek ve büyük bir fırtına olacaktı. Çünkü her iki güç dinamizmde birbiriyle eşittiler, ancak aynı doğaya sahip değillerdi. Biri daha ruhani ve kültürel bir hareketken, öteki özünde askeri bir hareketti. Bu nedenle İslamiyet Türklere bu kuvvetli çarpışmanın sonucunda bir din ve uygarlık verirken, Türkler de bu dine ordularını vermişlerdi.

Peçenekler

Karluklar 744'te Türklere, 751'de Araplara karşı kazandıkları çifte zaferden sonra yakınlarında, Balkaş Gölü bölgesinde göçebe olarak yaşayan boyları boyundurukları altına almak ya da kovmakta pek bir güçlükle karşılaşmadılar. Bunlar arasında genel olarak, oldukça uzun bir süre önce ortak daldan kopmuş Oğuzlar sayılan Peçenekler de vardı. Peçenekler Aral Gölü yönüne çekilmek zorunda kaldılar. Oradan da bilinmeyen nedenlerle, ama kuşkusuz diğer Oğuzların baskısıyla, batı yönünde ilerlemeyi sürdürerek Azak Denizinin kuzeyinde, sırasıyla Urallar ve Volga ile Volga ve Don arasına yerleştiler ve orada çatıştıkları, Hazarların korudukları Magyarları (Macarlar) aşağı Dinyeper ile Tuna'nın ötesindeki bir bölgeye sürdüler ve sonunda bu bölgeye yerleştiler. Hazarların kendilerini güneyde Kafkasya, kuzeyde Volga ve Don'un oluşturduğu bir çeşit üçgene sıkıştıran bu hareketlere nasıl katlandıkları pek bilinmiyor. Peçeneklerin ise IX yüzyılın son yirmi ya da otuz yılı içinde, Karadeniz'in kuzeyinde uzanan ve Don'un aşağı kıvrımından Moldavya'ya kadar ulaşan ovanın tümüne egemen oldukları anlaşılıyor.

Rusların, özellikle de Hazarlarla uzun bir süre dostluk politikası sürdürmüş olan Bizans İmparatorluğunun Hazarların yok edilmesine ses çıkarmamak bir yana bizzat katılmaları nankörlükten de öte inanılmaz bir körlüktü! Ama yine de 965 yılında Kiev Prensi Sviatoslav Hazarların başkentini ele geçirdi ve 1016 yılında Ruslar ile Yunanlılar birleşerek Hazarlara son darbeyi indirdiler. O sırada Peçenekler güçlerinin doruğundaydı. Gardızi son derece büyük sürülerinden, değerli kemerler ve vazolardan oluşan zenginliklerinden, hayvan başı biçimindeki savaş borazanlarından söz ederek bu gücü çok güzel anlatır. Uygar olan her şeye karşı sürekli saldırgan olan Peçenekler bu yerlerde onlardan önce bulunmuş olanların bilgece politikasını sürdürmekten uzaktılar. Daha 934'te Trakya'yı istila etmek için, bir önceki düşmanları Macarlarla ortaklık kurmuşlardı; 944'teyse Bizans'a karşı Rus İgor'la ittifak kurdular. Hazarlar, ya Kiev Prensliği onların kuzey yönünde yayılmasını önleyebilecek kadar güçlü göründüğünden ya da daha büyük bir olasılıkla kuzey onları ilgilendirmediği için ortadan kalkınca, Peçenekler, içlerinden pek çoğunu paralı asker olarak hizmetine alan Bizans İmparatorluğuna karşı bir dizi şiddetli saldırı düzenlediler. Bu saldırıların tarihleri, 1026, 1064, 1061, 1087, 1088-89 ve 1090 yıllarıdır. Tarih derslerinde bize, Türkler Avrupa'ya –Balkanlara– Osmanlılar döneminde geçmiştir diye öğretilir. Oysa şayet daha önce geçmemişlerse bile Peçenekler döneminde geçtikleri kesindir.

Doğu Roma için sıkıntılı bir dönem daha! Birtakım barbar Türkler zaten aralıksız saldırırken, devrin en yüksek uygarlığı içinde yer alan Müslüman Türkler de Küçük Asya'yı aralıksız talan edip duruyorlardı. *Basileus* IV. Romanos Diogenes Hunlara karşı harekete geçmek zorunda kaldı ve 1071'de imparatorluğun doğu sınırındaki Malazgirt'te yapılan savaşta yenilerek tutsak edildi. Bu savaşta Peçenekler de hemen düşman tarafına, kardeşlerinin yanına geçmişlerdi ki, bu da tarihin iyi bildiği, sıklıkla tanık olduğu bir durumdur. Bu tarihten, bu savaştan ileride yine söz edeceğiz. Şimdi Asya'ya dönelim.

Moğolistan'daki Uygur İmparatorluğu

Türüklerin sonu bir askeri felaket dolayısıyla değil, onların egemenliğine boyun eğmiş ve imparatorluğu sürdürmeye kesin kararlı bazı boylar tarafından hazırlanmış bir çeşit hükümet darbesiyle geldi. Ayaklananlar olaydan bir kaç yıl sonra, Türük halkının hükümdar ocağına sadık kalma kararında olmamasından ötürü, "Türük halkını tümüyle yok etmek zorunda kaldıklarını" kabul etmelerine karşın ayaklanma, başlangıçta halka ya da egemen boy topluluğuna değil, tahta ya da A-se-na klanına karşıydı. Darbeyi gerçekleştirenler, kendilerini yenilenlerin mirasçısı olarak görüyorlardı. 753-759 yıllarından kalma Taryat Yazıtı ile 760 yılından kalma Şine Usu Yazıtı'nda Tu-kiuler imparatorluğunun kurucularından, elbette Bumin Kağan'dan ve bir bölümde de İstemi Kağan'dan söz edilmektedir. Darbeciler onların geleneklerini kabul ettiler; atalarına ünlerini geri vereceklerini" belirttiler, imparatorluğun merkezini "Ötüken'in merkezinde" bıraktılar ve halka şu sözleri söylettiler: "(Yeni) Hükümdar, güç (Gök'ün gücü) sendedir."

Olaydan sorumlu olanlar Basmil, Karluk ve Uygur boylarındandı, ancak eşit biçimde fayda sağlayamadılar. Tien-şan Dağlarının kuzey eteğinde, Kuçen (Kou-cheng) civarında, Cungarya'da yaşayan eski bir halk olan Basmiller ayaklanacaklarının sinyallerini veriyorlardı. Özmiş Kağan'ı öldürdüler ve kafasını Çin başkenti Çang-an'a gönderdiler. Ancak basit figüranlar olmaktan öteye geçemediler ve başarılarından fayda sağlayamadılar ve tarihten silindiler. Karluklar daha 746'dan başlayarak batı yönüne, On Okların ülkesine sığınmak zorunda kaldılar ve saygınlıkları 751'den, Talas Savaşına katılmalarından sonra daha da arttı. Dolayısıyla geriye Uygurlar kaldı. Tu-kiulerin düşüşünden yararlandılar, imparatorluğun başına Tu-kiulerin soyundan kişiler ya da daha çok boylarından birini, Yağlakarları çıkardılar.

Uygurlar Çin tarihinde bilinmiyor değildi. Denildiğine göre, soyları Hiong-nuların ardılları olan Kao-kiu Ting-linglere (ya da Tö-lolar, Tie-lolar) dayanır. Uzun süredir Gök İmparatorluğu Çin'le ilişki içindeydiler. Çin, "kuzeydeki vahşi bölgeleri" yönetmekle görevlendirdiği Uygurları Türüklere karşı birçok kez yüreklendirmiş ve direnmelerinde yardımcı olmuştu. Yıllık yazarları, bazı yeni barbar halklar doruğa çıktıklarında her zaman yaptıkları gibi, Uygurları "kısa boylu, gururlu ve acımasız, mükemmel binici ve okçu aynı zamanda da tüm öbür bozkır halklarından daha "yırtıcı" kimseler olarak tanıtırlar. Oysa daha o zamandan Çin'in etkisinde kalmış, onların idare sisteminin ilkelerine göre yaşamayı kabul etmişlerdi; ayrıca devamlı olarak Çin'in sadık müttefikleri oldukları anlaşılacaktı. Çin, Uygurları tanır tanımaz, ülkesinde başlayan ve T'ang hanedanına büyük bir darbe indirecek olan iç savaşta kendisine yardım etmeleri için onlara başvurmuştur.

Gerçekten 755 yılında, Sogd kültürüne sahip soylu bir Türk ailesinin çocuğu ve Asya'nın gördüğü en ünlü paralı askerlerden biri olan Çin ordusunun komutanlarından Ngan Lu-Şan esas olarak federe Türklerden oluşan güçlü bir birliğin başında imparatorluğa karşı ayaklandı ve iki başkenti yani Lo-yang ile Çang-an'ı ele geçirdi. Bu durumda Gök'ün Oğlu, ikinci kağanları Bayan Çor (747-759) yönetimindeki Uygurlara başvurmaktan başka çözüm bulamadı. Bayan Çor'un başka bir unvanı da onun Uygur soyağacında bulunmaktan ne kadar rahatsız olduğunu açıkça gösteren "bilge köl kağan tengride bolmış el etmiş bilge kağan"dır. Bayan Çor, Çin'e *yabgu* olan oğlunu gönderdi. O da tahtı gasp edeni yenerek kendisine verilen çok sayıda hediye ve unvanı aldı, Çinli bir prensesle evlendi ve yıllık 20.000 ipek parçası değerinde bir haracın sözünü aldı. Sonra Kırgızlara yapılacak bir akına katılmak üzere ülkesine döndü (758). Aynı yıl Ngan Lu-Şan ve oğlu öldürüldü.

Ama 761 yılında Sogdlu bir paralı asker bir ayaklanma başlattı ve Uygurlara başvurdu. Çinlilerin Bayan Çor'u ortadan kaldırttığından şüphelenen Uygurlar Çin'e sadık kalacaklarını bildirdiler. Bu defa kağan'ın yönetiminde yeniden yardıma koştular; başlarında Çincede Meu-yu olarak anılan Bögü Kağan vardı (759-779). 762 yılının Kasım ayında ayaklanma yeniden bastırıldı. Ancak bu kez Uygurlar daha temkinli davrandılar. Çinlilerin ikiyüzlülüğünden çekinmişlerdi ve Orta İmparatorluk topraklarında kalmaya karar vermişlerdi. Ancak Çinliler onları kovmak istediler. Bunun üzerine Uygurlar da Lo-yang'ı yağmaladılar ve yakıp yıktılar. Sonra ganimetleri yüklenerek çekip gittiler. Daha sonra Çin'e 765 yılında geri dönüp son asileri de bastıracaklar ve 790'da Tibetlileri kovmak için yeniden geleceklerdir.

Edebiyat ve İnançlar

Böylece tarihin önemli bir sayfası kapanmıştır.

Ama bir başka sayfası açıldı. 762 yılında Lo-yang'da, Sogd dilini konuşan ve Mani dininden olan din adamları Bögü Kağan'ın bu dini kabul etmesini sağladılar. Böylece de Bögü Kağan ülkesinin kapılarını onlara ardına kadar açtı. Moğolistan'a dönerken onları da yanına aldı ve Orhon Irmağı kıyılarında inşa ettirdiği, bugünkü Kara Balgasun'un yerinde bulunan ve adı o zaman Ordu Balık, yani "krallık ordugâhı kent" olan duvar içine alınmış başkentine –Bilge Kağan'ın hayalini kurduğu şehir– en iyi koşullarla yerleştirdi.

Her ikisi de yaratıcı olan iyi ve aydınlık ilke ile kötü ve karanlık ilkenin karşıtlığının bir arada var olmasına dayanan Manizm, yani Mani dini III yüzyılda Babil ülkesinde ortaya çıkmış ve tüm dünyada, özellikle de Kuzey Afrika'da yayılmıştır. Afrika'da Manizmi, Hıristiyanlığı kabul etmeden önce Aziz Augustinus yaymıştır. Avrupa'daysa Manizm, Albililer sapkınlığının kökeninde yer almaktadır. Öte yandan İran dünyası da Manizmi Uzakdoğu'ya kadar taşımıştır. Kısacası Uygurlar Manizmi devlet dini olarak kabul ettiler ve bu dinin üzerlerinde uygarlaştırıcı bir etkisi oldu. Manizm Uygurlarda Sogd kültürüne sıkıca bağlıydı. Bu nedenle Sogdcanın ülkede ikinci dil durumuna gelmesini sağladı. Sogdca, Çin'e karşı kazanılan mutlu zaferi ve mutlu değişimi kutlayan Sevrey Yazıtları'ndan itibaren (762) Türkçeyle birlikte kullanılmaya başlanmıştır.

Uygurlar dillerini yazmak için yavaş yavaş Türüklerin eski sisteminden daha az elverişli yeni bir yazı benimsediler. Sogd yazısından türeyen bu yazı kendisine paralel olarak ulusal dinin sıkıca bağlı olduğu Türk Runik yazının varlığını sürdürmesine engel olamadı. VIII yüzyılın ortasında Hoytu Temir Vadisi'ne yazılan yazıt ile onlardan çok daha sonraki tarihlerde Tarım vahalarında oluşturulacak olan elyazmaları da Runik yazıyla yazılmıştır. Ama sonunda bu yeni alfabe kendini kabul ettirdi ve Türk dilinin ilk ulusal edebiyatının aracı olarak işe yaradı. Daha sonraları artık Uygur Alfabesi adını alacak olan bu yazı, Moğollara ve onlardan da Mançulara geçmiştir.

Henüz uygarlaşmamış bir halk olan Mançular, Sogd dili sayesinde İran düşüncesiyle ve onun aracılığıyla da Akdeniz dünyasının düşüncesiyle tanıştılar Kuşkusuz Kara Balgasun Yazıtı'yla (810'a doğru) birlikte: "Barbar gelenekli ve kan kokularıyla dolu bu ülke, sebzeyle beslenilen bir ülke, insan öldürülen bu ülke, iyilik yapmanın öğrenildiği bir ülke oldu" demek abartılı olacaktır. Hiçbir din hiçbir zaman kendisine inanların tümünü, doğal eğilimlerinden, özellikle de şiddetten uzaklaştırmayı başaramamıştır.

Moğolistan'daki Uygur İmparatorluğu da her zaman barış ve sükûnet içinde değildi. Bu ülkede en azından iki kağanın yaşamı öldürülerek son buldu: beşincisi 790'da, onbirincisi 832 yılında öldürüldü; bir diğeri, onikincisiyse bir naibinin ayaklanması üzerine intihar etti. Ama tefekkür ve dinsel yaşam insanların bir bölümünü saldırganlıktan uzaklaştırdı ya da yumuşattı; böylece de büyük, saldırgan seferlerin yerini, gelişmiş bir tarım ve artan bir ticaret aldı. 800'e doğru Uygurlar için son derecede önemli bir olay cerayan etti: bazı sömürgeler, Karaşar, Beşbalık ve Turfan'da, yani Tarım Irmağı boyundaki zengin yeşil alanlara yerleşerek kendilerine gelecek için güvence sağladılar. Çin'le ilişkiler ise barışçı olmakla çıkarsız denebilecek nitelikte de değildi.

Hükümdarın din değiştirmeleri ne denli içten, inançları ne denli büyük olursa olsun, tıpkı Türük imparatorluğun başlangıcında olduğu gibi burada da Manizm yığınları eski inançlarından döndüremedi. Manizm ile Şamanizm arasındaki bağlar bugün hâlâ gizemlerini korumaktadırlar; ama bu dinlerin ikisi de birbirinden çok farklı ideallerden esinlenmekle birlikte, anlaşılan aralarındaki bu bağlar hoşgörü ve işbirliğinden ibaretti. Belki de Manizm gökyüzü-yeryüzü, doğu-batı, mavi-siyah benzerlikleriyle, eski Şamanizmin ikili ölüm kavramını güçlendirmişti ki, bu da Türklerin daha sonraki tarihlerdeki birçok dinsel temsilinin belirli bir düalizm eğilimine sahip olmasının açıklaması olabilir.

Her ne olursa olsun göçebe geleneklere dayanan X yüzyıl tarihli bir kehanet kitabı olan *Irk Bitig* bir Mani manastırında Runik karakterlerle yazılacaktır. 1300 yılında doğru, Turfan Uygurcasıyla yazılan Oğuz Destanı'nın bugün Paris'te Bibliothèque Nationale'de bulunan metni *Oğuzname* Türk paganizmini yüceltecektir. Ve nihayet –ki bu hiç de az bir şey değildir– Manist çevrede oluşmuş, ama kısmen geleneksel dinsel temsillere dayanan Uygur kökenli büyük bir mit çok yaygın bir ilgiyle karşılanacaktır ve bu mitten hem Çinliler hem de Moğol döneminde Müslüman Cuveyni, ayrıca büyük İran tarihçisi Reşidüddin ve Marco Polo da söz edecektir. Bu mit Oğuzları, Naymanları, Öngütleri, Kalmuk ve Oyrat Moğollarını ve kuşkusuz daha başka halkları da etkileyecektir. Bu mite göre Bögü Kağan bir güneş ışınının döllediği bir ağaçtan doğmuştur. Burada işin içine kurdun karışmaması, söz konusu olanın Türük temsillerine sadık, Yağlakar ailesinin yönetimindeki Uygarların ilk mitinin değil, IX yüzyılın başına doğru bir haneden değişikliği sırasında tahta Ediz boyunun geçişiyle yayılan mit olduğunu düşünmeye itebilir.

Moğolistan'da Uygur İmparatorluğunun Düşüşü

Uygurlar defalarca müdahale ettikten sonra Çin doğal olarak bunların koruması altına girdi. Çin'e saldırganca davranıyorlardı, Çin prenseslerini eşleri olarak alıyorlardı, imparatorluğun büyük şehirlerinde Mani tapınakları dikmelerini istiyorlar, at sürüleri karşılığında onlardan ipek alıyorlardı, ki aslında bu kılık değiştirmiş bir vergiden başka bir şey değildi. Hiç ihtiyaçları olmayan atları değerlerinin çok üstünde satın almaya zorlanan Çinliler, otlaklarının yetersiz olması nedeniyle bunları beslemekten acizdiler.

789'da Alp Kutluğ Bilge Kağan'ın öldürülmesi Yağlakar hanedanlığına son verdi. Bunların yerine geçen Ediz hanedanlığıysa çok yetersiz kaldı. Halk prenslerinin yetersizliklerini kanıtlamasına bile fırsat vermeden bunları tahttan indirdi. 832'den sonra ortaya çıkan düzensizlik anarşinin daha da artmasına neden oldu. Herkes kafasına göre davranmaya başladı. 840'ta başkaldıran bir lider, Yenisey Kırgızlarına çağrı yaptı. Bunlar da ayaklandılar, 100.000 askerden oluşan bir ordu topladılar ve Uygur başkenti Ordu Balık'ı yakıp yıktılar ve kağanı öldürdüler. Kıyımdan kurtulabilen Uygurlar da kaçtılar. Kırgızlar imparatorluğu ele geçirdiler ve bu duruma en çok Çinliler sevindi.

"Kağanın kampına yakın" ve gözlerini Çin'e çevirmeye alışmış onüç boy, tüm umutlarını bunlara bağladılar. Gobi Çölünü aştılar ve Çin sınıra dayandılar. Ama bu, Çinlilerin bir zamanlar onların hizmetinde olduğunu ve Çinlilerin onlara bunu pahalıya ödetmek için fırsat kolladığını unutmak demekti. Çünkü özgüvene yapılan hakaretler asla affedilmezler. Artık sırtlarını dayayabilecekleri bir destek bulan Çinliler bunların üstlerine çullandılar. Daha sonra da Kırgızların eline teslim ettiler. Kırgızlar da onları tekrar Çinlilere gönderdiler. Bu biçimde hırpalanan kaçaklar, iç burkan bir biçimde yaklaşık bir sekiz yıl boyunca bir oraya bir buraya savruldular. Açlıktan, soğuktan, saldırılardan yıldılar ve nihayetinde ortadan kayboldular (848). Çin sevinç ve nefret çığlıkları atıyordu. Çin 845'ten başlayarak sistemli olarak Mani dinine saldırmaya başladı ve bu vesileyle de topraklarındaki tüm yabancı dinlere saldırdı.

Yağlakarların da içinde bulunduğu öteki onbeş Uygur boyu, ki bunlar Uygurların yarısından fazlasını oluşturuyorlardı, Çin'e güvenmek yerine Karlukların ülkesine doğru ilerlemeyi seçtiler. Altay Dağlarında iki gruba ayrıldılar, biri Tibet'e, öteki de Doğu Türkistan'a doğru gitti. Tibet'e giden grup Batı Kansu'da, Bezeklik'ten (Dun-huang) Kançu'ya kadar uzanan toprakları işgal etti. İkinci grup Kuça'dan Beşbalık'a kadar uzanan bölgeye yerleştiler. Bunların yolculuklarının güzergâhını izlemek zordur, zengin vahalarla dolu bu yeni ortama sızışlarını da anlamak zordur. Burada, yandaşlarının desteğini ve yardımını almışlardır. Ancak ilerlemelerinin bir nedeni de Çinlilerin entrikaları, Tibetlilerin tehditleri ve istilaları olmalıdır. Yaklaşık bir elli yıl boyunca Kançu iki merkezinde, yani Kansu ve Su-çeu'da (Koço [Kao-ç'ang], günümüzde Kara Hoça'da) çok rahat koşullarda yaşamışlardır. Burası daha sonra Çin Türkistan'ı sonra da Sin-kiang olacaktır.

Kırgız İmparatorluğu

Dolayısıyla yukarı Moğolistan'a, yani Türklerin kutsal ülkesi olan ve çevresinde Orhon, Selenga ve Tula Irmakları bulunan Ötüken miras olarak Kırgızlara kalmıştı. Uygur Manizmininin yanaşmadığı, bozkır imparatorluğu kurmak işi de onlara düşmüştü. Ama bunu başaramayacaklardı.

Bu Türkleşmiş eski Hint-Avrupalılar, Türüklerin onlara birçok kez boyun eğdirdikleri ve çok sert bir biçimde cezalandırdıkları bugünkü Minusinsk kentinin bulunduğu bölgedeki ırmakları Yenisey'e sıkıca bağlı kalmışlardı. Kırgızlar orada, Moğolistan'daki komşularından uygarlıkla ilgili kimi bilgiler edinmelerine karşın tam bir barbar olarak tanınıyorlardı. Yazı yazmayı biliyorlardı; ama edebi solukları pek çabuk tükendiği için çok uzun yazmamak koşuluyla sık sık yazarlardı. Bunlar bugünkü Tuva'nın bulunduğu, ancak o zamanki adının hâlâ bilinmediği yerde yaşayan komşularınınkilere benzeyen, çok sayıdaki kısa metinler olan mezar taşı yazıtlarıdır. Uzun bir süre çok eski sayılan bu metinler, ancak vasat bir kültürel gelişimin ve Şamanist uygulamalarının sonucu olan bir arkaizme sahiptir. Suci Yazıtı'nın yanlış okunmasının tersine Kırgızlar, Uygurların Manizmininden hiç etkilenmemişlerdi. Kırgızların en eski yazıtlarından biri olan Uybat I. Yazıtı büyük bir olasılıkla VIII yüzyıldan; Altın Göl 2, Uybat 3 ve daha önce sözünü ettiğimiz Uygur olmayıp Kırgız olan Suci gibi günümüz tarihine daha yakın olanlar ise IX yüzyıldan kalmadır. Uygarlık tarihçileri için oldukça değerli olan bu metinler olay odaklı tarih bakımından pek değerli değildir; üstelik metinler boşluklarla doludur ve okunmaları da güçtür.

Dolayısıyla Kırgızların fethettikleri bu topraklarda neler yaptıkları konusunda, bu toprakları barbarlık dönemine doğru gerilettikleri dışında bir bilgi yoktur. Ayrıca bu topraklarda tutunmayı başaramayarak 924 yılında proto-Moğol Kitanlar (ya da Kitaylar) tarafından buralardan kovuldular. Ve çıktıları vadiye sessizce geri döndüler; burada çağımız dünyasının ilk yıllarına dek karanlık bir yaşam sürdüler. Türklerin eski kutsal ülkesi bu tarihten sonra artık Moğolların olacak ve bir daha asla Türklere ait olmayacaktır.

Kitanlar

Türkleşmiş Moğollar ve V yüzyıl başından itibaren Çinliler tarafından adları sık sık anılan Kitanlar, Çin'e karşı düzenledikleri ve kendilerine pahalıya mal olan bir saldırı dışında o güne kadar Orta Asya'da önemli bir rol oynamamışlardı. Tu-kiu ve Uygur imparatorluklarının gücü bunları yurtlarında yani Jehol'da ve Batı Mançurya'da kalmaya zorlamıştı. Kırgızların zayıflığı başkaldırmak için onlara bir fırsat yarattı.

907'de, Ye-liu A-pao-ki adlı liderleri halkını oluşturan kavimlerin üstünde egemenliğini kurabildi. Bundan sonra fetihlere başlayarak 924'te Kırgızlara saldırdı, kuzey Moğolistan'ı aldı ve Kara Balgasun'a girdi. Daha sonra da Çin'e karşı cephe almaya başladı ve Kuzey Kore'yi işgal etti, Cucenleri bozguna uğrattı ve Sarı Irmağın kuzeyinde egemenlik kurdu. Kitanlar Leao adıyla resmi hanedanlıklar içinde yer aldılar.

Önceleri Uygurların öğrencileri oldular, birkaç kuşak sonra da kısmi olarak Çinlileşip iyice zayıfladılar. Mançurya'daki Cucenler karşısında başarısızlığa uğrayarak 1125'te Pekin'i işgal etmelerine izin verdiler. Sadece Çin'de isimleri kalabildi: Kitaylar. Marco Polo da onlardan söz etti ve batılılar için uzun bir süre bir rüya halk oldular.

Türk olmadıkları halde konumuza dahil olmalarının nedeni, bir yandan Türk tarihi için çok önemli olan Moğol gücünün habercisi olmaları, öte yandan da Türk dünyasında bir role sahip olmalıdır. 1125 yılında Çin'den kovuldukları zaman büyük bir enerji patlaması onları göçebeliğe geri döndürdü. Tüm Orta Asya'yı aşarak (1130-1135) daha sonraki bir dönemde adı Rus Türkistan'ı olacak yerin kuzeydoğusunda Karahitaylar adında Budist bir devlet kurdular. İleride bu devletten söz edeceğiz.

Kırgızların Yıkılmasından Sonra Moğolistan

İlk Türk ülkesi adı verilebilecek olan Kuzey Moğolistan'daki boşluk, Kırgızların çekilmesinden sonra kendini hemen hissettirir, zira Kitanların, bu ülkeye dönmeleri yolundaki önerisini Uygurlar kabul etmemiştir. Kitanlar ise bu yerlerin sahibi oldukları halde kendilerini bu yerleri denetim altında tutabilme gücünden yoksun hissediyorlardı. Çin'de yaşamaya karar verdikten sonra yalnızca Çin otlaklarına mahkum oldukları için süvari kuvvetleri yetersiz kalmıştı.

Moğollaşma o zamana kadar en çok Mançurya'ya, hatta Moğolistan'ın doğu uç bölgelerine çekilen ve başlıca kuvveti, öncü olarak Çin'e henüz yerleşmiş bulunan proto-Moğol halkların sürekli ilerlemeleri biçiminde cerayan etti. Moğol boyları belki zayıf düşmüş Türk boylarını da kovarak yavaş yavaş X yüzyılın başıyla XII yüzyılın başı arasında onların adını taşıyacak topraklara yerleştiler. Ancak bunun tam olarak nasıl ve ne zaman gerçekleştiğini söylemek güçtür. Bununla birlikte Cengiz Han'ın olağanüstü serüveni başladığı sırada Moğollaşma sona ermekten uzaktı ve büyük fatih en çok da dili Türkçe olanlarla uğraşmak zorunda kaldı.

Bunlar daha önce belirttiğimiz gibi aşağı Kerülen'e takılıp kalan ve Türkleşme yolundaki Moğollar mı yoksa Moğollaşma yolundaki Türkler mi olduklarını belirlemenin güç olduğu Tatarlardı. Tarihin ilk yıllarından beri Türk imparatorluklarında rol oynamış, özellikle de Türükler için korkunç hasımlar olmuşlardı.

Onların ardından Naymanlar geliyordu. Türkçe konuşmalarına karşın Naymanlar da Türkçe ile Moğolca arasında kararsızdılar ve zaten "Sekizler" anlamına gelen adları da Moğolcaydı. Yukarı Selenga'ya kadar Kobdo yöresine yayılan Naymanlar Uygur kültürünün etkisinde ya Nesturi Hıristiyan ya da Şamandılar.

XII yüzyılda en güçlü olanlar kuşkusuz Kereyitlerdi. Kereyitlerin başkanlarının unvanı, "kral" sözcüğünün Çincesi *vang* ve Türkçe "imparator" anlamına gelen *han*'ın birleşmesinden oluşmuş *vanghan*'ın bozulmuş biçimi olan *ong han*'dı. Cengiz Han savaşa ilk kez Ong Han'ın vasalı olarak girmiştir. Kereyitler Hıristiyanlığı kuşkusuz bin yılına doğru hükümdarları Markos'la aynı zamanda benimsemişlerdir. Sayıları iki yüz bin kişi kadardı.

Son olarak Öngütler vardı ve onlar da, en azından çoğunlukla, Hıristiyandılar. Çin Seddi boyunca, Ordos'un kuzeyi ile Leao-ho Irmağı arasında yerleşmiş durumdaydılar. Bunların Çin'e son Türk harekâtını yapmış çöl insanları olan Şa-t'oların çocukları oldukları öne sürülür.

Tüm bu halkların Hıristiyan mı Hıristiyanlaşmış mı oldukları bugün de hâlâ tarihin bir bilmecesidir ve bu bilmece, ortaçağ batılıları için de çözülmezdir. Kuşkusuz Avrupa'da yayılmış ve bir anlamda Avrupa'yı ahlaki olarak allak bullak eden Papaz Jean efsanesini yaratan bu değildir. Çünkü bu efsane büyük bir olasılıkla Karahitayların Budist istilasından doğdu, ancak efsanenin sürmesi, güçlenmesi ve sağlam temellere dayanması bu gizemden kaynaklanmaktadır. O sırada doğu bölgelerinde parlak bir durumda olan Hıristiyanlık büyük Moğol devrimiyle hiç beklenmedik bir biçimde yok oldu.

Şa-t'olar

Çin yıllıklarına göre Şa-t'olar Batı Türük İmparatorluğunun (On Ok) ortadan kalkmasından sonra, Bar Gölünün batısında ortaya çıkmış ve oradan Tibetliler tarafından, Çin'den koruma isteyecek duruma gelinceye kadar (800) doğu yönüne (?) doğru sürülmüşlerdir.

Çin, önünde "diz çökmeye ve baş eğmeye" gelen barbarlara geleneksel olarak yaptığı gibi onları Ordos'un kuzeyine federe olarak yerleştirdi. Orada yetmiş yıl boyunca huzur içinde yaşadılar. Sonra 878 yılında Çinlilerin hiç eksik olmayan anlaşmazlıklarına müdahale etmek amacıyla Şan-si'ye sızdılar.

O sırada T'anglar, başkentleri Çang-an'ın ellerinden çıkmasına yol açan bir ayaklanmayla karşı karşıyaydılar. Federelere başvurdular. Şa-t'olar da onların isteklerini hemen yerine getirdiler. Hükümdarları Li-ko-yang ayaklananları Çang-an'dan kovdu, ödül olarak naip unvanı aldı ve bulunduğu Şan-si'nin valisi olarak kabul edildi. Demek ki Şa-t'olar dürüst vasallar olarak hareket etmişlerdi. Ama T'angların kaybolmalarının (907) ardından kendilerini artık her türlü itaat bağından kurtulmuş sayrak, kısa bir süre sonra Lo-yang'da kendilerini onların yerine imparator ilan ettiler. Burada biri 923-926, öteki 936-946'da olmak üzere iki kısa ömürlü hanedanlık kurdular. Onlar da Kırgızlar gibi Kitanlara direnemediler. Böylece Çin'deki son Türk hükümdarlığı X yüzyılın ortasında son bulmuş oldu.

Yurt Arayışı

O zamana kadar tüm büyük Türk halkları adlarını ilk olarak sadece askeri başarılarla duyurmuşken, Uygurlar seslerini silahla duyurmayı reddediyorlardı! Böylece Doğu Türkistan'da sadece dua sesleriyle, öküz böğürmeleriyle ya da satıcı sesleriyle kesilen büyük bir sessizlik hüküm sürüyordu. "Yeni yetişmekte olan kusurlu ve acemi kâtipler," "küçük din adamları," Türkleri övmek, yüceltmek amacıyla nöbeti güçlü savaşçılardan devralmışlardı: gururun yerini alçakgönüllülük, fetihçiliğin yerini idare; etle beslenmenin yerini sebzeyle beslenme ve büyük göçlerin yerini şaşırtıcı bir durağanlık almıştı.

Kahramanlıklardan usanmış, göçebelikten yorgun düşmüş Uygurların, Kitanların, Kuzey Moğolistan'daki eski yurtlarına geri dönmeleri yolundaki önerilerini reddettiklerinden söz etmiştik. Sonunda Uygurlar Çin'in kuzeybatı kesiminde, bugün Kansu ve Sin-kiang'ın bulunduğu yerde, özellikle iki merkezin, Kançu ile Su-çeu'nun (bugün Turfan bölgesi) çevresine yerleşerek, biri büyük bir olasılıkla eski Orhon imparatorluk hanedanı Yağlakarların yönetiminde olan birçok küçük hanedanının üstünde yer alan birbirinden ayrı iki bağımsız hükümdarlık kurdular.

Onlar için acı bir deney olan imparatorluklarının yıkılmasını, boylarının önemli bir bölümünün öldürülmesini, göçlerin vahalarda yerleşme güçlüklerini Tibetlilerle uzun bir çatışma dönemi izlemişti. Tibetlilerin Dafeyşuan Muharabesi (679) tüm Tarım havzasını ordularına açmalarından beri uyguladıkları baskı monarşilerinin yıkılmasından ve devletlerinin parçalanmasından bir yüzyıl önce sona erdi (842'ye doğru). Artık Uygurların yapması gereken sadece kuzeyde göçebe Türk komşularının, batıda bugünkü Cungarya'nın bulunduğu yere egemen olan Karlukların, haklarında sadece Müslüman yazarların verdiği bölük pörçük bilgilere sahip olduğumuz Yağmaların ve Çigillerin olası akınlarını durdurabilmek için gerekli silah kuvvetlerini hazır tutmaktı. Tarihçi el-Cahiz'in (ö. 869) dediğine göre, kendisinin hâlâ Tokuz Oğuzlar adını verdiği kimseler, eski yiğitliklerini büyük ölçüde yitirmiş ve bu da birçok yenilgiye uğramalarına mal olmuştu. Belki; çünkü Uygurlar savaşçıdan başka her şey olabilirlerdi. Ama en azından bağımsızlıklarını korumayı biliyorlardı.

Kansu Uygurları

Uygurlar dereceli şekilde Kansu'ya yerleştiler. Bezeklik'i (Dunhuang) 848'den birkaç yıl sonra işgal ettiler. Kançu'yu 868 ve 872 yılları arasında (sanıldığı gibi 860'ta değil) ele geçirdiler. Sonra da Leangların hanedanlığı sırasında Çin'in zayıf düşmesinden yararlanarak (Hou-liang, 907-923) son derece örgütlü ve refah içinde bir devlet kurdular. Oysa bir zamanlar bu büyük komşu imparatorluğun vasalı olarak, askeri bir birlik tarafından sürekli denetim altında tutuluyor ve emirlerini yerine getiriyordu. Bu uysallık, X yüzyıl boyunca güçlenmelerini, zenginleşmelerini ve giderek daha önemli roller oynamalarını sağladı. Bununla birlikte XI yüzyılda Çinliler tarafından, haklı ya da haksız olarak, disiplinsizlikle, başıbozuklukla, başka pek çok şeyle suçlandılar; büyük bir sabırla inşa ettikleri her şey yok oldu. 1009'dan sonra Kitanların saldırısına uğradılar, 1028'de de Tangutlar tarafından ülkeden sürüldüler. Artık ne bir Uygur prensliği ne de krallığı kalmıştı. Bununla birlikte nüfusun bir bölümü günümüze kadar bu topraklarda kalmayı sürdürdüler. Bir siyasal rol üstlenmeseler de dillerini ve kültürel alışkanlıklarını korudular. Bir bölümü de güneyde, Nanşan bölgesine yerleştiler ve varlıklarını orada sürdürmeye devam ettiler.

Kançu Uygurları, kimi zaman Sarı Uygurlar ya da Sarı Başlı Uygurlar adıyla da anılır. Varlığını sürdürmüş olan bu adın "Budist inançlarıyla ilişkili" olduğu öne sürülmüştür; ama başka birçok Türk halkın, adlarını mavi, kırmızı, siyah, sarı (ya da sarışın) gibi bir sıfatla belirginleştirdiklerini biliyoruz. Ancak "sarı" renginin Şamanizmde her zaman efsanevi ve gizemli bir anlamı vardı ve özellikle de Güneş ya da Ay'ı çağrıştırıyordu. Aslında Uygurların fiilen Budistleştirilmiş, ama belki de Uygur olmaktan çok Uygurlaştırılmış, aslen Müslümanlığın ilerlemesi nedeniyle yavaş yavaş güney Tarım havzasından çıkıp batıya itilmiş, daha sonra Tangutlar tarafından yok edilerek buradaki gerçek Kansu Uygurlarıyla karışmış, anadili Türkçe olan bir halk olması gerekir. Sarı Uygurları XI yüzyılda Hoten bölgesinde, XIV yüzyılda Çaydam havzasında ve Çerçen'de görüyoruz. Suçeo'dan Kançu'ya giden yolun güneyine ancak XVII ve XVIII yüzyıllarda yerleşebilmişlerdir. Bugün de hâlâ orada, hareket noktalarının iki bin kilometre kadar uzağındaki bu topraklarda yaşamaktadırlar.

Sin-kiang Uygurları

Her ne kadar Kansu'daki Uygurların tarihi oldukça karışık olsa da Sin-kiang'daki kardeşlerinin tarihi neredeyse hiç bilinmemektedir. Çünkü Çin'in oldukça uzağında kalmışlardır ve Çinliler bu Uygurlardan çok fazla söz etmemişlerdir. Tek elçilik görevleri, ki aslında önemli bir görevdir, 951'de gerçekleşmiştir. Başka elçilik görevleri olduğu konusunda da fazla bir bilgi yoktur.

Kansu'daki gibi boylar vahaları hemen ele geçirmezler. İlk önce kuşatırlar. Ancak bir yirmibeş yıl sonra Turfan, Beşbalık, Hami ve Kuça'yı ele geçirirler. Belki de Bezeklik ayaklanmasıyla Tibetlilerin bölgeden kovulmasının ardından buraları kolayca sahiplenmişlerdir. Burada istikrarlı bir devlet kurarlar. Bu aslında genel olarak Koço (Hoça) Krallığı adını alan federatif bir devletti. Bu devlet oldukça yavaş bir biçimde Tarım havzasının tüm kuzey bölgesini Türkleştirmiştir. Hükümdarlarının unvanı *idi kut*'du. Bu unvanı Basmillerden almışlardı. Bu da Basmillerin büyük bir çoğunluğunun, ki yerleştikleri topraklar çok da uzakta değildi, Uygurlarla birlikte buralara kadar geldiğini düşündürüyor. İki başkentleri vardı; biri bozkırlarda, kuzeydeki Beşbalık, öteki Turfan vahalarının batısındaki Kara Koço (Kara Hoça). Her ne kadar Türk egemenliği kuzeyde baskın gözükse de güneyde fazla etkin değildi. Kendi Uygur sömürgelerine sahip Hoten gibi büyük bir şehir X yüzyılda, Müslümanların sık sık saldırısına uğradığı bir sırada hâlâ büyük oranda yoğun Çin etkisi altındaydı. Bu bölgede ve özellikle de Hoten'de Manizm büyük bir gerileme içindeydi. Kaynaklar bundan çok söz etmezler. Bu kaynaklara göre Hotenliler ruh tapımına sahiptiler, söylenildiğine göre Zerdüştlüğe inanıyorlardı ve Budha'yı seviyorlardı.

Kansu Uygurları ile karşılaştırıldığında Tarım'daki Uygur Krallığının kaderi farklı cereyan etmiş olup, ömrü daha uzun olmuştur. Bağlandıkları Moğol İmparatorluğu dönemine kadar refah içinde yaşamışlar ve Moğol İmparatorluğu da bunları her zaman korumuş ve gözetmiştir. Eskiden Kitanları etkiledikleri gibi Moğol İmparatorluğunu da etkileyeceklerdir, öyle ki bu imparatorluğun kültürel temellerini atmışlar ve idari kadrolarını oluşturmasını sağlamışlardır. Uzun bir süre varlıklarını koruyacaklardır.

Uygurların Kültürel Gelişimi

Uygurların kültür düzeyi daha IX yüzyıldan başlayarak vahalarda, kuzey Moğolistan'da olduğundan çok daha yüksekti ve daha sonraki yüzyıllarda da yükselmeyi sürdürdü. 840 yılında, hâlâ yarı barbar olan Uygurlar, büyük Budist merkezlerden birine yerleştiler ve bundan büyük ölçüde yararlanarak gerçekten uygarlaştılar. Elimizde, bu kültürün yönünü değiştirmek, hele hele dönüştürmek yolunda bir hevesleri olduğunu düşündürecek hiçbir şey yok. İyi birer öğretmen değillerse de kusursuz öğrenciler olduklarını ortaya koydular. Orta Asya'nın büyük sanat ekolü varlığını en azından görünüşte onlardan önceki gibi sürdürdü. Uygurlar bu sanat ekolünün mirasından yararlanmayı bildiler ve sorumluluğunu üzerlerine aldılar. İran-Hint sanat tarzının uzun süre Bamiyan'ın etkisinde kaldığı Güney Kaşgar bölgesinde, temel özelliklerin IX ve X yüzyıllarda Keşmir yoluyla Hindistan'dan geldiği düşünülmektedir. Fransa'da *Bibliothèque nationale*'da bulunan ve Hindistan'ın bu eyaletine ait "Kuzeyin Koruyucusu, Zenginlik Tanrıçası" anlamındaki Vaiçvavana'yı betimleyen resim bunu kanıtlamaktadır. Resimde başında Sasani tacı bulunan Toprak Ana'ya dayanmış ayakta durmaktadır. Uygurların gelişi Kuzey Kaşgar bölgesinde, Budizmin doğu yönündeki ilerlemesini belirleyen, gerileme dönemindeki Tumçuk, Kızıl, Kumtura, Şortuk, Beşbalık ve Murtuk kentlerini canlandırmadı. O sırada çok yaratıcı olan ve V ile XIII yüzyıl arasında hiçbir zayıflık belirtisi göstermeyen Kansu'daki Bezeklik gibi yerlerde, başkalarından ve diğer bölgelerdekinden daha baskın olan Çin katkıları, Uygurlar kenti ele geçirdiklerinde ne azaldı ne de arttı. Bu yaklaşım sanat konusunda adeta ders veriyor gibidir.

Edebiyat konusunda da durum pek farklı değildi. Özgün yapıtlar azdı ve pek çok çeviri vardı. Çeviriler, Turfan yazarlarının üretiminde saygın bir yere sahiptir. Turfan, 1003 ila 1202 arasındaki kesinti süresi dışında VIII-XIV yüzyıl arası dönemdeki elyazmalarının çok sayıda bulunduğu bir yerdir. Dinsel elyazmaları son derece fazladır. Bununla birlikte iş yazışmaları, kişisel notlar, kayıtlar bulunmaktadır. XIII yüzyıldan kalma, astroloji ve takvim yöntemiyle ilgili pek çok metin bulunmuştur. XIV yüzyıldan kalma kuş, tırnak, kesik saç tutamı ve aksırık falı gibi son derece ilginç bir dizi kehanet metni keşfedilmiştir.

Bezeklik'te bulunan en eski metinler daha yakın tarihlidir (X yüzyıl) ve daha çok sayıdadır. Pek çok resim, özellikle Çince ya da Tibetçe ve Türkçe olmak üzere çokdilli elyazmalarından oluşan son derece değerli bir hazineyi 1028'deki Tangut işgaline borçluyuz. Bunlar Mogao mağarasında bulunmuşlardır. 1907'de Aurel Stein ve ondan sonra de başka bilim adamları burasını ziyaret etmişlerdir. Sadece Paul Pelliot Paris'e 5000'den fazla parça taşımıştır. Rusya, İngiltere, Almanya, Japonya ve Kore'de de bu parçalardan olduğu görülmektedir. Bu belgelerin önemi, sağladıkları değerli tarih bilgileri dışında, sonsuz çeşitliklerinden kaynaklanmaktadır. Bilimden, toplumsal yaşamdan, açık artırmalardan, borçlardan söz etmektedirler. Bunlar sayesinde 1000 yılının sonuna doğru Kansu'daki gündelik yaşam hakkında, aynı dönemdeki öteki toplumlardan çok daha fazla bilgi sahibiyiz.

Uygur Vahalarındaki Dinler

Plastik sanatlar ve edebiyat Budizmin özünde var olan yaşamsallığı ortaya koyar. Uygurların Manizmininin büsbütün yok olmaksızın yerini yavaş yavaş Budizme bıraktığını düşünmek yanlış olmayacaktır. Budizme, Turfan'daki Alman kazılarından ve Bezeklik elyazması mağarasından elde edilen önemli bir koleksiyonla birlikte ayrıca geleneksel olarak o dönemde olduğu gibi sade ve yalın bir dilde yazılmış Kwastuanift'i, yani "tövbe duası"nı borçludur. Ona ayrıca Mani'nin o güne kadar tartışılan doğum tarihinin (216) belirlenmesini borçluyuz. Paul Pelliot bu belgenin önemini, "tüm eski dünyayı birleştirmektedir," "Bugün Aziz Augustinus'un bir yazısını anlamak için ... Türkistan'a gitmek gerekmektedir" sözleriyle açıklamaktadır. Elbette Pelliot'un bu sözleri söylemesinin ardından bazı şeyler değişti, art arda gelen keşiflerden sonra artık koşullar eskisi gibi değil, ancak bu sözlerin ifade ettiği imge hâlâ canlıdır.

Budizme gelince, bu dinle ilgili olarak da Uygur, Sogd, Brahmi ve Hint yazısıyla, Türkçe olarak metinler yazılmıştır. Çok sayıdaki elyazmaları arasında *İyi ve Kötü Prensin Masalı* gibi önemli metinler yer almıştır. *İyi ve Kötü Prensin Masalı* başlıklı elyazması Çin etkisi taşımaktadır, 1914 yılından itibaren uzmanlar tarafından incelenmiştir ve Türk diliyle ilgili çalışmalar arasında temel bir yere sahiptir.

Hiçbiri canlılığını yitirmeyen Budizm, Manizm ve Şamanizmin yanı sıra, Uygur dönemi Kansu'sunda, özellikle de Sin-kiang'da başka dinler ve Nasturi Hıristiyanlığı da kendilerine yer buldular. Bilindiği gibi, Konstantinopolis Patriği Nestorius'un öğretisi olan Nasturilik, İsa'nın iki ayrı özelliğine uygun düşen iki farklı kişilik olduğunu ileri sürüyordu. Bu görüşün 431 yılında Efes Konsili'nde mahkûm edilmesinden ve Akdeniz ülkelerinde uğradığı zulümden sonra Nestorius Sasani İran'ına sığındı ve misyonerlik çalışmalarını doğuya yöneltti. Nasturiliğin Orta Asya'ya hangi tarihte girdiğini bilmiyoruz; ama 635 yılında Çin'e varmıştı bile. Burada pek başarılı olamadı ve varlığını uzun süre koruyamadı. Buna karşılık Tarım bölgesine sağlam bir biçimde yerleşti ve burayı, büyük göçebe toplulukları yönünde havarilik merkezi yaptı. Bunlar karşısında Moğolistan'da kazandığı başarıları biliyoruz. Müslüman kaynaklar, X yüzyılda, Sin-kiang'da Hıristiyan toplulukların bulunduğunu belirtir ve Alman misyonerleri de Turfan'da çok sayıda Nasturi metin elde etmiştir, bu metinler de Pelliot'un Bezeklik'te bulduğu metinlere uygun düşmektedir. Örneğin *Eloge de la Sainte-Trinité* metni.

Zerdüştlük ve Yahudilik Orta Asya'da daha az iz bıraktılar. Zerdüştlüğün Turfan'daki varlığından Müslüman kaynaklar söz eder. Çinliler, Zerdüşt'ten ve pek açıkça olmamakla birlikte ateş tapınaklarının varlığından söz etmektedirler. Yahudiliğin varlığı ise, Kaşgar bölgesinde bulunmuş Yahudi-İran belgeleri ile Pelliot'un Bezeklik'te bulduğu, 800 yıllarından kalma İbranice elyazmasıyla daha iyi bir biçimde kanıtlanmıştır. Etkinlikleri çok açık olmamakla birlikte önemi de çok büyük değildi.

Özetle daha sonraki yıllarda bu bölgelerde zafer kazanacak olan İslamiyet, tacirler, elçiler ve dervişlerin ülkeyi uzun bir süreden beri dolaşmasına karşın henüz yeterince güçlü değildi. Bunların eylemleri konusunda çoğu zaman ancak bazı tahminler yapılabilmektedir. Ama en azından Kırgızların bölgelerine kadar, Orta Asya konusunda iyi bilgilere sahip olabilecek derecede yoğun bir etkinlikte bulunduklarından şüphe yoktur. Buna karşılık ne yazık ki o dönemden kalma yapıtlarda bu konuda yeterli bilgi yoktur.

Sonuç olarak Uygurlar şaşılacak bir toplumdular! Kuşkusuz kentlerde her halkın, her dinsel inancın, modern zaman gezginlerinin anlattıkları gibi, belki de iç duvarların ayırdığı ayrı özel semtleri, mahalleleri vardı. Ama yine de, bir *megalopolis* olmayan bir kentin içinde, en az üç büyük dine, Manizm, Budizm, Hıristiyanlık ve "animist" bir tapım olan Türklerin en eski ulusal dinine bağlı insanlar yan yana yaşıyorlardı. Sokaklardan ya da meydanlarından, serbestçe vaaz ederek, malını satmak amacıyla pazarlık yaparak, Yahudiler, Müslümanlar, Zerdüştler geçiyorlardı. Kaçınılmaz olarak kuşkuculuk ve rölativizm tohumlarını taşıyan hoşgörü ve ekümenikliğin, aşırı tutuculuğa yeğlenen idealler olması karşısında hayran kalınması gerekir. Çünkü bildiğimiz kadarıyla tarihte, Uygurlarınkiyle karşılaştırılabilecek bir tek örnek yoktur – ve böyle bir örneğe belki ancak başka Türk toplumlarında ya da onlara benzeyen, onlarla yakınlığı olan Moğol toplumlarında rastlanabilir.

VI. BÖLÜM

İSLAMİYETİN KABULÜ

İnsanoğlu istilalardan korunmak için Çin Seddinden Atlantik Duvarına pek çok sur inşa etmiştir. Ama bu çabalar hep boşuna oldu. Zorlu savaşlarla yorgun düşen Araplar da bu duvar çekme gerekliliğinin dışında kalmadılar; Yecüc ve Mecüc halklarına karşı, ilan edilmiş kıyamet gününe karşı, onlara İranlılar tarafından kurulmuş ve yalnızca restore etmeleri yeterli olan tahkimat sisteminin kendilerine sağlayacağı ebedi emniyetin düşünü kurdular.

Bu duvarların ötesinde, yenmenin zafer getirmeyeceği barbarlar yaşamaktaydı; bu duvarların ötesinde, "Karanlıklar Ülkesi"ne, kuzeyin aylar boyunca karanlıkta ve karlar altında kalan, ele geçirilmesi hiçbir yarar sağlamayacak topraklarına açılan bozkırlar uzanıyordu. En önemli mesele savunmaydı ve IX yüzyılın sonuna kadar da öyle kalacaktı. Bunun nedeni Müslümanlığı yayma çabalarından vazgeçilmesi değildi. Henüz çok kuvvetli olan inanç böylesi bir tutumu yasaklıyordu. Buna karşılık söz konusu yayma işi birkaç serüvenciye, elçilere, misyonerlere ve tacirlere bırakılmıştı. Çünkü duvar geçirgendi ve zaten öyle olması da isteniyordu. Duvarın çekilmesinin amacı şiddeti durdurmaktı.

Paralı Askerler

Duvar iki yönde de geçirgendi. Türkler ve belki onlarla birlikte Avrasya'nın dil gruplarının başka temsilcileri de çok erken bir tarihte, Hicret'ten elli yıldan az bir süre sonra Müslüman dünyasına girmeye başladılar. Daha 674 yılında Basra Valisi'nin emrinde, Buhara'da ele geçirilmiş 2000-4000 Türkten oluşan bir okçu birliği vardı. Bunların askeri niteliklerinin üstünlüğü kısa sürede anlaşıldı.

Abbasiler ile onlara özenen ve Araplar ve bunların yandaşları *mevalilerle* bitmez tükenmez bir çekişme içinde olan tımar sahiplerinin, imparatorluk halkıyla hiçbir bağı olmayan, ancak kendilerine sadakatle bağlı yabancı birliklerden yararlanma arzusuna sahiptiler. Fakat bu çok olası görünmemektedir. Zira durum öyle olsaydı paralı askerlerin itaatsizlikleri, yolsuzlukları, ihanetleri, efendilerine yaptıkları zorbalıkları kısa sürede en az Araplar ve yandaşları Berberiler, Kıptiler, Suriyeliler ya da İranlılarınki kadar sakıncalı ve tehlikeli olurdu. Aslında başlangıçta az sayıda paralı asker kullanmakta yarar görülmüş olmasına karşın, kısa sürede bu sayıyı arttırmaktan başka çare kalmadı. Müslüman dünyanın kurulması sorumluluğunu taşıyan Araplar, askerlik hizmetini reddediyor, şayet buna zorlanır ve kabul etmek durumunda kalırlarsa da bu işi istemeye istemeye yapıyorlardı: yaşamın rahatlığı içinde savaşma isteğini tümüyle yitirmişlerdi; ellerindekinden, onu tehlikeye atmaksızın yararlanmak istiyorlar, artık ölmek için hiçbir neden görmüyorlardı.

Daha ilk Abbasi hükümdarları döneminde bile, orduda güçlü asker olarak yalnızca Horasanlılar ve Şam Emevilerine karşı devrime yardım etmiş ve öncekinden daha Farsi görünümlü bir Arap hanedanına hizmet ederek İran'a hizmet ettiklerini düşünen bazı İranlılar vardı. Ama yanılsamaları gitgide bulanıklaşıyor ve bağlılıkları sürekli zayıflıyordu. Ve henüz 820 yılında halifelerin bağımlılarından olan Tahiriler bağımsızlıklarını ilan ediyorlardı: bu, İran'ın özerkliğini sağlamanın, yeniden doğuşunu hazırlamanın daha etkili bir yoluydu ve daha pek çok kimse bu yolu izleyecekti. İranlılar da Müslümanlık için ölmek istemiyorlardı. Dolayısıyla savaşçılara ihtiyaç vardı.

Böylece Türk göçü, VIII yüzyılda, özellikle de IX yüzyılda tehlikeli bir biçimde arttı. Dolayısıyla VIII yüzyılın ikinci yarısından başlayarak Türkler devlet aygıtında önemli yerlere sahip olmaya başladılar. Örneğin Hamedan ve Musul valiliği yapan Zübeyr bin el-Türki (Türk Oğlu), el-Mansur'un Bağdat'ı kurması sırasında önemli bir rol oynayan Hammad el-Türki ya da Ahmed bin Tolun'un uzak selefi olan ve halifeden Tanrı'dan çok korktuğunu söyleyen Mısır valisi (779-780).

IX yüzyılda, imparatorlukta, paralı askerler arasından çıkarak kendini gösteren Türk asıllı kişilerin sayısı arttı. Çünkü el-Mansur döneminden itibaren ve daha sonra halefi el-Mûtasım (833-842) döneminde paralı askerler artık her yerde hazır ve nazır duruma gelmişti. Adları Memluktu. Arapçada *memluk* "Doğu Afrika kökenli siyahi kölenin tersine, kimi zaman asker olarak hizmet etmiş, ama özellikle de ev işlerinde kullanılan uşak ya da hizmetçiyi ya da daha çok güney Irak'taki büyük şekerkamışı tarlalarında çalıştırılan beyaz köle köylüler"i anlatmak için kullanılan bir sözcüktü.

Dolayısıyla burada Türkler karşımıza "köle" olarak çıkıyorlar. Satın alınırlardı, sahipleri vardı ve azat edilebilirlerdi. Başlıca pazarları Semerkant'tı, ama daha uzakta doğuda ve kuzeyde başka pazarlar da vardı. "En yakışıklıları ve en güzelleri, tümünün en iyileri" olan Türk köleler Horasan'dan Bağdat'a her yerde en çok arananlardı. Ve mal arzı azaldıkça fiyat da yükseliyordu: 150.000, 200.000 dirhem! İbn Havkal "dünyanın en pahalı köleleriydiler" der. Ama ellerine silah verilen, vazifeleri efendilerini korumak olan, en yüksek görevlere çıkan, 818 yılında vezir Fazıl bin Sahl'ı öldürmekte tereddüt etmeyen köleler!

Kısa sürede devlet aygıtının vazgeçilmez dişlileri durumuna geldiler. Ardından da devletin gerçek hâkimi oldular. Mûtasım'ın muhafız birliğinde, çeşitli kaynaklara göre, sayıları 4000 ila 7000 arasında değişen Memluk vardı. Her ne olursa olsun, Mutasım'ın muhafız birliği o kadar kalabalık ve zapt edilmesi güçtü ki, halife Samerra'yı bu birliği Bağdat halkından uzaklaştırmak için kurdu: gerçekte bu daha çok güçlü Mutezile hareketine karşı girişilmiş bir eylemdi. Bugün içinde Abbasi sanatının en şaşırtıcı tanıklıklarının yer aldığı yıkıntı alanlarından ibaret olan bu büyük kent, en azından Türklerin iktidarı elde etmekte gecikmeyecekleri bir yerdi.

El-Mütevekkil'in (846-861) ülkeyi vezirsiz yönetme kararı Türklerin kâtip, yardımcı, mabeyinci, danışman gibi yüksek görevlere geçmelerine vesile oldu, onlara her yerde rastlamak mümkündü. Bu isimlerden bazıları ünleri dolayısıyla burada anılabilir: Azerbeycan'da İranlı Babek'in isyanını (818-837) bastıran Afşın, Ermenistan'ı geçici bir bağımlılık altına sokan Boğa el-Kebir (ö. 862), bir süre Abbasi İmparatorluğunun gerçek hâkimi olan Boğa el-Şarabi [Boğa el-Sagir] (ö. 868), Müslüman birliklerini yukarı Mısır'a götüren Raşid el-Türki, 840'a doğru tahta oturan Aşina, Yemen ve Horasan'da vali unvanını elde eden İtak (825-849), önce general sonra genel ordu komutanı olan Vassaf (ö. 867), el-Mütevekkil'le yetiştirilen, onunla çok yakın bir dostluk kuran el-Feth ibn Hakan ve elbette ilerde sözünü edeceğimiz, Kahire'deki Tolunoğulları hanedanının kurucusu bin Tolun.

Böylesine etkin kişilerle Türkler kendilerini yenilmeyecek kadar güçlü görerek hükümdarı öldürüp yerine 861'de halefini seçtiler. O günden itibaren artık halifeler, iktidarı fiilen ellerinden kaçırdılar. Memlukların artık sadece adları köleydi. Gerçek efendiler onlar oldular. Onlara bağımlı olan, onlar tarafından seçilen Muhammed'in halefleri, canlarını kurtarabilmek için onların her isteğine boyun eğmek zorundaydılar. Boyun eğdiler, ancak bu, tıpkı el-Mütevekkil gibi üç halefinin de öldürülmesini engelleyemedi. Türklere artık ihtiyaç olmasa da Abbasiler onlardan nasıl kurtulacaklarını bilmiyorlardı. "Zenciler Ayaklanması" adıyla bilinen, Irak'ta tarlalarda çalıştırılan zenci kölelerin ayaklanmaları (869-883) sırasında halifenin birlikleri o alçak isyancıların tarafına geçince, ne denli gerekli oldukları bir kez daha anlaşıldı.

Artık Samerra'da kalmanın bir yararı yoktu. 892 yılında Samerra terk edildi ve Abbasi Devletinin başkenti yeniden Bağdat oldu.

Başarısız Bir Asimilasyon

Genelde İslamiyeti kabul eden Türk Memlukların samimi Müslümanlar oldukları ve Arap uygarlığı tarafından asimile edildikleri kabul edilir. Benim bu konudaki düşüncem tamamen farklıdır. Tıpkı *tarkan*'ın torunu ünlü filozof Farabi (879-950) gibi Türk soyundan gelen kimi kişiler tümüyle Araplaştırılmışlardır. Massignon'un dediği gibi, Samerra'daki paralı askerlerin "hacca" gitme istekleri o kadar güçlüydü ki, Samerra'da onlar için küçük bir Kâbe inşa edildi. Bunlar belirleyici kanıtlar değildir. Karahanlı İmparatorluğunda yetişmiş ve Bağdat'ta yaşayan bir Türk olan Mahmud el-Kaşgari, belki memleketlilerinin pagan inançları konusunda belirli bir küçümseme gösterecek, ama yine de bu inançları unutmayacaktır.

IX yüzyılda paralı askerlerin Türklükten uzaklaştıklarını düşünebilmek için, onların ya yerli halka iyice karışmış ya da çocukken satın alınarak daha sonra yeniçerilerle ilgili olarak yapılacağı gibi İslam dininde yetiştirildiklerini kabul etmek gerekir. Oysa durum böyle değildi. Ordu birlikleri Müslümanlar arasındaki anlaşmazlıkların dışında tutuluyordu. Bu birliklerin Samerra'da kendilerine ait mahalleleri vardı ve etnik kökenlerine göre gruplar halinde yaşarlardı. Yerel halka karışmaları ve halifenin onlar için satın aldıkları dışındaki genç kızlarla evlenmeleri yasaktı. Ibn Havkal, aynı şekilde Orta Asya'dan da genç kadın ve erkeklerin alındığının altını çiziyor. Bu nokta çok önemlidir: çünkü kadının ata geleneklerine bağlı olması genel bir yasa ve kadının toplumun ancak yarım bir üyesi olması, yani ancak basit bir *Kuran* bilgisine sahip bulunması, toplumsal ve dinsel yaşama katılımınınsa az olması son derecede Islami bir olguydu. Islam topraklarında, yani *ümmet* içinde doğan çocuklar üzerindeki etkisi, bu çocukların geçmişlerini inkar etme eğilimleri göz önüne, bu inkarı durdurur niteliktedir. Oysa en başta Cahiz olmak üzere Müslüman yazarlar Türklerin cesaret ve sadeliğinin yanı sıra doğdukları ülkeye bağlılıklarını da överler. Von Grünebaum'un dediği gibi "şiddetleri heyecan veriyor"du; "ama ondan da çok heyecan veren şey, asimilasyona karşı dirençleriydi; doğdukları ülkeye bağlılıkları basit bir nostalji olarak görülemez; aksine son derecede ürkütücü sonuçlar içerir. Çünkü Türkler için, Islamiyetin kalbine yerleşmiş olsalar da, topluluğun birbirine bağlılığı Müslüman cemaate aidiyetten önce geliyordu."

Dolayısıyla Müslüman toplumunun IX yüzyılda derinlemesine dönüşüme uğramasını Türklerin etkisine bağlamak gerekir. Bu, bir hukukçu, bir sosyolog ya da bir teologun ve hatta ikonografinin gelişimini ve *şeriat*'ın katı biçimde yasakladığı, ama sonunda Müslüman mimari dehasının en yüksek ifadesi olacak olan mezar yapma sanatının gelişimini gören sanat tarihçisinin kabul edeceği gibi her alanı kapsayan bir dönüşümdü.

Daha da ileri gidelim. En başından beri, bir İran kültürü olan Sogd kültürünün geniş ölçüde etkisinde kalmış Türklerin üstünlüğünün kendini göstermeye başladığı IX yüzyılda, yavaş yavaş da olsa, o güne kadar Arabizmin etkisi altında kalan İranizmin uyanışı başladı. Türklerin sık sık bilinçli ya da bilinçsizce İran'ın savunuculuğuna soyunmaları kesinlikle bir rastlantı değildi. Gazneliler ve Selçuklular Farsça konuşmuş ve İran sanatına özgünlüğünü tüm gücüyle ortaya koyma olanağı sağlamışlardır ve İran edebiyatı onların döneminde en yüksek seviyeye ulaştı. Isfahan'da tahta Türkmenlerin geçmesi, Müslümanların fethinden sonra İran'daki ilk ulusal hanedan olan Safevilerin ortaya çıkmasına olanak sağladı.

Öte yandan İran'ın IX ve X yüzyıllardaki yeniden doğuşu, İslam topraklarındaki Türk tarihine bağlıydı. Kuşkusuz Sasani komutanı VI. Behram'ın uzak torunlarından birinin Horasan ve Maveraünnehir'de bağımsız Samaniler (ya da Samanoğulları) Emirliğini (874-999) kurmuş olmasının konumuz açısından pek bir önemi yoktur. Çünkü söz konusu kişi Sünniydi ve Sünni olmayı sürdürüyordu. Abbasi halifesinin üstünlüğünü tanıyordu ve Turan ülkesi sınırlarında İslamiyet için nöbet tutma niyetindeydi. Ama öte yandan daha batıdaki Büveyhoğullarının (ya da Büveyhiler) açıkça Şiiliği benimsemelerine ve 945 yılında da halifeliğe karşı olmakla birlikte halifeye dokunmaya cesaret etmeden Bağdat'ı işgal etmeleri önemliydi; halife güçsüzdü, ancak görevini temsili bir biçimde sürdürdü.

940 yılında Müslüman İran'ın en eski şairi Rudeki ölüyor ve İranlı tarihçi, Taberi'nin Arapça yazdığı ve ilk nesir örneği olan tarih kitabı Farsçaya çevriliyordu. Asya'da Arap İmparatorluğu artık tam anlamıyla sona ermişti.

Mısır'da Tolunoğulları ve İhşidiler

Tüm Memlukların en ünlüsü hiç kuşkusuz Bayak Beg'in üvey oğlu Ahmed bin Tolun'dur. Halife el-Mûtez'in mabeyincisi olan Bayak Beg, üvey oğlunu, bu önemli ilin bağlılığına göz kulak olması için sınırlı yetkilerle Mısır'a yolladı. Ahmed bin Tolun 15 Eylül 868 günü Fustat'a (eski Kahire) vardı. Bernard Lewis ve başka tarihçiler, zalimce köleleştirilmiş ve ağır vergiler altında ezilmiş bu ülke için yeni bir dönemin başladığı konusunda hemfikirdirler. İbn Tolun kendinden önceki yöneticilerden olan maliye bakanı ve idari yöneticiyle anlaşmazlığa düşmekte gecikmedi ve sonunda tüm yetkileri kendisinde topladı. Becerikli bir düzenlemeci ve iktisatçıydı. Bu nedenle, vergi yükünü azaltmakla birlikte vergi gelirlerini beş katına çıkarmayı başardı. Buna karşılık halifeye bu gelirlerin pek azını yolladı. Böylece elindeki büyük miktarlardaki parayla büyük işlere girişti; hizmetine aldığı Türk, Yunan ve Sudanlılardan yüksek maaşlı ve sağlam bir ordu oluşturmayı başardı. Böylece Mısır, Ptolemaioslardan beri ilk olarak yeniden bağımsız oluyor ve Yakındoğu politikasında yer alabilecek güce kavuşuyordu. Ve aldı da. Halife kendisine bağımlı olması gereken sadakatsiz Ahmed bin Tolun'u cezalandırmaktan vazgeçtiği gibi Mısır'a sıkıca bağlı Suriye'nin iç işlerine de karışmasına (870) göz yummak zorunda kaldı ve ardından Mezopotamya'nın bir kısmı ile Kilikya'yı topraklarına katması karşısında da sessiz kaldı. 884'te ölen İbn Tolun'un Samerralı bir köleden olan oğlu Humâreveyh ile halifenin kızının evlenmesi Mısır'ın yeniden kavuştuğu itibarının göstergesiydi. O güne kadar görülmemiş ihtişamda bir düğün yapıldı.

Fakat İbn Tolun'un torunları yeteneksiz çıktılar ve yozlaştılar. Şatafat ve refah devrini entrikalar, çatışmalar ve zayıflık devri takip etti. Bu arada Bağdat'taki halife de işe karışmak için fırsat kolluyordu.

Bu fırsatı 904'te yakaladı ve 905 yılı başlarında Abbasi birlikleri Fustat'a girdi. Tolunoğulları efendi rolü oynayan kölelerden öteye geçememişlerdi. Soyun son üyeleri zincire vurulmuş olarak Mezopotamya'ya götürüldüler.

Birkaç yıl boyunca Mısır doğrudan Bağdat tarafından yönetildi. Fakat hem Bizanslıların hem de İfrikya'da (Tunus) hüküm süren ve Şii olan Fatımilerin saldırılarına maruz kaldıklarından ve ayrıca belirli bir refah düzeyine ulaşamadıklarından 935 yılında buraya yeni bir kral naibi atandı. Daha ziyade *İhşid* unvanıyla anılan naip Muhammed bin Tuğ elbette bir Türktü. İhşid ve çocukları, yani İhşidoğulları her ne kadar halifeye karşı sadakat gösterdilerse de, Fatımilerin 969'da Mısır'ı işgalini önleyemediler.

Tolunoğulları ve İhşidiler kendilerini ortodoks birer Müslüman olarak gösterdiler. *Dar-ül-İslam*, yani ümmet içinde yer alan kişiler olarak dinde herhangi bir bölünme ya da sapkınlığa yol açmak istemiyorlardı. İbn Tolun Fustat'ın birkaç kilometre uzuğında Ketâ'i adında yeni bir başkent kurdu. Bu şehri bahçelerle ve anıtlarla süsledi, öyle ki söylendiğine göre saraylardan bir tanesi sahip olduğu ihtişamla mevcut diğer yapıları gölgede bırakıyordu. Bu mümkün olabilir: dönemin ayakta kalabilen tek yapısı İbn Tolun'un adını taşıyan ve yerel zorunluluklarla mimarisi biraz değişmiş olsa Irak Abbasi sanatının ifadesi olan görkemli Ulu Cami'dir. Çeşitli onarımlardan geçmesine rağmen, minaresi, antik Mezopotamya ziguratlarından Babil Kulesinin bir İslami benzeri olan Samerra Malviya'sından izler taşır.

Fatımi Hâkimiyeti

Fatımi fethi Mısır'da Türk unsurunu saf dışı bırakamadı. Müslüman oldukları için Hıristiyanlarla sürekli çatışma halinde olan, Şii oldukları için ise Nil Vadisinin yeni efendileri Abbasi halifelerinin can düşmanı haline gelen bu Kuzey Afrikalı imparatorluğun güçlü ve sağlam bir orduya ihtiyacı vardı. Bu ordu ilk başta Avrupalı esirler ile Berberilerden oluşturuldu. Daha sonraları Bağdat halifesi ve vasallarının yaptığı gibi Türkleri orduya aldılar (975-976). Arkasından da siyahlar, Nübyeliler ve Sudanlıları. Böyle bir çağda ulusal duyguların varlığı her ne kadar yadsınmak istenirse de son derece farklı kökenlerden gelen bu adamlar zamanla birbirlerini kıskanmaya, birbirleriyle rekabete girişmeye ve birbirlerinden nefret etmeye başladılar.

Bu bitmez tükenmez anlaşmazlık içerisinde Türkler, belki sayıca üstün olduklarından, belki de bağlılıkları ve etkinlikleri vasıtasıyla, X yüzyılın sonuna gelene dek önce Berberileri sonra da diğer rakiplerini saf dışı edip tek güç olmayı başardılar. Daha başka yerlerde de olduğu gibi vezirler ve hükümdarlar askerlerin elinde birer kuklaya dönüştü. Daha Türkler resmen başa geçip de (1249-1250) Memluklular hanedanının temelini atmadan Mısır bir Türk krallığı haline gelmişti bile. Bazı küçük hanedanlıklar ile Suriye ve Irak'ta bulunan birtakım ufak şehir ya da eyalet valileri, onların yanında yer almaya ve her türlü yardımda bulunmaya hazırdılar. Bu, örneğin 1057-1059 yılları arasında Fatımilerin bir yıl boyunca önce Musul, sonra Bağdat'taki egemenliğini tanımış muhalif Türk komutanı Arslan ibn Basasiri'nin yaptığı şeydi.

Türkler Arasında Müslümanlığın Yayılması

Türklerin halifelerin topraklarına köle olarak girdikleri sırada, İslamiyet onun açık üstünlüğüne inanan ve kabul göreceğinden hiçbir kuşkusu olmayan kimseler tarafından Orta Asya Türklerine sunulmuştu. Tarihçi Yakut'a göre, daha Emevi halife Hişâm (722-743) zamanında, bazı Türk hükümdarlarına, onları din değiştirmeye davet etmek için elçiler gönderilmişti. Bu konuda bilgimiz olmamakla birlikte bu çeşit girişimlerin daha sonraki tarihlerde de devam ettiği sanılmaktadır. Ayrıca bozkırları arşınlayan büyük bir tüccar ve mutasavvıf hareketini de görebiliriz. Hicret'ten sonraki ilk yüzyıllar sırasında çok etkin olan Arap tacirlerinin hepsi büyük bir olasılıkla Müslüman propagandacılarıydılar ve kendileri de Müslümanlığı yoğun bir biçimde yaşıyor ve varlıklarıyla "yollarda ve hükümdarlıklarda" örnek olmaya çalışıyorlardı. Bu arada da dünyanın en büyük ekonomik gücünün ve uygarlığının temsilcileri olmanın saygınlığından yararlanıyorlardı. Mutasavvıflar ve sufiler, içinde yoksul ve sıradan insanların, nurlu dervişlerin, güçlü bir din inancı ve gerçek bir Tanrı aşkıyla dolu üstün ve hikmetli kişilerin yer aldığı karma bir topluluk oluşturuyorlardı .

Barbarlara sunulan İslamiyetin, kentlerin büyük bilginlerinin İslamiyeti olmadığını savunmak kuşkusuz tümüyle kuramsaldır. Doğal olarak bilgisiz kitlelere az bilgili, ama belki de gönlü zengin kişiler sesleniyordu. Bu kitleler onları eski Şamanlarının yerine koyuyor ve çoğu zaman da kadim Şamanlar eski inançlarını yeni dinin içine taşıyarak İslamiyetin taraftarı oluyorlardı. Ama *a priori* misyonerlik hırsının dışında tutulmaması gereken ve en azından bir ölçüde bundan etkilenen seçkin bir Türk tabakası vardı. Gardizi, Budist Hoten'de bir Müslüman mezarlığının varlığından söz eder ve İslamın en önemli filozoflarından Farabi Orta Asyalı büyük bir Türk ailesinin soyundan gelmektedir.

Öte yandan Samaniler, İran'ın göçebe kuvvetlerin bozkırlarda toplanmasını önlemeye yönelik akın düzenleme esasına dayanan eski politikalarını yürürlüğe koydu; bu akınlar ne o toprakları ilhak etmek ne de orada yaşayanları boyunduruk altına almak amacıyla yapılıyordu. Bu seferler sırasında, örneğin 893 yılında, bir kilisenin camiye dönüştürüldüğü Talas Savaşında olduğu gibi kuşkusuz zor kullanıyorlardı, ancak rolleri hiçbir zaman, tüccarlar ve mutasavvıfların rolleriyle karşılaştırılabilecek nitelikte değildi.

İslami "kutsal savaş", *cihat* Türklerin askeri mizacı üzerinde etki yapmış ve onların Müslümanlaşmalarında rol oynamış mıdır? Bunu iddia etmek çok mümkün değil. Türkler, Müslüman kimliği taşıyarak, kutsal savaştan kendi amaçları uğruna yararlanmış olabilirler, ancak savaşmak için cihata ihtiyaçları yoktu ve zaten cihat sayesinde Müslüman olmamışlardı.

İslamın başarıya ulaşması her şeye rağmen yavaş, ama gereken zamanda oldu. Araplar Sirderya Nehri üzerinde İrtiş'e, Türk Kimeklerin ülkesine, batı Sibirya'ya ulaşım üsleri olarak şehirler kurdular. Batı ve kuzeybatı yönlerindeki ticaretin ana merkezi olan Harezm'de hiç şüphesiz Müslüman kolonileri vardı: elimizdeki metinler, Volga yönüne giden tüccarların daha kısa bir yol olan Kafkasya üzerinden gitmektense Harezm'den geçmeyi yeğlediklerini göstermekte, yine de çok kesin bilgiye sahip değiliz.

Bulgarların Din Değiştirmeleri

İslamiyet Türkler arasındaki ilk başarısını İslam topraklarından çok uzaklarda, Volga ve Kama Bulgarları arasında, yani "Karanlıklar Ülkesi"nin tam eşiğinde elde etti. Dolayısıyla İslamiyet ilk kez kendi ortamı dışındaki bir bölgeye yerleşti.

Bulgarlar av ürünlerine, kazançlı kürk ticaretlerine, yazları otlaklara gitmek için terk ettikleri, iki kentten ziyade, iki büyük ordugâha benzeyen, keçe çadırlı ve ahşap kulübeli kentleri Bolgar ve Suvar'a karşın tam birer barbardılar. Müslüman olmayı neden ve nasıl seçtiler? Bilinmiyor. Bilinen sadece 921 yılında Abbasi halifesi el-Muktedi'ye, din değiştirme kararlarını bildirmek, ondan küçük tabyalar yapımında uzmanlaşmamış kişiler ve yeni dinlerinde bilgi sahibi olmalarını sağlayacak uzmanlar istemek üzere bir elçilik heyeti gönderdikleridir. Karşılığında da onlara daha sonra bu yolculuğu kaleme alacak çok değerli bir elçi gönderilmiştir: İbn Fadlan.

Müslümanlaşma Bulgarların yaşam düzeyinde kökten bir değişiklik yaratmazken, gözle görülür bir ilerleme sağladı. Bulgarlar pek yararlanmamakla birlikte (?) yazıyı öğrendiler; kent yaşamları değişti. Kazılar, Bolgar kentinin iki camisi ve hamamları olan elli bin nüfuslu bir kent olduğunu ortaya koymuştur. Bu kentte X yüzyılda ya da bir süre sonra, 1180-1225 yılları arasında Bağdat'taki halife adına en azından geçici olarak yeniden gümüş para basıldı. Bu kentte bir sanayi de doğmuştur. Özellikle deri tabaklama (daha sonra bu faaliyet Ruslarla birlikte anılacaktır) ve kunduracılık temelli bir sanayi, Bulgar çizmelerinin ün kazanmasına ve birçok pazar bulmasına yol açmıştır. Öte yandan tarım alanında da iyi sonuçlar alındı ve Rusya'nın kıtlık yıllarında bu ülkeye buğday satıldı.

Ancak İslamiyetle tanışma komşu halklar üzerinde pek bir etki yaratmadı ve buraların kaderini Slavlar belirleyecekti. X yüzyılda Bulgarlara karşı düzenlenen saldırılar daha da sıklaştı ve sonunda da bu yüzyıl onların din değiştirmesine tanık oldu. Ve XIII yüzyılın başında sınırlarında korku salan Nijni Novgorod şehri kurulacaktı.

Karahanlılar

Birkaç yıl sonra Karahanlılar adıyla bilinen Türk halklarının Müslümanlığı kabulününse çok daha başka bir önemi olacaktı. Bu halklara Karahanlılar denilmesinin nedeni hükümdarlarının adının Kara Han olmasıdır. Bu hanedana, nadiren ve yanlış olarak, Ilekhanlar hanedanlığı da denilmiştir, ama unvanları olan bu *ilek* sözcüğü kendilerine ait değildi. Kara Han hakkında ancak efsane niteliğinde birçok bilgi vardır, ancak onu tanımamızı sağlayan metinlerin sayısı azdır. Bu nedenle hakkında ancak varsayımlara dayanmak zorundayız.

Pek fazla yanılgıya düşmeksizin Karahanlıların Yağma, yani Oğuz oldukları düşünülebilir. Bu büyük oluşum, belki de Kalmuk hükümdarlığını yok ettikten sonra dokuz boya dayanan eski örgütlenme biçimini iyice değiştirecek ve mitlerini yeniden kurarak Balkaş ve Aral Gölü bölgesine yerleşecektir: artık yirmiiki ila yirmidört oluşumdan ibaretti ve anlaşılan kendisine köken hayvanı olarak boğayı uygun görmüş ve ayrıca yırtıcı kuşlarla totem türünde bir ilişki kurmuştu.

Karahanlıların Altay'ın güney yamaçlarından inmiş ve belirsiz bir tarihte ele geçirecekleri iki kentin çevresinde göçebe olarak yaşamaya başlamışlardır. Bu kentlerden ilki Satuk Buğra Han'ın başkent yaptığı Kaşgar, diğeri ise oğlu Buğra Han Harun'un yönettiği, Çu'nun kuzeyinde yer alan Sogd kuruluşu Balasagun'dur. Demek ki bir yandan Uygur uygarlığı ülkeleriyle, bir yandan da çok sayıda barbar Türk halkıyla ve bu arada da özellikle Isık Kölün batısındaki bazı Çigillerle ve kendilerinin de hâlâ aralarında yer aldıkları Balkaş Gölü-nün doğusundaki bazı Karluklarla komşuydular: dönemin tasvirleri onları küçük gözlü ve basık burunlu, tam birer Mongoloit olarak göstermektedir.

Kimi seçkin tabakaları Uygurlar tarafından uygarlaştırılmakla birlikte, temel kültürlerinin tamamen Türk paganizmine dayandığı sanılmaktadır. Adları, "damızlık erkek deve" anlamına gelen *buğra* ve *aslan* aracılığıyla köken efsanelerini çağrıştırmaktadır; İslamiyete geçişlerinin öyküsünde ise onirizm, kılavuz hayvanlarla ilgili bazı temalar ve bazı Şaman temsilleri yer almaktadır.

En saygın geleneklere göre, 960 yılında, önderlerinden biri olan Satuk Buğra Han Müslümanlığı kabul ederek peşi sıra 200.000 çadır getirmiştir. Ama ne bu hükümdarın ölüm tarihi, ki bazı kimselere göre daha öncedir (955-956'ya doğru) ne de aile adının adbilimsel incelenmesiyle çıkan sonuç bu veriyi doğrulamaktadır. Dolayısıyla sadece X yüzyılın ikinci yarısı ve tüm XI yüzyıl boyunca batı Sin-kiang vahaları ile Çu ve Talas vadilerinin derin bir biçimde Müslümanlaştığı söylenebilir. Bilgi eksikliğine karşın, eğer İslamiyete geçen kitlelerin eski inançlarını yeni dinin inançlarına uyarlamak suretiyle bir sentez yaptıklarını düşünürsek, devlet kadrolarının, din değiştirenlerin sahip olduğu ateşle harekete geçen ve katı bir yaşam süren inançlı Sünni Müslümanlar tarafından oluşturulduğu şüphe götürmez.

Böylece üç yüzyıl boyunca var olmuş *Dar-ül-İslam* dışında tam anlamıyla Müslüman, ama aynı zamanda da tam anlamıyla Türk bir krallık kuruldu. Kuşkusuz bu fenomenin gerekçeleri Arap kültür odaklarının uzak ve Karahanlı topraklarındaki Türk nüfusunun yoğun olmasıdır; ancak söz konusu olgu, hemen hemen tüm Müslüman dünyanın kendini henüz sadece Arapça ifade ettiği, Farsçanın ise sesini yeni yeni duyurmaya başladığı bir sırada yine de çok dikkate değer sayılmalıdır. 1067-1070 yıllarında Kaşgar'da, Yusuf Has Hacib adındaki Balasagunlu bir yazarın *Kutadgu Bilig*'i (*Mutlu Olma Bilgisi*) yazmasının bu açıdan büyük bir önemi vardır. Bu kitabın, biri dilin gereklerine iyi uydurulmamış Arap harfleriyle, öteki Uygur harfleriyle yazılmış iki elyazması bulunmaktadır. Kitap didaktik ve alegorik olup son tahlilde vasat bir metindir. Böylece Türkçe kendini Müslüman dünyanın edebi dili olarak kabul ettirdi ve etnik ve dilbilimsel köklerine hâlâ bağlı kalmayı sürdüren bir dinin gerçekten evrensel nitelikte bir dine dönüşmesine katkıda bulundu. Aralarında XII yüzyılda yaşamış Ahmed Yesevi'nin de bulunduğu ve neredeyse profesyonel yazarlar gibi tanrısal ilhamla yazan Orta Asya'nın o Müslüman din adamları kendilerini Türkçe ifade etmişlerdir. Ahmed Yesevi'nin Arslan Baba tarafından yetiştirildiğine inanılır. Denildiğine göre Yesevi aynı anda birden çok yerde bulunmak yeteneğine sahipti ve birçok mucize göstermişti. Tasavvufi şiirler yazdı. Bu şiirler bize ancak XVII yüzyıldan kalma elyazmalarıyla ulaşmıştır. Ama bunların yine de özgün yapıtı büyük ölçüde yansıttığından kuşku duymamak gerekir, çünkü sözlü geleneğin gücü çok büyüktür.

Karahanlıların nüfuz alanında ibadet dili ve *Kuran*'ın dili olan Arapçanın incelenmesine önem verilmişti. Bu nedenle Kaşgarlıların en büyük yapıtının Isık Köl yakınındaki Bars Kul'da doğan Mahmud el-Kaşgari ("Kaşgarlı") tarafından 1072 ile 1083 yılları arasında Bağdat'ta Arapça yazılan bir Türk dili sözlüğü olması rastlantı değildir. Bilim adamlarına göre bu kitap hem hâlâ pagan olan Türk halkının bir gelenek ve görenek ansiklopedisi hem de Türk dilinde yazılmış bir halk edebiyatı antolojisidir.

Karahanlılar İslam dinine geçerek, Sogd ülkesi başta olmak üzere Müslüman toprakları üzerinde rahatça yayılabilme fırsatı yakaladılar. Buğra Han Harun ilk önce, bir Türk hükümdara ait küçük bir prenslik olan Sipencab'ı (Sayram) aldı. Arkasından Semerkant ve Buhara'ya saldırdı. Samanoğullarının başkentine girdikten hemen sonra terk ettiyse de tekrar geri geldi. 999 yılında Buğra Han'a bağımlı beylerden biri, hem Müslüman kültürü için hem de yüzyıllar boyu Arapça uğruna terk edilen İran dilinin yeniden dirilmesi için pek çok şey yapan bu İran hanedanlığına son verdi. Bu önemli bir olaydır. Çünkü o gün, bu eski İran toprakları üzerindeki İran hâkimiyeti sona ermiş ve halen sürmekte olan Türk hâkimiyeti başlamıştır. Böylece Tacikler de efendi statüsünden bağımlı statüsüne geçmiş oldular.

Karahanlılar, Uygur ülkeleri sınırlarında yerleşmişlerdi. Bunun sonucunda Çinlilerin ve vahalarda yaşayan toplumların etkisinde kalmışlar ve ayrıca Kaşgar kentini de İslamı daha da doğuya taşıyacak olan kutsal savaşlarında bir üs olarak kullanabilmişlerdir. Eğer İbn el-Atir'in dediklerine bakılacak olursa, Hoten kenti XI yüzyılın hemen başında kolay ve çabuk bir şekilde düşmüştür. Oysa buna karşın, diğer şehirler daha uzun zaman direndiler ve İslamiyet de onların karşısında hiçbir ilerleme gösteremedi.

Afganistan'daki Gazneliler

Karahanlıların Müslümanlığı kabul etmeleriyle hemen hemen aynı zamanda, bugünkü Afganistan'ın bulunduğu yerde ilk Müslüman Türk devleti olan ve adı başkenti Gazne kentinden gelen Gazneliler devleti kuruldu. Doğruyu söylemek gerekirse, Karahanlılar ile Gazneliler arasında yapılan bir karşılaştırma bu iki oluşumun yapıları arasındaki farkı çok iyi ortaya koyar ve Gaznelilere Karahanlılara verilenin eşi bir Türkolojik anlam verilmesine pek fazla olanak sağlamaz. Bu karşılaştırmayı Tolunoğullarıyla yapmak daha doğru olur. Tıpkı onlar gibi Gazneliler de Memluklardan gelir; onlar da Memluklar gibi isyancıydılar; onlar gibi egemenliklerini çoğunluğu Türk olmayan bir halkın üzerinde kurdular ve nihayet onlar da diğer örnekteki Arap uygarlığına karşılık gelen bir yabancı uygarlığı, İran uygarlığını temsil ettiler.

Abbasilerin Doğu İran'daki büyük vasalları Samanoğullarının da *gulâm* denilen "paralı Türk asker"leri vardı. Gulâm, *memluk* kelimesinin Farsçadaki karşılığıydı. Oysa Samanoğullarının hükümdarı I. Mansur (961-976) zamanında, ondan önceki hükümdar Abdülmelik'in (954-961) saltanat süresinin sonunda göreve getirilen, muhafız birliğinin Türk olan eski komutanı Alp Tegin görevinden alınmayı reddetti ve bu açık direnişle kendini tehdit altında hissederek Belh kentine kaçtı. Samanoğullarının peşine düşmesi ve onu kovması sonucunda Hindukuş'u geçerek Gazne'ye yerleşti (962). Orada Buhara'nın egemenliğini tanıdı ve ilk defa bir Türk, köle olarak, daha önce kimsenin yapamadığı biçimde bir devletin temellerini attı.

Kendisi 997 yılında öldüğünde yerine başka bir *gulâm* olan Sebük Tegin geçti (977-997). Sebük Tegin Nişapur'daki köle pazarından alınmış Türk bir tutsaktı. Yetenekleri bu Türkün iktidar basamaklarını çabucak tırmanmasını sağladı. Üstün nitelikli bir savaş komutanı olduğunu kanıtladı. Kâbil, Belh, Kunduz ve Kandehar'ı alarak Afganistan'da gerçek bir krallık oluşturdu. Bununla da kalmayarak 994 yılında Samanoğulları hükümdarı Nuh'un ricası üzerine Horasan ve Maveraünnehir bölgelerinde müdahalelerde bulunup hem zafer elde etti hem de Kral Nuh'un takdirini kazandı.

Gazneli Mahmud

Gazneliler hanedanlığının en büyük hükümdarı, Müslümanlığın da en seçkin temsilcilerinden biri olan ünlü Gazneli Mahmud (999-1030) hatırı sayılır derecede büyük bir devleti miras olarak devralmıştı. Kişiliği üzerinde onun kadar tartışılmış bir şahsiyet çok azdır. Onun hem bir kahraman hem de bir canavar olduğu düşünülürdü, oysa o çelişkilerle dolu bir karakterdi. Bilim ve sanatın büyük bir koruyucusu olduğu için seçkin entelektüeller etrafında toplanmıştı. Fakat öte yandan bir gün bir öfke anında el-Biruni'yi tuttuğu gibi pencereden attığı, bunun üzerine davetlisi olan İbn Sina'nın da böyle bir tiranın sarayında yaşamaktansa çöllerde yaşamayı tercih ettiği rivayet edilir. Gazneli Mahmud gelenek ve göreneklere çok önem verirdi. Kolluk kuvvetleri her türlü uygunsuz davranışı önlemek konusunda pür dikkattiler. Oysa kendisi ölesiye içip sarhoş olur, sonra da gözdeleriyle oynaşırdı. İyi bir espri anlayışı vardı, ama yapılan nüktelere yalnızca kendisi için bir hakaret, bir küçültücü durum yaratmadığından emin olduğunda gülerdi. Saray şairi Faruki'nin söylediğine göre öldüğü zaman (1030) kadınların gözleri ağlamaktan nar tanelerine dönmüştü. Kötü niyetliler bunlar için sevinç gözyaşları diyecektir. Zaten Gazneli'nin davranışları, erdem ve kusurları hep çarpıtılmıştır. Mutasavvıflar Mahmud'u, onları büyük bir aşkla izleyen en gözde talebeleri, kalbinde Allah sevgisinin açıldığı bir ergin olarak görüyorlardı.

Arapların sadece yaklaşabildiği Hindistan'ı Müslümanlara açmak Gazneli Mahmud'a kısmet olmuştu. Daha 1001 yılında Hindistan'a ilk akınını yaptı ve sonraki yıllarda toplamda onyedi kez olmak üzere bu topraklara geri döndü. Pencap'ı ilhak etti ve denetleyecek gücü olmamasına rağmen pek çok prensliği yıktı. Pek çok yeri, özellikle Mathura kentinin ünlü tapınaklarını yerle bir etti ve ülkesine büyük zenginlikler götürdü. Afganistan'ın rolü işte budur. Büyük İskender bu rolü, yani Hindistan alt-kıtasının anahtarının Afganistan olduğunu ispatlamıştı: ulu ve ıssız Hayber Geçidi kaçınılmaz bir biçimde Hindistan'a açılan yoldur. Bunu Afgan ya da Türk, uzak ya da yakın bütün halefleri modern çağlara kadar hep hatırlayacaklardır. İngilizler, Hindistan'ı ellerine geçirdikleri zaman bunu unutmayacak ve Rusların bu geçitten geçmemesine çalışacaklardır.

Gazneli Mahmud görülmemiş bir zenginlik ve saygınlığa sahipti. İslam uzun süredir silah kullanarak önemli miktarda toprak ele geçirememişti ve XI yüzyılın ikinci yarısında Gazneli bir valinin yönetiminde önemli bir kültür merkezi haline gelecek Lahor hiç de azımsanacak bir kazanım değildi. Uzun süredir yabancı ülkelerin hazineleri Müslüman kentlerine akmıyordu, aynı şekilde Hindistan'dan gelenler de tatmin edici değildi. Böylece Gazne kenti rakibi ve eşdeğeri olan Bağdat'la birlikte Müslüman Asya'nın metropolü ve büyük başkenti oldu. Babur Şah Gaznelilerin bu verimsiz toprakları başkent olarak seçmelerine şaşıracaktı.

Burada gelişen uygarlık, henüz yeterince eğitilmemiş Karahanlılarınkinin çok üstündeydi; ama yine Karahanlılar gibi Arapça karşısında Türkçe olmayan başka bir dili, yani bu tarihten on ya da yirmi yıl önce Samanoğulları Devletinde çat pat konuşulan bir dil olan Farsçayı yükseltti ve bu dile kısa sürede büyük bir canlılık kazandırdı. Çünkü geleneklerine bağlı Türk Memlukları olan Gazneliler derin biçimde İranlılaşmışlar ve kendilerini İranizmin savunucuları olarak ortaya koyuyorlardı. Bunun üzerine Müslüman dünyanın dört köşesinden sanatçılar, şairler, bilginler ve devrin seçkin entelektüelleri onların yanına koştu. Övgü amaçlı bir nazım türü olan *kaside*'yi geliştiren klasik şiir Gazne kentinde oluştu. 1017 yılında Gazne'ye, Harezm'de doğmuş olan Müslümanlığın en büyük bilgini, matematikçi, astronom, hekim ve *logographos*[Ψ] el-Biruni yerleşti. Firdevsi, İran edebiyatının

---

[Ψ] Düz yazı yazarı, tarih yazarı –yn.

şaheseri *Şahname*'yi Gazneli Mahmud'a adamıştır. Açıkça Türkler aleyhinde olan ve atalarının kanından söz eden bu oldukça uzun ulusal destan, içindeki İran sevgisine karşın büyük hükümdarın beğenisini kazanmadı.

Gazne bugün kerpiç evli yoksul bir köyün yakınında, gizemli bir kalenin eteğinde eşine az rastlanabilecek, ıssız ve hüzünlü bir alandır. Sovyet işgalinden önce yerde bulunan delikler İtalyanların yaptıkları kazılardan kalmadır. Beyaz badanalı bir binada bugün hâlâ en bağnaz Müslüman mı yoksa en hoşgörülü Türk mü olduğu kesinlikle bilinmeyen ve kuşkusuz her ikisinden biraz olan Büyük Mahmud'un yontma taştan güzel bir anıtı vardır. Hemen yanında karmaşık yapılı, süslemesiz, oldukça ilkel bir işçilikle yapılmış ve bugün müzeye dönüştürülmüş tuğla bir yapıda son Timuroğullarının mezarları yer alır. Tepesi kopmuş yıldız biçimindeki iki minaresi, tuğla işçiliklerinin büyüsüyle mavi göğe doğru yükselir. Burada daha önceden belki güzel bir cami, belki de ünlü bir okul vardı. *Sic transit gloria mundi* [dünya böyle bir görkeme tanık oldu]: insanın ortaya koyduğu en mükemmel eserlerin zamanın karşısındaki geçiciliğinin örneği işte tam buradadır!

Harezmşahlar

Harezmşahlar adı verilen hükümdarların zengin *Oxus* (Amuderya) deltasında bulunan kökleri çok eskilere gömülüp, efsanelerin karanlığı içinde yok olup gitmiştir. Müslüman işgalciler bu hükümdarları kendilerine bağımlı kıldılar, fakat onları tahtlarından etmeyip Bağdat'tan atadıkları valilerin gözetimine bırakmakla yetindiler. Bu aşağılayıcı durum, onları gömüldükleri karanlıktan çıkartmaya yetmedi.

Harezmliler uzunca bir müddet İslama geçmeyi reddettiler ve Arapların gözü pek hasımları olarak kaldılar. Bu bölgede XI yüzyılın başlarında Zerdüştlük henüz ortadan kalkmamakla birlikte Hıristiyanlık, Nasturilik, Rum Ortodoks Melkitçiliği ve Monofizit (Yakubilik) dinleri de hatırı sayılır başarı elde etmişti. Harezmliler X yüzyıl ile XIII yüzyıl arasındaki süreçte, yavaş yavaş da olsa, sonunda tamamen Türkleştiler: ilk Türkler Sirderya Nehrinin ağzına 950'li yıllara doğru yerleşmişlerdi. XIV yüzyıla gelindiğindeyse Harezmcenin (İran dili) kalıntıları sadece uzaklardaki ulaşılmaz köylerde işitiliyordu.

Ülke refah içindeydi. Harezmliler gayet canlı bir ticaret hayatı sürdürüyorlardı; özellikle Volga Bulgarlarından buğday, kürk ve esir satın alıyorlardı ve İpek Yolu üzerindeki sayısız kervan sanki sırf orada konaklamak uğruna bu yolu aşıyordu. Burada, başka hiçbir yerde olmadığı kadar büyük adam doğmuştur. Örneğin İbn Sina, matematikçi el-Erati, Nişapurlu filozof el-Talabi ve el-Biruni hep burada yaşadılar. Moğol istilası arifesinde Mutezileizm, yani rasyonalist ilahiyat ekolü en parlak devrini burada sürdü, tasavvuf en canlı haline burada ulaştı ve Horasanlı tarihçi Nesavi'nin çalışmak için kapandığı kütüphane de burada bulunuyordu.

Dolayısıyla Türkleştirmenin kültürü gözle görülür bir şekilde gerilettiğini ve Alman şarkiyatçı Nödelke'nin de zamanında dediği gibi "(Türkleştirmenin) son derece önemli, tarihsel bir dünya felaketi" olduğunu söylemek yanlıştır. Kültür alanında en ufak bir kesinti söz konusu değildir.

Uzun tarihleri boyunca Harezmliler her zaman bir bütün olarak kalmamışlardır. Bilinmeyen bir tarihte iki ayrı krallığa bölündüler; Şahlar deltanın en büyük kenti olan başkentleri Kath'ın bulunduğu güneyi muhafaza ederken, Emirlerse kuzey bölgesine yerleştiler ve Urgenç'e daha sonra talihini değiştirecek şanını kazandırdılar. İki devlet de, ismen dahi olsa Buhara'daki Samanoğullarının bağımlılığında kaldılar. Yalnızca 995 yılında kuzey eyaletinin emiri olan Anuş Tegin, şahları devirdi, sanını ve mirasını ele geçirerek ülkeyi yeniden bir bütün haline getirmeyi başardı. Harezm zayıf bir birliktelik olarak, sınırlı bir yüzölçümü içinde kalmadı. Büyük güçlere meydan okumakta hiç de gecikmediler, birtakım talihsizliklerin üstesinden geldikten sonra da imparatorluk kurma macerasına kalkıştılar.

Selçukluların Doğuşu

X yüzyılda, Türkleşmeye başlayan Harezmşahların ve ayrıca iki Müslüman devlet olan Gazneliler ile Karahanlıların yanı sıra yeni bir güç oluşmaktaydı. Bu güç, bütün diğer güçleri geride bırakacak bir yazgıya sahip olan Selçuklulardı.

950 yılına doğru Batı Türkleri Oğuzların 22 ya da 24 boyundan biri, kutsal kuşları erkek bir çakırdoğan olan Kınık boyu, tahmini yüzölçümünü Sovyet kazıları sayesinde bildiğimiz ve Müslümanlar tarafından kurulduğu söylenen Cend'in (Perovsk yakınları) içinde Sirderya'nın sağ kıyısına yerleşti. "Küçük sal, salcık" ya da "küçük sel, selcik" anlamına gelen *Selcük* ya da *Salcuk* adındaki liderleri, Hazarların hizmetine girmiş, yani onlara boyun eğmiş olan prens Dukak'ın oğluydu. Selcük Bey, Türkçe fonetik kurallarına uymamasına rağmen kendilerine "Selçuklular" adını verdiğimiz bu güçlü sülalenin de isim babasıdır. Daha sonraki tarihçilerin sık sık söz ettikleri, yazarı bilinmeyen, günümüzde kayıp olan, XI yüzyıla ait bir krallar kitabı, *Mâlik-nâme* sayesinde Selçukluların kökenine ait en eski bilgileri edinebiliyoruz. Selcük Bey "Şaman" mıydı? Kimileri onu bir Yahudi ya da Hı-

ristiyan olarak görmek istediler – Hıristiyanlıkla yüzeysel bir ilişki böyle bir atıfı mümkün kılıyorsa bu muhtemeldi; çünkü üç oğlunun ismi de Kitabı Mukaddes'ten alınmış olup Müslümanlara da konan adlardı: İsrail, Mikail ve Musa. Oysa gerçekte hepsi, bir Türk ismi olan Arslan adını taşıyorlardı. Mikail de kendi çocuklarına Türk isimleri koydu: Çağrı ve Tuğrul ya da Toğrul. Adbilimsel açıdan bu isimler totem türü isim örnekleridir ve ayrıca doğuş efsanesi ile vahşi ve yırtıcı hayvan temsillerine sadakatin kanıtlarıdır. Çok sonraları, onların torunları, Yafet adındaki bir adamın Türk adındaki oğlundan türediklerini söyleyerek kendi kafalarında hayali bir soyağacı geliştirdi. Bu soyağacı, daha önce Karahanlılar tarafından sahiplenilmiş Orta Asyalı kahraman Efrasiyab'la aralarında ilişki kuran ikinci bir soyağacıyla rekabete girecekti. Efrasiyab, Orta Asya'nın bir diğer gizemli kahramanı Alp Er Tunga'yla aynı kişi de olabilir.

Sirderya kıyılarına yerleşen Kınıklar hem Müslüman hem de Hıristiyan Harezmlilerle ilişki kurdular. Baskın gelenler Müslüman Harezmliler oldu. Tam yüz yıl yaşayan Selcük Bey'in de son günlerinde İslam dinine geçtiği doğrulanmıştır. Ölümünden sonra oğulları Cend Müslümanlarıyla sürekli kavga ettiklerinden o bölgeden uzaklaşmak zorunda kaldılar ve Sogd ülkesinin içlerine doğru çekildiler. El-Kazvini'ye göre Samanoğulları tarafından gayet olumlu karşılanıp, Buhara'nın kuzeydoğusundaki Nur kenti dolaylarına yerleştirildiler (985).

Selçuklular adını da verdiğimiz Kınıklar önceleri gayet ölçülü davrandılar. Gösterdikleri büyük başarıları Selçuk Bey'in üçüncü oğlu Arslan-İsrail'e, onun oğlu Kutalmış'a ve Arslan-Mikail'in çocukları Tuğrul Bey ile Çağrı Bey'e borçludurlar. Bunların hepsi de çok iyi örgütlenmiş ve kendilerine sadakatle bağlı olan askeri birliklerin başındaki seçkin savaşçılardı. Samanoğullarına şüphesiz yakınlık duyuyorlardı, ancak kendi çıkarlarına olduğunu düşündüklerinde onların düşmanlarıyla birlik olmakta sakınca görmeyen ilk Selçuklular, büyük bir sabırla iyice hazırlandıktan sonra Yakındoğuya şiddetli bir müdahalede bulundular. Zaten Yakındoğu ancak onların müdahalesiyle, pek gönülden olmasa da en azından resmi olarak, Müslümanlaşabilirdi. İlk bininci yıla yaklaşırken Selçuklular henüz önemli bir güç sayılmıyorlardı.

Müslüman Türklerin XI yüzyıldaki Çatışmaları

Milattan sonraki birinci bin yılın sonunda, Karahanlılarda başarılı olmuş Türk-İslam birlikteliğinin İslamiyetin Çin'e doğru yayılmasına mı yoksa aksine Türklerin batıya doğru ilerleyişine mi olanak sağlayacağı sorusunu sorabiliriz. Çünkü zıt istikametlere yönelmiş bu iki güç, Maveraünnehir toprakları üzerinde oynak bir dengede durmuşa benzemektedirler. Bu soru kolayca yanıtlanabilir: Karahanlıların İslamiyeti kabulü, doğudan batıya doğru sürekli bir ilerleme kaydeden Türk tarihinin seyrinde bir değişikliğe yol açmamıştır. Kuşkusuz XI yüzyıl metinlerinde ve özellıkle de Mahmud el-Kaşgari'ninkilerde heyecanla, Müslümanların Orta Asya'daki kâfirlerle giriştikleri büyük savaşlardan söz edilmektedir. Tutarlı bir cephe ortaya koymamış, çok zaman beyliklere bölünmüş olan Karahanlıların, yine Kaşgari'nin betimlemelerine göre, hâlâ büyük ölçüde pagan kalmış kocaman bir yığın olan kuzey barbarlarıyla ve doğuda Uygurlarla mücadele etmek zorunda kaldıkları hemen hemen kesindir. Ama o sırada, Karahanlılar tarafından girişilen geniş çaplı tek seferin Kadir Kara Yusuf'un (ö. 1032) öncülük ettiği ve Budist Hoten kentinin ele geçirilmesiyle sonuçlanan sefer olduğu anlaşılmaktadır. Maveraünnehir ve Horasan'a egemen olmak onları daha çok ilgilendiriyordu. Mücadele İran ile Turan, yerleşikler ile göçebeler, İranlılaşmış Türkler ile Araplaşmış İranlılar arasında sürüyordu.

Batı sınırları o sırada halifeliğin sahibi olan Şii Büveyhileri tarafından işgal altında bulunan Samanoğulları, Karahanlılardan gelen "Sarı Tehlike"ye karşı koyacak olanaklara sahip değildi. Kendi halklarını, en az kendileri kadar Müslüman ve Sünni olan "kâfirlere," karşı kutsal savaşa çağırmaları boşunaydı. Aslen Türk olan "gulâmlar" diğer Türklere karşı yakınlık duyuyorlardı ve onlarla savaşmak istediklerinden pek emin değildiler. *Dikan* denilen soylularsa genel olarak anarşiye yatkındılar, ama savaş konusunda onlar da kararsızdılar. Bu durumda Samanoğulları eski vasalları olan Gaznelileri yardıma çağırmaktan başka çare bulamadılar ve Gazneliler, Hindistan'a özel bir ilgi duymalarına rağmen, kendilerini Samanoğullarının koruyucuları ilan ettiler. Ama bunu yaparken de karşılığında Horasan'ın kendilerine verilmesini sağlamayı ihmal etmediler. Sonuç ise artık Samanoğullarının ortadan kalkmasını isteyen devlet sayısının birden ikiye çıkmasıydı. Ve 999 yılının sonbaharında Karahanlı Arslan İlek[V] Nasır Buhara'ya girerek son Samaniyi ele geçirdi ve Maveraünnehir'i topraklarına kattı ve Harezm'in de aralarında olduğu, kendisine bağlı bütün yörelerin idaresini ele geçirdi (1017).

Gazneliler ile Karahanlılar karşı karşıya kalmışlardı. Doğu İran üzerinde hâkimiyet kurma konusunda rekabete girmeleri kaçınılmazdı, fakat bu rekabet üçüncü bir fırsatçıya yaradı: Selçuklular.

İki devlet arasında birkaç yıl süren dostça ilişkiden sonra Kara-

---

[V] Ilig –çn.

hanlı Arslan İlek Nasır o sıralarda Hindistan'da seferde olan Gazneli Mahmud'un yokluğunu fırsat bilip Nişapur ile Belh'i yağmaladı ve arkasından Horasan ile Baktriane'yi istila etti (1006). Gazneli Mahmud ise dönüşünde derhal birliklerini göndererek İlek Nasır'ı yenilgiye uğrattı (4 Ocak 1008). On yıl sonraysa doğrudan Türklerin idaresine girmektense uzaktan Samanoğullarına bağımlı olmayı tercih eden Harezmliler ayaklanıp hükümdarlarını devirdiler. Hükümdar, Mahmud'un kayınbiraderlerinden biriydi. Gazneli Mahmud hemen şehir dışına yerleşti, neredeyse bir felakete dönüşecek bu olaydan yakasını sıyırıp ardından büyük bir zafer elde etti (1017). *Gulâm*'larından biri olan Altuntaş'ı yeni kral olarak tahta çıkardı. Buna karşılık Maveraünnehir'de aynı başarıları yakalayamadı. Çıktığı birtakım seferlerden sonra memleketin idaresini Ali Tegin adındaki bir Türk hükümdara bırakmaya karar verdi. Ali Tegin zaten uzun zamandır, belki de 1010'dan beri ülkeyi yönetiyordu ve ölünceye kadar da (1034) yönetmeye devam etti. Ölümünden sonraysa ülkenin idaresi vârislerine geçti.

Karahanlılar asaleten bağımlı statüsünde olmalarına rağmen, tam bir bağımsızlık içinde hareket ediyorlardı ve hiç tereddüt etmeksizin kendilerine birtakım şatafatlı unvanlar atfediyorlardı. Örneğin son derece iddialı bir unvan olan ve Çin imparatoru anlamına gelen *Tamgaç Han* gibi!

Selçuklular iki güç çatışırken kazanma ihtimali olan tarafın yanında yer alıyordu, ancak bundan her zaman kazançlı çıkmıyorlardı. 1025'te –ki bu onlara dair kesinliği şüphe götürmeyen ilk tarihi kayıttır– Arslan-İsrail, Gazneli Mahmud'a karşı talihsiz bir savaşa yardımcı kuvvet olarak girdi, yenilip Gazneli'ye esir düştü. Rehine olarak alıkonuldu, birlikleriyse Horasan'a yerleştirildi. Çağrı Bey ve Tuğrul

Bey ise Kınık boyundan bazı kişilerle birlikte Amuderya'nın (*Oxus*) Harezm'deki haliç bölgesine gidip geçici bir süre için yerleştiler. Fakat çok geçmeden Arslan-İsrail'in yerinde duramayan istikrarsız adamları buradaki "kışla"larını terk ettiler, gidip Azerbeycan'daki "prensçiklerin" hizmetine girdiler ve orada Bizans ve Ermenilere karşı savaştılar. Bu, Selçukluların ileride kendileri için büyük önem kazanacak olan cephede gerçekleştirdikleri ilk harekâttı. Çağrı ve Tuğrul Harezm'den ayrılıp Horasan'daki kuzenlerinin yerini aldılar; önce Merv'i (1028), sonra da Nişapur'u (1029) aldılar.

Selçukluların İran'ı istilası Mahmud'un vârisi Gazneli Mesud'un (1030-1040) nihayet Selçuklu tehlikesinin farkına varmasını sağladı.

Gazneli derhal bu ele geçmez göçebelerin üzerine bir ordu gönderdi. Askerleri savaştan Hindistan'dayken haberdar edildiler ve oldukça ağır olan donanımlarını da peşlerinde sürükleyerek yola koyuldular. Tuğrul Bey'in sayıca az olan ordusu göçebe süvarilerden oluşuyordu. 1040 yılının 22 Mayısında Merv yakınlarındaki Dandanakan'da Gazneliler öyle bir yenilgiye uğradılar ki, tüm Horasan'ı Selçuklulara terk etmek zorunda kaldılar. Mesud ise Hindistan'a kaçtı.

İran Büyük Selçukluları Devletinin Kuruluşu

Bu tarihten sonra her şey çok hızlı gerçekleşti. Çağrı Bey Gaznelilerin olası bir geri dönüşünü önlemek ve gerektiğinde Karahanlılara direnmek amacıyla Horasan'da kaldı. Bu görevini yerine getirdi. 1058'e doğru öldü ve yerine oğlu Alp Arslan geçti. Bir başka oğlu Kavurd Kara Arslan (1041-1073) şansını güney İran'da Kirman'da denedi ve orada özerk bir hükümdarlık kurdu. Varlığını XII yüzyılın sonunda kadar sürdürecek olan bu hükümdarlığın Ormuz Boğazından geçmek ve Arabistan'a müdahalede bulunmaktan başka anılmaya değer bir eylemi olmadı.

Tuğrul Bey İran'ı fethe çıktı. 1040 ile 1044 arasında Rey ve Hamedan'ı işgal etti. Yolda Arslan-İsrail'in Türkmenleriyle karşılaştı. Onun üstünlüğünü kabul etmek istemeyerek yukarı Mezopotamya'ya geçen Türkmenler Kürtler ve Araplar tarafından kısmen yok edildiler. Tuğrul Bey 1059 yılında Isfahan önündeydi. Mancınığı olmadığı için kenti açlığa mahkûm ederek almak zorunda kaldı. Burasını başkent yapacaktı. Artık İran'ın hâkimiydi.

Kendisine bir politika belirlemesi gerekiyordu. Bunu, bu barbardan beklenmeyecek şekilde şaşırtıcı bir zekâyla yaptı. Kargaşa içinde bulunan Ortadoğu'da bir yağmacı olarak değil, düzenin güvencesi olarak görülmesi gerektiğini bildi. Ama Türkmenleri, yani göçebe Türkleri tıpkı tüm bozkır fatihleri gibi kadın ve ganimet isteğiyle doluydu. Bir yandan onun gözünde önemli tek şey olan *Dar-ül-İslam* topraklarında tam bir ölçülülükle hareket edilmesini istedi, diğer yandan Bizans topraklarında yağmaya izin verdi; böylece onların özlemleri ile kendininkileri uzlaştırdı. Daha 1048 yılında, anne tarafından kuzeni İbrahim ibn İnal'ı Küçük Asya'ya gönderdi ve 1054-1055'te de aynı yerlere kendi birliklerini de sürdü. Kutsal savaş sayesinde yağma ve çapulla sağladıklarının yanı sıra din savunucusu olarak tanınmanın sağlayacağı yararları da elde etmiş oldu.

Tuğrul Bey zorunlulukların dayattığı bu dış politika rolünü, kendini halifenin ve Sünniliğin koruyucusu ilan ederek iç politikada da oynamaya karar verdi. Ondan daha az becerikli biri için bunların ikisi kötü sonuçların doğmasına yol açabilirdi. Ama bu Türk, Müslüman geleneğin değerlerinin ve halifeliğin saygınlığının ne kadar büyük bir gücü temsil ettiğini görüyordu.

Selçukluların tamamen Müslümanlaştığını söylemek fazla iddialı olacaktır. Dinleri konusunda pek endişeleri yoktu ve Müslüman sıfatının ardında Şaman olarak kalmaya devam ettiler. Kendileri ve kendilerinden sonra da vârisleri oldukça uzun bir zaman Şaman olarak kaldılar. Eski Anadolu destanlarından elimizde bulunan *Kitab-ı Dede Korkut* adlı elyazmaları oldukça geç bir döneme ait olmakla beraber "paganizm"in izlerini taşımaktadır ve hikâyelerin ana karakteri kılık değiştirmiş bir şamandan başkası değildir. Bu eser kesinlikle batı Türk kaynaklıdır. Aslen içine Anadolu tatları katılmış bir Akkoyunlu destanı olmasına rağmen Orta Asya'da Baba Korkut'un mezarının bulunduğu Sirderya kıyılarında yaratılmıştır.

Tuğrul belirlediği bu politikanın karşılığını kısa sürede aldı. 1055 yılında, İslamiyetin simgesi olan, ama artık Bağdat'ta bile sözünü geçiremeyen kişi onu yardıma çağırdı. Tuğrul Mezopotamya'ya, imparatorluğun başkentine girdi ve son Büveyhiyi oradan kovdu. Buna minnettar kalan halife ona, Arap halkının uzun süredir kullandığı, ama o zamana kadar resmen hiç kullanılmayan "sultan" ve ayrıca "Doğunun ve Batının hükümdarı" unvanını verdi. Ve tüm İslam âlemini itaat yoluna sokma görevini vererek ona başarının kapılarını açmış oluyordu.

Ama bazı güçlükler söz konusuydu: Irak'ın iklimi sürüleri için uygun olmadığından, İran yaylalarına çıkmak zorunda kaldılar; bu durum Mezopotamya'da oluşturdukları düzeni olumsuz etkiledi. Bu nedenle halifeliği bir kez daha "kurtarmak" amacıyla iki ırmağın vadilerinde ikinci bir tehlikeli sefere çıkması gerekti. Dört yıl sonra ise Türklerin ayinlerine uygun olarak yapılan bir tören, bu muzaffer komutanın mutluluğunu en yüksek noktaya ulaştırdı: Emir-ül Mümin'in kızıyla evlendi. Yaşlı bir zenci kralın tamtam sesleri arasında Capet ya da Habsburg hanedanlarından birinin kızıyla evlendiğini düşünün!

Tuğrul o sıralar yetmiş yaşındaydı ve kısa bir süre sonra ölecekti. Ölümünden sonra iktidar, Horasan'ın koruyucusu olarak Çağrı Bey'in yerini alan yeğeni Alp Arslan'a (1063-1073) geçti. Böylece İran Büyük Selçuklular Devleti gerçekten kurulmuş oldu.

VII. BÖLÜM
SELÇUKLU DÜNYASI

Orta Asya'da Selçuklular

Tuğrul Bey, İran ve Irak'ın fethiyle meşgulken kardeşi Çağrı Bey de Horasan'da kuvvet toplamaktaydı. Tuğrul Bey 1043 yılında Harezm Şahını himayesine aldı, 1059'da Baktriane'yi ilhak etti, 1064 yılındaysa Amuderya'yı geçti. Alp Arslan Malazgirt'te Bizanslılara karşı büyük bir zafer elde etti ve ileride de göreceğimiz gibi, Sogd ülkesi üzerine 200.000 kişilik dev bir ordu gönderdi. Alp Arslan 1073 yılında büyük başarılara imza atmışken bir esir tarafından öldürüldü. Yerine geçen Melikşah (1073-1092) ise Termez'i almakta çok ısrarlı davranıyordu, önce yenilgiye uğradı, fakat sonra büyük kayıplar pahasına da olsa şehri düşürmeyi başardı. Sogd ülkesinin kapıları artık Melikşah'a açılmıştı. Buhara, Semerkant, Urgenç ve Fergana'ya girdi. Yerel hükümdarı önce görevinden aldıysa da, halkı tarafından çok sevildiği ve Selçukluların da halkın desteğine ihtiyacı olduğu için yeniden görevinin başına getirildi. Melikşah işte tam bu sıralarda halifenin Arabistan'ın kutsal şehirleri Mekke ile Medine'nin muhafaza edilmesi görevini kendisine verdiğini öğrendi.

Malazgirt'e Doğru

Tuğrul Bey'in yeğeni Alp Arslan'ın başa geçmesi (1063) kolay olmadı. Bu güçlükler çok büyük olmasa da tehlikenin ilerisi için büyük olduğunu gösteriyorlardı. Başlıca rakipleri olan Kirmanlı Kavurd ve özellikle de Türkmenler ve Kuzey İran'daki aykırı inançlı bazı topluluklara dayanan Kutalmış kısa sürede safdışı bırakıldılar ve böylece Alp Arslan kendi tımarı Horasan ile amcasının İran ve Mezopotamya'daki topraklarını içeren geniş bir bölgeye tek başına egemen oldu.

Alp Arslan tam bir savaşçıydı, neyse ki işlerin idaresini bir barış adamı olan İranlı Nizamülmülk'e (1018-1092) bırakmayı bildi. Nizamülmülk Alp Arslan'ın oğlu ve halefi Melikşah zamanında da idarenin başında kaldı. İktidarın istikrarı sayesinde Nizamülmülk Selçuklu İran'ının XI yüzyıldaki büyük kültür atılımının mimarı olmuştur.

Hükümdarlığın düşüncesinin Kahire'deki Fatımi halifeliğini ortadan kaldırmak olduğu anlaşılmaktadır. Gerçekten de Tuğrul Bey'in başlattığı bu politika Abbasi iktidarının savunma politikasına ve geleneksel ilkelere çok uygun olması itibariyle yeni hükümdar tarafından da benimsenmişti. Bununla birlikte koşullar bu politikanın gerçekleşmesini olanaklı kılmadı. Bizans İmparatorluğuna karşı, Mısır üzerine yürüneceği zaman arkadan vurulma tehlikesiyle karşılaşmamak için onu sınırlarının içinde tutmaktan başka hiçbir plan geliştirilmemişti. Öte yandan Küçük Asya talan alanı olmayı sürdürüyordu. Sultan savaşçılık ateşlerini söndürmelerini sağlamak ve ücretlerini ödeme olanağı bulmak amacıyla askerlerini oraya götürüyordu; orada kimi zaman bazı gerçek kara korsanlarının hükümdar hesabına ya da daha çok kendi hesaplarına çalıştıkları görülüyordu. Bunlar gizlice ya da açıkça teşvik edilmiş olsalar bile, yakalandıkları zaman kimsenin onlara sahip çıkmaması pahasına talana devam ediyorlardı: bunların ardından daha vahşi Oğuz boyları ve diğerleri sayıları sürekli artarak İran'a geliyor ve orada karışıklık ve düzensizliğe yol açıyorlardı.

Daha 1048 yılında Tuğrul Bey, Hıristiyan kuvvetlere karşı anne tarafından kuzeni İbrahim'i göndermişti. O yıl Erzurum'un alınması, Ermeniler tarafından büyük bir felaket olarak karşılanmıştı. Gerçekten de bugün bizim için ikinci derecede önemli bir olgu olarak görülmesine karşın, Erzurum'un alınması batı yönündeki istilaların başlangıcı olarak düşünülebilir. Azerbeycan ve Yukarı Mezopotamya'da üslenmiş olan Türkmenler sonraki yıllar boyunca Ermenistan'a ve Anadolu'nun ortasına şiddetli saldırılar düzenlediler. Bunları 1054 yılında Van bölgesinde, 1057'de Malatya bölgesinde, 1059-1060'ta Sivas bölgesinde, 1062'deyse yeniden Malatya'nın çevresinde ve Diyarbakır'da görüyoruz. 1064'te Ermenistan'ın başkenti Ani düştü ve Alp Arslan, Türk sınırına bakan yabanıl manzarada hâlâ pek çok güzellik barındıran kentin, en güzel kiliselerinden biri olan katedrale, Türklerin simgesi olan bir hilal diktirdi. Ve sanki Ermenilerinin yenilgisi üzerinde yükselen bu hilal, daha sonra Osmanlı İmparatorluğunun ve bunun aracılığıyla da tüm İslam dünyasının simgesi olacaktır.

Bu işe bir son vermek gerekiyordu. En azından muvazzaf bir subay olan *Basileus* IV. Romanos Diogenes böyle düşünüyordu. Ve Bizans tahtına geçmesinden kısa bir süre sonra, Yunanlılar ve diğer Hıristiyanların yanı sıra Türklerden, özellikle de Peçenek ve Oğuzlardan oluşan bir paralı asker birliği de içeren son derece karmaşık yapılı, büyük –belki de 200.000 kişilik– bir ordu topladı ve İran'a yöneldi. Sınırlarının tehdit altında olduğunu hisseden Alp Arslan onun karşısına daha küçük, ama daha kararlı kuvvetlerle çıkmak üzere harekete geçti. Ve 19 Ağustos 1071 günü Van Gölünün doğusunda, Fırat'ın yukarı çığırındaki Mantzikert ya da bugünkü adıyla Malazgirt'te karşı karşıya geldiler. Rumlar yorgun ve bezgindi. Yolları boyunca gördükleri yıkıntılar morallerini bozmuştu. İnisiyatifi Türklere bıraktılar ve komutanlarının onların eline düşmesine engel olamadılar. Doğu Roma İmparatorluğunun *caesar*'ı, *Basileus* IV. Romanos Diogenes tutsak edilmişti! Tarihte ilk kez Müslüman bir hükümdar bir Bizans İmparatorunu ele geçiriyordu!

Kazanılan tam bir zaferdi ve Alp Arslan'ın istese tüm Anadolu'yu hiç kan dökmeden ele geçirebileceğinden kimse kuşku duymuyordu. Ama Yunanlıyı yenmesine rağmen, efsanesini yenmiş değildi. Yunanlının arkasından yükselen Roma, tıpkı İslamiyet gibi, sonsuz olduğu izlenimini veriyordu ve sunulmuş olsa bile ona sahip olmak, onu ele geçirmek olanaksızdı. Alp Arslan yücegönüllü görünüyordu: acaba sadece Mısır'ı mı düşünüyordu? İmparatoru fidye karşılığında serbest bıraktı ve yarım yüzyıl boyunca sürekli başarısızlıklar sonucu yitirdiklerinin tümünü geri verdi. Sonra da Karahanlılarla savaşmaya gitti. Gazi Alp Arslan, Türklerin bugün hâlâ zaferini kutladıkları bu galip Müslüman, 1072'de, bu bölümün başında da gördüğümüz gibi, Orta Asya'nın bozkırlarının sınırında, bir esirle aralarında çıkan bir kavga sonucunda hiç de şanlı olmayan bir biçimde can verdi.

Kıpçaklar, Kumanlar ya da Polovestler

Bizans, İran dolaylarında yıkıldığı sırada, Avrupa da Peçeneklerin o zamana kadar görülmemiş şiddetteki saldırıyla karşı karşıyaydı. Onu kurtarmak için bazı yeni barbarların, Slavların Polovest, Latinlerin Kuman adını verdiği Kıpçakların gelmesi gerekti. Bunlar Bizans'la ilişki kurduktan sonra tarihin adlarını unutmadığı iki önderin –Togortaki ve Maniah– yönetiminde Rum ülkesine girerek 29 Nisan 1091'de Peçenekleri bozguna uğrattılar: bu felaketten sağ kurtulanları da 1122 yılının ilkbaharında II. Ioannes Komnenos yok etti.

İlk başta belki de Polovestler ve Kumanlardan oluşan Kıpçaklar beyaz tenli, sarı ya da kızıl saçlı, kuzeyli tipinde insanlardı: *polovest* "soluk kula rengi" demektir ve Kuman da belki *ku*, "sarımsı" köküyle daha önce gördüğümüz *-men/man* sonekine (*Türk-men* gibi) dayanan, ona eş değer bir kelimedir. Aralarında Hazai'nin de bulunduğu bazılarına göre ise Sarıların soyundan geliyor ve 850 yılına doğru Tarım Irmağı havzasının doğusunda yaşıyorlardı. Kimilerine göre de Oğuzlarla akraba göçebelerdi; kuşkusuz İrtiş ve Obi Kimekleri konfederasyonunun bir dalıydılar ve XI yüzyılda, bilinmeyen nedenlerle batıya doğru ilerlemeye başlayarak, zaten kendi başlarına da pek istikrarlı olmayan kuzey Oğuzlarında derin bir istikrarsızlığa yol açtılar.

İçlerinden bir bölümünün Selçuklularla birlikte göç etmesine karşın Oğuzlar, Kama kıyısındaki Bulgar Krallığı sınırları ve Aşağı Volga üzerindeki Hazar *limes*'lerinden[▽] doğuda Karlukların ülkesine kadar uzanan geniş bozkırlarda oturuyorlardı. Kıpçakların ani gidişiyle Tuna'ya doğru yöneldiler. Tuna'yı aştıktan sonra da –denildiğine göre sayıları 600.000'di– Balkanlarda bir güneydoğu Avrupa halkları güç birliği tarafından yok edildiler. Arkalarından Kıpçaklar ilerliyordu.

1054 yılından başlayarak Karadeniz'in kuzeyindeki, XI ila XV yüzyıl arasında adlarını taşıyacak olan (*Deştikıpçak*, "Kıpçak Bozkırları") Ukrayna ovalarında varlıklarından söz edilmektedir. Slav hükümdarlıklarına sürekli akınları, Slavların eski vakayinamelerinin başta gelen konularından biriydi. Kiev Yıllıkları'nda, 1061 ile 1210 yılları arasında Rus topraklarına yapılmış küçük akın ve talanların dışında, en az elli büyük akından söz edilir. *İgor'un Seferi*, 1185 yılında Ruslar tarafından yapılan seferi coşkuyla anlatan bir ulusal destandır. Ne var ki, tam bir eski Rusya kahramanı olan Kiev büyük prensi İgor'un kendisi de

---

[▽] Tahkimli sınır –çn.

dörtte üç oranında Polovest'ti ve anadili de Türkçeydi. Borodine'in *Polovest* (ya da *Poloveç Dansları*) adlı bestesi de ünlüdür.

Rus edebiyatında Polovest adı verilen kimseler tam birer gezgin ve barbar olarak tanıtılır. Polovestler'in, halk kitlelerinin uygarlık akımlarının dışında tutuldukları ölçüde, pek çok eski geleneği muhafaza etmeleri dolayısıyla bu doğrudur. Ama yine de aralarından sayıları gittikçe artmakta olan tarımla uğraşanlar, burjuvalar, Yahudi, Hıristiyan ve Müslümanlar çıkıyordu, hatta daha XII yüzyılda prenslerinden biri Hıristiyan adı olan Georges ismini almıştı.

Başlıca konaklama yerleri aşağı Volga kıyısında, Hazarların hareketli, canlı merkezler kurdukları yerlerle aynı yörelerdeydi. Irmak yoluyla Bulgarlar ve kuzeydeki Rus devletleriyle, karadan Harezm'le ve Dinyeper Ruslarıyla; en büyük limanları olan Kırım kıyısındaki Sudak üzerinden de Bizans ve Anadolu'yla ticaret yapılıyordu. Özellikle Müslümanların elinde bulunan bu ticaret akışını Türkler yaratmamışlardı; ama ondan yararlanıyorlardı; başlıca gelirleri bu mallardan alınan vergilerdi. Söz konusu mallar ise kürkler, oklar, ağaç kabukları, külahlar, tutkal, amber, tabaklanmış deriler, bal, ceviz, silahlar, sürü hayvanları ve Kıpçak bozkırları yoluyla geçiş yapan kölelerdi. Özelikle kölelerin belirli bir iktisadi, siyasal ve toplumsal önemi vardı. Bolgar ve İtil'in büyük pazarlar ya da büyük esir kervanları için konaklama yeri olduğu sanılmaktadır. İbn Rüşt ve Gardizi'nin her ikisi de Volga yerlilerinin sürekli birbirlerinin peşinde olduklarından, tutsak ettiklerinden, yabancılara sattıklarından söz eder. Doğudaki Müslüman ülkeleri, Harezmşahlar, Karahanlılar ve özellikle Mısırlı Araplar kendi ordularını oluşturma amacıyla bunlardan çok sayıda satın aldılar ve eskiden Abbasilerde olduğu gibi onların eğitimine katkıda bulundular.

Küçük Asya Selçuklularının Ortaya Çıkışı

Yunanlılar Malazgirt'ten sonra artık önemli bir kuvvete sahip olmadıkları için Türklerle uzlaşmak zorunda kaldılar. Bu onlara pek fazla sorun çıkarmadı. Türkleri ne geleneksel düşmanları İranlılar gibi ne de rakip bir dinin savunucusu olarak gördükleri Araplar gibi görüyorlardı. Onları uzun bir süreden beri Avrupa sınırlarına saldırılar düzenleyen barbarlar, kendi ordularındaki paralı askerler olarak tanıyorlardı ve limanların zenginliklerinden güç sağladıkları kıyıları sağlam bir biçimde ellerinde bulundurdukları sürece, belli bir yıkıma uğramış Küçük Asya yaylası onları pek ilgilendirmiyordu. Türklerin eylemlerini denetimleri altında tutmak, neden oldukları güvensizliği azaltmak onlara yetiyordu. Bunun yapmak için de eski yöntemden, Çinlilerin ve Romalıların barbar halkları kendi federeleri olarak imparatorluğa ait topraklara yerleştirerek sabit tutmalarına dayanan yöntemden yararlanacaklardı. Bu her zaman başarısızlığa uğrayan, ihtiyatsız bir yöntemdi; ama her zaman da bu yönteme başvurulurdu; çünkü başvurulabilecek başka yöntem yoktu ve insanlar hâlâ yanılsamalara kapılıyordu!

I. Aleksios Komnenos, Malazgirt'ten on yıl sonra, 1081'de tahta çıktığında büyük bir cesaretle bu yöntemi kullandı: sadık Selçuklu müttefiki Süleyman ibn Kutalmış'a başkent olarak, Boğaziçi'ne fazla uzak olmayan konsiller kenti Nikaia'yı (İznik) verdi!

Süleyman, *ibn* kelimesinden de anlaşılacağı gibi, Kutalmış'ın oğluydu ve ortaya Alp Arslan'ın rakibi olarak çıkmıştı. Erkek kardeşlerinden ikisi İran'da Alp Arslan'ın tutsağıydı. Onun gibi, Bizans İmparatoru VII. Mikhael Dukas'ın (1071-1078) müttefiki olan üçüncü kardeşi Mansur ise, onun topraklarına sığınmış ve oradan güçlü akrabasını tehdit etmeyi sürdürmüş, daha sonra da Alp Arslan'ın halefi Melikşah'ın gönderdiği eski Bağdat valisi Bursuk tarafından yenilmiş ve öldürülmüştü. Dolayısıyla Süleyman bu ünlü ailenin o ünlü kolunun özgür olan tek mirasçısıydı. Pek ateşli bir Müslüman değildi, ya Toroslar ya da Torosların eteklerindeki ovalarda yaşıyordu. Anlaşıldığına göre Büyük Selçuklular akrabalarına, ülkelerinin sınırlarında toprak verme eğiliminde olmalarına karşın Süleyman onlardan hiç toprak almamıştı. Bizans'a sadıktı; yerel halkların sempatisini kazanmayı bilmiş, adının büyüklüğünden etkilenen kimi acımasız savaşçıları ve paralı askerleri, serüven peşindeki her çeşit göçebeyi kendisine çekmiş ve kırsal kesimi bunlara bırakarak kentlere el koymakla yetinmişti. Önemli miktarda kuvvete sahipti, halkın sempatisini kazanmıştı ve Nikaia (İznik) gibi saygın bir başkenti vardı. Bunlardan yararlandı. 1084'te Ikonion'u ele geçirdi ve adını Konya yaptı. Ardından Ani'nin ele geçirilmesinden ve Malazgirt Savaşından sonra Büyük Ermenistan halklarının göç etmesi sonucu ortaya çıkan Kilikya'daki Küçük Ermenistan'a, özellikle de kendisine Malatya'nın güneyinde bir hükümdarlık kurmayı başaran Filaret Vahram adındaki, Yunanca adı Brachamios, bir macerapereste saldırdı.

1085 yılında Antakya'yı ele geçirdi ve bütün dünyada büyük bir heyecan duyulmasına neden oldu: İsa'nın havarilerine ilk olarak orada Hıristiyan dendiğini kimse unutmamıştı. Gerçekten Aziz Petrus'un kilisesinin camiye dönüştürüldüğüne inanmak mı gerekir? Agnostik Süleyman ibn Kutalmış, gerektiğinde kendini iyi bir Sünni olarak göstermeyi bilen bir kimseydi. Ve söz konusu değişikliği yaptıktan sonra Halep üzerine yürüdü. Halk Büyük Selçukluları yardıma çağırdı. Büyük Selçululuklar da yardıma geldiler. Süleyman, kentin önünde öldürüldü, oğlu Kılıç Arslan tutsak edildi. Fethedilen yerler yeniden bağımsızlıklarına kavuştu ya da Ermenilere geçti. Her şey başladıktan kısa bir süre sonra iyi bir sonuca varmış gibi gözüküyordu. Ama aslında her şey yeniden değişecekti.

Suriye'deki Büyük Selçuklular

Alp Arslan'ın Büyük Selçuklular tahtındaki halefi Nizamülmülk'ü vezir olarak muhafaza etmekle birlikte, Arapça *melik* ve Farsça *şah* sözcüklerinden oluşan Melikşah adını almakla planını daha en baştan ortaya koyuyordu. Sadece Müslüman bir hükümdar olmak istedi, o kadar. Anadolu'daki olaylar neticesinde ülkenin boşalmasına karşı ilgisizdi. Sahip olduğu birçok yeteneğinin yanında asker yanı zayıftı. Kuşkusuz diplomat ve idareciydi de, ordularının görülmemiş başarıları parlak komutanlarının hızının, girişkenliklerinin ve ondan daha çok halkların barış arzusunun bir sonucuydu.

Kuzeyde Maveraünnehir'i işgal etti ve Karahanlıları koruması altına aldı. Güneyde Ahsa'daki (Bahreyn) aşırı Müslüman Karmati krallığına boyun eğdirdi ve halifeden Müslümanlığın kutsal kentleri Mekke ve Medine'nin muhafızlığı hakkını kazandı. Yukarı Mezopotamya'da, doğunun en güçlü müstahkem mevkilerinden biri olan ve Türkiye'de, üzerindeki kabartma süslere karşın, olanca siyahlığıyla kasvet veren gösterişli bazalt kale duvarını muhafaza eden tek kent Diyarbakır'ı ele geçirdi. Sonra kafasında Mısır ufkuyla Suriye'ye yöneldi.

Suriye'de Atsız (ya da Adsız, yani "atı olmayan" ya da "adı olmayan") denilen birinin yönetiminde bir Oğuz topluluğu vardı. Bu topluluk, Ramle, Kudüs (1071, ikinci kez 1077) ve Şam'ı (1076) ele geçirdikten sonra Fatımilerle de çatıştığı için Melikşah'ı yardıma çağırmak zorunda kaldı ve o da bu iş için kardeşi Tutuş'u gönderdi. Tutuş, durumu düzeltti ve Bağdat'a girdikten sonra Atsız'ı öldürtmekte gecikmedi (1079). Daha sonra da Süleyman ibn Kutalmış seferi dolayısıyla tehdit altında bulunan Haleplilerin çağrısına bizzat karşılık vererek kenti ele geçirdi. Bu kentin yönetimini, Halep'in özellikle de mimari alanında çok şey borçlu olduğu Zengiler hanedanının kurucusu İmadettin Zengi'nin babası Aksungur'a bıraktı. 1086 yılında Antakya'ya girdi, atına çok yakınlarındaki Akdeniz'in suyundan içirerek tanrıya başarılarından dolayı şükranlarını sundu.

Melikşah'tan Sonra

Doruğa çıktıktan kısa bir süre sonra çöküş belirtileri baş gösterdi! Bu çöküş Melikşah'ın öldüğü 1092 yılında başladı. Bütün bu doğu hükümdarlıklarının zayıf yanı, tahta geçmek için önceden belirli ve kesin kurallar saptanmamış olmasıydı. Melikşah'ın dört oğlu Mahmud, Berkyaruk, I. Muhammed ve Sencer de iktidar için çekiştiler ve giderek artan bir parçalanma süreci başlattılar. Buna bir de fetihlerin artık sona erdiğini ve bu nedenle de zenginlik kaynaklarının kuruduğunu; Türklerin disiplinsiz olmayı ve boy düzenine bağlı kalmayı sürdürdüklerini; Şiiliğin kendisini son siperlerinde, hakkından gelinemez olarak ortaya koymayı sürdürdüğünü ekleyelim: Alamut İsmailileri, "Dağın Yaşlısı"nın İsmailileri, haşhaşla sarhoş olmuş kimseler tarafından siyasal cinayet sistemini oluşturmuşlardır. Haşhaşla sarhoş olmuş bu insanlara Haşhaşiler adı verilmiştir. Haşhaşi sözcüğü Fransızcaya *assassin* biçiminde geçmiştir ve "katil" anlamına gelir. Haşhaşiler devlet içinde devlettirler. Böylece I. Muhammed döneminde (1105-1118) otoritenin bir süre sağlanmasına karşın, Melikşah'ın hayattaki son oğlu Sencer'in ölümünden sonra (1157) artık ancak simgesel bir değeri vardı.

Türk gücü bundan herhangi bir zarar görmedi. Aksine tüm XII yüzyıl ve XIII yüzyılın başı boyunca kendini gitgide daha çok ortaya koydu. Abbasi halifesi el-Nasır'ın (1188-1225) Bağdat'ta gerçek bir bağımsız hükümdar durumuna gelmesi ve Suriye'de, daha sonra da Mısır'da bir Kürt olan ünlü Salâhaddin (Salâhaddin Yusuf ibn Eyyüb) tarafından kurulan Eyyübiler hanedanının tahta geçmesi Türklük bakımından önemsiz olaylardı. Karahanlı Mahmud el-Kaşgari gururla şöyle yazdığı zaman ancak bir öngörüde bulunuyordu aslında: "Talih Güneşinin Türklerin Burcunda doğduğunu ve Cenab-ı Hakk'ın Türk Hakanlığını Göğün felekleri arasına yerleştirdiğini, onlara "Türk" dediğini ve Egemenlik verdiğini, onları çağın hakanları yapıp dünyaya hükmetmenin dizginlerini ellerine verdiğini, onları tüm beşeriyete memur ettiğini, Doğruluğa yönelttiğini, onlara katılanları ve onlar adına çabalayanları güçlendirdiğini böylece istedikleri her şeyi elde ettiklerini ve çapulcuların rezilliğinden kurtulduklarını idrak ettim."[Ψ] Türklerin kısa bir süre sonra Bengal Körfezinden Akdeniz'e kadar tüm Asya'nın hâkimi olacaklarını sezmiş miydi?

Haçlı Seferleri

Melikşah ölünce, Rum ülkesinin Türk hükümdarı Süleyman ibn Kutalmış'ın Büyük Selçuklular tarafından Halep önünde tutsak edilen oğlu I. Kılıç Arslan serbest bırakıldı ve herhangi bir güçlükle karşılaşmaksızın İznik'e yerleşti. Haçlılar geldiği sırada Kılıç Arslan orada babasının gücünü yeniden tesis etmeye çalışıyordu.

Hıristiyanlığın kutsal topraklarını Türk zulmünden kurtarmayı

[Ψ] Mahmûd el-Kâşgarî, *Kitâbu Dîvâni Lugâti't-Türk*, çev. Seçkin Erdi-Serap Tuba Yurteser, Kabalcı Yayınevi, İstanbul:2005, s. 11 –yn.

amaçlayan, dinsel bir coşku hareketi olarak anlatılan Haçlı Seferleri, aslında Hıristiyanlığın Müslümanlığa, Avrupa'nın Asya'ya uzun bir süredir düşünülen ve hazırlanan karşı saldırısıydı. Bilinen acı sona karşın Haçlı Seferleri yine de tartışmasız bir başarıydı; çünkü batı yönündeki Türk baskısını durdurdu. Bu baskı, bu ilerleyiş yeniden başladığı zaman ise artık çok geçti. Çünkü o sırada Avrupa ortaçağdan çıkmıştı ve gerek ekonomik, gerek teknik üstünlüğünü sağlayacağı dönemin arifesinde olduğu için, artık bu baskıya direnecek, hatta ona üstün gelmesini sağlayacak olanaklara sahipti.

Haçlılar Asya kıtasına 1096'da çıktı. O sırada Anadolu'nun önemli iletişim merkezlerinden ve Selçuklu dünyasının ana noktalarından biri olarak kabul edilen Malatya'da savaşmakta olan Kılıç Arslan hemen oraya geldi. Ama Dorylaion'da [bugün Eskişehir yakınındaki Şarkhöyük'ün bulunduğu yer] yenildi. Bu Malazgirt'in rövanşı mıydı? Ya da öne sürüldüğü gibi, o büyük günün sonucunun ortadan kaldırıldığı anlamına mı geliyordu? Hayır, elbette böyle bir şey yoktu; ama Hıristiyanlık için kesin bir zaferdi ve bu zaferle Bizans kurtulmuş, Türkler Anadolu'nun içerilerine atılmış, Rumların Nikaia'yı (İznik) yeniden ele geçirmesi sağlanmıştı.

Haçlılar Küçük Asya'da ilerleyerek Antakya'yı kuşattılar (20 Ekim 1097) ve ele geçirdiler (3 Haziran 1098), daha sonra da Edesse ve Kudüs'ün fethi geldi (15 Temmuz 1099). Bundan sonra Haçlılar bazı takviye kuvvetlerinin kimi zaman başarılı kimi zaman da başarısız bir şekilde topraklarından geçmeleri dışında Anadolu Selçuklularıyla hiç ilgilenmeyeceklerdi. İkinci Haçlı Seferinde III. Konrad'ın birlikleri yenildi (Ekim 1147), VII. Louis'ninkilerse deniz yoluyla Filistin'e geçmek zorunda kaldı. Üçüncü Haçlı Seferinde I. Friedrich Barbarossa Konya'nın içlerine kadar girdi ve sonra güney Toroslar'da küçük bir akarsuda boğuldu (Haziran 1190). Haçlı Seferleri o sırada doğu sınırlarıyla meşgul olan İranlıları da ilgilendirmedi.

Haçlıların gerçek düşmanları, Mısırlılar dışında, o dönemde Araplaşma yolunda olan ve iki güçlü hanedanlığın varlığına karşın bölünmüş bir yapı arz eden Suriye Selçuklularıydı. Bu iki hanedan, Tutuş'un (ö. 1095) oğulları Rıdvan'ın Halep'teki hanedanlığı (1095-1133) ve Dukak'ın (ya da Dekak/Dokak) Şam'daki hanedanlığı'ydı (1095-1104). Bu hükümdarlar İran ve Irak'taki diğer Selçuklular gibi fiili iktidarı *atabey*'lere, yani onlar için "ikinci bir baba" olan ve saltanatlarının başarılı olması için onlar üzerinde gerekli etkiyi sağlayan valilere bırakırlardı. Dukak'ın atabeyi olan Türk Tuğ Tigin (Tuğ Tegin, ö. 1128) sonunda kendi hanedanı olan Böriler hanedanlığını kurmuştu. Ama Tuğ Tigin, varlığına şiddetle karşı olan Şam burjuvalarının baskısıyla başkentinden ayrılmak zorunda kaldı (1154) ve yerine Nureddin geçti. Aksungur'un oğlu olan Musul atabeyi Zengi (1127-1147), Halep'in alınmasından sonra Ortadoğu'nun ilk Müslüman hükümdarı oldu. Oğlu Nureddin (1147-1174) ise Şam'ı ele geçirdikten sonra Suriye'yi birleştirmeyi başaracaktır. Nureddin ayrıca Suriye'de bilim ve sanata destek olması dolayısıyla da önemlidir. 1171'de Nureddin, Şirkûh ile yeğenine, yani Haçlı seferlerinin doğulu şövalyesi Kürt Salâhaddin'e, Salâhaddin Yusuf ibn Eyyüb'e (1174-1193) Mısır'ı işgal ettirdi. Fatimi halifeliğinin ortadan kalkmasıyla birlikte Büyük Selçukluların yarım kalan düşü gerçekleşiyordu. Ama Salâhaddin kendisi için mücadele ediyordu. Sonunda Haçlıları yenecek olan kendi hanedanlığı, Eyyübi hanedanlığıydı.

Küçük Asya'nın Türk Beyleri

Küçük Asya'ya yerleşenler yalnızca Selçuklular değildi: XI yüzyılın sonlarında Selçuklular Küçük Asya'da sadece güneydeki ana yolu, yani Ege'den başlayıp Torosların kuzeyinden Kilikya kapılarına doğru giden yolu ellerinde tutuyorlardı; eğer hatırlarsak kendileri de buraya güneydoğu yolundan gelmişlerdi. Bununla birlikte Malazgirt'ten beri kuzeydoğu yolu açılmıştı ve boylar bu yoldan birbirini izleyen dalgalar halinde akın akın geliyordu. Bunların önünden ilkin, daha önce sözünü ettiğimiz ve Kilikya'da Küçük Ermenistan'ı kurmuş olan Ermeni toplulukları, daha sonra da bazı Rumlar kaçtılar. Rumlar, Pontos Eukseinos (Karadeniz) bölgesine ya da Akdeniz kıyılarındaki dağlara sığındılar. Yerlerinde kalanlar kimliklerini korumayı başardılar ya da gitgide Türklerle birbirlerine karışarak Türklerin bazı yeni antropolojik özellikler kazanmalarına katkıda bulundular. Boylarsa kentlere yerleşmeye ancak XII yüzyılda başladılar. Buna karşılık, kentlerin çevresindeki kırsal bölgeler Türkmenler için göçebelik alanları olmayı sürdürüyorlardı; çünkü bu yerlerin esas olarak İran'daki, hatta Orta Asya'daki kırsal bölgelerden herhangi bir farkı yoktu. Böylece ortaya çeşitli beylikler çıktı: Büyük Selçukluların nüfuzu altındaki Erzurum Saltuklular Beyliği (1103'e doğru); Erzincan'da Mengücükler Beyliği (1118'e doğru); Diyarbakır, Mardin, Meyyafarıkin'de (bugün Silvan) yukarı Mezapotamyalı Artukoğlu Beyliği ve nihayet Kayseri, Sivas ve Amasya kentlerinin oluşturduğu üçgenin tümüne egemen olan Danişmend Beyliği (1084'e doğru).

Selçuklular için ürkütücü bir hasım olmaları dolayısıyla Anadolu'da önemli bir rolleri olan Danişmendliler, XIII yüzyılda yazılan ancak elimizde XIV yüzyıldan kalma ve üzerinde bazı değişiklikler yapılmış bir nüshası bulunan *Danişmendnâme* adlı bir kitap dolayısıyla bilinirler. Bu kitap bir tarih kitabı değildir, folklorik olaylarla dolu bir çeşit destandır ve hâlâ gizemini korumaktadır. Bu olgularda sözü edilen kişilere çeşitli kimlikler yakıştırılmak istenmiş, örneğin bunların İranlı ya da Ermeni oldukları öne sürülmüştür. Oysa böyle bir olasılık gerçeğe hiç de uygun değildir, çünkü bu kişilerin adları Türkçedir: Bunların Tuğrul Bey'in soyundan gelen Türkler olması hiç de olanaksız değildir. Devrin tüm sülalelerinin yaptığı gibi Malazgirt zaferinin galibiyle kendi aralarında bir bağ kurmaya çalışmaları kesinlikle propaganda niteliklidir.

Rum Krallığı

Selçuklular güçlerini Küçük Asya sınırlarının dışında, doğuda olduğu gibi batıda da kabul ettirmeye çalıştılar, bu kendini gösterme arzuları neticede birçok sülaleyi onların hem muhalifi hem de kurbanı yaptı ve büyük Rum Krallığının da kurulmasına yol açtı. Kılıç Arslan, I. Melikşah'ın ölümünden sonra başa geçer geçmez, Bizans'a neler borçlu olduğunu unutarak önce karadan, sonra da İzmir ve Foça'da donanmalar inşa ettirir ettirmez deniz yoluyla Bizans'a şiddetle saldırıya geçti. Ama Haçlılar karşısında uğradığı başarısızlık ve Ege'de birçok bölgenin Bizanslılar tarafından işgal edilmesi, batıya giden yolun kapalı olduğunu anlamasına yetmişti. Dolayısıyla kendisine doğu yolunu açmaya çalıştı. 1106 yılında Artuklulardan Meyyafarıkin'ini ve uzun süredir almak istediği Malatya'yı ele geçirdi; ayrıca Musul halkı tarafından çağrılınca bu büyük Irak kentine girdi ve kendisini "sultan" ilan ettirerek (1107) uğradığı Dorylaion bozgununu unutturduğu gibi, ayrıca İran'daki Büyük Selçuklu hükümdarının rakibi olarak da ortaya koymuş oldu. İran'daki Büyük Selçuklu hükümdarına yenilince geri çekilmek zorunda kaldı ve bir ırmağı geçerken boğuldu: onunla birlikte Rum Selçuklularının batı heveslerinden sonra doğu serabı da son buldu. Dolayısıyla Anadolu yaylalarında kalmaları zorunlu olmuştu.

Artık Anadolu yaylasına egemen olmaları zorunluydu. Bu Anadolu yaylasının fethine başlamak onuru da II. Kılıç Arslan'a (1155-1192) düştü. II. Kılıç Arslan, bu amaçla Konstantinopolis'e gitti ve orada kendini *Basileus*'un vasalı ilan etti (1162). Sonra yine Danişmendlilerin karşısına geçti. Onları bozguna uğrattı ve Elbistan, Larende (bugün Karaman), Kayseri, Çankırı, Ankyra (Ankara), Maraş ve Sivas'ı ele geçirdi.

Danişmendliler tarih sahnesinden çekildikleri sırada son bir çabayla, sözde vasalların başarılarından rahatsız olmaya başlayan Bizanslıların müdahalesini istediler. Kasım 1176'da Miryakefalon Geçiti'nde Bizanslılar Türkler tarafından bir kez daha bozguna uğratıldı: böylece Malazgirt'ten bir yüzyıl sonra, Türk işgalinin hiç de ikinci dereceden bir olgu olmadığı anlaşılmış oluyordu. Dolayısıyla Asya'nın ortasından gelen boyların birbirlerinin üstüne yığıldıkları çıkmaz sokak Anadolu, Türk ülkesi olma hakkını kazanıyordu. II. Kılıç Arslan'ın oniki çocuğu iktidar için aralarında çekişmekte ve iç savaş ülkeyi harap etmekteydi; ama yine de soyutlanmış, bir başına kalmış ülke kendi üstün yeteneğiyle bunalımın üstesinden gelmenin yolunu buldu. Oysa daha açık bir uluslararası konum ona bu olanağı vermezdi. Ülkede birlik yeniden I. Keyhüsrev (1192-1196) ve (1204-1210) Rum Selçuklularını doruğa çıkaran Alaeddin Keykubad (1219-1237) dönemlerinde sağlandı.

Adalia (Antalya) Venediklilerden (1207), Sinop Rumlardan, yeni adı Alaiye olan Kalonoros (bugün Alanya) ve Kilikya kapıları Ermenilerden alınmıştı. Kuzey ve güney denizine çıkmak Rum ülkesi hükümdarlığını bir deniz gücü durumuna getirmiştir; Erzincan ve Erzurum'un (1230) alınmasıysa bu hükümdarlığa İran ve Uzakdoğu'yla ticaret yolunu açıyordu. İki üç yıl boyunca, ülkeyi Toroslardan Malatya ve Amasya'ya dek alevlendiren ve aralarında Frenk birlikleri de bulunan en iyi Selçuklu birliklerinin müdahalesini gerektiren, toplumsal-dinsel nitelikli büyük Baba İshak Ayaklanmasıysa (1240) devrin refah belirtisinden başka bir şey değildi.

Ama daha o zamandan her tarafta Cengiz Han'ın Moğollarının gölgesi duruyordu. Ve 1242-1243 kışında, üslerinden çok uzakta ve güçleri tükenmiş olan, general Baycu komutasındaki Moğollar Mezopotamya'ya girdiler ve Erzurum'u aldılar. Bu ona ilkbaharda Küçük Asya'ya ilerleme olanağı sağladı. Yıllardır bu korkunç istiladan kaçan mültecileri yanlarına kabul etttikleri için nasıl davranmaları gerektiğini iyi bilen Selçuklular tüm Anadoluları, Frenkleri, Nikaia (İznik) ve Trabzon krallıklarını –Konstantinopolis'in Haçlılar tarafından ele geçirilmesinden beri Bizans İmparatorluğundan ne kalmışsa– yardıma çağırdılar. Selçuklu sultanı II. Keyhüsrev (1237-1246) onların gelmesini beklemeden kuvvetlerini Erzincan ilindeki Köse Dağı yönüne sürdü. Baycu, göçebelerin kaçıyormuş gibi yapmasına dayanan o eski savaş hilesini kullanarak karşısındakileri yanılttı. Sonunda, 26 Haziran 1243 günü Selçuklu ordusu artık yoktu. Moğollar Sivas ve Kayseri'yi egemenlikleri altına aldılar. Selçuklu sultanı ise Ankara yönüne kaçtı. Selçuklu sultanının başvezirinin esnek ve süratli politikası ülkeyi yıkılmaktan kurtardı. Başvezir, Baycu'yla pazarlık yapmak için Hazar Denizinin güneyine gitti: onun hizmetine girecek ve ona altın ve gümüş olarak yıllık vergi ödeyecekti. Böylece Rum Selçuklu İmparatorluğu varlığını elli yıl daha sürdürdü; ama onuru kırılmış ve güçsüz olarak – vasal olarak.

Sencer ve Doğu İran

O sırada Büyük Selçuklular ne yapıyorlardı? Melikşah'ın ölümünden itibaren ve I. Muhammed'in (1105-1118) yeniden tahta geçtiği hesaba katılırsa hükümdar ailesinden olan erkekler ile atabeyler birbirlerinin karşısında duruyorlardı. Gerçi sultanın üstünlüğü kabul ediliyordu, ama gücü kendisini gerçek anlamda ancak Horasan ve Harezm'de, bir dereceye kadar da boyunduruğu altında bulunan Karahanlı Maveraünnehir'de gösteriyordu. Sultan unvanını kullanmayı hak eden son Büyük Selçuklu olan Sencer (1118-1157) saltanatı sırasında, Uzakdoğu'ya yeniden dolaylı biçimde müdahale etmek zorunda kaldı. Yine de sultan unvanı III. Tuğrul'un ölümüne, yani 1194'e kadar geçerli olmuştur. Orhon kıyısındaki, Kırgız Devletini yıktıklarını, 936'da Kuzey Çin'i ele geçirdiklerini ve 1125 yılında da Çin'den kovulduklarını gördüğümüz proto-Moğol Kitanlar (Kitaylar) kuşkusuz henüz ileri safhalara varmamış Çinlileşmelerini unutarak göçebeliğe geri döndüler ve adı Çince olan bir önderin yönetiminde Orta Asya'yı geçtiler: Ye-liu Ta-şi (1130-1142'ye doğru). Yolları üzerindeki Turfan ve Kuça bölgelerine boyun eğdirdikten sonra da Karahanlıların sınırına geldiler. Karahanlılar o sırada Ili Irmağı kıyısındaki Karlıklar ve Aral Gölünün kuzeyinde yaşayan ve dili Türkçe bir boy olan Kanglılarla savaşıyorlardı. Bu yeni gelenlerin kendilerine müttefik olacaklarını sanma yanılgısına düştüler. Ye-liu Ta-şi Balasagun'a girdi, oradaki yerel Karahanlıyı indirerek kendisi onun yerine geçti. Ardından ailenin diğer prenslerinin karşısına çıktı. Kaşgar ve Hoten'i ele geçirdi, Semerkant hükümdarını yendi (1137) ve kendini Kür Han (Farsça Gur Han) ilan ettirdi.

Kitanlar Budist oldukları gibi, imparatorluklarının dini de Budizmdi. Uzun bir süredir Müslümanların baskısına maruz kalan Uygurlar, Kitanların korumaları altına girdiler. Bu İslamiyet için büyük bir felaketti. Daha önce Asya'da gerilememişti; ama eskiden tamamen Müslüman olan şehirler şimdi kâfirlerin boyunduruğu altına geçmişti! Çin'in dönüşünden söz edenler mutlaka olacaktı ve bunu ilk yapanlar bizzat Çinliler olmuştu, ancak gerçekte durum hiç de öyle değildi.

Müslüman Türk dünyasının ilk şehzadesi, ayrıca Maveraünnehir'in de hâkimi olan Sencer müdahale etmek zorundaydı, etti de! Savaş 9 Eylül 1141'de Katwan'da, Semerkant yakınlarındaki bozkırlarda gerçekleşti ve korkunç bir savaş oldu. Türkler arkalarında 300.000 adam bıraktılar ve ölmeyip sağ kurtulanlar da sadece kaçmayı düşünüyorlardı. Sirderya ve Amuderya arasındaki tüm ülke Kitanların eline geçti. Yeni bir bozkır imparatorluğu kurulmuş oldu. Ancak bu artık Budist bir imparatorluktu ve kısmen Çinlileşmişti ve artık adı da Karahitaylardı. Bu ad, Batı Kitanlarından çok Kuzey Kitanlarını tanımlamak için kullanılmıştır.

Büyük Selçuklunun uğradığı bu bozgun, geniş yankılar uyandırdı; çünkü o çağın insanlarına İran'ın ve İslamiyetin başarısızlığı, Çin'in bir zaferi ya da başka bir deyişle Talas Savaşının bir çeşit rövanşı gibi görünmüştü. Gerçekten henüz yeni Müslümanlaşmış topraklarda, İspanyolların *reconquista*'sıyla karşılaştırılabilecek İslam aleyhtarı bir tepki ortaya çıktı. İslamiyeti alçaltmak amacıyla Asya'nın göbeğinde ortaya çıkan ve Moğolistan Hıristiyanları, Kereyitlerin Ong Han'ı tarafından daha sonra canlandırılan Papaz Jean efsanesi Hıristiyan levanten ortamlarında doğmuş ve Batı Avrupa'ya kadar yayılmıştır.

Sencer'in yenilgisinden kısa bir süre sonra da sonu geldi. O sırada belki de Karahitaylardan kaçan bazı Oğuz boyları yeniden İran'ı istila etmeye başlamışlardı. Baktriane'de konaklayan diğer Oğuz boylarıysa ayaklanmışlardı. Bunlar sultanı ele geçirmeyi, başkentini ve büyük kentlerini yağma etmeyi başardılar. Kuşkusuz Selçuklu sultanı Sencer 1156'da özgürlüğüne yeniden kavuşsa da, bir yıl sonra görevinin verdiği tükenmişlik sonucu ölecekti.

Harezmşahların Yükselişi

Harezm Şahı Atsız, Kudüs fatihinin bir türdeşi olarak, Selçuklu boyunduruğuna katlanamıyordu. *Oxus* deltasının son derece verimli ve refah içinde bir bölge olduğu biliniyordu. Bu bölge gelişmek, atılım yapmak için çok uygun bir ülkeydi. XI yüzyılda bu bölgedeki kentlerde İbn Sina, el-Arsati ya da el-Talabi gibi değerli bilim adamları bulunuyordu. Ülke çok zengindi. Harezm Devleti kıtaları birbirine bağlayan yolların kavşağındaydı ve Harezmşahlardan biri de Hazarların başında hüküm sürüyordu. Zerdüştlük burada hâlâ canlıydı, en azından XI yüzyıla kadar. Hıristiyanlık bu bölgede İslamiyetle çekişiyordu, ancak başarısız olduğu da söylenemezdi. Türkleşme süreci henüz emekleme dönemindeydi; ancak XIII yüzyılda tamamlanacaktı.

Atsız bir mirasçıydı. Babası Kutbeddin Muhammed aslında 1097'de Horasan valiliği görevine terfi etmiş bir köleydi. Sencer yerine getirdiği görevlerden dolayı Atsız'ın babasına söz vermişti. Ancak bu daha çok onursal bir unvandı. İleride Harezmşahların gerçek kurucusu olacak Atsız da (1127-1156), babası gibi, bedeli ne olursa olsun Selçuklulara tam bir sadakatle bağlı kalacaktır! Ancak bir süre sonra yorulur, bezer ve sonunda ayaklanır, ancak yenilip aşağılanır (1138) ve bu aşağılama kalbini kinle doldurur.

Sencer'in yenilmesinin ardından askerlerini bunun üstüne salmıştır. Merv ve Nişapur'a (1141) girmiş, ancak uzun süre tutunamamıştır. Samanoğullarının boyunduruğu altında kaldıktan sonra Karahanlıların, Gaznelilerin ve yine Selçukluların boyunduruğu altına girmiştir. Harezmşahlar Karahitayların egemenliğine de katlanmak zorunda kalacaklardır. Hiçbir zaman bağımsız olamamışlar mıdır? Acaba kendilerine vasallığı dayatan pek çok ülkeden daha mı büyüklerdi? Örneğin Atsız'ın halefi İl Arslan (1156-1172) da vasal kalacaktır. Ama vasalların en güçlüsüdür: Horasan'a hâkimdir, Maveraünnehir'e girmiştir; her yerde Harezmşahlara saygı duyulmakta, onlardan çekinilmektedir. Oğlu Tökiş (Takaş) (1172-1200), belki de bu şan şöhretten başı dönerek koşullardan faydalanmak istemiş ve artık bağımsızlıklarını ilan etme girişiminde bulunmuştur. Selçuklular artık İran'da gezinen bir gölgeden başka bir şey değildiler ve başları yoktu. Tökiş kendisini Selçuklu hükümdarının halefi ilan etti. Batıya yürüdü, Rey yakınlarında (1194) III. Tuğrul'u yendi sonra da Hamedan'a (Ecbatane) kadar ilerledi. Selçuklu hanedanlığı ortadan yok olmuştu. Galip prensleri öldüğünde Harezmşahlar bir imparatorluk kurmuşlardı. Oğlu Alaeddin Muhammed (1200-1220) onun büyük tarihe adım atmasını sağladıktan sonra yok olmasına neden olur.

Ilk önce Karahitayların vesayetinden kurtulmak gerekiyordu. Alaeddin, ordularıyla büyük bir olasılıkla ya Fergana'da ya da Talas'ta karşılaştı ve onları yendi (1210). Bu tarihten itibaren Karahitaylar zayıflamaya başladılar. 1211'de son hükümdarları maceraperest bir Moğol Türkü olan damadı Nayman Küçlüg tarafından tahtından edildi. Alaeddin bu zaferden faydalanır ve Karahanlıların son hükümdarını tahttan indirir. Sonra da İran'ın fethine girişir. Ancak bu zafer yürüyüşü bir yanılsamadır aslında. Harezmşahlar Asya'da, ortaçağın, bilinen en güçlü iki Islam hanedanlığına son vermişlerdir. Bu arada Alaeddin adı sanı bilinmeyen bir Moğol liderinin, sanırım Cengiz Han adında bir Moğol'un, Pekin'i aldığını duyar (1215) ve ona bir elçi heyeti göndermeye karar verir. Ertesi yıl bu handan bir cevap alacaktır.

Gazneliler, Gurlular ve Harezmşahlar

Alaeddin Muhammed en parlak zaferlerini Doğu İran'da, bugün Afganistan adıyla bildiğimiz ülkede kazandı. Orada, Gur'un dağlık alanlarında, yırtıcı ve gururlu bir İran boyu yaşıyordu. Bu boyda Müslümanlık kuşkusuz ancak yönetici sınıfları ilgilendiriyordu. Bu boy, memleketi olan ülkenin adıyla, Gurlular olarak bildiğimiz küçük ve müreffeh bir devlet kurmuştu.

Gazneli Behram Şah (118-1152) egemenliği altındaki Gurlular başkaldırdılar; ancak büyük bir bozgun yaşadılar, liderleri türlü işkenceden geçirildikten sonra boğularak ya da kafası kesilerek öldürüldü. İntikam hırsına kapılan Alaeddin Hüseyin, Spuler'in "Islamın daha önce görmediği korkunçlukta bir canavar" olarak nitelediği bu bey, kendi güçlerini topladı ve Gazne'ye yürüdü. Korkuya kapılan Gazneli Behraş Şah Hindistan'a kaçtı. Alaeddin bu büyük kente girdi ve intikamını korkunç bir biçimde aldı (1150). Tüm erkekler kılıçtan geçirildi, kadınlara tecavüz edildi ve tüm camiler, saraylar, hamamlar, okullar yerle bir edildi, evler yakılıp yıkıldı. Kent ateşe verildi ve yangın yedi gün yedi gece sürdü. Sonra da bu yıkıntıların üstünde şarkılar söyledi: "Ben dünyayı ateşe veririm." Bu büyük kıyımdan sonra "*cihansız*" lakabını kazandı. Sonra Bust'a yürüdü, burayı da yağmaladı, herkesi öldürdü ve su kanallarını kumla doldurup, tüm kuyuları kapattı. Ülke bir çöle döndü.

Gazneliler Hindistan'a sığınmışlardı. Bu İranlı cellatlar onları orada da izlediler ve sonunda tüm Gaznelileri dünya üzerinden sildiler

(1187). Gurlular Gaznelilerin yerleştiği her yere yayıldılar. Oldukça ıssız ve sessiz bir bölgede, egemenliklerinden kalma büyük bir kule bulunmuştu, büyük bir olasılıkla başkentlerinin simgesidir: Cuma Minaresi son derece görkemli bir biçimde, oraya buraya serpilmiş dağlar arasından, tüm ihtişamıyla, büyük bir dingilikle hâlâ dikili durmaktadır.

İranlılar ile Türkler ve Gurlular ile Harezmşahlar arasında bir çatışmanın patlak vermesi kaçınılmazdı. Ve bu çatışma Herat'ın sahibinin kim olacağı konusunda çıktı (1204). Alaeddin Muhammed 1215'te, Gazne kentini ve Afganistan'ın hemen hemen tümünü ele geçirmişti. Bu ona 1217'de, İran'da henüz denetimi altında olmayan bölgelere başarıyla ilerleme ve bu bölgedeki bağımsız atabeylere boyun eğdirme olanağını sağladı. Alaeddin Muhammed'in devleti o sırada Horasan'nın dışında Maveraünnehir ve Afganistan'ın yanı sıra İran'ın hemen hemen tümünü kapsıyordu. Alaeddin Muhammed Bağdat'a yürümeye hazırlanıyordu. Ama imparatorluğu kırılgan bir dev, yılların sağlamlaştırmaya henüz vakit bulamadığı bir varlıktı. Oysa doğusunda bulunan Cengiz Han'la kuşkusuz dünyanın o güne kadar gördüğü en büyük fırtına başlıyordu. Ve bu fırtınaya dayanamayacak, kapılıp gidecekti.

Delhi Sultanlığı

1175'te Gurlu Gıyaseddin daha çok Şihabeddin adıyla tanınan kardeşi Muhammed bin Sam'ı Gaznelilerin peşine düşmesi için gönderdi. O da sırasıyla Multan ve Uş, Peşaver (1179), Sialkot (1181) ve Lahor'u (1186) ele geçirdi. 1192'deyse Tara'ori yakınlarında olan Nardin'deki Prens Prithviraca yönetimindeki Racputlar koalisyonunu ortadan kaldırdı ve bu onun Ecmir ile Delhi'yi işgal edip, sonra da Ganj Vadisi'ne müdahale etmesini sağladı. Ama teğmen Muhammed Bahtiyar Halaci birkaç yüz kişilik bir kuvvetle Bihar ve Bengal'i kolayca ele geçirdi.

Harezm şahının Gurlular karşısındaki ilk zaferlerinden kısa bir süre sonra, Hindistan'da savaşmakta olan paralı askerlerin komutanı Türk komutanı Kutbeddin Aybeg kendini "Türklerin ve İranlıların Sultanı" ilan etti ve özellikle siyasal bakımdan çok parlak bir geleceği olan Delhi Sultanlığını kurdu. Aybeg kısa bir saltanat süresinden sonra yerini, Hindistan'ın en büyük hükümdarlarından biri olacak damadı Şemseddin İl-Tutmış'a (1211-1236) bıraktı. Bu arada Müslüman dünyasında tek örnek olmamakla birlikte, çok az görülmüş olması nedeniyle bir noktayı belirtmekte yarar var: Şemseddin İl-Tutmış tahtı, "çocuklarının en yeteneklisi" olan kızı Raziye'ye bırakmıştır. Raziye sadece dört yıl saltanat sürdü (1236-1240) ve kadın düşmanı bir Müslüman tarafından değil, bağnaz bir Hindu tarafından öldürüldü.

Daha sonraları en önde gelen kişi, Orta Asyalı büyük bir Türk ailesinden gelen ve Iltutmuş'a köle olarak satılan Balban (ö. 1287) oldu. Önce yüksek görevlilerden biriyken daha sonra sultan olan Balban, Tuğrul adındaki bir Türk önderin bağımsızlık ilan ettiği Bengal'e birçok kez müdahalede bulundu. Ve yerine ikinci oğlu Buğra Han'ı (1280) bıraktı; "Buğra [Deve] Han" adı bir yandan Karahanlıların uzak etkisini gösterirken, diğer yandan ateşli, coşkulu bir İslami görünüş içinde, İslamiyet öncesi dönemden kalma Türk geleneklerinin de varlığını sürdürdüğünü gösterir.

Gaznelilerin derin bir biçimde İranlılaşmaları ve Gurluların İran dünyasına ait oldukları göz önünde tutulursa, Türklüğün ortaçağ Hindistan'ında büyük bir rol oynamadığı sonucuna varılabilir. Gerçekte ise Gazne sarayında konuşulan dil ile Gurluların dilinin Farsça olmasına karşılık, Türk köleler genellikle sadece Türkçe konuşur ve onlara sadece Türkçe hitap edilirdi. Oysa Türk köleler, her yerde olduğu gibi, orada da birliğin oldukça bilincinde olan bir aristokrasi oluşturmuşlardı. Hint kaynakları, bu seçkin sınıfın antropolojik özgünlüğü kabul etmiştir ve bu sınıf varlığını, içten evlenme yoluyla olmasa bile en azından boylar arası evlenmelerle sürdürme arzusundaydı. Gurluların kökenlerinin ne olduğunu ve Hindistan'a Gazneli Mahmud'un seferlerinden önce giren Türk öğelerle ilişki kurup kurmadıklarını ve kültürlerinden geriye ne kaldığını öğrenmek ilginç olurdu. Daha VII yüzyılda Keşmir kralı Harşa'nın (ö. 647'e doğru) ordusunda Türkler vardı; daha sonraki tarihlerde Bülûcistan'da da Türklere rastlanacaktı. Ayrıca daha başka yerlerde de vardılar. Güney Hindistan'da "Müslüman" yerine *Türüşka* denirdi. Bu, daha sonraki tarihlerde ve bugün de bazı güney ağızlarında *Tölügü*'ye dönüşmüştür ki, bu da "Türk"ün, daha doğrusu "Türük"ün farklı bir transkripsiyonudur.

Delhi köleleri (memluklar) hanedanlığı 1209'da son buldu. Var ettikleri hanedanlık Türk-Afgan gücünün özellikle Hindistan altkıtasında sağlamlaşmasını ve güçlü bir tasavvufi hareket olan Sufilik tarafından etkilenmiş Hindu yığınlarına Islamiyetin nüfuz etmesini sağlaması dolayısıyla önemlidir. Hindistan'daki ilk büyük Islami anıtları yapan da bu hanedandır. Ayrıca bu hanedan tahta yasal olarak geçmeden önce de bazı büyük yapılar inşa ettirmiştir: 1200'e doğru yapılan Ar-hay-dinka-jhompra adındaki Ecmir Ulu Camii dışında bu büyük yapıların hemen hepsi Delhi'de inşa edilmiştir. Bunların hepsi de yıkılan Hindu tapınaklarından getirilen malzemelerle inşa edilmiştir. Bunun sonucunda oldukça ilginç bir biçimde, bir Islam mimarlık planı ile alışılmış Islam mimarisi görünümü taşımayan yapılar ortaya çıkmıştır. Bu yapılar arasında iki başyapıt yer almaktadır. Bunlardan biri (1197'de tamamlanan) Kuvvet-ül-İslam Camii'dir, birkaç yıl sonra bu camiye muhteşem bir ön cephe yapılmıştır; diğeri ise aynı zamanda hem bir zafer kulesi hem de bir minare olan Kutub Minar'dır. Yüksekliği 72,5 metredir ve özgün bir mimariye sahip olup ve son derece şaşırtıcı bir ustalık sergilemektedir. İlk yapıldığı tarihte, yani XII yüzyıl sonu, XIII yüzyıl başında, dört kattan oluşurken, XIV yüzyıl ortalarında bir yıldırım çarpması sonucu hasar görünce Tuğluklar tarafından büyük oranda yenilenmiştir ve bugün beş kattan oluşmaktadır. Her ne kadar bugün üst kısımları özgün biçiminde değilse de Kutub Minar ortaçağ İslam sanatının en etkileyici örneklerinden biridir. 1231 yılında yapılan Gur Sultanı mezarıysa Hint mezar mimarisinin en arkaik örneğidir ve İslam mimarisi en güçlü ifadelerinden birini bu mimari tarzında bulur.

VIII. BÖLÜM

MÜSLÜMAN DÜNYADA TÜRKLER

Çok geniş bir düzlemde meydana gelen olayların çokluğu bizi özden uzaklaştırabilir: Türk dünyası batıya doğru kayarak ağırlık merkezini kaybetti, tümüyle değilse bile büyük bölümüyle, sınırlarını genişlettiği *Dar-ül-Islam* içinde yer aldı.

Türklere göre "imparatorluğun temeli olan" toprak Ötüken, yani Moğolistan'ın kuzeyi, yaklaşık 1000 yılına kadar, küçük aralıklar dışında her zaman Türklerin olmuştu: Hiong-nulardan sonra Tu-kiuler, Uygurlar, Kırgızlar ve Juan-juanlar da burasını merkezleri bilmişlerdir. Hepsinin de etkilerini Çin ya da Avrupa'ya kadar duyurdukları güçlerini bu merkezden aldıkları anlaşılıyordu. Bunlar uzun bir süredir doğudan çok batıya baksalar da, X yüzyılda hâlâ Gök İmparatorluğuna (Çin) girecek güçteydiler.

Aradan yüzyıl geçtikten sonra, her şey değişti ve XII ve XIII yüzyılda bu değişim daha da belirginleşti. Türk boyları Moğolistan'da üstünlüğü sağlama amacıyla Moğol boylarına karşı verdikleri mücadelelerde yetersiz kalıyorlardı: Çin yolu Türk boylarına kapanmış, Moğol boylarına açılmıştı. Bu Türk boylarından bazıları kuzeye, Sibirya yönüne sürüldüler. Bu boylardan biri de Rusların, Tunguzların verdikleri adı benimseyerek Yakut dedikleri boyun ataları olan ve o sıralar Baykal Gölü Türk halklarının kuzeyinde olması gereken boydu. Bazıları batıya doğru, Altaylar ile Urallar arasına sürülüp, burada çöküşe geçen, ancak hâlâ varlığını sürdüren Uygur uygarlığının dışında kalarak göçebe ve pagan kültürleriyle yaşamaya devam ettiler. Karadeniz'in kuzeyi, Hazarlar ve Peçeneklerin yerini alan Kıpçaklarla Türk ülkesi olmayı sürdürdü. Bulgarlar ve Karahanlılar Muhammed'in öğretilerini benimsediler. Gazneliler İslamı Hindistan'a götürdüler. Böylece bunların her biri geniş toprakları İslamiyetin siyasal ve kültürel nüfuz alanına katmış oldu. Ortadoğu'da, Afganistan'dan başlayarak Rum ülkesine, Maveraünnehir'den geçerek, Harezm, İran, Irak ve Suriye'ye dek iktidar her yerde Türklere aitti. Memluklar özellikle Mısır'da 980 yılından beri, gitgide büyüyen bir rol oynamaya başlamışlardı. Birçok il tümüyle Türkleşme yolundaydı ve bunlar da gelecekteki istilaların kaynaklarını teşkil edeceklerdi. Türklerin geleceğinin artık aynı ufuklara sahip olamayacağı ve bakış açılarının esas olarak İslami olduğu açıktı.

Tarihçiler XI-XIII yüzyıllar Müslüman Asya'sını, Oğuz boylarının göç etmelerinden sonraki birliği daha iyi ortaya koyabilmek amacıyla "Selçuklu Doğu" olarak adlandırmışlardır. Selçukluların, Oğuz boylarının yegâne temsilcileri olduğunu da eklemek gerek. Çok belirgin bazı farkları karanlıkta bırakan bu tanım, tepeden tırnağa homojen Türk toplulukları olan Karahanlılar ve Bulgarlar (zaten Bulgarların burada pek fazla bir önemi yoktur) için geçerli olamaz. Buna karşılık aynı tanım bir Türk azınlığın, Türk olmayan Arap, Farsi, Hintli ya da Yunanlı çoğunluğa egemen olduğu, aynı çevreden gelen, aynı zihniyete sahip göçebe toplulukların İslamiyetle çatışması sorununun ortaya çıktığı ve hepsinde benzer durumların baş gösterdiği öteki tüm devletler için son derece uygundur.

Nüfus

Dünün nüfus hareketlerinin bugünün nüfus hareketleriyle aynı olmadığını unutursak, milyonlarca Türkün bir anda İslam dünyasının topraklarına akın ettiğini düşünebiliriz. Ama bu, kavramakta güçlük çektiğimiz ve bugün tartışılan gerçeklere çok uzak bir düşüncedir. Bugüne kadar bazı bölgelerin yerleşme, bazılarının ise geçiş amaçlı olduğu, gelen göçmenlerin yoğunluğunun her bölgede aynı olmadığı, XI yüzyıldaki ilk dalgayı XIII yüzyılda Moğol istilaları sonucunda en azından ikinci bir göçmen dalgasının izlediği konusunda görüş birliğine varılmıştır.

Hindistan'a sadece askerler gelerek kısa sürede İranlılaşan ve daha sonra da Hintlileşen bir aristokrasi oluşturdular. Arap Ortadoğu'su da askerlerin avı oldu; ancak iklim koşulları, göçmen gruplarının buralara sürüleriyle yerleşmelerine izin vermedi. Askerler iktidarın tümünü muhafaza edemediler ve iktidar yerleşik büyük ailelerin elinde kaldı: Kürt Salâhaddin'in yaşamı bu açıdan açıklayıcı niteliktedir.

Olaylar İran ve Küçük Asya'da başka türlü gelişiyordu. İran tümüyle bir geçiş yeriydi ve kimliğini yitirmemesini de buna borçluydu. Dili ve kültürünün Türk egemenliği sırasında çok geliştiğini söylemiştik ve bunu daha sonra ayrıntılı olarak ele alacağız. Ama yine de Oğuz boylarının yerleşmesi, ülkenin etnik ve dilsel temelini hissedilir biçimde değiştirmiştir. Bu değişim birden değil, XI ila XVI yüzyıl arasında dereceli olarak gerçekleşmiş, daha sonraları da devam etmiştir. Yerleşme sürecini Selçuklular başlatmıştır. Ama ne kadar etkili oldukları konusunda bir şey söyleyebilmek güçtür. Aynı dönemde yerleşik düzene geçen Türkmenler Bülüçları (Beluçlar ya da Beluciler de denir) Deşt-i Kavir'in kuzeyinden güneydoğuya doğru sürdüler. Bu arada Türkçe konuşan çok sayıda unsur Zagros ve Fars bölgelerine yerleştiler. Bunlar büyüyen Kaşgay federasyonunu oluşturmaktaydılar. Türk boyları Azerbeycan'da, Tebriz ve Bakü bölgelerinde, Transkafkasya'nın aşağı topraklarındaki Hıristiyan Gürcistan'ın karşısına dikilmişlerdi. Bunlar yerel halkların asimilasyonunu XV yüzyılda tamamladılar. Yalnızca Hazar Denizinin çöküntülü ve ormanlık alanları istilacılardan korunabildi. Tarihsel akımların her zaman dışında kalmış bu alanlar, tarih sahnesinde sığınma yeri ya da aşırı nüfus hareketinin görüldüğü bölgeler olarak yer almışlardır.

Türk boyları daha çok Anadolu'ya yığılmışlardı. Çünkü Anadolu'nun toprağı ve iklimi alışabilecekleri özellikler sergiliyordu. Nitekim sonunda burası Türkiye haline geldi. Çok mu kalabalıktılar? Ortaçağ Küçük Asya uzmanı Claude Cahen'e göre ortaçağ başlangıcında sayıları 200.000-300.000'den çok değildi. Bu tahmin çok kuvvetli görünmüyor. Çünkü metinlerden edindiğimiz izlenimlere uymadığı gibi –ki bu izlenimler yanıltıcı da olabilirler– Peçenekler ve Kıpçaklar gibi bazı göçmen topluluklar konusunda yapılan tahminlerden bile çok düşüktür. Kimi otoritelerin belirttiği gibi, XIII yüzyılda Türkleşmenin başladığı ve eskilerinin ardı sıra yeni boylar gelmekte olduğu bir sırada Türk nüfus toplam nüfusun % 10'unu oluşturduğu doğrudur. Asimilasyon süreci yavaş oldu ve hiçbir zaman da tamamlanmadı. XX yüzyılın başında Türkiye Cumhuriyeti adıyla anılacak bu topraklarda en azından % 30 ya da belki de daha fazla Türk olmayan unsur kalmıştır, bunlar Farsça konuşan Kürtler, Rumlar, Ermeniler ve Levantenlerdir. Yirmi otuz yıl sonra Ermeniler gerek Avrupa'ya ve Lübnan'a göç etmeleri gerekse de Ermenistan Sovyet Cumhuriyetine çekilmelerinin bir sonucu olarak neredeyse tamamen yok oldular. Öte yandan yaklaşık bir buçuk milyon Rum, Yunanistan'a gönderildi. Kürtler ise yaşadıkları yerde varlıklarını sürdürdüler.

Küçük Asya'daki Türk nüfusunun artışı homojen bir şekilde gerçekleşmedi. Doğu bölgelerinde boylar kentleri ve kırsal bölgeleri yerleşiklere bırakarak göçebe kaldılar. Bununla birlikte başkenti Ani olan Büyük Ermenistan'ın nüfusunun bir kısmı Kilikya'ya giderek orada Küçük Ermenistan'ı kurdu. Osmanlıcaya geçmiş Ermenice sözcük sayısının azlığına bakarak bir yargıya varabilirsek, Türkler ile bu iki krallıktaki Ermenilerin çok az ilişki kurduklarını söyleyebiliriz. İstilacılar kıyı ovalarına da çok seyrek itibar gösterdiler ve balıkçılık sadece yerlilere kaldı. Türkçedeki balık adlarının neredeyse tümü Yunanca kökenlidir. Ege ve Akdeniz'deki onlarca küçük liman 1922 Türk-Yunan mübadelesine kadar varlığını sürdürdü.

Türkler Fırat'ın batısındaki merkezi platoya, Bizans nüfusunun ortasına yerleştiler. Kuşkusuz 1030 ila 1080 arasında Türkmen baskınları sırasında kaçan kentli ve köylüler vardı, ama ülke boşalmış değildi. Paniğin şiddeti abartıldı ve Selçuklu Devleti kurulduğu zaman da büyük bir istikrar içinde birlikte uyum içinde yaşanıldı. Anadolu'daki Selçuklu toprakları, Avrupalılar için Türkiye ya da Türkmenistan adını aldıktan sonra bile Müslümanlar için Rum ülkesi olarak kalmayı sürdürecekti.

Göçebeler ve Yerleşikler

Göçebelik Türklerde, Araplarda olduğu gibi yüksek bir yaşam tarzı ve soyluluk belirtisi demek değildi. Ama yine de birçok boy atalarından kalan göçebeliği sürdürdü ve gerek Selçuklu yönetiminin gerek daha sonraki dönemde Osmanlı hükümetinin onları yerleşik düzene geçirme amacını güden kararlı politikası her zaman başarıya ulaşmadı. Ekonomik koşulların bütünüyle değiştiği ve göçebeliğin Türkiye'de neredeyse son bulduğu günümüzde, bu ülkenin mevcut uyruklarının göçebeliğe gösterdikleri bağlılığın hâlâ sürdüğü saptanabilir. Bunlar başlangıçta, eskiden olduğu gibi koyun ve keçi otlatan devecilerdi; kuşkusuz onların yanı sıra oduncu göçebeler de vardı (Ağaçeriler). Bugün Tahtacı adıyla karşımıza çıkan ve kırsal olmayan göçebe topluluklarından birisi olan göçebelerin bunların torunları olduğunu sanmıyoruz.

İran'da, Oğuzların tarımın yok olmasına katkıda bulunmuşlardır. Aynı zamanda yağmacılıklarıyla uzun süredir yerleşik olan İranlılar ile Zagros bölgesindeki büyük Bahtiyari boyunu göçebeliğe döndürdüler. Kentlere yerleşen Oğuzlar ise buralardaki iç gerginliği artırdılar ve bu kentlerden birçoğunun yıkılmasına sebep oldular. Örneğin Moğol istilasıyla sonu gelen Nişapur için durum böyle olmuştur. Bu kuşkusuz doğrudur, ama abartılmamalıdır. Zira daha sonra meydana gelen Cengiz Han ve Timur istilaları gibi korkunç yıkımlar İran uygarlığı ve özellikle ekonomisi açısından çok ciddi sonuçlar doğurmuştur.

Göçebeler Anadolu'da genel olarak kent çevrelerindeki tarım yapılmayan bölgelere yerleştiler. Daha sonraları ülkenin güneyindeki dağlara sürüldüler ve burası onların yeni yaylaları oldu. Kışın Pamfilya, Kilikya ve Ege'nin kıyı ovalarına iniyorlardı. Eskiden çok verimli olan ve yılda birkaç kez ürün alınabilen bu bölgeler çelişkili bir biçimde göçebelere terk edilmiştir. Türklerin dış ticaretleri için yararlandıkları Antalya ve Sinop gibi bazı limanların dışında, genellikle antikçağdan kalma kentlerin pek çoğu yok olmuştur. Yüksek plato gerçekten Rum Selçukluların ülkesinin merkeziydi. Burada bazı topluluklar tutuculuklarına karşın çok erken bir tarihte toprağa bağlandılar ya da tam göçebelikten yarı göçebeliğe geçtiler. Bunlar, yerlilerle karışarak sonunda yeryüzünün en sağlam köylü ırklarından birini oluşturdular.

İslamiyetin bir kent uygarlığı olması ve kentlerin de her zaman Türkleri çekmesi nedeniyle, istisnalar dışında Türk hükümdarları genellikle kentlerde ikamet ettiler. Örneğin Erzincan'da nüfusun çoğunluğu Ermeni olarak kalmıştır. Başka yerlerde de durum büyük olasılıkla böyleydi. Bugün, eski adı Meyyafarıkin olan Silvan'da da yalnızca Kürtler yaşıyordu. İran'da, Türklerin yerleşik düzene geçişleri kolay olmadığı gibi kentlileşmeleri de kolay olmadı. Buna karşılık Anadolu'da tam olarak kentlileşmişlerdir. Kent yaşamı hem politikada hem de ekonomide önemli bir rol oynamaktadır. Gazneliler başkentleri olan Gazne kentine çok büyük bir önem kazandırmışlardır. Bu kentin belki de bir milyon nüfusu vardı. Öte yandan Isfahan Büyük Selçuluklar için bir kültür merkeziydi. Rum Selçuklularında ise metropol yoktu; buna karşılık birçok önemli kente sahiptiler. Bu kentlerin bugünkü adları eski Rum adlarından izler taşımaktadır: Konya-Ikonion, Kayseri-Kaisareia, Sivas-Sebasteia, Ankara-Ankyra ya da Angora. Simon de Saint-Quentin XIII yüzyılın ilk yarısında Selçuklu Devletinin yüz kenti olduğunu, İbn Said ise Selçuklu Devletinde valisi, kadısı, camisi ve hamamı olan yirmi dört kent olduğunu belirtir. Başkenti Konya nüfusu on binleri bulan ve çok geniş bir alanı kaplayan bir kentti. Önem bakımından ikinci sırada gelen kent Sivas olurken, onu Kayseri, Erzurum, Malatya, Niğde ve diğer kentler izliyordu. Bu kentlerin yapılarına dair fazla bilgi bulunmamaktadır. Örneğin Antalya gibi birçok kavmin bir arada yaşadığı kentlerde Yahudi, Rum ve Türk mahallesi bulunduğu sanılmaktadır. Bu türde bir dağılımın eşini Uygurlarda da görüyoruz. Ayrıca hemen hemen her yerde İranlılar'ın yaşadığı görülmekteydi ve rolleri Moğol istilalarından sonra gelen yeni mültecilerle artmıştı.

Müslümanlaşma

Selçukluların başarılarının kısmen Sünniliği benimsemelerine ve halifeliğe bağlılıklarına borçlu olduklarını söylemiştik. Tüm politikaları bu durumun sonucu oldu ve bu anlamda rolleri çok önemliydi. Her ne kadar büyük bir çoğunluk sadece görünüşte İslamiyete geçişi kabullense de, oldukça samimi duygularla Müslümanlaşanların ve fazla Ortodoks olmayan, ama son derece özgün nitelikler ortaya koyan tasavvuf akımının da (Sufilik hiç böyle oldu mu?) olduğu kuşku götürmez. Bu tasavvufi akımın üyelerinden biri de ilk büyük Türk şair olarak kabul edebileceğimiz Ahmed Yesevi'dir. Yesevi, Yassi'de (Türkistan) XII yüzyılın başında doğmuştur. Eğitimini Buhara'da, Yusuf Hamadani'nin (ö. 1140) yanında tamamlamıştır. Uzun bir süre bu dervişin öğrencisi olarak hizmet verdikten sonra ondan ayrılmış ve Türk şeyhlerinin başı olması gerektiğine inanarak boylarda vaaz vermek üzere yollara düşmüştür. Bu noktada, her ne kadar manevi anlamda yakın durmayı sürdürse de, esasen Buharalı ancak tüm dünyaya yayılmış büyük Nakşibendi tarikatından ayrılmaktadır. Ahmed Yesevi'nin etkisi büyük ve uzun süreli olur. Çünkü dili sade ve kolaydır. Onun sayesinde bütün bir kültürel gelenek Türkçe kurulabilmiştir. Bugün Türkiye'deki Alevilerin hâlâ esin kaynaklarından biridir. Şii oldukları söylense de bu Türkler hâlâ Şamanizm etkilerini taşırlar ve Şeriata karşı mesafeli durarak, büyük bir serbestlik gösterirler. Timur, Yesevi için muhteşem bir anıtmezar inşa ettirmiştir.

Ama Müslüman olsun ya da olmasın Türk halkı eski pagan inanışlarından pek çok özelliği korumuş ve büyük bir hoşgörüyle davranmıştır. Bu hoşgörü özellikle de halkın çoğunluğu Hıristiyan olan Anadolu'da dikkat çekiciydi. Sultanlar tartışmalar düzenliyor, bu toplantılara çeşitli inançlardan bilginleri çağırıyorlardı. Hıristiyan prenseslerin papazları ve Selçuklu saraylarında kiliseleri vardı. II. Kılıç Arslan dostu Malatya Başpiskoposu'na, Bizanslıları onun duaları sayesinde yendiğini yazmıştır. Barış içinde yaşama zorunluluğu bu tavrı (ve önlemleri) cesaretlendirmiş olabilir. Ayrıca Türklerin alışildık ülkülerine de uygun düşer: bu tutum bir Tu-kiu, bir Uygur, bir Cengiz Han, bir büyük Moğol tutumuydu. İslamiyetin, özellikle Yahudilere ve Hıristiyanlara karşı hoşgörülü olmasına karşın, Müslüman dünyada hiçbir şeyin onunla eşdeğer olamayacağı görüşü hakimdi. Küçük Asya'daki ortaçağ Arap gezginleri hep bundan yakınmışlardır.

Hükümdarlar ve onların yüksek görevlileri arasında yer alanların Türkleşmiş olanları da, Müslüman adlarının yanı sıra Alp Arslan, Tuğrul Bey, Çağrı Bey ya da ünlü vezir Karatay örneğinde görüldüğü gibi totem adlarını andıran adlar almışlardır. Müslümanlığın tasvir yasağını umursamayarak kentlerin ve sarayların duvarlarına armalarını koymuş olanlar da onlardır. Bu arada, ölmüş düşmanlarının kemiklerini topraktan çıkararak yakma biçimindeki pagan gelenek de varlığını uzun bir zaman sürdürmüştür. Bunun, söz konusu düşmanların yeryüzündeki varlığından kesin olarak kurtulmanın tek yolu olduğuna inanılan dönemlerin anısını mı sürdürdüğü bugün de hâlâ kesin olarak bilinmemektedir. Ayrıca hükümdar ailesi üyelerini kanlarını dökerek öldürmemek de kural olarak kalacaktır. Bunun nedeni eski inanışlara göre, kanın içinde ruhu taşımasıdır: dolayısıyla sadece yay kirişiyle, keçe parçasıyla ya da yastıkla boğularak öldürülebilirlerdi. Bunun yanı sıra sancakların üst uçlarına at kuyruğu kılları takılması uygulaması da sürmüştür.

Şamanizm Anıları

İslamiyet ile Türk-Moğolların eski dini arasında bazı ortak noktaların bulunduğu doğrudur ve bunlar üzerinde sık sık durulmuştur. Tektanrılı büyük Gök Tanrı inancı Allah'la özdeşleştirilebilir; İslamiyetteki cin ve melek inancı farklı bir biçim altında Türklerin ikincil tanrılarına, sayısız "sahip-efendi" varlığına olan inançlarıyla örtüşmektedir. İslamiyetten ileri gelmeyen, ancak yine de ona doğrudan zıt olmayan inanışlar ise halifenin dinini yanlış yorumlamak pahasına muhafaza edilmişti. *Kuran* inancına karşıt olarak, ölü ve mezarlar kültü varlığını sürdüren geleneklere örnek gösterilebilir. Bunun dışında çok açık farklılıklar da vardır ve her iki tarafta bu konuda bir türlü uzlaşmaya varamamıştır. Örneğin hayvanların öldürülmesiyle ilgili kurallar: İslamiyete göre hayvanın kanı kesinlikle akıtılmalı, hayvan boğazı kesilerek öldürülmelidir; Türklere göre ise hayvanlar bir damla kan dökülmeden boğularak öldürülmelidir (tıpkı hanedan ailenin üyelerinin başına geldiği gibi). Bu farklar Türklerin din değiştirmelerinin önündeki belli başlı engeller olmuşlardır.

Yığınlar çok dindar değillerdi. Aslında daha yeni Müslüman olmuşlardı ya da Müslüman olmaları sadece İslamiyetin varlığını kabul etmekten ibaretti. Bu konuda başka yoldan bilgi edinilemiyorsa, edebiyat dahi bu konuda kesin kanıtlar sunar. Örneğin Müslüman dünyada pek beğenilen ve Türkçede ilk olarak Şeyyad Hamza tarafından kaleme alınan (XIII yüzyıl) *Yusuf ile Züleyha* (ya da Zeliha) hikâyesi, tüm İslam metinleri gibi, *Bismillahirrahmanirrahim*, yani "esirgeyen ve bağışlayan Allah'ın adıyla" kalıbıyla başlar. Oysa Şeyyad Hamza kendisini, aralarında Allah sözcüğü de bulunmak üzere bu kalıbın içindeki tüm sözcükleri Türkçe açıklamak zorunda hisseder. Daha sonraki bir tarihte büyük Oğuz Destanı *Kitab-ı Dede Korkut*'ta dağ, su ve ağaçtan oluşan tanrısal üçlüye dualar gibi, her sayfada Türk paganizminden kalıntılar ortaya konacaktır. Anadolu'daki Türk göçebeleri arasında yaptığım, başkaları tarafından yerleşik çevrelerde yapılmış çalışmalarla da örtüşen etnografik araştırmalar, dokuz yüzyıllık Müslümanlaşmadan sonra yoksul tabakanın, ortaçağ inançlarının kalıntılarından fazlasını muhafaza ettiğini açıkça göstermektedir. Ama yine de XI yüzyılın sonu ile XIII yüzyılın başı arasında paganizmin etkisinin sürekli olarak azaldığı görülür. Moğol istilalarıyla yeniden canlanırken, XV yüzyıldan itibaren yeniden düşüşe geçer. Bu durumda binyüzlü yıllarda bu etkinin ne kadar şiddetli olduğu kolayca tahmin edilebilir!

Şiilik, Tasavvuf ve Karşılaştırmalar

İslami dogmalara Sünnilikten daha az bağlı olmasının yanı sıra çeşitli biçimlere bürünebilen esnek Şiilik boyları derin biçimde etkiledi. Türkmen *Baba*'ların kendilerini çoğu zaman Şii olarak tanıtmalarına karşın aslında eski Şamanların mirasçısıydılar. Ortaya halkın ilgisini geniş biçimde çeken öğretiler koydular. Kitleleri peşlerinden sürükleyecek yetenekteydiler. II. Keyhüsrev'in saltanat döneminde, Baba İshak devrimci sosyo-ekonomik öğretilere dayanan gerçek bir ayaklanma çıkardı. Kent çevrelerine ve esnaf loncalarına daha yakın duran Ahiler çoğu zaman cömert ve samimi ancak geleneksel ilkelere bağlılığı (ortodoksluğu) kuşkulu bir inanç ortaya koydular.

O dönemin tüm gezgin dervişleri arasında Hacı Bektaş Veli özel bir yazgıya sahipti. Hacı Bektaş Veli Kırşehir bölgesinde, bugünkü adı Hacıbektaş olan Suluca Karahöyük'e yerleşmişti. Dinin dogmalarına ve ayinlerine harfi harfine uymayı pek önemsemeyen bir İslamiyet biçimi vaaz ediyordu. Hacı Bektaş Veli şarap içmeyi, raks etmeyi, topluluk halinde, hatta büyük bir olasılıkla kadınlı erkekli yemek yemeyi öğütlüyordu. Kitabı *Vilayetnâme*'ye (ya da *Velayetnâme*) dayanan tarikatı Bektaşilik XV yüzyılda düzenlenmiştir. Daha XIV yüzyılda, Osmanlı İmparatorluğunun seçme birlikleri yeniçeriler ile Bektaşilik arasında sıkı bir ilişki kurulmuştu bile. Bu da gördüğü ilgiyi açıklamaktadır.

Daha ortodoks bir tasavvuf, eğitimli çevrelerde Bektaşilik kadar başarı kazandı. Tasavvufun en büyük figürü, Müslümanların Mevlana adıyla andıkları Celaleddin Rûmî'ydi. Celaleddin Rûmî 1207 yılında Belh'te doğdu. 1219'de Moğol istilasından kaçarak Konya'ya yerleşti. Öğrenim gördükten ve birkaç yıl da ders verdikten sonra Semazenler adıyla da bilinen Mevlevi tarikatını kurdu. Bu önemli tarikat ve manzum yapıtları, özellikle Farsça yazılan *Mesnevi*'si uluslararası düzeyde ilgi gördü. 1273'te öldüğünde din ayrımı olmaksızın tüm kent onu mezarına kadar uğurladı. Mezarı çinilerle kaplıdır, en alt katta küçük kubbeli yapılardan ibaret olan derviş odaları, bunun üstünde raks ve dua ayinlerinin yapıldığı daha büyük kubbeli birimler bulunmaktadır. Manastır XVI yüzyılda inşa edilmiştir, bugün müze olarak kullanılmaktadır. Burası sürekli olarak ellerini gökyüzüne açarak, Velinin kendilerine yardım etmesini dileyen ziyaretçilerin akınına uğrar.

Türkler İran'da ve Yakındoğu'daki Arap ülkelerinde hüküm süren Müslüman dünyaya, buradaki anlaşmazlıklara bulaşmak pahasına kısa sürede karışmışlarsa da Anadolu'da Hıristiyanlıkla karşı karşıyaydılar. XIII yüzyılda Anadolu'da nüfusun yüzde onu Türk olduğuna göre, demek ki Kürtler hesaba katılmazsa nüfusun yüzde doksanı Hıristiyandı. Daha önce de gördüğümüz gibi, Rum Selçukluları döneminde çoğunluk ile azınlık arasındaki ilişkiler, özellikle de Türkler ile Rumlar arasındaki ilişkiler mükemmel ve hatta komşu Müslüman ülkelerle kurulmuş ilişkilerden daha sıkıydı. Konya ile Bizans'ın yüksek makamlarındaki kişiler arasında sık sık evlilikler gerçekleşirdi. I. Keyhüsrev'in ve II. Keyhüsrev'in anneleri Rumdu. Denildiğine göre II. Keykavus Hıristiyan olan amcalarının etkisinde kalmıştır. Hükümdar ailesinden bir erkek, siyasal nedenlerle yabancı bir ülkeye sığınmak istediğinde, Şam ya da Isfahan'dansa Konstantinopolis'e sığınırdı. Bazı Danişmend sikkelerinde, İsa'nın ve Aziz Yorgos'un [Aya Yorgi] –henüz İslam etkisinde kalmamış olsalar gerek– tasvirleri vardı.

Hoşgörülü davranılması dolayısıyla siyasal, ekonomik ve kültürel nedenlerle ya da sadece Müslüman uygarlığın saygınlığı nedeniyle yerli halktan din değiştirerek Müslüman olanların sayısı çoktu.

Kadınların Konumu

Müslüman olsun ya da olmasın bütün Türk ülkelerinde, kadınların konumu, genelde İslam toplumlarının sergilediği genel görünüşe hiçbir biçimde uymuyordu. Kadının toplumdaki konumu bir felsefeden, bu ırkın sahip olduğu özelliklerden kaynaklanıyordu. Ya da Şamanizmin, cinsler arasındaki eşitliğe, hatta farklı cinslerin olmadığına dair vurgusu uzun süredir biliniyordu. Bir Şaman bir kadın gibi doğum yapabilirdi örneğin. Ancak bu, kadınların dişiliklerini unuttukları, erkeklerin de onlara hayran olmayı bıraktıkları anlamına gelmiyordu: "Hey sen! Kara saçları topuklarına inen ... sen, kalem kaşlı ... gonca dudaklı ... sonbahar elmaları gibi parlak gözlü." Örneğin bir kadın erkek gibi giyindiğinde, bilerek ya da bilmeyerek bu kadının memelerine dokunmanın bir anlamı vardı: bu, zamanla bir düğün ayinine dönüşecekti. Yurtta kadının belli bir yeri vardı. Toplumda mevkisini muhafaza etmek zorundaydı. Kadın için övünmek ayıptı." *Kitab-ı Dede Korkut*'ta "Övünmeklik avratlara bühtandır!

Övünmekle avrat er olmaz!" denilir; ancak "kadın iyi düşünür, iyi konuşur" ve "onu dinleyen" kocasına iyi öğütler verirdi her zaman. *Irk Bitig*'de babanın emir, anneninse öğüt verdiğini görüyoruz. İyi bir evlat da kendi rızasıyla annesini ve babasını dinlemelidir.

Türk kadını yüzünü saklamazdı ve hareme kapatılmazdı. Siyasal ve toplumsal yaşama tam bir özgürlükle katılırdı. X yüzyılda, o sırada Müslümanlığı henüz kabul etmiş olan Volga Bulgarlarına görevle giden İbn Fadlan, bunu büyük bir açıklıkla ortaya koyar: "Kadın örtünmez ... Vücudunun hiçbir kısmını kimseden gizlemez." Ve uyulması gereken yasa, erkeklerin göbekleriyle dizleri arasını örtmelerini gerektirdiği için, bunun onu daha çok şaşırttığını belirterek şu hikâyeyi anlatır: "Bir gün bir konuşma sırasında, ev sahibinin karısının, eteğini kaldırarak cinsel organını kaşıdığını gördüm." Bu onu büyük bir şaşkınlığa düşürür. Ev sahibi Bulgarsa gülmeye başlar ve tercümana şöyle der: "Karım herkesin önünde cinsel organını açıyorsa bu, cinsel organının erişilmez olduğunu gösterir. Ve bu, cinsel organını saklayarak ona erişilmesine izin vermesinden iyidir"

Ondan yüzyıllar sonra İbn Batuta (1304-1377) büyük bir ilgiyle, Türk ülkelerindeki kadınlarla sürdürdüğü latif ilişkilerden söz eder. Maveraünnehir'de hükümdar tahtının iki prenses tahtı arasında durduğunu ve bunlardan birinin de eşi olduğunu belirtir. Harezm'deyse şöyle der: "Kadı'nın eşi hatun bana yüz gümüş dinar gönderdi. Emir'in karısı olan kız kardeşi onuruma şölen verdi." Anadolu'yla ilgili olarak şöyle der: "Taki Hatun karşımızda ayağa kalktı, bizi incelikle selamladı; bizimle iyilikle konuştu ve bize yiyecek getirilmesini buyurdu."

Gözlemlerinin sonucu olarak da şöyle der: "Türklerde kadınların gördükleri saygıyı gözlerimle gördüm. Gerçekten Türklerde kadınların erkeklerinin üstünde bir yeri var." Kuşkusuz abartıyor; Türk-Moğol dünyasında naibeler, hatta bir kadın hükümdar da var olmasına karşın iktidar hep erkeklerin işi olmuştur. Bununla birlikte Selçukluların büyük veziri Nizamülmülk'ün kadınlara yönelik sert eleştirilerini de okumak gerekir. Bu "muhafazakâr," kadınların, Adem ve Havva'dan bu yana dünyadaki tüm kötülüklerin nedeni olduğuna inanmaktaydı.

Avrupalılar Türk kadınlarının erkekler gibi ata bindiklerini, ok attıklarını ya da öküz arabalarını sürdüklerini görünce, en az Müslümanlar kadar şaşırmıştır. Joinville de, Ibn Arabşah da kadın askerler ve kadın avcılar karşısında aynı tepkiyi gösterir. Kadın avcı ve askerleri epik metinler de doğrulamaktadır. "Selcen Hatun at saldı, karımını bastı, kaçanını kovmadı, aman deyeni öldürmedi!" diye anlatır bir tanesi. Başka bir metinde, genç bir erkek ile genç bir kız arasındaki dövüş anlatılır: "Yumruklaştılar, birbirlerine girdiler ve güreştiler." Kadınların, davranışlarında özgür olması, aşkı da kolaylaştırmıştır. Bir genç kızı cezbetmek isteyen erkek "gözlerinin gördüğünü, kalbinin seveceğini vereceğim sana" der. "Çok isteyenim var benim" der güzel. "Gözleri çarpan, kalbi alıp götüren güzellikler var" der genç bir oğlan. IX yüzyılda Ibn Rüşt ya da XI yüzyılda el-Bekri gibi Müslüman yazarlar Türk kızlarının eşlerini seçmekte özgür olduklarından söz ederler. Yakut, Karluklar döneminde, artık ayıp karşılanan ahlaksızlıklardan, Timur döneminde iyice gemlerinden boşalan serbestliklerden söz eder.

Yönetim

Ilke olarak hükümdar gücünü halifeden alırdı. Tuğrul Bey'in gerek unvanını gerek bu unvanın sağladığı yetkileri hangi koşullarda ve nasıl elde ettiğini gördük. Ama belirli bir güç düzeyine varınca kendisine bu unvanı ya da yetkileri atfeden liderler de yok değildi.

Sultanı halifeye bağlayan bağlar çok inceydi: halife, sultanın varlığını ve saygınlığını kabul eder, saygı gösterirdi ve ilişkileri bundan ileri gitmezdi. Unvanların derecesi çok yüksek olmamakla birlikte, sayıları çoktu. Kılıç Arslan kendine Türklerin değil, "Arapların ve İranlıların Sultanı" derdi, çünkü Türklerin hükümdarlığı hakkını halifeden değil, örfi kanunlardan alırdı.

Hükümdar kadiri mutlaktı; unvanları kimi zaman önemli olsa da genellikle görevleriyle örtüşmeyen tüm yüksek görevlileri atama ve görevden alma hakkına sahipti. Savaşta başkomutandı ve çevresinde *gaziler*, "iman askerleri," yani kelimenin anlamına daha sadık olmak gerekirse "gazaya çıkıp kâfirlerle dövüşenler" bulunurdu; gazilik, "Ahilerin" ve "Babalarınkinden" farklı ülküler içeren bir tür şövalyelikti. Hükümdar çoğu zaman ülkenin idari mekanizmasını kendisi yönetmez, bu işi vezirine bırakırdı. Büyük Selçukluların İranlı başveziri Nizamülmülk'ün devlet içinde Kılıç Arslan kadar, hatta onunkinden bile yüksek bir rol oynadığı bilinmektedir. Türklere özgü bir yankısı olan ve zamanın inançlarına karşın o dönemin havasına pek uygun düşen şu sözler onundur: "İnsanlar inançsız yaşayabilirler, ama adaletsiz yaşayamazlar." Vezir Karatay İranlı meslektaşıyla aynı öneme sahip olmasa da, Konya'da önemli bir figürdü.

Zaaf anlarında sultan, çocukluğunda onu eğiten *atabey*'in güdümüne girerdi: bu durumun sonucu olarak İran, Suriye ve Mezopotamya'da *atabey*'ler kendi hanedanlıklarını kurmaya uğraşır, ama bunu başaramazlarsa en azından mevcut işlerin yönetimini ellerine geçirirlerdi. Ama Rum Selçuklularında durum böyle değildi; *atabey*'ler eğitim ve öğretimle görevli kişi olan *lala*'nın rolünün sınırları içinde kalmışlardır. *Beylerbeyi*'ler Arapların *emir-ül ümera*'larının karşılıklarıydı ve birlikleri kumanda ederlerdi. Bir yüksek görevli, yani bir *bey* bir ili fethettiğinde, o ilin yöneticisi, valisi olma hakkını kazanırdı. Ama aynı zamanda da bir ordu beslemesi ve vergi toplaması gerekirdi. Sınır illeri, markiliklerin karşılığı olan *uç* beylikleriydi. Bunların dışında kalan hemen hemen her yerde illeri sultanın yakınları yönetir, valiler bu kişilere yardımcı olur ve hatta nezaret ederlerdi. Diğer yüksek görevlilerin en ilginci, adı kadar görevi de özgün olan *pervane*'ydi. Pervane (yani "kelebek") sultanın dirlikleri dağıtması işiyle görevlendirdiği kişiydi. Bu pervanelerden biri bir zorba yönetim kurmayı başaracaktır.

Yurtta yaşamaya alışkın, her çeşit beden hareketinde ustalaşmış, ava olduğu kadar savaşa da düşkün bu göçebe önderler lüks yaşamaya merak salmışlardı. Başkentlerinde, yazın ve kışın oturdukları yerlerde ayrı ayrı saraylar yaptırırlardı. Rum Selçuklularının olağan konutları Konya'da, ikincil konutları Kubad Abad ve Alanya'daydı. Hükümdar ailesinden daha az önemli bazı prensler de kendileri için konutlar yaptırırlardı: Diyarbakır ve Konya'da yalancı mermerden çok güzel insan, hayvan ya da bitki oymaları bulunmuştur ve bunların hangilerinin kral sarayından geldiği bilinmemektedir. Türkiye'de Kubad Abad kalıntılarından çok güzel çiniler çıkarılmasına karşılık, ne İran'da ne de Türkiye'de bu konutlardan geriye kayda değer bir şey kalmıştır. Buna karşılık Afganistan'da Laşkari Bazar'da yüksek Gazne yapıları keşfedilmiş ve bunlardan çok güzel freskler ortaya çıkarılmıştır. Öte yandan İtalyan arkeologlar Gazne kentinde üzeri kabartmalı, mermerden yapılmış büyük kaplama taşları ve yere çizilmiş haç biçimli saray planları ortaya çıkarmışlardır. Bunlar Horasan'ın eskiçağ yapı sanatının mirası olup İranlıların daha sonraki bir tarihte camileri için kullandıkları planlardır.

İktisadi Hayat

Vakayinamelere bakacak olursak, Küçük Asya XI yüzyılda, yaklaşık bir yirmi yıllık süre boyunca, Türkmenlerin akınları sonucunda tümüyle yerle bir edilmişti. Oysa daha XIII yüzyılın başında, yani bu tarihten yaklaşık yüz yirmibeş yıl sonra, neredeyse tamamıyla yeniden imar edilmiş ve dünyanın en zengin bölgelerinden biri olmuştur. Böyle bir kalkınma nasıl açıklanabilir? Kuşkusuz Türkmenlerin tahribatı derin değil yüzeyseldi: sulama sistemi zarar görmemiş, ormanlar yanmamıştı. Ormanlar, ağaçlıklı bölgeler karşısında duraksamış, yerinde saymış göçebeler yüzünden değil, çok daha başka bir nedenle daha sonra yok olacaktı.

Nüfus yoğunluğu önemli bir değişikliğe uğramamıştı. Kuşkusuz kaçanların çoğu geri dönmüştü; ayrıca kalanların sayısı da sanılanın çok üstündeydi. Hangi uyruktan olursa olsun tüm Hıristiyanlar, Türklerin aldıkları vergileri Bizanslıların aldıkları vergilere, sultanların hoyrat gücünü *basıleus*'ların zaafına ve düzeni kargaşaya tercih ediyorlardı. Kırsal kesimde toprak işlendi, kentlerde etkinlikler gelişti. Üretim tüm gereksinimleri karşılıyor, üretim fazlasıysa çok iyi işleyen bir ihracat ağıyla elden çıkarılıyordu.

Türklerin Kıpçak ovalarındaki büyük tekerlekli ve hayvan koşulu arabalarını muhafaza etmelerine karşılık, tüm İslam ülkelerinde ve Rum ülkesinde bu arabaların yerini kervanlar almıştı. Tüccar bir medeniyet olan İslam medeniyetinin başlıca "araç"ları, ilkçağ Roma İmparatorluğu araba ve yollarının yerini alan deve ve ilkel yollardı. Bu nedenle Selçuklular Konya'dan itibaren, doğu, kuzey ve batı yönünde Bizans sınırlarına kadar, güneyde ise özellikle Antalya ve Alanya limanlarına dek tüm Anadolu ticaret yolları üzerinde kervansaraylar (*hanlar*) yaptılar. Bu yollar sultanlar, vezirler, bazı özel kişiler –örneğin bir hekim– ya da bazı cemaatler tarafından finanse edilirdi. İyi ya da kötü durumda olan yüz kadar yolun varlığı saptanmıştır ve içlerinden pek çoğunun belirlenen yapılış tarihi hemen hemen Moğol istilaları sırasında tamamlandıklarını düşündürmektedir.

Avrupa'ya deniz yoluyla yapılan ticaretin Pisalılar, Provencelılar, Cenevizliler ve kendilerine imtiyaz tanınmış Venedikliler aracılığıyla gerçekleştirildiği anlaşılmaktadır; Arap dünyasıyla daha az gelişmiş olduğu sanılan ticaret ilişkileriyse özellikle Müslümanlar ve Bizanslılar aracılığıyla yapılıyordu. Selçuklular özellikle XIII yüzyılda yapılan Alanya tersanesinde donanmalar inşa ettirseler de ticaret filolarının çok önemli olmadığı sanılmaktadır. O dönemde Uzakdoğu ve Ortadoğu'yla alışverişlerin ne durumda olduğu konusunda elimizde bir bilgi yok. İşlenmiş ya da ham ürün ihracatının hacmi, neredeyse sıfır olan ithalat hacminden yüksekti. Dolayısıyla ülkenin zenginliği artmıştı. Ülkeye yerleştikleri sırada sikke kesmeyen Rum Selçukluları zamanla Danişmendlileri örnek alarak sikke kesmeye başladılar. Bunlar önceleri bakır sikkelerdi; daha sonra II. Kılıç Arslan döneminde gümüş, XIII yüzyıldaysa altın sikkeler kesilmeye başlandı.

Toprak mülkiyeti yapısı Selçuklu ülkesinde Bizans'takinden ve Müslüman ülkelerinkinden farklıydı. Müslüman ülkeler ve Bizans'ta toprakta devlet mülkiyeti ile özel mülkiyet ayrımı vardı. Bozkırlarda hayvan yetiştiricisi olarak yaşayan Türkler, toprağın bir kişinin özel mülkü olmasını anlamakta güçlük çektiler. Toprağı bölünmez sayıyorlardı, onlara göre toprağın sahibi ancak devlet ya da hükümdar olabilirdi. Türklerde bir ya da iki köyün boyutlarını aşan orta büyüklükteki toprak parçaları nadir olarak yaşamı süresince yararlanmak üzere bir devlet görevlisine verilirdi. Bunun adı *ıkta*'ydı. Ikta sistemi, vergi toplama hakkı vermemesine ve söz konusu toprağın işlenmesiyle gelir sağlayanlara maddi ve manevi bir otorite kazandırmamasına karşın genel olarak "has" sözcüğüyle karşılanmaktadır.

Öte yandan başlangıcı daha eskilere dayanan mülkiyetler, sahipleri tarafından muhafaza edilebilmiş bazı büyük topraklar da varlıklarını sürdürüyorlardı. Eskiden önemli olmasına karşın, göçebe hayvancılığı artık ekonominin temelini oluşturmuyordu. Tarım iyi durumdaydı. İbn Said Anadolu'daki köy sayısını 400.000 olarak tahmin eder. Bunların çoğu gerekli görüldüğünde başka yerlere gitmek üzere bırakılan ahşap ya da kerpiç yapılardan oluşmuş köycükler olmasına karşın bu sayı yine de abartılıydı. Yine İbn Said terk edildikleri için harabe durumuna gelmiş köylerin sayısını 36.000 olarak vermektedir. Buna göre, nedenleri çok iyi bilinmemekle birlikte yer değiştirmelerin sık görülen olaylar olduğunu söyleyebiliriz. Özellikle reçine, odun, pamuk, susam, darı, zeytin ve meyve üretilirdi.

Sanayi tarımdan sonra geliyordu. Şap, demir, gümüş, tuz, lacivert taşı çıkarılırdı. XIII ile XV yüzyıl arasında batının kullandığı tüm şap Küçük Asya'dan geliyordu. Avrupa'nın ünlü "Türk işi" yeldeğirmenleri, bostan dolapları suları ve tahılları dövüyordu. Zanaat etkindi. Bugün doğu pazarlarının halıcılardan, kunduracılardan, çinicilerden, kumaşçılardan, dericilerden, işlemecilerden geçilmeyen küçük sokaklarını gezdiğinizde geçmişin ihtişamını ve görkemini hayal etmekten fazlasını yapamayız... Bunu görebilmek için eski dönemden eşyaların sergilendiği müzeleri gezmek gerekir. Bugün zanaatçıların çoğu işlerinden zevk almamaktadır, teknik ve ustalık unutulmaya yüz tutmuştur. Son derece nadide, eşi benzeri olmayan mükemmel eserler ortaya koyan bu ince zevke, bu eşsiz renk seçimine, bu usta işçiliğe ne oldu peki? Hâlâ büyük bir hünerle ve ustalıkla dokudukları halılar bize geçmişten kalan tek anılar mıdır? Ortadoğu'ya geldikleri tarihten itibaren halı dokumuşlardır. Bu zanaatı belki de İranlılar sayesinde Anadolu'da tekrar keşfedeceklerdi; Ermeniler bu üretimin tekelini ellerinde bulunduruyorlardı, dolayısıyla onlara kalan bu zanaatı canlandırma vazifesiydi. Büyük bir şans eseri geçmişin bu usta eserlerin birkaçı günümüze ulaşmıştır. Bunlar neredeyse tamamen İslam etkisi taşıyan eserlerdir, buna karşın Türk izi hâlâ oldukça belirgindir. Batı Avrupa daha o günlerde bu halılara büyük ilgi duymaya başlamıştı.

Dil ve Edebiyat

Türkler, ilk Türk Müslüman imparatorlukları kurulmadan çok önce İslamiyete en büyük katkılarından birini yapmışlardı bile. Bu dine büyük düşünür Farabi'yi kazandırmışlardı. Soylu bir Türk aileden gelen Farabi, Buhara yakınlarındaki Vasic'de doğmuştur. Büyük oranda Farsileşmiş bir Türk olan Farabi, Arap kültürüyle yoğrulmuştu ve eserlerini Arapça yazıyordu. Eğitimini Samanoğullarının başkentinde tamamladıktan sonra Bağdat'a gitmiş ve burada bir Nasturi olan İbn Haylan'ın öğrencisi olmuştur. Daha sonra Platonculuktan etkilenmiştir. İkinci usta unvanını taşıyarak (birincisi Aristoteles'tir) felsefe öğretmeye başlamıştır. Farabi'ye göre felsefe evrenseldir, din inancından da üstündür. Çünkü tek bir doğru vardır, ancak herkes bu doğruyu farklı biçimlerde dile getirir. İbn Sina, İbn Rüşd ve İbn Bacce üzerinde çok etkili olmuştur.

Türkçe konuşan Türkler olan ve Türkleşmiş bir ülkede yaşayan

Karahanlılarda dil ve edebiyat da Türkçeydi. *Kutadgu Bilig*'i yazan Yusuf Has Hacib'den ve aynı zamanda bir edebiyat antolojisi olan Türkçe-Arapça sözlüğü borçlu olduğumuz Mahmud el-Kaşgari'den daha önce de söz etmiştik. Yazar olan yalnız bu ikisi değildi; burada, en azından çok büyük bir etki yapan mutasavvıf Ahmed Yesevi'nin adını anmadan geçmemek gerekir.

Karahanlılar dışında her yerde, İran ve Türkiye Selçuklularında resmi dil ve kültür dili Farsçaydı. İtibarı o kadar yüksekti ki, sonunda Türk seçkinleri Türklükten uzaklaşmışlar ve anadillerini yüksek fikirleri ifade etmekte yetersiz bulur olmuşlardı. Bu etki uzun zaman sürdü ve Türkçe, ancak büyük Müslüman-Türk hükümdarlıklarının yıkılmasından sonra yeniden yaşama hakkı kazandı. XV yüzyılda bile Uygur kökenli Ali Şir Nevai (1441-1501) dilinin Farsçaya olan üstünlüğünü çok Farsi bir anlayışla, Farsça sözcüklerle dolu cümlelerle kanıtlamaya çalışacaktır. Türkçe konuşan Osmanlıda Arapça-Farsça cümle yapıları ve söz varlığı dili o kadar bozmuştu ki, XIX ve özellikle de XX yüzyılda Türkçede reform yapmak gerekmişti.

Farsça, Samanoğullarında başlayan gerçek yeniden doğuşunu Gazneli Mahmud'un sarayında yaşamıştır. Bu aydın despot doğunun edebiyat alanındaki seçkinliklerini tüm olanaklardan yararlanarak kendine çekmişti. Dikkate değer bir istisna olarak, bu dilin etkisinden sadece İbn Sina'nın (980-1037) kurtulduğu belirtilir. Bu seçkinlerin övgücülük çalışmaları, içlerinden bazılarının yazarlık yeteneklerini küçültecek ve tüketecek derecedeydi. Firdevsi'nin yeteneği kendisini İran'ın en büyük epik şiiri olan ve sanki tüm tehlikeleri göze alarak içini dökercesine kaleme aldığı *Şahname*'de ortaya koymuştur. Büyük Selçuklular ve ardılları döneminde daha büyük bir fikir özgürlüğü yaşanmıştır. Bu sayede Fars şiirinin insanlığa sunabileceği en iyi şairler ortaya çıkmıştır: Nasır-ı Husrev, Baba Tahir ve Ebu Zayid, büyük mutasavvıf Attar, Nizami, Fitzgerald'ın İngilizceye çevirdiği yapıtları Avrupa'da aydınlar arasında büyük bir hayranlık uyandıran Ömer Hayyam ve daha sonraki bir tarihte Şirazlı Sadi. O sıralar İran edebiyatında gerçekten önemli eksik neydi? Sadece iki ad: Câmi ve Hafız. Selçuklular bunda payları olsun olmasın İran'a altın çağını yaşatmışlardır.

Halkın yoksul tebaası elbette bu edebi atılımın dışında kaldı. Farsçadan hiçbir şey anlamamayı ve atalarından öğrendiği Türkçeyi hiç geliştirmeksizin konuşmayı sürdürdü. Onları kurtaran ve Türk kalmalarını sağlayan da bu oldu. Bu insanlar küçük lirik deyişlere, şarkılara, destanlara çok meraklıydılar ve her zaman bunları yazacak durumda olmamakla birlikte sürekli bestelediler. Pek tutucu olan tüm bu sözlü edebiyat, hece vezniyle yazılan uyaklı şiirlerden, nüktelerden ya da fıkralardan ibaretti. İnce duygular, günümüzde de yazılan (yedi heceli, tek uyaklı dörtlükler olan) "mani"lerle ifade edilirken, epik metinler hemen hemen her zaman katı, kaba ve fantastik nitelikteydi ve içlerinde Müslüman ya da pagan kahramanlar ve doğruca Şamanizmden gelen pek çok doğaüstü varlık yer alırdı.

XIII yüzyılda yaşadığı sanılan Nasreddin Hoca, gerçekçi, basit, ama vurucu bir mizahı olan bir halk adamıdır. Bu kişiliğin etrafında, Türklerin ayak bastığı her yere ulaşmış ve büyük bir başarı yakalamış komik hikâyeler silsilesi gelişmiştir. İran'da yerelleştirilmiştir. Hikâyeleri Balkanlar'da ve Mağrip'te anlatılırdı, hatta Nasreddin Hoca'ya Marius ve Olive'in *Marsilya Öyküleri* adıyla anılan öykülerinde rastlama sürprizini bile yaşadım.

Yazılı edebiyat oldukça geç bir tarihte, XIII yüzyılın ikinci yarısında ya da XIV yüzyılın başında başlamıştır. Önde gelen temsilcisi de yalın ve dolaysız dili günümüzde bile hâlâ çok açık bir biçimde anlaşılabilen Yunus Emre'dir (yaklaşık 1238-1320). Yunus Emre, Osmanlı döneminin uzun süredir okunamaz duruma gelen, Türk klasik şairlerinin yitirdiği okur kitlesinin ilgisini çekmeyi başarmıştır.

Sanat

Selçuklular İran sanatının yeniden doğuşundan geniş ölçüde yararlandılar ve bu yeniden doğuşun güçlenmesine katkıda bulundular. Bu konuda ünlü başvezir Nizamülmülk'ün yaptıkları temel niteliktedir. Nizamülmülk, Müslüman ortodoksluğunu [doğru yol – sünnilik] güçlendirmek ve yaymak amacıyla bir *Kuran* okulu ya da daha doğrusu bir din üniversitesi sayılan, yeni bir mimari ve kültürel yapı olan *medrese*'yi yarattı. Ama bu mimari ve kültürel yapı haksız olarak bir *Kuran* okulundan ya da din üniversitesinden ibaret sayılmıştır. Aslında daha çok İngiliz "kolej"ine veya eğitim ve araştırma kurumuna benziyordu. Bu öğretim kurumlarının babası olarak Nizamülmülk görülmektedir, ancak bugün, daha IX yüzyılda Horasan, Belh diyarı ve Maveraünnehir'de medreseler olduğunu, hatta vakıf çatısı altında bir de Semerkant'ta medrese olduğunu (1060) biliyoruz. Bu öğretim kurumunun oldukça düzenli ve çok sayıda öğretim kurumuna sahip olan Budizmden ödünç alındığını düşünmek yerinde olacaktır. Her halü kârda Nizamülmülk pek çok medrese kurmuştur: Bağdat, Nişapur, Isfahan, Belh, Herat, Merv ve Hargird'de. Hepsinin de haç biçimli bir planı vardır ve dört *eyvan*'dan oluşurlar. Mimarileri Horasan'daki klasik ev mimarisini ve büyük Gazne saraylarının (Gazne ya da Laşkari Bazar) mimarisini hatırlatır. İran'dan tüm Ortadoğu'ya yayılmışlardır.

Büyük Gazne mimarisi hakkında ancak birkaç kalıntı ya da harabe vasıtasıyla bilgi elde edebiliyoruz: Gazneli Mahmud'un mezarı, Bust Kemeri, Gazne'deki yıldız biçimli iki minarenin temelleri, onlara ait güzel süslemeler, Laşkari Bazar sarayının son derece görkemli duvarları (1000 yılına doğru inşa edilmiştir), Laşkari Bazar'ın planı, İtalyan arkeologların Gazne'de ortaya çıkardığı plana uymaktadır. Bu görkemli yapılar bize son derece güzel çiniler dışında hayvan veya insan figürleriyle ya da geometrik desenlerle süslü birkaç değerli taş tablet de sunmuştur. Bunlar, güzelliğini tüm kanıtlarıyla gözler önüne seren bir resim ekolünün tanıklığını yapmaktadırlar. Bu süslemeler İslamiyette, Hicret'in ilk yılları ile modern çağ arasında, figüratif bir duvar süsleme sanatının varlığını gösterirler: bu tanıklıktan sonra İslamiyetin canlı varlıkları sadece klasik antikçağ ve modern Avrupa etkisinde kalarak resmettiğini söylemek mümkün değildir.

Karahanlıların sanatı hakkında elimizde fazla bir bilgi yoktur. Günümüze yalnızca İran Selçukluları döneminden kalma birkaç mimari eser ulaşmıştır, ancak bunlar bize oldukça çarpıcı tanıklıklar sunarlar. Anıtların büyük bir çoğunluğu yıkılmıştır, ancak kalanlar bir zamanlar buralarda son derece canlı bir yaratıcı etkinlik olduğunu açıkça gösterir. Bu etkinlik kendini en yüksek noktasında, üstü örtülü paralel sahınlı Arap ibadethane şemasının yerine geçmek üzere hazırlanmış yeni cami şemasında gösterir: bu plan ise, büyük bir orta avluya açılan geniş eyvanları olan haç planlı Gazne sarayının planından başka bir şey değildir. Bu eyvanlar tonozlu salonlardır, üç cepheden kapalı, dördüncü cepheden açıktır. Binanın iki minaresi bulunur ve güney eyvanına bitişik kubbeli bir ibadet mekânı [*harim*] vardır.

Bu plan çok tutulacak ve günümüze dek İran'da cami ve medrese planı örneği olarak kalacaktır. En yetkin biçimini de ulusal yeteneği en iyi biçimde ifade eden ve birçok kuşağın emek verdiği Isfahan'ın Cuma Camii'nde ortaya koyacaktır. Bu camide *harim* [ibadet mekânı] ve girişte bulunan iki kubbenin tavanında Melikşah'ın ve Nizamülmülk'ün adları yazılıdır. Bunlar kısa zamanda başyapıt niteliği kazanacak mimari denemelerdir.

Anadolu Mimarisi

Arapların uzun bir süre önce yerleştikleri ve günümüzde Türkiye Cumhuriyetinin doğu bölgeleri olan topraklar dışında Anadolu, Selçuklularının istilasından önce *Dar-ül-İslam* sınırları içinde değildi ve Selçuklular için yapılmayı bekleyen pek çok şey vardı: İbadet ve eğitim mekânları, hastaneler, rasathaneler, saraylar... Onlar da bu işe büyük bir yetenekle, ama geç bir tarihte giriştiler. Hiçbir yapının 1150'den önceden kalmadığı sanılmaktadır. Daha önceden kalanlar Büyük Selçukluların, Danişmendlilerin ya da Artukoğullarınındır. Söz konusu yapıların sayısı XII yüzyılın sonunda ve XIII yüzyılda arttı. Kayseri'deki en eski medrese 1193'ten kalmadır. Oysa o dönemde her yerde pek çok medrese vardı – Halep'teki medreselerin sayısı kırkı aşkındı. Anadolu Türk olduktan sonra, yetmiş ila yüzyıl boyunca hiçbir sanat ve uygarlık yapıtı ortaya çıkmadı. Alabildiğine zengin olan Selçuklu mimarisi yaklaşık yüzyıl sürmüştür ve en iyi yapıtların ortaya çıkması için elli yıl yeterli olmuştur.

Kimi zaman Anadolu'da Müslüman geleneğin olmamasına, Türklerin İran'dan geçişine ve Araplarla az ilişki kurmalarına dayanarak, Rum Selçuklu sanatının İran sanatının bir parçası olduğu söylenir. Oysa iki ülke arasındaki örneğin yalancı mermer süslemelerindeki benzerliklere, haç ve yıldız biçimindeki çini süsler, sarkıtlı duvarlar veya arı yuvaları, yani *mukarnas*'lar gibi ortak biçimsel ve teknik zevklere karşın, bu tamamıyla doğru bir saptama değildir. İranlılar yapılarını tuğla, Rum Selçukları ise taşla inşa ediyorlardı. Rum Selçukluları bol ışıklı yeni bir cami tipi yaratmıştı, İranlılar ise hâlâ Arap planı denilen planı uygulamayı sürdürüyorlardı. Bu plana göre cami kolon ve ayaklar, paralel sahanlar ve sade, hatta bazen uyumsuz ibadethanelerden ibarettir. Çifte minareli, İran tarzı giriş yeri, biri Erzurum'da, diğeri Sivas'ta olmak üzere sadece iki medresede kullanılmıştır, ancak hiçbir medresede dört eyvanlı plan kullanılmamıştır. Küçük Asya çevreye akıllıca uyarak sayısız yenilik yapmıştır: ibadet mekânından (*harim*) önce yer alan avlu kaldırılmıştır, kış soğukları nedeniyle medreselerin iç avlusunun boyutları küçültülmüş ve üstü bir kubbeyle örtülmüştür.

Rum Selçuklularının mimarisi ile –şahane bir İran-Bizans uzlaşması, bir çeşit Roma sanatı öncesi tür olan– Ermenilerin mimarisi arasında daha da yakın bir akrabalık vardır. Bu iki mimari anlayış, elbette birbirine paralel olarak, birbirlerini sorgulayarak, ama hiçbiri diğerinin boyunduruğu altında kalmaksızın gelişti. Ve nihayet Selçuklu sanatı üstünde akıllıca bir ölçüyle Suriye, Bizans ve çoğu zaman Türk gelenekleri etkileri de egemen oldu. Dışarıdan çok şey alan ve bununla yaratıcılık yeteneğini ortaya koyan bu sanat hem özgün, kişisel hem de İslam kültürünün temsilcisi olabilmiştir. Ortaçağda Türklerin İslamiyetle bütünleşmesinin ürünlerinin sadık bir tanığı olduğu söylenebilir.

Tüm Müslüman toplumlarda ve onlardan hiç de farklı olmayan İran Selçuklularında da cami başlıca yapıdır. Rum Selçuklularındaysa ilk sıra kervansaraylara ayrılmıştır.

Kervansaraylar göze hoş görünmesi ve gönülleri yüceltme amacıyla yapılmış görkemli yapılardır. Kentler arası yolların kavşak noktalarında, sarı bozkırlarda ya da küçük köylerde, çok başarılı bir biçimde yontulmuş güzel, çıplak taşlarıyla gerçek birer ticaret bazilikası gibi birden karşımıza çıkarlar. Planları çeşitli, ama genelde beşik tonozlu bir orta sahın ve çevresindeki yan sahınlar biçimindeydi. İhtişamları, mükemmel oranları ve yalın ahenkleri Benedikten sanatın hatırasını yeniden canlandırır.

Anadolu sanatının ilginç özelliklerinden bir diğeri de sayıca daha çok, ama genelde daha küçük boyutlu olup sokaklara, meydanlara ve kırlara serpiştirilmiş *türbe*'lerdir. Yuvarlak, çok köşeli, daha sonraki tarihlerdeyse kare planlı, az çok kule biçimli ve çatısı piramit şeklindeki kubbeli türbeler sonsuz çeşitlilikleriyle kendine özgü bir yapı sanatı ortaya koyarlar. Kubbeli türbeler daha sonraki tarihlerde İran ve Moğol Hindistan'ı gibi yerlerde bahçe içindeki saray mezarlarına dönüşecektir.

Ölü kültü İslamiyete zarar veren bir unsurdur ve Hicret'ten sonraki ilk yüzyıllarda türbe inşa edilmemektedir. Şeriata göre ölülerin çölde, yazıtsız bir kapak taşının altına gömülmesi gerekiyordu: pek çoğu şekilsiz birer taş yığınından oluşan mezarlardır ve Kahire'nin *fetva*'ları her zaman mezarların tahribi yönünde olmuştur. Anadolu Selçuklularının yaptığı ve İran'ın yüksek kulelerinden sonra en eski yapılar arasında yer alan mezarlar ile göçebelerin *yurt*'ları arasında belirli bir benzerlik vardır. Dolayısıyla tüm İslam mezar sanatının bu *yurt*'lardan türediği düşünülebilir. Ama bunun için de ikna edici bir kanıt gerekir.

Figüratif Sanat

Süsleme sanatı, Rum Selçukluları döneminde henüz ağırlıklı bir yere sahip değildi. Süsün, her öğenin bütünün birliği yasasına bağımlı kılınmasından yana olan ve yüksek kabartmayı kabul etmeyen İslam estetiğine pek uymadığı anlaşılıyordu. Çok belirgin, sert, üstlerinde hiçbir şey olmayan küçük sütunlarıyla mantıkdışı duran, kimi zamansa zevksizliğin sınırına varan kötü yerleştirilmiş yuvarlak süslemeleri ve kurslarıyla süsleme sanatı özellikle barok sanatı düşündürür ve seçilmiş belirli parçalar antolojisi gibi değerlendirilmelidir. En çekici yanı insan ve hayvan figürlerine, özel olarak yaratılan, kimi zaman da büyük bir zevk veren figürlere olan eğilimi ve aynı zamanda Anadolu'nun bize bıraktığı nice antika parçanın bir toplamasını sunmasıdır. Kentlerin duvarları, saraylar bunlarla doludur; ayrıca bunlara medreselerde, hanlarda (kervansaray), türbelerde, hatta inanılmaz güç ama nadiren bazı camilerde bile rastlanır! Bunlar Müslümanlığın ortaçağda meydana getirdiği şaşırtıcı eserlerdir: XVI yüzyılda ve daha sonra bağnazlığın neden olduğu tahribata karşın bugün hâlâ yüzlercesi varlığını sürdürmekte ve bu anlamda bir ekolden söz edilebilmesini mümkün kılmaktadırlar.

Bu ekol yalnızca XIII yüzyıla özgü değildir: belki de sadece birkaç mermer yontusundan varlığını bildiğimiz Gazne'de türemiştir. İran'ın yalancı mermer ve taş, Suriye'nin taş ve Dağıstan'ın şaşkınlık verici Kubaça ekolüne benzer. Bu yeni ekolün temaları incelendiğinde yırtıcı hayvanlar, kuşlar ya da hükümdarların görkemli bir biçimde tasviri gibi eski Orta Asya temsilleriyle ilgili oldukları izlenimini vermektedirler. Mimaride yeni olan bu tasvir sanatı İslam sanat endüstrisinde, fildişi, ahşap, maden ve seramiklerde Samerra'dan bu yana sık sık görülmektedir ve İspanya'ya kadar tüm batıya yayılmıştır. Selçuklular bu sanata yeniden hayat vermişlerdir. Moğollar ise bu sanatı coşkunlukla sürdürmüşlerdir. Mısır'da Fatimi ikonografisi, daha sonraki tarihlerde Eyyübi ve Memluk sanatı açıkça bu ekolün etkisinde kalacaktır.

Türklerin İslamiyetin neferleri olarak oynadığı rol daha önce teslim edilmişti ancak İslam dünyasında sahip oldukları kültürel rol henüz tam anlamıyla keşfedilmemiştir. Ancak yarattıkları etki tartışılmaz bir kesinliğe sahiptir. Getirdikleri taze kana, yaratıcı atılımlara rağmen, elde ettikleri ve verdikleri özgürlükler ve kişilikleri yine de İslamın yönünü değiştirmeye yetmeyecektir. En sonunda, yani üstün yetenekleri ve dehaları zayıfladığında, İslamiyetin önünde boyun eğenler onlar olacaktır.

IX. BÖLÜM
MOĞOL EGEMENLİĞİNDE TÜRKLER

Rum Selçuklularını 1243'te bırakmıştık. O sıralarda Selçuklular Moğol Baycu Noyan'ın darbeleri altında eziliyorlardı. İran'a egemen olan Harezmşahlar Bağdat'a saldırmak üzereydiler. Doğuda Cengiz Han'ın gücü kendini göstermeye başlamıştı. Hindistan dışında her yerde, Türk halklarını kaderlerine doğru sürükleyen doğal akış dev bir engelle kesintiye uğradı. Orta Asya'nın tam ortasında, o güne kadar görülmemiş şiddetteki bir deprem çevresini alt üst etmiş ve dalgaları dünyanın en uzak köşelerine kadar yayılmıştı: yeryüzünde artık hiçbir şey hiçbir zaman eskisi gibi olmayacaktı.

Moğol egemenliği XIII yüzyılın ve ortaçağın en önemli olayı olmuş ve hiçbir devlet bu olaya ilgisiz kalamamıştır, hatta bazıları bugün bile bunun sonuçlarını taşımaktadırlar: Uzakdoğu'da Çin, Kore, Japonya, Hindiçin, Birmanya ve İnsulinde [Güneydoğu Asya yarımadası, Filipinler ve Endonezya ülkeleri]; Yakındoğu'da İran, Mezopotamya, Suriye, Anadolu, Ermenistan ve Kafkasya; Avrupa'da Rusya, Polonya, Almanya, Macaristan ve daha az bir ölçüde Hindistan, Mısır ve tüm Latin dünyası. Liegnitz'de Almanların yenik düştüğü savaşı ya da ekümenik Lyon Konsili'nde (1245), ünlü gözyaşları bölümünde, Moğolları önemli bir mesele olarak sunacak Papa IV. Innocentius'u, Moğollardan mektuplar alan ve aynı şekilde onlara mektuplar yazan Fransa ve İngiltere krallarını, Willem van Rubroek [Rubrouck/Ruysbroek] ve Jean de Plan Carpin'in izlerini takip ederek Pekin'e giden

Marco Polo'yu gören Venedik'i düşünelim. Moğollar sayesinde Avrupa, Asya'yı keşfedecek, cazibesine kapılacak onun hayalini kuracak ve daha sonra bu hülyanın peşinde, bilinmeyen denizlere gemilerini yollayacaktır.

Ama bu kitapta tüm evrensel tarihi ilgilendiren bu olayı tüm genişliğiyle ele alamayız. Biz bu bölümde bu tarihsel vakayı yalnızca Türkoloji boyutlarına indirgeyerek inceleyebiliriz. Çünkü Moğol vakası, herkesten çok Türkleri ilgilendirir. Bu konuda yanılmıyoruz: eğer Türk olgusunun altını çiziyorsak bunun nedeni Moğol olgusunu yadsımak değildir. Her ne kadar bu macerada büyük bir rol oynasalar da Türkler sahnenin en önünde yer almamışlardır, sahne Moğolların ve hükümdarlarınındır: Cengiz Han, oğulları Cuci, Çağatay, Ögedey, Tuluy ve ardılları Güyük, Möngke, Hulagu, Kubilay. Aslında bu Moğollar belki de onlar olmasaydı asla oynanmayacak olan bir oyunun yönetmenleri değil başrol oyuncularıdır sadece.

Türkler ve Moğollar

Bin yıldan beri konfederasyonlar kurup başına geçen, pek çok başkentte hüküm süren Türklerin artık çöküşe geçtiğine kim inanırdı? Karşımıza kurban ve hizmetli olarak çıkıyorlarsa bunun nedeni devrin yeniden Ötüken göçebelerinin devri olmasıydı, ama bu kez Ötüken'in sahibi onlar değildi, yerlerini Moğollara bırakmışlardı.

Kurban mıydılar? Türklerin XI ve XII yüzyılda inşa ettikleri hemen hemen her şey Moğolların darbeleri altında yıkıldı. Harezm devleti, Rum Selçukluları, Kıpçaklar birer birer Moğollara yenik düştüler ve boyunduruk altına alındılar. Moğollara, o da ancak artık güçleri tükenmek üzereyken, Mısır Memlukları karşı durabilmeyi başarmıştır.

Hizmet eden taraf mıydılar? Hem de ne kadar! Hem de ne başarılı! Moğolların yapması gereken çok şey vardı ancak sayıları oldukça azdı. Adriyatik Denizinden Çin ve Hint denizlerine dek at koşturmuş ve belki yirmi milyon kilometrekare genişliğinde bir alanı ele geçirmiş bu halk ancak birkaç yüz bin kişiden oluşuyordu! Türkler kendilerini onlardan çok farklı hissetmiyorlardı. Altay bozkırlarının insanları olan Türkler, Moğollar ve Tunguzlar tüm halkları bir araya getiren konfederasyonlara başından beri alışkındılar. İki Türk boyu arasındaki mesafe, bir Türk boyu ile bir Moğol boyu arasındaki mesafeden fazla değildi. Dillerinin aynı olmamasına karşın, söz dizimsel kuruluşları aynıydı; dolayısıyla aynı düşünme tarzına sahiptiler. Kitleler halindeydiler: Yukarı Asya'nın büyük göçebe toplulukları, Uygurlar, Karahitaylar ve kuşkusuz İran Türkmenleri ve Afganistan Türkmenleri ve nihayet Bulgarlar her yerde, özellikle de Batı Asya ve Doğu Avrupa'nın savaş alanlarında her zaman Moğollardan sayıca çoktular. Cengiz Han elindekileri çocukları arasında paylaştırmaya karar verdiğinde, oğlu Çağatay'a ancak 4000 Moğol verebilmiştir. Diğerleri ne olacaktı? Moğolistan hemen hemen sadece Moğollara ait bir yerleşim yerine dönüştüğüne göre yurtlarına dönmeleri gerekecekti. Yurdundan ayrılanlarsa bu kez Türkler olacaktı.

Türkler hizmet eden taraf olmalarına karşın aynı zamanda mirasçı ve yararlanan taraf da oldular. Henüz çok ilkel, pek çok konuda bilgisiz, ama öğrenme konusunda istekli Moğollar idari işlerinde ve dış ilişkilerinde yararlanacakları kişiler, mühürdarlar ve öğretmenler aradılar. Çinliler ve Müslümanlar bu görevi daha sonra ve onların kültürel oluşumuna çok fazla etkide bulunmadan yerine getirdiler. Buna karşılık komşuları olan Uygurlar onlarla çok erken bir tarihte ilişki kurmuşlardı. Belki de onların vazgeçilmez olacaklarını sezinleyerek Moğollara edindiklerinin hepsini ve başkalarından edinebileceklerini de verdiler: dillerini yazmaları için alfabelerini, uluslararası ilişkiler için dillerini, bir Cengiz Han kültürü var olduğu ölçüde de kültürlerini. Ve Uygurlar bu alışverişin meyvelerini topladılar: Moğol İmparatorluğu içindeki konumları iyileşti, saygınlıkları ve etkinlikleri arttı. Bu sayede Uygur karakterleriyle yazılan Uygur dili varlığını çağımız dünyasının son karışıklıklarına kadar sürdürmüştür.

Uygur uygarlığı tarafından eğitilen ve devletlerinin pek çok ilinde azınlıkta kalan Moğollar sonunda Türkleşmişlerdir. Türkçe konuşmak Moğolcayı da canlandırmıştır ve Moğol potasından geçmesi nedeniyle de zayıf Türk devletinin ardından daha güçlü Türk devletleri doğmuştur.

İki yüzyılı aşkın bir süre boyunca bu devletlerden birçoğu, pek de haksız olmaksızın kendilerini mirasçısı saydıkları Cengiz Han İmparatorluğunu yeniden kurmayı, gökyüzünde bir tek tanrıları olan insanlara yeryüzünde bir tek hükümdar vermeyi, bu imparatorluğun getirdiği mutluluk çağını yeniden yaşatmayı -ki bu, bu savaşçıların çelişkilerinden yalnızca biriydi- düşlemişlerdir. Umutsuzluk zamanlarından sonra gelen Roma barışı, *pax romana* gibi Moğol barışı, *pax mongolorum* hiç silinmeyecek bir anı olarak kalmıştır insanlık tarihinde.

XIII yüzyılın ortasında Müslüman uygarlığının ağırlığı altında artık Türk geleneklerinin geçerliliğinin kalmamasına karşın, Yukarı Asya'dan Türk dünyasının sınırlarına, hatta XV yüzyılda İstanbul'a kadar –örneğin Mehmed Siyah Kalem gibi bir tasvir sanatçısı bunu kanıtlar– bozkırların tanıdık, eski kokusu yeniden duyulmaya başlanmıştı. Bu koku kısmen eskilere katılmaya gelen yeni boylar, kısmen de çok açık ve net bir biçimde Cengiz Han'ın uzun süre varlığını sürdürebilen *yasak*'ı sayesinde korunan Türk gelenek ve görenekleriyle Hunlar ve Tu-kiulerdir. Ancak bir süre sonra bozkır kokusu dağılacak ve yok olacaktır. Bugün bu koku ancak Anadolu yaylasında, son göçebelerin gecelerinde, yüzyıllar süren uzun yolculuğun yorgunu olarak köy kahvelerinde içilen çayda duyulabilmektedir.

Moğol İmparatorluğunun Doğuşu

Moğolistan'da, bunun sonucu olarak da tüm Orta Asya'da bin yıllık bir Türk gücünden sonra artık Moğolların çağı başlamıştı. Türklerin az çok yakın akrabası olan, onlar gibi Şamanizmin ruhani havası içinde yetişen, onlarınkine benzeyen bir dil kullanan ve onların güçlerinin kaynağı olan ana toprağa yerleşen Moğollar örgütlenmeye ve üstünlüklerini güvence altına almaya çalışıyorlardı. Bu arada geçici bir süreliğine de olsa bir hükümdarları olmuştu. Bozkırlardan yeni bir imparatorluk doğuyordu: kelimenin gerçek anlamıyla bozkırların son imparatorluğu; aynı merkezden ortaya çıkmış, aynı kurallara sahip, aynı koşullar içinde bulunan aynı adamlar tarafından kurulmuş Hiong-nuların, Juan-Juanların, Tu-kiulerin uçsuz bucaksız imparatorluğu. Orhon ve Selenga kıyıları uzun süredir hiçbir şey yaratamıyordu ve bölgede günün birinde patlamaya hazır bir enerji birikiyordu.

Bu göçebe boyların yıldırım hızıyla fetihler başlatması için bir kıvılcım –olağanüstü bir önderin ortaya çıkması– yeterliydi.

Cengiz Han'ın İlk Dönemi

Geleceğin Cengiz Han'ı Temüçin'in tam olarak ne zaman doğduğunu bilmiyoruz. Belki 1152'de, belki 1167'de; ancak elimizdeki veriler bu tarihin daha çok 1155 olduğunu düşündürüyor. Tarih ile mitin birbirine karıştığı çocukluk dönemi anlatılarından atalarının, Börte Çine ve Koa Maral'ın, Türklerin bozkır halklarının simgesi olarak kabul ettikleri mavi bir kurt ile kula bir dişi geyiğin birleşmesine, daha sonra da yurdun üst ucundaki açıklıktan, duman deliğinden geçen bir güneş ışınından gebe kalan Alan-Hoa (Alan Koa, Alankoa) adındaki bir kadına dayandığını öğreniyoruz. Bunlar aynı zamanda Altay halklarının köken efsaneleridir. Ayrıca Cengiz Han'la ilgili olarak, sanki böylesi bir yaşam serüvenine başlamak için ille de öksüz ve yoksul olmak gerekirmiş gibi, XII yüzyıldaki son Moğol hükümdarının yeğeni olan babası Yesügey'i kaybettiğini, çoğu zaman sefil, istikrarsız bir yaşam sürdüğünü, Yukarı Kerülen kıyılarında yiyecek bulmak için vahşi hayvanlarla mücadele ettiğini biliyoruz.

Babasının onu, daha çocukken, nişanladığı, Moğolca konuşan bir boy olan Kongiratların başkanının kızıyla evlenerek erkek olmuştur: Türk-Moğol bozkırlarında olgunluk çağı işte hep böyle başlar. Bu evlilik ona kendini vasat bir figür olan Tuğrul'un vasalı olarak ilan etme olanağı sağladı. Tuğrul, az çok Moğollaşmış, Orhon ve Tola vadilerinde göçebe yaşayan Hıristiyan Türkleri Kereyitlerin en güçlü önderiydi. İlk başarılarını büyük ölçüde *Ong Han* (Vang Han, Hükümdar-Han) adıyla bilinen Tuğrul'a borçludur: İrtiş ile Hangay Sıradağları arasındaki bazı bölgelerde yaşayan, dolayısıyla Uygurların komşusu olan ve onlar tarafından uygarlaştırılmış Türkler olan Naymanlar üzerindeki zaferi; babasını öldürmüş olan aşağı Kerülen Tatarları üzerindeki zaferi; önceleri "kan kardeşi"yken sonradan "başlıca düşmanı" haline gelen Camuka üzerindeki zaferi. Ve kişisel tarihinin başlangıcından itibaren Türkler kaderine çoktan ortak olmuştu.

1202 ya da 1203 yılında Temüçin, Tuğrul, yani Ong Han'la bağlarını kopartmış, onu öldürmüş ve Kereyit ülkesini ilhak etmiştir.

O sırada Moğolistan artık Temüçin'in avucuna düşmeye hazır hale gelmişti: bir kez daha yenilen Naymanlar ya boyun eğdiler ya da ileride tekrar sözlerini edeceğimiz gibi Karahitayların yanına kaçtılar; soyları Şa-t'olara kadar dayanan, Hıristiyanlıklarının sadece görünüşten ibaret olmadığı Nasturiler olan ve Ordos'tan Leao-ho'ya kadar Çin Seddi boyunca sürülerini otlatan bu Türk halkı Öngütler de onun boyunduruğu altına girdiler ve aileleri ile Cengiz Han imparator aile arasında evlilik politikası başlattılar. 1206 baharında Onon Irmağı kıyısında büyük bir *kurultay* toplanır ve bu kurultay Temüçin'in görevlerini onaylar: bu nedenle kuşkusuz 1196'dan ziyade bu tarihte *Çingis Kağan*, yani "Okyanus Han," "Evrenin Hanı," yani "Cengiz Han" unvanını almıştır.

Gönüllü ya da değil pek çok halk ardı ardına Cengiz Han'a katılmaya başlamıştır. Barışçıl insanlar olan Uygurlar kendi istekleriyle gelmişlerdi: kraliyet amblemleri olan mühürlerini emanet ederek Naymanlara hizmet eden Ta-ta Tonga'yı mühürdar olarak verdiler. Uygurları Ili Karlukları izlemiştir. Geleneksel olarak kavgacı olan Yenisey Vadisi Kırgızlarına gelince, bunlara da Sibirya'ya yaptığı bir sefer sırasında Cengiz'in en büyük oğlu Cuci boyun eğdirmiştir (1207).

Bu noktada, bozkır savaşı geleneğinde, yenilenlerin yenenlerle birbirine karıştıklarını ve eski bir metinde de denildiği gibi "faaliyet ve güçlerini" onlara verdiklerini anımsamak yerinde olacaktır. Artık Cengiz Han'ın kuvvetlerinin çekirdeğini oluşturan ve ikna edilmesi hiç de kolay olmayan çeşitli Moğol topluluklarının yanı sıra Türkçe konuşan bazı büyük halklar Naymanlar, Kereyitler, Öngütler, Karluklar, Kırgızlar, Uygurlar, Tatarlar da birliğin içindeydi. Bununla beraber bu halkların nüfuslarının eşit olduğunu ve bir Moğol'a karşılık yedi Türk bulunduğunu da göz önünde bulunduralım. Tatar adının önce tüm bir araya gelmiş göçmen toplulukları, daha sonra da Doğu Avrupa, Orta Asya ve Sibirya bozkır yerlileri için kullanılmaya başlaması Moğolları öfkelendirse de bu durum bir rastlantıdan ziyade rollerinin öneminden ileri gelmektedir..

Cengiz Han 1211'de, o sıralar kısmen Cürcenlerin ya da Çürçitlerin (Tunguzlar) boyunduruğu altında olan Çin'in başlangıcı çok eskilere dayanan çağrısına uyarak birliklerini Çin'e soktu. Bu birliklerin toplam sayısı, Çin'e girdikten sonra silah altına alınan yerli yardımcı kuvvetler sayılmazsa, yirmibeş bin kişiydi, ki bu sayı da Cengiz Han gibi bir önderin büyüklüğüyle karşılaştırılacak olursa çok azdı. Cengiz Han Çin seferini 1216 yılına kadar sürdürdü. Sonra komutayı teğmenlerinden birine bıraktı. Çin'in tümünün fethi ancak 1279'da, Kubilay'ın saltanatı sırasında gerçekleşmiştir.

Cengiz Han arkasını sağlama almak zorundaydı. Si-hialar ya da Doğu Tibet Tangutlarına boyun eğdirilmişti; ama başkaldırıyorlardı. Karahitaylar onu tehdit ediyorlardı. Si-hiaları cezalandırmak etkili bir sonuç getirmezdi. Karahitayları yenmek ise batı yönünde çok ilerilere, İran dünyasının sınırlarına kadar gitmeyi gerektiriyordu. Cezalandırma gerçekleştirildi, ama yenmeye gerek kalmadı. Moğol komutanlarının en başarılısı olan Cebe 1218'de yirmi bin kişiyle harekete geçti. Karahitaylar Devletinin Müslüman nüfusu –Türk nüfus– onlar yakınlarına gelince ayaklandı ve ona teslim oldu. Çünkü uzun süredir Budizmin zulmü altındaydılar ve buna Hıristiyanlığın zulmü de eklenmişti! Temüçin'in elinden kurtulmuş olan Naymanların başı Küçlüg, Balasagun'a sığınmıştı. Burada yine bir "evrensel han" olan Gur Han'ın kızıyla evlenmiş ve daha sonra da onun tahtına geçmişti. Uyruklarına da ancak İsa ile Çakyamuni arasında seçme hakkı tanıyordu.

Böylesine bir tutum Moğollara aykırı geliyordu. Onlar tüm dinleri eşit sayıyorlardı. Tüm dinler onları ilgilendiriyor ve onlarda korku uyandırıyordu. Tüm dinlere saygılı olma kararındaydılar. Ama bunlardan hiçbirinin, hatta kendi dinlerinin bile öbürleri üzerinde üstünlük sağlamaya çalışmaması ya da devlet işlerine karışmaması koşuluyla. Din adamları ve devlet adamları arasındaki anlaşmazlık daha başlamadan çözüme bağlanmıştı. Kendisine aynı zamanda *Teb Tenggeri*, "En Göksel Olan" da denilen Moğolların büyük şamanı Kököçü, Cengiz Han'ın başa geçmesinde önemli rol oynamıştır. Bu büyük Şaman kendine bazı haklar atfetmişti. Ancak bu uğurda yaşamını yitirdi. Bu tür din adamlarının güçlerinden korkanlar bu büyük Şaman'ın "bedeninden sıyrılarak göğe yükseldiğini" gördüklerini anlatırlar. Müslümanlar için bu tür dinsel önderler, Budist bir Kitaya ya da Hıristiyan bir Naymana yeğdi. İşte böylece Cengiz Han kan akıtmadan bir imparatorluğu ele geçirdi.

İran'ın Yıkılışı

Moğollar ticarete önem verirlerdi. Bu, eski bir Ötüken geleneğiydi. 1218 yılında, Müslüman tüccarların Moğolistan'dan gelen bir kervanı Harezm imparatorluğunun sınırlarındaki Otrar'da durduruldu ve saldırıya uğradı – kervan 450 kişiden ve altın, gümüş, kürk ve deri yüklü 500 deveden oluşuyordu. Cengiz Han verilen zararın karşılanmasını istedi. Şah bu isteği reddetti.

Harezmşah Muhammed şanına layık bir kimseydi: Gurluları, Karahitayları, Büyük Selçukluları yenmişti! Ama fazla ateşli, coşkulu, dengesiz, havai bir kimseydi. Kısa bir süre önce kurulan (1194) imparatorluğu temelden yoksundu. Karşısındaysa farklı inançlara sahip olmalarına karşın, birbiriyle çok iyi kaynaşmış bir Türk-Moğol kitlesi ve başında, birçok deha arasında çok daha üstün bir deha vardı.

Cengiz Han 1219 yılı yazında ordusunu Yukarı İrtiş kıyısına getirdi. Karluk hükümdarı Arslan Han da ona katıldı. Böylece Barthold'un tahminine göre 150.000 ila 200.000 kadar kişi bir araya gelmiş oluyordu. Müslümanlar 1.500.000'dan fazla asker toplayabiliyorlardı. Bu, Muhammed Şah'ın cepheye sürebileceğinin çok altında bir sayıydı.

Ve beş yıl boyunca İran dünyasının üstüne tarihin o güne kadar gördüğü en büyük yıkıcı güç çöktü. Her şey yakılıp yıkıldı. Ekili tarlalar çöle dönüştü. İlkçağdan beri gelişmiş bir uygarlığın yeşerdiği Semerkant, Urgenç, Belh, Merv, Nişapur, Herat, Damgan, Semnan ve Rey kentleri acımasızca tahrip edildi. Her taraf ceset doldu. Asker ya da sivil, kadın ya da erkek, çocuk ya da yaşlı sayısız insan kılıçtan geçirildi. Harezm'deki Urgenç kentinde, ırmağın kentin dışından geçmesi için Amuderya'nın yatağı kaydırıldı. Cengiz Han'ın en çok sevdiği torunu Mütügen'in öldürüldüğü Bamiyan kentinde ganimet almaktan vazgeçildi ve istisnasız her şey ölünün ruhuna adanarak yakıldı. Nişapur'da kediler ve köpekler bile öldürüldü!

İnsanlar paniğe kapılmışlardı. Seçkinler olanak bulduklarında kaçtılar. Kalanların edilgenlik ve tevekkülleri karşısında şaşkınlığa düşüldü. Tek başına bir savaşçı, bir grup insanı zincire vuruyor ve sonra birbiri ardına hepsini boğazlıyordu. Bir atlı grubu bir topluluğun çevresini sarıyor ve teker teker öldürülürlerken hiçbirinin aklına ne kaçmak ne de karşı çıkmak geliyordu. Tüm Doğu İran, Horasan ve Afganistan bugün hâlâ bu ölümlerin sessiz tanığıdır. Bamiyan yakınlarında, kayalara oyulmuş dev Budha heykellerinin karşısında bir kayanın üstüne kurulmuş ünlü içli ezgiler şehri hâlâ o günlerin yasını tutmaktadır.

Cengiz Han ve adamları ne insan öldürmekten zevk alan kişiler ne de sadist insanlardı. Sadece bir sistemi uç sonuçlarına kadar uygulayan çok iyi örgütlenmiş barbarlardı. Savaşıyorlardı, çünkü ya ölen ya öldüren olmak onların doğal durumuydu. Göçebe hayvancılıktan başka bir yaşam tarzı düşünemiyorlardı. Toprağın sürüleri besleyebildiği ölçüde değeri vardı. Verginin onlara yağmadan çok gelir sağlayabileceğini henüz bilmiyorlardı ve ancak birkaç yıl sonra öğreneceklerdi. Kent nedir bilmiyorlardı. Kentleri ele geçirebilecek kadar bilgili değillerdi. Onları iyi tanıdıkları için direnmeyi başarabilen Çin kentleri karşısında güçsüz kalıyorlardı. Surların önünde hareketliliklerinin tüm avantajını yitiriyorlardı. Kentleri düşürebilmek için elde kargı, gövdeleri hendekleri dolduracak olan tutsak yığınlarını önleri sıra sürmek her zaman yeterli olmuyordu. Kentlerin kendi iradeleriyle teslim olması gerekiyordu. Moğollar da bu şehirleri teslim olmaya sadece dehşet yaratarak ikna edebiliyorlardı. Ancak kısa sürede Moğollara direnmenin ölmek demek olduğu anlaşıldı. Ve başlangıçta gösterilen kahramanlıkların her zaman ölümle sonuçlanması nedeniyle pek çok kişi bu yoldan uzaklaştı. Bugün Moğolların yarattı tahribat, dünyada atom bombasını elinde bulunduran ve onu kullanmaya karar veren gücün tahribatıyla karşılaştırılabilir. Misillemeden korkmuyorlardı, çünkü kentleri yoktu.

Özel olarak hiçbir kötü niyet beslemeksizin en başta kendi çıkarlarını gözetiyorlardı. Gerektiğinde bağışlayıcı olabiliyorlardı. Genellikle kendilerine faydalı olabilecek zanaatkârlara hoşgörülü davranıyor, onların canını bağışlıyor ve Moğolistan'a götürüyorlardı. Kendileri için dua etmeleri koşuluyla din adamlarına da aynı biçimde davranıyorlardı. Kızlara davranışları da aynıydı: çünkü –bunu itiraf ediyorlardı– onlar için güzel bir kadını sarmaktan büyük mutluluk yoktu.

Ya Harezmşahlar? Harezmşah Muhammed şaşkınlık içinde kalmıştı. Direnmedi. Savaşmadı. Önce Belh'e, ardından Tüs, Damgan, Kazvin'e kaçtı. Daha sonra da Hazar Denizindeki bir adada ortaya çıkan bu kahraman, bu savaşçı, Aralık 1202'ye doğru şiddeti, zorbalığı ve alçaklıklarından yorgun düşmüş olarak ölür.

Ailesinde içinde bir nebze cesaret olan ve hâlâ biraz enerjisi kalmış biri vardı: oğlu Celalleddin Mengü Berti. Bu kahraman toplulukta kendine bir yol açmayı başarmış, Gazne kentine çekilmiş ve orada bir ordu toplamıştı. Ama bu beyhude bir çabaydı. Cengiz Han'ın saldırısına uğradı, kentten kovuldu, İndus kıyısına çekildi ve 24 Kasım 1221'de yenilince de Delhi Sultanlığına sığınmak zorunda kaldı. Moğollar o kış peşine düşmediler. Bir yıl sonra geldiler ve öncüleri Multan'a kadar gitti. Ama bu "cehennem kadar sıcak ülkeden" kısa bir süre sonra çekildiler.

Avrupa'ya Akınlar

Harezmşah Muhammed kaçtığında Cengiz Han onun peşine yirmibeş bin kişi ile iki komutanını, Cebe ile Sübötey'i salmıştı. Bu iki komutan bilinen en olağanüstü akınlardan birini gerçekleştirdiler. Önce Kuzey İran'da harekâta giriştikten ve o sıralarda güçlerinin doruğunda olan Gürcüleri yendikten, ayrıca Hamedan'ı, yani eski Ekbatan (ya da Ektabana) kentini yerle bir etmek üzere bir kavis çizdikten sonra Derbent yoluyla Kafkasları aşarak Kıpçak bozkırlarına çıktılar.

Yüzyılın başından beri büyük başarılar kazanan, Hıristiyanlığı kısa bir süre önce benimsemiş Kıpçak hanı Kotian istilayı Ruslara haber vermişti ve yardım istiyordu. Sonra Moğolların onunla aynı kandan geldiklerini öne sürmeleri üzerine biraz yatıştı ya da en azından zaman kazanmak amacıyla yatışmış gibi yaptı. Moğollar bundan Alanlar, Çerkezler ve diğer Kafkasları yok etmek ve Ruslara, kızdıklarının onlar değil köleleri, ayaklanmış Polovestler olduğunu bilmelerini sağlamak amacıyla elçiler göndermek için yararlandılar. Yanıt olarak ise elçilerinin öldürüldüğü haberini aldılar. Bu, küçük Rusya'nın büyük bozkır imparatorluğuna ve onun ötesinde göçebe ve yerleşik Türklere karşı, XX yüzyıla kadar sürecek savaşının ilanıydı.

Savaş kötü başladı: Kıpçaklarla birleşen, Galiçya, Kiev, Çernigov ve Smolensk prenslerinin komutasındaki 80.000 kişilik Rus ordusu 31 Mayıs 1223 günü Kalka'da yenildi.

Moğollar Kırım'daki ticaret merkezlerini tahrip ettiler, Bolgar kentini ele geçirmek istediler, Urallar'daki Türk boyu Kanglılara saldırdılar ve Hazar Denizinin kuzeyinden geçerek yeniden Cengiz Han ordusundaki yerlerini aldılar.

Cengiz Han'ın kendisi bütün bu süre boyunca İran'da kalmamıştı. İran'a zarar verdikten sonra artık orayla ilgilenmediği anlaşılıyor. Orta Asya'ya dönmesinin akabinde 18 Ağustos 1227 günü öldü. "Çok yazık oldu, çünkü bilge bir kişiydi" – en azından Marco Polo'nun Venedik'te Cengiz Han'ın ardından söylediği bu olacaktır.

Cengiz Han'dan Sonrası

Cengiz Han'ın dört oğlu vardı: Cuci, Çağatay, Ögedey [Ügeday ya da Ogoday] ve Tuli. En büyük oğlu Cuci, Cengiz Han'dan önce ölmüştü. Ama arkasında mirasçılar bırakmıştı. Bütün bu prensler ve onların halefleri 1338'e kadar bir ilke olarak Büyük Han'a bağlı kaldılar, ama aslında Cengiz Han'ın imparatorluğunu aralarında paylaşmışlardı ve birbirlerine düşmedikleri zamanlarda çok da kuvvetli olmayan bağlarını korudular. Böylece ortaya, sınırları oldukça belirsiz ve değişken birçok hanlık çıktı: statülerini, yasalarını, amaçlarını ve haklarını hiç kimsenin bilmediği bir göçebe toplulukları, boylar ve soylu prensler bolluğu baş gösterdi.

Ögedey (1229-1241), Güyük (1246-1248) ve Möngke'nin (1251-1259) saltanat dönemleri ile Ögedey'in karısı Töregene (1242-1246) ve Güyük'ün karısı Oğul Kaymiş'in (1248-1251) naibelikleri döneminde başkent, eski Türklerin kutsal ülkesi Ötüken'de, Orhon kıyısındaki Karakurum'du. Daha sonra Büyük Hanlar, Kubilay (1260-1294) ve halefleri döneminde Hanbalık (Han'ın kenti) adını alan Pekin'e yerleşti. Çinlileştiler ve ülkenin resmi hanedanları arasında Yüenler hanedanı (1279-1368) adıyla yer aldılar. Ve şanları arttıkça fetihçilikleri de arttı: 1231 ila 1236 yılları arasında Kore'yi ele geçirdiler, sonra 1279'da Güney Çin'in ilhakını tamamladılar, Japonya (1274-1281), Cava (1293) ve Hindiçin'de (1280) başarısız kaldıktan sonra da Birmanya'yı korumaları altına almayı başardılar (1277-1300).

Kubilay, en küçük erkek kardeşi olan Karakurum hükümdarı, *Otçigin* ("Baba Ocağının Bekçisi") Arık Böke ile hükümdarın olmasını isteyenlerle müttefik olan Ögedey'in torunu, 1301'de ölen ve dikkate değer bir kişiliği olan Kaydu arasındaki sert çekişmelerin ardından Yüenler yavaş yavaş batıdaki gelişmeleri önemsememeye başladılar ve tüm akrabaları üzerindeki denetimleri de zayıfladı. Dolayısıyla Çin'deki bir Moğol devletinin yanı sıra başka Moğol devletleri ortaya çıkmaya başladı. Tuli'nin oğlu Hulagu ile onun soyundan gelenlerin elinde olan İran Hanlığı Müslümanlaştı ve bir İran monarşisi haline geldi. Bu arada Türklerin nüfus baskısı da arttı. Kıpçak Hanlığı (Cuci'nin imparatorluğun batı ucunda bıraktığı miras) ve Çağatay Hanlığı (hemen hemen eski Karahitay Devletinin toprakları ile Uygurların toprakları ve Maveraünnehir arasında kurulmuştu) tümüyle Türkleşti.

Bir yönetici sınıfın, sonunda yönetilen sınıf tarafından özümsenmesi doğaldır; ama önemli büyüklükteki bazı toplulukların dillerini ve kimliklerini yitirmeleri bu denli sık rastlanan bir şey değildir. Oysa durum buydu: Türkiye'de, İran'da, Doğu Avrupa bozkırlarında (daha sonra gelip yerleşen Kalmuklar dışında) Moğolca konuşan kalmadı ve Afganistan Hazaralarının Cengiz Han'dan geldikleri de kesin değildir. Kuşkusuz Cengiz Han, ordusunda Türk ve Moğol askerlerini bir araya getirmek amacıyla bazı yöntemler kullanmıştı, ancak Moğolca konuşan kitle Moğolistan'a bağlı kalmıştır: Moğolistan Moğolların vatanı olarak kalacaktı.

Avrupa Seferi

Cengiz Han'ın büyük oğlu Cuci'nin oğullarından Batu'ya (1227-1255) has olarak Harezm ve İrtiş'in batısı ile batıda fethedilecek bütün topraklar verilmişti. Bu oldukça iyi bir mirastı, ama Batu Han bu mirastan gerektiği gibi faydalanamadı. Çünkü Cengiz Han'ın ilk haleflerini seçen büyük "kurultay"da "Büyük Hanlar Kurucusu" rolü oynamaya heveslendi.

Batu 1236 sonbaharında, başa geçmesine yardımcı olan amcası ilk Büyük Han Ögedey'den, Avrupa'da yeniden saldırıya geçme emri aldı. Üçte biri Moğol, üçte ikisi Türk olmak üzere toplam 150.000 kişilik ordusu ad olarak onun, ama fiiliyatta yaşlı komutan Sübötey'in komutasında düşmanların üzerine, yani uğradıkları bozgun nedeniyle zayıf düşmüş Ruslar, Kıpçaklar ve Bulgarlar üzerine yürümeye başladı. Batu Han o yıl Kama Bulgar Hanlığına boyun eğdirdi. 1237'de Kıpçaklara saldırdı. Kıpçakların büyük bir bölümü ona katıldı; kırk bin kadarı Macaristan'a geçerek orada yerlilerin arasına karıştı ve Hıristiyanlığı kabul etti. Batu 1237-1238 kışında Rus prensliklerinin üzerine yürüdü; Ryazan (16 Aralık), Kolomna, Moskova, Suzdal ve Vladimir'i (3 Şubat 1238) ele geçirdi. Novgorod, ilkbaharda buzların erimesiyle oluşan çamur yüzünden süvarilerin manevra yapamaması sayesinde kurtuldu (Mart 1238). Batu Han yeniden güneye doğru inerken Kıpçak hanı Kotian'la karşılaştı ve onu bir kez daha yendi. 1239 sonunda, Pereyaslav ve Çernigov'u ele geçirdikten sonra Polonya sınırlarını zorlamadan önce Kiev'i işgal etti (1240). 13 şubat 1241 günü ise buz tutmuş Vistül'ün üzerinden geçerek halkının çoktan terk ettiği Krakovi kentini ateşe verdi. Silezya'da, Polonyalılar, Almanlar, Haçlılar ve Cermen Şövalyelerinden oluşan bir kuvveti Liegnitz yakınlarındaki Walstadt'a yenerek Moravya ve Macaristan'a girdi. Kuvvetlerini Peşte önünde topladı, yaptığı en başarılı muharebelerden birinin sonucunda Macarları yenerek kenti ele geçirdi (11 Ağustos). Temmuz 1241'de Viyana yakınındaki Neustadt'a ulaştı; Mart 1242'de öncüleri Adriyatik kıyısındaki Spalato (bugün Split) ve Kotor kentlerine kadar ilerlemişti.

Ne yorulmuşa ne de bıkmışa benziyordu. Ancak atlıları, onları batının en uzak bölgesinden ayıran son sınırları da aşmadan önce dinlemeli, güç toplamalıydılar. Bu nedenle geri çekilmek gerekti. Uzun bir süre geri çekilişin nedeninin, Büyük Han Ögedey'in 11 Aralık 1241 yılında ölümü üzerine, halefi belirlemek için Moğol liderlerinin, bir "kurultay" toplamayı istemesi olduğu sanılmıştır. Oysa bu doğru değildir. Aslında ordu yıpranmıştı, atlar zayıflamıştı. Macaristan Putszta'sı, sürülerin otlayabileceği tek yer, 60.000 ila 70.000'den fazla atlıyı ve atı besleyemiyordu. Dolayısıyla bu ülkede kalmaları söz konusu olamazdı. Moğollar bu topraklara geri dönecekleri inancıyla çekilmeye başladılar, ama bu çekilme son derece yavaş gerçekleşti.

Rusya'nın Efendisi Altınordu

Batu'nun ailesi, Avrupa'da fethedilen toprakların ancak bir kısmını elinde tutabildi: eski Kıpçakların toprakları, Kama Bulgar Hanlığı ve aşağı yukarı Rus Prensliklerinin tümü, özetle sınırları tam olarak belli olmayan ve Kafkasya, Harezm, İrtiş ve kuzeydeki büyük ormanlar arasında uzanan geniş bir alan, açıkçası coğrafi bir alandan çok bir insan topluluğu. Bu geniş alana verilen Altınordu (Altın Ordugâh) adı kuşkusuz kimliğini öteki adından, Kıpçak Hanlığından daha iyi ortaya koymaktadır. Bu arada Uralların ötesindeki Asya toprakları Cuci'nin diğer iki oğlunun yönetimi altında, hemen hemen bağımsız hale geldiler. Bu oğullardan büyüğü Ak Ordu Devletini kuran Orda, ötekiyse haleflerine büyük oranda toprak bırakan ve 1480'e doğru Tümen ya da diğer adıyla Sibir Hanlığını (Sibirya) ele geçirdikten sonra Özbek Devletinin kurulmasına yol açan Şeyban'dı.

Altınordu Devleti bir şekilde en az bir yüzyıl boyunca müreffeh ve başarılı olmuştur. Bir yandan İslamiyet yayılıyor ve diğer yandan da daha hızlı bir biçimde Türkçe Moğolcanın yerini alıyordu. Batu'nun oğlu Sartak'ın Hıristiyanlığı seçmiş olmasına rağmen, bir cinayet sonucunda erken gelen ölümü Hıristiyanları iktidardan uzaklaştırdı. Tahta çıkacak olan Berke (1257-1266) İslamiyeti benimsemişti. Moğollarda bir prensin din değiştirmesine ilk defa rastlanmaktadır ve bu bir dönüm noktası teşkil eder. Acaba Berke'nin ileride de göreceğimiz gibi Moğolların can düşmanı Memluk sultanı Bay Bars (Baybars) ve Delhi sultanıyla yakınlaşması, Azerbeycan için mücadele ettiği kuzenleri İran İlhanlarına duyduğu hınçtan mı kaynaklanıyordu? Yoksa ilki Kıpçak kökenli olmak üzere her ikisinin de Türk olması itibariyle bir İslami dayanışma, hatta etnik kardeşlik unsuru mu etkiliydi? Her halü kârda Moğol birliği bir anıdan başka bir şey değildi ve Berke bir hain olarak değerlendirilebilirdi.

Kıpçak'ın Müslümanlaştırma politikası Berke'nin üçüncü halefi Tuda Mengü'nün (1280-1287) hükümdarlığı sırasında başladı, daha sonra Şaman olan Tula Buka (1287-1290) devrinde bu politika duraklama sürecine girdi ve nihayet XIV yüzyılın yirmili yıllarında yeniden hız kazandı ve amacına ulaştı. Dinsel seçimleri ne olursa olsun hükümdarlar en büyük saygıyı ortodoks kiliseye gösteriyorlardı. Bu hükümdarlar arasında Özbek (1312-1340), Canıbek (1340-1357) ve Berdibek (1357-1359) bulunmaktadır. Bu hükümdarlardan Özbek, saltanatının başında saldırgan bir İslamiyeti yayma politikası uygulamaya başladı, ancak bu *yasak*'a (Cengiz Han kanunu) bağlı ileri gelenlerden tepki gördü.

Genellikle prensler XIII yüzyıl ve XIV yüzyılın başında iktidarı sağlam biçimde ellerinde tutmayı bildiler ve güçlü hükümdar portresi çizdiler. Bu arada Tuda Mengü ve Tula Buka'nın saltanatları sırasında devletin gerçek efendisi, bir akrabaları, Berke'nin yeğeni olan ve Altınordu'yu Balkanlara götüren ve orada yaklaşık 1292'ye kadar gerçek bir himaye kuran büyük komutan Nogay'dı. Ama 1299'da yeni han Toktay ya da Toktoa (1290-1312), tıpkı kendinden önceki hanlar gibi Nogay'ın desteğiyle tahta geçti, ancak daha sonra Nogay'dan kurtulmayı başardı. Nogay boylarının "sayılamayacak kadar çok" kadın ve çocuğu da köle olarak satıldı... "Mısır sultanı ve emirleri bunlardan pek çok sayıda satın aldılar." XIV yüzyılın ilk yarısının hükümdarları Özbek, Canıbek ve Berdibek tek başlarına saltanat sürebildiler; ancak kargaşa içindeki, bu nedenle de gerileme döneminin habercisi olan 1361-1380 arası dönemde bir komutan olan Mamay, Altınordu Devletini yeniden yönetti.

Mengü Timur'dan, hatta belki de Berke'den başlayarak Kıpçak Hanları diğer Cengiz Hanlılarla aralarına belli bir mesafe koydular ve kendi özel dış politikalarını gütmeye başladılar: Büyük Han'ları Batu seçmesine rağmen, onlardan bağımsız bir yönetim sergilediler. Berke'nin kendisi bile akrabası İran İlhanına karşı İslam dünyasının önde gelen gücünün lideri Mısırlı Memluk Bay Bars'la ittifak kurmaktan geri durmadı. 1263'te Bizans'la ticaret antlaşması yaptı. Yaklaşık 1266'da ise Kırım'daki Cenevizli tüccarlar birçok imtiyaza sahipti, ki bu imtiyazlar işlerinin gelişmesine büyük katkıda bulunmuştur. XIV yüzyıl başında Özbek Han daha da ileri giderek Venediklilerin Don'un ağzında, Tana'da (Azov) bir ticaret noktası açmalarına izin verdi.

O sıralarda batıyla ilişkiler iyiydi ve Moğolların hoşgörüleri Fransiskenlerin Ortodoks Kumanları, Roma Katolikliğine döndürmelerini yapmalarını sağlıyordu. Papazlar onlar için Latince mezmur ve duaları Türkçeye çevirdiler. *Codex Comanicus* adlı ünlü sözlük ve 1294-1295 yılları arasında yazılmış ve daha sonra yeniden 1340'lı yıllarda kaleme alınmış edebi ve dinsel Kuman metinleri Petrarca Kitaplığı'nda muhafaza edilmektedir.

Altınordu Türkleşiyor

Moğolların Mısır'la ittifak kurmaları ve hükümdarların İslamiyeti benimsemeleri pek çok değişikliği beraberinde getirirken, bu dinin özellikle XIV yüzyılda kitlelere yavaş yavaş sızmasını sağladı. Bu kitleler aynı zamanda tüm Moğol geçmişlerini unuttular ve aristokrasi Türkleşti. Ulusal dillerin, özellikle de Bulgarcanın aleyhine olarak önce Cengiz Hanlıların kültür aracı Uygurca, sonra da Kıpçak Türkçesi yayılmaya başladı. Türkçe konuşan tüm Müslümanlar doğal bir süreçle Tatar (Tartar) adıyla anılmaya başladılar.

Boyların göçebe yaşamlarını sürdürmelerinin ve ekonominin temelinin hayvancılığa dayanmasının yanı sıra ticaret ve sanayi gelişti.

Harezm ve ondan da çok Kama Bulgaristan'ı zengin tarım ve özellikle de hububat tarımı bölgeleri oldu. Saratov'un kuzeyindeki ve Nijni Novgorod'un [bugünki Gorki] güneyindeki bölgeler çok ormanlık olduğu için Türklerin yerleşmesine pek elverişli değildi, ama buraların halkı pek çok hammadde sağladı. Çok sayıda tüccarın bulunduğu Kırım bir ticaret merkezi oldu. Yaşam bir göçebe imparatorluk için şaşılacak kadar yoğundu. Bolgar kentinin başlangıçta sikke kesilen bir kent, yani tek gerçek kent olmasına karşın, kısa sürede yeni kentler onunla rekabet içine girdi. Hazar Denizinin yakınındaki, kimi zaman varlığından kuşku duyulan Saray-Batu'nun yanında, ileride Stalingrad (Volgograd) olacak yerin yakınında, tam olarak Çariov'un bulunduğu yerdeki Saray-Berke 1253 ila 1345 arasında başkent görevi gördü. Bu kentin gelişmesini özellikle Özbek Han sağlamıştır. 1335 yılında ziyaret eden İbn Batuta bu kent hakkında şunları yazar: "Dünyanın en güzel kentlerinden biridir. ... Büyüklüğü olağanüstü. Güzel çarşıları ve insanlarla dolup taşan geniş sokakları var ... Sıkış tıkış halde bir evler yığını ... Onüç cuma camisi var. Kentte her çeşitten insan yaşıyor ... Her biri kendi mahallesinde, çarşısının çevresinde." İbn Batuta kuşkusuz karşılaştırma yapmaktan geri durmuyordu. İbn Batuta'ya göre kentin nüfusunun 100.000'den fazla olması gerekir ve gerçek bir metalurji sanayiinin yerleştiğinden şüphe yoktur. XIV yüzyılın başında yeni kentler kurulmuş veya varolan diğer kentler büyük bir gelişme göstermişti. Efsanesi Batu'ya dayanan Kazan ile Hacı Tarkan (Astırhan) –bu kentten ilk kez 1333'te söz edilmiştir– bütünüyle Türkçe konuşulan ve kendi sikkelerini (dinar) kesen kentlerdi. Dinar dirhemlerden oluşuyordu ve dirhem de Orta Asya'ya kadar tüm imparatorlukta geçiyordu.

Altınordu'nun Müslüman uygarlığı tümüyle Harezm'in uygarlığına bağlıydı ve bu uygarlıkta da görkemli anıtlarıyla Urgenç büyük bir üne sahipti. 1840'a doğru başlanan Saray-Berke kazılarında diğer parçaların yanı sıra mineli çiniler çıkarılmıştır. Bu çinilerde mavi tonların egemen olması İran etkisini ortaya koymaktadır. Ama halk sanatı uzun süre bozkır sanatı olarak kaldı ki, bu da Willem van Rubroek'in [Rubrouck/Ruysbroek] 1253'te kuş, bitki ve dört ayaklı hayvan resimleriyle kaplı keçe çadırlarda gördükleridir.

Altınordu Devleti özellikle Rusya'yı bağımlılığı altında tutması dolayısıyla bilinir ve bu bağımlılık Rusya'ya pahalıya, çocuklarının yaşamına ve ruhuna mal olmuştur. Bununla birlikte Rusya ya da en azından onu temsil eden ruhban sınıfı ve soylular bağımlılığı seve seve kabul ediyordu ve sadık görünüyorlardı. Papazlar geleneksel Türk-Moğol hoşgörüsü gereğince ve han için dua etmek koşuluyla vergiden muaftı. Kimi zaman barbar zorbalar aleyhine bazı sert vaazlara karşın, Sovyet bir yazar "papazların hükümdarlar için halka açık olarak verdikleri vaazlar, kitlelere Tatar Devletine boyun eğmenin mutlak bir zorumluluk olduğu fikrini aşılıyordu" derken haksız değildi. Halk ise her zaman buna ikna olmuyordu. Başkaldırıyor ve sızlanıyorlardı. Ancak prensler giderek daha fazla dalkavuklaşıyor, sık sık ordugâha (Altınordu) giderek saygılarını sunup ve "paha biçilmez değerde" armağanlar veriyorlardı. İlke olarak özerk olan bu hükümdarlar, tahta "krallık ayrıcalığı" (han ayrıcalığı) vasıtasıyla çıkıyorlardı ve başlangıçta Moğol valilerinin gözetimindeydiler. Daha sonra vergi görevlilerinin gözetimine girdiler. 1284'ten sonraysa vergileri tek başlarına toplayabilecek ve gönderebilecek biçimde örgütlenmeye başladılar. Kendilerini yeterince güçlü buldukları zaman ise vergi gelirlerini Moğollara göndermiyor, saklıyorlardı. Alınacak olan bu vergi, 1257 yılında Tatarlar tarafından tüm Rus topraklarının nüfusunun sayılması sonucunda belirlenmiştir. Rahipler, keşişler ve Slav ayin usulünü kabul etmiş olanlar, yani "Bakire Meryem ile İsa Peygamber'e hizmet edenlerin tümü" bu sayımın dışında tutulmuştu (*Chronique laurentine*). Hiç işgale uğramayan Novgorod'a gönderilen Tatar görevliler 1259 yılında Aleksandr Nevski'den bir şeref ve koruma kıtası elde etmişlerdi. Kentin vakayinamesindeki ifadeyle söylemek gerekirse: "Büyükler küçüklere bedel ödemelerini buyurmuşlardı; çünkü boylar yaşamı halk için güçleştirerek kendileri için kolaylaştırmış oluyorlardı."

Rus dehasına karşılık Rusya'nın köleciliği, Kıpçakların köle pazarlarında satılmasıyla meydana gelen korkunç insan kaybı olmasaydı son bulur muydu?

İran ve Anadolu'nun Fethedilmesi

Hostis sözcüğü Latincede "düşman," Fransızcada "ev sahibi" anlamına gelir. Bu garip ikilem dışında doğu geleneklerine bu kadar uzak olan başka bir kavram daha yoktur herhalde. Nayman Küçlüg'ün yanına sığındığı Karahitay hükümdarını devirmesi gibi, Harezmşah sultanı Muhammed'in oğlu Celaleddin de Delhi sultanına olan borcunu unutmuş ve ona bir komplo kurmuştu. Bunun sonucu ise Hindistan'dan kovulması oldu.

Cengiz Han, İran'da kalmadığı için Celaleddin İran'a dönerek (1224) baba mirasına sahip olabildi. Hükümdarlar sürgünden ders çıkarmışlar mıdır? Haremz Şahı Moğolları çoktan unutmuştu bile ya da daha doğrusu asla geri gelmeyeceklerini düşündü. Oxus tarafını korumaya almadan, Türklerin yüzyıllık yayılma rüyasını gerçekleştirme hayallerine düştü ve yönünü batıya çevirdi. Kuşkusuz cesur bir savaşçıydı, ancak hiç akıllı değildi. Gürcistan kraliçesi Roussoudan'ı iki kere yendi (1225-1226) ve Tiflis'e girdi. Tüm kiliseleri yıktı; hüküm sürdüğü topraklarda oldukça fazla sayıda olan Hıristiyanlarla uzlaşmak için ne kadar "akıllıca" bir yol seçmişti! Şam'da Eyyübi sultanına saldırdı. Bağdat halifesini tehdit etti. Ve sonunda karşısında, Abbasilerden, Eyyübilerden ve I. Alaeddin Keykubad'ın Konya Selçuklularından oluşan bir güç birliği oluşmasını sağlamayı bildi ve bu ordu Erzincan'da, Ağustos 1230'da onu yendi. Büyük bir güç kaybına uğramıştı.

1230-1231 kışında Cengiz Han'ın toplulukları hâlâ gücünü toparlayamamış, yaralarını saramamış ülkesine tekrar yönelince ne yapabilirdi ki? Hiçbir şey. Ya da babası gibi kaçabilirdi. Prensleri ve halklar ellerinden geldiğince kendilerini savundular. Celaleddin ise öldürüldü. Böylece Harezmşahlar gibi altın çağlar yaşayan, büyüklüğünü zamanında yeterince kanıtlayan bir hanedan, hiç de onurlu olmayan bir biçimde tarih sahnesinden silindi.

1242 yılında İran artık kesinlikle ele geçirildikten sonra Moğol komutanı Baycu Noyan hareket halindeki birliklerin komutasını eline aldı. Komuta 1256'ya kadar onda kalmıştır. Bu yeniden "çok yönlü" Moğol saldırıları devriydi: Batu Viyana yakınında, Tuli'nin oğulları Kubilay ile Möngke Yun-nan, Tonkin (1257) ve Seçuan'daydı (1258). Baycu Noyan saldırıya geçme emri aldı. Darbeler hep kuvvetliydi, ama Moğollar artık büyük barbarlar görünümünde değildiler. Uygurlar ve bilge Çinlilerle temasları sonucunda uygarlaştıkları hissediliyordu. 25 Haziran 1243 günü Erzincan yakınındaki Köse Dağında Rum Selçukluları bağımsızlıklarını yitirdiler. Erzurum, Tokat, Kayseri gibi birkaç il kurtulmuştu, Keyhüsrev'in bağımlılığı gerektiği gibi denetim altına alındı; bazı Moğol beylerine haslar verildi; kimi tahkimli mevkilerde garnizonlar bırakıldı. Birkaç yıl önce Gürcülerin yaptığı gibi Ermeni kralı Hetum, Kilikya'yı her şeyden önce Müslümanlığın düşmanı olarak gördüğü ve sıkı bir işbirliği içine girmek istediği Moğollara bıraktı. Musul kralı Lulu daha az soylu nedenlerle aynı biçimde davrandı.

Hulagu

1256 yılında, Cengiz Han'ın en küçük oğlu Tuluy'un oğlu, III. Büyük Han'ın erkek kardeşi Hulagu tahta geçti ve Möngke vali sıfatıyla İran'a geldi: hemen bilinçli ve sorumlu bir hükümdar gibi davranarak, yönetimi altına aldığı topraklarda verasete dayalı, monarşik bir bir devlet kurmaya ve örgütlemeye girişti. Böylece güçlü İran Moğolları Hanlığını ya da daha çok bilinen adıyla İlhanlıları kurdu. *Il-* kökü eski Türkçedeki *el-* kökünün değişmiş bir hali gibi görünmektedir bize, bu adın anlamının aşağı yukarı "İmparatorluk Prenslerinin Ülkesi" olması gerekiyor. Bu devlet tümüyle, hatta büyük Müslüman güçlerinden biri sayılacak derecede Müslüman olacaktı, ama en azından Hulagu'nun saltanat süresince (1256-1265), Cengiz Han'ın *yasak*'ına uymak durumundaydı; ya da şayet o dönemde bir dini benimsemesi gerekseydi, bu kuşkusuz Hıristiyanlık olurdu.

Hulagu tahta geçer geçmez ilk iş olarak Selçukluların o zamana kadar hakkından gelemediği, bir propaganda sistemi olarak terörizmi kullanan aşırı bir Şii tarikatı olan Haşhaşi İsmaililerden kurtuldu. Sonra da Bağdat'ı işgal etti (1258). Abbasilerin ünlü ve saygın başkenti *Binbir Gece Masalları* kenti Bağdat'ın düşmesi, bir zamanlar Şii Büveyhoğullarının dokunmaya cesaret edemediği halifenin öldürülmesi, bütün dünyada, iki yüzyıl sonra Fatih Sultan Mehmed'in Konstantinopolis'i ele geçirmesinin uyandırdığına eşdeğer, hatta ondan daha büyük bir yankı uyandırdı.

Hulagu ikamet mekânı olarak, Moğolların genellikle atlarını otlattığı, Asya'nın Türk boylarının toplandığı iki Azerbeycan kentini, yani Tebriz ile Meraga'yı seçti. Ve o sırada Moğollar ile Haçlılar arasında, Ermenilerin tahrik ettiği ve tüm umutlarını bağladıkları, ama sonuçlanmayan o garip pazarlıklar başladı; bu pazarlıkların amacı görünüşte Suriye ve Mısır'ın ortak fethiydi. Ancak yine de Moğolların, Frenklerle bir ittifakı samimi olarak arzu ettikleri kuşku götürmez.

Moğollar artık, bir zamanların sayılamayacak kadar çok ve yenilmez atlıları, gurur dolu, Tanrı'dan dünyaya egemen olma buyruğunu almış, hiçbir şeyin ve kimsenin durduramadığı o eski topluluk değildi. Elbette çok geniş topraklara dağılmış, her yerde baskı altında, üstelik kendi aralarında da bölünmüş olmakla birlikte yine de hâlâ korkunç bir güçtüler; ama artık eskisi kadar güçlü değillerdi. Bunun kanıtı da yakında ortaya çıkacaktı. Haçlıların ise kendilerine aşırı güvenleri, düşüncesizlikleri, Müslüman hükümdarlara istemeyerek de olsa da saygı duymaları, insan türüne ait olduğu söylenemeyecek bu barbarlar karşısında duydukları korku karşılarına çıkan ilk fırsattan yararlanmalarına engel oldu.

Eylül 1259'da Hulagu Suriye'ye gitmek üzere İran'dan hareket etti. Öncü olarak Nayman Kit-Buga'yı göndermişti. Nusaybin'i ele geçirdi. Edessa (Urfa) ve Harran teslim oldu. Halep kuşatıldı ve düştü (12 Ocak 1260). Korku içindeki Suriye direnişi bıraktı: Hama hemen teslim oldu. Şam işgal edildi. Başarıları geçmişi aratmıyordu. Haçlılar ve Moğollar artık birbirlerine ancak birkaç kilometre uzaklıktaydılar. Kimi zaman karşılaşıyorlardı. İşbirliği yapma fırsatı buluyorlar mıydı? Hayır: Birbirlerine uzaktan bakıp, bazen de saldırıyorlardı. Haçlılar Moğollar tarafından ülkeye bırakılmış güçsüz işgal birliklerine yardım etme aptallığında bulundular. İslamiyet sonunun geldiği izlenimi veriyordu. Geriye yok edecek bir tek Mısır kalmıştı; Moğolların tüm bu yaptığı neydi? Ancak Moğolların ulaştığı en uç nokta Gazze ile Nil Vadisini bir çöl ayırıyordu ve Suriye'de atları besleyecek otlaklar yoktu. Kendilerini yeniden Macaristan'da yaşadıkları durumun içinde buldular. Atların dinlendirmek ve ikmal yapmak için geri çekilmek gerekti. Hulagu, Moğol bir vali ve ona yardımcı üç İranlı ve yaklaşık 20.000 kişilik bir işgal kuvveti bırakarak Suriye'den ayrıldı. O ayrıldıktan sonra bu işgal kuvveti tümüyle yok edildi.

Mısır Memlukları

Hulagu Suriye'nin karşısında Memlukları, paralı askerlerin ve beyaz kölelerinin arasından kendisine yeni yöneticiler bulan Mısır'ı bırakmıştı.

Memluklar uzun süredir Mısır'a hizmet etmekteydiler ve birinci derecede rol oynuyorlardı. Ama XIII yüzyılın başında, Salâhaddin'in ardılları Eyyübi sultanları döneminde sayıları çok artmıştı ve genelde Ravza Adasında *–Bahr el-Nil–* üslenen seçkın ve iyi örgütlenmiş bir birlik oluşturmuşlardı. Bu nedenle de Bahriler deniliyordu.

Bunlar, eskiden olduğu ve daha sonraki bir tarihte de görüleceği gibi, özellikle Harezm ve Kıpçak kökenli Türklerdi. Ama aralarında onlara karışan başka kavimlerden kişiler de vardı: Çerkezler, Alanlar, Slavlar, Yakın ya da Uzak Asya'dan satın alınarak ya da oralardan kaçırılarak bozkırlardan kervanlar veya İtalyan gemileriyle getirilmiş bir yığın insan. Savaşlar, ağır ama sürekli bir asimilasyon ve kuzey insanları için ölümcül bir sıcağa sahip bu ülkenin iklimi nedeniyle azalan insan sayısı, hızla yerlerine yenilerin getirilmesiyle tamamlanıyordu.

Sanki herkes bozkırlardan sağlanan bu değerli malı elde etmek için birbiriyle yarıştaydı. El-Nüveyri, Toktay Han'ın 1307-1308'de Kırım'daki Cenevizlilerden, Tatar çocuklarının bu sürekli kaçırılmalarının ve Müslüman ülkelerde satılmalarının öcünü nasıl aldığını anlatır. Ondan kısa bir süre sonra el-Umari Kıpçak vasallarının sağladığı faydalardan söz eder. "Kıpçak Moğollar, Çerkez Rus orduları gibi kuvvetleri her zaman yenmekle birlikte, bu halklar da onların çocuklarını almışlar ve satmışlardır." Aynı yazar birçok kez Kıpçakların bazı Kıpçakları sattıklarını belirtir, yani ya bir boyun ayaklanması ya bir güçlüğün üstesinden gelmek ya da kazanç hırsı nedeniyle Kıpçakların bizzat kendileri tarafından satılmaktadırlar: "Türkler (Kıpçaklar) kuraklık ya da kıtlık dönemlerinde erkek çocuklarını satarlar. Bunun aksine bolluk içinde olduklarında da kolayca kız çocuklarından vazgeçebilirler." El-Makrizi'nin bu konuda yazdıkları da onu doğrular niteliktedir: "Tatarlar çocuklarını ve yakınlarını bu işin ticaretini yapan birtakım kimselere satarlar ve onlar da bunları Mısır'a ya da başka yerlere götürürler." Ta ki Mısırlılara bunları satan Moğollara kadar, elbette nasıl olduğu konusunda hiçbir fikrimiz yok... Azak Denizi ve Kırım İtalyanları bu taşıma tekelini ellerinde tutuyorlardı. İbn el-Atir gemilerin bakireler ve köleler karşılığında Polovestlere satılan giysi yükleriyle (Kırım'ın güneydoğu kıyısındaki Sudak'a) nasıl yanaştığını anlatır. Bizans, Kıpçaklar ve Mısır arasındaki 1263 tarihli antlaşmanın konusu da özellikle onlardı.

Haçlıların Eyyübiler Mısırına karşı harekâtı Memlukları iktidara geçirmiştir. 1215 Laterano Konsili'yle birlikte Avrupa, Nil'in aşağı vadisinin İslamiyetin merkezi ve beyni olduğunu ve Kudüs Krallığını kurtarmak için bunları yenmek gerektiğini anlamıştı. Beşinci Haçlı Seferinin başarısızlıkla sonuçlanmasının ardından, Aziz Louis Eyyübiler Mısırına saldırmaya karar verdi ve 6 Haziran 1249'da Dimyat'a vardı. Ordusu açlık, veba ve Mısır askerleri karşısında perişan oldu, tamamı esir alındı ve kralın kendisi de zincire vuruldu (6 Nisan 1250).

Ama bu bir Eyyübi zaferi değildi. Mısır'da artık Eyyübiler bulunmayacaktı. Bu bir Memluk zaferiydi. Aybeg, 2 Mayıs 1250'de yaptığı askeri darbeyle iktidara geldi ve eylemini meşrulaştırmak adına bu yeni hükümdar son sultanın oldukça faal ve bir o kadar da korkutucu olan dul eşiyle evlendi; bu kadın 1259'da onu öldürttü ve üç gün sonra kendisi de öldü. Yerine Harezmli köle Kutuz (Yak) geçirildi. Aynı yıl Hulagu Suriye'de büyük başarılar gösteriyordu. Moğol, koruması altına girmesi için Mısırlıya bir ültimatom verdi. Kutuz bunu reddetti, ültimatomu getiren elçiyi öldürttü.

Ve işte o an tarih alt üst oldu.

Kutuz Filistin'e hareket etti. Gazze'deki küçük Moğol kuvvetini ezdi, Haçlılardan topraklarından geçmesine izin vermelerini istedi. Ve Tanrı yenilmesini istediklerinin aklını başından aldığı için de Haçlılar bu izni verdiler, Mısırlılar 3 Eylül 1260 günü Kit-Buga komutasındaki orduya yetişerek onu yendi. Böylece bir günde Fırat'a kadar bütün Suriye'yi kurtardılar.

Şam kazananı haklı olarak alkışladı. Savaş alanında bir Moğol'a karşı on Memluk bulunmasının, Kit-Buga'nın kendisini cesaretle savunmasının, kellesi uçurulmadan önce onurunu kurtarmak için "Doğduğumdan beri hanın eri, kölesiyim. Ben sizin gibi efendi katili değilim" demiş olmasının pek bir önemi yoktur. Ayn Calut, insanlığın geleceğinin belirlendiği yerlerden biri olmuştur. Yarım yüzyıldan beri, yeryüzünü titreten Moğollar ilk kez yenilmişlerdi. Aslında sadece bir ili –Suriye'yi– kaybetmişlerdi. Bu çok önemli görünmeyebilir; ancak bu ili kaybetmekle Mısır'ı fethetme şansını da yitirmişlerdi, artık kibirli Memlukları yenemeyeceklerdi. Daha sonra da tüm çabalarına karşın, Moğollar bu bölgede bir daha asla başarı elde edemeyeceklerdir.

Memluklar bu zaferle büyük bir saygınlık kazandılar. İslam dünyasında Türk adı şimdiye kadar farklı yankılar uyandırırken, artık onu göklere çıkartan tek ses yükseliyordu. Yönetimde, İslam toplumunda bu adı taşıyanlar güçlü konuma geldiler. Köle pazarlarında kasları yoklanan, dişlerine bakılan bu karma topluluğun kazandıkları tüm Türkçe konuşan halklara fayda getirdi. Kimse yanılmadı. Kimse dünyaya yayılmış Türk varlığının bir ürünü olan bu zaferi Araplara ya da Mısırlılara mal etmedi: o sıralarda Memluk Devletinin, Türk sözcüğünün Arapça çoğulu *etrak* sözcüğü kullanılarak, *Devlet-ül-Etrak*, "Türklerin Devleti" olarak anılması hususunda bir mutabakat vardı. XIII yüzyılda yaşamış Şamlı bir tarihçi bu konuda şunları söyler: "Tatarların kendi ırklarından insanlar, Türkler tarafından yok edilmesi mühim bir vakadır!"

Zafer kazanmış ordunun Kahire'ye dönüş yolunda, söz konusu zaferi kazanan Kıpçak kökenli Memluk komutanı Bay Bars, Kutuz'un önce elini öpmüş sonra onu devirmiştir (25 Ekim 1260). Bay Bars'la birlikte Abbasi halifelerinin soyundan gelen, Moğollar tarafından kaldırılan halifeliği yeniden tesis edecek ve varlığının amacının Türk fatih Yavuz Sultan Selim'in gelişiyle açıklanacağı büyük bir dilsiz gidiyordu.

Bay Bars (1260-1277) her açıdan büyük bir hükümdar, Türk dünyasının en önemli figürlerinden biri ve bir destan kahramanıdır. Onu konu alan "*Roman*"ı, halk diliyle yazılmış, argo ifadelerin yanı sıra klasik Arapçaya sızmış pek çok Türkçe deyiş içeren fantastik bir eserdir. Bu nedenle aydınlar tarafından pek fazla beğenilmemiştir. Binlerce sayfadan oluşan (Fransızca kopyası 36.000 sayfadır) bu destanda aslında soylu, yüce, güzel ve çekici bir kahramandan oldukça farklı bir kahraman yer almaktadır. Bu kahramanın etrafı kaba saba, pasaklı Bedeviler ve başıboş serserilerle çevrilidir. Bu büyük yapı meraklısı anıtları (camiler, medreseler, hanlar, köprüler), pars (*bars*) ya da vahşi vaşakları andıran "aslan" figürleriyle süslemeyi sevmektedir.

Moğolları mağlup eden, ellerinden şövalyelerin saygın ordugâhı Krak'ı alarak Haçlıları mağlup eden Bay Bars yenilmez görünmektedir. Anadolu'da başarı gösteremez, ancak asıl başarısızlığı istikrarlı bir hanedanlık kuramamasıdır. Bunun nedeni Bay Bars'ın çocukları Berke ve Salamış'ın ancak kısa süreler için tahta kalmaları ve vasat kişilikler sergilemeleridir. İstikrara ulaşmak için diğer bir büyük Memluk sultanını, Sultan Kalavun'u (1279-1290) beklemek gerekecektir. Mimariye Bay Bars'tan çok daha düşkün olan bu sultan yüzyıl sürecek istikrarlı bir devlet yaratmayı becerebilecektir. Bu hükümdara *maristan*, yani "hastane" adı verilen 1284 tarihli şaheser atfedilmektedir. Ancak bu hanedanlık Türkler için kötü sonlanacaktır. Burç adını –Memlukların daha sonra alacağı Burciler adı buradan gelmektedir– taşıyan bir kaledeki subaylardan biri olan Sultan Berkuk (1382-1399) ayaklanacak, Çerkez ya da Kafkasyalı olan bu sultanı kendi ırkından halefleri takip edecektir.

Memluk Sultanlığı 1260'tan 1517'ye, Yavuz Sultan Selim'in Kahire'ye girdiği güne kadar, XV yüzyıldaki yaşanan gerilemeye karşın, Akdeniz'in büyük devletlerinden biri olarak kaldı. Birleşmiş Mısır ve Suriye'yi büyük bir refaha kavuşturdu ve bu iki ülkenin güçlü ve gelişmiş bir uygarlığa sahip olmalarını sağladı. 1340'lardaki görkemini hayal etmek zor olsa da bugün hâlâ etkileyici olan Kahire'nin o dönemki nüfusu 500.000-600.000 civarındaydı. Bu kentin büyüleyiciliğini, inanılmayacak kadar büyük olan ve uluslararası baharat, ıtırlı ve aromalı bitkiler, fildişi, amber, inci, değerli taşlar, kabuklar, altın, kalay, sünger ticaretinden sağladığı görülmemiş zenginliğini bugün kimse gözünün önüne getiremez. Kahire'nin cam ustaları Avrupa'da – Venedik'in parlak ve ince bibloculuğu vasıtasıyla baş etmeye çalıştığı– mineli cam tekniğini tanıtmış ve tunç sanatçıları değerli madenlerden büyük bir incelikle, şamdanlar, yazı takımları, leğenler yapmışlardır – Aziz Louis'nin vaftiz kurnası bundan daha önceki bir tarihte yapılmış değildi... Kuşkusuz o dönemin değerli madenler ve taşlarla yapılmış sofra takımları, altın levhalarla kaplı duvarları, mermer kaplı evleri bugün artık yok olmuş durumdadır. Ancak Kahire'de el-Halil Çarşısının civarında XIII ve XIV yüzyıla ait şaşırtıcı Memluk yapılarına rastlanabilir. Elbette bunların yanı sıra Sultan Hasan Medresesi (1356) ya da halifelerin mezarları, bu ölüler şehrinde, kubbelerin ve minarelerin üzerlerinden doğan güneşle birlikte en görkemli manzaralardan birini oluştururlar. Bu manzaraya kendinizi bırakmanız, bakışlarınızın uzun kemerler, kubbeler üzerinde kaymasına izin vermeniz gerekir.

İlhanlılar, Memluklar ve Rum Selçukluları

Ayn Calut'tan sonra Hulagu, ondan sonra da halefi Abaga (1265-1282) Suriye'ye dönmek istediler. Ama Moğolların bu amaçla yaptıkları tüm girişimler boşuna oldu. Bu arada da özellikle Ekim 1281'de Abaga'nın 30.000 kişilik ordusu ve ona katılmış 30.000 Gürcü, Ermeni ve Frenk, Humus yakınındaki Kalavun'da yenildi. Ve o andan sonra da mücadele artık ağır ve belirsiz oldu. Ayrıca mücadelenin yanı sıra bir yanda Memluklar ve Kıpçak Hanlığı –Rusya "Moğolları"– ile Çağatay Hanlığı –Maveraünnehir "Moğolları"– diğer yanda ise İlhanlılar –İran "Moğolları"– ile Hıristiyanlık arasında ittifak kurma girişimleri gerçekleşti.

Avrupa'daki arşivlerdeki birçok mektup doğu ve batı arasındaki bu görüşmelerin belgeleri niteliğindedir. En eskileri bizzat Büyük Han'ların kendileri tarafından (Güyük Han'ın 1246'da Papa'ya yazdığı mektup, Möngke'nin 1254'te Aziz Louis'ye yazdığı mektup vb), daha yakın tarihli olanlar ise İran Moğolları tarafından imzalanmıştır. Elçilik görevleri her iki yönde de artmıştır. 1248'ten sonra Lyon'a ilk Moğol diplomatları gelmeye başlamıştı, bu heyetin başında Nasturi bir Türk ile Suriyeli bir keşiş vardı. Bir sonraki yıl Kıbrıs'ta Aziz Louis'ye heyetler gönderilmiştir. Bunu başka heyetler de izlemiştir. Tüm bu doğulu elçiler arasında belki de en ilginci Rabban Çauma'dır. Öngüt Türklerinden olduğu sanılan bu Nasturi Pekin yakınlarında doğmuştur ve yüksek rütbeli bir papazdır. İran'a yerleştikten sonra, İran hükümdarı Argun Han (1284-1291) tarafından mektuplarını, Roma'da Papa'ya, Paris'te Güzel IV. Philippe'e, Bordeaux'da İngiltere kralı I. Edward'a (1287) götürmekle görevlendirilmiştir. Bu elçinin gezilerinin anlatısı daha kısa olmakla birlikte bir bakıma Marco Polo'nun *Dünyanın Harikalarını Anlatan Kitap*'ına bir yanıt niteliğindedir. Böylece Asya bir Türk aracılığıyla, Avrupalıların büyük kaşiflerinin gezilerine karşılık vermiştir. Öte yandan Abaga Han'ın haleflerinin, yani önce Teküdar'ın (1282-1284) ve daha sonra da Argun'un tepkisinin ardından Gazan'ın (1295-1304), Olcaytu'nun (1304-1316) ve Ebu Said'in (1317-1334) Müslümanlığı kabulü Hıristiyanlığın açılma politikasının hızını kesti, ancak tamamen ortadan kaldırmadı. 1305'te Olcaytu Güzel Philippe'e şöyle yazmıştır: "Gerçekten de dünyada uyumdan daha güzel ne vardır?"

Abaga Han'ın saltanatı sırasında acılı bir dönem yaşanmıştır. 1277'de Moğollardan bezmiş olan Selçuklu emirleri Bay Bars'ı Anadolu'ya çağırdılar. O da işgal birliklerini Elbistan'da yendi ve Türk topluluklar tarafından coşkuyla karşılanacağı inancıyla Kayseri yönüne ilerledi. Ama Türk topluluklar ondan yana tepki göstermedi. Düş kırıklığına uğrayan Memluk hükümdarı Mısır yönüne çekildi. Bu arada İran Moğolları ülkeye dönerek ayaklananları cezalandırdılar. Daha önce Sinop'u Rumlardan alan (1265) ve yeniden sağlam, birleşik bir devlet kurmaya çalışan, II. Kılıç Arslan ve II. Keyhüsrev'in başveziri Muinüddin Pervane vatan hainliği suçuyla ölüme mahkûm edilmiştir. Bastırma hareketi çok sertti ve Küçük Asya'nın bağımlılığının yanı sıra çöküşünü de hızlandırdı. Küçük Asya XIII yüzyılın sonlarında hem kendini toparlamaya hem de özgürlüğüne kavuşmaya çalıştı, ama başaramadı: sonuç sadece kargaşanın, ayrıca tımar sahipleri ile boyların ayaklanmalarının artması oldu. 1303'te son Selçuklu hükümdarı öldü. Geride tahta doğrudan vâris olabilecek kimse bırakmadı ve onunla birlikte hanedanlık yok oldu. Ülkede artık sadece birbirine karşıt birtakım beylikler ve batı uçta, o sırada en sıradan beyliklerden biri olan, ama son derece görkemli ve kısmetli bir geleceğe aday, Osmanlılar olarak adlandıracağımız Osman ailesi kalmıştı.

İran Moğol Hanlığı iyi niteliklerini Gazan döneminde yitirmeye başladı. Oysa Gazan Moğolca konuşan, soyağacına düşkün ve tarihine çok bağlı, ama kültürü aracılığıyla yabancı diller öğrenmiş ve Müslüman olmuş, büyük İranlı tarihçi Reşidüddin'i vezir olarak seçmişti. Bu vezir Tebriz'i yapılarla donatmış katıksız bir Moğol olarak tanınacaktır. Göçebeler büyük bir yerleşik uygarlıkla karşı karşıya gelince her zaman olduğu gibi ulusal benliklerini yitirdiler. Yine de geleneklerinden bazılarını beraberlerinde getirdiler ve İran topraklarında bugün bazı parçaları yerinde olmayan bir şaheser bıraktılar: Sultan Sencer'in Merv'deki türbesinden sonra Sultaniye'deki Olcaytu mezarı, Timuroğullarının Semerkant'taki, Büyük Moğolların Delhi veya Agra'daki mezar yapıları. Ebu Said öldüğünde (1334) hanlık tümüyle parçalandı; bazı Moğol prensler batıda bazı hükümdarlıkları ellerinde tutabildiler, ancak doğuda yerlerini bazı İran hanedanları aldı ve bunlar arasında güçlü Afgan hanedanlığı Kertler de vardı. Otuz ila kırk yıl sonra, XIV yüzyılda, doğuyu etkisine alan yeni bir kasırga bunları silip süpürecekti. Bu kasırga kendini Cengiz Han'la ilişkili göstermeye çalışmakla birlikte bir Türk kasırgasıydı ve bu yaratan da "demir gibi bir topal," yani Timurlenk'ti ya da öbür adıyla Aksak Timur'du.

X. BÖLÜM
TİMUR DEPREMİ

Moğol egemenliği Türk dehasını soldurmak ya da zayıflatmak şöyle dursun tersine ona hayat verdi. Türk dehası aslında görünüşte karanlık bir dönem geçirdikten sonra yeniden olanca gücüyle gün ışığına çıktı ve evrende yeniden yankılanmaya başladı. Hem coğrafi açıdan hem de dönem açısından bize daha yakın olduğu için bu yeni uyanışın anıları belleklerimizde daha canlı izler bırakmıştır.

XIV yüzyıl boyunca ve XV yüzyılın ilk yılları sırasında batı dünyası sadece tek bir adamla, bizim yanlış olarak *Tamerlan* olarak adlandırdığımız aslında adı *Timurlenk*, yani "Aksak Timur" olan bir adamla ve bir hanedanlıkla, Osmanlı hanedanlığıyla ilgilendi. Hindistan'da, Rusya'da, Orta Asya bozkırlarında gerileme ve çöküş dönemleri yaşanmaktaydı. Timur'un etkinlik merkezi Semerkant şehriydi; hanedan ise merkez olarak Çanakkale ve İstanbul Boğazlarını, Avrupa ile Asya arasındaki ekseni seçmişti. Her ne kadar Timur'un kurduğu imparatorluğu René Grousset bir bozkır imparatorluğu olarak tanımlasa da bozkırlardan ve bozkır imparatorluklarından çok uzaktayız. Bozkır imparatorluklarının genelde merkezi Moğolistan'da, Ötüken ormanlarında, Semerkant'tan 3000 km ötede, Marmara Denizinin çok uzaklarındaydı; buraları tamamen Moğol ülkeleriydi, gerçek şehirlerin kurulmadığı, hâlâ en eski din olan Tengri dininin hüküm sürdüğü topraklardı. Oysa Timur ve Osmanlı hanedanlığı çok eski uygarlıkların topraklarında, yani Timur İran toprakları ve Osmanlılarsa Yunan ve

Hıristiyan uygarlıkları topraklarında, işlenmiş, ekilen, verimli ve kentlerin ağırlıkta olduğu topraklarda yaşıyor ve faaliyet gösteriyorlardı, başka bir deyişle bambaşka bir evrende yaşıyorlardı. Ama elbette Timur da bozkır uygarlıklarının kalıntısı sürüyordu, Çin'i fethetme rüyası hâlâ devam ediyordu ve onu, Cengizhanlılarla kendisi arasında büyük bir siyasal miras ilişkisi kurmaya iten bir kan bağı, bir soy zinciri vardı. Bununla birlikte sahip olduğu pek çok özellik onu bu ilişkiden uzaklaştırıyordu! Semerkant'ı dünyadaki her yerden çok seviyor ve bu şehri geliştirmekten ve büyütmekten usanmıyordu. Şehirleri ele geçirmeyi herkesten daha iyi biliyordu – Osmanlıların birkaç yıl uğraşıp alamadıkları İzmir'i birkaç günde ele geçirmişti. Her iklime, Sibirya soğuklarına, Cengiz Han'a geri adım attıran Hindistan'ın cehennem sıcaklarına uyum sağlayabiliyordu, ancak uzun göçebe yolculuklarına dayanamıyor, çok zorlanıyordu; bu tür yolculuklarda, savaş sırasında gösterdiği eşsiz stratejik yetenekleri bir yana bırakırsak, Kıpçak hanından daha zayıf olduğu ortaya çıkıyordu.

Kuşkusuz bozkırlar hâlâ tarımın aleyhine olarak büyüyordu ve pek çok insan hâlâ göçebe yaşam tarzı sürdürüyordu, ama vahalar sürekli devinen, yer değiştiren insan kalabalıklarını durduran, onları sabitleyen birer çapa görevi görmeye başlamışlardı. İran-Anadolu sınırındaki Türkmenler Tebriz, Bağdat ve Diyarbakır'dan vazgeçemiyorlardı. Daha sonra Büyük Türkler olarak adlandırılacak Osmanlılara gelince, Türkçe konuşan öteki devletlerin gözünde Asyalıdan çok Bizanslıydılar. Son derece sade bir mimariye sahip Bursa bile Semerkant'ı andırıyordu.

Tarih, göçebelerin üstünlüğü ile göçebe imparatorluklarının çöküşü arasındaki dengesiz bir dönemde, önemli bir dönüm noktasındaydı. Uzaklardan top sesleri gelmeye başlamıştı. Cengizhanlıların yeniden doğuşu bir karikatür halini aldıkları Moğolistan topraklarında değil (XV-XVI yüzyıl), Fergana ve Maveraünnehir'de, Timur'un ve daha sonra Babur Şah'ın yerleşik topraklarında olacaktı. Bilge Kağan'ın şehir kurma isteği sonunda gerçekleşmiş ve Türklerin surlar arkasına kapanmasını istemeyen danışman Tonyukuk oyunu kaybetmişti.

Cengiz Han'ın neredeyse yok oluşa sürüklediği İslamiyet her yerde hüküm sürüyordu. Tüm büyük Türk hareketleri İslamiyete bağlanmıştı; Peygamber, Türklerin henüz Müslüman olmamakla birlikte İslamiyeti benimsediklerini söyleyebilirdi. Türbanlarının ve kaftanlarının altında hâlâ eski şamanın yaşlı bedeni vardı, sarık sarmayla hoca olunmayacağı belliydi. XV yüzyılda Timur'un şahadet getirdiği halde Allah'tan çok gizlice Tengri'nin önünde eğilmesinin ne önemi vardı? Osmanoğlunun dikkate değer bir handan çok dini bütün bir padişah gibi görünmesinin ne önemi var, zaten bir gün halife olmayacak mı?

Çağatay Hanlığı

Cengiz Han'ın ikinci oğlu Çağatay'a verilen has, ki hanlığı da aynı adı taşımaktaydı, sınırları öteki haslıklar kadar belirsiz olmakla birlikte esas olarak bozkır topraklarından oluşuyordu: İrtiş, İli, Talas Irmaklarını ve Balkaş Gölü havzasını kapsıyordu; bununla birlikte yerleşiklerin topraklarına, Tarım havzasına, Maveraünnehir'e ve Afganistan'ın batı topraklarına, Pencap ve Sind'e sahipti. Ama bu hanlıkta bazı beylerin ve Uygurların kesin ayrıcalıkları vardı ve bunlar, Moğolların elinde oyuncak olan Çağataylılardan çok Cengizhanlıların Yukarı Moğolistan'daki başkenti Karakurum'a bağlıydılar.

1242 yılında Çağatay'ın ölümü üzerine tahta, 1221'de Bamiyan'da öldürülmüş olan Mütügen'in oğlu Kara Hulagu geçmişti. Ama 1246'da, bu hanedanın prenslerini canları istediği gibi "tahta çıkaran" ve "tahttan indiren" Büyük Hanlar, amcası Yisu Mengü'yü Kara Hulagu'nun yerine tahta geçirmişlerdi (1246-1252). Ama Kara Hulagu "güzel, aklı başında ve becerikli" karısı Organa Hatun sayesinde kısa bir süre sonra tahta yeniden dönmüştür. Organa Hatun 1252 ve 1261 yılları arasında doğrudan, daha sonra birinci dereceden kuzeni ve yeni eşi olan Algu (1261-1266) aracılığıyla ve son olarak Algu'dan olma oğlu Mübarek Şah (1266) aracılığıyla hüküm sürmüştür. Bu zor dönemde Yukarı Asya'daki İslam uygarlığı, Cengiz Han'ın şehirlerin ve vergilerin yönetimini devrettiği Müslüman Mahmud Yalavaç'ın, sonra da oğlu Mesud Yalavaç'ın (ö. 1289) ve üç torununun varlığı sayesinde XIV yüzyılın başına kadar parlak günler yaşamıştır.

Hanlığın yaptığı en önemli iş Doğu İran'daki (bugünkü Afganistan) üslerden hareketle Hindistan'ı yeniden ele geçirmeye çalışması oldu: Moğol orduları 1273'ten önce defalarca Hindistan'ı fethetmeye çalıştılar, ama ülkenin "cehennem gibi sıcak" iklimi bu orduları hep geri döndürdü. Bununla birlikte Moğollar saldırılardan bıkmadılar ve Çağataylılar pek çok kez Hindistan'a seferler düzenlediler. 1287'de Duva, Pencap'ı yağmaladı. 1299-1300'de Kutluk Hace, Delhi kapılarına kadar dayandı ve 1303'te Turgay iki ay boyunca şehri kuşattı. Tam da şimdi şanssız günler onları bekliyordu. 1304'te düzenlenen sefer dağıldı, 1305-1306'daki sefer de sonuca ulaşamadı. En son saldırı 1327 yılında oldu, ama bunun sonunda ne olduğu bilinmemektedir.

Tam bir değişim geçiren bir dünyada Çağatay Hanlığı oldukça muhafazakâr bir görünüm sergiliyordu. Cengiz Han'ın kanunu *yasak*'a sıkı sıkıya bağlıydı. Seferler ve iç kavgalar hanlığı çok yıpratmıştı. Tarım, ticaret ve zanaat çöküşteydi. 1254 yılında buralardan geçen Willem van Rubroek [Rubrouck/Ruysbroek] "Eskiden bu ovada büyük şehirler varmış, ama bugün Tatarlara otlaklar açmak için yıkılmışlardır; çünkü bu bölgenin otlakları çok verimlidir" demiştir.

Duva (1274-1306) enerjisi ve kurnazlığıyla Çağatay'da yetkileri ele geçirmeyi başarmıştır. Oğlu ancak onsekiz ay tahtta kalmış, ardından patlak veren bir kriz sonucunda Müslüman olmuş yaşlı Taliku tahtta geçmiştir. Bu dine geçmesi o dönemde ciddi bir sorun olmuştur. Taliku'nun hükümdarlığı kabul edilmemiş ve idam edilmiştir. Kebek iktidara gelmiş, ama kurultay onun yerine kardeşlerinden birini Esen Boğa'yı (1310-1320) başa geçirmiştir. Kebek bu karara uymuştur. Bir süre sonra oybirliğiyle Esen Boğa'nın yerine geçmiştir. Kebek oldukça bilge ve açık görüşlü bir adamdı, devletinin aslında iki ayrı bölgeden ve uzlaşmaz iki toplumdan meydana geldiğini, yerleşik gruplar ile göçebe grupların birbiriyle asla anlaşamayacağını, asıl zenginliğinin vahalar olduğunu biliyordu. Kendine Buhara ve Belh yolu üzerindeki Karşi'yi başkent yaptı, ama her yıl bozkırları ziyaret etmeyi de unutmadı. Ancak bu taviz iki toplum arasındaki gerilimi artırmaktan başka bir işe yaramadı.

Kebek'in ardından iki halefinin geçici saltanatından sonra Tamaşirin döneminde hanlık çökmüştür (1326). Tamaşirin Budist olmakla birlikte sonunda İslamiyete geçmiştir. Her ne kadar tamamen Türkleşmiş olsa da, gerçek bir "Moğol" olarak kalmayı başarmasına karşın, Moğollar Tamaşirin'i bir emir ya da bir sultandan çok bir han olarak görmüşlerdir. Maveraünnehir'de olmasına karşın onu yenik ilan etmiş ve yerine yeğenlerinden Cenkşi'yi seçmişlerdir. Hanlık ikiye bölünür.

Çağatay Hanlığının İkiye Bölünmesi

Çağatay Hanlığının ikiye bölünmesi aslında çok mantıklıydı: o güne kadar birbirine bu kadar taban taban zıt iki ülke bir araya gelip bir devlet kurmamışlardı. Maveraünnehir zorla Müslüman olmuş bir ilkçağ uygarlığı ülkesiydi. Cengiz Han'ın harap ettiği şehirler çabuk toparlanabilmiş ve kısa sürede kalkınmışlardı. Eski refah dönemlerine öylesine kavuşmuşlardı ki, İranlı büyük tarihçi Cuveyni bile Buhara'yı İslam dünyasının eşsiz bir şehri olarak betimliyordu. Buhara'nın gerçek efendileri Çağatay hanları, kimi zaman aslında bu şehrin kendilerine ait olduğunu unutarak akılsızca bir davranışla bu şehirleri ve tarım topraklarını yağmalayıp yakıp yıkıyorlardı: Buhara 1273'te böyle bir saldırıda yağmalanmıştı. Bu nedenle bu şehirler Çağataylılardan kurtulmaya çalışıyorlardı. Hana ya da en azından onun temsil ettiği kavramlara, yani Cengizhanlılardan gelen meşruiyete, *pax mongolorum*'un bir zamanlar bu idealin yarattığı karmaşayla paralel olarak büyüyen, acı verici olduğu kadar heyecan verici anısına büyük bir saygı duymayı sürdürmelerinin yanı sıra ortaya Arapça "melik" ya da Farsça "şah" unvanlı önemsiz yeni hükümdarlar çıkarıyorlardı.

Moğolistan, İli bozkırları, hiçbir uygarlığa geçit vermeden hâlâ ilkel ve yabani bir biçimde varlığını sürdürüyordu. Çağataylılar adlarını taşıdıkları, "*yasak'ın koruyucusu*" unvanlı atalarından gelenek göreneklere körü körüne bağlılık ve göçebe yaşama doyumsuz bir inanç ve tutku miras almışlardı. "Asla hiçbir yere, özellikle de şehirlere yerleşmeyin" diyorlardı. XIV yüzyıl ortalarından beri tamamen Türkleşmişlerdi ve 1300'lü yılların refah döneminde İslamiyeti kucaklamışlardı, ama asla bu dini tam olarak sahiplenmemişler, tam bir inançla bu dine bağlanmamışlar ve böylece bozulmadan kalabilmişlerdi. Bu nedenle Tarım Uygur uygarlığı ile Maveraünnehir İran uygarlığı arasında tam bir kültürel yoksunluk içinde kalmışlardı.

Tuğluk Timur ve Kazgan

Ama bölünme kısa sürdü. Güçlü Moğol boyu Duğlatlar Moğolistan tahtına güçlü, akıllı, becerikli Tuğluk Timur'u geçirdi (1347-1363). Tuğluk Timur tıpkı krallığının tümüne egemen olmak için Katolikliğe geçen IV. Henri gibi Müslümanlığı kabul etti. Sogd ülkesindeki Türk soyluları eski İran soyluları *dikan*'lardan düzensizlik tutkusunu miras almışlardı. Bunların başlıca temsilcilerinden Emir Kazgan oldukça vasat ve diktatör ruhlu bir hükümdar olmasına karşın başa geçmeyi başardı ve 1347-1357 yılları arasında burayı yönetti. Herat'ın Kert prensi Muizildin Pir Hüseyin'i cezalandırdı, çünkü Hüseyin sultan unvanını alma cüretini göstermişti (1349), bu olay Kazgan'ın Türk gururunu incitmişti: "Nasıl bir Tacik (İranlı) sultan unvanını taşır?" dedi ve Kert prensi idam ettirdi.

Birkaç yıl sonra Maveraünnehir'de karmaşa çoğalınca Tuğluk Timur müdahale etti. 1360'ta Sirderya'yı geçti. Bölgedeki soylular ne yapacaklarını bilemediler. Kaçacaklar mıydı? Direnecekler miydi? Yoksa işbirliği mi yapacaklardı? İşbirliğini seçenler arasında Barlas ya da Barulas boyundan genç bir adam da vardı. Bu adamın ailesi Keş'i (*Şehr-i Sebz*) yönetmişti, kendisine Timurlenk, yani Aksak Timur diyorlardı. Tuğluk Timur bozkırlara dönmek için oğlu İlyas Hoca'yı yönetici olarak bıraktı ve yararlı olacağını düşündüğü bu becerikli, hırslı oğlanı danışman olarak verdi. Aslında ona bir efendi atamış oluyordu.

Timurlenk

O sırada Timurlenk yirmibeş yaşındaydı. 8 Nisan 1336 günü, Çağatay ve Turgay (Serçe) hanlığının çalkantılı döneminde, Türkleşmiş

Moğol kavmi Barlasların başı olarak, Semerkant'ın güneyine yüz kilometre kadar ötedeki Keş'in yanındaki Hoc Ilgar'da doğmuştu.

Hanın Keş toprakları ve Barlaslar üzerindeki yetkisini kabul etmesi ve danışmanlık görevi Timurlenk'e zamanla yetmez oldu. Çok daha büyük düşünüyordu. Uzun süre bekledikten sonra Moğollara karşı Türk, göçmene karşı şehirli, Şamana karşı Müslüman kartını oynamaya karar verdi ve Tuğluk Timur'la ilişkilerini kesti. Gizlice Semerkant'a girdi, halkı kışkırttı, kendi yanına çekerek ayaklandırdı ve böylece iktidara ulaşmayı başardı. Aslında iktidarı ele geçirmesi kolay olmadı: sürgünde yaşadı, çeşitli serüvenlere atıldı, Belh, Kunduz, Khulm ve Kâbil hükümdarı kayınbiraderi Mir Hüseyin'le (1369'da ölmüştür) çok onur verici olmayan bir biçimde işbirliği yaptı, ardından yeniden kaçtı, sonra kurnaz ve nabza göre şerbet veren kişiliğine uygun olarak geri çekildi, teslim oldu. Ama sonunda hükümdar oldu! 10 Nisan 1370'te ele geçirdiği Belh'te görkemli bir törenle altın tacı giydi.

Cengiz Han'ın imparatorluğunu yeniden kurduğu iddiasında olduğu için emirden başka unvan kullanmadı, Çağatay Hanlığının dev gölgesinin hep arkasında olmasını sağladı. Çağatay hanı onun elinde bir kuklaya döndü, adına fermanlar imzalar oldu. Bununla birlikte ne *yasak*'ı kaldırmaya ne de *şeriat*'ı ilan etmeye cesaret edebildi: sanki aynı anda hem Müslüman Moğol olunabilirmiş gibi!

Binlerce insanın öldürülmesinin, onca yangının ardından Cengiz Han'ın ele geçirdiği şehirlerin adlarının uzun bir liste oluşturmasından sonra tüm Ortadoğu'da Aksak Timur'la aynı yorucu ve yürek karartıcı geziye çıkmak yıldırıcı olacaktı. Ayrıca bunu yapabilmek için Timur'un yaptığı gibi defalarca aynı yollardan tekrar tekrar geçmek, durup dinlenmeden bir oraya bir buraya koşturmak lazımdı. Çünkü her zaman zaferle biten seferlerinden sonra her şeye tekrar tekrar yeniden başlamak gerekiyordu. Maveraünnehir'e girmesi ve Harezm'i ele geçirmesi aralıksız on yılını almıştı (1371 Harezm savaşının başı, 1379 Urgenç'in alınması). Bağdat'a iki kere girmesi gerekmişti; Moğolistan'a tekrar tekrar şiddetli bir biçimde saldırmak zorunda kalmıştı; Kıpçak hanına karşı dört kere sefere çıkmıştı.

Ama sonuç göz kamaştırıcıydı. Büyük Emir yirmidört yılda Maveraünnehir, Harezm, Moğolistan, İran, Mezopotamya, Ermenistan, Kafkasya ve Doğu Anadolu'yu kapsayan bir imparatorluk kurmayı başardı; Kuzey Hindistan'ın kontrolünü ele geçirdi; Küçük Asya'da tüm Altınordu toprağında üstünlük kurdu. Çin fethine çıktı. Kolları da güçsüz olan bu topal, yıllardır yalnızca yaşama arzusuyla ayakta kalabilen bu sakat öldüğünde, Sirderya üzerindeki Otrar'da, kış ortasında hazır bekleyen dev bir ordusu vardı. Günlerden 19 Ocak 1405'ti. Bir türlü kopamadığı, çok sevdiği şehre, Semerkant'a gömüldü. Dönemin en görkemli Müslüman mezarlarının ilki olan Gurimir türbesinde yakınlarıyla birlikte yatmaktadır.

Timur yaklaşık otuz yıl boyunca geçtiği her yerde yıkıntılar ve yıkımlar bırakarak, acımasızlığın tüm görünümlerini ortaya koyarak ve korkunç yıkıcı gücünü her defasında yeniden kanıtlayarak hüküm sürdü. Doğrusunu söylemek gerekirse zaman zaman seçkin özellikleriyle karşımıza çıkan, aşırı karmaşık bir karaktere sahip olan bu üstün yetenekli adam bir kahramandan çok bir canavardı. Aslında Timur'u tam olarak nasıl nitelendirebiliriz? Timur'a övgüler düzenler samimi olabilirler. Bazı olaylara yakından baktığımızda Timur'un taş kalpli biri olmadığını, heyecanlandığını, ağladığını, sevdiğini ve sevdiklerine yoğun, ateşli ve samimi bir aşkla bağlandığını, yakınlarına ve dostlarına delice bağlı olduğunu görüyoruz. Torununun ölüm haberini aldığında kendini yerden yere atmış, ağlamış, acısını belli etmiştir. Sinirleri sanıldığı kadar sağlam değildir: önünde korkunç ve kanlı savaş öykülerinin anlatılmasına dayanamadığını, dilenciliği kabul etmediğini, halkının en azından yiyecek bulmasına dikkat ettiğini bilmiyor muyuz! İkiyüzlü ve dalavereci olduğu konusunda emin değiliz. Kendisinin "dürüstlük ve güç" kuralını benimsediğini ve herkese de bunları dayattığını unutmamalıyız. Canavarın biri miydi? Canavarlığını ortaya koyan şehirlerin kapılarında oluşturduğu kellelerden kuleler değildir; eski Türk gelenekleri arasında yer almayan, kökenini bilemediğimiz, 1340'lı yıllarda Horasan'da ortaya çıktığını sandığımız bu vahşet duygusu ne yazık ki daha sonraki dönemlerde başka hükümdarlarda da kendini göstermiştir. Bu hükümdarlar arasında övgüye değer hükümdarlar bile vardır. Bunlardan biri de Osmanlıların anısına önünde saygıyla eğildiğimiz Yugoslavya Niş hükümdarıdır. Timur'un canavarlığını ortaya koyan asıl, adları belleklerimizden silinmeyen, ölümsüz görünen, zengin ve bereketli topraklardan çöllere dönüşen şehirler, artık ne su kanalı ne su kuyusu kalan ve sadece binlerce –milyonlarca?– ölüyle adından söz ettiren Seistan'dır örneğin. Aynı insanda acımasız, disiplinli, düzenli bir savaşçı ile eserinden onur duyan bir kültür adamını birleştiren bu çelişkiye ne demeli? Çünkü sonuçta Cengiz Han bir barbar, kötülük yaptığının bile bilincine varamayan bir cahilken gerçek ülküsünü barış olarak belirlemiş, zorla değil barış yoluyla iyilik yapmak isteyen bir hükümdardı. Timur barışı nedir? Timur'un eseri nedir? Timur hem örgütleme hem de yaratma yeteneğine sahipti. Güzel sanatları, edebiyatı ve yasaları severdi. Ondan övgüyle söz edenler ölümünde ona "Mekânı Cennet" adını vermişlerdi! Tarihi bir kenara koyarsak Timur Semerkant'ın sokaklarını gezerken aklına gelmektedir. Oldukça kısa sürede gerçekleştirdiği bu eserinde dünyanın dört bir yanından sanatçı ve zanaatkârları toplamıştı. Bu şehir, çocuklarının kurduğu –Timur Rönesansı– olarak adlandırılan altın dönemin tohumlarının atıldığı şehir olmuştu. Ama bu görkemi çok pahalıya ödetmiştir.

Belirsiz Dinsel Tavır

Timur her iyi Müslüman gibi kelime-i şahadet getirerek ölmüştür. Tüm yaşamı boyunca Şamanizm ile Islamiyeti sarsılmaz inancında birleştirmiştir. Bir adamın aynı anda iki dine birden inanabileceğini kabul etmemek için bu konularda çok bilgisiz olmak gerekir.

Tarihçi Jean Aubin'in belirttiği gibi Timur yaşamının ilk dönemlerinde, çoktanrılı inanca sahip Ili Çağataylılarının hizmetinde çalışmıştır ve benliğinde tüm Maveraünnehirlilerin ileri gelenlerinin olduğu gibi Islamiyet öncesi inançtan derin izler kalmıştır. Içinde yaşadığı toplum –bu açıdan o dönemin tüm Türk toplumları az çok birbirine benzerdi– Müslüman bir toplumdu, ama genelde bilinen Müslüman toplumlardan farklı bir yüze sahipti. Şarap içiliyordu, müzik dinleniyor ve besteler yapılıyordu, çoğu zaman serbest, kimi zaman erotik figüratif resim yapılıyordu. Kadınlar bu toplumda kesin özgürlüklere sahiptiler ve kendi kendilerinin efendisi oldukları gibi kimi zaman erkeklerin de efendisiydiler. Kocalarının yokluğunda evlerine konuk kabul eder ve şenliklere katılırlardı: Timur masasına sarayın en güzel kadınlarını davet ederdi. Eski Uygur, Hazar, Selçuklu ve Cengiz Han geleneklerine, eski Türk geleneklerine bağlı biri olarak bağnazlıkla en küçük bir ilgisi yoktu: dervişlerin, büyücülerin yetkileriyle ilgilenir, ama onların yalancılıklarını, ikiyüzlülüklerini ortaya çıkarmaktan hoşlanırdı. Teolojik tartışmalara meraklıydı.

Ordusunda yanlarında putlarını taşıyan pagan askerler, çadırlarının kapısına serbestçe büyük boylarda ikonlarını asan Hıristiyanlar bulunurdu. Bu ikonlardan oldukça gösterişli bir biçimde boyanmış ve süslenmiş olanlardan birini İspanyol elçi Don Ruy Gonzalès de Clavijo da görmüştü. Hıristiyanlarla ilgili hiçbir kaygısı yoktu. Lübnan'daki Maronit piskoposluğunun merkezi Kanabyn'de ayinlere katılmıştı, rahiplerin yemeğini paylaşmıştı ve onların yaşamlarına hayranlık duyduğunu belirtmişti. Sultaniyeli Jean, Hıristiyanlar için biraz nefret duyduysa bile iki Dominiken rahiple yaptığı görüşmeden sonra bunun tamamen dağıldığını söylemiştir.

Cengiz Han'ın yetenekleriyle ilgilendiği insanları ve rahipleri koruması gibi, Timur da sanatçılar ve zanatkarların yanı sıra İslamın önde gelen din adamlarını da korumuştur. Ama tıpkı ortaçağ İran'ında ender rastlanan kiliselere göstermediği gibi camilere de özel bir saygı göstermiyordu. 1393'te Bağdat'ın mahallelerinde *minber*'ler ve *mihrap*'lar yıkılmıştır ve imamlar camilerin minarelerinde asılmıştır. Timur'un dinin savunucusu, kutsal savaş kahramanı olduğunu ileri sürdü. Ama egemenliğinin sonucunda o dönemdeki tüm Müslüman güçler yok edilmişti: Osmanlı İmparatorluğu, Hindistan İmparatorluğu, Kıpçak İmparatorluğu; Memluk Devleti Timur'un iradesi dışında bu sondan kurtulabilmiştir!

Kuşkusuz içinde yaşadığı dünya Müslüman dayanışması kavramını anlayabilme gücünden yoksundu. Bununla birlikte Timur yine de bunu anlayabilecek olanlar ya da kendi adına seferlerinin her biri için dinsel nedenler ileri sürmekten geri durmuyordu. Delhi seferinin amacı Hindulara karşı aşırı hoşgörülü olan Delhi hükümdarlarını cezalandırmaktı: bu saldırıda pek çok Hindu öldürüldü. Küçük Asya seferinin amacıysa büyük Hıristiyan üssü İzmir'i ele geçirmek ve tahrip etmekti. Kıpçak seferinin amacı da belki de Cenevizlerin ticaret üsleriydi. Aslında büyük bir siyasetçi olduğu kadar büyük bir asker olduğu için elindeki her kozu oynuyordu ve onu yönlendiren tek şey ölçüsüz hırsıydı; bu hırs, çok eskilerden miras aldığı köklü ve içgüdüsel fikirle tamamen örtüşüyordu: dünya üzerinde sadece tek bir hükümdar, Türkleri yönetebilecek tek bir Türk olabilirdi.

Toktamış

Cengiz Han hanedanlarının sonunu getiren aile kavgaları Altınordu'da kısa süreli Berdibek hanedanlığının sonunda yeniden filizlendi (1359). Bu göçebe devleti 1360 ila 1380 yılları arasında ondört kez han değiştirdi ve sonunda saygınlığını kaybetti. 1371'de Rus beyleri vergi vermeyi kesti. Bunlara baskı uygulamak gerekiyordu. Altınordu hükümdarı Mamay bunlara saldırdı. Ama önce Voja'da grandük Dimitri Donskoi tarafından yenildi, sonra 8 Eylül 1380'de Don ve Nepriavda Irmaklarının kesiştiği noktada Koulikovo'da birlikleri dağıtıldı.

Altınordu Devletinin artık sonu gelmiş gibi görünüyordu. Ama bu sondan Ak Ordu Hanlarının akrabası, Cuci soyundan gelen Toktamış tarafından geçici olarak kurtarıldı. Toktamış Han, Timurlenk'in koruması altına girmiş olan bir beydi ve Büyük Emir ona Sirderya'nın kuzeyinde göçebe yaşayan boylar üzerinde üstünlük hakkı tanımıştı. O da bundan yararlanarak Ak Ordu hanı olmuştu. Yüksek düzeydeki ilişkileri ve ileri görüşlü biri olması nedeniyle, Altınordu devletinin içinde bulunduğu kargaşayı ve Koulikovo yenilgisinin bu devlet için yarattığı tehlikeleri gördü.

Bu durumu düzeltmeye karar verdi. Tüm kuvvetleriyle Ural'ı aşarak 31 Mayıs 1223'te Moğolların büyük bir zafer kazandıkları Kalka savaş alanının yakınında Mamay'a saldırdı ve onu yendi. Artık Altınordu Toktamış'a aitti. Altınordu'nun talep ettiği hakların peşine düştü. Bu haklardan ilki Ruslarla ilgiliydi. Ruslar ayaklanmalarını sürdürdükleri için Rusların üzerine yürüdü. Vladimir şehrini ve daha az öneme sahip başka şehirleri yaktı yıktı. Sonra da Moskova'yı ele geçirerek 26 Ağustos 1382 günü tüm şehri yaktı. Litvanyalılar bu girişimi önlemeye çalıştılarsa da başaramadılar. Bu kesin zaferi karşısında Polonya kralı Lagislas II. Jagellon huzuruna gelerek diz çöktü. Böylece Rusya yeniden bir yüzyıl sürecek Tatar bağımlılığı altına girdi.

Doğu Avrupa'da Cengizhanlıların gücünü yeniden canlandıran Toktamış Han, Altınordu'nun hiçbir zaman egemen olamadığı ve ele geçirmek için uzun yıllar İran İlhanlılarıyla mücadele ettiği Azerbeycan'ı alamaz mıydı? Sahip olduklarının sadece kendi üstün yeteneklerinin bir sonucu olduğuna inanan Toktamış Timur'la yollarını ayırdı. Kafkasya'da Timur'a alçakça saldırdı ve sonra da geri çekildi (1387). Bir sonraki yıl Timur'un Şiraz'da olduğu bir sırada Maveraünnehir'e saldırdı. Harezm ve göçebe Moğol ülkesindeki pek çok topluluk ona bağlandılar. Artık Asya'nın ortasında Doğu Avrupa'ya hükmediyordu. Cengiz Han'ın imparatorluğunun gerçek kurucusuydu. Timur yenildiğine göre her şey mümkündü.

Timur yıldırım hızıyla geri döndü. Toktamış'ın da inanamadığı delice bir cesaretle, görülmemiş bir saldırı düzenleyerek ona ait birlikleri bozguna uğrattı ve onu kaçmak zorunda bıraktı. Daha sonra Toktamış kendini toparladı, ama artık çok geçti. 1388-1389 yılının korkunç kışında kendine bağlı tüm vasallarla, Ruslarla, Gürcülerle, Bulgarlar ve İli'de kamp kuran Duğlat kavminin en güçlü beylerinden Kamaleddin'in kendisine gönderdiği Moğollarla boşu boşuna sefere çıktı. Bu kez Timur ordusuyla onu bekliyordu.

Timur'un Toktamış'ı sevdiğinden kuşku yok, çünkü Timur onun gibi sert birinden beklenmeyecek bir zayıflıkla Toktamış'ı "oğlu" saymayı sürdürmüştü. Ama sonunda ondan kurtulmak zorunda olduğunu gördü ve bozkırda peşine düştü. Toktamış tüm göçebeler gibi savaşı reddederek Timur'u kuzey yönünde Tobol Irmağının kaynağına kadar, boş alanlarda gücünü tüketerek ve altı ay boyunca Timur'u gözleri rüzgârın sildiği izlere dikilmiş olarak peşinden sürükledi. Nihayet 13 Haziran 1391'de iki taraf hemen hemen rastlantısal bir biçimde Ural'ın yakınlarında bugünkü Kuybişev (Samara) veya Kunduzca yakınında savaşa tutuştular... Bu savaşta Altınordu oldukça hırpalandı. Ancak anlaşılan Toktamış'ın yeniden iktidar üzerinde hak iddia etmemesini sağlayacak kadar hırpalanmamıştı.

Timur saldırılarını sürdürdü. 1385'te Toktamış'a Terek üzerinde yetişti. Bir süre önce şaşkınlık verici bir biçimde ölümcül bir hastalıktan kurtulabilmeyi başarmış bu sakat adam savaşta at üzerinde, göğüs göğüse büyük bir kahramanlık göstererek savaştı ve zaferi kendi fizik gücüyle ve kendi iradesiyle kazandı (Nisan 1395). Tekrar bozkır yollarına düştü, birbiri ardına Kazan'a Moskova'ya (efsaneden anlatıldığının aksine burayı ele geçiremedi), Kiev'e saldırdı, Hacı Tarkan'ı (Astırhan) yıktı ve oradan Çerkezler ile Alanların ülkesine, Kafkasya'ya geçerek her yeri talan etti.

Altınordu, Rusya'nın yeniden doğmaya hazırlandığı bir dönemde, hiçbir zaman altından kalkamayacağı büyük darbeler yemişti.

Halaciler ve Delhi Tuğluk

Hindistan'a giderek çapulculuk yapmak, Çağatay Hanlığının bir geleneği ve Kâbilistan'a sağlam bir biçimde yerleşenlerin tümünde görülen doğal bir eğilimdi. Çağataylılar Delhi'de karşılarında silahlarının ya da altınlarının gücüyle ülkelerini korumaya kararlı beyler bulmuşlardı ve seferleri çoğu zaman kazançlı olmakla birlikte hiçbir zaman kesin bir sonuç sağlamamıştı.

1290'da Halaci boyundan İranlılaşmış (kimi zaman Afganlılaşmış da denir) bir Türk olan ve Delhi sarayında yaşayan Firuz Şah, Balban Şah'ın soyundan gelenlerden birinin elinden hükümdarlık tacını alarak Celaleddin Halaci adıyla tahta çıkmış (1290-1296), sonra yerini Alaeddin Muhammed'e (1296-1316) bırakmıştır; Moğolların 1303'teki uzun kuşatmasına Muhammed karşı koymuş ve Nizameddin adındaki ermişin Tanrı'nın yardım etmesini sağladığına inanılması nedeniyle, halkın gözünde bu onuru sufiyle paylaşmıştır.

O sıralarda Delhi Sultanlığı en parlak dönemini yaşıyordu. Bu parlak dönemi kısmen, Moğol istilasından kaçtıktan sonra Ortadoğu'ya sığınan ve beraberlerinde pek çok İran ve Selçuklu geleneğini getiren seçkin sınıfa borçluydu. Moğol tehdidine karşın Alaeddin Muhammed öncüllerinin mimari mirasını devam ettirmeye çalışıyordu: Kuvvet-ül-İslam Camii'ni büyüttü, alçak kubbeli küp biçimli ağır bir yapı olmasına karşın son derece ince bir dekora sahip olan ve Kutub Minar'la uyum içinde olan Alayi Dervaze'yi yaptı. Bu yapı Alaeddin Muhammed'in kafasını meşgul etmiştir. Bu yapıyı aşmak için Kutub Minar'ın minaresinin çapının ve yüksekliğinin iki katı büyüklüğünde bir minarenin temellerini atmıştır. Bu minarenin, gücünün ve hırsının simgesi olmasını istemiştir. Ama ne ikinci Delhi'yi ne tüm planlarını çizdiği Siri'yi ne de bu minareyi tamamlayabildi. Veziri Hızır Han hükümdarından aşağı kalmak istemedi ve Alayi Dervaze'ye yakın bir tarzda büyük Cemaat Han Camii'ni inşa ettirdi.

Celaleddin Halaci'nin üçüncü oğlu İslamiyeti kabul eden ve han unvanı taşıyan bir Hindu tarafından öldürüldü. Debalpur ve Pencap'ın yöneticisi, Tuğluk kavminden bir Türk soylusu, efendisinin intikamını almakta gecikmedi. Hükümdarlık hanedanlığından geriye tek bir erkek bile kalmadığından kendisini Gıyaseddin Tuğluk unvanıyla 1321'de hükümdar ilan etti. Ama Gıyaseddin Tuğluk yaşlı bir adamdı ve ancak dört yıl hüküm sürebildi. İki yanında kulelerin yer aldığı mazgallı bir duvarın önünde bulunan mezarı anısını yaşatmaktadır.

Bundan önceki iki beyin hükümdarlığı zamanında olduğu gibi bu beyin hükümdarlığı zamanında da mimari sanat, gösterişe dayalı alçı ve yalancımermerden oluşan sağlam bir dekora karşın sade, güçlü, püriten bir sanat anlayışı mevcuttu. Siri ihmal edilmemiş, ama üçüncü Delhi Tuğlukabad adıyla inşa edilmiştir – aslında bir şehirden çok kayalık bir tepe üzerine dikilmiş bir kaleydi. Dördüncü Delhi Cihanabad, beşincisi II. Firuz Şah'ın (1351-1388) eseri olarak Firuzabad adını almıştır. Sulama, mimari, tarih ve antikalara duyduğu kadar delice bir ilgi duyan Firuz Şah pek çok yapıyı restore ettirmiş, pek çoğunu da inşa ettirmiştir (Kalan, Kirki, Begampuri vb camileri). Geçmişe bağlı olduğu için şehrin en uygun yerine, eski Hint hükümdarı Asoka'nın iki yazıtını diktirmiş ve böylece Türklerin arkeoloji kalıntılarına olan ilgisini de ortaya koymuştur.

XIV yüzyılın sonunda, Firuz Şah'ın ölümünden sonra duraklama dönemine girmiştir. Zaten belirli bir süreden beri Delhi'ye bağlı iller ayrılma eğilimindeydiler, nitekim Bengal ilk olarak 1338'de, daha sonra 1352'de tamamen ayrıldı. Jaunpur ise 1384 yılında Delhi'den koptu. Öte yandan 1347 yılında Dekkan'da, Bicapur, Bidar ve Golkonda krallıklarını doğuracak Bahmani Sultanlığı kurulmuştu. Gucerat'ın 1396'daki isyanı zaten çökmekte olan bir krallığa yeni bir darbe indirdi. Moğollara kafa tutan prensler neredeydi?

Timur'un Hindistan'a Girişi

Timur, İndus'u aşarak altı ay süren bir kuşatmadan sonra Multan'ı ele geçiren (Mayıs 1398) torunu Pir Muhammed'den sonra, Eylül 1398'te Hindistan'ı istila etti. Girdiği her savaştan galip çıkıyordu. Yanında yüz bin kadar Hindu savaş tutsağı vardı ve çok uzun bir süre düşündükten sonra bunların idam edilmesine karar vermişti. Bir süre sonra Sultan Muhammed Şah'ın (1392-1412) ya da daha çok ülkenin gerçek hâkimi olan vezir Mallu İkbal'in ordusuyla 17 Eylül günü Delhi önlerinde karşılaştı. 18 Eylül'de muzaffer bir biçimde şehre girdi. Delhi'de başarısının sarhoşluğunu tadarak, ganimetinin ne kadar büyük olacağının hesabını yaparak onbeş gün geçirdi. Bu arada Semerkant'a dönmeden önce kendini çevredeki bazı paganların derisini yüzdürme zevkinden alıkoymadı.

Delhi'de kendisini temsil etmek üzere peygamber soyundan gelen bir Afganlıyı, Hızır Şah'ı yönetimde bıraktı. Hızır Şah yirmi yıl sonra Delhi'de kendisini sultan ilan ederken bu soyun devamı olduğunun belirtisi olarak hanedanlığına "Seyyid" adını vermiştir. Bu arada çevredeki beyliklerde bağımsızlık hareketleri güçlendi ve her şey unutuldu. Timur bir daha Hindistan'a gelmedi. Ancak Hindistan için bir kabus olarak kaldı.

Karakoyunlular ve Akkoyunlular

Yukarı Mezopotamya'da, Ermenistan'da, Güney Kafkasya'da, Kürdistan'da, Azerbeycan'da göçmen Türkler, yani Bayatlar, Döğerler, Çepniler ve Bayındırlar gibi Selçuklular ya da Cengiz Han topluluklarıyla birlikte gelmiş boylardan Oğuz kökenli Türkmenler, ülkede oldukça tuhaf bir düzeni egemen kılmaya devam ediyorlardı.

Bunlar arasında iki konfederasyon, Akkoyunlular ile Karakoyunlular, büyük bir güce sahip olmuşlardı. Kesin olmamakla birlikte Karakoyunluların Şii eğilimli oldukları ileri sürülmüştür. Adlarından da anlaşılacağı gibi asıl meslekleri çobanlık olan bu insanların sürüleriyle paratotemik ilişkileri vardı. Bunu, kimi zaman *in situ* [yerinde] kimi zamanda yöresel müzelerde sergilenen doğal mezarlarından, kara ya da beyaz taştan yapılan, oldukça kaba yüksek kabartma koç tasvirlerinden anlıyoruz. Bununla birlikte koşumlu at heykelleri de yapıyorlardı; bu gelenek de bize Orta Asya Türklerinin cenazelerle ilgili eski gelenek ve göreneklerini hatırlatmaktadır.

Bu iki rakip topluluk, XIV yüzyılın ortasında hemen hemen aynı zamanda kurulmuşlardı. Hükümdarlık geleneğine sahip seçkin bir boy olan Bayındır'dan da ilk kez 1340'ta söz edilmiştir. Bunlar Moğol egemenliği altında baskılanıyorlardı. Karakoyunluların başlıca etkinlik alanı Azerbeycan ve Irak'tı. Karakoyunlular 1365'te Muş'u ele geçirmiş, ardından 1388'de Musul, Sincar ve nihayet Tebriz'i almışlardı. Gücü Karayülük Osman'a dayanan Akkoyunluların etkinlik alanı ise Diyarbakır, Dicle'nin yukarı bölgesi ya da başka bir deyişle bugünkü Türkiye'nin doğu bölgeleriydi. Timur geldiği zaman çatışmaları zorunlu oldu.

Akkoyunlular Timur'a çok fazla dayanamadılar ve sonunda ona katılmayı ve en sadık müttefiklerinden biri olmayı seçtiler. Buna karşın Karakoyunlular Timur'a sonuna kadar dayandılar. Hükümdarları Kara Ahmed bu uğurda 1389'da hayatını kaybetti. Oğlu Kara Yusuf (1389-1420) gücünün sonuna kadar Timur'la mücadeleye devam etti ve sonunda önce Osmanlıların, sonra da Memlukların yanına sığınmak zorunda kaldı. Bu iki devlet birbirinin tam tersi politikalar gütmelerine karşın 1406'da egemenliklerini tam olarak yeniden kurabildiler.

Timur Karşısında Memluklar

XV yüzyıl Suriye ve Mısır Memlukları için görkemli bir dönem olmakla birlikte sorunlar ve sıkıntılar da getirdi. XIII yüzyılda kurulmuş ve Cengizhanlılara direnebilmiş bu büyük savaş makinesi artık paslanmaya başlamış ve Sultan Berkuk (1382-1399) ülkede çıkan ayaklanmaları bastırabilmek için çok çaba göstermek zorunda kalmıştı. Ama başarılı köleler kendilerine güvenlerini yitirmiyorlardı.

Ferec (1399-1412) Timur'dan kendisine bağlanmasını ve toprakları üzerindeki kaçakların teslim edilmesini isteyen bir ültimatom alınca bu istekleri reddetti: Mısır'da, tüm dünya sırt çevirmiş olsa bile yenilenleri ülkesinde ağırlama ve canı pahasına kendisine sığınanları koruma ve sadık kalma geleneği hâlâ varlığını sürdürüyor muydu? Ferec'in savaşa hazırlanması gerekiyordu.

Mısır'ın Anadolu'daki ileri karakolu olan Malatya'yı ele geçirdikten sonra Timur 1400 Ekiminde güneye doğru yola koyuldu. Halep, Hama, Humus, Baalbek'i ele geçirdi ve Şam önlerine geldi. Ferec önce kendini savunuyormuş gibi yaptı, sonra kenti kaderine terk etti. Kent ise teslim koşullarını görüşmek amacıyla Timur'a bir elçiler heyeti gönderdi. Bu heyette Tunuslu büyük tarihçi, İslam uygarlığının gurur kaynaklarından biri İbn Haldun'da bulunuyordu. Aydın ve düşünür İbn Haldun ile asker Timur arasında ilginç bir görüşme gerçekleşti. Bir kimsenin yetenekli olup olmadığını hemen anlayan ve tarihe çok meraklı olan Timur, İbn Haldun'u büyük bir nezaketle karşıladı. Ona uzun uzun Mağrip konusunda sorular sordu; İbn Haldun geniş bilgisi ve zekâsının kıvraklığıyla Timur'u büyüledi. Şayet kale kırküç gün boyunca direnmemiş olsaydı, kent kurtulabilirdi. Ama böyle olmadı ve kent çok zarar gördü. Kuşkusuz kaza sonucu çıkan bir yangında İslam uygarlığının en eski camilerinden Büyük Emevi Camii kısmen yandı. Bu arada bir kabus daha yaşandı! Timur seferi sürdürdü: nasıl harap edildiği tüm Müslüman dünyaca bilinen Baalbek'ten, Ancar'dan ve küllerinin önünde rüyalara daldığı Lübnan'dan geçti. Sonra Timur geldiği gibi gitti ve Memluklar kısa bir süre içinde Suriye'ye tekrar sahip oldular.

Timur'la savaşmamış tek bir Müslüman devlet kalmıştı. İslam uygarlığının o dönemdeki en büyük devleti, Hıristiyan kâfirlere karşı art arda zaferler kazanan Osmanlı İmparatorluğuydu. Timur "iki efendi paylaştığı sürece dünyanın bir değeri yoktur" diyordu. Gurur, sadece gurur yeni bir savaşa daha neden oluyordu.

Anadolu Beylikleri

Moğol istilalarından kaçan ya da bu istilalar nedeniyle yer değiştirmek zorunda kalıp doğudan, Horasan'dan, hatta daha da uzaklardan gelen çok sayıdaki Türk boyu Küçük Asya'ya, yalnızca onları kabul etmek zorunda kalan Selçuklu topraklarına değil, bu toprakları çevreleyen Hıristiyan, yani Bizans ya da Ermeni prensliklerine yerleşmişti. Bu Türkmenler bugün bile tam olarak açıklayamadığımız nedenlerle, Akkoyunlu ve Karakoyunluların tersine kısa sürede topraklara yerleşmiş ve yerleştikleri bölgelere uyum sağlama ve uygarlaşma konusunda doğal yeteneklere sahip olduklarını ortaya koymuşlardı. Genel olarak parlak Selçuklu kültürünü benimsemişler, ama bunun kölesi olmadan bu kültürü derinlemesine bir biçimde dönüştürmüşler ve böylece XVI yüzyıl klasik Türk uygarlığının tohumlarını atmışlardı. Tüm Müslüman doğu bölgelerinde hâkim olan İran uygarlığının etkisinden uzak kalan bu boylar sadece Türkçe konuşmuşlar ve Türkçeyi ilk kez Anadolu'da resmi dil olarak kabul ettirmişlerdi: bu büyük değişiklik, Türkçenin nüfuz alanı bakımından çok önemli bir rol oynadı. Farsça ve Arapça önemli kitaplar ilk kez bu dönemde Türkçeye çevrilmeye başlandı.

Oldukça sağlam bir kuruluşa sahip olan bu boylar, sonunda resmen hem Selçuklu Sultanlığını hem Moğol egemenliğini kabul eden, ama aslında bağımsız olan birer devlet oluşturdular. Bu devletlerin gücü 1277'de İlhanlıların koruması altında daha da arttı ve sonunda 1303'te Selçukluların yerini aldılar. Eskiden bunlara *Tavaik-i Muluk* adı verilmekteydi, daha sonra bunlara beylikler denilir oldu. Toplam sayıları yirmi kadar olan bu devletlerden bazıları çok küçük, bazılarıysa ilerde önemlerinin artmasına neden olacak kadar büyüktüler. İçlerinden en eskisi, aynı zamanda en güçlüsü Karaman Beyliğiydi. Karaman Beyliği Kilikya'da kurulmuştu ve liderleri Mehmed Bey 1276'da Konya'yı Selçuklular adına ele geçirmişti. Halefleri kendilerini Selçukluların mirasçıları ilan ederek, çok sonra bunların başkentini yeniden ele geçirmeyi başarmışlar (1402) ve sultan unvanını almışlardır.

Karamanlıların tarihte oynadıkları rol kültürel alan başta olmak üzere pek çok açıdan önemlidir. Mehmed Bey 1277'den sonra bir genelge yayınlayarak zamanında Selçukluların resmi dili kabul edilen Farsçanın yerine Türkçeyi resmi dil olarak kabul etmişti. Halefleri edebiyatı ve sanatı teşvik ettiler: *Mesnevi*'nin yazarı, Mevlevi tarikatının kurucusu büyük mutasavvıf şair Celaleddin Rûmî ilk gençliğini bu beylik döneminde yaşamıştır, ilk Anadolulu Türk halk şairi Yunus Emre bu beylikte doğmuş, yaşamış ve ölmüştür (1322). Beylik Osmanlı İmparatorluğuna, ancak 1466-1467'de bağlanmıştır.

Daha sonraki tarihlerde kurulan daha küçük başka beylikler de oldukça önemli roller oynadılar. Örneğin Beyşehir'deki Eşrefoğulları, Uluborlu ve Antalya'daki Hamidoğulları (1302-1390), Muğla'daki Menteşeoğulları (1300-1426), Kastomunu'ndaki İsfendiyaroğulları Beyliği

(1291-1459), Frigya'da kurulan ve başkentleri güçlü bir kaleye sahip Kütahya olan Germiyanoğulları (1302-1428). Tüm bu beylikler Karamanlıları örnek alarak ele geçirdikleri bölgeleri Türkleştirmişler ve Türkçenin atılım yapmasını sağlamışlardır.

Emirlikler ve beylikler dinsel mimarinin değişmesinde önemli bir rol oynamışlardır ve klasik Osmanlı sanatının yolunu açmışlardır. Medrese inşa etme geleneğine bağlı kalsalar da camilerin yapımında büyüyen hacimle birlikte yapının bütünlüğünü de koruyarak yenilikler yapmışlardır (1366'da Manisa'da, çapı 10,30 metreye varan mihrabın önünde kubbenin kayda değer bir biçimde genişletilmesi, 1404'te çapın 14 metreye vardırılması ya da 1375'te inşa edilen Efes'teki Selçuklu İsabey Camii'nde olduğu gibi iki kubbe yapılması). Sundurmaları sadeleştirerek yapıların içlerinin ve dışlarının uyumlarının sağlanması, kabartmaların iyice basitleştirilmesi, hatta bunların yerine mermer süsün kullanılması (Peçin'deki büyük camiler, Birge Cami ve Selçuklu İsabey Cami gibi) bu dönemde olmuştur. Arap ve İran camilerinin revaklı avlularına geri dönülür. 1312'de Birgi'de camilerdeki dua odasının önüne yapılan giriş sahanı bu tarihten sonra tüm camilerde kullanılmıştır. Doğruyu söylemek gerekirse bu yenilikler esas olarak Aydınoğulları, Saruhanoğulları, Germiyanoğulları, Menteşeoğulları ve kuşkusuz Osmanlılar tarafından gerçekleştirilmiştir. Çünkü Karamanlılar Selçukluların halefleri olarak eski geleneklere bağlı kalmak istemişlerdir. Bu yeniliklerde İtalya'nın etkisi var mıdır? Niğde'deki Ak Medresenin ön cephelerinde (1409), Bursa'daki Muradiye Medresesinin ön cephesinde (1363) İtalyan sanatçıların etkisini görmemek mümkün değildir. Hatta bazı yapılarda bu etki o kadar açıktır ki, mimarlarının İtalyan olup olmadığı kuşkusunu uyandırmışlardır.

Bizans sınırlarında yerleşik bulunan uçbeyleri, İslamiyetin Hıristiyanlıkla savaşında ön cepheleri oluşturmuşlar ve bu anlamda çok özel bir yapıya sahip olmuşlardır: *cihat* ilkesine bağlı olarak, katılanları *gazi*, yani galipler olarak adlandırıyorlardı. Ama bu durum kendi aralarında da kavga etmelerine engel olmasa da, anlaşmazlıklar geri planda kalmıştır. Bu arada Germiyanoğulları Beyliği XIV yüzyılın başında Yakub Bey liderliği sırasında güçlü ve çekinilen bir beylik olmuştur. Donanması Yunan adalarından Balkanlara kadar etkili olan Aydınoğulları Beyliği özellikle 1330 ila 1345 yılları arasında Gazi Umur Bey'in (ö. 1348) başkanlığı sırasında güçlenmiştir. Ama sonunda uluslararası bir rol oynamaya aday tek beylik olan Osmanlı Beyliği bu beyliklerin tümüne boyun eğdirmiştir.

Osmanlı Devletinin Kuruluşu

Osmanlılar ya da Osmanoğulları, XIII yüzyılda küçüklüğü ve güçsüzlüğünden başka diğerlerinden hiçbir yanıyla ayırt edilemeyecek bir beylikti. Türk topraklarının kuzeybatı ucunda, Bizanslıların darbelerine açık durumdaydılar.

Selçuklu istilaları zamanında ya da daha sonra, Moğol fetihleri sırasında, Ermenistan'a göç eden Oğuz boyu Kayılardan gelmekteydiler. Ne yazık ki dönemin tarihçileri nesnel olmaktan çok övgü düzme anlayışıyla tarih yazdıkları için kökenleriyle ilgili hiçbir şey çok açık ve kesin değildir.

Her ne olursa olsun 1225'e doğru Van Gölü kıyısındaki Ahlat yöresine yerleşmişler ve Müslüman adı taşıyan birinin, Süleyman'ın, otoritesine girmişlerdir. Süleyman'ın oğlu ya da torunu Ertuğrul ile çocukları Sevci ve Gündüz'ün adları ise Türkçedir. Dolayısıyla İslamiyeti kabul ettiği görüşü kesin değildir. Üstelik *Ertuğrul* ("Erkek Doğan") adı da güçlü bir biçimde totemizmi çağrıştırmaktadır. Zaten Ertuğrul adında birinin yaşayıp yaşamadığı konusunda da kesin bir bilgi yoktur. Çünkü bu konuyla ilgili pek çok efsane vardır. Ama Ertuğrul'un, Selçuklulardan Bitinya'da bir tımar aldığı ya da buraya Moğol istilasından kaçarak gelmiş bir komutan olduğu hemen hemen kesindir. Osmanlıların tarihi gerçek anlamda ancak Ertuğrul'un üçüncü oğlu olan Müslüman adlı Osman'la başlar. Adını alan ve otuzaltı halefinin yöneteceği devletin kurucusu olan Osman, iktidara yükselişini kuşkusuz bağlı olduğu askeri tarikata ya da kayınbabası Şeyh Edebali'nin (ö. 1325) etkisine borçluydu.

Selçukluların armağanı Bitinya zehirli bir armağan gibi görünmekle birlikte aslında paha biçilemeyecek kadar değerliydi. Müslüman Anadolu'da ne kadar serüvenci ve din savaşçısı varsa Kayılara katılıyordu. Kayılar öbür uçbeylerinden farklı olarak Selçuklu taht kavgalarına karışmaktan uzak duruyor, tüm çabalarını Bizans'la savaşmak için harcıyor ve bu sırada şansları da oldukça yaver gidiyordu.

Osman Gazi (1299-1326) daha 1290'da, yani imparatorluğun resmi kuruluş tarihi olarak kabul edilen 1299'dan önce birçok kale ele geçirmiş ve Yenişehir'e yerleşmişti. 1317'den itibaren Orta Asya'nın 10, 100 ve 1000 kişilik birimler biçiminde düzenleme temeline dayanan eski sistemini muhafaza eden, ama istekleri sınırsız disiplinsiz askerlerden oluşan orduların komutasını oğlu Orhan'a bıraktı. Ayrıca ona iki önemli Hıristiyan kenti olan Bursa ile İznik'i ele geçirme görevini verdi. Orhan 1326'da Bursa'ya girdiği ve burasını başkenti yaptığı sırada babasının hâlâ hayatta olup olmadığı bilinmiyor. Ama en azından, bugün kentin en güzel yapılarından biri olan türbeye gömüldüğünü biliyoruz.

Orhan (1326-1359) veziri yaptığı erkek kardeşi Alaeddin'in (ö. 1333) yardımıyla birinci sınıf bir örgütleyici olduğunu gösterdi; idari mekanizmanın temelini attı, sikke kestirdi, Bursa'da büyük anıtların yapılması işine girişti ve böylece imparatorluğun gerçek kurucusu oldu.

Bursa Türkiye'nin belki de İstanbul'dan sonraki en güzel ikinci kentidir. 1950'li yıllarda Uludağ'ın eteklerine kurulmuş renkli küçük ahşap evleriyle yeşillikler içinde kasaba görünümlü küçük bir kentti. Daha fazlası olmadığı için üzüntü de duymuyoruz: bakımlı, özenli, değerli anıtlarıyla bu kent derin bir hayranlık uyandırır. Ters çevrilmiş T planına göre yapılmış anıtların yaygınlığına karşın büyük bir çeşitlilik ortaya koyar. Ters çevrilmiş T planına göre yapılan binalarda, birbirine çok da iyi bağlanmamış art arda sıralanan salonlardan en dipteki en büyük olanıdır ve dış avluya açılır (Orhan Cami 1339, Hüdavendigar Cami 1366, Yıldırım Cami 1390, Yeşil Cami 1424). Ulu Cami dikdörtgen biçimiyle, cüretkâr yüksekliğiyle, görkemli, özenli dış cephesi ve yirmi kubbesiyle öteki camilerden ayrılır (1396-1400). Kimi zaman içerde kimi zamanda dış cephede kullanılan (örneğin Yeşil Türbe) bir Selçuklu mimari geleneği olan çiniler göz kamaştırmaktadır. Osmanlı şehzadelerinin Muradiye bahçesindeki mezarları küçük ve güzel bir anıtlar topluluğu oluşturmaktadır.

Orhan'ın 1330'a doğru orduda yaptığı düzenleme en cüretkâr ve en devrimci başarılarından biri olmuştu. Düzensiz birliklerin, yani Azapların yanı sıra meslekten yetişen bir ordu kurdu. Bu (Memlukların böyle bir ordu kurmadıklarını kabul ederek) o güne kadar bilinmeyen bir şeydi. Bu yeni erlerin adı *yeniçeri* oldu ve yaklaşık 1000 civarındaydılar. Bu sayı daha sonraları çok arttı ve XVI yüzyılda 20.000'i buldu: XV yüzyıldan başlayarak yeniçeriler artık "devşirme" yöntemiyle (ki bu yöntem içoğlanlarını, yani geleceğin yüksek görevlilerinin sağlamak için de kullanılacaktı) orduya alınmaya başlamıştır. Devşirme, Hıristiyan ailelerin çocuklarının yalnızca hükümdarın hizmetine girmek ve savaşmak için yetiştirilmek üzere toplanmaları, yani "devşirilmeleri"ydi. Bir efsane (ya da temeli olmayan bir gelenek) yeniçeriliğin kurulmasını, Hacı Bektaş Veli (1210-1271) tarafından Orta Anadolu'nun batı kesiminde, kendi adını taşıyan kentte kurulan güçlü ve etkili Bektaşi tarikatıyla ilişkilendirir. Bu tarikat Arnavutluk'ta da komünist devrimin etkenlerinden biri olmuş ve bugün de az çok gizli olarak Türkiye'nin canlı güçlerinden biri olmayı sürdüren güçlü bir tarikattır. Orhan'ın askeri güçleri yeniden düzenlerken yararlandığı ilke uyarınca süvari kuvveti, biri aralarından sipahilerin de yer aldığı profesyonel askerler, diğeri düzenli ordunun dışındaki kuvvetler olan akıncılar olmak üzere ikiye ayrılmıştı.

Orhan Moğollara haraç ödemeyi sürdürmüşse de 1350 tarihli bir metnin de ortaya koyduğu gibi dış politikada babasının ihtiyatlı politikasından uzaklaşmıştır. Bir yandan tüm saldırı çabasını 1331'de Nikaia'yı (İznik), 1337'de Nikomedeia'yı (İzmit), 1357'deyse Gallipoli'yi (Gelibolu) elinden aldığı Bizanslılara yöneltirken diğer yandan da en yakınındaki Türk komşularının karşısına çıktı ve 1335 ile 1345 arasında Karesi Beyliğini ilhak etti. Oğlu Süleyman Paşa (ö. 1357) değerli bir yardımcıydı. Bir avda kazayla genç yaşta ölmeseydi kuşkusuz büyük bir strateji uzmanı olarak ünlenecekti. Kurnaz ve usta bir diplomat gibi davranan Orhan, kimi zaman eşi Theodora'nın babası *Basileus* VI. Ioannes Kantakuzenos'un dostu gibi görünerek, kimi zaman onun rakibi V. Ioannes Palaiologos'u destekleyerek Bizanslı hükümdarların çekişmelerinden yarar sağladı. Kayınbabasına Sırplarla mücadelesinde yardım etmek amacıyla 1346'da askerlerini Avrupa'ya geçirdi. Burada kendisini çok da iyi karşılamayan öteki beylerin birlikleriyle karşılaştı.

I. Murad ve I. Bayezid

Bizans'ın Balkanların kapısındaki sağlam bir sürgü olduğunu anlayan Orhan'ın oğlu I. Murad Hüdavendigar (1326) bu bölgeyi kuşatmanın iyi olacağını düşünmüştü. I. Murad 1361 ya da 1362'de Çanakkale Boğazı'nı geçerek Hadrianus'un kenti Edirne'yi ele geçirdi ve Edirne Osmanlı'nın ikinci başkenti, Avrupa'daki başkenti oldu.

Asya'daki başkent Bursa'nın mimarı başarısına erişmese de Edirne kısa zamanda sanat tarihi açısından neredeyse daha üstün anıtlarla donandı – Sinan'ın Selimiye Cami bu değerlendirmenin dışındadır, çünkü bu cami tek başına tüm öteki camilerden daha üstün bir mimariye sahiptir. Eski Cami (1403-1414) dokuz kubbelidir ve bu açıdan Bursa'daki Ulu Cami'den bir adım ileridedir, ama bizce onun kadar güzel değildir. Üç Şerefli Cami (1437-1447) getirdiği kavramsal yeniliklerle, kemerlerindeki uyumla daha o zamandan klasik sanatı müjdelemektedir. En hayranlık verici külliye Muradiye Külliyesidir (1434), camisi ve ek binalarıyla Meriç Nehrinin sularında parlamaktadır.

I. Murad'ın Beylerbeyi, Filibe'yi de alınca hemen hemen tüm Trakya'yı ele geçirmiş oldu. Ayrıca binlerce kişi de tutsak edildi. Tutsakların fidye paralarının beşte birinin devlet hazinesine verilmesine dayanan Pençik Yasası bu vesileyle çıkarılmıştır. Batı bu kararı kızgınlık ve şaşkınlıkla karşıladı. Papa V. Urbanus Haçlı Seferine çıkılmasını vaaz etti. Ama Haçlı anlayışı varlığını sürdürse bile oldukça zayıflamıştı. Papanın bu çağrısına, tehlikeyle en çok yüz yüze olan doğulu devletler olumlu yanıt verdiler; Bulgarlar, Sırplar, Bosnalılar, Macarlar ve Eflaklılar 1363'te yenildikten sonra 15 Haziran 1389'da da Kosova'da tümüyle yok edildiler. Sırp Miloş Kopiliç [Obiliç] savaş alanında Murad'ı hançerledi. Daha sonra Osmanlılara bağlanacak olan tüm Sırbistan bunu tepkiyle karşıladı. Sırplar uzun süre Osmanlıların en sadık yardımcıları olmuşlardır.

I. Murad Balkanlarda ülkesinin sınırlarını genişletirken bir yandan da kentli ve zanaatçı nitelikli bir çeşit kardeşlik tarikatı niteliğinde olan dinsel birlik Ahilere karşı harekete geçmek için Ankara'ya kadar gitmek zorunda kalmıştı. Osmanlılar Türklerle ilgili konulara uzak kalmıyor ve Anadolu'yu gözetimleri altında tutmak istiyorlardı.

I. Murad'tan sonra Yıldırım Bayezid (1389-1402) kelimenin gerçek anlamıyla Anadolu'ya yıldırım hızıyla daldı. 1381'de Germiyanoğulları beyinin kızıyla evlenmiş, dolayısıyla Germiyanoğulları Beyliği topraklarının büyük bir bölümüne sahip olmuştu. Kalanını da sonraki birkaç yıl içinde ele geçirdi ve Konya, Antalya, Niğde, Karaman, Kayseri, Tokat, Sivas, Kastamonu ve Amasya'ya, yani Fırat kıyılarına kadar Küçük Asya'daki tüm Selçuklu topraklarına hâkim oldu.

Avrupa'daki başarıları da daha az değildi. Osmanlı komutanları Eflak, Bosna ve Macaristan'a akınlar yapmakta ve Konstantinopolis'i yedi yıl süren bir kuşatma altında tutmaktayken, Macaristan kralı Sigismond, içinde Cermen ve Rodos Şövalyeleri'nin, Fransız soylular sınıfının seçkinlerinin, yani Fransa başkomutanı Eu Kontu Amiral Jean de Vienne, Mareşal Boucicaut, Coucy Beyi ve Bourguignon Dükalığının vârisi Korkusuz Jean ile bini aşkın şövalye ve yardımcısının yer aldığı büyük bir ordu toplamayı başardı. Ama 25 Eylül 1396 günü Niğbolu'da Bayezid ile ona bağlı despot Sırp İstvan Lazareviç'e yenildiler. Savaşı kazanan ve "Yıldırım" lakabına gerçekten layık olan padişah, sultan ya da han Tesalya ile Peloponez'i ve Atina'yı işgal etti. "Atım yemini Roma'daki Saint Pierre Kilisesi'nin sunağında yiyecek" dedi. Onu kim durdurabilirdi ki?

Ankara Savaşı

Dinsel açıdan bakarsak Tanrı Avrupa'yı koruyordu. Tarihsel açıdan bakarsak Türklerin kötü talihi sonucunda Yıldırım Bayezid, Aksak Timur'la aynı dönemde yaşamıştı. Timur'un gururu yenilmezliğinden geliyordu; bugün anlıyoruz ki Yıldırım ise yaklaşık bir yüzyıldan kısa bir sürede bir milyon kilometre karelik sağlam bir imparatorluğun vücut bulmasının gururuna sahipti.

Bununla birlikte bu ikisinin savaşması için bir neden gerekliydi. Aslında bu nedeni bulmak güç değildi, çünkü her iki hükümdarın imparatorluklarını da bir sınır ayırıyordu sadece. Savaşın bahanesi bazı beyliklerin muğlak bağlılıkları oldu. Her halü kârda Timur kendisine sığınan ve dalkavukluktan geri durmayan, mülkleri ellerinden alınmış bazı Anadolu beylerinin durumundan faydalandı. Aslında Timur, Bayezid'i kazandığı başarılardan dolayı kutlamıştı, ama onun gururunu ezmekten de geri durmamıştı. "Kimsin sen, kendini bizimle kıyaslamaya nasıl cüret edersin?" demişti. Bu arada Yıldırım Bayezid, önünde birazcık eğilse Timur'a dokunmamaya kararlıydı, çünkü kâfirlere karşı çok başarılı bir biçimde mücadele etmişti. Kâfirlerle savaş Timur'un her zaman kullandığı bir propagandaydı. Timur, propaganda konusunda ustaydı. Anadolu'ya sefere çıkmadan çok önce, Suriye için sefere çıktığı 1400'lerde casusları yoğun bir psikolojik mücadeleye giriştiler. Bunun sonucunda Bayezid, Timur'un güçlerini küçümseme, kendi güçlerini de olduğundan daha büyük görme yanılgısına düştü.

İki taraf, yanlarında kısa bir süre önce kendilerine bağladıkları halklarla birlikte birbirlerinin üstüne yürüyerek, 20, 22 ya da 28 Temmuz (tarih konusunda kaynaklar arasında bir uzlaşı yoktur) 1402 günü Ankara yakınlarında karşı karşıya geldiler. Bu savaşta bir milyon askerin çarpıştığından söz edilmiştir. Aslında savaş alanında bu sayının ancak yarısından biraz fazla asker vardı. Ancak bugüne kadar görülen en muhteşem ordular olduklarından kuşku yoktu. Rengârenk bayraklar altında ve parlak üniformaların arasında Maveraünnehirli Timur'un Hindistan'dan getirdiği filler ilgi ve şaşkınlık uyandırmıştı. Tam "Aman ne şenlik!" denilecek bir hava vardı. Bu koşullarda savaşı kim istemez?

Savaş sabah oldukça geç bir saatte, dokuza doğru başladı ve akşam karanlık basıncaya kadar sürdü. Yeniçeriler iyi dayandılar, özellikle de kralları İstvan'ın komutasındaki Sırplar harikalar yarattılar. Yıldırım göğüs göğüse savaştı. Ama Küçük Asya'da orduya katılmış Müslüman savaşçılar düşman saflarına geçtiler: zira Timur'un birlikleri arasında eski beyleri bulunuyordu. Anadolulu Türkler kendilerini, daha o zaman bile Avrupalı olarak gördükleri Osmanlılardan çok Asyalılara yakın sayıyorlardı. Güneş, ormanlarla kaplı tepelerde yok olduğu sıralarda Osmanlı İmparatorluğu artık yenilmiş, padişah tutsak düşmüştü. Birkaç ay sonra da umutsuzluk ve çaresizlik içinde öldü. Timur onu yendiği halde, o kadar da küçümsemiyordu (efsanenin aksine Yıldırım'ı kafese kapatmamıştır). Yıldırım'ı büyük bir törenle atalarının mezarlarının bulunduğu Bursa'ya gömdürdü.

Timur beyliklerin yeniden kurulmasını sağlayıp, Osmanlıların Asya'daki başkentini yağmalayıp, ama tek bir anıtın dahi yıkılmasına izin vermeden ve kutsal savaş gereği İzmir'i Rodos Şövalyelerinin elinden alarak tüm Küçük Asya'yı geçti.

Bu arada *basileus* endişeli değildi. Çünkü Timur zafer kazanmadan Timur'un bayrağını surlarının üstüne çekmişti. Timur ona ilişmedi.

Büyük bey bir kez daha Semerkant'a doğru yola çıktı. Artık kendi gözünde de evrensel hükümdar olmuştu ya da en azından kıskanacağı bir Türk rakibi yoktu ve bundan sonra halklarını mutlu etmek istediğini ilan etti. Yoksa geç de olsa yaptıklarından pişman olmaya mı başlamıştı? Gerçekten de birkaç yıldır artık acıma duygusundan tümüyle uzak olduğu izlenimi vermiyordu ve uzun yıllardır yıktıklarını yapmaya başlıyordu. Dönüşünde tertiplenen şenlikler pek görkemliydi. Kastilya elçisi Ruy Gonzalèz de Clavijo o sırada oradaydı ve gezi anılarında bu şenliklerden söz eder.

XV yüzyıl başında Asya'nın bu uzak köşesinde bir İspanyolun ne işi vardı? Aslında bu İspanyol oradaki tek yabancı değildi. Fransa kralı VI. Charles'ın gönderdiği bir elçi ve İngiltere kralı IV. Henry'nin gönderdiği elçiler de oradaydı. Ancak bunlar anılarını yazmayı akıl edememişlerdir. Aslında Avrupa XIII yüzyılda yolunu keşfettiğinden beri Asya'ya çok uzak değildi. Asya'nın gözlerinde küçülmesi için de yüzyıldan daha az bir zaman geçmesi gerekmiştir. Don Ruy Gonzalèz de Clavijo Avrupalı ilk fatihleri, *conquistadores*'i müjdeliyordu.

XI. BÖLÜM

DÜŞÜŞLER VE YÜKSELİŞLER

Yeni Bir Dünyaya Doğru

Timurlenk'in ölümüyle birlikte yeniden inşa edilebilecek olan her şey yeniden inşa edildi ve bu kez İslamiyet sadece bir görünüş değil, tüm eylemleri derinden etkileyen, kalpten duyulan bir inanç olarak her etkinliğe damgasını vurdu. Türklerin o sıralarda belki de belli bir art niyetle, ama inançla hizmet ettikleri resmi ideoloji olan İslam dini, Selçuklular döneminde olduğu gibi Türklerin hizmetine girdi. Zaten tüm ideolojilerin kaderi de budur.

Bir teokrasi sayılan Osmanlı İmparatorluğu gerçekte bir teokrasi değildi. Çünkü teokrasi, Tanrı'nın temsilcisi sayılan yöneticilerin sadece Tanrı adına ve onun için faaliyette bulundukları bir yönetim biçimidir. Oysa Osmanlı İmparatorluğunda Tanrı figürü genelde hükümdara hizmet etmesi için kullanılmıştır. Örneğin Ekber döneminde, Büyük Moğolların Hindistanında İslamiyetten o zamana kadar hiç görülmemiş bir biçimde yararlanılmıştır. Ama yine de bütün bu olgulara karşın çeşitli yerlerde siyasal oluşumlar belki de o güne kadar görülmemiş büyüklükte İslam güçleri olarak ortaya çıkıyorlardı. Cengiz Han'ın anısının en azından Orta Asya ve Maveraünnehir'deki Çağatay toplumlarında ve belli bir ölçüde başka bölgelerde de varlığını sürdürmesi, *yasak*'a bağlılığın düzenli bir biçimde azalmasına ve "şeriat"ın gücünün artmasına engel olamamıştı. Şeriatın karşısında eski gelenekler ya ortadan kalkıyor ya da varlıklarını Şiilik kılığına bürünerek sürdürüyorlardı. Büveyhiler ve Fatımiler zamanında büyük ölçüde başarılı olan bu eski ve muhalif İslam hareketi Şiilikte güç kazandı ve bu sayede İran'da kendine iktidar yolunu açabildi.

Olağanüstü bir değişim tamamlanmıştı. Bu değişim, bir zamanlar Türklerin (Sibirya ormanlarında) toplayıcılık ekonomisinden (Yukarı Asya bozkırlarında) çobanlığa geçmesini sağlayan değişim kadar büyük ve önemliydi. Artık çevre, iklim, yaşam tarzı, ideoloji eskisinden çok farklıydı, her şey değişmeliydi. Göçebelik tıpkı bugün de varlığını zayıf bir biçimde sürdürdüğü gibi o zaman da yok olmamıştı. Ama göçebenin tarihteki rolü artık son bulmuştu ya da son bulmak üzereydi. Göçebeliğe sarılanlar yok olmaya mahkûmdular. Devir artık yerleşiklerin devriydi.

İşin en garip yanı bu değişime karşın Türklerin bazı karakter özelliklerinin varlığını sürdürmesiydi. Türklerde belirli bir etkinlik, temsil ve davranış sürekliliği vardı. Burada en önemli nokta Türklerin kurduğu imparatorlukların yapısıydı. Bu imparatorluklarda Türkler her zaman azınlıkta ve hoşgörülüydü. Öyle ki genel olarak kendilerinden olmayanları ne Müslümanlaştırmaya ne de Türkleştirmeye çalışırlardı. Bu devletlerde ancak bir avuç Türk yönetici olurdu. İşgal ettikleri yerlerde de yöneticiler birkaç yıl içinde Türkleşen ya da İslamiyete geçen Türk olmayan yerli unsurlardı; bunlar Türk gibi düşünür ve Türkçe konuşurlardı.

Bu dönemde başarılar ardı ardına geldi. Bilginler, bilimsel araştırmaları yakından takip etmekteydiler, teknikleri Avrupa'da kullanılan tekniklerin üstündeydi; mali durum çok iyiydi; en modern silahlar kullanılıyor, en sağlam donanmalar yapılıyor, şehirler dünyanın en önemli ve en güzel yapılarıyla donanıyordu.

Bu refah dönemi yaklaşık bir ila iki yüzyıl sürdü. Her açıdan doruğa ulaşıldığı bir sırada düşüşe geçildi. Düşüşün belirtilerini kimse öngöremedi. Timur Rönesansı 1400'lerden sonra ilk işaretlerini verirken, 1550-1600 yılları arasında çöküşün ilk belirtileri ortaya çıkmaya başlamıştı. XVI yüzyıl sona ererken zirveye ulaşılmıştı ve XVII yüzyılda da kayda değer bir gerileme gözlenmedi: tam hızla yol alan bir gemi, makineleri bozulmuş olsa bile hızından bir şey kaybetmeden uzun süre yol almaya devam eder.

Göçebelerin Sonu

Göçebenin üstünlüğünün son bulması çağın tekniğinin sonucuydu. Ateşli silahlar hem okla yayın hem de niteliksel ve niceliksel açıdan atın yerini çoktan almışlardı. Bu durumun geriye dönüşü yoktu. Çünkü göçebeler yerleşiklerle aynı zamanda top ve tüfeğe sahip olsalar da üstünlüklerini yitireceklerdi. Dolayısıyla daha XV yüzyılın başında Türk dünyasının gerisinde kalan Türk toplumları aslında fiilen yok olmuş durumdaydılar. Elbette direneceklerdi, ama artık tamamen geçmişte kalmışlardı. Öteki Türk toplumlarıysa çağdaş uygarlıkların getirdiği değişikliklere hayranlık uyandırıcı bir biçimde ayak uydurmuşlar ve bu yolda ilerlemeyi yakın zamanlara kadar başarıyla sürdürmüşlerdi. Ama daha sonraki dönemlerin getirdiği değişikliklere kısmen kendi hataları sonucu ayak uyduramayacaklardı.

Genel olarak Asya'nın ve özellikle de Müslüman dünyanın çöküşünden sık sık söz edilmiştir. Bu çöküş özellikle batı dünyasının Amerika'yı keşfetmesini ve Avrupa'nın o güne kadar sahip olmadığı bir hareket serbestliği kazanmasını sağlayan deniz keşiflerinin ve Avrupa'daki sanayi devriminin sonucu olmuştur. Burada eksik kalan bir nokta Asya'nın bu keşiflere neden katılmadığıdır. Aslında Hıristiyan ulusların dışında bunu yapabilecek olan bir tek devlet varsa o da Osmanlı İmparatorluğuydu. Ama o da bu keşiflere katılmamış, katılmak istiyormuş gibi davranmakla yetinmiştir: sanki mantığı modern dünyaya girmesi gerektiğini söylüyormuş da ruhu bunu kabul etmiyormuş gibi. Ama güç de zenginlik gibi her an her yere ulaşamayabiliyordu. Para parayı, güç gücü çeker. Yetenekler ve mallar eşit bir biçimde dağıtılmaz. Slavlardan Portekizlilere ve İngilizlere kadar Hıristiyan toplumlarda da daima güç gücün olduğu yere gelecektir.

Bu noktada Türkleri iki ana bölümde ele almak gerekiyor: hâlâ bozkırda at koşturanlar kısa sürede yok olacaktır; ateşli silah devrimine katılanlar topçu güçleriyle katıldıkları savaşlarda ve çarpışmalarda başarılı olacaklar, ama topların yer değiştirmesindeki yavaşlık ve levazım hizmetinin hayati önem taşıması nedeniyle yeni bir teknik benimseyecekler ve yollarına devam edeceklerdir. Osmanlılar, Moğollar ve Özbekler bu ikinci grup Türkleri oluşturuyorlardı.

Timurlular

Timur'un dört meşru oğlu ve pek çok torunu vardı. Her torununa ve oğluna has vermişti, ama hükümdarlığın en buyük oğlu Pir Muhammed'e geçmesini istediğini de açıkça belirtmişti. Böylelikle babadan oğula geçen bir düzen kurmak istemiştir, bu belki de Türklerin yaptığı en önemli yeniliktir ve hukuka uyulmaya devam edildiği sürece de en etkili ve yararlı buluşlardan biri olacaktır.

Ama koşullar farklı gelişmiş ve yarı deli Miran Şah'ın oğlu Halil zorla tahta geçmiştir. İnce, narin, yakışıklı, genç ve çekici bir şehzade olan Halil bir haremden kaçırdığı bir kadına, Şadelmülk'e çılgınca aşıktı. Halil'in gölgesinde ülkeyi yöneten bu kadın oldu. Hazineyi yağmaladı, tüm aşırılıkları yaptı ve devleti felakete sürükledi. Timurlular ayaklandılar. Müteveffa Büyük Emir'in en küçük oğlu Şahruh (1407-1447) Halil'i devirdi, tahta geçti, Herat'a yerleşti ve Semerkant'ın yönetimini oğlu, geleceğin büyük gökbilimcisi Uluğ Bey'e bıraktı (1407).

Buna karşın dönem oldukça karanlık bir dönemdi. Vasaller bağımsızlıklarını kazanmaya çalışıyorlardı. 1405'ten sonra Bağdat'ın eski yöneticisi Moğol Ahmed Celayir yönetime geçti. 1408'de Karakoyunluların hükümdarı Kara Yusuf sürgüne gönderildiği Mısır'dan döndü. Miran'ı Kafkasya'da yendikten sonra Tebriz, Sultaniye ve Kazvin'i (1419) alarak imparatorluğu yeniden kurdu; bu imparatorluğu Ortadoğu'nun en önemli güçlerinden biri haline getirmeye çalıştı. Anadolu'da Osmanlılar egemenliklerini kabul ettirmişlerdi (1413). Irak'ta, İran'ın kuzeybatısında Timurluların artık bir etkisi kalmamıştı. Kuzeyde Orta Asya'nın bozkırlarında Şeybaniler Ebu'l Hayr'ın yönetiminde tarihe geçmeye hazırlanıyorlardı (1428). Hindistan imparatorluktan kopmuştu (1414). Altınordu Pulad Han'ın yönetiminde (1402-1412) son güzel dönemlerini yaşıyordu. Timur'un büyük imparatorluğundan Şahruh'a ancak Maveraünnehir, Horasan, Mazanderan, Fars, Şiraz ve Isfahan kalmıştı – bu imparatorluk dünyanın gördüğü en güzel, en ihtişamlı ve belki de çöküşü en korkunç olan imparatorluklardan biri olmuştu.

Bu yeni hükümdar barışsever bir hükümdardı, ancak başka bir çare kalmadığında sınırlarını korumak ve akrabaları arasındaki çekişmelere son vermek için savaşırdı. Oğlu ve halefi Uluğ Bey (1447-1449) Semerkant'ı kırk yıl yönetmişti. Uluğ Bey de bir savaşçı değildi, hatta savaşmaktan zerre kadar anlamıyordu; kendisine savaş açan oğlu Abdüllatif'e karşı duramamış ve oğlu da bu savaşın sonunda onu idam ettirmişti.

Tam üç yıl boyunca ülke tam bir kargaşa yaşadı. Miran Şah'ın torunu Ebu Said (1452-1469) yönetime el koydu. Artık ailede çok fazla görülmeyen enerjik adamlardan biriydi, ama ne yazık ki çok geç bir dönemde ortaya çıkmıştı. Karakoyunluların Fars'ı ve Kirman'ı almasını engelleyemedi ve onu Anadolu'ya kadar sürükleyen bir karşı saldırıda öldü. Sultan Hüseyin Mirza olarak da adlandırılan halefi Hüseyin Baykara (1469-1506) Herat'ta hüküm sürdüğü için padişah unvanına sahipti. Döneminin en hayırsever şehzadelerinden biriydi, ama en güçlülerden değildi. Ebu Said'in Semerkant'ta hüküm süren oğlu Sultan Ahmed Mirza (1451-1494) daha güçlü bir şehzadeydi ve sınırlarını özellikle Hindistan'ın müstakbel fatihi Babur'un babası ve Andican ile Fergana'nın sahibi olan kardeşi Ömer Şeyh Mirza'nın (1456-1494) topraklarına doğru genişletmeye çalışıyordu.

Timur Rönesansı

Timur Rönesansı olarak adlandırdığımız dönem, Avrupa Rönesansı gibi antikçağ kaynaklarına dönüş dönemi olmaktan çok yaratıcılığın yüceltildiği bir dönemdir. Bu dönemin ilk meyvesi, İran açısından bakıldığında, sanatçıları ve bilimadamlarını koruyan, yazarları ve sanatçıları teşvik eden Şahruh'tur.

Bu Rönesans hareketi, Timur'un oğlu Ömer Şeyh'in torunu ve Şahruh'un yeğeni olan Sultan Hüseyin Mirza (1469-1506) döneminde giderek gelişmiş, yayılmıştır. Bu nazik ve ince ruhlu prens, kendisi de Çağatay Türkçesinde önemli edebiyat eserleri veren bir yazar olan veziri Mir Ali Şir Nevai'nin de (1441-1501) yardımıyla Herat'ı "Doğunun Floransa'sı"na dönüştürdü. Bu olağanüstü bir dönemdi. Tüm karşıtlıkların, iyi ile kötünün, ahlaksızlık ile erdemin, şiddet ile barışseverliğin, en aşağı kabalık ile en ince ruhların, yaşama sevinci ile dünya yaşamının reddinin bir arada yaşandığı, bir arada var olduğu, tüm ırktan insanların bir arada yaşadığı, hemen hemen tüm dillerin konuşulduğu –Babur'un anlattıklarına göre en az on ya da oniki dil konuşulmaktaydı– sıra dışı bir dönemdi. Hokkabazları, soytarıları, akrobatları, ip cambazları, araba geçitleri, yarışları, hayvan dövüşleri, şarkıları ve dansları, özellikle de duyulmamış bir içki tüketimi ve alemleriyle kutlamalar çok görkemli geçerdi. Sarayda içki su gibi akıyordu, safahatın her türlüsüne, oğlancılığa, uyuşturucuya, özgür cinselliğe, kısacası her türlü aşırılığa rastlanıyordu. Şans oyunları (zar ve kart) geleneksel satrancın ve aşığın yerini alıyordu.

Türklerin mirası olan bu özgürlük içinde her din, Şamanizm, Yahudilik, Budizm, Hıristiyanlık ve tüm bunların üstünde İslamiyet açılmış, gelişmiş ve her birinde gizemciliğe doğru güçlü bir eğilim ortaya çıkmıştır. Bilim büyük bir atılım yapmış, özellikle şair, müzisyen, düşünür, matematikçi ve gökbilimci Uluğ Bey'in gözlemevi bilimsel gelişmelerin öncüsü olmuştur. Semerkant'ta bulunan bu yapı ortaçağdan günümüze ulaşan ender güzel eserlerden biridir. Çok önemli bilimadamları burada çalışmışlardır: belki de dünyada prenslerle birlikte gömülen tek bilimadamı olan ve kabri hayranlık uyandıran bir anıt olan Şah-ı Zindeh'teki Kadızade Rûmî (ö. 1437), ilk hesap makinesini yapan, ondalık sayıları bulan ve Newton'a ait olarak bilinen binom formülünü hesaplayan ve çözen el-Kaşani ve onlardan önce gökbilim alanında *Uluğ Bey Zayiçesi* yapıtıyla çığır açan Uluğ Bey. Uluğ Bey'in eseri, ölümünün ardından halefi el-Kuçi tarafından İstanbul'a götürülmüş, II. Mehmed tarafından bastırılmış ve tüm dünyada tanınmıştır.

Herat sarayında sürekli şiir yazılmaktaydı ve eski İran şiir eserlerine, özellikle İran'ın son büyük klasik şairi Câmi'nin (1414-1492) eserlerine büyük bir ilgi duyulmaktaydı. Seksene yakın yazar değerli eserler vermiş ve bunlar arasından en az sekiz deha ürünü çıkmıştır. Tarih alanında da çalışmalar yapılmaktaydı: Mahmud (1433-1498) uzun süre Müslümanların dünya fikrini kaleme almış ve Kandemir (1475-1536) Avrupa'da tanınan ilk doğulu tarihçilerden biri olmuştur.

Böylelikle Herat ve Semerkant'taki kitap akademilerinden ya da fazla saygın olmayan başka atölyelerden çok güzel elyazmaları çıkmıştır. Bu elyazmaları İran'ın büyük minyatür sanatını kuran usta ressamlar tarafından resimlendirilmiştir: *Humay ile Humayun'un Bir Çin Bahçesinde Buluşması* (Paris Dekoratif Sanatlar Müzesi) yazarı Gıyaseddin (1430-1440 yılları arasında Herat'ta bulunmuştur) ve 1450-1460 yılları arasında bir tarihte doğmuş usta yazar Behzad (ö. 1520) gibi. XV yüzyılda yapılan resimlerin yüzlercesi, hatta binlercesi bugüne kadar bozulmadan kalabilmişlerdir.

Mimari alanda çok fazla yapı inşa edilmemiş, ama inşa edildiği zaman göz kamaştırıcı olmasına dikkat edilmiştir. Yapılar büyüleyici bir çini kaplamayla kaplanmıştır. Timur'un 1403 yılında yapımına başlanan mezarı Gur-e-Mir ve Bibi Hanım Camii (1399-1404) öteki yapıların prototipi olmuştur; yukarıda sözünü ettiğimiz Semerkant'taki iki yapı gibi (1385 vd), Şah-ı Zinde'nin küçük türbeleri birer mücevherdir. İkinci önemdeki yapılar arasında Meşhed'deki Gevher Şah Camisi (1418), Herat'taki Ansari mezarı (1425), Semerkant'taki Uluğ Bey Medresesi (1437) ve Buhara'daki medrese (1417), Belh'teki Ebu Nasr Parsa Camii ve Herat'taki inşa tarihi eski, ama Hüseyin Baykara tarafından yeniden yaptırılan Ulu Cami sayılabilir.

Timur Rönesansının etkisi Tebriz ve Şiraz'a kadar ulaşmıştır. Şiraz'da çok yetenekli nakkaşlar resim sanatını XIV yüzyılda doruğa çıkarmışlardır. Tebriz'de Karakoyunlular Safevi sanat okulunun doğuşunu sağlamışlardır. Gazneliler, Selçuklular gibi Timurlu Türkler de İran'a zarar verdikten sonra İran uygarlığına ve kültürüne sarılmış ve ona hizmet etmişlerdir.

Türkmenlerin Dönüşü

Sultan ve kağan Cihan Şah'ın hükümdarlığında (1439-1467) geçen kargaşa yıllarından sonra Karakoyunlular askeri ve siyasal örgütlenmeleri, iyi idarecileri, zenginlikleri, etkinlikleri ve topraklarının genişliği (Doğu Anadolu, Irak, Sultaniye, Kazvin, Rey, Isfahan, Fars, Kirman) sayesinde dünyanın en büyük dört Müslüman gücünden biri oldular. Türkçe ve Farsça bilen şair hükümdarları bilimi teşvik etti ve ülkenin dört bir yanına yapılar inşa ettirdi. Ülkenin geleceği parlak gözüküyordu. Ama tüm bu belirtiler aldatıcıydı: 1467'de Cihan Şah tarafından Akkoyunlu hükümdarı Uzun Hasan'a (1453-1478) açılan sefer tam bir bozgunla sonuçlandı. Prens ve oğullarından biri bu savaşta hayatını kaybetti. Tahtın vârisi Hasan Ali (1467-1469) zayıf karakterli biriydi ve kasırgaya kafa tutmadı ve kendini öldürmeyi tercih etti. Yerine geçen ve daha önceden Uzun Hasan tarafından kör edilen Yusuf, oğlu Uğurlu Mehmed tarafından idam edildi. Tüm Karakoyunlu toprakları Akkoyunluların eline geçti.

Uzun Hasan kuşkusuz büyük bir hükümdardı. Her ne kadar Osmanlıları batı Anadolu'dan atmayı başaramasa bile doğuda oldukça parlak zaferler kazanmıştı. Karakoyunluları yenmesinden tam bir yıl sonra büyük Timurlu hanı Ebu Said'i yenmişti (1464). Kendi çapında başarılı bir hükümdardı ve ülkesini doruğa çıkartmıştı. Timur'un ona verdiği Diyarbakır'ın yanı sıra Tebriz, Herat, Bağdat ve Basra Körfezi kıyılarını topraklarına katmıştı. İran onun zamanında birliğine kavuşmak üzereydi. Avrupa onunla ilişki kurmuş, özellikle Venedik ve Papalık Osmanlılara karşı ittifak kurma düşüncesindeydi.

Ama Yakub'un hükümdarlığından (1478-1490) sonra oğulları ve yeğenleri iktidar için birbirlerine girdiler. Bu sırada çok yoğun bir Şii propagandası yapılıyordu. 1503'te resmi olarak Şiiliği kabul eden tek devleti, modern İran'ı kuracak olan Safevi Şah İsmail, Akkoyunluların onikinci hükümdarı Uzun Hasan'ın torunu Elvend ibn Yusuf'u(1498-1504) yendi. Halefi Murad mücadeleyi sürdürmeye çalıştı, ama sonunda umutlarını Sultan Selim'e bağlayarak Konstantinopolis'e sığındı. Tahtını ele geçirmeyi umut ederek 1524'teki seferde Sultan Selim'e eşlik etti, ama yolda Urfa'da öldü. Yirmibeş yaşındaydı ve onunla birlikte hanedanlığı da son buldu.

Türkmenlerin uğruna mücadele verdikleri topraklardaki egemenliklerinin hayırlı olduğunu söyleyemeyiz. İran-Türk kavgalarıyla umutlarını kaybetmeden çok önce Cengizhanlıların ve Timurluların yıkımlarından sonra bir de göçebe Türkmenlerin yağmalaması ülkeyi uçuruma sürüklemiştir. Örneğin Irak zenginliğinin kaynağını oluşturan eski sulama sistemini yeniden ayağa dikemediği için artık az gelişmiş bir ülkeydi. Bununla birlikte Türkmenler barbar toplumlar değillerdi. Uygarlıkları Tebriz'de Cihan Şah tarafından inşa ettirilen Mavi Cami'de parıldamayı sürdürmektedir. İran'ın mimari görkemlerinden biri sayılmaktadır. Ayrıca Tebriz resim sanatı, Şiraz ve Herat resim sanatlarının rakibi olmuştur.

Altınordu'nun Sonu

Toktamış Kıpçak Hanlığına yeniden güç ve nüfuz kazandırmış,

ama Timur'un darbesiyle zayıf düşmüştü. Bu nedenle Kıpçak Hanlığının beklenmedik canlanması gerçek olmaktan çok görünüşte kaldı ve yavaş yavaş yok olmaktan kurtulamadı. Yine de Toktamış'ın halefi, Litvanyalıları Vorskla yakınlarında yenen Timur Kutluğ (1398-1400) zamanında, Ruslara karşı saldırılar düzenleyen Şadi Bey'in (1400-1407) egemenliğinde, Pulad'ın zamanında (1407-1412) güzel günler yaşadı. Ama Şadi Bey ve Pulad Han dönemlerinde iktidar aslında Nogaylı ya da Mengitli İdi Kut'a (1400-1412) aitti. 1408'te İdi Kut, Ruslardan haraç istedi. Nijni Novgorod ve Goradetz'i yaktı ve Moskova'ya yürüdü, ama bağlılık vaadi alınca geri çekildi. Moskova bu tarihten sonra Slav ayaklanmasının başını çekti ve Büyük III. İvan (1462-1505) hükümranlığında tarihe geçeceği günlerin tohumlarını atmaya başladı.

Altınordu'nun önlenemez çöküşü Küçük Muhammed'in (1423-1459) uzun hükümdarlık döneminde başladı. 1430'a doğru Cuci'nin oğlu Tuga Timur'un soyunda gelen I. Hacı Giray (ö. 1466) Altınordu'dan ayrıldı ve Kırım Hanlığı olarak adlandırılan hanlığı kurdu. Aslında bu yeni kurulan devlet sınırlarını, günümüz Ukrayna toprağının güneyinde kalan küçük yarımadayla sınırlamaya niyetli değildi, yukarı Don bölgesine, Dinyeper'in aşağı bölgesine, Yelets ve Tombov'a kadar uzandı. Bahçesaray'ı kendine başkent yaparak tüm bu topraklara sahip olan Giray ailesi, 1783 yılında kadar bu topraklardaki hükümdarlığını sürdürdü, ama kimi zaman egemenliğinden feragat ettiği durumlar da oldu. I. Mengi Giray 1475'ten sonra Karadeniz kıyılarını doğrudan denetimi altında bulunduran Osmanlı İmparatorluğuna bağlanmak zorunda kaldı. Çok sonraları kısa bir süre için de olsa Rusların himayesine girdi (1771).

1445'te Toktamış'ın oğlu Celaleddin'in oğlu Ulu Muhammed (1445-1446) bağımsızlığını ilan etti. Halefi Mahmudek (1446-1464) Moskova prensi II. Vasiliy'le çarpıştı ve tutsak aldı. Ali Bey'in hüküm sürdüğü Kazan'ı ele geçirdi. Kazan Hanlığı eski Bulgaristan toprağına kadar uzandı ve hem Tatarlara hem Başkırtlara hem Türkçe konuşan Çuvaşlara ve Çeremislere ve Türkçe konuşmayan Mordovlara egemen oldu.

Kasım (1466-1490), Hacı Giray ve Ulu Muhammed'i taklit ederek Astırhan'ın çevresinde, Volga ve Don Irmakları ile Kuban ve Terek Irmakları arasında sıkışmış küçük bir devlet kurmuştu.

Bu parçalanma oldukça ciddi boyuttaydı. Durum daha da kötüye gitti. Ulu Muhammed'in soyundan gelen bir başka Kasım, daha sonra adının Ruslaşmış halini (Kasimov) taşıyacak olan Gorodok şehrinde kendisine toprak verilmesi için aynı dönemde Moskova'ya gitti. Kasım, Moskovalıların sadık bir casusu ve karşı saldırıları için öncüsü oldu. Vârislerinden Sayın Bulat, 1573'te Simeon adıyla Hıristiyanlığı kabul etti ve çar unvanını aldı. Bundan sonra ülke hızla Ruslaştı ve 1651-1656 yılında zorla din değiştirdi.

Giderek sona yaklaşan Altınordu'da göçebeler kendi iradeleriyle hareket edemiyorlardı. Ural Irmağının yakınına yerleşen Nogaylar boyu 1551'de çok güçlü bir duruma gelmişti ve 300.000 atlıya sahipti; Rus prensleriyle yaptığı at alışverişi sayesinde giderek zenginleşmişti. Yılda yaklaşık 50.000 at satıyorlardı. Ama bu alışveriş Nogayları büyük ölçüde Ruslara bağlı kılmıştı.

Altınordu'nun parçalanması Rusya'nın ani gelişmesiyle aynı zamana rastlamasaydı belki de önüne geçilebilirdi: bir Türk komutan bozkırlarda Türk birliğini er geç yeniden kuracaktı. Türkçe konuşan halkların ve İslamiyetin amansız bir düşmanı olarak ortaya çıkan bu ülkenin varlığı, kuşkusuz Türklerin XV ve XVI yüzyıllar arasındaki tarihiyle ilgili en önemli olaydır. Türkler doğal olarak bu gelişmenin bilincine varamadılar. Uçurum kıyısındaki tüm halkların tarihçiyi şaşkınlığa düşüren körlüğü onlarda da vardı. Büyüyen tehlike karşısında birleşmeyi bilemediler, hatta yazgılarını hızlandırdılar bile.

III. İvan Altınordu'dan geriye kalanlara karşı Kırım hanı ve Akkoyunlu Uzun Hasan'la birleşti. Sonra da alışıldık senaryo gereği bunlara vergi vermeyi reddetti. Ahmed Han (1460-1481) Moskova'ya yürüdü. Moskovalılar Oka, daha sonra da Urga Irmağı kıyısında mevzilendiler (1480). Ancak kimse savaşma riskini göze alamıyordu. Altınordu geri çekildi ve bu savaş sonu oldu: çünkü ancak güç kullanarak hüküm sürebilirdi. 1502'de Moskova Büyük Prensinin teşvik ettiği Kırım hanı I. Mengi Giray Saray şehrini ele geçirdi ve yıktı.

Özbeklerin ve Kazakların Doğuşu

Batu, Berke ve Orda'nın erkek kardeşi, Cengiz Han'ın torunu Şeyban'a has olarak Uralların doğu ve güneydoğu bölgeleri verilmişti. Macaristan savaşının eski kahramanlarından olan bu savaşçı kışlarını İliş'te (Orenburg'un güneyi), yazlarını Ural Dağlarında geçiriyordu. Orda'nın ve Toktamış'ın zayıflıklarından yararlanarak nüfuzunu güneye doğru yaydı. Doksan iki boydan oluşan Şeyban toplulukları XIV yüzyılda Özbek adını almışlardır.

Özbeklerin gücünü gerçek anlamda sağlayan kişi, 1428'de batı Sibirya'da Tura Irmağı kıyısında, Tobolsk bölgesinde han ilan edilmiş olan Ebu'l Hayr'dır (1412-1468). Ebu'l Hayr 1468'e kadar iktidarı elinde tuttu. Ruslar ile Altınordu arasındaki çekişmeden faydalanarak Sirderya Nehrine kadar tüm bozkırlarda hüküm sürdü ve Timuroğullarına ait müstemlekelere saldırmaya başladı ve sonunda geçici bir süreliğine Urgenç'i ellerinden aldı. Türkler tarafından Kalmuklar olarak adlandırılan ve Baykal Gölünün batısına yerleşen

Oyrat Moğollarının saldırıları onu savunma yapmaya zorladığında, Timuroğullarının Maveraünnehir'deki halefi olarak görülebilirdi (günümüzde Özbekler onların ataları olduğunu iddia ediyorlar). Ebu'l Hayr, Çin'i tehdit eden, Şan-si'yi ele geçiren ve uzun zamandır görmediği biçimde yenilgiye uğratan (1459) korkunç ancak geçici bir imparatorluk kuran Oyratlar karşısında güçsüz kaldı. Çevresindekiler başarısızlıkların önüne bir türlü geçemediği için ona sırt çevirdi. 1465-1466'da birçok boy kaçtı. Kaçaklar –bu Türkçe sözcüğü Ruslar "kozak" olarak benimsemişler ve bu ismi kendi isyancıları için de kullanmışlardır– üyeleri düzenli, örgütlenmiş devleti reddederek bugün kendi adlarını taşıyan bozkırlarda, Kazakistan'da göçebe olarak yaşamaya başladılar. Bir süre sonra Moğolistan (Orta Asya'nın doğusundaki Moğol ülkesi) hanının desteklediği hükümdar çocukları Karay ve Canıbek onlara katıldılar ve başlarına geçtiler. Canıbek'in oğulları Baranduk (1488'e doğru-1509) ve Kasım (1509-1518) bu halka barbar refahı getirmişlerdir. Babur'a göre Kasım 300.000 adamı sıraya dizebilirdi. Geleneklerine bağlı olduklarından, uzun süre şehir hayatını ve evrensel dinleri reddetmişler ve İslamiyete düşmanca yaklaşmışlardır. Sonuç olarak Kazaklar üç topluluğa ayrıldılar: en büyük topluluk (*Ulu Cüz*) doğuda, daha küçük olan (*Orta Cüz*) İrtiş kıyısında, en küçüğü ise (*Küçi Cüz*) batıda yer aldı. Bunlara bir de Bukak topluluğunu eklemek gerekir. Bu bölünme günümüz Kazakistan'ında da önemli bir rol oynamaktadır.

Özbek devletinin bu bölünmesi Oyratlara yeni başarılar elde etme fırsatı verdi. Ebu'l Hayr Kazakları itaat yoluna sokmak gerektiğini düşünmekle iyi etmedi ve 1468'de onlara karşı savaşırken hayatını kaybetti. Aynı yıl oğlu Şah Bulak Çağatay hükümdarı Yunus Han tarafından öldürüldü. Yunus Han tarih sahnesine çıkışını Timurlulara borçludur, ancak talih bir kez yüzüne güldükten sonra onlara sırtını dönmekten de çekinmez; Timurlulular̆ın elinden Uygur ülkesini, İli havzasını ve hatta daha sonra başkent yapacağı Taşkent'i bile alarak imparatorluktan ayırır.

Özbek devletine yeniden umut veren onyedi yaşındaki bir genç adam, Ebu'l Hayr'ın torunu Muhammed Şeybani oldu. 1451'de doğan ve küçük yaşta öksüz kalan Şeybani, Timuroğullarının koruması altında Buhara ve Semerkant'ta yetiştirildi ve mükemmel bir eğitim aldı. Aldığı kültür, doğal yeteneklerini geliştiriyordu. Kendini beğenmişliğine rağmen büyük bir adamdı – örneğin kötü müzisyenlerin hatalarını düzeltme konusunda yetkin olduğunu düşünür ve nakkaş Behzad gibi İslam dünyasının en büyük sanatçılarından birinin eserlerini elden geçirmiştir.

O sırada Taşkent'te Mahmud Han hüküm sürüyordu. Mahmud Han, Çağatay Moğol hanı Yunus'un iki oğlundan biriydi ve her iki oğul halef olarak eşit haklara sahipti. İstisnalar kaideyi bozmaz, ancak iki kardeş iyi anlaşıyorlardı. Muhammed Şeybani, Mahmud Han'a gitti, onun vasalı olduğunu bildirdi ve 1488 yılında ondan Yese şehrini (Türkistan) aldı. Bu önemsiz bir şey olarak görülebilir, ancak Muhammed gibi bir dahi için oldukça önemli sayılır. Yenilgiye uğratılıp öldürülmemiş olsaydı ve Babur'un bir seferlik de olsa kör ve haksız, inatçı ve iftiraya dayalı kininin kurbanı olmasaydı bu er geç kabul edilecekti. On yıl içinde Özbeklerin büyük bir bölümünü çevresine toplamış ve henüz gizli, ancak ilerde ortaya çıkacak bir askeri güç oluşturmuştu.

Osmanlıların Yeniden Doğuşu ve Yükselişi

1402 yılındaki Ankara Meydan Savaşından sonra devletlerini yeniden kurmaları için Osmanlılara dokuz yıl yetti. Bu dönem kimi Türk tarihçilerince fetret dönemi, kimi Türk tarihçilerinceyse I. Süleyman'ın dönemi sayılır. Anadolu beyliklerinin yeniden kurulmuş olmasına, Bayezid'in oğullarının birbirleriyle savaşmalarına, Aydın'da ortaya çıkan ve komünist eğilimli Simavnalı Mahmud Bedreddin (1359-1450) yönetimindeki harekete karşın her şey çok kolay oldu; çünkü devletin Avrupa'da kalan kısmı sadık kalmayı sürdürdü ve Bizanslılar ile öteki Hıristiyanlar bu dönem boyunca Türkleri rahat bıraktılar.

I. Çelebi Mehmed (1403-1421) kardeşlerinden kurtuldu, beylikleri yeniden boyunduruğu altına almak ve toplumsal çalkantıya egemen olmak amacıyla Bizansla ittifak kurdu. II. Murad (1421-1451) başlangıçta pek çok güçlükle karşılaştı: İstanbul'u kuşattı, ama bir sonuç elde edemedi; Belgrad'ı ele geçirme girişimi de sonuçsuz kaldı; Erdel voyvodası Yanoş Hunyadi'nin çevresinde toplanmış Macarlar, Polonyalılar, Almanlar, Venedikliler ile İskender Bey'in komutasındaki Arnavutlardan oluşan yeni bir haçlı seferine karşı duramadı ve Segedin'de kendisinin lehine olmayan bir barış antlaşması imzalamak zorunda kaldı. O sırada tahtı oğluna bırakmayı düşündü. Bu arada Hıristiyanlar alınan barış kararına uymama hatasına düştüler. Oysa Türkler atalarının verdiği barış sözünün kutsal olduğu anlayışlarına bağlı kalmayı sürdürüyorlardı. Murad hemen geri döndü, Haçlıları Varna'da, sonra da II. Kosova'da (1448) kılıçtan geçirdi. Artık rahat ölebilirdi. Avrupa'nın Bizans'ı kurtarma konusunda hiçbir umudu kalmamıştı.

Bizans'ı genç II. Mehmed (1451-1481) ele geçirecek ve "fatih" unvanını alacaktı. İslamiyet, sekiz yüzyıldır Konstantinopolis'e göz dikmiş durumdaydı. Müslümanların Muhammed tarafından söylendiğine inandıkları, belki de yakıştırma olan eski bir sözü vardı: "Konstantinopolis elbet fethedilecektir. Onu fetheden kumandan ne güzel kumandan, fetheden asker ne güzel askerdir." Bu sözler zaferin ardından Ayasofya'nın kapısına yazılacaktır. Bu zafer peygamberin istediği ve beklediği bir şeydir, bu nedenle kutsaldır.

Konstantinopolis'in Alınışı

Mehmed yirmibir yaşında, yani delidolu bir çağda, kurallara, yasaklara uyulmayan bir yaştaydı. Bizans ise varlığını ancak ona gösterilen gizemli bir nitelik taşıyan saygı sayesinde sürdürebiliyordu. Korku içinde kıvranan vasal bir devlet, bir çeşit Osmanlı himayesi, haraca bağlanmış bir şehir daha o zamandan bir Türk sömürgesiydi. Genç hükümdar, girişiminin alabileceği boyutları düşünerek, hiçbir şeyi rastlantıya bırakmadı. Bayezid'in Asya yakasında yaptırdığı Anadolu Hisarı'nın karşısına Avrupa yakasında Rumeli Hisarı'nı yaptırdı. Edirne'de büyük bir topun yapımını başlattı. 12.000 asker topladı, 350 gemi hazırladı... Öte yandan XI. Konstantinos Paleologos da Avrupa'ya yönelik son ve büyük bir çığlık attı. Bizanslıların kentlerinde Latin külahı görmektense Türk sarığı görmeyi yeğlediklerini söylemelerinin üstünden çok zaman geçmişti. Her şey karşılıklıdır.. Avrupa XI. Konstantinos Paleologos'un bu çağrısına Giovanni Longo Guistiniani komutasında 700 kişilik çok küçük bir kuvvet göndererek karşılık verdi.

Mehmed, 23 Nisan 1453 gecesi donanmasının bir kısmını karadan geçirerek Haliç'e ulaştırdı ve 24 Nisan günü şafağında Haliç'te bu gemileri gören Bizanslılar şaşkınlığa düştüler. Bir ay sonra da son saldırıya geçmeden önce *Basileus*'a onurlandırıcı bir imtiyaz tanıdı, ama imparator vakur bir edayla bunu reddetti. Bunun üzerine Türkler toplarının açtığı bir gedikten akın akın kente girdiler. Konstantinos elde kılıç savaşarak öldü. Fatih Sultan Mehmed at üstünde Ayasofya Kilise-si'ne girdi (29 Mayıs 1453) ve dua okuttu. Böylece ortaçağ son buluyor ve yeniçağ başlıyordu.

Hıristiyan dünyayı bir heyecan dalgası sardı. Ne Haçlı Seferleri ne de Osmanlıların çöküşe geçtiği günlerdeki Yunan ve Ermeni katliamları bu kadar etkili olmuştu; Avrupalıların gözünde Türk imgesini tamamen bozan, tüm erdemleri silip sadece kötülükleri bırakan şey Konstantinopolis'in alınışıdır. Tam bir çöküş yaşandı: Sırbistan, Bosna, Hersek, Arnavutluk, Karamanoğulları, Trabzon, Karadeniz'deki Ceneviz ticarethaneleri ilhak edildi. Kırım hanı, kendini vasal etti. Karadeniz bir Türk gölü haline geldi.

II. Mehmed çok sonraları İstanbul adını alacak yeni başkentinde idari işlere soyundu. İlk yasalar derlemesi *Kanunname*'yi yürürlüğe koydu ve uyrukları arasında sürekli bir işbirliği kurmaya dayanan, hükümdara mutlak bir saygı gösterilmesini, hatta hükümdarın devletin istikrarı için kendi ailesinin üyelerini bile feda edebilmesini öngören bir düzenlemenin temellerini attı. Hıristiyanlara, özellikle de Cenevizlilere büyük imtiyazlar tanıdı; Ermenilere, Süryanilere, Rumlara birer patrik, Musevilere bir hahambaşı atadı. Yargı işlerine "kadı"ların baktıkları mahkemelerin yanı sıra kilise mahkemeleri de kurdu. Böylece devlet, atalardan kalma geleneksel hoşgörü ilkelerine ve dinler konusundaki ilgiye bağlı kalarak inanç temeline dayalı bir imparatorluk vücut buldu. Uyruğundakileri Türkleştirmek ya da Müslümanlaştırmak için ne o zaman ne de daha sonra hiçbir şey yapmadı: Osmanlı Devleti mutlak, merkezi ve despotik bir monarşi görünümü sunarken, merkezkaç eğilimli birimler ve bir tür demokratik ve liberal idealle birlikte aşırı hoşgörü temeli üzerinde yükseliyordu. Böyle bir sistemin ayakta kalması için Osmanlıların sebat göstermesine, kimi zaman güç kullanarak da sağlansa devlete koşulsuz güvene, iktidarın ulvi niteliğinin kabulüne ve tebaanın rızasına ihtiyacı vardı. Böyle bir ideal de ancak artan bir büyümeyle gerçekleştirilebilirdi.

XV Yüzyılda Osmanlı Hümanizmi

XV yüzyıl büyük Türk hümanizmi dönemi birbirinden çok değişik çeşitli uygarlıklarla ilgili tutkulu bir sorgulama dönemi oldu. Her şeye ilgi duyuluyor, her şey öğrenilmek isteniyordu. Sanat ve düşüncede sınır tanınmıyordu. Osmanlıların belirli erdemlerini ve bunun yanı sıra hemen hemen tüm kötü yanlarını aldıkları Bizans, Çin ve Katolik Avrupa dikkatle inceleniyordu. Mimarlar Ayasofya'nın etkisinde kalıyor ve yaklaşık yüzyıldır yaptıkları araştırmaların daha geniş ve daha görkemli yapılar gerçekleştirmelerini sağlamasını diliyorlardı. Fatih'in inşa ettirdiği dinsel yapılardan geriye çok fazla bir şey kalmamıştır. İstanbul'daki Ulu Cami bir deprem sırasında yıkılmış ve 1771'de tekrar inşa edilmiştir. Buna karşın Çinili Köşk (1472) İslam ortaçağ sanatının ender rastlanan canlı bir örneği olarak ayaktadır. Bu yapının yüksek ve hafif sütunları ve planı Orta Asya mimarisini hatırlatır. Gentile Bellini gibi ressamlar şehre davet edildi: Bellini'nin, Fatih portresi ile bir Türk sanatçının, Sinan Bey'in, imparatoru övme kaygısından uzak bir gerçeklikle yaptığı portrenin karşılaştırılması ilginç olacaktır. Sanat eserlerine meraklı hükümdar, hemen hemen tüm Türk şehzadeleri gibi büyük bir sanat eseri koleksiyoncusudur ve (ressam Abdal Musa'nın "*Melekler*"i gibi) İtalyan etkileri ile İran ve

Çin etkilerinin var olduğu çok çeşitli eserleri bir albümde toplar (*Album du Conquérant* – Fatih'in Albümü). Mehmed Siyah Kalem'in çizimleri büyüleyicidir ve eğer bunlar daha iyi tanınabilseydi kuşkusuz sahibi resim sanatının en büyük ustaları arasında yer alacaktı.

Adilşahlar

Hindistan'a kadar ulaşılmıştır. Gerçekliğinden çok emin olmadığımız bir anekdota göre Güney Asya'nın bu yarımadası Osmanlıların topraklarına girmişti, ama imparatorların vakanüvisleri bu olaydan hiç söz etmemişlerdi. Bu anektodda Türkmen bir kahramandan söz edilmekte olup burada aktarılmaya değerdir.

Rivayet olunur ki, II. Mehmed'in kardeşlerinden Yusuf taht kavgaları esnasında annesi sayesinde öldürülmekten kurtulup Dekkan'a kaçmıştır. Pek çok maceradan sonra 1485 ya da 1486'da güneyde, Bombay'a 570 km uzağındaki, Halacilerin (1294) eski bir müstemlekesi olan Bicapur tahtını ele geçirdi. Burada Adil Şah adını almıştır. Adilşahlar, Adil Şah'ın üç halefinin son derece beceriksiz yöneticiler olmalarına karşın oldukça parlak bir hanedanlık olmuştur. Kökeni Osmanlı ya da Türkmen olsun Hindistan toprağındaki bu yönetim ziyadesiyle etkili olmuştur ve Türklerin nüfuzunun ölçüsünü göstermektedir. Sarayları, camileri ve mezarlarıyla doğudaki en önemli İslam mimarlık okulunu oluşturmuştur. Kuzey mimarisinin esintilerinin hissedildiği süslemelere sahiptir. Çok sayıda soğan kubbeleri bir biçimde Moskova etkisini ortaya koyar. Tüm bu romantizm akımının ortasında, oldukça gösterişli Gul Gumbaz mezarı güzelliğiyle olduğu kadar görkemi, büyüklüğü, ahengi ve dünyanın en büyük kubbesine (yaklaşık 1500 metrekaredir) sahip oluşuyla hayranlık uyandırır.

II. Bayezid ve Selim

II. Mehmed öldüğünde oğlu II. Veli Bayezid Amasya valisiydi. Sadrazam, sultanın kardeşi Cem Sultan'ın tahta geçmesini istiyordu (1458-1495). Ama Yusuf'tan sonra gelen kardeş olan Cem Sultan Avrupa'ya kaçmak zorunda kalmış ve söylenenlere göre Alexandre Borgia'nın emriyle Napoli'de gizemli bir biçimde öldürülmüştür. Yeniçeriler Bayezid'den babasının yaptığı gibi kendilerine "cülus bahşişi" vermesini istediler. Söz konusu yeni bahşişlerle bu milis gücü oldukça kötü alışkanlıklar edinmiş ve bu bahşişin ödenip ödenmemesiyle tavır alan siyasal bir güç haline gelmişti. Yeni hükümdar savaşmaktan çok müzakere etmeyi seven barışsever bir hükümdardı. Savaş ganimetlerini komutanlarına bırakırdı. Üçüncü oğlu Yavuz Sultan Selim bu politikadan hoşnut değildi. Babasını tahttan indirdi ve II. Mehmed'in tavsiyelerine kulak vererek tüm ailesini öldürttü.

I. Selim'le Osmanlı İmparatorluğunda yeni bir fetihler dönemi açıldı (1512-1520). Ancak fetihlerin yönünün değişmesi imparatorluğun çehresini farklılaştırdı. Hükümdarın doğuya açılmasının iki nedeni vardı: Anadolu'daki Türk çevrelerinde Şii Safevi ayaklanmalarının ortaya çıkması ve uluslararası ticaret yollarının yön değiştirmesi. Yavuz, Çaldıran'da Şah İsmail'i yendiğinde (1514) oldukça tatmin olmuştu. Küçük Asya'daki nüfuzunu güçlendirdi ve –ne pahasına!– Kürdistan'ı ele geçirdi. İkinci nedenle ilgili olarak Suriye ve Mısır'ın ilhak edilmesine karar vermişti. 1516'da Halep, Humus, Şam ve Kudüs'ü aldı. 22 Şubat 1517'de Kahire kapılarındaki Mukattam Dağı savaşında Memluk İmparatorluğunu ele geçirdi. Mekke şerifi kutsal emanetlerin korunması görevini Yavuz'a verdi. Konstantinopolis'e dönerken yanında son Abbasi halifesini de götürdü. Bu oldukça önemli bir olaydır. Böylece Osmanlılar İslamın siyasal ve dinsel liderleri oldular. Bu tarihten sonra tüm ilgi doğuya yöneldi ve artık İslami bir politika uygulama zorunluluğu doğdu: gazi olarak doğmuş, tüm Avrupa'yı gazi olarak fethetmişlerdir, kılıcı ancak kalkanı almak için bırakabilirlerdi. Selçukluların ve ilk Osmanlıların elinde dinamik bir unsur olarak değer kazanan din olgusu Selim'in haleflerinin omuzlarında ağır bir yük haline gelecekti.

XII. BÖLÜM
BÜYÜK İMPARATORLUKLARIN DOĞUŞU

1500 yılları tarihte önemli bir dönüm noktası oluşturur, çünkü bu yıllarda üstünlük Asya'dan Avrupa'ya geçmiştir. Bunu her tarihçi bilir, ama hiçbiri bu konuya gereken önemi vermez. Asya devletlerinin gerileme nedenlerini, onların kendilerinde aramak sık rastlanan bir tutumdur ve bu nedenleri bulmakta çoğu zaman hiçbir güçlükle karşılaşılmaz. Öte yandan toplumlar da, söz konusu toplum hangisi olursa olsun, durmaksızın bazı hastalıklar yaratır ve kendilerini kemiren bu hastalıkları kendi yaşam güçleriyle iyileştirirler. Eğer XVIII ve XIX yüzyıllarda Türk ülkelerinin hastalıkları ölümcüllerse, bunun nedeni etkili bir güce sahip olmamalarıdır: bu hastalıklar bir sonuçtu, gerilemenin nedenleri değil.

Osmanlı gücünün yerinde olduğu sırada, Şah İsmail lehinde ayaklanan Şii eğilimli Anadolu boylarının bozguna uğratılmaları krizi sona erdirdi. Ancak Türklerin hastalık günlerinde, Osmanlı İmparatorluğunun yabancı uyrukluları ayaklanınca karşı konulmaz bir biçimde uç sonuçlara varıldı.

Gelişim yeteneklerinin nice kanıtını ortaya koyduklarına göre, Türklerin yeniçağa da ayak uydurmaları kaçınılmazdı. XV yüzyılda bilimsel ve teknik ilerlemeleri izlemekle kalmayarak bu konuda diğer ülkelerin önünde yer aldıklarını gösteren birçok örnek vardır. Konstantinopolis'in alınmasında kullanılan ünlü top bunlardan sadece biridir. Bu top Edirne'de dökülmüş, kullanılacağı yere kadar 400 insan ve

60 öküzle iki ayda getirilmiştir. Güllesi 600 kg ağırlığındaydı ve kesin bir sonuç sağladı. Buna karşın 1478'de, 25 yıl sonra, Fransa'da benzeri bir top 250 kg ağırlığındaki bir gülleyi atma denemesinde neredeyse havaya uçuyordu. Avusturya Arşidükü Maximilian XVI yüzyılın başında "Büyük Türkün topundan saygıyla söz etmek gerekir" demekteydi. Belki de bir iki yüzyıl sonra bu sözlere gülünmüştür. Ancak Avrupalılar bu toptan etkilenmişlerdi. Hem bu top olmasaydı Avrupalıların yaratacağı toplar iki yüzyıl geç üretilecekti.

Söz konusu öncülük pek çok konuda geçerliydi, ancak gelenekte bir şeyler değişiyordu: artık öyle görünmek öyle olmaktan daha önemli hale geliyordu. Türklerin düşünme biçimi eskiye takılıp kalmıştı. Eskiden oldukları şeye umutsuzca bağlanmışlardı, bir zamanlar uyguladıkları yöntemleri uyguladıklarında yine başarılı olacaklarına ümitsizce inanmak istiyorlardı. Türkler iyice gerice bir toplum olmadan önce, bağnaz muhafazakârlar haline gelmişti ve en mantıksız, en modası geçmiş, en çok yıpranmış olana sıkı sıkıya bağlanmışlardı. Bir düşünelim: XVIII yüzyılda gemileri denizde durmakta güçlük çekiyordu, çünku güverteleri olması gerekenden çok yüksekti; ancak Türkler, yüksekliği iskelet hizasına getirmek istemiyorlardı, çünkü o zaman yelkenlerini de biraz indirmeleri gerekecekti. Bu Türklerin atalarının orman hayatından, bozkır hayatına, daha sonra da göçebe devletlerden yerleşik devletlere geçtikleri düşünülürse değişim karşısındaki bu direniş oldukça tuhaf bir davranıştır – ve bunun nedenleri göçebelerin üstünlüğünün kaybolmasının nedenleri kadar kolay açıklanamaz.

İslamiyet çoğu zaman, Asyadaki Müslüman olmayan ülkelerin aşağı yukarı aynı dönemlerde benzer türde gerilemelere maruz kaldıkları göz önüne alınmadan ve İslam dünyasının zamana ayak uydurma konusunda başarılı pek çok örneğe imza attığı unutularak, uyum yeteneğinden yoksun olmakla suçlanır. Ama bu büsbütün haksız bir suçlama değildir. Türklerden çok daha az gelişmiş olan Ruslar coğrafi ve siyasal bakımdan Avrupa'ya Osmanlılardan daha uzak olmalarına rağmen, Hıristiyan olmaları nedeniyle kısa sürede Avrupa'yı yakaladılar. Müslümanlar, hem Avrupalılar tarafından Avrupa topluluğunun dışında tutuluyor hem de Avrupalı olmayan öteki büyük uygarlıklar gibi, kendilerini Avrupa topluluğunun dışında görüyorlardı. Çünkü tüm büyük uygarlıklar gibi oldukça sağlam bir evren oluşturmuşlardı ve bu evren aslında onları fazlasıyla tatmin ediyordu. Avrupa'yı derinden sarsan ve onu kendisine yabancılaştıran iki devrimden biri, Türklerin gözünden tamamen kaçmıştı ve bu devrimin karşısında ya da yanında yer alma konusunda karar vermek için dahi pek az isteklilerdi. Bu büyük devrim, batılıların boyutlarını tahmin etmekte zorlandığımız iştahlarının bir sonucu olarak ortaya çıkan büyük deniz keşifleriydi: aslında İspanyollar ve Portekizliler özellikle Uzakdoğu'ya ya da Hindistan'a gidebilecekleri ve Venedik-Mısır ikilisi ile Türk-Ceneviz ikilisinin ticari tekelini kırabilecekleri yeni bir yol bulma derdindeydiler.

Her şey çok çabuk oldu. 1492'de Amerika keşfedildi ve daha 1495'te Amerika'nın zenginliklerinden yararlanmak amacıyla İspanyol sömürge imparatorluğu kurulmuştu. 1498'deyse Vasco de Gama Ümit Burnu'nu aştı: 1505'te baharat fiyatları Lizbon'da Venedik'tekinin beşte biri kadardı. Tüm Ortadoğu ekonomisi alt üst oldu, aracı rolü tehlikeye düştü, ticareti Avrupa'nınkiyle rekabete girdi. Elbette ki bunun sonucunda Müslüman dünyası hemen iflas etmemiştir. Portekiz ablukası malların Yakındoğu'ya geçmesini hiçbir zaman önleyemedi. Hatta Venedik'te fiyatların Lizbon'dan ucuz olduğu dönemler bile görüldü.

Okyanusta büyük Latin yelkenlilerinin egemen olması gibi, Avrupalıların Türk kadırgalarının egemen olduğu Kızıldeniz ve Basra Körfezine girebilmeleri için yüzyıllar geçmesi gerekecekti. Gerçekten devir Türklerin gelişmelere tepki verdikleri bir devirdi, ancak hızla harekete geçseler de tam anlamıyla muvaffak olamıyorlardı.

1517'de Mısır'ın fethi Konstantinopolis için tartışılmaz bir başarı oldu. O güne kadar sadece Memluklara ait olan zenginlikler artık Osmanlılarla paylaşılacak, ayrıca Osmanlılar Kızıldeniz'de etkin bir role sahip olacaklardı. Memluklar bunu yapamıyorlardı; çünkü donanma inşa edecek malzemeleri yoktu. Ve vakit kaybetmeden Yemen ele geçirilip Afrika kıyılarında üsler kurularak Portekizlilerin bu bölgeye sızması önlendi. Ama saldırıyı daha uzaklara götürmekten, Hindistan'ı ele geçirmekten kısa sürede vazgeçildi.

Bu arada Gucerat hükümdarının çağrısı üzerine bir sefer düzenlendi. İyi hazırlanan bu güçlü sefer, nedeni pek iyi bilinmemekle birlikte başarısızlıka sonuçlandı ve bundan sonra da buraya yeni bir sefer daha yapılmadı. 1538'de Portekizlilerin işgalindeki Hindistan'ın başlıca müstahkem mevki olan Diu adasına doğru 7000'i yeniçeri olmak üzere 20.000 kişi 78 gemiyle yola çıktı. Kıyıya çıkıldıktan sonra kent bombalandı ve ardından yağmaya girişildi. Yerlileri de bir araya toplamak gerekiyordu.

Nispeten iyi sonuçlanan İran seferleri Basra'nın ele geçirilmesinden sonra, İran Körfezine giriş olanağı ve geleneksel ikinci deniz yolunun denetim altına alınmasını sağladı. Ama yenilmez Safeviler, Hazar Denizinin güneyinden geçen kara yolunun denetimini ellerinde tuttular. Hazar Denizinin kuzeyi üzerinden geçiş yolunun muhafaza edilmesi yolundaki girişimlerse tümüyle yetersiz kaldı. Astırhan'ı ele geçirme konusunda 1569'daki başarısızlıktan sonra bu şehire yönelik hiçbir girişimde bulunulmadı. Rusya ve İran'ı arkadan vurmak umuduyla Özbeklere ateşli silah kullanmasını öğretmek için bir yeniçeri birliği gönderildi: oysa bu iş için tümenler gerekliydi.

Diğer Orta Asya Türkleri gibi Osmanlılar da henüz ortaçağda, göçebelik, ok ve at dönemindeydiler. Batıyla ilişki kurmaları hemen hemen olanaksız hale geldi ve kendilerini gitgide büyük bir yalnızlık içinde buldular. Bu ise onları daha da geriletti. Elbette her şey olup bittikten sonra Osmanlıların ne yapmaları gerektiğini söylemek kolaydır. Kuşkusuz Akdeniz'e Hint Okyanusundan daha çok önem veriyorlardı ve Avrupa'dan gelen Haçlıların ortaya koyduğu tehlikeler Rus yayılmacılığına göre daha doğrudan ve daha yakındı.

Osmanlılar ikinci Avrupa devrimine hazırlıklı değillerdi. XVI yüzyılın son yıllarında her şeyin kısa sürede değişeceği ve ilerleme inancının egemen olacağı Aydınlanma Çağının arifesinde modern bilimsel düşüncenin oluşmasının yakından izlenmesi gerekiyordu. Türkler bunu da yapamadılar. Hazırlıklı olan diğer Avrupa uluslarının İngiliz sanayinin ortaya koyduğu patlamaya ayak uydurabilmelerine karşın Türkler yalnızca uzaktan seyretmekle yetindiler ve bu devrimin ürettiklerini her zaman hem de demode olmaya başladıklarında bile neredeyse küçümseyerek aldılar.

Muhteşem Süleyman

Batı toplumlarında Muhteşem Süleyman olarak tanınan Sultan Süleyman Türkler tarafından "Kanuni Sultan Süleyman," yani "yasa koyan, yasa yapan" adıyla bilinmektedir (1520-1566). Batılıların okulda öğrendiği ender doğulularında biridir Kanuni, çünkü Avusturya hanedanlığına karşı I. François'yla yaptığı ittifak antlaşmasıyla Fransa tarihine geçmiştir. Aslında bu ortaklık öncelikle Fransa için çok yararlı olmuştur; askeri yükü hafiflemiştir (ancak bu belki de böyle bir antlaşma yapılmadan da gerçekleşecekti) ve Fransa, Avrupa toplumları içinde "kapitülasyonlardan," sultanın, yani padişahın verdiği değerli ayrıcalıklardan yararlanan ilk ülke olmuştur. Buna karşılık bu daha sonra Osmanlılara pahalıya mal olacaktı. Capet hanedanlığının kazandığı bu ayrıcalıklar ve lütuflar uzun bir süre Avrupa'daki tüm güçlerin ağzını sulandırmış, zamanla bu güçler de birer birer bu avantajlardan yararlanmaya başlamış ve en niyahetinde Osmanlının iç işlerine müdahale eder duruma gelmişlerdir. Haçlı seferleriyle geçen yüzyıllardan sonra Fanatik Hıristiyan bir kral ile Büyük Türkün arasında kurulan bu dostluk bir infial yaratmış ve Osmanlının kadırgaları Nice önünde demirleyip (1543) kışı Toulon'da geçirince bu kızgınlık daha da artmıştır.

Süleyman'ın devri Osmanlı İmparatorluğunun yükseliş dönemidir. Ama bu günümüzde ele alması zor bir yargıdır. Her zaman büyük bir başarıyla sonuçlanan askeri seferler sonucunda imparatorluk en geniş sınırlarına ulaşmıştır. Kanuni, onu Avrupa'ya, üçü Asya'ya olmak üzere en az onüç askeri sefer düzenlemiş ve her seferinde yüzlerce top ve 200.000'e yakın askeri yanında götürmüştür. Bağdat, Irak, Belgrad, Budepeşte ve Macaristan'ı ele geçirmiş ve buralarını bir Türk yurdu haline getirmiştir. Bu topraklar Lagislas II. Jagellon'a karşı kazanılan Mohaç zaferi sonucunda yüz elli yıl boyunca Türk boyunduruğu altında kalacaktır. 1529'da ilk Viyana Kuşatmasını gerçekleştirir. Rum korsanlar Müslümanlığı kabul ederler; Barbaroslar, Oruç Reis ve Hayreddin kardeşler (1467-1546) ve bunların ardından da tarihte adını duyuracak bir sürü dönme, Hırvat Piyale Paşa, Turgut Reis, Salah Reis, Kalabriyalı Kılıç Ali Paşa, sağladığı bilgilerle bizi şaşırtmaya devam eden ünlü haritacı Piri Reis önemli denizciler olarak Osmanlı İmparatorluğunun Akdeniz'e hâkim olmasını sağlamışlardır. Osmanlı İmparatorluğu bunlar sayesinde Cezayir, Tunus, Cerbe, Trablus, Rodos ve Aden'e yerleşmiştir. Barbaroslar Kuzey Afrika'da Hıristiyanlığı tehdit eden bir krallık kurmuşlardır. Ancak bu krallık da Hıristiyanlığın tehdidini üzerinde hissetmiş, bu tehdit yoğunlaşınca Hayreddin krallığı Kanuni'ye devretmiştir ve Kanuni de Hayreddin'i "*kaputan paşa*," yani tüm Türk donanmalarının amirali görevine getirmiştir. Hayreddin, Kanuni için birkaç ayda dönemin en güçlü donanmasını inşa etmiştir.

Kısacası tüm dünya Kanuni Sultan Süleyman'ın önünde titriyordu. Reformun yarattığı iç sarsıntılara, din savaşlarına rağmen aslında her Protestan her Katolik biliyordu ki, Avrupa'nın en büyük sorunu doğululardı. En endişeli olanları, Hıristiyanların birbirlerine düşmelerinin ve yaptıkları kıyımların bir cezası olarak bir kıyamet beklentisi içindeydiler. Fransızlara rağmen istinasız hepsi Türklerden nefret ediyordu ve Haçlı zihniyetini sürdürüyordu.

Osmanlıların zenginlikleri görülmedik boyutlardaydı: ticari faaliyetleri çok yoğundu. Konstantinopolis, 700.000 sakiniyle –Paris'in üç katı– eski dünyanın en büyük kentiydi. Osmanlı İmparatorluğu o dönemde Avrupa'da da görülen nüfus artışına benzer bir artış göstererek, XVI yüzyılda 12 milyondan 35 milyona yükselecektir. Hukukçular kurumsal yapıyı son derece sağlam bir biçimde kurmuşlardı. Osmanlının büyük şairlerinin ünü her yere yayılmıştı: Baki ve Fuzuli. Gibb'e göre Fuzuli, "Doğunun en özgün şairlerinden biriydi." Sanat yükselişteydi. Mimarları, bir zamanlar Bizans'ın diktiği şaheserlerden ve son derece ihtişamlı Ayasofya'larından geri kalmayan eserlerini ülkenin her yerine dikiyordu. İmparatorluk Süleyman'la evrensel uygarlığın en yüksek doruklarına varmıştı. Ama...

Kanuni Döneminde Sanat

Muhteşem Süleyman'ın devri Osmanlının en saf klasik dönemidir. Ressamların üçte ikisi, örneğin portreci Nigari (ö. 1572) hâlâ İran etkisi altındaydı (Süleyman'ın ve Barbaros'un portreleri), oysa seferleri sırasında padişaha eşlik eden Matraki (Matrakçı Nasuh), uğradıkları ya da askerlerin kuşattığı şehirleri resmederken özgün bir tarz ortaya koyuyor, kişiliğiyle sanatına damgasını vuruyordu. Bu tasvir yeteneği Nice ve Antibes tasvirlerinde açıkça ortadadır. *Zigetvar Seferi Hikâyesi* (1569) adını taşıyan yazmadaki yirmiye yakın minyatürde her ne kadar İran ekolüne olan borcunu ödese de, bağımsızlığını iyice ilan etmiş ve daha yalın, daha betimsel, ama daha canlı olan kendi tarzını bulmuştur. Bu tarihlerde şaheserler birbirini izler: *Süleymanname* (1574), sonra Nakkaş Osman'ın *Surname*'si (*Bayramlar Kitabı*) (1581) ve *Hünername* (1584-1588). Hatta Osman'ın aynı dekor içinde birbiri ardına gelen sahneleri art arda göstererek çizgi filmi icat ettiği bile söylenebilir.

Mimarlar kendilerinden önceki Türk meslektaşlarının buluşlarını izleyerek ve Ayasofya'dan esinlenerek, mimarlık sanatına son derece önemli bir ivme kazandırdılar. Bu yapılara mükemmel bir bütünlük vererek, iç yapı ile dış yapı arasındaki uyumu ön plana çıkararak, kubbeleri genişleterek ve binanın bütünündeki piramit yönünü vurgulayarak sanatlarını oldukça geliştirdiler. Dış cephedeki süslemeleri daha da yalınlaştırmışlar, gösteriş ve ihtişamı belli bir oranda indirgeme, yoğunluğunu azaltma yoluna gitmişlerdi. Kısacası beyliklerin açtığı yolda emin adımlarla yürüyorlardı. Bayezid Camii (1505) ilk klasik eserdir, genel olarak üç nefli bazilikal planı korumuştur. Büyük merkezi bir kubbe, iki küçük kubbe üstünde yükselir, bu yapıda narteksin işlevi genişletilerek, caminin dışında iki yanda duran minareler ile büyük merkezi kubbe arasında geniş bir alan yaratılmıştır. Birkaç on yıl sonra bir yeniçeri olan Mimar Sinan (1489-1588 ya da 1592) yüze yakın eser ortaya koymuştur. Şehzade Camii'nde, merkezi kubbenin dört yarım kubbe üstünde yükseldiği kare planı uygulamıştır. Bu plan daha sonra neredeyse yüzyıldan uzun bir süre boyunca, farklı biçimler alsa da, sürekli olarak kullanılacaktır. Ancak Süleymaniye Camii'nde (1550-1577) Ayasofya'nın planına geri dönecektir. Büyük bir olasılıkla Kanuni, yapılan bu yeni caminin, kendisinin, Bizans İmparatorluğunun ve onun geleneklerinin mirasçısı olduğunun göstergesi olmasını istemiştir. Mimar Sinan yaşamının sonuna doğru, yaklaşık seksen yaşındayken şaheserini yaratır. Dünyanın en güzel eserlerinden biri olan bu cami, Edirne'deki Selimiye Camii'dir. Selimiye Camii'nde (1569-1574) gerçekleştirdiği cesur yenilikleri daha küçük ölçüde, bir başka şaheser olan İstanbul'daki Rüstem Paşa Camii'nde gerçekleştirmişti (1561).

Sayısız köprü, türbe, kervansaray ve medrese inşa eden Mimar Sinan dehasının bir örneğini de Topkapı Sarayı'nın mutfağında göstermiştir. 700.000 metrekareyi kaplayan bu büyük saray binası II. Mehmed tarafından inşa edilmiştir ve XIX yüzyıla kadar eklemeler yapılmıştır. Osmanlı mimarisinin önemli eserlerinden biridir.

Kuzey Afrika'da Türkler

Dikkatimizi çekmeyecek kadar çok ismi birbiri ardına sıraladığımızı biliyoruz. Daha önce Türklerin buraları sık sık ziyaret etmesi nedeniyle Şam'ı, Kahire'yi ve Bağdat'ı biliyoruz. Ancak Belgrad, Budapeşte, Cezayir, Tunus ve Trablusgarp gibi kentler bizim için yeniler. Bunlar Osmanlıların fetihleri içinde, listedeki isimlerden biri gibi görülmüşlerdir her zaman. Oysa bu kentlerin her biri sayfalar boyunca anlatılmayı hak ediyorlar. Mağrip ülkeleri önemlidir ve Türkler dönemindeki tarihlerinin yankıları Batı Avrupa tarihinde önemli olmuştur. Bu nedenle bu kentlere en azından bir kaç satır ayıralım.

Türkler ve İspanyollar Mağrip için çekişiyorlardı. Burası, Hıristiyanlar için, Kuzey Afrika'daki işgallerinden kalan eski bir davaydı. Aziz Louis antik Kartaca uygarlığının topraklarını hedeflerinden biri olarak belirlemişti. Osmanlılar içinse tam tersine, Berberilerin ülkesi denilen bu topraklarda üs edinmek yeni bir fikirdi, üstelik bu fikir kendilerinden de çıkmamıştı, hatta ne doğuştan Müslüman ne de Türk olan denizciler tarafından neredeyse zorla sunuldu ve faydalı bir biçimde kullanıldı.

1516 yılında "Türk" denizciler Cezayir'e girdi. 1534'te Tunus'ta, 1551'de Trablusgarp'taydılar. Bu limanları Akdeniz'deki etkinlikleri için önemli üsler haline getirdiler. Hıristiyan kıyıları yağmalandı, kadırgaların önü açık denizlerde kesilip talan edildi. Yüzyıllar boyunca Akdeniz'de yolculuk yapmak Atlantik Okyanusunda yolculuk yapmak kadar güvensiz ve tehlikeli bir hal aldı. Mağribi forsa takımları kölelerden oluşuyordu; Cervantès 1575-1580 yılları arasında forsa olmuştu. Haremlerinde Provence, Kalabriya, Kastilya kızlarından geçilmiyordu. En güzelleri, kimi zaman, Konstantinopolis'e, padişaha gönderiliyorlardı. Joséphine de Beauharnais'nin kuzeni Aimée de Rivery kaçırılmış ve Martinik'e gönderilmişti. Buradan da imparatorluk sarayına geçecek ve devrimci sultan II. Mahmud'un güçlü ve nüfuzlu annesi *Valide Sultan* olacaktı.

Genelde çöküş yıllarına bakılarak Türk egemenliğinin kıyı bölgelerinin ötesine geçemediği düşünülür. Oysa Kuzey Afrika işgali sistemli olarak yürütülmüş ve Fas sınırlarına kadar dayanmıştır. Ancak

Fas bu işgalden kurtulmuştur. Cezayir'de Konstantin şehri 1522'ye doğru, Telemsen 1546'a doğru ele geçirilmiştir. 1552'ye doğru Sahra vahaları denetim altına alınmıştı ve Tugurt'a bir garnizon yerleştirildi. 1556-1559 yıllarına doğru Türkler neredeyse Tunus'un tamamını ele geçirmişlerdi; Kayrevan'dan Gafsa'ya kadar uzanıyordu egemenlikleri.

Denizcilerin fetihlerini ağır bir Osmanlı idari sistemi izlemiştir. Bu topraklarda *divan*'lar, yani Babıâli'nin, daha doğrusu padişahın temsilcisi bir paşanın başkanlığında yüksek memurların oluşturduğu idari birimler kurulmuştur. Osmanlı İmparatorluğu döneminde bu sömürgeler fakir ülkeler değildiler. XVI yüzyılda Cezayir'in nüfusu 50.000 kişiydi, yani neredeyse 70.000 nüfuslu Şam'a yakındı. Her ne kadar her yerde Türk kökenli aileler yönetim sınıfını oluştursalar da, aslında buranın eski Arap-Berberi soylu sınıfıyla içten içe rekabet halindeydiler. Bunun yanı sıra her türden, her eğiliminden sayısız maceraperest, Hıristiyan dönmeler, ne bir yasa ne de bir inanç tanıyan türlü hayalci bu kozmopolit liman ülkelerinde şanslarını denemeye geliyorlardı. Çoğunlukla da başarılı oluyorlardı. Ancak bu vicdansız adamlar eşkıyalar gibi davranıyorlardı. Cervantès kuşkusuz İslamiyete ve Türklere olan nefretinin de etkisiyle, yine de buraları görmüş biri olarak belirli bir gerçekliğe dayanarak, köle olduğu sıralarda, Cezayir'i ve onun efendisi Venedikli Hasan Paşa'yı şöyle tasvir etmektedir: "Her gün birini asıyordu; birini kazığa oturtuyor, ötekinin kulaklarını kesiyordu. Hiçbir neden yokken. Türkler bile bunu sadece zevki için yaptığını, doğasında katilliğin ve vahşetin bulunduğunu söylüyorlardı." Bu tür metinler Batı Avrupa'nın kafasında nasıl bir Türk imgesi olduğunu açıklamaktadır.

Çöküşün İlk İşaretleri

Ama... Birkaç bölüm önce, sözlerimizi böyle sonlandırmıştık. Nedeni, Osmanlı İmparatorluğunun tartışılmaz yükselişi kabulüne ufak bir şerh koyma arzumuzdu. Hiç kuşkusuz XVI yüzyılda kimse, imparatorluğun gelecekte büyük bir çöküş yaşayacağını tahmin edemezdi. Parlaklık ve ihtişam göz alıyordu.

Bu imparatorluk bir Türk imparatorluğu muydu? Bu imparatorlukta en gerçek olan padişahtı, kendisine atfettiği sıfatlarla "Sultanlar Sultanı," "Hakanlar Hakanı," "Hükümdarlara Taç Veren," "Allah'ın Yeryüzündeki Gölgesi" Sultan Süleyman'dan öte gerçeklik yoktu. Ona ait olan kul devletin tek ve mutlak hâkimiydi. Tüm zenginlikler, tüm topraklar onundu. Bunları ister verir isterse geri alırdı. Tımarlar ve soyluluk babadan oğula geçen bir kurum değildi ve resmi olarak liyakata bağlıydı – insan neyse oydu, ancak bir lüfut bekleyebilirdi... Devlet ona aitti dedik, ama aslında hayatı bir süvari birliğinin elindeydi; halkı başka hiçbir yerde olmadığı kadar özgürdü, halkın korunması için belki de binlerce yasası olan, adaletin terazisinin son derece hassas ve dengeli olduğu bir ülkenin hükümdarıydı. Başvezir, yanı sadrazamın kendisi bizzat saraydan çıkıp pazarları denetler, haksız kazanç olup olmadığını, hile ya da aldatma olup olmadığını kontrol ederdi. Evet, bu imparatorluk gerektiği gibi olması yolunda son derece belirgin ve keskin bir bilince sahip, kökenlerinin anısına ve mirasına her zaman bağlı, dehasının temel özellikleriyle bir Türk imparatorluğuydu.

Tüm Türk-Moğollar gibi Süleyman da din tartışmalarını seviyordu. Ancak bir farkla, sadece Müslüman din adamlarını topluyordu etrafında, Hıristiyanlıkla ilgilenmiyordu. Oysa ondan önceki II. Mehmed, Hıristiyanlığa da ilgi gösterirdi. Sadrazamı İbrahim Paşa Türk değildi. Süleyman'ın çok sevdiği bu sadrazam sonra, neden bilinmez, öldürülülecektir. Belki de dostluğun da aşk gibi ölümden başka bir cezası yoktur. Bu sadrazam bir gün batılılara şöyle demiştir: "Gökyüzünde tek bir Tanrı olduğu gibi yeryüzünde de tek bir hükümdarlık olabilir!" – Timur'dan ve Cengiz Han'dan bir anı.

Ama tam bir Türk olan, Türklüğünün bilincinde olan padişahın kimliğinde en çok Müslümanlık baskındı. İslamiyeti temsil ediyordu. Türklerin en başından beri batıdaki varlık nedeni onun da tek nedeniydi: sapkınlıklarla mücadele etmeliydi –bu nedenle Şah İsmail'e karşı savaşmıştır– ve fetihler gerçekleştirmeliydi. Allah'ın imparatorluğunu dünyaya yaymak için Habsburg hanedanlığıyla bu kadar mücadele etmiştir ve bu konudaki hırsı ve öfkesi, danışmanlarının onu uyarmasına karşın doğu sorunlarını gözden kaçırmasına neden olmuştur. Oldukça dindar bir hükümdar olan Kanuni vaktinin çoğunu *Kuran-ı Kerim*'i istinsah ederek geçiriyordu. Onun elinden çıkma en az sekiz *Kuran* elyazması bulunmaktadır.

Ancak Osmanlı hanedanındaki pek çok şehzade gibi o da aslında Avrupalı bir hükümdardı: Kızılbaşlar en azından bu noktada yanılmamaktadır. Müslümanların köle edilmesi söz konusu olamayacağına ve haremlerde kölelerden başka kadınlar bulunmadığına göre, İnananların Kumandanı'nın annesi kuşaklar boyunca genelde Hıristiyan kökenli harem kadınları arasından seçilmiştir. Aynı zamanda devletin en üst kademelerinde bulunanların çoğu da genelde Hıristiyan kökenliydiler ve *devşirme* sistemi sayesinde padişahın hizmetine alınmışlardı. Muhteşem Süleyman'ın hiçbir veziri Türk değildi. İbrahim ilk yıllarında sultanın en gözde veziri olmuştur, aslında yakışıklı bir Rum köleydi; Sokullu Mehmed Boşnaktı; Lütfi Arnavut, Rüstem, ki adı İstanbul'un en gözde mücevherlerinden olan bir camiyi çağrıştırmaktadır, Zigetli bir domuz çobanıydı – bu vezirlerin hepsi sonradan Müslüman olmuşlardır. Ama devlet kademelerinin daha alt düzeylerinde çalışanların hepsi aynı kökenden ve aynı inançtan gelmekteydi. Bu nedenle, tarihçi André Clot'un belirttiği gibi, yeteneği olan tüm Avrupalıların Osmanlı İmparatorluğunda önü çok açıktı. Azınlıklara gelince, bunlar II. Mehmed'in onlara kazandırdığı düzen içinde varlıklarını sürdürüyorlardı ve imparatorluğun esas çarklarından biri haline gelmişlerdi; Osmanlıların onlar için sarf ettiği tabirle her "millet," yani her "dinsel topluluk" kasabalara sahipti ve şehirlerde de kendi mahalleleri vardı, tıpkı Sin-kiang Uygurlarında ya da Hazarlarda olduğu gibi. Kontantinopolis'te Müslümanlar nüfusun sadece yarısını oluşturuyorlardı. Yaklaşık %40'ı Hıristiyan ve %10'u da Museviydi. Süleyman, Musevilerin üstün özelliklerinin farkındaydı ve Hıristiyanlık Musevileri kendi ülkelerinden kovdukça, o çekiyor, çatısı altında topluyordu. Göç eden 160.000 Musevi başkente ve Selanik'e yerleşmiştir.

Onun döneminde toplumun oluşumu ve bütünlüğü en üst düzeyindeydi. Ancak bu, zenginliğin artması, başarıda sürekliliğin yakalanması ve özellikle ulusal bir ideolojinin olmayışına bağlı olarak herkesin iradi katılımını gerektiriyordu.

Ancak Süleyman'ın döneminin son yıllarına doğru, başarılar eski parlaklığını yitirecek ve bir süre sonra da arkası kesilecektir. Zenginlikler azalmaya başlayacak, yoksulluk emareleri ortaya çıkacaktır. Ayrıca tam bu dönemde Avrupa'da milliyetçilik akımları baş gösterecek ve bu akımın kendini ihraç etme tehlikesi baş gösterecekti. İmparatorluk son derece geniş topraklara sahipti; tıpkı göçebelerin döneminde olduğu gibi hâlâ atlıların elindeydi! Ancak uzaklardaki taşra bölgelerine varabilmek için yaya olarak ya da deniz yoluyla aylarca yol katetmek gerekiyordu. Çok ağır ve donanımlı olan ordu son derece yavaş ilerliyordu, ataklıktan ve hızdan yoksundu. Iran bir türlü fethedilemiyordu, üstelik Iranlılar çarpışmayı reddediyorlardı, çünkü Osmanlılar üslerinden bu kadar uzakta etkili olamıyorlardı...

Son derece büyük zaferlere ve batıda kazanılan başarılara karşın, Süleyman, Viyana'yı fethedemediği gibi Habsburgları da alt edememişti. Doğu da ise Şiilik hareketini yok etmeyi başaramamıştı. Süleyman, her ne kadar üzerinde hareminin gözdesi Rus –aslında büyük bir olasılıkla Polonyalıydı– Roxelane'nin [Hürrem Sultan] etkisi olsa da ve her ne kadar herkesin tepkisine karşı bu gözdesiyle evlenmiş olsa da onun dönemiyle, haremdeki gözdeler, büyük oranda birbirlerine karşı duydukları kışkançlıkla devlet işlerine karışmaya başladılar ve bu etki sonraki zamanlarda daha da arttı. Rakiplerini kapatmak, hapsetmek gibi Türk göreneklerine uymayan adetler baş gösterdi. Yeryüzünün en büyük imparatorluğunu yöneten ve Avrupa'yı denetimi altında tutan padişah, ordularının başında sefere gitme alışkanlığını giderek yitirmeye ve tıpkı kadınları saraya kapatması gibi, kendisini de çocuklardan, odaklıklardan, harem ağalarından ve gözdelerinden oluşan kapalı bir evrene kapatmıştı.

Daha o zamandan hesaplı kitaplı işlerin yerini hayalperestlik, çıkarsızlığın yerini de çıkar ilişkileri almaya başlamıştı. Rakibi Andrea Doria gibi, Amiral Barbaros da kendisini gereksiz gösterecek kesin bir zafer kazanmaktan kaçınmış, tam tersine mücadeleyi mümkün olduğunca sürdürerek kendini vazgeçilmez kılmıştır. Herkes aynı biçimde davranıyordu. Merak yerini ilgisizliğe, yaratıcı deha taklitçiliğe, hırs ise var olanla yetinmeye bırakmıştı yerini. At gözlükleri takılmış, öngörünün yerinde yeller esmeye başlamıştı. "Iki Irak" Seferinin ilki başarısızlıkla sonuçlanmıştı: aynı sefer iki kez daha tekrarlandı, ancak hatalardan ders çıkarılmaması nedeniyle sonuç yine aynıydı. Edirne'de Sinan, II. Sultan Selim Camii'ni Ayasofya'nınkinden biraz daha büyük bir kubbeyle taçlandırmıştır ve Osmanlı İmparatorluğu mimarisini doruğa çıkarmıştır. Artık hedefe ulaşılmıştır, daha ileriye gitmeye gerek yoktur. Bu tarihten sonra bu yüksek teknik, bıkmadan usanmadan defalarca kullanılacaktır. Takiyüddin 1575'te, İstanbul'da son derece mükemmel bir gözlemevi kurmuştu, bu Müslüman dünyanın üçüncü önemli gözlemeviydi. Ancak astrolog da olan bir gökbilimci –bu iki meslek o dönemde sık sık birbirine karıştırılmaktadır– sultanın çok da hoşuna gitmeyen bir horoskop yapar. Türkler her zaman yıldızlara inanmışlardır, ancak gerekli gördüklerinde kehanetlere güvenirler. Bu nedenle padişah bu yapıyı yıktırır. Sonunda zenginlikler de tehlikeli bir biçimde yığılmaya başlamışlardı: servet başıboşluğu sever, hazzı teşvik eder ve en iyi olasılıkla da sürekli artmak ister. Ancak bozulma ve çözülme de böylece erdemin ve gayretin yerini almaya başlar. İnsanlar hak ettiklerinden fazlasıyla ödüllendirilir olmuşlardı. Yapılan her işte altın kazanma hırsı vardı. Her görev ondan nasıl çıkar sağlanabileceğiyle değerlendiriliyordu.

Muhteşem Süleyman'ın oğlu, Fatih ve Yavuz'un soyundan gelen II. Selim'in (1556-1574) lakabı "Mest"ti.

Kazan ve Astırhan Hanlıkları

Ulu Muhammed'in Kazan'da kurduğu hanedanlığın ortadan kalktığı 1518 yılına kadar hanlık hâlâ güçlüdür ve Rus baskısının üstesinden gelebilmektedir. Mahmudek'in oğulları Halil (1462-1467) ve İbrahim (1467-1479) kayda değer başarılar kazanmışlar ve Viatka'yı ele geçirmişlerdir. Ancak İbrahim'in oğulları Ali, Muhammed Emin ve Abdüllatif arasında çıkan çatışmalar, Sibir (Sibirya) Hanlığının Tatarlarının istilalarıyla aynı döneme denk gelerek, bunların şanslarını azaltır. 1518'de Muhammed Emin'in ölümüyle hanlık çok kötü biten bir taht kavgasına sürüklenir. Ruslar ve Kırımlılar kendi adaylarının tahta çıkmasında büyük fayda görüyor ve bu yönde çaba gösteriyorlardı. Kırımlılar daha güçlü oldukları için bu çekişmeden başarıyla çıkmışlardı. Hanları Muhammed Giray (1515-1523) Moskovalıları 1521 yılında ezer geçer ve Moskova, Nijni-Novgorod ve Ryazan bölgelerini yağmalar, yeniden vergi koyar ve "yüz binlerce savaş esirini" (?) Yalta pazarlarında "köle" olarak sattırır ve başa da Kazan Sahip Giray'ı getirir.

Ancak bu zafer kısa süreli olur. Muhammed bundan iki yıl sonra ölür ve Sahip, onun Bahçe Saray'daki tahtına geçmeye çağrılır ve yerine aile üyelerinden, onüç yaşındaki Safa Giray'ı (1523-1530) geçirir. Ancak önemli bir olayın gerçekleşmesiyle tahta yetişkin birinin geçmesi zorunlu hale gelir: Safa'nın egemenliğini desteklemek isteyen Tatar atlıları Moskova'ya yürür ve bir top ateşiyle durdurulur. Ciddi bir kaza ya da tarihin baş döndüren bir virajı! Tarihte ilk kez top atlılara ve okçulara üstün gelmiştir. Bir günde bütün güç dengeleri alt üst olur. Nogaylar, Kırım Hanlığının bu hassas durumundan faydalanarak topraklarını istila ederler. Ruslar iki yönden saldırırlar: hem diplomatik hem de askeri kanattan. Osmanlılar hem vasalları olan hanedanlık hem de kendi adlarına hemen müdahale etmeleri gerekirken hiçbir şey yapmazlar. Kırımlılar boşu boşuna Rusya karşıtı bir birlik kurmaya çabalarlar. Bu birliği ancak 1560-1570 yılları arasında kurabilirler, ama ne yazık ki çok geç kalmışlardır. Slav dünyası ile Türk dünyasının kaderi XVI yüzyılın ortalarında on ila yirmi yılda belli olacaktır artık; ancak henüz kimsenin bununla ilgilendiği yoktur.

IV. İvan ya da Korkunç İvan 1552'de Kazanlarla hesaplaşmaya karar verir. Haziran ayında son derece ağır bir topçu birliğiyle şehri kuşatır. 2 Ekimde ele geçirir. Kırımlılar birkaç topla Kazanlıların yardımına gelirler, ancak ağır kayıplar vererek geri püskürtülürler. Hanlık ilhak edilir; Kazanlılar ya bu topraklardan atılırlar ya da boyun eğdirilirler; en iyi toprak parçaları manastırlara ve soylulara dağıtılır. Ruslar bir karınca ordusu gibi hanlığın üstüne çöreklenirler. Tatarlar, XVII yüzyıldan itibaren Türk dünyasının en güçlü uygarlıklarından birini kurdukları topraklarda azınlık durumuna düşerler. Daha sonraki yıllarda Ruslaştırma ve Hıristiyanlaştırma politikasıyla daha da acı çekeceklerdir.

Kazan'ın düşüşünden sonra Ufa bölgesindeki savaşçı Başkırtları yenmek için üç yıl gerekecektir. Yenilecek, ama boyun eğdirilemeyeceklerdir, çünkü asla vasal olmayı kabul edemeyecek bir halktır Başkırtlar. Çok az sayıda olmalarına karşın, bir süre sonra Büyük Rusya adını olacak hükümdarlığa karşı hiç durmadan, en ufak bir kazanma umudu dahi olmadan başkaldırırlar: 1678, 1708, 1716, 1735-1737, 1740 ve 1755'te. Pugaçov'a 1773 yılında en iyi subaylarından birini de armağan etmişlerdir: Salavet Yulaev.

Bunlardan sonra Ruslar için Astırhan Hanlığını ele geçirmek bir çocuk oyuncağı olacaktır. Çünkü bu hanlık Kazan Hanlığından daha zayıf bir hanlıktır. 1504'ten beri taht o kadar kısa sürelerde el değiştirir hale gelmiştir ki, sanki prensler siyasal parti rejiminde belirli aralıklarla değişen başkanlar gibidirler. Ruslar, Kırımlılar, Nogaylar, Kazan Tatarları sürekli birbirlerine entrika kurarlar bu devirde. Abdülrahman (1534-1538) savaşçı toplulukların ve Kırım Hanlığının baskısı yüzünden çardan yardım ister. Böylece çara kapılar açılmıştır. 1555'te çar bu kapıdan geçer ve krallığı henüz yeni doğmakta olan Rus

İmparatorluğuna ekleyiverir. Bu, Moğollara karşı yürütülen savaşın rövanşıdır, çanlar Avrupa'nın güneyindeki Türkler için çalmaktadır. Volga ve Don Irmakları arasındaki dar bir koridora indirgenen Kırım toprakları sonunda sömürge toprakları haline gelecektir. 1550 ila 1900 yılları arasında ne gerçekleşirse gerçekleşsin sonuç ortadadır: birkaç istisna dışında Karadeniz'in kuzeyindeki topraklar, Ural'a ve Kama'ya kadar olan bölge yaklaşık bin yıldır, hatta daha da fazla bir süredir Türkçe konuşan toplulukların yurdu olan topraklar Slav toprakları olmuşlardır. Sömürgeleştirme mi? Sonunda değerlenen verimli topraklar mı? Asimilasyon mu? Sınır dışı etme veya katliam mı? Yanıt vermek çok güç.

Avrupa Bozkırlarında Rusların İlerleyişi

Rusların bu önlenemez yükselişi karşısında, Avrupa'da güçleri eşit olmayan iki Türk gücü bulunuyordu: Osmanlılar ve vasalı Kırım Hanlığı. Kırımlılar her ne kadar Altınordu döneminde kısmen yerleşik olmuşlarsa da hâlâ bozkır insanlarıydılar. Ruslar, Türklere, özellikle de Tatarlara uzun süredir katlanıyorlardı ve bu baskı giderek ağırlaşıyordu. Ancak bir süre sonra bu güçlere, kendilerine yaptıklarının on katını yapacak ve onları yok edeceklerdir.

Altınordu'nun düşüşünden ve Kazan ile Astırhan'ın alınmasından sonra, Güneydoğu Avrupa topraklarında sadece başıboş kavimler ve Kırım Hanlığı kalmıştı. 1571'de, son han Devlet Giray Moskova'yı ateşe vermeye gidebilecek kadar iyi bir yönetim ve güçlü bir kişilik göstermiştir. Ancak bu onun son büyük başarısı olacaktır ve neredeyse de bir tesadüf eseridir: çünkü Slav ilerleyişi eski Kıpçak bozkırlarında iki yöndeydi. Batıda, sınırları Dinyeper ve Vorska boyunca ilerleyen eski Kiev Rusya'sı ülkelerine uzanır; doğuda, kalelerin serpiştirildiği büyük Volga eksenine varır: Samara, Saratov, Çariçin (1586-1590). Kırım ancak Osmanlı himayesi sayesinde ayakta kalacaktır. Dolayısıyla çarlar hedef olarak bu himayeyi sona erdirmenin yollarını arayacaktı. Babıâli'yle, yapabildikleri müddetçe savaşacaklar, kimi zaman yenilecek kimi zaman kazanacaklardır. İlk kez 1699'da ele geçirdikleri Azov'da tutunabilmek için her yolu deneyeceklerdir.

Ruslar daha doğuda Kafkasya yolunda ilerliyorlardı. Burada yaşayan Hıristiyan prensliklerle temasa geçmişlerdi. 1581'den başlayarak Gürcistan üzerinde himayelerini kurdular. Ovalardaki Müslümanlar dağlara sığınmak zorunda kaldı. İşgal kuvvetlerini izleyen yerleşimciler de onların yerini aldılar. Yüzyıllardır İslamiyetin boyunduruğu altında yaşayan Ermeniler ve zafer kazanan Slavlar, gizli gizli de olsa aralarındaki ittifakın ilk tohumlarını atıyorlardı.

Sibirya

Sibirya'nın geniş ormanlık alanları uzun süredir Rusların ilgisini çekiyordu. Buradaki halklar dağınık bir yerleşim düzeni içindeydiler. Ruslar 1465'ten sonra Ural'ı geçmişler ve Obi Nehri kıyılarına kadar gelmişlerdi. Obi Nehri doğu tarafındaki en büyük nehirlerden biriydi. Kazan'ın ilhakı, Ufa Başkırtlarına boyun eğdirilmesi, onlara doğunun kapılarını sonsuza dek açmıştı.

XV yüzyılda Sibir ya da İsker çevresinde, bugünkü Tobolsk'a onaltı km uzaklıkta bir "şehir" vardı. Burası aslında, bağımsız bir hanlıktı ve soyları efsanevi bir figür olan Tay Buka Beki'ye dayanan Türkleşmiş Moğollar yaşamaktaydı. Cengizhanoğullarından gelmiyorlardı ve Tobol Irmağının iç taraflarına göç eden Şeybanilerle gitmek istememişlerdi. 1480'li yıllarda, Ebu'l Hayr'ın akrabalarından Ibak, müstahkem mevki Tümen şehrini Sibiryalılarlardan almayı başarır. Oğlu Küçüm (1556-1598) Sibir hanı Yadigar'ı o kadar çok tehdit eder ki, han en sonunda Korkunç İvan'dan yardım istemek zorunda kalır. Bu çarın kaçırmayacağı bir fırsattı. Yadigar yenilir ve öldürülür.

Elbette bu durum İvan'ı çok endişelendirmemişti. O savaşına devam ediyordu. Oldukça uzun ve sert bir savaş oluyordu. Çünkü Şeybaniler inatla mücadele etmişler ve karşı saldırı da Kazak Yermak Timofeyeviç'i (1584) yenip Sibir'i tekrar ele geçirmişlerdi. Bunun üzerine Ruslar için her şey yeniden başlar. Daha az askeri kuvvete sahip olarak tekrar gelirler, ancak bu kez ordunun bir kısmı silahlıdır. Sibirya atlıları bu silahlardan habersizdiler. 1587'den sonra topçu desteği de alırlar. Strogonov adlı, neredeyse devlet kuvvetinde bir tür şirket kuran tüccar bir ailenin de desteğiyle yerleştikleri kolonilere dayanarak bölgeyi işgal etmeye giriştiler: Tümen (1586), Tobolsk (1587), Tara (1594). Son bölgeyi 1200 atlı, 500 piyadeyle ele geçirirler. Bu üsler, Omsk'un doğusunda ve Semipalatinsk'in kuzeyinde gezinen Baraba Tatarlarını 1595'te yok ederler. Sonra 1598'de Küçüm'ü kovalarlar; Küçüm, Nogay bozkırlarına kaçar ve burada ölür (1600).

İran Safevileri

Doğu Anadolu'nun Türkmen ortamında, Safevi hareketi doğmuştur. Bu hareket daha sonra Modern İran'ın kurucuları olacak Safevi hanedanlığını yaratacaktır. Ama Minorsky Safevilerin, göçebe Türklerin antik Med ve Pers ülkesindeki egemenliğinin üçüncü ifadesi olduğunu söylemektedir. İran Safevilerinin, son derece güçlü ulusal duygulara sahip olmalarına karşın, hareketli Türk azınlığın da bu ülkede etkili olduğu doğrudur.

Safeviler, Safiyeddin (1253-1334) adlı bir Ardebil şeyhinden geldiklerini ileri sürerler. Bu Sünni şeyh Ortadoğu'daki Kızılbaşlar üzerinde çok etkili olmuştur. Kızılbaşlar ya da Aleviler genelde Türk Şiiler olarak görülürler, ancak aslında Şaman ve Orta Asya geleneklerine bağlı Türklerdir. Bunlar İslam mezhepleri içinde ayrıntılarda farklılaşan, ama son derece esnek ve hoşgörülü olan Şiilik mezhebinin ardına sığınmışlardır.

XV yüzyıl sonu ile XVI yüzyıl başında, Kızılbaş Türkmenler beyliklerinin boyunduruk altına alınmasından dolayı aslında içten içe Osmanlılara diş biliyorlar ve kendilerini bu imparatorluğun büyük megapolünde yaşayan, Bizans etkisi altında olduğuna inandıkları, ulaşılmaz görünen ve taşradan giderek uzaklaşan hükümdarlarına yabancı hissediyorlardı. Aradıkları desteği, kendilerini İslamın en üst liderlerinden, en önemli Sünnilerinden biri olarak kabul eden Safevilerin başı Haydar'da ve oğlu Şah İsmail'de bulurlar (1502-1524). Bunlar Osmanlılara kafa tutabilecek ve onların en derin isteklerini yerine getirebilecek insanlardır. Müslüman ortodoksluk ile Müslüman protestanlık hareketi arasında böylece bir din savaşı patlak verir. Şiilik, İran'ı ele geçirince ve devlet dini olarak kabul edince de bu savaş, Osmanlı İmparatorluğu ile İran İmparatorluğu arasındakı bır mucadeleye dönüşür. Bu mücadele Orta Asya'nın sınırlarına kadar dayanır, burada başka bir Sünni Türk gücü, Özbekler doğal olarak Osmanlıların müttefiki durumundadır.

İran'ın galip çıkamayacağı bu uzun çatışma, Doğu Anadolu'nun tıpkı Batı İran gibi harap olmasına neden olur. Bu savaş sanılandan çok daha erken bir dönemde Ermenilerin göç ettirilmeleri sürecini başlatacaktır: kimisi Konstantinopolis'e giderken ötekiler de Isfahan'a gidecek, bazıları daha da uzaklara yönelecek, kısacası dünyanın her tarafına yayılacak, savaşın ulaşamadığı her yere gideceklerdir. Sonuç olarak bu mücadele sonrasında Anadolu'da Türk nüfusu birbirine rakip iki kampa ayrılır. Her ne kadar gerçek sayılara ulaşmamız imkânsız olsa da bu iki kamp sayıca neredeyse eşitti. Anadolu'da kalmak zorunda kalan Türkmenler, özellikle Kızılbaşlar, gerçek bir soykırımın anısını hâlâ kalplerinde taşımaktadırlar ve Sultan Selim'e öfkelerinden, "bin parçaya ayrılan" insanlarından, öldürülen çocuklarından, mızrakların ucuna takılan çocuk kafalarından hâlâ söz ederler. Aynı türden bir ayrılığı modern Türk devriminden sonra, 1960-1980 arasında Türk cumhuriyetinin seçmenlerinin iki büyük partide toplanması olayında görmemiz mümkündür.

Safevi hanedanlığının kurucusu Şah İsmail uzun bir süre Türk olarak kabul edilmiştir. Bugün bazı kimseler onun İranlı, hatta Kürt olduğunu ileri sürmektedirler. Annesi Akkoyunlu Uzun Hasan'ın kızıdır, dolayısıyla Türktür. Babası Haydar İranlıdır, ancak Türkçe konuşan ortamlarda büyümüş ve yetişmiştir. Şah İsmail'e gelince, Hatayi adı altında yetenekli bir şair olarak karşımıza çıkmıştır. Şiirlerini Azeri Türkçesiyle yazmasına karşın, Farsça ve Arapçaya da hâkimdir. Baba ya da oğul ya da onlardan önce başka kişiler, Şeyh Safiyeddin'inle ilgili belgeleri büyük oranda değiştirmiş, bozmuşlardır. Şeyh Safiyeddin'in davalarında önemli bir simge haline gelmesi için şeyhi, soyu Peygamber'in damadı Ali'nin ailesine ve son Sasani kralı III. Yezdgerd'e dayanan tam bir Şii kılığına sokarlar.

Akkoyunlu hanedanlığına evliliği sayesinde dahil olan Haydar yine Akkoyunlular tarafından öldürülür. Sürgün edilen İsmail ise intikam almak ister. Kızılbaş müttefikleri sayesinde, 1502-1503 arasında, "Akkoyunlu" hükümdarları Elvend'i ve Murad'ı yener ve Tebriz'i ele geçirerek kendisini şah ilan eder. Ancak I. Selim, 23 Ağustos 1514'te

Çaldıran'da İsmail'i büyük bir yenilgiye uğratarak batıya doğru ilerlemesinin önünü keser. İmparatorluğu, bir İran imparatorluğu olarak kalır, ne Mezopotamya'ya ne de Anadolu'ya ulaşır. İsmail yine de imparatorluğunu bu topraklara yaymaya çalışır. 1529-1530'da topraklarını birleştirmeyi başarır, bu birleştirme Horasan'ı fetheden halefi tarafından tamamlanır. İran daha sonra gerçekleşecek olan savaşların ardından sınırlarından geri çekilmek zorunda kalmasına karşın, kısa bir süre de bugünkü sınırlarına ulaşacaktır. Eski İran'a göre çok az bir farkla daha geridedir sınırları. Ancak Farsça konuşan ulusları çatısı altında birleştirmekten uzaktır.

Türkler bu imparatorlukta azınlıkta, ama oligarşiktiler. Fetihleri gerçekleştiren büyük oranda Türklerdir: Şamlular, Ustaglular, Ramlular, Tekkeliler, Kacarlar, Varsaklar. Varsaklara kısa bir süre sonra Horasan Avşarları da katılacaktır. Türk Beyleri sivil ve askeri en yüksek devlet görevlerine gelmiş, en verimli toprakları almış ve tüm maddi kaynaklara el koymuşlardır. Ancak bu kaynakları onlara sağlayan İranlıları hor görmektedirler. Türkçe konuşmayı sürdürseler de Farsça yazmakta ve İran politikası yürütmektedirler. Genelde göçebe yaşam biçimlerine dayanırlar, ancak kendileri yerleşiktirler ya da şehirde yaşamaya devam ederler. Nantes Fermanıyla Fransa'dan kovulan ve ülkelerinden nefret eden Protestanlar gibi, Osmanlı Türkiye'sinden nefret etmekteydiler. Zira Osmanlıda yüksek sınıf, idari sınıf artık Türk değildi. Büyük Şah Abbas'ın (1588-1629) tahta geçişinden on yıl kadar sonra gerçek bir diktatörlük kurmayı başarırlar.

Bunun yanı sıra Şah Abbas bir yandan ateşli silahlarla donanmış bir piyade sınıfına, Hıristiyan kadrolara ve Ermeni tacirlere dayanarak onların etkilerini azaltmaya çalışırken, bir yandan da *Şahseven* Kızılbaşların ("Şahı Sevenler" – İran Kralını değil Ali'yi sevenler anlamındadır) kültür düzeyini yükseltmeye çalışır. Böylece Kızılbaşlar İran'ı tam bir teokrasiye çevirirler. Bunun sonucunda genelde İranlıların getirildiği vezirlik görevine Türk bir subay getirilir. Ancak tüm bunlar İran-Türk Krallığının bir İran Krallığı olmasına engel olamaz. Batıda Ulu Sufiler adıyla tanınan yüksek görevliler Isfahan'daki saraylarında Türkçe konuşurlar; ancak devletin bununla ilgisi yoktur, bu Türkçe etkisi daha çok özel yaşamlarda, gelenek ve görenekte görülür. Başkent Isfahan son derece parlak ve canlı renklerde çinilerle kaplı anıtlarıyla, meydanlarıyla, caddeleriyle, köprüleriyle, köşkleriyle, mezarlarıyla, camileriyle, bunların ardında yatan Safevi dehasıyla sonsuza kadar İran'ın zaferinin tanıklığını yapacaktır.

Özbekistan'ın Kuruluşu

Vasali Muhammed Şeybani'yi pek çok aksilik yaşadığı Maveraünnehir'e süren kişi, Çağatay'ın ve "Moğolistan"ın eş-kağanı Mahmud'tur. Şeybani, Buhara'ya yürüyecek ve ele geçirecektir. Semerkant'ı ise buranın yöneticisinin, Babur'un deyişiyle "cinsel arzularına gem vuramayan" bir kadın olan annesinin sayesinde ele geçirecektir. Timurlular Maveraünnehir'i kaybederler. Şeybaniler onların yerine geçerler. Maveraünnehir Türk dünyasının elinden henüz çıkmış değildi, ancak artık Özbeklerin kontrolündeydi. Burası daha sonra Özbekistan adını alacaktır (1500).

Padişah Hüseyin Baykara henüz harekete geçmemiştir. Babur onun yerine harekete geçmeye karar verir. Tüm akrabalarını bu davanın ardında toplayabileceğini düşünmüştür. Semerkant'a girer – Şeybani o sırada başka şehirleri fethetmekle meşguldü. Buradaki Özbek nüfus korkunç işkencelerden geçirilir. Özbekler "kuduz köpekler gibi öldürülürler. Yaklaşık dört ila beş yüz ... Özbek öldürülür." Ancak Babur burada tutunamaz. Moğol Hanları onlar için kesinlikle avantajlı olmayacak bu durum karşısında dağınık kuvvetlerle müdahale eder ve kolayca yenilirler (1503). Babur Kâbil'den ibaret olan küçük krallığıyla yetinmelidir (1504).

Hüseyin Baykara hâlâ harekete geçmemiştir, ancak Belh'in tehlikede olduğunu görünce müdahale etmeye karar verir. Tüm Timurlulara bir çağrı gönderir, ancak ani ölümü çağrısına cevap veren tüm kuvvetleri tam bir başıbozukluk içine sokar.

İşte tam bu sırada tarih sahnesine yine Safevi Şah İsmail girer. Artık İran'ın efendisidir ve Şiiliği devlet dini olarak kabul ettirmiştir. Sünnilik, I. Selim'in Çaldıran zaferiyle taçlanmadan önce Merv'de yenilgiye uğrar (2 Aralık 1510). Bu savaş Muhammed Şeybani'nin kariyerine son verir. Yaralar içinde bir çiftlikte tek başına ölür. İsmail cesedini aratır ve kafatasından kupa yapar.

Bu savaşın simgesel bir önemi vardır. Tarihin en eski çağlarından beri bu topraklarda, İran ve Turan sınırında, Türklerin, Yakındoğu'ya ulaşmak için kullandıkları bu sıçrama tahtasında, ilk kez İran Orta Asya'yı yener. Yerleşikler göçebeleri durdururlar. Ancak bu konuda bazı nüansları gözden kaçırmamak gerekir; her ne kadar nüanslar bazen somut gerçekliğin gücünü zayıflatsa, ifade edilmek istenen fikri muğlaklaştırsa da.

Şeybani'nin ölümü Babur'un kalbini sevinçle ve iyimserlikle doldurur. Özbeklerin artık bitmiş tükenmiş olduğuna inanarak sonunda her zaman istediği mevkiye gelebileceğine inanır: Semerkant'ın hükümdarı olacaktır. Ancak Özbekler ölmemişlerdi. Ölen prensin yaşlı amcası İbrahim Kütçüncü (1510-1530) hâlâ hatırı sayılır bir orduya sahiptir: Babur sayılarının 150.000 kadar olduğunu belirtir. Bu orduyla

Maveraünnehir'i ele geçirmekte zorlanmaz. Şah İsmail bu ordunun karşısında kuvvetli Osmanlılarla komşu olduğu sınırlara geri çekilmek zorunda kalır, ancak tekrar esas sınırlarına ulaşacaktır. Kimse geri geleceğinden kuşku duymuyordu. Yenilmez değil miydi? Toprakları neredeyse 3 milyon kilometrekare büyüklüğünde olan büyük bir imparatorluğun efendisi değil midir? Çok yakın bir zamanda orada olacaktır ve kendisine sadık olanları ödüllendirecektir. Yapmayı bildiği tek şeyi yapacak, rakiplerini ise cezalandıracaktır. Bu tarihten sonra, Şiiliği sırtlayan Babur olacaktır ve hayatının en anlaşılmaz, en büyük hatasını yapar: aslında hiç istemediği bir inanca geçmek için Sünniliği reddeder, çünkü İsmail'in dini budur. Timur'un başkentine (1511) Özbeklerin galibi olarak üçüncü kez girmesini pahalıya ödeyecektir. Babur önce sevinçle karşılanacaktır, ancak bir süre ona ihtiyatla yaklaşacaklardır; halk, iğrendikleri İranlıların destekçisi, habercisi, öncüsü olduğunu anlayınca ona olan nefretlerini göstermekten kaçınmaz.

Bu arada Özbekler bir Safevi ordusunu dağıtırlar (12 Aralık 1512). İki güç arasındaki sınır Amuderya olur. Nehrin güneyinde yaşayan Özbeklerin bu bölgede hâlâ soydaşları vardır, bugün Afganistan'ın en önemli azınlıklarından birini oluşturmaktadırlar.

Babur, Şah İsmail 1514 yılında Osmanlılar tarafından yenilgiye uğratıldığında hâlâ umut etmeyi sürdürür. Bu tarihten sonra artık kendini yenilmez gören kişi yıldızının uğruna inanmaz olur ve içine kapanır. Babur, Kâbil kralı, imparator olur, ancak her zaman arzu ettiği atalarının şehrinde değil, Babur için sadece bir geçiş noktası olan Hindistan'da.

Özbekler ve Safeviler arasındaki mücadele her iki tarafında karşılıklı olarak yenilgileri ve zaferleri tattıkları tüm XVI yüzyıl boyunca sürecektir. Şeybaniler için İskender Han (1560-1583), II. Abdullah (1583-1598) dönemleri gibi mutlu anlar olacaktır. Çağatay Kaşgarı'nı ele geçirip, Harezm ve Horasan'ı işgal ederler. Bununla birlikte imparatorluğun beyliklere bölünmesi geleneği nedeniyle güçleri bölünecek ve dışarıdan gelen saldırılara karşı durmaları gerektiği kimi zamanlar da kendi iç kavgalarıyla meşgul oldukları için bir birlik oluşturamayacaklardır.

Bu beyliklerden en büyüğü, XVII yüzyılda alacağı adıyla tanıdığımız Hive Hanlığıdır. Bu hanlık son derece nüfuzlu Harezmşahlarının mirasçısıdır. *Oxus* deltası bir zamanlar olduğu gibi değildir. Özellikle Cengiz Han ve Timur bu deltanın felaketine neden olmuşlardır. Ancak eski günlerin parlaklığını zayıf ve soluk ışıklarla da olsa hâlâ kendisinde taşımakta ve renkleri solmuş olsa da muhteşem bir manzara oluşturduğu günlerin anısını canlı tutmaktadır. Abdülrezzak el-Semerkandi Moğol istilasından sonra buradaki insanlarla ilgili olarak "dünyanın en seçkin insanların buluşma noktası" dememiş midir?

Bir Ebu'l Hayrlı olan ve Safevilerin zaferinden sonra Şiiliğe düşman olan İl Bars'ın (1512-1525) çağrısı üzerine kurulan hanlık, son hanı tahtından indiren Bolşevik devrimine kadar varlığını sürdürecektir.

Özbekleri egemenliği altına alan hanedanlık 1599'a kadar hüküm sürer. Astırhan hanı Can'ın oğlu Baki Muhammed şehrin düşmesinden sonra Maveraünnehir'e, İskender Han'ın (1560-1583) korumasına sığınmış ve daha sonra onun kızıyla evlenerek tahta geçmiştir. Yeni hanedanlık Canoğulları ya da Astırhanlılar adıyla, anne tarafından Özbek, baba tarafındansa Cuciydi. 1785 yılına kadar ülkenin kaderinde rol oynamıştır.

Özbek Kültürü

Özbeklerin Maveraünnehir'i gerilettikleri söylenir. Bu tezi kanıtlayan hiçbir şey yoktur. XIX yüzyıldaki korkunç durumun özel hiçbir yanı yoktur, sadece bugün "üçüncü dünya" adı verdiğimiz ülkelere özgü bir durumdur. Elbette Özbekler hem gelenek hem de deha açısından son derece zengin ve ileride olan bu topraklara yerleşmeden önce çok yüksek bir kültüre sahip değillerdi. Ancak göçebe bir kültürden geldikleri için, sadece onlara özgü bir özellik olmasa da tarihin bize öğrettiği gibi, bu halklar uygarlaşma konusunda yetenekli halklardı. Özbekler de çok çabuk ve çok sağlam bir biçimde bu kültüre ayak uydurdular.

İslamiyete bağlı oldukları halde çok iyi tanımıyorlardı ve dini liberal bir şekilde yaşıyorlardı. Oldukça derin inançlara sahiptiler ve İslamiyete kalpten bağlanmışlardı, mantıklarıyla değil gönülleriyle din değiştirmişlerdi. Bu nedenle de evliya ve türbe kültüne ayrı bir önem vermişlerdir. Yassi'de (Türkistan) Ahmed Yesevi türbesi, Semerkant'taki Nakşibend ve daha az önemsiz pek çok türbe Özbeklerin hac ziyaretlerine sık sık vesile olmuşlardır. Uygarlık alanında verdikleri eserler çağdaşları tarafından takdir edilmiştir ve bu övgüyü hak ettikleri söylenebilir. Übeydullah başkent olarak 1553'te Buhara'yı seçmiş ve ideal hükümdar figürü olmuştur. Krallığı tamamen birleştirmeyi başaran ve en büyük hanedanlığı oluşturan Abdullah (1583-1598) Büyük Moğol Ekber ve Osmanlı III. Murad'la ilişki kurmuş, halkına özen göstermiştir.

Özbeklerin katkıları ve ilgileri sayesinde Buhara, sergilediği üslup bütünlüğüyle büyük bir sanat şehri haline gelmiştir ve güzelliğinin bir kısmını da Özbek eserlerine borçludur. Her ne kadar mimari planlar klasik İran etkisini taşısalar da Orta Asya dehası, sert neredeyse kaba biçimlerde, Iran oymalarından, süslemelerinden uzakta, belli bir estetik kaygısı olmadan sadece sağlamlık ve büyüklük ölçütleri gözetilerek inşa edilen yapılarda ve hâlâ hayat ağacı anısını hatırlatan, muhtemelen çadırlardaki tahta direklerden türetilmiş, ahşap sütun kullanımında kendisini gösterir. Özbekler pek çok anıt dikmişlerdir, bunların bazıları da başyapıt düzeyindedir: 288 küçük kubbeyi kapsayan, sütunlarla çevrili avlusuyla Kalyan Camii (1514), "ayna" tekniğine göre bunun tam karşısında inşa edilen Mir Arab Medresesi (1536) – bu medrese Orta Asya'nın en önemli eğitim merkezlerinden ve Doğu Müslüman dünyanın ilklerindendir. Bunlar kadar itibara sahip olmasa da başka yapılar da önemlidir: Kuteldaş Medresesi'nin (1568) iç yapısında 160 hücre bulunmaktadır, "ikiz" medreselerin (Koç Medresesi, 1566-1588) biri çok geniş öteki daha küçük boyutlardaydı; elbette pek çok da *hangâh* bulunmaktadır. Eski Selçuklularda olduğu gibi ticari merkezlere, kervansaraylara ve özellikle de şehir pazarlarına ayrı bir önem verilmiştir; bunlar genelde devasa yapılardır, *taq* adını taşımalarının nedeni çatılarıdır (Mücevherciler Çarşısı, Şapkacılar Çarşısı, Sarraflar Çarşısı...). Bunlar şehrin en önemli ve en güzel yapıları arasında yer almaktadırlar.

Babur Şah

"Panter"in, yani *Babur*'un 1483 yılında doğduğu Fergana bölgesindeki Andican şehrinde Timur imparatoru Ebu Said'in son oğlu olan babası Ömer Şeyh Mirza, Moğol hanı Yunus'un korumasına karşın kendi "topraklarına" sahip çıkamaz. O sırada Maveraünnehir'e sağlam bir biçimde yerleşmiş olan Şeybani Han'ın iradesine karşı durmak düşünülebilecek bir şey değildi. Artık Semerkant hayali kurmak boşunaydı. Ama büyük adamların çeşitli yanılsamalara kapıldıkları doğrudur!

Babur hiçbir zaman atalarının şehrinden başka bir şehri hayal etmemiştir; yaşamının en güzel yıllarını, ondört yaşından otuzaltı yaşına kadar bu şehri ele geçirmek için harcayacaktır. Babur son derece soylu bir kan taşıyordu, baba tarafından Timur'un Miran Şah kuşağından ve anne tarafından Cengiz Han'ın soyundan geliyordu. Ama ona başka bir kader yazılmıştır: Hindistan İmparatorluğunu kurmak.

İndus-Ganj Irmağı vadisinde Timur'un gidişinin ardından hiçbir şey inşa edilmemiştir. Bölgede kargaşa 1414 yılına kadar devam eder. Bu tarihte Timurlu bir hükümdar, İranlılaşmış bir Türk kısa bir süre için Seyyid hanedanlığını kurar. Onun ardından gelen Afgan kökenli Ludî hanendanlığı, İbrahim Şah'ın tiranlığı sırasında yok olur (1517-1526). Türkler artık bu ülkede önemli bir rol oynamıyor ve neredeyse unutulmuşa benziyorlardı. Artık geri dönmelerinin vakti gelmişti.

Hindistan fatihi Babur tarihte karşılaşılabilecek en büyüleyici ve en ilgi çekici kişiliklerden biridir. Döneminin ve ortamının adamı olarak ölüm karşısında korkusuzdur. Öldürür, insan kıyımlarına yol açar ve art niyet olmadan, o devirde öyle yapılageldiği için, insan kafataslarından kuleler inşa eder. Bu tutkulu hükümdar hayatın ona verdiği her şeyi, aşkları, şarapları, uyuşturucuları, oyunları, yiyecekleri, spor müsabakalarını sonuna kadar yaşayan bu hayat tutkunu, oldukça uzun süren bunalım ve bilinçlenme dönemlerinden geçmiş ve hiçbir zaman suçluların yanında masumların da öldüğü savaşlardan pişmanlık duymamış ve "din değiştirme" kararını verirken hata yaptığını düşünmemiştir. Eylemlerinin sorumluluğunu sadece sıkıntıyla dile getirmiştir. Kendisinin iyi biri olduğunu düşünmüştür, vicdanlı biridir ve kendisinden af dilendiğinde bağışlayıcıdır, adaletin en ince ayrıntılarda ve en yüksek düzeyde sağlanması konusunda her zaman özenlidir, elbette kendi tanımıyla "adaletin." Ancak yine de bu adamlar gibi düşünemediğimizden onları yargılayacak durumda da değiliz.

Bununla birlikte Babur fiziksel ve manevi olarak her türlü yeteneğe sahipti. Fiziksel gücü efsanevidir. Kılıç ustasıdır, okçulukta rakibi yoktur, mükemmel bir at binicisidir ve atlarını, eğer onları sevmemişse, daha yorulmadan çatlatır. Kimsenin olmadığı kadar iyi bir avcıdır, avını bile zorlar, doğan ya da şahinlerle avlanmaya uzun bir süre sıcak bakmaz, elbette şahinlerinden birine tutkun olmadığı sürece. Yüzerek nehirleri geçer, kar ve buzda askerlerine yolu bizzat kendi açar, ordu hava şartlarından zorlandığı zamanlarda bile durmayı ya da bir yere sığınmayı aklından geçirmez... İki savaş arasında, avlanırken, hatta kimi zaman yollarda şiir yazmak için durur ya da gözlemlerini yazıya döker. Son derece engin bir kültüre sahiptir. Bir hukukçu olarak yasaları çok iyi bilir. Bir sanatçı olarak da son derece sert bir eleştirmendir, ancak coşkulu bir yazardır; yazarlar ve ressamlar hakkındaki yargıları daha sonraki dönemlerde saygın eleştirmenler tarafından da dile getirilecek, kabul edilecektir. Eğer yolunun üstünde bir tarihi eser varsa ziyaret etmeden asla yoluna devam etmez. Örneğin Hüseyin Baykara'nın kısa bir süre önce ölmüş olmasına karşın, o sıralarda karmakarışık olan Herat'ta kalmaktan dolayı büyülenmiş gibi hisseder kendini. Okumaya o kadar tutkundur ki, kendisini unutarak bütün gününü kütüphanede geçirebilir, öyle ki komutanları pek çok kez bu nedenle ortadan kaybolduğu için endişelenmişlerdir. İster vahşi ister evcil olsun doğa ve mahlukat onu büyüler. Çiçekleri inceleyerek saatler geçirir, Hindistan'daki halefleri bakıp büyütecekleri muhteşem bahçeleri kuşkusuz Babur'un bahçelere olan tutkusuna borçluyuz.

Bünyesinde bir insanın sahip olabileceği tüm zayıflıkları ve tüm yüce nitelikleri toplamış gibidir. Ötekilerden farklı bir duyarlılığa sahiptir. Modern bir gencin dahi yadsıyamayacağı şekilde muzipliğe ve şakacılığa eğilimli olduğundan, bu özelliğinin kırıcılığa kaymaması için özel bir dikkat sarf eder. Herkesin inancına saygılıdır, eğer bir misafirini şaşırtacaksa zevklerinden bir bölümünü hiç duraksamadan feda edebilir. Ailesini sever. Eşine büyük bir nezaketle davranır! Vefat eden yakınlarının ardından büyük bir acıyla ağlar! Ölümü korku içinde beklemez! Ve geçmişi ve terk etmek zorunda kaldığı ülkesini düşündüğünde özlemle dolar! Oğluna gönderdiği mektup –bugün elimizdedir– son derece mükemmel, ince, ölçülü ve seçkin bir üslupla yazılmıştır: eskilerin mektuplarına denk bir mektuptur.

Görüldüğü gibi insanüstü biridir. Deha sahibidir. Anıları ya da daha doğru ifadeyle *Vakayinamesi*, yani *Baburnâme*, son derece açık ve net bir üsluba sahiptir ve büyük bir samimiyetle yazılmıştır. Çağatay Türkçesinin en güzel örneklerinden olan bu eser aslında bir itirafnamedir. Hindistan'daki tek askeri harekâtı onu büyük fatihler sınıfına sokmuştur.

Sonunda sevgili Semerkant'ından vazgeçerek Kâbil Krallığını kurar: Hindistan'ı kontrol etmesini sağlayan da bu şehirdir. Dört ya da beş yıl boyunca Hindistan'ı yağmalar. Sonra bir gün büyük bir maceraya atılmaya karar verir. 17 Kasım 1525'te Kâbil'den yola çıkar, oldukça az sayıda adamı vardır, yaklaşık 12.000 askerle Hayber Geçidinden iner, İndus Irmağını geçer ve Sialkot ve Malwa'yı ele geçirir. 20 Nisan 1526 Panipat'a saldırır (Hindistan'ın kaderi defalarca bu bölgede yazılmıştır), İbrahim Ludî'nin 100.000 savaşçısı ve 1000 filiyle karşı karşıyadır. Bu savaştan galip çıkarak, 21 Kasım'da Delhi'ye girer. Bengal de dahil olmak üzere kuzeyin tüm ovaları Babur'a teslimdir.

Dört yıl sonra 26 Aralık 1530'da ölür. İmparatorluğunu düzenlemeye ve ondan beklenen sanat eserlerini yaratmaya vakti olmaz. Bugün Kâbil'de, mütevazılığıyla Hümâyûn'un ve Tac Mahal'in yüzünü kızartan bir kabirde yatmaktadır. Torunu mezar taşına şunları yazdırmıştır: "Sabah güneşi gibi, ruhların imparatorluğu ile bedenlerin dünyasını fethetmiş ve sonra gökyüzüne yükselmiştir."

1876'da, İngiltere kraliçesi Victoria kendisini Hindistan İmparatoriçesi ilan ettiğinde başına koyduğu taç, Büyük Moğolların son hükümdarının, II. Bahadır Şah'ın kafasından onsekiz yıl önce düşen taçtır. Babur, Hindistan imparatorluğunu kurarak, bu dönemde her prensin yapacağı gibi, Cengizoğullarının eserini yeniden kurmayı düşlemişti ve bu nedenle bu Müslüman Türk, kendisini hep bir Moğol gibi göstermiştir.

Babur'un vasat kişiliğini ve pasifliğini görmezden gelecek kadar çok sevdiği oğlu Hümâyûn babasının eserini koruyamaz. Henüz daha yeni kurulmuşken imparatorluğu Afgan bir hilekâra, ender yeteneklerden birine, Şir Şah Sur'a teslim eder ve kendisi de Safevi sarayına sığınır (1538). Babur onun hakkında tamamen yanılmış olamaz, değil mi? Hümâyûn ölümünden bir yıl önce kendisinde tüm Hindistan'ı fethedecek kuvveti bulur (1556). Bu imparatorluğu da henüz onüç yaşında olan oğlu Ekber'e bırakır. Hümâyûn, dâhi bir baba ile dâhi bir oğul arasında kalmış ilginç bir figürdür aslında. Dul eşi Hamide Banu Begüm, Hümâyûn'un naaşı için büyük bir kabir inşa ettirir (1569), Hindistan mimarisini yükseltecek mezar bahçe-saray yapılarının ilk örneğidir bu kabir ve bir başyapıt olarak önemini korumaktadır.

Ekber

Babur'un oğlu Ekber dünyanın en büyük güçlerinden birinin sahibi olacaktır. 100 milyona yakın nüfusuyla Hindistan yüzyıllardır tüm zenginlikleri, gelişen sanayileri ve artık doruğa varmış ticareti sayesinde altın birikiminde büyük bir patlama yaşıyordu. Buradaki yaşam esas olarak kırsaldı, ancak şehirler de güçlü bir atılım gerçekleştirmişti: Lahor, Avrupa'nın en büyük şehirleri Paris ya da Napoli kadar kalabalık bir nüfusa sahipti. Hindistanlıların yaşam düzeyi o dönemde Avrupa'da yaşayanların yaşam düzeyine eşitti ve buradaki yaşam koşulları, Avrupa'nınkilerden çok farklı olmadığı gibi kötü beslenme sorunu da yoktu. Buna karşın, yönetici sınıf eşi benzeri olmayan bir lüks içindeydi.

Ekber'in ilk yılları zor geçti; kısmen annesi ve atabeyi Bayram Han'ın yönettiği azınlık sayesinde Ekber iktidarı da alarak Panipat'ta Hinduları (yine!) yener ve bir yandan tüm yarımadanın birleşmesi, devletin örgütlenmesi ve Hindistan'ın zenginleştirilmesi için hazırlanırken öte yandan da kendisini Türklerin antikçağdaki dinsel inanışlarının güncel bir biçimi olmaktan başka bir şey olmayan *din-i ilahi*'sinin yaşatacağı şaşırtıcı ruhani deneyime hazırlar.

Atabeyinden ve annesinin hükümranlığından kurtulan Ekber büyük bir fatih olduğu kadar son derece parlak bir idareci ve son derece cömert bir sanat koruyucusu olduğunu da kanıtlar. Malwa, Gucerat, Bengal, Orissa'nın bir bölümü, Kaşmir, Sind ve Belucistan'ı (1572-1594) teker teker ilhak eder ve döneminin en önemli meselesi ve haleflerinin yegâne meşguliyeti olan Dekan için hazırlanır. Yasaları, "kılıçların hâkimiyeti" adı verilen Delhi Sultanlığının uyguladığı tek yöntem olan yasalara son verir. Köklü devrimler gerçekleştirir, bu reformların arkasında belki bir art niyet yoktu, ancak bu uğraşların onu, modern tanımıyla, ilk siyaset adamlarından biri ve toplumsal kaygılar taşıyan ilk politikacı yaptığını söylemek gerekir. Köylülerin lehine önlemler aldırır, Müslüman bir devletin çatısı altında yaşayan gayri Müslim tebaayı güç durumda bırakan, ancak ödemek zorunda oldukları *haraç* denen vergileri kaldırır, dulların intiharlarıyla mücadele eder, erken evlilikleri önlemeye çalışır. Ekber'in bu yoldaki rehberi kimdir? Bunu bilmek ilginç olurdu. Bütün bu gerçekleştirdikleri sadece, Hint toplumunun karmaşıklığı ve aşırı serbestliği karşısında şaşkına düşen ve her türlü çabasına karşın Hinduları anlamaktan ya da kabul etmekten aciz kalan bir bozkır adamına ait tepkiler miydi?

Ekber'in gerçekleştirdiği en cesur devrimler din alanında yaptıklarıdır. Nereden esinlediği sorusuysa, Türk tarihini bilen biri için hiçbir kuşkuya kapılmadan cevaplanacak bir sorudur: bu devrimler kaynaklarını, Hindubilimcilerin inandırmaya çalıştıkları gibi Hindu düşüncesinden değil Türk-Moğol geleneklerinin hoşgörüsünden ve tüm dinlere ve kilise örgütlenmesine olan meraklarından alır. Eğer bu gelenekler Ekber'i alışılmış olandan daha öteye götürmüşlerse, bunun nedeni din sorununun en zor ve en ciddi sorunlardan biri olmasıdır. Çünkü dinsel özgürlük Ekber'in siyasal sisteminin ağırlık merkezini oluşturur: Müslümanların ağır baskısı altındaki Hinduları gözetir, Cizvitlerin ülkesine girmesine izin verir. Örneğin Aziz François Xavier'nin yeğeni Jérôme Xavier, 1595 ila 1614 yılları arasında Hindistan'da kalmış ve son derece özenli bir biçimde ağırlanmıştır. 1575'te, kırmızı kiremitlerden inşa edilen başkenti Fatihpur Sikri'de bir *ibadethane* açtırır, burada Hindu rahipler, parsiler [İran kökenli Hint Zerdüştleri], Müslüman ulema, Caynacılar, Hıristiyan misyonerler kendi özgür inançlarını savunur, Ekber'in de hazır bulunduğu özgür tartışmalara katılırlar. İslamiyet boşuna bu çabaları kınayıp durmuştur. Ancak Ekber şehirde büyük bir cami de inşa ettirmiştir ve bu sık

sık unutulur. Prensin yerli Hindu eşleri içinse Hindu yapıları inşa edilir. Tüm bunlar, hükümdarın engin görüşlülüğünü kanıtlamaktadır. Ancak şehrinin Müslüman yapısını da hiçbir biçimde bozmamış, değiştirmemiştir.

Çözüm bulunmayan kavgalar nedeniyle Ekber 1579'da yanılmazlığının olağanüstü dogmasını ilan eder: kendine siyasal iktidarını tamamlayan mutlak ruhani güçler, hatta yalnızca Müslümanları yönetebilen halifenin sahip olduğundan daha büyük ve yanılgıya sevk edebilen güçler atfeder. Sonuç olarak *Din-i Ilahi*'yi kurar, bu bir anlamda bağdaştırmacılık çabasıdır. Ancak bu din sınırlı bir başarı yakalar ve sadece Müslüman Ekber'in dinden mi çıktığı sorusunun sorulmaya başlamasına neden olur. Katı ve sert Islamiyet bir din ikiliği vakasını daha kaldıramayacaktır.

1605 yılında, küçük bir krallığı büyük ve parlak bir imparatorluğa dönüştürerek ölmüştür. Ismi efsane olur. Bütün Hindubilimciler, her ne kadar Islam dostu oldukları şüpheli olsa da Ekber'i döneminin en büyük prenslerinden biri olarak kabul ederler.

XIII. BÖLÜM

XVII YÜZYILDAKİ YÜKSELİŞ VE ÇÖKÜŞ

XVII yüzyıl, Türk dünyası için belirsiz bir dönem olur. Timurluların Hindistan'ının, yani Büyük Moğol Hindistan'ının XVI yüzyılın ikinci yarısında donandığı ışık daha da parlaklaşmıştır. Ancak askeri başarılarla dolu olsa bile Evrengzib dönemi vahşiliği ve fanatizmiyle, Avrupalıların piyonlarını coşkuyla oyuna sürmelerine karşın imparatorluğu bir istikrara kavuşturma çabasıyla her şeyi yakıp yıkar. Osmanlıların gücünde bir değişim yokmuş gibi görünse de artık sallantılar başlamıştır. Doğu Avrupa bozkırlarında olduğu gibi Orta Asya'da da, kısacası her yerde gerileme dönemi başlamıştır. İmparatorluklarını yeniden kurmak isteyen Moğollar geri döner ve Türkleri egemenlikleri altına alırlar; Ruslar uzun yıllar uğradıkları baskıların ve zulümlerin intikamını almak üzeredirler. Muhteşem Maveraünnehir hâlâ özel ve değerlidir, ancak her tarafından giderek büyüyen güçlerle çevrildiği için daha da tecrit edilmiş bir bölge olma yolunda ilerlemektedir. Sibirya ise birkaç yıl içinde Moskovalıların eline düşecektir.

Cihangir ve Şah Cihan

Büyük Ekber'in parlak ve barışçıl döneminden sonra halefleri, Cihangir (1605-1627) ve Şah Cihan (1628-1658) onun politikasından ayrılmadan Müslümanlara güvenceler vermeye çabaladılar ve Hindistan'ı birleştirmek ve Özbeklere boyun eğdirerek Orta Asya'ya sahip olma biçimindeki iki yönlü rüyalarını gerçekleştirme amacını güttüler. İç ve dış politikaları büyük bir başarı yakalayamaz, ancak onların devrinde imparatorluk daha önce olmadığı kadar büyük bir kültürel başarı ve ivme kazanır ve eşi benzeri olmayan zenginliklere ve görkeme kavuşur.

Cihangir'in tahta geçtiği 1605 yılında artık yeni bir yüzyıl açılmaktadır, bu yüzyılın ilk yarısı büyük bir başarı olacaktır. Bu prens ve oğlu "dünyanın fatihi" ve "dünyanın hükümdarı" unvanlarını alarak Türk geleneğine layık ve denk mirasçılar olduklarını gösterirler. Cihangir *Anıları*'nda, "(Türk) krallarının, evrenin hâkimi" olduğunu söyler. Bu inancını din konusunda son derece hoşgörülü olan kendi politikalarında da gösterir. Her türden dine karşı kendisini yakın hisseden Cihangir din adamlarıyla görüşmeyi sever ve tüm ihtişamı içinde yoksulları bağrına basmaktan da kaçınmamıştır. Şah Cihan'a gelince, Portekizlilerle savaştığı için erkek, kadın, çocuk, rahip, Hoogli Hıristiyanlarını öldürür. Sağ kalanları köle yapar ve bu hırsla Lahor'daki büyük bir kiliseyi yıktırır; nedeni bilinmemesine rağmen bir süre de Hindulara zulmeder, Benares'te [Varanasi] yeni kurulan tapınakları yerle bir ettirir, ancak bu fanatizm krizi kısa süreli olur.

Her ikisi de son derece kültürlü prenslerdir ve güzel olan her şeye eğilimlidirler, tüm Türkler gibi çok yiyip içerler, tüm kadınları severler ve herkes kadar savaşçıdırlar. Dekkan'a yaptıkları seferler birkaç prenslik ele geçirmelerini ve Bicapur'daki Adilşahların ve ünlü Golkonda'nın Moğol egemenliğini tanımalarını sağlar (1636). Semerkant'ı ele geçirmek için başlattıkları büyük harekât, Belh ve Termez'in alınması gibi çeşitli başarılar getirse de büyük bir yenilgiyle sonuçlanır ve onlara pahalıya mal olur. Daha sonra Kandehar için İran Safevilerine savaş açarlar. Kandehar önemli bir anahtar şehirdir, ancak Büyük Moğollar bu şehri 1614 yılında kaybeder. Bu tarihten sonra da kalıcı bir biçimde bir daha bu şehre sahip olamazlar. Daha da kötüsü sonrasında imparatorluk prensleri arasındaki çatışmalarla uğraşmak zorunda kalırlar. Evrengzib'de bu çatışmalar doruğa varır, halkın onlardan iğrenmesine ve hanedanlığın ününün yok olmasına yol açar. Hanedanlık kazandığı tüm güveni ve saygıyı kaybeder.

Bu devir kadınların devri olur. Kadınların önemli rollere gelmesinde yine bir Türk geleneği izini mi aramak gerekiyor? Neden olmasın? Cihangir 1611'de, Hindistan'a sığınan büyük bir İran soylusunun kızıyla evlenir. Nur Cihan bütün iyi özellikleri kendinde toplayan bir kadındı: tek başına asla üstlenmek istemeyeceği tüm yönetim yetkinliklerine ve özelliklerine sahipti. Bu görevlere önce babasını –İtimâdüddevle, Agra yakınlarındaki mezarı dünyanın en güzel anıtlarından biridir– daha sonra erkek kardeşi Asaf Han'ı –bunun kızı, Khurram'ın veliaht prensi Şah Cihan'la evlenecektir– getirecektir. Bu özelliklerinin yanı sıra büyük bir hanım olmasına yol açan özelliklere sahiptir: akıl, bilgelik, kültür ve ılımlılık. Ölümüne sarhoş olmaması ve doğal bir içgüdü olarak vahşiliğini dizginleyebilmesi için imparator kocası üzerindeki nüfuzunu kullanmaya çalışır. Oldukça başarılı bir kariyere sahip olduktan sonra dul kalan Nur Cihan inzivaya çekilir ve 1645'te ölür.

Şah Cihan'ın karısı Mümtaz Mahal ise onun dehasına sahip değildir, ancak Şah Cihan eşine o kadar büyük ve mutlak bir aşkla bağlanır ki, ondokuz yıl evli kaldıktan sonra, kırk yaşında onu kaybettiğinde bir daha kendini toparlayamaz. Kızı Cihan Nara onu teselli edemez. Şah Cihan'ın karısını çok sevmiş olduğu söylenir. İmparatorluğun ayrıcalıklı bir gözlemcisi olan François Bernier, hükümdarın diktiği ağacın meyvesinden herkesin yararlanmasına izin verdiğini anlatır. Dedikodulardan sakınmak gerekir! Ne olursa olsun Şah Cihan tüm yaşama sevincini kaybetmiştir ve belki de onun için tahtan indirilmiş olmak ve Agra'daki bir kalede ömrünün sonuna kadar tutuklu kalmak, saçma da olsa, bir mutluluk olmuştur. Çünkü önünden geçen nehirden yükselen buharlar arasından eşinin muhteşem kabri Tac Mahal'i görebilmektedir.

Moğol Sanatının Görkemi

Tac Mahal pek çok başka muhteşem yapıt arasında tek başına bu dönemin tarihini özetlemeye yeter. Belki de dünyanın en ünlü yapısıdır. İnce mimarisi, son derece latif ve üstün bir zevkle işlenen süslemeleri, malzemeleri, çevresinin güzelliği ve planıyla, Sinan'ın başyapıtı Edirne Selimiye Camii'yle aynı ruhani mesajı iletir ve aynı simgeselliği ortaya koyar. Köklerini toprağa salmış kozmik bir dağ gibidir, gökteki bulutlara karışan kubbesiyle, son derece dengeli bir biçimde dizilmiş dört minaresi ve dört yönde yer alan sütunlarıyla bir başyapıttır. Bu Türk prensler eski Türk yurtlarından ve gelenek ve göreneklerinden bu kadar uzaktayken, geleneksel büyük uygarlıkların içine bu kadar girmişken, bu anıtlar sayesinde atalarıyla garip bir yakınlık kurmuşlardır.

Cihangir ve Nur Cihan sanat ve edebiyatı severlerdi. İmparator esin perilerini beklerdi. Bahçeleri taparcasına sevdikleri için pek çok bahçe yaptırmışlardır. En güzeli kuşkusuz Kaşmir'de, Srinagar'dadır ve şiirsel bir ad olan "Şalimar" adını taşımaktadır. Kumtaşını tercih eden öncüllerinin aksine Şah Cihan beyaz mermerden hoşlanmaktaydı ve iflah olmaz bir mimari tutkuya sahipti. Kaleler, saraylar, türbeler, camiler: döneminde inşa edilen eserlerin sayısı bilinmemektedir. Ancak yaptırdığı hiçbir eser Tac Mahal ya da İtimâdüddevle'nin kabrine denk değildir. Ancak Şahcihanabad adını verdiği ve Eski Delhi yakınlarında kurdurduğu ve 1638'de başkent yaptığı yeni şehri, Agra ve öteki şehirler gibi zevkinin, zenginliğinin ve dinamizminin tanıklığını yapmaktadır. Delhi'deki Ulu Cami, Kırmızı Kale'nin yakınlarındadır ve İslamiyetin en çarpıcı eserlerinden biri olarak gösterilebilir.

Hümâyûn İran'daki sürgünü sırasında minyatüre merak sarmıştır. Yanında sanatçılar getirmiştir ve başka sanatçıları da ülkesine davet etmiştir. Oğlu Ekber'e resim dersleri verdirmiştir. Ekber de babası gibi, her hafta ziyaret ettiği bir minyatür atölyesi kurarak kendini minyatür sanatına vermiş ve bu sanatın ilerlemesi için çalışmıştır. Hint gelenekleri İran etkisi altındayken bile kaybolmaz, ancak Moğol ekolünün etkisi, Cihangir döneminde kendini hissettirmeye başlar. Portre sanatı son derece popüler olur. Ancak sanatçılar bununla yetinmezler. Efsaneleri ve klasik eserlerin illüstrasyonunu bir kenara bırakarak, günlük yaşamdan sahneleri ve doğayı, bitkileri ve hayvanları resmetmeye başlarlar. Şah Cihan'ın hükümdarlığında, saray yaşamının ihtişamlı sahnelerini betimlerler ve kadın figürlerini resmetmekle ilgilenmeye başlarlar. Duyarlılığıyla ünlü büyük Hint sanatına dönüş yaparak, kadınları tüm mahremiyetleri, aşkları içinde resmederler.

Evrengzib

Bu bir gelenekti: Moğol prensleri birbirini kıskanır ve tahta geçişle ilgili kesin bir kural, yasa olmadığından –bu kuralsızlık Türk monarşilerinin en büyük felaketlerinden biri olmuştur– hangi yoldan olursa olsun herkes tahta geçmek ister, yani gerekirse kardeşlerini öldürmek pahasına. Kardeş kavgalarına daha önce de şahit olmuştuk. Daha kötülerini de göreceğiz.

1657'de Şah Cihan hastalanır. Ölecek midir? Veliahtı seçmek için kaçınılmaz sonun gelmesini beklemek gereksizdir. Bu nedenle imparator deneyimlerden yola çıkarak halefini belirlemek ister. Tercihini, yanında kalan ve kendisine çok iyi bakan Dara'dan yana kullanır. Onun lehine tahttan feragat etmek ister: çok yerinde bir karar olmasına karşın Dara bu kararı reddeder. Evrengzib kırkına merdiven dayamasına karşın müdahale etmeye karar verir. Ancak bu son derece korkunç bir müdahale olur. Savaşırlar. İmparatorluğun ordusunu yöneten Dara yenilir, esir alınır, korkunç işkencelerden geçirilir ve tüm çocuklarıyla birlikte öldürülür. Şah Cihan Agra Kalesi'nde zindana atılır ve burada da yaşama veda eder. Öteki oğulları da birbiri ardına yok edilirler. Evrengzib, bu bertaraf etme işinin sonunu dahi beklemeden 31 Temmuz 1658'de kendisini imparator ilan eder.

Hindistan'ın yeni hükümdarı fanatik bir Müslümandır. Halkın korunması ve adalet için ardı ardına yaptığı açıklamalara karşın adil ve hoşgörülü ve bağışlayıcı olmak dışında her şeyi yapar. Üstelik okumuş biri değildir ve sanattan da hoşlanmamaktadır. Şarkı söylemeyi, müziği, dansı, şiiri, resmi yasaklar. İlgilendiği tek şey din ve savaştır. Sadece yün ya da pamuklu giymekte, sadece pişmiş topraktan yapılan kap kacaktan yemek yemektedir. Kısacası Büyük Moğollara zaferi getiren öteki prenslere taban tabana zıt biridir.

Atalarının hoşgörü politikasını devam ettirmek bir yana, her yolu deneyerek İslamiyeti yaymaya çalışmış ve Hinduların kalbinde sadece nefret uyandırmıştır. Cihat yapmıştır ve orduların başkumandanı olarak kendinden öncekilerin kazanmadığı başarıları elde etmiştir: her yeri kana bulama pahasına neredeyse tüm Hindistan onun emri altına girer. Sihler boyun eğmektense ölmeyi tercih ederler. Mahratlar ise son derece inatçı rakiplerdir ve boyun eğdirilseler bile hemen isyan etmektedirler. Her yerde ayaklanmalar baş gösterir. Fethetmek istediği güney bölgelerine daha yakın olmak için, başkenti Delhi'den Dekkan'da bulunan ve daha sonra Evrengabad adını alacak (1682) Khadka'ya taşır. 1707'de öldüğünde imparatorluk hiç olmadığı genişliğe ulaşmış ve hiç olmadığı kadar güçlüdür. Aslında Hindistan yakıp yıkılmıştır. Toprakları terk edilmiştir, finans kaynakları büyük oranda ipotek altındadır ve Mahratlar korkunç rakipler olmayı sürdürmektedirler.

İmparatorun vasiyeti yastığının altında bulunur: iç savaş çıkmasını engellemek için imparatorluğun mirasçıları arasında bölünmesini istemektedir. Ancak yine de iç savaş çıkar ve taç üç dört kişiye kalamayacağı için imparatorluk her şeye rağmen bölünür. Tüm büyük vasallar özerkliklerini ilan ederler. Bu dönem racaların ve maharacaların dönemi olacaktır. Artık Moğol İmparatorluğu sadece bir isimden ibarettir. I. Bahadır Şah'tan (1707-1712) sonra artık bu adı taşımaya layık bir imparator kalmaz. İki yüzyılda sadece yedi hükümdar değiştiren ülke, elli yılda on hükümdar eskitir! Bu bile artık imparatorluğun sonunun geldiği bir işaretidir.

Bir imparatorluk ne kadar büyükse, çöktüğünde dahi gücüne dair yarattığı yanılsama o kadar büyüktür. Avrupalılar bunu çok iyi bilirler. Iştahları oldukça kabarıktı, ancak bu imparatorluğu yıkmanın kolay olmayacağını da biliyorlardı. Portekizliler gelir gelmez Osmanlıları yardıma çağıran Guceratların aksine Büyük Moğollar, batı ticarethanelerinin topraklarına yerleşmesine sıcak bakmışlardır. Babur Hindistan'a girdiğinde, Albuquerque, Goa'ya çıkmıştır bile (1510). Ekber tüm kudretiyle hüküm sürerken, 1600 yılında Doğu Hindistan İngiltere Şirketi kurulmuştu. Uluslararası ticaretle ilgilenmeyen Hintliler başkalarının onların yerine ticaretle ilgilenmesinden ve giderek daha fazla sayıda insanın ülkelerine gelip mallarını satın almasından çok memnundular. Denizci de değildiler üstelik. Yabancı gemilerin ve denizcilerin onlara hizmet ettiklerini sanıyorlardı. Avrupalılar bu zayıflıklarını keşfetmişlerdi. Bu büyük bir zayıflıktı.

Nadir Şah'ın[ɸ] 1732'de gelişiyle gözleri açılmıştır. Bir zamanlar büyük bir güç olan bu ülke artık mücadele edecek gücü bulamamaktadır. Nadir Şah'ın fethi, olsa olsa bir sömürge savaşı olarak nitelendirilebilir.

Büyük İmparatorluk

Güneş batarken en güzel ışıklarıyla parıldar, Osmanlı İmparatorluğu da batarken en güzel ışıklarını saçıyordu. XVI yüzyılın ikinci yarısında Osmanlının askeri başarıları devam ediyordu: Yemen'deki mevcudiyetlerini daha da sağlamlaştırırlar (1568-1569), Safeviler üzerinde son derece görkemli bir zafer kazanılır (1571), ancak sırada İnebahtı Savaşı vardır. Türk donanmasının o gün uğradığı büyük yenilgi tüm Hıristiyan dünyasında büyük yankılar uyandırır ve Türklere bakış açısında ciddi bir değişikliğe neden olur; bunun üzerine tüm taşra vilayetleri ayaklanırlar; ancak huzur kısa bir sürede sağlanır, Türkler donanmalarını birkaç ay içinde tamamen yenilerler. Bir yenilginin ardından gelen ayaklanmaların genelde işaret ettikleri gerçek çok açıktır ve yanılma payı azdır. Dilleri, gelenek ve görenekleri, yasaları, dinleri birbirinden tamamen farklı olan bunca halk, belki on, belki de yüzlerce halk elbette Osmanlı İmparatorluğuna fetihler nedeniyle boyun eğmişlerdi; ancak yine de orada kalmaya devam etmişlerdi. Tüm bu halklar bu büyük imparatorluğun bir parçası olmayı kabul ederek

---

[ɸ] Bkz. ileride XIV. bölüm.

birlik ve bütünlüğü sağlamışlardı. Çünkü Osmanlı büyük bir imparatorluktu, zengindi ve zenginlikler vaat ediyor ve onlara büyük bir hareket alanı sağlıyor, pek çok ilerleme ve gelişme fırsatı tanıyordu. İnebahtı yenilgisi ya da başka vesilelerle bir iki halkın ayaklanması aslında münferit olaylardı. Bağımsız olmakla ne kazanacaklardı? Özgürlük. Zaten büyük oranda özgürdüler, çünkü nasıl istiyorlarsa öyle yaşıyorlardı ve kendi kurallarını uyguluyorlardı. Aslında her şeyden büyük ve güçlü olan padişah otokrat olarak kabul edilmesine karşın pek çok alanda kısıtlı yetkilere sahipti: buyrukları önünde boyun eğmek zorunda olduğunu hissettiği *şeriat* yasası ve egemenlik altına alınan milletlerin örfi kanunları tarafından kısıtlanıyordu. Ama imparatorluk teokratik bir devlet olmaktan da uzaktı, çünkü o dine hizmet etmektense dinin kendisine hizmet etmesini sağlıyordu. Osmanlı İmparatorluğu bir otokrasi değildi, çünkü şehzadeler de, vezirler de keyfi bir güce sahip değillerdi.

1606 yılında imzalanan Zitvatorok barışı, imparatorluğun varabileceği en son sınırı belirliyordu. Artık ölçüsüz bir enginliğe kavuşmuştu. Türkiye, Transkafkasya ve Kafkasya, Kırım, Güney Ukrayna, yani bugünün Romanya, Yugoslavya, Bulgaristan, Yunanistan, Macaristan'ı, Suriye, İsrail, Lübnan, Irak'ın bir bölümü, Arabistan, Yemen, Mısır, Kenan ülkesi, Trablusgarp, Tunus ve Cezayir'i kapsıyordu. Sultan Süleyman'ın devrinde dünyanın en büyük gücüydü.

XVI Yüzyılda Osmanlıda Sanat, Edebiyat ve Bilim

Bu dönemde Osmanlı İmparatorluğu en mükemmel zamanını yaşıyordu. Kurallı, ince ve üstün zevkli, ancak kimi zaman özgün ve neşeli üslubuyla şair Bâki (1526-1600), Fuzuli (1494-1555) saray şiir sanatına belirli bir özgünlük ve özellik kazandırmışlardı. Daha derin bir etki yaratanlarsa Ata'i, Nefi, Nabi'ydi. Tarihyazımı, Hacı Halife (Kâtip Çelebi olarak da bilinir, ö. 1650), ki *Cihannuma*'sı dönemin coğrafyasının mükemmel bir sentezini veren bir başyapıttır, İbrahim Petçevi (ö. 1650'ye doğru), Naima (1655-1716) ve gerçek bir gezgin ve gezdiği yerler hakkında son derece yararlı bilgiler veren iyi bir vakayinameci olan Evliya Çelebi'yle (1611-1682) yeniden canlandı.

Tarımla ilgili iki eser, pek çok çiçekbilimi kitabı, şiirsel bir üslupla, bilimsel araştırma çalışmalarını sona erdirmiştir; ancak bir şekilde XVII ve XVIII yüzyıllarda çiçek aşısı uygulaması gerçekleştirilmiştir ve bugün Avrupa'nın bu aşıyı İstanbul'dan gördüğü neredeyse kesindir. Ünlü Lady Mary Montagu, Jenner'in "müdahalesinden" çok uzun bir süre önce kendisini aşılatmıştır.

Mimari çok yaratıcı eserler ortaya koymaz, ancak giderek daha büyük anıtlar yapılmaya başlanır. 1616'da Bizans Hipodrom meydanında Sultan Ahmed Camii inşa edilir. Bu caminin son derece göz kamaştıran cephe süslemesi batılılarca "Mavi Cami" denmesine neden olmuştur. Ünü her türlü beklentinin ötesinde olan Yeni Cami (1663) hâlâ devasa yapılardan biri olarak kabul edilir. Topkapı Sarayı'na birkaç güzel köşk eklenir ve duvarları hayranlık verici süslerle kaplanır. Ama en önemlisi hâlâ şaşırtıcı bir tazeliğe ve yeniliğe sahip olan minyatürlerdir: III. Ahmed'in *Yemiş Odası* XVIII yüzyıl sonlarında nadide bir mücevher gibidir.

Şiirsel bir anlatıma sahip olduğu kadar, betimsel de olan duvar resim sanatı etkili olsun olmasın minyatürcüler bu yüzyıl başında kendilerine yeni bir yol açmaya çalışmaktadır. Modellerine bir gözlemciden çok fiziksel gerçekliği hedef alan bir araştırmacı gözüyle yaklaşarak portre sanatına dönüş yapan Ahmed Nakşi'nin de ifade ettiği bu tür bir yenilenme isteğidir. 1630 tarihli anonim *Paşaname* (bugün British Museum'dadır) bir ölçüde, özellikle ünlü Karadeniz kadırgaları resimleriyle, Matraki geleneğine dönüş yapıldığının kanıtıdır.

İlk Gerileme Belirtisi

Şehzadeler her zaman halklarının düzeyine ulaşamayabilirler. Örneğin II. Osman (1618-1622) ve IV. Murad (1623-1640) gibi otorite kurmaya çalışan ve devletin itibarını artırmaya çalışanlar olmuştur – II. Osman bu çabalarının bedelini pahalıya ödeyecek, yeniçeriler tarafından öldürülecektir. Ancak çoğu hükümdar devletin ve idarenin sorunlarına ilgisiz kalmış, işleri genelde *Valide Sultan*'lara bırakmışlardır ve son derece Türklere özgü bir davranış sergileyerek anne-oğul ilişkisi içinde iktidarı anneleriyle paylaşmışlar ve bu da hemen hemen her zaman büyük bir felaketle sonuçlanmıştır. Örneğin XVI yüzyılda III. Mehmed (1593-1603) yönetimi Venedikli Baffa'ya, yani Safiye Sultan'a bırakır; padişah eşi ve iki padişah annesi olan bu kadın sadrazamlarla uğraşmaktan başka bir şey yapmaz, sekiz yılda yaklaşık onbiı sadrazam değiştirir. Her ne kadar I. Ahmed (1603-1617) ondan kurtulmayı başarsa da o kadar yeteneksiz bir yönetim sergiler ki, artık yorulan vezirleri onu tahttan indirmekten başka bir yol bulamazlar. I. Ahmed'le birlikte, yaklaşık iki yüzyıldan fazla bir süredir devam eden bir gelenek, tahtın babadan oğula geçmesi geleneği yıkılır. Bu tarihten sonra taht kardeşten kardeşe, kuzenden kuzene geçer. IV. Murad'ın hükümdarlığının ilk yıllarında, Safiye Sultan Kösem'in kişiliğinde yeniden canlanır gibi olur. Bu *Valide Sultan* da büyük bir güç ve nüfuz sahibi olur ve hazineyi boşaltır. Anadolu'daki çiftçi ayaklanmalarını bastıramaz ve askerlerin isteklerine boyun eğer. Padişah son derece katı ve sert tedbirler alarak biraz olsun düzeni sağlamayı başarır. Kardeşi I. İbrahim (1640-1648) ölümlerle tükenen hanedanın hayatta kalan son varisidir, kadınların oyuncağı olur ve katillerin eline düşer. Yerine oğlu IV. Mehmed (1648-1687) tahta geçer. Ancak ondan sonra kardeşleri imparatorluğu bir girdaba sürüklerler.

1656-1710 yılları arasındaki dönem bir sadrazam hanedanlığı olan Köprülüler dönemidir. Bu sadrazamlar kuşağı padişahların yetersizliklerini ve zayıflıklarını telafi etmeye çalışırlar. 1663'te Silezya'ya bir ordu gönderirler. Avrupa yeniden korkuyla titrer. XIV. Louis iki kere saldırıya uğrayan Avusturya kralına yardım edebilmek için tüm soylularını toplar. Bu, haçlı seferlerinin ruhunun hâlâ yaşadığını göstermektedir. Sonrasında bir çığlık kopar: Viyana kuşatıldı! Viyana düşmek üzere! Polonyalı Jan Sobieski imdada yetişir ve Osmanlı ordusunu bozguna uğratır. Alelacele terk edilmiş kamp yerinde, Viyanalılar kahvenin tadını keşfederler ve tüm Avrupa'ya yayarlar.[ф] Yeni bir Haçlı seferi ya da genel bir güç birliği! Ruslar da bu güç birliğine katılırlar ve bir daha da çıkmazlar. 26 Ocak 1699'da, Karlofça Antlaşması imzalanır. Türkler Macaristan'ın neredeyse tamamını Habsburg hanedanına bırakmak zorunda kalarak tarihlerinde ilk kez geri çekilirler.

Eğer o gün Viyana işgal edilse ve Türkler Viyana'dan Avrupa'ya geçselerdi, İslamiyetin tüm Avrupa'ya yayılacağını söylemek doğru olmaz. Bunun için artık çok geçtir. Sultan Süleyman döneminde işaretlerini veren zaafların boyutu ciddi bir hal almaya başlamıştır. Rüşvet genele yayılmıştır: atanan ya da keyfi nedenlerle azledilen yöneticiler bir an önce zenginleşme derdindedirler. Yeniçerilerin başıbozukluğu artık dayanılmaz noktaya gelmiştir: XVI yüzyılın sonundan itiba-

---

ф Kahve aslında Avrupa'da eskiden beri bilinmekteydi.

ren evlenme hakkını kazanmışlardır ve görevlerini babadan oğula devreder hale gelmişlerdir. Bir süre sonra da kim olursa olsun yeniçerilere katılabilir hale gelmiştir. Her türden ayaklanmada yer alıyorlar, hükümdarları başa geçirip, tahttan indiririyorlardı. Şefleri *ağa*, tiran gibiydi. Onlar hâlâ birer askerdiler, ancak artık eskisi gibi iyi donanımlara ve silahlara da sahip değillerdi.

Sultan Süleyman'ın I. François'ya verdiği kapitülasyonlar 1604'te ve pek çok kez yenilenir: Fransa, imparatorlukta yolculuk eden ve ticaret yapan Avrupalılar üzerinde gerçek bir himaye uygulamaktadır, Venediklilerin ve İngilizlerin kendi ayrıcalıkları vardır. Kısa bir süre sonra Avusturyalılar ve Ruslar da kendi ayrıcalıklarını elde ederler. Devlet içinde bir devlet oluştururlar, Hıristiyanları etkileri altına almaya çalışırlar: eskiden mutlu olan bu halkların şimdiki mutsuzluklarını anladıklarını söylerler. Din ortaklığı uzun süreli bir ortaklıktır. Yunanlılar Hıristiyan kardeşlerine zulmetmek için ayrıcalıklarından faydalanırlar: ancak bu durumdan Türkler suçlanır. Hoşgörü ve özgürlüklere her şeye rağmen saygı duyulmaktadır. Ancak halklar artık kendilerini Osmanlı olarak görmemeye ve kendilerini baskı altındaki uluslar olarak kabul etmeye başladıklarından beri hoşgörü ve özgürlük politikasının giderek daha kötü sonuçları olmuştur. Din adamları Araplardan oluşuyordu, denizciler Rumdu, ticaret Ermenilerin ve Rumların, maliye işleriyse Museviler ve Ermenilerin elindeydi. Üst yönetici sınıf ise hâlâ Türk değildi. Köprülüler kuşkusuz Arnavuttu; Mısır'ın naip kralı Mehmed Ali de kesinlikle Arnavuttu. Karlofça Antlaşmasını yapan Rum Alexandre Mavrocordato'ydu. Hükümdarın etrafındaki danışmanların çoğunluğu yabancılardan oluşuyordu. XVIII yüzyılın Baron de Tott'u Birinci Dünya Savaşının Liman von Sanders'ini hatırlatır.

Şehzadeler, Kadınlar ve Haremağaları

Roxelane [Hürrem Sultan] kadınları saraya kapattığından beri sultanlar da haremlere kapanmış, savaş alanlarından uzaklaşmışlar, devlet işlerine ilgisizleşmişler ve eskiden haftada bir toplanan ve önemli bir protokol yeri olan divan önemini yitirmeye başlamıştır. Harem, rekabetin kıyasıya sürdüğü, iktidar oyunlarının bitmek bilmediği bir arenaya dönüşmüştür. Haremde hepsi de hükümdarın gözdesi olmak isteyen yüzlerce kadın yaşamaktadır – yaklaşık 1500 kadın olduğu söylenir. Hepsi de hükümdarın ilk eşi, eşi ya da gözdesi olmak istiyorlardı. Tutku kol gezmektedir, ama söz konusu olan aşk tutkusu değil hırs ve nefretti. Hükümdarın gözdesi olmayı, dikkatini çekmeyi başaran hemen hükümdara bir oğul vermeliydi, ama düşük yapmaya zorlanma ya da boğazlanma riski hep vardı. Çocuk doğar ve yaşarsa, tahta geçmesi için mücadele vermesi, çabalaması gerekiyordu. Bu gerçekleştiğinde de *Valide* olur, oğlu aracılığıyla iktidara yerleşirdi – ancak genellikle başlarına çok daha kötüsü gelirdi.

Daha kötüsü neydi? Bunun için de haremağaları, onunla rekabete girerlerdi. Osmanlı sarayına, XIV yüzyıl sonu gibi çok erken bir tarihte giren haremağaları –Osmanlılara Bizans'ın bir armağanıydı– sarayda çok önemli görevlere geliyorlardı, öyle ki en hırslıları kendilerini hadım ettiriyorlardı. Kadınlara sahip olma arzusu erkeklerin en önemli uyarıcısı olduğuna göre böyle bir şeye inanmak zor değil mi? Önceleri haremağası olmaya en hevesli olanlar Kafkas kökenli beyazlardır; bunlar hadım olmayı kaldırabilecek kadar güçlü fiziklere sahip değillerdir. Çok da yakışıklı oldukları için kıskançlık yaratırlar. Dolayısıyla daha sonra siyah ırktan olanlar gelir: hadım olmaya dayanabilen Etiyopyalılar, Sudanlılar ve Çadlılar; bunlar ne kadar çirkin olursa o kadar iyidir. Köle pazarlarında çok sayıda alıcı bulabilmektedirler (ne kadar çirkinlerse fiyatları o kadar yüksektir). Başları, yani *kızlarağası*, XVI yüzyıldan XIX yüzyıla kadar, Osmanlı hiyerarşisinde hem en mühim hem de en meşum figürlerden biridir.

Kardeş Katli ve Kafes

Türk geleneklerinde mülkiyet aileye aittir ve bu otoriteyi mirasçılardan birine vermek için kesin kurallar yoktur. Daha önce de kardeşler arasındaki kavgaların monarşilere ne kadar zarar verdiklerini görmüştük ve bu kavgaların sonucunda oluşan bölünmelerin ve ayrılmaların imparatorlukları nasıl parçaladığını da tarihten pek çok kez öğrendik. Osmanlılar taht kavgalarına bir son verebilmek için, bize canavarca gelebilecek bir kuralı benimsemişler ve kardeş katline izin vermişlerdir. Ancak bu kuralın da insanlığa ait her kurumda olduğu gibi kendine özel nedenleri vardır. Yüzyıllardır süregelen gelenekleri yıkamayacaklarını bilen Osmanlılar, bunu meşrulaştırmışlar ve kaba, canavarca, tehlikeli, ama etkin bir yol bulmuşlardır. II. Mehmed, "tahta çıkan her kimse, dünyanın huzuru için kardeşlerini boğduracaktır" yasasını çıkarmıştır. Süleyman bizzat üç oğlunu öldürmüş ve şunları demiştir: "Müslümanların oğullarımın arasında çıkan savaştan kurtulduğunu görecek kadar uzun yaşadığım için Allah'a şükrediyorum ... Eğer tersi olsaydı umutsuzluk içinde yaşıyor olacak ve o şekilde de ölecektim." Bu sözcüklerin dile getirdiği düşünce, biz batılıların asla anlayamayacağı, kavrayamayacağı bir devlet ve halkın selameti düşüncesidir. İnsan belki de her yerde her dönemde aynıdır, ama kalbinin ve zihniyetinin dile getirdikleri bir yüzyıldan öteki yüzyıla anlaşılmaz, kavranamaz olabiliyor.

XVI yüzyılın sonuna doğru, kardeş katli geleneği artık uygulanmaz olur. İnsani değerlerin önem kazanması mı? Şehzadeler artık katledilmemekte, ama *kafes*'e kapatılmaktadır. Aslında kafes olarak saraydaki binalardan oldukça konforlu bir yer seçilirdi, şehzadenin emrine haremağaları ve kısır bakire hizmetliler verilirdi. Ancak bu uygulama daha kötü sonuçlar vermiştir. Genellikle seçilen ya da belirlenen veliaht tahta çıkmak üzere sersemlemiş bir biçimde kafesten çıkarılırdı.

Başarısızlıkların sebepleri ortadadır. Ancak neden daha fazla sayıda olmadıkları ve daha erken ortaya çıkmadıklarını merak edebiliriz. Bunun nedeni belki de imparatorlukta sayısız kusurun yanında birkaç erdemin de olmasıydı; merkeziyetçilik, son derece güçlü bir idari yapı, hiçbir düzensizlikleri ortadan kaldırmaya çalışan düzenleme ve örgütleme yeteneği. Aynı zamanda bunun nedeni, diğer milletler giderek daha "isteksiz" ve "güvensiz" olmaya başladıklarından beri Türklerin siyasal sistemde daha fazla rol oynamaya çağrılmaları ve cesaret gibi pek çok önemli yeteneklerinin ve özelliklerinin olmasıdır.

Sibirya'da Ruslar

Batı Sibirya'da Şeybani Küçüm'ün yenilgisinden sonra (1600), Pasifik Okyanusuna kadar uzanan geniş topraklarda Rusların önünde artık bir engel kalmamıştı. Amerikalıların "Uzakbatı" rüyasına benzeyen "Uzakdoğu" destanları, kendi sinemacılarını çıkaramasa da Jules Verne'in *Michel Strogoff* romanına esin kaynağı olmuştu. Kale-şehirlerin kurulması da ilerlemelerini daha da hızlandırmıştır: 1604'te Tomsk, 1620'de Yenisey, 1628'de Krasnoyarsk, 1634'te Ilimsk ve 1652'de Irkutsk. Tayga neredeyse çöl halindeydi ve artık önlerinde onları engelleyecek hiçbir insan topluluğu kalmamıştı. Kalan birkaç topluluk umutsuzluğa varan bir cesaretle ve neredeyse intihara varan bir kararlılıkla ellerinden geleni yapmaya çalışmıştı.

Her ne kadar Baykal Gölünün Buryat Moğolları, güneydeki en kararlı rakipleri olarak kendilerini ortaya koysalar da Türkçe konuşan Yakutlar ve Kırgızlar da en azından ayaklanacak gücü kendilerinde bulabilmişlerdir.

Kendilerine Sakalar diyen Yakutlar adlarını komşuları Tunguzlara borçludurlar. Komşuları onlara *Yako*, daha sonra Ruslar da *Yakut* adını vermişlerdir. Çok az sayıda olmalarına karşın (1926'daki sayıma göre sadece 236.000) büyük bir alanı işgal etmişlerdi ve bu toprakların merkezi Lena'nın orta ve aşağı bölgesi olup, doğuda Kolyma'ya, batıda Kotuy Irmağına, kuzeyde Arktik Okyanusu uzanmaktadır. Bugün hâlâ Rusya'daki en büyük Rus federe cumhuriyetini oluşturmaktadırlar. Kökenleri tartışmalıdır. Bununla birlikte Yakutların şu ya da bu nedenle yurtlarını terk edip bu bölgeye yaklaşık olarak ya XIII ila XIV yüzyıllarda ya da 1450'li yıllara doğru Ömögey adı verilen bir liderin ardı sıra geldikleri ve yukarı Lena bölgesine yerleştikleri kabul edilmektedir. Daha sonra ırmak boyunca okyanusa kadar inmişlerdir. Burada eski Tunguz ve paleo-Asyalı topluluklara karışırlar ve önlerindeki birkaç küçük Türkçe konuşan topluluğu yerlerinden ederler. Bunlardan Dolganlar Yenisey'in aşağısına ve Tamir yarımadasına inerler. Bu arada Yakutların milattan sonraki ilk yüzyıllarda bölgedeki ormanlar içinde kalıp göçememiş birkaç Türkçe konuşan toplulukla ve Moğollarla karıştığı ve dillerinin onların dillerinden çok etkilendiği ve pek çok sözcük alıntıladıkları anlatılır.

Doğruyu söylemek gerekirse Yakutları Ruslarla temasa geçtikleri 1620 yılından beri tanımaktayız. Yakutlar bu sırada Şamandırlar, ata binmekte, rengeyiği yetiştirmektedirler. Demircilik yapmakta ve ülkede buldukları pek çok mamut iskeletinden elde ettikleri kemikleri ve fildişlerini işlemektedirler. Çiftçiliği bilmemekte ve ne öküz ne koyun ne domuz yetiştiriciliğinden anlamaktadırlar. Genelde balık avlamakta, avcılık ve ormanlarda toplayıcılık yapmaktadırlar. Kayakla, kızakla, kanoyla yolculuk etmekte ve kürk ve deri giymektedirler. Sayılarının çok az olması ve yaşam düzeyleri işgale karşı direnmelerini zorlaştırmıştır ve 1634 ila 1640 yıllarında pek çok kez boşu boşuna ayaklanırlar. Teslim olduklarındaysa neredeyse tamamen Rusların etkisi altında kalırlar. Boylar arasındaki olağan kavgalarına da devam ederler. XVII yüzyılın sonundan itibaren toprağı işlemeye başlarlar ve Doğu Avrupa'ya ithal edilen pek çok ürün ortaya koyarlar. 1750'den sonra kitleler halinde Ortodoks Hıristiyanlığa geçerler ve XIX yüzyılda Ortodoks Kilisesinin ateşli inanları haline gelirler. 1782'ye, yani II. Katerina tüm Sibirya'ya valiler atayana dek kendi kendilerini yönetirler.

Tarihlerini çok iyi bildiğimiz Kırgızlar eski dönemlerinin heybetinden çok şey kaybetmişlerdir: onlar da ne okumayı ne de yazmayı bilmektedirler. Ancak buna karşın özgürlüklerini kazanma konusunda son derece duyarlıdırlar. Prenslerin en güçlüsü Nemçe, 1606'da boyun eğer, ama Kazakların baskılarına karşı başkaldırmakta gecikmezler. Tomsk'tan yola çıkan Ruslar, Abakan ve Kemtçik bölgelerine kadar Yenisey boyunca çıkarlar. Tek başlarına bir şey yapamayan küçük kavimlerle kavgaya devam eden Kırgızlar, Tubalar ve Kuznetsk Tatarlarının hepsi 1628'de Ruslara yenilirler. XVII yüzyıl sonunda, tüm umutlarını yitiren Kırgızların büyük bir çoğunluğu güneye doğru iner. Tien-şan bölgesine, bugün Kazakistan adını alan cumhuriyetin olduğu topraklara yerleşirler. Ancak burada da özgür olamazlar, Rusların hâkimiyetindense Kalmukların hâkimiyetine boyun eğerler. Ancak Kalmuklar bir süre sonra bunlara katılırlar. Kırgızlar arasında birkaç topluluk Kalmuklardan nefret etmektedir ve tekrar göç etme cesaretini kendilerinde bulurlar. Vakhan bölgesine, Çin tarafına uzanan Afgan Pamir vadisine yerleşirler. Biraz ileri gidelim: Sovyet orduları Afganistan'ı işgal ettiklerinde Kırgızlar yeniden yollara düşerler, acınacak koşullarda Pakistan ovalarına sığınırlar. Bugün Doğu Anadolu'da Van Gölü dolaylarında birkaç Kırgız topluluğu bulunmaktadır.

Cungar Egemenliği

Bozkırlarda büyük bir imparatorluk kurma girişimlerinden sonra "Sol El İnsanları," yani *Cagun-gar* adı verilen imparatorluk –ki bu ad, 1434 ila 1445 yıllarında "Cungar" olmuştur– Kalmuk ya da Oyrat adı verilen Doğu Moğollar henüz yenilgiyi kabul etmemişlerdi: güçlerini bozulmadan muhafaza edebilmişlerdi, belki de bunun nedeni, kendilerini Cengizhanlılardan koruyan ataları sayesinde büyük bir kıyıma uğramamalarıdır. Savaşçı bir ulustular ve bunun kanıtlarını göstermekte de gecikmeyeceklerdi. 1620'den sonra Budizme geçişleri diğer Moğollar gibi onları da barışçıl bir topluluk haline getirmemiştir. Pek çok kez yenilgiye uğrasalar da her seferinde yeniden aya kalkıyorlardı. Kovuldukları Moğolistan'ı ele geçirmeye boşuna çabalarlar. Bunları Moğolistan'dan kovanlar Cengizhan imparatorluğunu yeniden kurmaya çabalarlar, ancak aslında Kubilay'ın mirasçılarından başka bir şey değildirler. Bu arada Cungarlar ağır yenilgilere uğrarlar. 1616'da başlıca topluluklarından biri olan Torgutlar, batıya doğru göç etmek zorunda kalır ve Türklerin eski topraklarına, Aral Gölü ve Hazar Denizinin kuzey bölgelerine yerleşirler. Yolda Kazak boylarını kuvvetle iter, başta Hive Hanlığı olmak üzere pek çok yere akın düzenlerler. En sonunda Volga'nın aşağı bölgesine yerleşirler ve burada Ruslarla sağlam dostluk bağları kurarlar. Ural'dan Don Irmağına, Çariçin'den Kafkasya'ya uzanan bir krallık kurarlar ve 1771'e kadar hem Ruslarla dostluklarını hem de bu sayede krallıklarının varlığını sürdürürler.

Tarbagatay bölgesine yerleşen ve Dörbötler ve Huilerle güçlü ittifak bağları kuran Çoroslar ise, Tibet'teki bir tapınağın eski keşişlerinden olan Goldan'ın başkanlığında dünyanın fethini tamamlamaya girişen Büyük Ordu Kazaklarının (1635 ila 1643 arasındaki seferler) ilhak iddialarından kurtulmayı başarırlar. Artık göçebelerin üstünlük zamanları geride kalmıştı ve bu yalnızca boş bir dilekten ibaretti. Buna karşın yine de parlak başarılar kazanırlar. Dalai Lama'nın koruması altına giren Kaşgarlı Müslüman bir prens başkanlığında, Kaşgariye'ye girer ve ilhak ederler (1677'ye doğru), sonra Turfan'ı ele geçirirler ve Hami'yi işgal ederler (1682'ye doğru). Budistlerin baskısı altında ezilen Müslümanlar Kansu'ya sığınırlar. Goldan ve birlikleri Kalkaların (Cengizhanlı Moğollar) iç savaşlarından yararlanıp Moğolistan'ı işgal ederler. Karakurum'a kadar ilerler ve Lama tapınaklarını ve Budist tapınaklarını yağmalarlar. O güne kadar yeni Çin hanedanlığına, yani Kinglerin ya da Mançuların hanedanlığına katılma konusunda hiçbir şey duymak istemeyen Kalka liderleri bunun üzerine Çin'in koruması altına girmek için sabırsızlanırlar.

Çin hükümdarı o sırada büyük bir prens olan K'ang-hi'dir (1662-1722). Cungar İmparatorluğunun oluşturduğu tehdidi gören Çinliler Goldan'ın karşısına dikilirler ve Cizvit rahiplerin verdiği (1691) toplar sayesinde bunları Urga (Ulan-Bator) ve Kalgan'da durdururlar. Kalmuklar artık iyice Çinlileşmiş bir ülke haline gelen Moğolistan'ı boşaltır.

Dört yıl sonra tekrar saldırırlar ve yeniden kovulurlar (1695). Bu arada prens ölür (1697). Yeni sorunlar, kaygılar Kalmukların Çin'den yüz dönmelerine neden olur ve Kaşgariye ve Tarım havzasının hâkimleri olarak kalırlar. Yaklaşık yüz yıl boyunca bu bölgede egemenlik sürer ve Moğolların boyunduruğu altında yaşayan Uygurların da yeni efendileri olurlar.

Buhara ve Hive Hanlıkları

Buhara yüzyıllardır saygınlığını koruyordu ve XVII yüzyılda Özbek İmparatorluğu herkes tarafından hâlâ Buhara Hanlığı olarak kabul ediliyordu. Kuzeydeki Kazak boyları, arada sırada Kalmuklar ve komşuları ve akrabaları olan Hive hanlarıyla çatışmalarını saymazsak genelde sakin bir dönem geçirmekteydiler. Ancak bu çatışmalar da ne kadar sık olursa olsun, hiçbir zaman sonuç vermemiştir. Ölümcül darbeler vurulduğu sanılırken yaraların çabuk kabuk bağladığı görülmektedir. Harezmlerin saldırılarını 1661'de Canoğullarının başkentine kadar götürmeleri nasıl bir işe yaramadıysa, Canoğullarının da 1691 ila 1696'da Harezm'i işgal etmeleri bir işe yaramaz. Mutlu halkların tarihi olmadığı soylenir: Buharalılar mutlu bir halk olmalı, çünkü tüm çabalarını şehirlerini güzelleştirmek, eğitimi ve kültürü geliştirmek ve güçlendirmek için harcamışlardır.

Birkaç büyük yapı hükümdarlıklarının izini taşımaktadır. Liaby Haus Meydanı, Nadir Divan Beyi Medresesi'nin inşaasıyla (1622) tamamlanmıştır. Ayna ilkesine uygun olarak eski Ulu Bey Medresesi'nin karşısına büyük bir okul olan Abdül Aziz Han Medresesi (1652) dikilmiştir. Bu yapı büyük bir yaratıcılık ortaya koymaz, ancak şehrin mimari ve dekoratif bütünlüğüne o kadar iyi uyum sağlamıştır ki, bu hayal gücü eksikliği çok belli olmaz. Buhara'daki resim sanatında hiçbir yerde göremediğimiz kadar yoğun bir Çin etkisine rastlamaktayız, bu etkinin neden bu kadar fazla olduğu bilinmemektedir, ancak ağaç, bina, altın hareli bulutlar ve rahatlıkla ejderha denilebilecek yılan figürleri bunun en açık göstergeleridir. Buhara'daki binalar ne kadar etkileyici olursa olsun, dönemin en güzel yaratıcı sanatı Semerkant'tadır. Timurluların yaptığı Registan Meydanı ticaret merkezi olarak bütünüyle farklı bir zihniyetle tamamen yenilenmiş ve dünyanın en güzel yapılarından biri olmuştur. XIV ve XV yüzyıllarda bu güzel binaların yıkılması çok üzücüdür, geriye sadece Ulu Bey Medresesi kalmıştır. Yanı başındaki Şir Dar Medresesi (1646-1647) "aslan taşıyan" anlamına gelir ve Tilla Kari Medresesi, "altın ışıltılı" anlamındadır (1660), bu medreseyle son derece olağanüstü bir uyum gösterir.

Hive Hanlığı, Buhara Hanlığıyla aralarında sürüp giden kardeş kavgası dışında, Kalmukların saldırılarına (1613, 1648, 1651) ve Merv etrafında, bugünkü Türkmenistan topraklarında sürülerini otlatan göçebe Türkmenlerin saldırılarına dayanmak zorunda kalır. XVII yüzyıldaki Hive'den bugün geriye hiçbir şey kalmamıştır, çünkü 1770 yılından şehir yerle bir edilmiştir. Ancak bu hanlığın kültürel etkinlikleriyle ilgili olarak elimizde önemli bir tanık vardır. Hive hükümdarlarından Ebu'l Gazi Bahadır Han (1643-1655) Özbek dilinde, yani Çağatay Türkçesinde yazılmış iki önemli eser bırakmıştır: *Moğolların Tarihi* ve *Türklerin Tarihi*. Her iki eser de son derece sağlam kaynak ve bilgilere dayanarak açık ve net bir üslupla yazılmıştır. Aslında *Türklerin Tarihi*'nden kastedilen daha çok Şeybanilerin tarihidir.

XIV. BÖLÜM

ÇÖKÜŞ

Nadir Şah

Büyük Şah Abbas, İran ordusunun belkemiğini oluşturan Türk boylarının gücünü belirli sınırlar içinde tutmaya çalışıyordu. Bu politika, ölümünden sonra imparatorluğunun düştüğü gerilemenin nedenlerinden biri olmuş –tek neden değildi elbette– ve Safevilerin çöküşüne neden olmuştur. Daha Şah Abbas'ın hükümdarlığı sırasında bile oğulları kendilerini meşru vârisler olarak kabul ettirmeye çalışmışlardır: bu nedenle tahta torunlarından birinin geçmesinden başka çare kalmaz ve Şah Safi tahta geçer. O ve altı halefi Türkleri zayıflatmayı sürdürmüş, ancak beraberinde kendileri de zayıflamışlardır. Hatta öyle bir döneme gelinmiştir ki, atalarından miras aldıkları dehadan onlara geriye kalan tek şeyin içkiye düşkünlük olduğu sanılmıştır. Süleyman Şah ve Şah Sultan Hüseyin (1694-1722) alkolik hükümdarlardır ve tam bir sefahat hayatı sürdürmüşlerdir. Askerleri ve halk ise giderek gerçek Kızılbaşlıktan ve İslamiyet öncesi geleneklerden uzaklaşmışlar ve vahşi Şiiler haline gelmişlerdir. Ancak yine de büyüklüklerinden bir şey kaybetmemişlerdi ve eski güçlerine kavuşmayı beklemekteydiler.

Beklenen fırsat gecikmez. İran İmparatorluğunun durumu daha kritik halde olamazdı ve müzminleşen zaafları, Şii din adamlarının, yani mollaların uyguladıkları baskıcı rejim ve hoşgörüsüzlüğü Sünniler, yani savaşçı Afganlar açısından katlanılmaz hale getirmişti.

1722'de, Sultan Hüseyin'in hükümdarlığının son yılında –Tahmasp'ın onun vârisi olduğunu ilan ettiği yıl– Afganlar saldırıya geçmişti ve Isfahan'ı ele geçirdiler. Onların karşısında Safevilerin pek bir şansı yoktu. Afganların başı, Kirman ve Horasan arasında göçebelik yapan bir Avşar Türküydü. Bu Türk İran'ı ayağa kaldırmış, ülkeyi ateşe vermiş ve uzun bir mücadeleden sonra kendisini Nadir Şah adıyla imparator ilan ettirmiştir (1736-1747).

Nadir Şah'ın gençliği maceralarla doludur. Özbeklerin elinde sekiz yıl esir kalmış, kaçmış, sonra da beyini öldürmüş ve kızını kaçırmıştır. Çılgının biridir, ancak Türk dünyasına tarihinin son destanlarından birini yaşatan dahi çılgınlardan biridir. İran'ı birleştirir, Afganistan ve Hive'yi fetheder, Özbek ülkelerini yağmalar, Hindistan'a girer, Büyük Moğolları Panipat'ta yener, Delhi'ye girer. Ancak şehre dokunmamaya karar vermişken kazara çıkan bir yangın büyük bir kıyıma neden olur – 100.000 insanın hayatını kaybettiği söylenmektedir. Sonra ülkesine yanında büyük bir ganimetle birlikte geri döner; ganimetin içinde Paon tahtı da bulunmaktadır ... ve bir de Moğol kızı. "Soyun böyle bir kıza sahip olmak için yeterince iyi değil" denilince cevap olarak "Evet, ama ben kılıcımın oğluyum" demiştir.

Çılgının biriydi. Daha sonra iyice delirecektir. Artık ona katlanamayan askerleri onu bir hayvan gibi öldürürler. Ölümünden birkaç yıl sonra bedeninden geriye kalanlar da yakılmış ve insanlar her gün üstünde tepinebilsinler diye kemikleri sarayın kapısının önüne bırakılmıştır.

Tiranın ölümü anarşiyi getirir. Oğulları Horasan'ı korumayı başarırlar, komutanları de servetini paylaşırlar. Lor boyundan gelen bu komutanlardan biri Afganistan Devletini kuracak ve bu devlet 1979'a kadar Rusya ve uzun bir süre İngiliz hâkimiyetinde kalacak olan Hindistan arasında tampon bir devlet olarak varlığını sürdürecektir. Bu devletin sınırları Hindu-kuş Sıradağlarının kuzeyine kadar gerileyecek ve güney ucundaki bozkırlarda yaşayan Türkleri, yani Öz ve Türkmenleri egemenliği altına alacaktır. Daha sonra Buhara Hanlığı Belh şehrini almak isteyecek, ama başarılı olmayacaktır.

Nadir Şah'ın bir diğer oğlu Kerim Han Zend (1750-1779) İran'ı miras alır ve burada kendisini "naip", yani *vekil* ilan eder. Adını taşıyan kısa ömürlü bir hanedanlık kurar. Başkenti Şiraz güzelliğini ona borçludur. Vekil Camii'nin, bu bahçelerden oluşan, güllerle bezenmiş şehirde uzun nefleriyle ve bu nefleri birbirinden ayıran Arap üslubuna uygun ince işli sütunlarıyla gösterdiği uyum gerçekten şaşırtıcıdır. Ancak tüm bunların çevresinde bir düşüş görülmektedir, bunun nedeni doğru şekilde uyarlanamamış bir batı etkisi olabilir. Ancak bu şehir yine de her şeyiyle mükemmeldir! Kerim'in Şiraz'ının yadsınamaz bir büyüsü vardır; bu büyü akşam saatlerinde, sıcaklık azaldığında daha fazla hissedilir ve Hafız ya da Sa'di gibi bir şairin dizelerini tekrarlayarak geçmiş yeniden canlandırır gözünüzde. Çiçekler ve bahçeler içindeki türbeleri, insanın en güzelleri dediği mezarları bile unutturacak güzelliktedir. Acaba İran'dan başka hangi ülkede anıtlar komutanlar değil de şairler adına dikilmiştir?

Kacarlar

Nadir Şah'ın sonunu bir rehin olayı getirmiştir. Kacarlar adlı Türk boyundan Ağa Muhammed nefret ettiği efendisi tarafından hadım edilmişti. Geçirdiği bu acı deneyim çoğunda olduğu gibi onu edilgenleştirmek veya donuklaştırmaktan çok daha da hırçınlaştırmış, öfkelendirmiş ve gözleri nefret ve intikam duygularıyla parlar olmuştu. Bununla birlikte Ağa Muhammed yetenekli bir hadımdı. 1794'te Tahran'da kendisini "şah" ilan ettirmiş, Kacarlar (1794-1925) hanedanlığını kurmuş. İran'ın tümünü ele geçirmişti. Bu arada Gürcistan'ı Ruslardan almıştı. Ayrıca babası Nadir'in Hintlilerden aldığı hazineleri sakladığı Horasan'ın efendisi Avşar Şahruh'u (1748-1795) yenmişti. Ancak bu Türk kan dökmeyi çok sevmektedir. 1797'de kendi hizmetlileri tarafından öldürülür.

Batı esintili portrelerinden, Ahamenidleri ve Saşanileri örnek alarak kayalara oydurduğu kabartmalardan tanıdığımız halefi ve yeğeni Feth Ali Şah (1797-1843), İran ve batı dünyası arasında diplomatik ilişkiler başlatır. Fransa'dan elçiler kabul eder: Kont Jaubert ve General Gardanne. Ancak Napolyon'un Tilsit Antlaşmasından sonra fikrini değiştirip Hindistan'ı İran üzerinden işgal etmeyi düşünmesi ve ilk imparatorun düşüşüyle yeni başlanan ittifakın sonu gelmiş olur. Feth Ali Şah için en önemli sorun Rusların Kafkasya'ya doğru ilerlemesidir: bu gücü daha yakından izleyebilmek için başkenti Rey'den Tahran'a taşır. Aslında henüz çok farkında olunmasa da yeni yeni doğmakta olan sorun Bakü'nün petrol yataklarıydı. Saint-Petersburg'daki Bilimler Akademisinin hazırladığı bir rapora göre "Bu kötü kokulu, yapışkan sıvı ... hiçbir biçimde kullanılamamaktadır." İran bundan bir pay elde edemez. Aras'ın kuzeyindeki toprakları Ruslara bırakmak zorunda kaldır ve Herat'ı işgal eden İngiliz savunmasını kırmayı başaramaz ve bu topraklar Afgan toprakları olarak kalır.

Aslında aldatıcı görünümünün ardında Fatih Ali ve haleflerinin İranı çöküşe doğru gider ve aslında birbirine rakip olan Ruslar ve İngilizlerin kıskacında gittikçe bunalarak geriler. Sanat son parlak günlerini yaşamaktaydı. Özellikle 1970-1980 yılları arasında Kacar anıtlarının uyandırdığı hayranlık, bunların üstün nitelikler taşıdığını kanıtlamaya yeter mi? Daha çok bu yapılarda Avrupa'nın kötü uyarlanmış bir etkisi, hatta kimi yerlerde zevksizliğe varan seçimler görülmektedir.

İngilizlerin Hindistan'ı

Nadir Şah beraberinde Delhi'nin hazinelerini götürerek bölgeden çekildiğinde tüm Hindistan, imparatordan en sıradan halk tabakasına kadar bir kabustan uyanmış gibi büyük bir şaşkınlık içindedir. Geriye hiçbir şey kalmamıştı, ne devlet ne ordu ne para. En güzel eyaletlerinden biri olan Pencap ise yabancı boyunduruğu altına girmişti. Bu ortak belaya hep birlikte karşı gelmek yerine Hindistan bölünmüş ve hiyerarşinin en üstündekiler, saray erkanı olan *Turaniler*, yani Türkler tüm öteki soylu sınıflarıyla rekabete girmiştir. Yakılıp yıkılmasından yirmi yıldan daha az bir süre sonra Delhi bu kez de Afgan Ahmed Han Abdali tarafından yakılıp yıkılır (1756). Yarımadanın tek gücü olan Mahratlar [Maharatlar/Maratalar] birkaç yıl sonra, 1761'de Panipat'ta Afganlar tarafından yok edilirler. Moğol İmparatorluğu artık Delhi Krallığı adını taşıyan küçük bir krallıktır.

Bu arada İngilizler ve Fransızlar Hindistan'a hükmetmek için Doğu Hindistan Şirketleri görüntüsü altında acımasız ve çok sert bir düelloya girişmişlerdi. Bunların sonuncusu, 1664 yılında Colbert tarafından kurulan *Compagnie Française*'dir [Fransız Ortaklığı]. Bu şirket önceleri Hintliler tarafından korunan ticarethanelere yerleşmiş, sonra bunların ihmalkârlığı karşısında kendisini savunmak durumunda kalmıştır. Mahé de la Bourdonnais (1746) ve Dupleix (1751-1758) yönetimi altında çeşitli başarılar elde etse de Fransa en sonunda İngilizlerin önünde silinip gitmiştir (Paris Antlaşması, 1763; Versailles Antlaşması, 1783). Büyük Moğolların da katıldığı Plassey Savaşından sonra

(1756) İngilizler, sistemli bir biçimde tüm yarımadaya yayılmışlardır. Ertesi yıl Bengal'i işgal etmişlerdir. İlhak girişimi, Lord Richard Colley Wellesley (1798-1805) döneminde de düzenli olarak devam etmiştir. 1818'de en son direnişi sergileyen Mahratlar da yenilirler. Cipayes ayaklanması bu girişimini tehlikeye sokmuştur ve imparatorluğun dağılmasıyla sonuçlanmıştır. Babur, Ekber, Cihangir, Şah Cihan ve Evrengzib'in mirasçısı II. Bahadır Şah 1858'de tahtından indirilir. 1876'da Kraliçe Victoria tebaasının fırlatıp attığı tacı yerden alır ve başına koyar. *Yerlilere* aşağılamayla bakan bir sömürge gücü için görülmemiş bir hareketle İngilizler, Büyük Moğolların kurduğu imparatorluğun temel öğelerinin varlığını sürdürmesine izin verirler.

Cungarlar ve Hâceler

Goldan'ın 1697'de ölümünün ardından yeğeni Tsewang Rabdan (1697-1727) Cungar Krallığının başına geçer ve Tevka ve Pulad hanları tarafından toplanan Kazak boylarına karşı mücadeleye girişir, ancak başarı elde edemez. Bunun üzerine Kalmukların koruyuculuğunu yaptığı Tibet yeniden dikkatleri üzerinde toplar. Yeni bir Dalai Lama getirilir, en azından Çinliler tarafından yeni bir Dalai Lama tanınır. Her şey Çinlilerin hâkimiyetinde gibidir ve Kalmuklar buna dayanamazlar. Lhasa'ya yürürler ve fazla zorlanmadan 1717'de şehre girerler.

Çin hemen müdahale eder ve 1718'de büyük bir yenilgiye uğrar. Ancak 1720'de Tibet Kalmuklarını yenmeyi başarır. Yeni bir Dalai Lama seçilir ve Lhasa iki imparatorluk denetçisine emanet edilir. Yüksek tepeler ülkesi, Gök İmparatorluğunun himayesine girer. Aynı zamanda başka bir Çin ordusu Cungar Krallığına saldırır ve Turfan'ı ele geçirir (1716). Sonra Tien-şan Sıradağlarını aşar ve Urumçi sınırlarına kadar Cungarya'ya girer. Büyük İmparator K'ang-hi'nin ölümü (1722) Kalmuklara başkaldırmaları için bir fırsat sunar ve Tsewang Rabdan Turfan'ı yeniden ele geçirir. Goldan Çereng'in hükümranlığı döneminde (1727-1745) Kalmuklar her şeyi kurtarmışlardır, ancak bu hükümdarın ölümü taht kavgalarını başlatır. Tahtta hak iddia edenlerden birisi de Amursona'dır. Amursona himayesine girdiği (1754) Çin sayesinde tahta geçer. Çinliler ülkeyi geniş oranda yağmalamak için bu durumdan yararlanırlar.

Kalmukların zayıflaması Türklerin yeniden ayaklanmasını sağlar. Çağatay hanedanlığı yok olmuştur. Akıllıca davranıp uzlaşarak ülkede istikrarı sağlayan, ancak Batı Türkistan'dan kovulmaktan kurtulamayan Ahmed ve Mahmud kardeşlerin hükümranlığından sonra –ilki 1503'te öteki de 1508'de ölmüştür– halefleri Hami'yi ele geçirmek için uzun süre mücadele ettiler. Hami'yi ele geçirdikten sonra da Çin'e saldırabileceklerini düşündüler. Mansur (1503-1543) ve Said (1514-1533) Hanlar Kansu'ya art arda seferler düzenlerler. Neredeyse Tu-kiu ya da Tabgaçların günlerine geri dönüldüğü sanılır. Ancak birkaç yıl sonra Şah Han (1545-1570) döneminde kopan ayaklanmalar, ülkeyi, kaosa sürüklerler ve büyük bir karanlığa gömerler.

Tarım havzası artık küçük prensliklerden oluşan bir mozaik değildir. Artık adlarını (eski bir Türk geleneğine göre) iki karşıt renkten alan iki hanedan tarafından yönetilmektedir: Aktaglıklar ve Karataglıklar. Bu iki hanedan birbirinden nefret eder. Muhammed'in soyundan geldiklerini iddia ederek *Hâce* (genelde sanıldığının aksine *Hoca* değil) unvanını alırlar. Bu unvan "efendi" anlamına gelir. Bu unvana büyük oranda dinsel bir anlam yükleyerek ülkeyi teokrasinin en sert kurallarıyla yönetirler. Dehşete kapılan Çağatay prenslikleri karşı gelmeye çalışırlar, ancak çok zayıf oldukları için başarılı olamazlar.

Çinlilerin Dönüşü

Üç *Hâce* 1753-1754 yılları arasında Çağataylılara ve Kalmuklara karşı Kaşgar ve Yarkent'te başkaldırıp bağımsızlıklarını ilan ederler. Doğu Türkistan tam bir kargaşaya sürüklenir.

Çinliler buraya yerleşmek için bundan yararlanırlar. Katliamlar yaparak sonunda Kalmukları yok etmeyi başarırlar (1758) ve Hâcelere saldırırlar, şehirlerini kuşatıp teslim olmaya zorlarlar (1759). Ülkenin tümü Çin'e katılır ve bu topraklara yeni bir ad verir: "Yeni İl" anlamına gelen Sin-kiang (Xin-jiang). Yaklaşık bin yıllık bir aradan sonra Çinliler sonunda Orta Asya'ya dönmüşlerdi ve dış politikalarının en önemli hedeflerinden birini de gerçekleştirmeleri için önlerinde engel kalmamıştı: İran'a kadar tüm batı ülkelerine yayılmak. İlk adımları atmışlardı ve başka adımlar da atmayı planlıyorlardı. Ancak Ruslar varlıklarıyla onları engelledi.

Hanlılara karşı küçük bir yerli topluluğu ne yapabilirdi ki? Hâceler saygınlıklarını korumuşlardı. 1826'da onlardan biri olan Cihangir, Kaşgar'da ayaklanır ve diri diri derisi yüzülür. 1857'de nefret ve intikam duygularıyla dolan Veli Han da başkaldırır. Başarılı olur ve Batı Türkistan'dan takviye alır. Bu takviye bölgeye kendiliğinden gelmiş ya da Ruslar tarafından itilmiş Türkler, özellikle de Yakub Bey diye biridir.

Yakub özgürleşme hareketinin başını çeker ve Kaşgar, Yarkent, Hoten, Aksu ve Kuça'yı ele geçirir. Peşinden Cungarları ve yüzyıllardır Yun-nan bölgesinde tecrit edilmiş olarak yaşayan içinde Çinlilerin de bulunduğu tüm Çin Müslüman topluluklarını sürükler. Devleti İngiltere tarafından tanınır, Rusya'dan destek alır. Rusya da bu durumdan yararlanıp, Kulca ve İli Vadisi'ni ilhak ederek biraz daha ilerler. Bağımsız bir Türkistan doğmuştur.

Yakub Bey 1877'de öldürülür ve oğlu Kuli Bey ise beceriksiz ve aptal biri olduğu için başarılı olamaz. Yapılan her şey bir günde yıkılır. 1878'de Çinliler ülkeyi ele geçirirler. Ancak bağımsızlık günleri unutulmaz. Otuzdört yıl sonra 1911'de, Çin monarşisinin sonunun gelmesi ve cumhuriyetin ilan edilmesiyle Doğu Türkistan altı yıl için yeniden bağımsızlığını elde eder. Bu birkaç yıl kuşkusuz unutulmaz bir iz bırakır: bu iz XX yüzyıl boyunca ve bugün bile kolayca görülebilir.

Kırım Tatarlarının Tasfiyesi

Kazan (1552) ve Astırhan'ın (1555) ele geçirilmesinden sonra bugünkü Rusya'da ve Ukrayna'da Kırım Hanlığından ya da Kırım Tatarlarından başka eski Türk devleti kalmamıştır. Kırım Hanlığı 1475'ten sonra Osmanlı himayesine girmişti, 1571'de Rusya'yı yağmalayarak son bir güç gösterisinde daha bulunmuştu. Bu tarihten sonra da sürekli savunmadaydı, daha doğrusu varlığını İstanbul'daki padişah sayesinde sürdürüyordu. Ruslar ve Türkler arasındaki 1768-1774'teki korkunç savaş aynı derecede korkunç Küçük Kaynarca Antlaşmasıyla sonuçlanmış ve Kırım Hanlığının sonunu getirmiştir. Büyük Katerina Azov'u, Bug ve Dinyeper arasındaki bölgeleri, Kuban ve Terek'i alır. Kırım'a gelince, Babıâli tarafından bağımsızlığı tanınır ve güvence altına alınır, bir başka deyişle çariçeye teslim edilir.

Ruslar hep aynı oyunu oynuyor ve başrolü kapıyorlardı: bir ülkeyi tecrit etmeyi başardıklarında, başına kendi adamlarından birini getiriyorlardı. Halk onu reddediyor ve ayaklanıyordu. Bu durumda başa getirilen kukla yönetici yüzünü Rusya'ya dönüyor ve yardım istiyordu. Ruslar da ittifaklarına saygı bahanesi altında bu zavallının yardım çağrısına koşuyor, duruma hâkim oluyor ve ülkeyi korumaları altına alıyorlardı. 1777'de ve 1783'te böyle olmuştur. 1777'de Rusya, Devlet Giray Han'ı devirir ve yerine Şahin Giray'ı getirir. Şahin Giray ne zaman kendisini tehlikede hissetse –bu da oldukça sık gerçekleşir– Rusya'yı yardıma çağırıyordu. Sonunda Rusya, Kırım'ı ele geçirdi ve ilhak etti (1779). Daha sonra da Avusturya'ya savaş açtı; ancak önce Polonya'da sonra da Fransa'daki olaylar statükonun korunması sonucunu getirdi.

Ruslar Kırım hanlarına tüm güvenceleri vermiş, ancak onları onurlandırmamışlardır. Rusların istedikleri tüm Türkleri Avrupa topraklarından atmak ya da Slavlaştırmaktı. Bu amaçlarına da neredeyse tamamen ulaşıyorlardı. Kırımlılar hiçbir mücadele göstermediler; toprakları ellerinden alındığında da Osmanlı Imparatorluğuna sığındılar. Sürgünleri korkunç oldu: çok sayıda kişi öldü; 1783 yılında yaklaşık yarım milyon Kırımlı varken, 1862'de 100.000'den azdırlar ve acıları henüz son bulmamıştır.

Ruslar Kafkasya'da

Tüm sıradağlar gibi gerçek bir sığınma yeri olan Kafkasya'da pek çok halk bulunmaktadır: küçük ya da büyük, vasat ya da şanlı bir geçmişe sahip, eski ya da yeni, dilleri, kültürleri ve dinleriyle –Müslüman ya da Hıristiyan– birbirlerine yakın ya da uzak halklar. Bu halklar içinde Kafkas sıradağlarının sınırlarının dışına taşan üç halk vardır: Azeriler, Ermeniler ve Gürcüler. Bu üç halk da tarihte önemli roller oynamışlardır. Azeriler görece yeni bir halk olarak, İran'ın kaderini belirleyen başlıca güçlerden olmuşlardır, daha eski halklar olan Ermeniler ve Gürcüler büyük uygarlıklar ve büyük ve güçlü krallıklar kurmuşlardır.

Ruslar sürekli gözlerini ufuklarında dikilen bu engin sıradağlara dikmekte ve bunlara ulaşmayı arzulamaktaydılar. 1320'den başlayarak, Kuban'a dağınık bir şekilde yayılmışlardı, eğer bu olay gelecekte belli bir iz bırakmasaydı unutulup gidebilirdi. Ruslar ilk başarılarını ancak XVIII yüzyılın başında kazanabildiler (1722'de Ermenistan'a müdahale etmişlerdir).

Kafkasya, özellikle de güney bölgeleri yaklaşık bir yüzyıldır Osmanlılar ve Safeviler arasında sürekli itilaf konusu olmuştu. Bu bölgedeki şehirler bir Osmanlıların bir Safevilerin eline geçmiştir. Bu çatışmalar Rusların Çerkez toprakları, Dağıstan ve genel olarak sıradağların kuzey bölgelerine yayılmasını kolaylaştırmıştır. Moskova kuvvetler 1723-1735 yılları arasında eski şehir Bakü'yü ele geçirdiler. Burası Sasanilerin kurduğu bir şehir olup gerçek bir petrol merkezidir. Zaporog Kozakları 1737'de Nogay Tatarlarını geri püskürtürler ve Stavropol, Georgyenks ve Mozdfok'u güçlendirirler. Böylece imparatorluğun sınırlarını dağlılara karşı korumaya alırlar. 1783'te Gürcistan kralı kendisini savunamayacağını görüp çarın koruması altına geçer ve 1799'da da tacını çara devreder. 1801-1864 yılları arasında antik krallığın tüm şehirleri birbiri ardına ilhak edilir.

Buna karşın Ruslar, Safeviler karşısında kazandıkları zaferlerle Azerbeycan ve Ermenistan'ın bir bölümünü ele geçirirler. 1813'te Golestan Antlaşmasıyla Karabağ, Erivan, Nahcivan, 1828 Türkmençay Antlaşmasıyla da, 1806'dan beri işgal altında olan Bakü'de dahil olmak üzere Azerbeycan'ın kuzey toprakları alınır.

Gürcistan'da ise Moskova'nın elinden kurtulan birkaç şehir kalmıştır ve bugün bunlar Türk topraklarını oluşturmaktadır. Geçmişten günümüze sadece birkaç güzel kilise kalmıştır. Ermenistan ve Azerbeycan birbirinden ayrılmışlardır, Ermenistan'ın büyük bir bölümü Osmanlı hâkimiyetindeyken, Tebriz bölgesi çevresine yayılan Azerbeycan ise, İran'ın kuzeybatısında Türkçe konuşan halkların kurduğu büyük bir Türk bölgesi oluşturur. Ermenistan'ın parçalanmasıyla ortaya çıkan dramları biliyoruz: o güne kadar Osmanlı İmparatorluğunun en önemli unusur ve dinamiklerinden biri olan Ermeniler bu imparatorluktan kopmuş, yönünü Moskova'ya dönmüş ve Babıâli için şüpheli duruma düşmüştür. Bu parçalanmadan iç savaşlar, katliamlar ve kıyımlar doğmuştur. Azerbeycan'ın bölünmesi daha az trajik olaylara neden olur, özellikle İkinci Dünya Savaşı sırasında çok ağırlaşan sorunlar yaratmakla birlikte, bugüne kadar eşine az rastlanır büyüklükte Türkçe konuşan bir topluluk ortaya çıkarmıştır.

Bu biçimde ikiye bölünen engin topraklar aslında eski bir İran uygarlığı toprağıdır. Bu eski İran uygarlığı topraklarına, Orta Asya'dan birbiri ardına gelen göç dalgaları sonucunda bütünüyle Türkçe konuşan topluluklar yerleşmiştir. Buradaki öteki halklar da büyük oranda Türkleşmişlerdir ve Azeri dilini konuşur olmuşlardır. Azeri dili Anadolu Türkçesine çok yakın bir dildir ve her iki dili konuşanlar birbirlerini anlamaktadırlar, oysa bilindiği gibi tüm Türkçe konuşan topluluklar birbirini aynı oranda anlayamaz. Müslümanlığı kabul etmişlerdir ve en azından Safevilerden beri Oniki İmam Şiiliğini benimserler; üstelik bu dini, Anadolu Alevilerinin, "Kızılbaşların" yaptığı gibi geleneklerini koruyabilmek için yüzeyde değil inanarak, büyük bir samimiyetle kabul ederler.

Her ne kadar Hıristiyan topluluklar kendilerini çok mezhepli bir İslam boyunduruğundan kurtaran Rusların egemenliğini genel olarak rahatlıkla kabul etmiş olsalar da Müslüman topluluklar, ki aralarında Türkçe konuşan topluluklar çoğunluktadır, bunların aksine Ruslara karşı her fırsatta ayaklanmışlar ve tüm güçleriyle bunlardan kurtulmaya çalışmışlardır. Bu topluluklar uzun bir süre oldukça iyi mücadele etmişler, 1803 ve 1859 arasında Dağıstan'da, Nakşibendi tarikatından gelen bir kahraman, bir efsane figürü çıkarmışlardır. Şamil'in ünü bir şövalye romanını kahramanı gibi her yere yayılmıştır. Ancak söz konusu topluluklar bu yüzyılda yenilirler. Bunun üzerine binlerce Müslüman Osmanlı topraklarına sığınmıştır. Ancak bu toplulukların beraberinde getirdikleri onca hınç ve nefret, Osmanlının can çekiştiği dönemde olanca açıklığıyla ortaya çıkacaktır.

Kazakların Boyun Eğmesi

Rusların Sibirya'da ilerleyişi Pasifik'e kadar ulaşmış ve Çin varlığıyla durdurulmuştu. XVII yüzyıl boyunca, bu iki güç arasında pek çok çatışma olmuştur: 1652, 1658, 1675 ve 1684-1686 arası. 1689 tarihli Nerçinsk Antlaşması Rus ve Çin sınırını Argun olarak belirlemiştir. Daha batıda Moğolistan tampon bir devlet oluşturmuştu. Uzakdoğuya doğru ilerlemenin artık mümkün olmadığını gören çarlar kendilerini giderek daha fazla Orta Asya'ya doğru yönelir bir halde buluyorlardı. Orta Asya'yı fethetmek artık çok zor bir iş olarak görülmüyordu.

XVIII yüzyılın başında Kazaklar, Kazan'dan gelen mollaların yoğun çabası sayesinde İslamiyeti sonunda kabul ederler, ancak bu kabullenme büyük bir inançla ya da büyük bir bilgiyle gerçekleşmemiştir. Böylece İslam adına bozkırların yolunu açan Ruslar oldu. Onları izlemek yeterli olacaktı. Üsler Sibirya istilasında kullanılan üs modeline göre kullanıldı: önce Omsk (1715), sonra Semipalatinsk (1718) ve Ust-Kamenogorsk (1720) ve son olarak Petropavlovsk (1725). Bunlar doğru zamanda kazanılmış üslerdi. Kazakların Rusların desteğine ihtiyaçları vardı, çünkü Volga Kalmukları ve Cungar tarafından kuşatılmışlardı (1723-1725). XVII yüzyılın sonunda boyları birleştiren Han Tevka (ö. 1718) Ruslardan yardım ister ve bu müdahalenin bedelini Ruslara gözetim hakkı vererek öder, bu bir anlamda himayeyi kabul etmek demektir. Bu durum 1730 ve 1742 yıllarında giderek belirginleşir; ancak Ruslar, Kazakların yaşam haklarına, mülkiyet haklarına, toplumsal yapılarına ve gelenek ve göreneklerine büyük bir saygı göstermeye de devam etmişlerdir. Ancak bir yüzyıl içinde Ruslar Kazakları ilhak ederler. Bu tarihten sonra da Rusların davranışları tamamen değişir. 1822 ila 1844 arasında hanlıklar ortadan kaldırılırlar ve 1857'de bu küçük topluluk silahlarını bırakmak zorunda kalır.

Ruslar artık Harezm ve Sogd ülkesinin zengin vahalarıyla karşı karşıyadırlar.

Maveraünnehir'de Son Özgürlük Yılları

XVIII yüzyılda ve XIX yüzyılın ilk yarısında Orta Asya'daki Özbek devletleri çok zor şartlarda yaşıyorlardı. Yıllar geçtikçe daha da içine kapanan bu ülke, sonunda dünyanın öteki ucunda, gizemli ve ulaşılmaz bir ülke imgesi kazandı ve Ruslar, İranlılar, Çinliler ve İngilizler Özbekleri kendi içine kapatmak için ellerinden geleni yapıyorlardı. Özbek ülkesine yolculuk etmek isteyen birkaç gezgin de öyle güçlüklerle karşılaşıyorlardı ki, ortaçağda Asya'yı ya da Afrika'nın güney ekvator bölgelerini keşfe çıkan gezginlerin karşılaştıkları bunun yanında hafif kalıyordu. 1831'de Court, 1833-1834'te Desmaisons, 1863'te Macar Armin Vambery bunlardan birkaçıdır. Bunlar arasında Macar gezgin Vambery önemli bir yere sahiptir, çünkü bir derviş kılığına girerek tüm ülkeyi gezmiş ve yolculuk anlatıları yaygın bir biçimde okunmuştur. Bu gezginlerin çoğunun, Avrupalıların istihbarat elemanları olarak çalışmadıklarını söylemek güçtür ve oldukça güçlü ve yoğun bir yabancı düşmanlığı olan bu bölgelerde kimisi yaşamını kaybetmiştir.

Geçmişte şanlı zaferlere ve dönemlere tanık olmuş Buhara ile Maveraünnehir ve Harezm'in diğer şehirleri artık neredeyse yarı-barbar bir döneme gerilemiştir. Sovyetler zamanında Buhara kalesini, işkence odası (karanlık bir Grévin müzesi gibi) ve zevksizliğin en son noktasında bulunan emir sarayıyla boşuna sergilemeye çalışmamışlardır.

Nadir Şah'ın saldırısını saymazsak yaklaşık bir yüzyıl boyunca Buhara Hanlığında kayda değer bir olay olmamıştır. Söz edebileceğimiz tek önemli olay Fergana'nın ayrılmasıdır; 1700'de fiilen başlayan bu süreç 1732'de tamamlanmıştır, bu tarihten sonra Fergana, Hokand [Hoçent] Hanlığı adını alır ve hanedanlıkta meydana gelen yeni bir değişimle, Canoğulları (ya da Astırhanlılar) yerlerini Mangıtlara bırakırlar. Mangıtlar, Amuderya ve Sirderya arasında göçebelik yapan Tatar Nogay kavimlerindendir. Her şey Canoğullarının tahta geçtikleri dönemdeki gibi gerçekleşir: Mangıt liderlerinden Mansur Şah (1785-1800) son hükümdarın kızıyla evlenir ve onun yerine geçer.

Afgan fatih tarafından ilhak edilen Hive Hanlığı bağımsızlığını kazanır. Ancak sonra 1770 yılında Türkmenlerin saldırısıyla başkentleri yerle bir edilip sonunda yağmalanır. Buhara gibi Hive de çabuk kendisini toparlar. Çünkü Hive geçmişin en geleneksel modellerine duyulan dokunaklı bir bağlılıkla yeni komşusundan büyülenmiştir. Yapılar birbiri ardına çoğalır: saraylar, camiler, medreseler, mezarlar, pazarlar. İç Kale (1786) gibi en eski yapılardan, Kalyan Minaresi'ne benzetilmeye çalışılan İslam Hâce Minaresi (1908-1910) gibi yakın zamanlı yapılara kadar bütün yapılar içi içe geçmiştir. Hive'ye güzel bir sinema filmi dekoru havası katan bu yapılar şehri Asya'nın en büyüleyici şehirlerinden biri yapar.

Hokand Hanlığı dinamik bir atılımla başlar, Türkçe konuşan toplulukların genel olarak çöküşte olduğu böyle bir dönemde bu ilgi çekici bir olgudur. Topraklarını büyütmüş, kültürel zenginliğe kavuşmuş ve büyük bir yenilenme dönemine girmişti. Ancak dönemin bağlamı düşünüldüğünde neredeyse mucizevi olarak nitelendirilebilecek tüm bu gelişmeler için geç kalmışlardı ve hanlığın varlığını sürdüremeyeceklerdi. 1800-1840 yılları arasında Alim Han (1800-1810'a doğru), karısı da kendisi gibi şair olan ve yaklaşık altmış şairi bir araya toplayan bir şiir çevresi kuran Umar Han (1810-1822), Muhammed Ali Han (1822-1842) Taşkent ve Türkistan şehirlerini ilhak ederek topraklarını genişletmeyi başarmışlardır. Bu arada Rusların etkisine girmelerinden önce 78.000 Kazak çadırını, Sirderya ile Balkaş Gölü arasında göçebelik yapan Büyük Ordu'dan yaklaşık yarım milyon göçebeyi nüfuzları altına alırlar.

Hanlıkların Ruslar Tarafından İlhakı

Kazak bozkırlarının ele geçirilmesi ya da daha doğru bir ifadeyle 1848'e doğru toplu olarak boyun eğdirilmeleri Rusları Orta Asya'nın zengin vahalarının eşiğine getirmişti: atları Sirderya'dan su içiyorlardı. Maveraünnehir iştah kabartan bir avdı, ancak fethi çok fazla tehlikeye gebeydi. Bir sömürge savaşı başlatmayı göze alarak hem yerel hem de uluslararası planda sorun çıkaracaktı.

Ruslar ancak birleşmiş İngiliz, Fransız ve Osmanlı kuvvetlerine (1865) karşı Kırım Savaşını kaybettikten sonra bu tür bir maceraya girişir. Düşmanlıkların bitişiyle boş bırakılmaması gereken topluluklar özgür kalmışlardı. Çar bu durumdan yararlanıp rövanşı almak üzere harekete geçti. 1854 yılında kurulan Verniy'den (Alma-Ata) yola çıkan General Çernayev'in kuvvetleri Türkistan, Taşkent ve Çiyambest'i alırlar. Nasr Allah (1827-1860) adında eli kanlı bir zorbanın boyunduruğu altında otuz yıl geçiren Buhara Hanlığı, Muzafferüddin (1860-1885) hükümdarlığında, neredeyse rahat bir biçimde vasalliği tanımıştır (1866). Özgürlüğünü kaybetmişti ya da en azından özgürlüğünden ne kaldıysa yitirmişti, geride sadece bir yanılsama kalmıştı, ama en azından hâlâ prensleri başlarındaydı. Hive Hanlığı 1873'te, Hokand Hanlığı 1876'da boyun eğer. Bu fetih 1873 ve 1884 yıllarında kesintiye uğrar; çünkü Merv'in önemli şehirlerden olduğu İran sınırında, Karakurum Çölünün güney bölgelerine yerleşmiş Türkmen ülkelerinin fethedilmesi gerekir. 80.000 ila 100.000 kişinin yaşadığı şehirleriyle, 30.000 ila 40.000 askeriyle, eski de olsa 45 topuyla en güçlü hanlıklardan olan Hokand Hanlığı, otuz yıl içinde çökertildi ve hiçbir direniş gösteremedi. Öteki hanlıklar Hokand kadar bile dayanamazlar.

XVIII Yüzyılda Osmanlı İmparatorluğu

XVII yüzyıl Osmanlılar için kötü bitmişti. Vezirler derslerini almışlardı ve İmparatorluğu, XVIII yüzyılda Avrupa'da patlak veren çatışmalardan uzak tutmak istiyorlardı. Bu konuda her zaman başarılı olamadılar: 1712, 1736 ve 1769-1774 arasında Rusya'yla, 1716 ve 1737'de Avusturya'yla, 1723, 1727 ve 1743'te İran'la savaşırlar.

Gerçek barış dönemi I. Mahmud, III. Osman ve III. Mustafa'nın hükümdarlığında, 1746-1768 yılları arasında olur. Bu arada herkes ordunun yenilenmesi gerektiğini bilmekteydi –ne yazık ki bu konuda çok başarılı olunamaz– ve elbette devleti de yenilemek gerekiyordu – bu konuda da başarılı olunamaz. Ayrıca belaların üst üste gelmesi gibi, yabancıların ülkeyi istilası ülkeyi giderek felç etmeye başlamış, devlet üzerinde savaştan çok daha ağır bir yük oluşturmuştu. Avrupalı büyük güçlerin pasif saldırılarının başlangıcı da bu döneme denk gelir: kendilerini baskı altında hisseden azınlıklardan yararlanırlar. İmparatorluğun parçalanmasından konuşulmaya başlanır. 1774'teki Küçük Kaynarca Antlaşması "Doğu Sorunu" olgusunun ortaya çıkmasına neden olur. Bu sorun yüzyılın sonunu ve XIX yüzyılın tamamını meşgul edecektir.

Sanat ve kültür de zayıflıyordu. Yeni Valide Üsküdar Camii'nde (1710) henüz hiçbir Avrupa etkisi görülmezken, bundan birkaç yıl sonra Avrupalıların etkisi, özellikle 1720'de Paris'te bir büyükelçilik açılmasıyla kendisini daha da fazla hissettirmeye başlar. Bu etkiden, "barok" üslup ile Türk "rokoko" tarzı bir üslup doğar. Osmanlı mimarisi bu yeni üslubu çabuk benimser, İstanbul'daki Nur-u Osmaniye Camii (1745-1755) bunun en iyi örneğidir. Ancak bu yeni teknik zamanla, dehasını kaybeder. Öteki halklar gibi Türkler de her dönemde belirli etkiler altında kalmışlar ve bunları özümsemişlerdir. Ancak XVIII yüzyılda, bu etkileri özümsemekten de uzak kalırlar, çünkü çöküş başlamak üzeredir. Buna karşın, güzel eserler vermişlerdir. III. Ahmed portresiyle ya da ünlü *Rakkaslar* tablosuyla Nakkaş Levni (ö. 1732) bunun en güzel örneklerinden biridir. Daha sonra 1735 ila 1745 arasında, Abdullah Buhari ince ve zevkli bir üslupla, narin kadınları resmeder ve erotizmi tamamen görmezden gelmez.

Osmanlı İmparatorluğunun Yıkılması

Osmanlı İmparatorluğunu oluşturan Türk olmayan toplulukların tereddütlerinden, hatalarından, ihanetlerinden sonra, imparatorluğu savunmak Türklere kalmıştı. Bu savunmayı büyük bir fedakarlıkla yerine getirirler, öyle ki bu durumdan en ufak bir çıkar sağlamazlar. Anadolu geri kalmışlığa terk edilmiş durumdaydı ve XIX yüzyılda, İstanbul lehçesinde "Türk" sözcüğü "dağlı," "kaba," "geri kalmış köylü" yan anlamlarını da getiriyordu. Türkler yaklaşık iki yüzyıl boyunca bitmek bilmeyen savaşlar sırasında yiğitçe savaşmış, kanlarını bu uğurda dökmüşlerdi. Her şey bittiğindeyse geriye sadece 10 ila 12 milyon Türk kalmıştı. Genelde yenilmiş kimi zaman da yenmişlerdi, çünkü eşi olmayan bir imana ve mirasçısı oldukları eşsiz askeri yeteneklere sahiptiler. Bununla birlikte Osmanlı İmparatorluğunun 1699'dan 1922'ye kadar ayakta kalmasının asıl nedeni bu imparatorluğu yıkmak için uğraşanlardır, çünkü bu imparatorluğun yıkılmasının çıkarlarına olmadığını görünce ölümü konusunda bir uzlaşmaya varamadıkları için yapay olarak yaşatılmasında karar kılmışlardır.

İçerdeki ve dışarıdaki savaşların, rezil kıyımların, aptalca katliamların ve misillemelerin sürekli tekrarlanıp durduğu iki korkunç yüzyıl yaşandı: Avrupa'ya bir yaklaşılıp bir uzaklaşılan, yabancı güçlerin iç işlere giderek daha çok katıldığı, ekonomik anlamda vasal durumuna gelinilen, tam bir yıkıma doğru gidilen iki yüzyıllık bir çöküş süreci. Rusların hiç gevşemeyen baskılarına, daha az düzenli olmakla birlikte Avusturya'nın öldürücü darbelerine, yerli olmayan unsurların ayaklanmaları eklenmiştir. Fransız Devriminin miliyetçilik ideolojisi "milletleri" kışkırtmıştır. Yabancıların entrikası, cesaretlendirici sözleri, vaatleri tüm Hıristiyanları ayaklanmaya teşvik eder ve sonunda öldürücü bir özgürlük mücadelesine girişirler. Bunları gizliden gizliye yönlendiren Avrupa da bu durumdan memnundur: onları Hugo'yla, Lord Byron'la yüreklendirmiş, Delacroix'nın tablolarıyla şevklendirmiştir. Edebiyattan müziğe ve resme romantik ekol giderek yayılırken, romantizm akımı dağa çıkan Rum eşkıyalarda, Praksiteles'in ve Sokrates'in mirasçılarını görür. Avrupa, Ermenileri de satranç tahtasındaki piyonlar olarak görür ve daha sonra onları terk eder. Bunların arkasından ağlar, soykırımdan söz eder, ki bu soykırım, aslında, çok daha ufak bedeller ödenerek önlenebilirdi.

Osmanlıların sürekli olarak yineledikleri, ancak bir türlü yerine getiremedikleri vaatler, ki bu vaatlerinin yerine getirilmemesi için bütün düzenlemeler önceden yapılır, kanlı ayaklanmalar, daha da kanlı bir biçimde gerçekleştirilen baskınlar, tüm bu kıyımlar ve tüm bu kargaşa Türklerin elini kana bulamış ve bu bir türlü silinmeyen bu kan lekesi, sadece Osmanlı İmparatorluğuna ait olarak görülmeliyken bugünkü Cumhuriyet'i de etkilemiştir. Giderek Hıristiyanlıktan uzaklaşmasına rağmen Avrupa, Hıristiyanların İslam'ın baskısı altında ezildiklerini görmek istemiyor, belki de bir art düşünceyle bu şekilde onları kendine çekeceğini ve katacağını düşünüyordu. Ancak Avrupa, Hıristiyanların da Müslümanları boğazladığını, bu durumu imparatorluğun zaafı olarak gören kamuoyu nezdinde Babıâli'nin kendini aklayamadığını, Müslümanların aynı merkezkaç kuvvete itaat ettiğini ve Hıristiyanlar kadar onların da imparatorluğun yıkılmasına katkıda bulunduklarını (örneğin Arabistan'da Vahabileri, Balkanlarda Tebelen'den Ali Paşa'nın Boşnak ve Arnavutlarını, Babıâli'nin başlıca vasalı olan Mehmed Ali'yi, ünlü Arabistanlı Lawrence'ın uzun süre aralarında yaşadığı Yakındoğu'daki tüm Arapları) unutuyordu.

XIX Yüzyıldaki İlk Krizler

Fransız Devrimi ve Napolyon savaşları sadece Avrupa'yı değil, Osmanlı İmparatorluğunun bağrında yaşayan halkları da sarmıştır. Her biri özgürlük için mücadele etmek, tüm suçlardan sorumlu tuttuklarından kurtulmak, bu büyük devrimden yararlanmak istiyordu. Yangın yerine en yakın olan Balkanlar bu yangının alevlerinden kurtulamaz; buradan etrafa saçılan kıvılcımlar ise Nil Vadisine, Lübnan'a ve Ermenistan ve Kürdistan topraklarına düşer.

İlk olarak Boşnak Müslümanlarından Pasvanoğlu ayaklanmıştır ve Balkanların bir bölümünün valisi olarak tanınmak için İstanbul'u tehdit eder. Vahabiler daha sert ve daha katı bir İslamiyet adına Mekke ve Medine'nin efendileri olurlar (1802-1804). Ancak bir süre sonra Vahabiler de Mısır'ın Arnavut kökenli valisi Mehmed Ali tarafından boyunduruk altına alınırlar. Uzun süren bir ayaklanma sonucunda Sırbistan da özerkleşir (1817).

1821'de Yunanistan'ın bağımsızlık savaşı başladığında, bir süre için yeniden huzur döneminin geldiği düşünülmüştür. Mısır bu konuda padişahın yanında yer alır. Türkler başarı kazanırlar (Atina 1827'de ele geçirilir), ama Türk-Mısır donanması aynı yıl Navarin'de, Fransız ve İngiliz müttefik donanması karşısında yenilir. Bir süre sonra da Ruslar, Doğu Anadolu'ya büyük saldırılarda bulunurlar (Batum, Kars ve Erzurum'un alınması) ve Balkanlara da girerek ilk kez İstanbul'a çok yaklaşırlar. Türkler antlaşma imzalamak zorunda kalır. Fransızlar ve İngilizler, imparatorluğun parçalanmasını istemezler, ancak Osmanlılar Sırbistan'ın, Moldavya'nın, Eflak'ın özerkliğini tanımak ve Beserebya'yı da Ruslara bırakmak zorunda kalırlar.

Mısır paşası Mehmed Ali (1805-1848) donanmasını ve Mora yarımadasını ve Girit'in yönetimini kaybetmiştir (1823-1840). Bu kayıpların telafisi olarak Suriye'yi ister. Babıâli bu isteği reddeder. Bunun üzerine Mehmed Ali saldırıya geçip, Filistin, Lübnan ve Şam'ı işgal eder (1831), Anadolu'ya girer, Konya ve Kütahya'yı alır (1832-1833). Neredeyse Türk imparatorluğunun yerini Mısır İmparatorluğunun alacağı sanılır. Avrupa bunu hiç istememektedir. Müdahale eder ve İngiltere bu durumdan yararlanarak Aden'i (1839), yani Kızıldeniz'in kilidini ele geçirir. Mehmed Ali, Mısır'ın vasi valisi olarak tanınır, ancak Suriye hevesinden vazgeçmek zorunda bırakılır (1841). Her yanıyla bir Osmanlı olmasına rağmen bağımsızlığını elde eder.

Mısır'ın Türklerin Elinden Çıkması

Mısır Osmanlı boyunduruğuna katlanmakta her zaman zorlanmıştı. Eski şanlı günlerini hatırlıyordu. Henüz bağımsız oldukları sıralarda bile halk kaderinin efendisi olamamıştı, çünkü çok daha önce Türklerin, yani Memlukların egemenliğine girmişlerdi, ama Mısır devleti, zengin ve saygı duyulan bir devletti. Ancak Osmanlı işgalinden sonra zenginliklerini sömüren uzak bir imparatorluğun bir ilinden başka bir şey değildi artık.

Buna karşın köylüler boyun eğmişlerdi; ancak askerler ücretlerinin ödenmediğini bahane ederek sık sık ayaklanıyorlardı. 1586'dan sonra silahlarını işgal kuvvetlerine çevirdiler ve 1589, 1598, 1601 ve 1604'te bunu tekrarladılar. Yıllar geçtikçe Babıâli tarafından gönderilen paşalar otoritelerini yitirmiş ve Memluk beyleri öne çıkmışlardı. Osmanlı İmparatorluğunun şansına, en yüksek mevkilere gelmeye alışmış beyler birbirlerini kıskanıyor ve birlik oluşturamıyorlardı. Bunların bölünmüşlüğüne karşın XVIII yüzyılın ikinci yarısında Kahire ile İstanbul arasındaki bağlar oldukça gevşemişti; Mısır neredeyse özerk bir konum kazanmıştı. André Raymond'un da belirttiği gibi "Bonapart'ın 1798'de öne sürdüğü fikirde sadece propaganda yoktu, Fransızlar Mısır'a, Osmanlı İmparatorluğunun düşmanı olarak değil, ... Gürcistan ve Kafkasya'dan satın alınan ve şimdi dünyanın en güzel beldesine hükmeden bir grup kölenin, Memlukların yerel rejiminin düşmanı olarak girmişlerdi." Türk-Fransız savaşı 1798 Eylülünde başladı ve iki ülkenin orduları Filistin'de karşı karşıya geldiler ve geleceğin Napolyon'u Saint-Jean-d'Acre'ı ele geçirdi. Kléber'in halefi General Menou'nun öldürülmesinden sonra tahliye edilen Nil Vadisi'ne yeniden barış gelmişti (Haziran 1802).

Fransızların gidişinden sonra İngilizler, seksen yıl boyunca Fransızların boşalttığı yerlerde hâkim olmaya çalıştılarsa da başarılı olamadılar. Ferdinand de Lesseps'in girişimi (1854-1869) büyük bir hayal kırıklığına neden oldu. Para ve entrikayla, Fransızların 1875 yılında açtığı Süveyş Kanalını ele geçirmeye çalışmışlardı.

Mehmed Ali 1805'te Mısır paşası olarak atandı. Olağanüstü özelliklere sahip bir adamdı. Yaklaşık bin yıllık paralı asker geleneğini yıkarak (Memluk liderlerini 1811'de öldürtmüştür), yerine *fellah*'ları getirmiştir, bunlardan düzenli ve örgütlü Avrupalı bir kuvvet oluşturmuştur. Sanırız Arap işgalinden beri Nil Vadisi'nin köylüleri ilk kez asker oluyordu. Her tür beklentinin aksine deneyimsizliklerine, askeri geleneklerden yoksun olmalarına ve yapı olarak çatışmalardan uzak duran barışçıl insanlar olmalarına karşın bu kuvvet mükemmel başarılar göstermiştir. Girit, Yunanistan, Suriye ve Anadolu'ya saldırmış ve Sudan'ı fethetmiştir (1820)

Bu arada Mehmed Ali Mısır'ı modernleştiriyordu. Mısır'ı geleneksel bir monarşiye dönüştürdü; resmi olarak Osmanlı İmparatorluğunun vasalı olmayı sürdürdü; artık mirasçısı olmadığı için de bu imparatorluktan ayrılmaya cesaret edemedi. 1867'de, halefi olan torunu İsmail *hidiv* ("bey") ilan edildi. Bu unvan "paşa" unvanının artık feshedildiğini ve Mısır hükümdarlarının naip olmadıkları anlamına geliyordu. Ancak bu Arnavutlar, ne Mehmed Ali ne de halefleri İstanbul'u unutabildiler: başkent Kahire'nin zirvesine dikilen kaymaktaşından cami aslında klasik Osmanlı ulu camilerinin bir taklidinden başka bir şey değildir. Abbas Hilmi (1892-1914) Boğaziçi'nin Asya yakasında kendisine bir köşk yaptırmıştır ve bu köşk bugün hâlâ ayaktadır.

Eğer idare etmesini bilmezseniz, bağımsızlık bedeli yüksek bir erdemdir. Mısır, hanedanlığına karşın ya da daha doğrusu bu hanedanlık yüzünden harap bir ülke haline geldi. Mısırlıların geçirdikleri son derece ciddi bir ekonomik krizden sonra İngilizler rüyalarını gerçekleştirme fırsatı buldular. 1882'de ülkeyi "belirsiz bir süre" için işgal ettiler, Mısır bir daha asla Türk olmayacaktı.

Fransa'nın Mağrip'i Türklerden Alışı

Fransa, İngilizlerin Mısır'ı işgalinden bir yıl önce, 1881'de, himayesi altında olan Tunus'u ele geçirerek Mağrip'e yerleşmişti.

Fransa'nın Kuzey Afrika'ya müdahalesi oldukça uzun yıllar önce başlamıştı. Her ne kadar Türk askerlere sahip Fas hiçbir zaman Osmanlı İmparatorluğunun bir parçası olmasa da Cezayir, Tunus, Libya, Sireanik [Libya'nın bir bölgesi, Kenan ülkesi] Osmanlının bir parçasıydılar ve korsanların korku saldıkları ve Akdeniz'in kuzey kıyılarını yağmaladıkları önemli üslerdi. Ancak zamanla bu yarış giderek daha az verimli olmaya ve limanlar ve kıyı ülkeleri gerilemeye başladı.

Denizciler, Osmanlıların onlar için ve onlar sayesinde kurdukları yerleşim yerlerinin en önemli sakinleriydiler ve aslında buraların gerçek efendileriydiler. Bu bölgenin zenginliklerine büyük oranda sahip olan bu denizciler, önemli bir payı da Babıâli'ye göndermeyi ihmal etmemişlerdir. İç işlerine müdahale etmekte hiçbir zaman çekinmemişler, en sonunda da iktidarı ele geçirmişlerdi. 1590'dan sonra, Osmanlı paşası sadece temsili bir görevde kalırken Tunus beyi ülkenin gerçek hükümdarı olmuştu. Bir süre sonra Cezayir beyi taşra valilerini ve beyleri Konstantinopolis'e danışma gereği duymadan atar ve görevlendirir oldu.

Türkler, Araplar ve Berberiler birlikte yaşıyorlardı. Türkler Arapları küçümsüyorlardı, öyle ki Cezayir'de bulunan Türk *sipahi* birlikleri 1830'dan sonra Araplara karşı Fransızlarla birlik olmuşlardı. Böylece yaklaşık bir elli yıl boyunca Fransa, her ne kadar Türk topraklarında olduğunun bilincinde olsa da Osmanlı İmparatorluğuyla savaştığını düşünmüyordu. Bu düşüncenin örneklerini Tartarin de Tarascon'un yerlilerden söz ederken "Teur" adını kullanmasında ya da Kırım seferinden sonra Cezayirli yerli askerlere "Turcos" denilmesinde görmekteyiz. Zaten Osmanlı İmparatorluğu da kendisini Fransa'yla savaşta gibi görmüyordu.

XVIII yüzyıldan sonra Mağrip'teki Osmanlı topraklarının, imparatorluğun hiçbir yerinde olmadığı kadar açık bir biçimde azaldığını görüyoruz. Gösterişiyle, erdemleriyle ve geleneklere bağlılıkla üst sınıf hâlâ varlık gösteriyordu, ancak halk yoksulluk, hastalık ve sömürü nedeniyle parya durumuna düşmüştü ve sefalet içinde yaşıyordu. Üstelik nüfus giderek azalıyordu. En büyük şehirlerden biri olan Cezayir büyük Osmanlı şehirleriyle kıyaslandığında yalnızca büyükçe bir kasaba görünümü arz ediyordu. Fransız müdahalesinden hemen önce şehirde 30.000 insan yaşıyordu, oysa Bağdat'ta yaklaşık 100.000, Şam'da 150.000, Halep'te 250.000, Kahire'deyse 300.000 kadar kişi yaşıyordu.

Cezayirliler ve Fransızlar arasında ekonomik ilişkiler kurulalı çok olmuştu; ancak Cezayirliler sattıkları buğdayın parasını Fransızlardan alamıyorlardı. Bu ve başka nedenlerle Cezayir ile Paris arasındaki gerilim giderek tırmanıyordu. Bir olay –bir beyin ani öfkesi ve fevri hareketi– Fransızların müdahalesine bahane oluşturdu. 14 Haziran 1830'da gerçekleşen bu talihsiz olayın ardından 5 Temmuz'da bu bey öldürüldü. Öteki şehirlerin beyleri de aynı şekilde idam edildiler. Sadece Konstantin direnebildi, ama Osmanlılardan beklediği yardım asla gelmedi (1837).

Cezayir'i savunamayan Türkler bunun rövanşı olarak otoritelerini Tunus'ta kurmaya çalıştılar ve casusları burada Fransızların aleyhine büyük bir kampanya başlattı. O sırada İtalya, kıyılara pek çok sömürgeci yerleştiriyordu; İngiltere de bu bölgede sanayi yatırımlarını çoğaltıyordu. Bu güçler arasında gerçekleşen anlaşma neticesinde meydanı boş bulan Paris, bu bölgede himayesini kurmakta gecikmedi.

Türkler daha doğrudan bir biçimde Trablusgarp'a müdahale edip yerel Karamanlı hanedanlığını yok ettiler (1711-1835). Karamanlılar bir Türk korsanın halefi olmaların karşın Arapları destekliyorlardı, çölde bile garnizonlar kurmuşlardı. Sireanik'i kaybettiler, burası Senoussis tarikatına ait oldu. Türkler daha sonra Trablusgarp'ı aldılar ve bunun sonucunda bir sömürge imparatorluğu kurmayı planlayan İtalya'yla savaşa sürüklendiler (1911). Ancak Mustafa Kemal adında biri ortaya çıkacak ve tüm planları bozacaktır.

Kuzey Afrika'daki uzun süreli Türk varlığından geriye ne kalmıştır? Arşivler. Birkaç aile Osmanlı atalarını anmaktadır ve etkisini ne abartmamız ne de küçümsememiz gereken Osmanlı geleneklerinin bir kısmı hâlâ varlığını sürdürmektedir. Mağrip şehirlerini gezdiğinizde bunlar bir bir karşınıza çıkarlar: camilerin kubbeli salonları, silindir biçimli minareler, saraylar. Tüm bu yapılar bizi başka bir gökyüzünün altında Boğaziçi'ne götürmektedir. Çarşılarda hâlâ pazarlığı yapılan az bulunur çiniler ve yün halılar, yerel özelliklerine karşın doğunun imparatorluk ihtişamını yansıtıyorlar.

Tanzimat

İmparatorluğun yozlaşması karşısında Türklerin verdiği büyük tepki hareketlerine *tanzimat* hareketleri denilmektedir. Bu "reformların" ilk adımı III. Selim döneminde (1789-1807) atılmıştır. İmparatorluğun varlığını sürdürebilmesi için devlet yapılarının derin bir değişimden geçirilmesi gerektiğini gören sultan, karşısında, kamuoyunu arkalarına alan yeniçerileri ve din adamlarını bulur ve en sonunda bunlar tarafından öldürülür. Josephine de Beauharnais'nin kuzeni Aimée de Rivery ya da bir diğer adıyla Nakşidil Sultan'ın üvey ya da öz oğlu olan II. Mahmud da (1808-1839) bu yolda fazla devam edemez. Aldığı ilk önlem –büyük bir katliam sonucu yeniçeri kuvvetlerini ortadan kaldırmak– askeri güçleri hiç uygun olmayan bir sırada zayıflatmış; ancak bu hareketi sayesinde devletin üzerinden ağır bir ipotek kalkmıştır (1826).

Gerçek anlamda yenilenme ancak Gülhane Fermanıyla 3 Kasım 1839'da başlar. Bu yenilenmenin gerçek sonuçlarına ise 1876'da Birinci Meşrutiyet'in ilanıyla, hatta daha sonra yönetimin Jön Türklerin eline geçmesiyle kavuşulur. XX yüzyılın dönemecinde Avrupa'nın pek çok romantiği, estetikçisi ve elbette Pierre Loti başucunda ağladığı yaşlı imparatorluğu başından sonuna dek değiştirir. Öğretim laikleştirilir (Fransızca eğitim veren Galatasaray Sultan-ı Hümayun lisesinin kurulması, 1868), hukuk birleştirilir, kapitalist batı sistemi örnek alınarak tüm finans sistemi yeniden düzenlenir, (alafranga, yani Fransız, Avrupalı tarzında) yaşam biçimi ve sanat anlayışı teşvik edilir: Topkapı Sarayı ve harem terk edilerek Boğaziçi kıyısındaki Dolmabahçe

Sarayına geçilir; Avrupa giyim tarzı dayatılır, fes zorunlu hale getirilir – ancak o günlerde modernliğin bir simgesi haline gelen bu aksesuar zamanla muhafazakârlığın işareti haline gelecektir; büyük güçlerle diplomatik ilişkiler kurulur; Abdülmecid döneminde (1839-1861) herkesin kanun önünde eşit olduğu kabul edilir; finans sistemi modernleştirilir; idare ve hukuk sisteminde yenilenmeye gidilir; yeni temeller üzerinde ordu yenilenir; büyük okullar açılır, siyahların köleliği kaldırılır.

Gerçek anlamda bir değişim yaşanır. Bu değişimler başarılı olabilirlerdi. Türkiye'nin büyük bir gücü ve enerjisi vardı ve ekonomide öteki güçleri yakalayabilirdi. Çünkü sanayideki ve teknolojideki yeniliklere açıktı: 1866 yılında açılan ilk demiryolunun kazandığı başarı bunu kanıtlamaktadır. Kendi içine kapanmış bir ülke değildi: öyle ki ticareti 1870 yılında %50 oranında İngilizlerin elindeyken, kültür yaşamında %100 bir Fransız nüfuzu vardı. Ancak ne yazık ki bu değişim rüzgârı başarılı olamadı. Bu başarısızlığın nedenleri de çok uzakta değildi, çünkü "Avrupa'nın hasta adamı"na karşı bir haçlı seferi yürütülüyordu. Ayrıca onu oluşturan tüm halklarla birlikte yaşaması artık mümkün değildi. Her şey onları bu birlikten ayırıyordu. Bu ayrılığa inandırılmışlardı ve bu oldukça kanlı sonuçlar verdi. Bu halklar ancak saygı duydukları ve çıkar sağladıkları müddetçe bu hanedana bağlı kalmışlardı. Gerileme devam etti ve imparatorluk yok oldu. 1914-1918 Dünya Savaşının ardından geriye bir şey kalmamıştı, hatta bir Türk ülkesinin de kalıp kalmayacağı sorusu soruluyordu. XVIII yüzyıl bir yenilgiler yüzyılıydı. XIX yüzyıl parçalanmanın yüzyılı oldu.

Son Sıçrayışlar

Mısır kuvvetlerinin gidişinden sonra Girit'teki hareketlenme genel bir ayaklanmaya dönüştü. Oldukça uzun süreli bu inatçı ayaklanma doruk noktasına 1866'da ulaştı ve 1897'de özerkliği getirdi. 1841 ila 1846 arasında Hıristiyanlar, Müslümanlar ve Dürzüler arasındaki iç savaş nedeniyle Lübnan kan gölüne dönmüştü, sonra 1860 da çatışmalar yeniden alevlendi – binlerce insan yaşamını yitirdi. 1822 ila 1834 arasında, Rusların işgal ettiği Rumen illeri bu boyunduruktan kurtulmak için ayaklandılar, ancak başarılı olamadılar. Önceleri birbirine düşman olan iki kuvvet bu illere karşı birleşerek 1848'de tüm ayaklananları yok ettiler ve ülkeyi ikili bir egemenlik altına aldılar. Daha sonrasında bu iller birleşerek bir Rumen Devleti kurmayı başardılar ve 1878'de bağımsız oldular.

Sırbistan'da ayrılıkçı hareketler giderek güçleniyorlardı ve Osmanlı varlığı giderek daha da az hissedilmeye başlanmıştı – 1867'ye kadar sadece birkaç garnizon kalmıştı, Türk bayrağı sadece başkentin hükümet merkezinde sallanıyordu. Karadağ 1853 ve 1857'de ayaklandı. 1876'da Balkanlardaki Müslüman katliamları büyük bir hızla artmaya başlayınca İstanbul'daki halk ayaklandı; Abdülaziz (1861-1876) bu nedenle tahtını ve yaşamını kaybetti – öldürüldü mü, intihar mı etti bilinmemektedir.

1877'deki Rus ve Türk savaşı çarları yeniden Osmanlının başkentinin önlerine kadar getirdi ve Ayastefanos Antlaşması'yla tamamlandı; antlaşma Berlin Kongresiyle (1878) değişikliğe uğradı. Türkler Romanya, Sırbistan, Karadağ ve Bulgaristan'ın bağımsızlıklarını tanıdı ve İngilizlerin Kıbrıs'ı almalarını, Rusların Ardahan, Kars ve Batum'u ilhak etmesini kabullendi. Bosna ve Hersek bölgeleri Türk bölgeleri olarak kalmışlardı, ancak Avusturyalıların işgali altındaydılar.

Balkanlardan elinde, sadece Akdeniz ve Karadeniz arasındaki dar bir koridor kalan Osmanlı İmparatorluğu, artık nüfusunun dörtte üçünün Müslüman olduğu bir Asya devleti haline gelmişti: yüzbinlerce, hatta belki de milyonlarca sığınmacı Doğu Avrupa'dan, Kafkasya'dan ve Rusya'dan kaçıp Anadolu topraklarına yerleşti. Bu durum II. Abdülhamid'in (1876-1909) neden özellikle Müslümanlara dayandığını açıklar. Müslüman güçler ve Osmanlı arasında yüzlerce yıllık bir gelenek ve Tanzimat nedeniyle gevşeyen bağları yeniden sıkılaştırmak istemiştir. Yine bu durum nedeniyle o güne kadar bilinmeyen panislamizm hareketi bir ivme kazanmış ve Ermeni sorunu, beraberinde getirdiği katliamlar nedeniyle, imparatorluğun en önemli iç işi haline gelmiştir: eğitimli, genellikle zengin, tüm dünyaya yayılmış büyük bir diyasporaya sahip Ermeniler imparatorlukta kalan son büyük Hıristiyan topluluğu oluşturuyorlardı.

1912'de patlak veren Balkan savaşları Birinci Dünya Savaşının ön hazırlıklarından başka bir şey değildi. V. Mehmed'in (1909-1918) ve üç paşanın, Talat, Cemal ve Enver'in yönetimi altında olan Türkiye, Birinci Dünya Savaşına 3 Ekim 1914'te Almanların ve Avusturya-Macaristan İmparatorluğunun yanında katılmıştır. Türkiye'den pek fazla bir şey beklenmemesine rağmen iyi mücadele etmişlerdir. Osmanlıların kuvvetleri Süveyş Kanalı harekâtında başarısız olmuşlar (Ocak 1915), Fransızların ve İngilizlerin aptalca bir planla yaptıkları Çanakkale çıkartmasını geri püskürtmüşler (Mayıs-Ağustos 1916), Townsend'i Kut el-Amara'da teslim almışlar (28 Nisan 1916), ayaklanan Suriyelilere karşı direnmişler, Ermeni çetelerini destekleyen Ruslara karşı savaşmışlar ve Van'ı onlara karşı öyle canla başla savunmuşlardır ki, bu iki kuvvet arasında geçen kanlı çarpışmalar sonucunda bölge bütünüyle harap olmuştur. Ancak sonunda Erzurum, Trabzon ve Bağdat düşüp, müttefiki olan Bulgaristan da teslim olunca Osmanlı İmparatorluğu Mondros Ateşkes Antlaşması'nı imzalamak zorunda kalır (30 Ekim 1918). Mondros, ilerde ele alacağımız Sevr Antlaşması'nın yolunu açacaktır (Ağustos 1920).

Yaklaşık iki bin yıldır dünyayı titreten Türklerden geriye ne kalmıştır? Cezayir, Tunus, Trablusgarp, Kahire, Aden, Mekke, Kudüs, Şam, Halep, Bağdat, Isfahan, Semerkant, Kaşgar, Kazan, Astırhan, Saray, Konstantinopolis, Sofya, Atina, Belgrad, Budapeşte, Kâbil, Delhi, Bicapur, Tarım, Ötüken ve Pekin'de hüküm sürdükten sonra, ellerinde artık ne tek bir büyük şehir ne de özgür ve hâkim olabilecekleri küçük bir devlet kalmıştır.

Türkiye? Anadolu'da Rum ve Ermeni krallıkları ile Kürt hükümdarlığından söz edildiğine göre böyle bir ülkenin var olduğunu iddia edebilir miyiz? Osmanlı İmparatorluğu? Bu oluşumun bağrından pek çok ulus çıkmıştır. Belki üç, belki dört, hatta belki de beş yüzyıldır ne bir İslam imparatorluğudur ne de bir Türk devletidir. Her şey bu imparatorluktan önceki haline dönmüş gibidir. İmparatorluğun düşmanı olan Şiilik dahi ayakta kalmıştır, Hıristiyanlık varlığını aynı şekilde sürdürmektedir. Onu oluşturan milletlerin dilleri ve kültürleri o kadar iyi korunmuştu ki, kısa bir süre içinde tüm özgünlükleriyle Macaristan, Yunanistan, Bulgaristan, Romanya, Yugoslavya, Arap devletleri bir bir kurulmuştu, hatta bir Kürdistan bile kurulabilirdi. Sadece Ermeniler büyük bir hayal kırıklığı yaşamışlardı. Ortadan yok olabilirlerdi, ama olmamışlardı, çünkü Sovyet bir Ermenistan oluşabilmişti. Bu olaylar sonucunda tüm dünyada son derece etkin, yetenekli ve dinamik bir Ermeni diyasporası oluşmuştu. Ancak yüksek dehalarını ortaya koydukları eski yurtlarının büyük bir bölümü artık onların değildi, oradaki halkı artık Ermeniler oluşturmuyordu. Bu kadar büyük bir yıkımdan bir yarar sağlayamamalarından dolayı duydukları acıyı anlamak mümkündür.

Türkler işgal ettikleri ülkelerin bütünlüğünü bozmamış, bu ülkeleri değiştirmemişlerdi. Gerçekte başka kültürler tarafından asimile edilen onların üst sınıfı olmuştu. Dilleri bir doğu retoriğinin boyunduruğu altına girmiş, Arapça-Farsça deyişler, kalıplar ve sözcükler dillerini öyle istila etmişti ki köylüler anlamakta güçlük çekiyordu. Hatta XX yüzyılın ikinci yarısındaki Türkçeye XIII yüzyıldaki dilleriyle yazılmış Orhon ve Yenisey yazıtlarından daha çok yabancı kalıyorlardı.

Türklerden geriye hiçbir şey kalmamış mıydı? Balkan halklarına sadece danslarını, kumaşlarını, alkolü (*rakı*), konutlarını, bunun ötesinde tüm dünyaya ise sadece şiş kebaplarını ve yoğurdu bırakmışlardır, ancak bugün bunlar bile onlara atfedilmemektedir. Her dilden her dinden insanı barış içinde bir arada yaşatmaya boşuna mı çabalamışlar, büyük bir hoşgörü dersini boşuna mı vermişlerdi dünyaya? XX yüzyıl Flamanların Valonları istemediği, Fransız Kanadalıların İngiliz Kanadalıları yabancılar olarak gördüğü, Kıbrıs'taki iki topluluğun savaştığı, İrlanda'da din savaşlarının yaşandığı bir yüzyıl olmuştur... Ama Türkler pek çok konuda yararlı olmuşlardır, bunda kimsenin kuşkusu yoktur. Türkler olmasaydı Şarlken nereye kadar giderdi? Büyük bir olasılıkla İspanya'nın fethi Cebelitarık'a kadar ilerleyecek ve İspanya'nın sınırları, Kraliçe Katolik Isabelle'nin de itiraf ettiği gibi, Akdeniz'in güneyine kadar inecekti. I. François düşmanlarına karşı direnebilecek miydi? XVI yüzyıldaki Fransa nasıl bir Fransa olacaktı? K. Setton'un da ileri sürdüğü gibi Reform büyük bir olasılıkla Albililerin ayaklanmalarıyla aynı kaderi paylaşacaktı. Protestanlar hayatlarını Türklere borçludurlar. Yaptıkları işler kaçınılmaz olarak Tanrının sonsuz yollarında kayıtlıdır.

XV. BÖLÜM

DİRİLİŞ

1920'de

1920 yılının sonunda Türk dünyasının durumu umutsuz görünüyordu. Sultan, 20 Ağustos'ta Mondros Ateşkes Antlaşması'nın (30 Ekim 1918) korkunç öngörülerini kesinleştiren Sevr Antlaşması'nı imzaladı ve sonbaharda, bir zamanlar Rus Çarlığı olan ülkedeki iç savaş Bolşeviklerin zaferiyle son buldu: artık çağın dışında kalan Hive ve Buhara Hanlıkları ortadan kalktı ve federe ya da bağımsız devletler olmayı isteyen genç "İslam Cumhuriyetleri" SSCB'ye bağlandılar.

Her cephede yenilmiş, Türkler artık kendi yazgılarını kontrol edemez durumdaydılar. Gelecekleri Londra'dan bakılınca karanlık, Moskova'dan bakılınca aydınlık görünmekle birlikte, onları bekleyen geleceğin ne olduğunu bilen yoktu. Daha da kötüsü, öteki devletlerin gözünde artık tıpkı Kızılderililer, Papualar, hatta –neden olmasın– Avustralya yerlileri gibi tarihsel kalıntılar, geçmişte kalan anılardı. Kıtlığa, asimilasyon politikalarına, yok edilme planlarına dayanabilecekler miydi? Kendi kendilerini yok oluşa götürecek bir umutsuzluğa düşmemeyi başarabilecekler miydi? En azından artık uluslararası kamuoyunun ilgisini çekmiyorlardı ve miraslarını paylaşan devletler için teşkil ettikleri sorunlar önemsiz sorunlardı.

Bununla birlikte bir dirilişin, milyonlarca kilometre kareye yayılmış pantürkist bir devletin içinde yeniden bir araya gelmenin düşünü kuranlar, hâlâ planlar yapanlar vardı. Ama bu düşlere kim inanacaktı?

Bu iddialı programlara, bu planlara inanmak isteyen olacak mıydı? Pantürk düşünün savunucularının çoğu Kazan'da ortaya çıktı. Ama 1920'de Kazan'ın neresi olduğunu kim biliyordu? Bunlar her bakımdan küçümseniyorlardı. Kimse onları ciddiye almıyordu, özellikle Büyük Okyanustan Akdeniz'e kadar uzanan geniş topraklarla kıyaslanınca sayıları çok azdı. Kaç kişiydiler? Türkiye'dekiler (11 milyon?), Rusya'dakiler (1914'te 16 milyon) ve Afganistan, İran, Çin ve sürgünde olanlar olmak üzere üç gruba ayırabileceğimiz toplam 30 ila 32 milyon insan. Tam sayılarını tahmin etmek neredeyse imkânsızdı.

Osmanlı İmparatorluğunun Tasfiye Edilmesi

Muzaffer itilaf devletlerinin gözünde Osmanlı İmparatorluğu ve onunla birlikte Türkiye yok olmaya mahkûmdu. Halife Sultan, Fransız ve İngiliz ordularının işgali altındaki başkentinde bir kukladan başka bir şey değildi. Doğu Akdeniz'deki tüm Arap devletleri batı devletlerinin himayesine geçmişti. Fransa'ya Kilikya'da ve Güneydoğu Anadolu'da, Antalya'ya çıkmış ve Konya'yı denetimleri altında tutan İtalyanlar'a büyük nüfuz alanları verildi. Yunanlılar İzmir'e çıkmış (16 Mayısı 1919) ve ele geçirecekleri topraklarda bir Ege devleti kurmalarına izin verileceği sözünü almışlardı. Hatta bir Pontus Devleti kurmaları olasılığıyla gözleri kamaşmış durumdaydı. Wilson planına göre Ermenistan, Erzurum ve Van olmak üzere tüm Doğu Anadolu'yu kapsayan, Karadeniz kıyılarına uzanan geniş, özgür ve büyük bir ülke olacaktı. Katliamdan kaçanlar Rusya topraklarına sığındıklarına ya da daha önceden buralara göç ettiklerine göre bu durumda ister istemez bu topraklarda kimlerin oturacakları sorusu akla gelmekteydi. Sürgünden dönenler mi? Neden olmasın? Ama Marsilya, Kanada ya da

ABD'de de yaşayan bir Ermeni Kars ya da Ani'de yaşayabilecek miydi artık? Buna karşın bugün Wilson planı hâlâ tüm Ermenilerin geleceklerini bağladıları bir plan olarak görülmektedir – tüm Ermeniler bu planı yaşatmaya çalışırlar, çünkü hepsi de atalarının topraklarına hâlâ bağlıdırlar. Çeşitli parçaları bir araya getirerek bir Kürt Devleti kurmaktan sık sık söz edilmekteydi, çünkü daha önce hiçbir biçimde bir bütün olarak bir Kürt Devleti var olmamıştı, ama eskiden büyük bir Ermeni Krallığı vardı; işte bu iki ırk arasındaki ince ayrım budur. Sonuç olarak dört bir yanından kemirilmiş Anadolu'da, Türkiye'nin sıkışacağı yer olarak neresi kalmıştı? Bu arada ülkenin bütünlüğünü koruyabilmek amacıyla himaye altına girmeyi, örneğin Amerikan himayesi altına girmeyi isteyen ürkmüş yurtseverler de vardı.

İster Anadolu Türkü ister Avrupa Türkü olsun Türkiye'nin parçalanması ya da köleleştirilmesi, boyunduruk altına alınması karşısında infial duyanların sayısı da az değildi. Ama on yıldır bitmeyen bilmeyen savaşlardan sonra yakılıp yıkılmış, nüfusu azalmış, olanakları ve kaynakları tükenmiş, kısmen işgal altında bulunan bir ülkede galiplerin mutlak iradelerinin karşısına dikilebilmek için görülmemiş bir yüreklilik gerekliydi. Öte yandan galipler, İslamın en büyük manevi mertebesi sayılmasına karşın o günlerde başkentinde çökmüş bir vaziyette varlığını sürdürmeye çalışan halifeyi arkalarına almışlardı. Ona karşı çıkmak bir tür aforoz tehlikesiyle karşı karşıya kalmak, dine saygıda kusur etmek demekti. Ancak bir kişi bunu yapacaktı.

Mustafa Kemal'in Devrimi ve Kurtuluş Savaşı

Bu yürekliliği gösterecek kişi, daha önce Trablusgarp'ta (özellikle de 1912'de Tobruk'ta) ve Çanakkale Savaşında ün kazanmış başarılı bir komutan, radikal ve laik fikirleri benimsemiş eski bir Jön Türk, 1881'de Selanik'te doğmuş devrimci bir ruha sahip Mustafa Kemal Paşa'ydı. Rahatsızlık verdiği halife tarafından Anadolu'daki birlikleri terhis etmekle görevlendirilen Mustafa Kemal, 19 Mayıs 1919'da onu karşılamaya hazır eski bir taşra ili olan Samsun'a hareket etti. Burada bağımsızlık hareketini başlattı. 22 Haziran 1919'da Amasya'da hükümdarın edilgen politikasını kınayan bir bildirge yayımladı. Kısa bir süre sonra, önce Erzurum'da (Temmuz) sonra Sivas'ta (Eylül) ulusal bir kongre topladı. Bu kongrelerde halkın çoğunluğu Türk olan bölgelerde toprak bütünlüğü ilkesini koydu ve bunu sağlamak amacıyla halka dayalı bir hükümet kurmayı tasarladı. Ve bir yıldan kısa bir süre sonra 23 Nisan 1920'de kasvetli bir bozkır kasabası olan Ankara'da Büyük Millet Meclisi'ni topladı ve yetkilerini ona devretti. O tarihten sonra Mustafa Kemal, Türkiye'nin cisimleşmiş örneği, bütün bir halkın iradesinin temsiliydi ve "Türklerin Atası" değil "Ata Türk," yani "Ataları gibi Türk" anlamına gelen *Atatürk* adını aldı.

Yabancılara, İtilaf devletlerine göre Mustafa Kemal bir eşkıya reisinden başka bir şey değildi! Sultan ve sadrazam için daha da fazlasıydı. Onu suçluyorlar, üzerine asker gönderiyorlar, ama fazla da üstelemiyorlardı. İngilizler bu sırada nazırlıkları işgal edip, bazı önemli kişileri tutuklatmışlar ve İstanbul'daki meclisin feshedilmesini sağlamışlardı. Her şeyin yoluna girmesi için iş artık Yunanlılara, İtalyanlara, Fransızlara ve Ermenilere güvenmeye kalmıştı.

Mustafa Kemal Türklerin artık tükendiklerini ve İtilaf devletlerinin barışı çok istediklerini biliyordu, ancak savaşmalıydı. Kazım Karabekir kuzeydoğu cephesinde harekâta başladı. Ruslar devrimleriyle meşgul olduklarından Ermeniler tek başlarına kalmışlardı ve yenilerek Kafkasya'ya püskürtüldüler. Kemalist Türkiye'nin yabancı bir devletle yaptığı ilk uluslararası antlaşmanın, 2 Aralık 1920 günü Gümrü'de, bugün Sovyetleşmiş olan Ermenistan Cumhuriyeti'nin temsilcisiyle imzalanan antlaşma olması anlamlı değil midir? Bunun ardından gelen başka antlaşmalar, sonraki aylarda bu antlaşmayı teyit edecektir. Ruslar 1878'den bu yana ele geçirdikleri toprakları Kars, Ardahan ve Artvin'i geri verdiler. Onlar da cumhuriyetlerinin bir Kafkasya cumhuriyeti olduğunu kabul eden Ermeniler gibi Türkiye'yle olan ortak sınırlarını kabul ettiler.

Bu, Kürtler için mücadeleye girişmek bakımından cesaret verici bir adım olmadı, zaten 1919 yılının Mayıs ayında gerçekleşen Kahta kongresinde İngilizler Kürtlerin cesaretlerini kırmışlardı. Kürtlerin dramı böylece ağırlaştı, çünkü Türkiye –özellikle burada yoğunlaşmışlardı– İran, Irak ve Suriye olmak üzere dört ülke topraklarına dağılmışlardı. Yeni kurulmuş ya da eskiden kurulmuş bu devletlerden birini bölmek demek bu dört devletin toprak bütünlüğünü bozmak, bu devletlere müdahale etmek demekti. Tüm Kürtleri toprakları üstünde birleştirmeden bir Kürt Devleti kurulamazdı; dahası Irak'ı alan İngilizler Musul petrolünü ellerinde tutmaya çalışıyorlardı.

Bir Fransız müfrezesiyle üç Ermeni taburu Mersin'e çıkarak Adana ilini işgale başlamıştı (Aralık 1918); sonra da mevzileri tutan İngilizlerin yerini almak üzere Maraş, Antep ve Urfa'ya yönelmişti. Fransa Birinci Dünya Savaşı sonunda elbetteki zaferin meyvelerini toplamak istiyordu, ama herhangi bir askeri çabaya girme niyetinde değildi. Bölgedeki güçleri yetersizdi. Dolayısıyla düzensiz Türk birlikleriyle karşı karşıya geldiğinde onurunu kurtarmakla yetindi: bir yardım birliği kuşatma altındaki Maraş'ı kurtardı ve 10 Şubat 1920 günü iki yüz kayıp vererek, üç yüz yaralıyla, yolu üzerinde açlık, yorgunluk ve soğuktan ölmüş iki bin Ermeninin cesedini bırakarak geri çekildi.

Diğer harekâtlarının daha iyi sonuç vermemesi üzerine Fransa, 20 Ekim 1921'de Kemalistlerle bir antlaşma imzaladı. Bu antlaşma, Türkiye'nin Toroslar'da tutmak zorunda kaldığı birliklerini hemen batı cephesine aktarmasını ve Fransız mandasındaki Suriye'yle geçici bir sınıra kavuşmasını sağladı. Bu sınır 1928 ve 1939'da İskenderun Sancağı'nın Türkiye'ye geri verilmesiyle değiştirilerek kesin olarak çizilmiştir. İtalyanlar da benzer bir antlaşma ve koşullarla Antalya ve Konya'yı bırakmayı kabul ettiler (13 Mart 1921). Türkler bu takviyeden ve manevi destekten tam zamanında güç aldılar. Ocak 1921'de Yunanlılar Eskişehir ve Dumlupınar yönünde saldırıya geçmişlerdi. Bu saldırı, 10 Ocak'ta Mustafa Kemal'in en yakın çalışma arkadaşı İsmet Paşa tarafından İnönü'de durdurulmuş ve İsmet Paşa o günün anısına İnönü soyadını almıştır. Martta yeni Yunanlı saldırısı ve ayın son günü de aynı savaş alanında yeni Türk zaferi. Temmuzda üçüncü Yunan saldırısı: Afyon, Kütahya, Eskişehir düştü. Yunanlılar Sakarya kıyılarına çekildiler ve başkomutanlığa atanan ve tam yetkilerle donatılan Mustafa Kemal 23 Ağustos'ta Yunanlıların karşısına çıktı. Onları tam yirmiiki gün orada tuttu ve sonunda Yunanlılar geri çekildiler. Bu nedenle Mustafa Kemal İslamiyette din savaşını, kutsal savaşı kazananlara verilen "gazi" unvanıyla onurlandırıldı!

Yunanlıların bu yenilgisine karşın barış görüşmeleri bitmek bilmiyordu. Mustafa Kemal buna bir son verme kararı aldı ve 26 Ağustos 1922'de o ünlü emrini verdi: "Ordular ilk hedefiniz Akdeniz'dir!" 30 Ağustos günü Yunanlılar Dumlupınar'da yenildiler ve 9 Eylülde Türkler İzmir'e girdi. O sıralarda başarısız olan müttefiklerini kurtarmak için müdahale etmeye hazırlanan İngilizlere karşın Fransızlar aynı yılın 11 Ekiminde Mudanya Ateşkes Antlaşması'nı imzalatmayı başardılar.

Türkiye Cumhuriyeti

İsviçre'de bir barış konferansının toplanması söz konusuydu (21 Kasım 1922). Mustafa Kemal heyetin Türkiye'yi temsil eden tek heyet olacağından emin olmak için 1 Kasım günü saltanatın kaldırılmasının oylanarak kabul edilmesini sağladı. Halifelik varlığını dinsel ve manevi güç olarak 3 Mart 1924'e kadar onbeş ay daha sürdürdü. 24 Temmuz 1923 günüyse Lozan Antlaşması'yla Türkiye'nin aşağı yukarı bugünküyle aynı olan sınırları içinde varlığı tanınıyor, kapitülasyonlar kaldırılıyor ve ülkenin uluslararası topluluk içine girmesi onaylanıyordu.

Türkiye Büyük Millet Meclisi 29 Ekim 1923 günü cumhuriyeti ve başkentin Ankara olduğunu ilan etti. Tek bir siyasal parti kuruldu. Mustafa Kemal'in yönetiminde her türlü güce sahip olan Cumhuriyet Halk Partisi (CHP) adındaki bu partiyle eski Müslüman imparatorluğun genç, milliyetçi, batılı ve modern bir devlete dönüştürülmesi süreci başlatıldı. Bir Türk-Yunan antlaşmasıyla (30 Ocak 1923) İstanbullu Rumlar ile Doğu Trakyalı Türkler dışta kalmak üzere her iki ülkede azınlık durumundaki halkların mübadelesi sağlandı: böylece 1.500.000 Rum atalarının yaşadıkları toprakları iki bin yıldan uzun bir süredir yaşadıkları toprakları– terk etti. Buna karşılık Yunanistan'dan da yarım milyona yakın Türk, Türkiye'ye gönderildi.

Karamsarlar yanılmıştı. Tüm beklenenlerin aksine Türkiye yaşama döndü. Kuşkusuz uluslararası iddiaları olan bir imparatorluk değildi artık; bir uluslar konfederasyonu hiç değildi. İlk defa Türk halkınca kurulan, kendini Türk hisseden, Türk kalmak isteyen ve Türkler tarafından yönetilen bir devletti. İslamdan vazgeçmeksizin İslamiyeti toplumsal ve siyasal nitelikli bir konu saymak yerine Avrupanınkiyle karşılaştırılabilecek modern ve laik bir düzen benimseme kararındaydı. "Kemalist Devrim" adı altında alınan bir dizi önlem bu iradenin kanıtıdır: şer'iye mahkemelerinin, tarikatların kaldırılması, medreselerdeki geleneksel öğrenime son verilmesi, peçenin, bazı doğu tarzı giysilerin yasaklanması, şeriat yasalarının yerine bir medeni kanunun (İsviçre'den), ticaret kanununun (Almanya'dan) ve ceza kanunun (İtalya'dan) kabulü. Bu değişikliklerle bir hamlede çokeşlilik, haremler, karısını bir sözle boşamak ve miras konusunda kadınla erkek arasındaki eşitsizlik ortadan kalktı. Ayrıca Fransız kadınından önce seçme hakkına sahip plan Türk kadını kısa bir süre sonra seçilme hakkına da kavuştuğu gibi, kadınlar her türlü mesleğe –uygulamada değilse bile en azından hukuken– girme hakkını da kazandılar. Latin harfleri bazı özel ayırıcı işaretler eklenerek, o zamana kadar kullanılmakta olan Arap harflerinin yerini aldı ve Türkçe derinlemesine bir değişikliğe uğradı: eski Türkçeye yakın olmayı sürdüren halk dilinden Arapça-Farsça sözcükler ve Osmanlıcanın uzun ve ağdalı cümle yapısı büyük ölçüde çıkartıldı, çok sayıda yeni sözcük türetildi. Özetle her şey Selçuklu sultanlarının dönemin uygarlık ışığı olan Sünni İslam uygarlığını benimsedikleri devirdeki gibi, ama aynı zamanda yapay ve yüzeysel bir enerjiyle cereyan ediyordu.

10 Kasım 1938'de Atatürk öldüğünde Türkiye ona neler borçlu olduğunun bilincinde olduğunu ortaya koyan büyük bir yas tuttu.

Demokraside Kriz Dönemleri

İsmet İnönü (1884-1973) tüm yapıları yeni yeni oluşan, her şeyin giderek yoluna girdiği, ama bunun dışında tamamen yeniden inşa edilmesi gereken bir ülke miras almıştı. Pek çok şehri pek çok kasabası henüz ortaçağı yaşarken İkinci Dünya Savaşı patlak vermişti ve Türkiye ihtiyatlı bir tarafsızlık politikası yürütmek durumundaydı.

Savaştan galip çıkan Sovyetler Birliği'nin üzerinde yarattığı baskı Türkiye'yi Amerika'ya yakınlaştırmıştı (1946'da Missouri'nin İstanbul ziyareti). Kısmen bu nedenle kısmen demokratik ülkelerin kazandığı zaferle tek partili rejimlerin devrinin geçmesi ve yeni bir rejim döneminin başlaması nedeniyle kısmen de halkın bir yenilenme arayışı içinde olması nedeniyle, Türkiye, politikasının yönünü birden değiştirdi. 7 Ocak 1946'da yeni bir muhalefet partisi kuruldu, Demokrat Parti (DP) CHP'nin devletçilik politikasına karşı liberal ekonomi politikasını savunuyordu. 1950'de bu yeni oluşum seçimlerde ilk zaferini kazandı ve 1954'te daha büyük bir zafer bunu izledi. 1957'de gelen üçüncü zafer ikinci zafere göre oldukça açık bir gerileme olduğunu gösteriyordu. İki önemli kişilik politika sahnesine çıktılar: cumhurbaşkanı Celal Bayar (1950-1960) ve başbakan Adnan Menderes.

Bilindiği gibi demokrasi hemen elde edilen bir olgu olmadığı gibi öğretilmesi de göründüğü kadar kolay değildir, demokratikleşme süreci pek çok sapma olasılığını bünyesinde barındırır. Türkiye pek çok nedenden ötürü yönünden sık sık saptı; çünkü gelenek ve görenekleri alt üst olmuştu, o güne kadar sıkı bir disiplin içinde yönetildiğinden gereğinden fazla gevşemişti, çok fazla serbestlikle birlikte muhalefet akımları giderek güçlenmişler, özellikle Şiiler (Aleviler) ile Sünniler arasındaki uzlaşmazlık giderek büyümüştü; çünkü ekonomik gelişme –yolların, köprülerin, fabrikaların yapımı, tarımın modernleştirilmesi, hızlı kentleşme– ve büyük bir orduyu silah altında bulundurma zorunluluğu ciddi bir büyüme krizi yaratmıştı. Ülkenin kargaşa içine düşmesini engellemek için ordu müdahale etti. 27 Mayıs 1960'ta demokrat liderler tutuklandı, yargılandı (Yassıada davaları), cezaya çarptırıldı, hatta idam edildi (daha sonra onuru kendisine iade edilecek olan Adnan Menderes'in idamı). Yeni bir anayasa kabul edildi. Ordu yeniden sözü halka devretti ve halk da DP'nin mirasçıları olduğunu söyleyen Adalet Partisi (AP) ve Yeni Türkiye Partisi'ni (YTP) seçti; 1965'te AP tek başına iktidar oldu (oyların %53'ünü aldı).

Siyasal durum çok iyi değildi, ama ülke 1965 ve 1971 yılları arasında oldukça şaşırtıcı bir biçimde büyüdü ve gelişti. Sonra ekonominin yörüngesinin yeniden sapmasıyla anarşi ve terörizm dönemleri başladı. Ordu yeniden bu dayanılmaz duruma son verdi (12 Eylül 1980). Ülkenin anayasası yeniden değişti ve yeni anayasa 7 Kasım 1982'de %91,2 oyla kabul edildi.

Tüm bu yıllar boyunca ve daha sonraki yıllarda, Türkiye Cumhuriyeti'nin dış politikası, 1952 yılında katıldığı NATO'nun çizgisinde ilerledi ve bir parçası olmak istediği Avrupa Birliği'ne yakın durdu. Türkiye, sınırları dışında yaşayan Türk nüfusun yazgısı söz konusu olduğunda çok duyarlı bir politika izlemeyi sürdürdü. Yugoslavya'da toplam nüfusun %11'ini oluşturan, ama Bosna Hersek'te %37'ye, Güney Sırbistan'ın bazı bölgelerinde özellikle Kosova'da %47'ye varan, genelde Balkanlar'daki Müslüman halklar arasına karışan Türklerin sayısı birkaç yüz bin civarındaydı (1929'da 280.000). Bu halklar komünist rejim döneminde çok büyük sorunlarla karşılaşmadan yaşadılar, ama rejimin dağılmasından sonra hepimizin bildiği dramatik çatışmaların ortasında kaldılar. Bulgaristan'daki Türk nüfus Türkiye'ye göç etti ve Sofya hükümetinin 1989'da yürürlüğe koyduğu tüm Bulgaristan'ı kapsayan Bulgarlaştırma kararnamesinden kaçan 300.000 sığınmacı, en azından geçici olarak onlara katıldı. Bugün, Birinci Dünya Savaşından sonra nüfusların mübadelesiyle Yunanistan topraklarında yaşamaya hak kazanan bir kısım Türk, Doğu Trakya'da (1996'da 120.000 ila 150.000 arasında bir nüfusa sahiplerdi) yaşamaktadır. Kıbrıs'ta da Türk nüfusu bulunmaktadır.

Kıbrıslı Rumların lideri başpiskopos Makarios *Enosis* yani adanın Yunanistan'a bağlanmasını isteyince iki toplum arasında anlaşmazlık çıktı. Türkiye 20 Temmuz 1974'te adaya birliklerini çıkardı ve adanın kuzeyini işgal etti. Bunun sonucunda Kıbrıslı Rumlar adanın güneyine göçtüler. Ada iki bölgeye ayrıldı; Türk tarafı nüfusun %18'ine ve toprağın üçte birine sahipken Rum tarafı Kıbrıs Cumhuriyetini kurdu ve uluslararası kamuoyunca tanındı. Buna karşın 1983'te kurulan Kıbrıs Türk Cumhuriyeti uluslararası kamuoyunca tanınmadı. Kurtuluş Savaşından beri iyi durumda olmayan Türk-Yunan ilişkileri daha da gerildi ve iki ülke arasındaki gerginlik en ufak bir krizde daha da artmaya başladı. Bu olayın en üzücü sonuçlarından biri de İstanbullu Rumların, atalarının binlerce yıl yaşadığı toprakları (1955'te giderek hızlanan bir süreçle) terk etmeleriydi. Metropolün kozmopolit karakteri büyük bir darbe aldı en azından bazı bölgeleri bu kozmopolit nüfusu kaybetti (İstiklal Caddesi).

Ülkede her şey iyiye gitmiyordu. Kürt sorunu giderek büyüyordu; güçlu bir "İslamcı" akım ortaya çıkmıştı ve şeriata dönülmesini savunuyordu; 1980'den sonra %60 ila 90 arasında seyreden ve düzenli olarak artış gösteren enflasyon sorunu yakıcı bir gündemdi: 1979'da 35 lira olan 1 dolar, 1983'te 285 lira, 1988'de 1816 lira, 1990'da 2973 lira, 1995'te 59.800 lira oldu. Kentler taşradan karşılayabileceklerinin çok üstünde göç almaya başladılar ve yurtdışına, özellikle Batı Avrupa'ya göç hızlandı. Bugün Batı Avrupa'da çoğunluğu Almanya'da olmak üzere (Fransa'da 250.000) yaklaşık olarak iki buçuk milyon Türk yaşamaktadır. 1946'lı yılların iki partili rejiminin yerine çok partili rejimin kabul edilmesinden beri hükümetlerdeki istikrarsızlık koalisyon hükümetleriyle daha da ciddileşti. Ayrıca mafya operasyonlarına bağlı skandallar, nüfuz çekişmeleri ve uyuşturucu trafiği (özellikle 1998'de yaşanan ciddi kriz) ülkenin sorunlarını ağırlaştırdı.

Tüm bu sorunlarla birlikte askeri darbeler, idam cezası, sakıncalı bulunan kişilerin tutuklanması, saldırılar yaşlı demokrasilerin Türkiye'yi hâlâ "gerçek" bir demokrasi, "modern" bir devlet olarak görmemelerine neden olmaktadır. Buna karşın ordu yönetimi her zaman sivillere devretmiştir; seçimler açık ve dürüst bir biçimde gerçekleştirilmiştir, halkın büyük bir çoğunluğu oy hakkını kullanmıştır (1999 Nisan seçimlerinde kayıtlıların %87'si oy vermiştir). Dahası Türkiye önemli bir ekonomik, sosyal ve kültürel atılım göstermiştir. Gayri safi milli hasıla 1923'te 45 dolarken, 1987'de 3007 dolar, 1988'de 3200 dolardır; Türkiye Dünya Bankası'na göre 1980 ila 1991 yılları arasında büyüme hızı bakımından dünyada 16. sıradadır (1995-1998 yılları arasında kişi başına düşen gelir yılda %7,7 oranında artmıştır).

Bir çeşit mucize gerçekleştirilmiştir. Kurtuluş Savaşına katılan 11 milyon Türk 1927'de 13 milyon, 1935'te 16 milyon, 1945'te 19 milyon, 1970'te 35 milyon, 1980'de 45 milyon ve son sayımlara göre 1997'de 62,6 milyon olmuştur (aslında öngörülen 64,2 milyondu: ufak ancak apaçık bir sapma!). Türk nüfus hızla artmaktadır. Bugün ülkenin kapasitesini zorlayacak rakamlara ulaşılmış durumdadır ve nüfus artışı yarınlar için bir risk oluşturmaktadır. Doğum oranındaki belirgin düşüşe karşın genç nüfus (15 yaşın altındakiler bu nüfusun %30'nu oluşturmaktadır) BM'nin öngörülerine göre 2025'te Türklerin 90 milyon olmasını sağlayacaktır ve nüfusun 2050'de 105 ila 110 milyon arasında sabitleneceği düşünülmektedir.

Türkiye Farsileri

Bugün Türkiye'de Hıristiyan Rum, Ermeni ve Gürcü azınlığın sayısı oldukça azdır: tüm nüfus içinde %1,5 oranındadırlar; son yıllarda hızlanan göçle birlikte sayıları giderek azalmaktadır. Buna karşın yoğun bir Kürt, yani Farsi topluluğu vardır – bu eski bir halktır, Haçlı Seferleri döneminin Salâhaddin Eyyübisi bu halkın içinden çıkmıştır. Bunlar Suriye, Irak ve İran Kürtlerinin sınır komşusu olarak doğu bölgelerine yerleşmiş durumdadır. Sayıları ne kadardır? Bunu tespit etmek güçtür, çünkü Ankara hükümetinin ülkede konuşulan dillerle ilgili istatistikleri yoktur ve Türkiye Cumhuriyetinin tüm sakinleri Türk vatandaşı olarak sayılmaktadır – bu tutum eleştirilmektedir, ama aksi bir tutum da bu kez ırk ayrımcılığı yapılıyor iddiasıyla eleştirilecektir. Bununla birlikte bu konuda yapılan tahminler bilimsel olmaktan uzaktır, çünkü genelde yanlı tahminler yapılmaktadır. *L'Annuaire du Monde Musulman*'a [Müslüman Dünyası Yıllığı] göre Kürtler 1945'te toplam nüfusun %8 ila 9'nu oluşturmaktaydı. Kuşkusuz bu sayı bugün artmış durumdadır, çünkü en fazla doğum oranı Anadolu'nun doğu bölgelerindedir ve kimilerine göre oran %12 ila 15 arasındadır, ki bu bize biraz abartılı gözükmektedir. Sonuç olarak Kürtlerin sayısı 5 ila 8 milyon arasındadır; bu nüfus eskiden belli bölgelerde yoğunlaşsa da bugün iç göçlerle büyük kentlere, özellikle İstanbul'a kaymıştır.[Φ] Türkiye'deki Kürt sorununu uzun süredir *mutadis mutandis* [gerekli değişiklikler yapıldığında] Bretonların, Korsikalıların ya da Baskların sorunlarıyla aynı düzlemde gören ve ele alan uluslararası kamuoyu bu durumun ciddiyetini küçümseyerek bir hata yaptığını kabul etmek durumunda kalmıştır. Hiçbir şey bu durumun ciddiyetini gölgelememelidir. Kürtler ile Türkler arasında pek çok nedenden ötürü bir uçurum yoktur: bu iki ulus binlerce yıldır bir arada yaşamaktadır; Kürtlerin gönderme yapabilecekleri bir tarihleri,

---

Φ Kürtlerin % 40'tan fazlası Türkiye'nin güneydoğusunda yaşamaktadır.

devletleri ya da tamamen Kürt unsurlardan oluşan bir kültürleri yoktur (belki bu anlamda aşırı Şiiler olan Ali İlahiler bir referans olabilir, ama onlar da İran'da yaşamaktadır); Kürt boylarından bazıları bir biçimde Kürtleşmiş eski Türkmen topluluklarıdır; Kürtler ve Türkler Kurtuluş Savaşında birlikte savaşmışlardır; Kürt lehçeleri çok farklılaşmıştır, en çok kullanılan dil zorunlu olarak Türkçedir; kanun önünde tüm yurttaşlar eşittir, Kürtler Cumhuriyetin yönetim kadrolarında en üst görevlere kadar çıkmışlardır.

Türkler açısından Kürt sorunu bilincinin kazanılması çok hızlı olmamıştır ve çok sancılı bir süreç izlemiştir. 1960'larda, Cumhurbaşkanı Gürsel döneminden itibaren "Kürt yoktur, dağlı Türkler vardır" söylemi benimsenmiştir. Kürtler düşüncelerinin daha fazla duyurulmasını talep etmeye başlamışlar ve yönetimde ve medyada dillerini kullanma talebini giderek daha fazla dile getirir olmuşlardır. Iraklı ırkdaşlarının isyanlarıyla cesaretlenerek, yabancı ajanların oyunlarıyla teşvik edilerek kimliklerinin tanınmasını, anadilde ifade ve eğitim hakkı, iç özerklik, hatta bağımsızlık talep etmişlerdir. Bir kurtuluş ordusu kurmuşlardır; Kürdistan İşçi Partisi (*Partiya Karkeren Kûrdistan* ya da PKK) resmi olarak Marksist-Leninist bir programla 1978'de kurulmuştur, ama daha sonra İslamcı bir söylem benimsemiş, hatta panislamist bir politika izlemiştir. Bu parti pek çok saldırı gerçekleştirmiş ve ülkeyi kronik bir çatışmanın içine sokmuştur.

Elbette tüm Kürtler aşırılık yanlısı değildir. Durumlarının değişmesini yok pahasına istemeyen geniş feodal aşiretlere sahiplerdir; iş sahibi olmak, serbest mesleklerde çalışmak, yaşam haklarını tanıyan bir devlet durumlarından hoşnut olmaları ve kendilerini Türk vatandaşı olarak görmeleri için yeterlidir. Ama buna karşın eğitimden yoksun, sefalet içinde değilse de yoksul topluluklar toplumun dışında köklerinden uzaklaşmış bir durumda yaşamaktadır. Aşırılık yanlısı öneriler getirenlere kulak vermekte ve PKK'ye araç sağlamaktadırlar. Dicle ve Fırat Nehirlerine dev barajlar kurmaktan oluşan büyük kalkınma programı GAP projesi, elektrik enerjisinin artışı, ekonomik büyüme, bozkırların ve kurak bölgelerin yoğun olarak sulanması, bugüne kadar Türkiye'nin en az gelişen ve en az kalkınan bölgesi olan bu bölgenin yaşam koşullarını derinden değiştirerek sefalete bir son verebilir ve aşırılık yanlılarını bu tercihlerinden uzaklaştırabilir.

Bugün süregelen çatışma yaklaşık onbeş yıldır Türkiye'nin en büyük sorununu oluşturmaktadır. Tüm kavramlar, özellikle de modern Türkiye'nin "tek devlet, tek halk, tek dil" ilkesi sorgulanmıştır. Bu ilkeye bağlı olanlar, daha eski bir geçmişe dayanarak modern Türkiye'nin Osmanlı İmparatorluğu'nun ve sıklıkla gördüğümüz gibi diğer Türk devletlerinin imgesine –yani halklar mozaiği ya da daha iyi bir ifadeyle Türkler ve Kürtler federasyonu– sahip olması gerektiğini düşünenlerin karşısında yer alırlar. Kimileri de her ne kadar bu iki halk aynı dili konuşmasalar da farklı kültürel geleneklere sahip olsalar da bunların uzun bir geçmişi paylaştıklarını ve din kardeşi olduklarını savunmuştur. Oldukça kötü bir ifadeyle köktencilik ya da köktenci İslam olarak adlandırılan, daha doğru bir ifadeyle İslam geleneğine ve şeriata bağlılık olarak adlandırabileceğimiz akımın Kürtler ile Türkleri birbirine yakınlaştırma arzusuyla güçlendiğini ve yaygınlaştığını düşünmek için haklı nedenlerimiz vardır.

Kürt sorunu hangi ülkede olursa olsun çözümü kolay bir sorun değildir, ama Türkiye'de bu çözüm daha da zorlaşmaktadır, çünkü XIX ve XX yüzyıl tarihi art arda gelen taviz ve baskılar ve ülkenin giderek parçalanmasına dair bir tarihtir. Her iki tarafında da kabul edebileceği, devlet ve ülke bütünlüğünü koruyan, Kürtlerin haklı isteklerini karşılayan bir çözüm bulunamadığı için Türkiye ve onunla birlikte Yakındoğu karanlık günler yaşama tehlikesi altındadır.

Kimilerince tarihin en kanlı teröristlerinden biri, binlerce insanın ölümünün baş sorumlusu, kimilerince bağımsızlık savaşının kahramanı büyük Kürt önder Öcalan'ın önce tutuklanması, ardından 1999 yılının ilk döneminde yargılanıp idama mahkûm edilmesi tüm dünyada büyük bir heyecan yaratmış ve ekonomik sorunların giderek ciddileştiği bir dönemde Türkiye'nin en önemli gelir kaynaklarından bir olan turizme büyük bir darbe (geçici olarak?) indirmiştir. Bu durumdan çıkarılacak iyi ve kötü sonuçlar vardır. PKK'nin hapisteki önderinin terörist eylemlerin durdurulması ve birliklerinin geri çekilmeleri isteğine uyma kararı –ki bu da başarısızlığa uğramıştır (Ağustos 1999)– uzun bir çatışma döneminin sonunun habercisi olmuştur.

İran Türkleri

Tarihin garip bir cilvesiyle Türkiye'deki Farsi azınlığa karşılık olarak Fransa'nın üç katı büyüklüğündeki bir ülke olan İran'da Türkçe konuşan çok daha kalabalık bir azınlık vardır. Başlıca grup Azerilerdir (Azerbeycanlılar), bunlar nüfusun %20'sini oluşturmakta olup yaklaşık 13 ila 14 milyon civarındadırlar. Eski Sovyetler Birliği'nde yaşayan ırkdaşları gibi Türkiye Türkçesine çok yakın bir dil konuşmakta ve Türklerle anlaşabilmektedirler. Genelde bölgenin başkenti Tebriz'de ve aynı etnik gruptan geldikleri, aynı dili konuştukları Azerbeycan Cumhuriyetiyle sınırı olan ve adlarını taşıyan bölgede yaşamaktadırlar ve dörtte biri kadarı da yoğun bir biçimde gruplaştıkları ve bu nedenle en önemli Azeri kentlerinden biri sayılan Tahran'da yaşamaktadır.

Türkçe konuşan başka halklar da İran nüfusunun %10'nunu oluşturmakta ve Zagros Dağları civarında, Farsistan'da ve Gurgan'da yaşamaktadırlar. Türkmenistan'daki Türkmenlerin ataları Kuzeydoğu Türkmenleri ya da Fars Kaşgayları gibi eskiden göçmen olan bu halklar yerleşik hayata karşı çıkıyorlardı, ancak belli bir süredir köy ve özellikle şehirler (Şiraz) olmak üzere yerleşmeye başlamışlardır.

Bu halkların hepsi Şiidir ve Şiiliğin İran'da devlet dini olarak kabul edilmesinde önemli bir rol oynamışlardır ve bu da bu halklara önemli bir ağırlık kazandırmış ve Ayetullah rejimine bağlanmalarını sağlamıştır. Bu mezhebe bağlı olmalarının bu halkları Türkiye Türklerinden uzaklaştırıp uzaklaştırmadığını tahmin etmek güçtür. Türkiye'de mezhep dayanışması güçlü duygularla ifade edilmiştir; mesafeyi koruyabilmek için kimileri bu halkların Türk olmalarına karşın "sapkın" olduklarını söylemektedir.

XX yüzyıla kadar İran tarihinde Türklerin oynadığı rol ve Azeri topluluğun bütünlüğü düşünülünce İran'da Türkçe konuşan nüfusun önemi göz ardı edilemez, çünkü nüfusun neredeyse üçte birini oluşturmaktadırlar. Zaten bu azınlık pek çok kez, özellikle de İkinci Dünya Savaşından sonra SSCB, Azerbeycan'ı İran'dan ayırmaya çalıştığı sırada (Güvenlik Konseyi'ne 12 Aralık 1946 tarihinde yapılan çağrı) ağırlığını hisettirmiştir. Şah devrildiği ve Ayetullah Humeyni iktidara geçtiği zaman da bu azınlıktan kesin bir müdahalede bulunmaları beklendi. O tarihten beri konuyla ilgili bilgiler belli bir süzgeçten geçirilerek verildiği için kesin bir bilgi sağlamak mümkün değildir. Ama ülkede önemli bir toplumsal ve siyasal güç oluşturdukları ve deneyimleriyle İslam dünyasında önemli çekim merkezlerinden biri oldukları kesindir.

Başka bir İran ülkesi olan Afganistan'da –ki bu onun hakkında söylenebilecek şeyler arasında ufak bir ayrıntıdır– Sovyet işgalinden önce istatistiklerin son derece yaklaşık olduğu bu ülkede, Hindukuş'un kuzeyindeki ovalarda yaşayan Özbek topluluk, Belh (Baktra), Mezar-ı Şerif ve Kunduz şehirleri çevresinde, ülkenin en kalabalık Türkçe konuşan topluluğunu oluştururlar. 1954'te *L'Annuaire du Monde Musulman* [Müslüman Dünyası Yıllığı] tarafından yapılan bir değerlendirmeye göre 300.000 kişiyle ülke nüfusunun % 5'ini oluşturmaktadırlar (kişisel araştırmaların, günümüzde sayılarını iki veya üçle çarpmayı gerektirse de, bu tahminlerin oldukça zayıf olduğunu düşünmeme yol açıyor). Batıda bulunan bazı Türkmenler, onların yanında yaşamaktadırlar ve Türklerden sayıca üç kat daha kalabalık olan bu Moğolların gerçekte kim olduklarını bilmek ilginç olabilir; kimileri kesin olarak Moğol iken, diğerleri ise başka dillerin etkisinde kalmış Türk dilleri kullanırlar.

Sovyet Devrimi

Rusya Müslümanlarının büyük bir bölümünü oluşturan Türkler veya Tatarlar, onları çeşitli zamanlarda ya da aynı dönemde sosyalist, panislamist ve pantürkist ideolojiye itmiş olan uzun bir entelektüel çalkantının ardından patlayan Sovyet Devrimi karşısında şaşkınlığa düşmüşlerdi. Bu devrimi beklemiyorlardı, böyle bir patlamaya hazır değildiler ve bu devrimin hazırlanması sürecinde hiçbir katkıları olmamıştı.

Bu tamamen bir Rus ya da daha doğrusu Slav eylemiydi, devrim bu halklar olmadan gerçekleşmiş, onlar olmadan sürmüştü, ama onlara rağmen ya da onlara karşı gerçekleşmemişti. Bununla birlikte bu devrime katlanmak zorundaydılar ve doğal olarak bu koşullardan olabildiğince yararlanmak niyetindeydiler. Bu nedenle acemice ve aceleyle hak iddialarını savunabilecek idari ve askeri organlara başvurmaya başlamışlardı. Söz konusu iddialar açık ve netti, o devrin ülkülerine uygun düştükleri izlenimi uyandırıyorlardı: idari özerklik, Müslümanlarla Hıristiyanlar arasında eşitlik, gasp edilmiş toprakların geri verilmesi, sömürgeleştirmeye son verilmesi. Temelde Rus karşıtı olmalarına karşın bu duygu onları Kızıl Ruslara Beyaz Ruslardan daha çok yaklaştırmıyordu, ama oportünist nedenlerle kimi zaman bir tarafın kimi zaman öbür tarafın yanında yer alıyorlardı. Hâlâ sömürgeci ruha sahip Beyaz Ruslarla anlaşmazlıklar baş göstermekte gecikmemişti. Kızıl Ruslarla bu kadar açık seçik olmasa da –çünkü Sovyet yetkilileri yerli olmayan halklarla iyi geçinmek istiyorlardı– gündelik yaşamda bazı anlaşmazlıklar baş göstermiyor değildi, çünkü Ruslar devrimin kaymağını yiyenin kendileri olmasını istiyorlardı. Dolayısıyla işin içinden çıkabilmek için sadece kendilerine güvenmek zorundaydılar, ama bunun için de olanakları yoktu. Sonuç olarak bağımsızlık ya da özerklik hareketleri kısa sürede bastırıldı.

Müslüman Halk Meclisi Kasım 1917'de Hokand'da [Hoçent], Türkistan'ın özerkliğini ilan etti. Ardından Taşkent Sovyeti bunların üzerine elindeki Rus birliklerini gönderdi. Bu birlikler 6 Şubat 1918 günü bu isyancı kente girerek kenti yağmaladılar, yakıp yıktılar ve sakinlerini öldürdüler. Orenburg'da 1917'de, ilerde Türkiye'de Zeki Velidi Togan adıyla tanınacak olan Ahmed Zeki Velidov'un başkanlığında kurulan Başkırt Ulusal Hükümeti Şubat 1918'de ortadan kalktı. Alaş Orda'nın zayıf isyancı gücü de Kazak bozkırında kısa sürede yok edildi. 13 Ocak 1918 günü Sivastopol denizcilerinin bir birliği Süren kasabasında Kırım Tatarlarının ordusuyla karşılaştı ve bu orduyu dağıttı. Simferopol'a girdi ve orada kurulmuş olan Müslüman iktidarı ortadan kaldırdı.

Karşı devrimcilerin geçici başarıları ve Anadolu Türklerinin, Almanların ve İngilizlerin müdahalesi sırasında kurulan ya da yeniden kurulan devletlerin ömürleriyse tıpkı karşı devriminki gibi kısa oldu ve yabancı güçlerin varlığından daha uzun bir zaman sürmedi: Kazan, Kırım, Azerbeycan özgür cumhuriyetler olarak ancak çok kısa süreler var oldular. (Anti-Bolşevik Devrimci Sosyalist Müslüman Cumhuriyeti genel seçimlerle kuruldu ve bu seçimlerde kadınlara da oy hakkı verildi, 1918-1920.)

Devrim, Türk halklarının yeniden egemenliklerini kazanmalarını sağlamadı. Onlara seçimini kendilerinin yapmadığı bir yasayı kabul ettirdi. Böylece Rusya Türkleri komünist sistem içinde yer aldılar.

Milli Türk Komünizmi

Gerilla savaşından başka hiçbir yolla mücadeleyi sürdüremeyecek olan, İngiliz Pipes'in deyimiyle onları sadece "edilgen sömürge halkları" olarak gören batılılar tarafından terk edilen eski Rus İmparatorluğu Türklerinin komünizm oyununu oynamaktan başka bir çaresi yoktu. Kırım, Azerbeycan, Ufa ve özellikle de Kazan'da aydın sınıfın bir kısmı yeni düzene katıldı.

Müslümanlar içinde en tutucu olanlar, Yukarı Dağıstan'daki dağlılar, özellikle de eski Hive ve Buhara Hanlıklarından olanlar gerilla savaşıyla mücadele etme kararına vardılar. Adına Basmacılar denilen bir grup ortaya çıktı. "Basmacı" Türkçede "eşkıya" anlamına geliyordu. Bu adı her seferinde başarısızlığa uğradıkları için almış olsalar gerek. Basmacılar daha 1919'da –Babur Şah'ın ülkesi– Fergana'yı geçtiler. 1920'de durduruldular. Ama 1921'de yeniden güçlü ve etkin oldular. Tam bu zamanda halifenin damadı, Osmanlı İmparatorluğunun eski

Harbiye Nazırı Enver Paşa Fergana'ya girdi. Enver Paşa "doğuya geçmişti," ama kısa bir süre sonra çılgınca bir tutumla Sovyetlere ihanet etti ve deli bir idealizmle pantürkizmi benimsedi. 1922'de 40 yaşında isyanı yayamadan öldürüldü ve cesaretiyle ünlenirken kendini beğenmişliğiyle alay konusu oldu. Eylemlerinde eşgüdümü sağlayamayan, dışardan yardım alamayan, gerçek bir programa sahip olmayan Basmacılar bir dönem korkutucu olsalar da bir süre sonra tamamen yok edildiler. Etkinlikleri tam olarak ne zaman son buldu? 1928 yılında olduğu düşünülmektedir, ama kimilerine göre Basmacıların etkinlikleri 1941'e kadar devam etmiştir.

Sovyetler Birliği'ndeki tüm Türkler aynı ideolojiyi benimsememişlerdi, aynı projeye, aynı taktiğe sahip değillerdi, ama çoğunluğu Ruslaşmış adıyla Sultan Galiev olarak tanınan Mir Seyyid Sultan Ali Oğlu'nun politikasını benimsedi. Komünist partinin en üst makamlarında yer alan, Stalin'in yakın bir çalışma arkadaşı olan bu Müslüman lider 1920 ve 1923 yılları arasında "ulusal Tatar komünizmin" habercisiydi. Galiev'in amacı sömürülen tüm Müslumanların (önce Rusya'dakilerin, sonra diğerlerinin) Büyük Sosyalist Turan Cumhuriyeti altında birleştirilmesiydi. Ayrıca bağımsızlık, toprakların geri verilmesi gibi eski hak iddialarını da gündeme getirmekteydi. Bu yanılsamaların peşinden gidiyordu. Dostları Bolşevikler de sömürgeciliğe son verilmesinden söz ediyorlardı, ama kastettikleri çok farklı bir amaçtı; bir taraftan kötü niyet, bir taraftan kör inançlar bir araya gelerek Türkler ve Ruslar arasına anlaşmazlık doğmasına neden oldular.

Daha iç savaş döneminde "milliyetler politikası" benimsenmiş ve 1922'den beri düzenli olarak yürürlüğe sokulmuştu. Milliyetler politikası Sultan Galiev'in politikasına taban tabana zıttı. Çünkü bu politika ne tarihi ne de (Azeri, Özbek, Tacik vb gibi) kalabalık azınlıklar içeren etnik dağılımı gözeten, büyük oranda yapay, geniş topraklar üzerinde kurulmuş, farklı boyut ve yapılara sahip pek çok siyasal birimin oluşmasına yol açmıştır. Sonuçta Türk milli komünizmi uzun ömürlü olmadı.

SSCB'nin Oluşumu

Sovyetler Birliği'nin iç yapısı yıllar boyunca bazı değişiklikler geçirmekle birlikte daha başlangıcından itibaren rejimin sonuna kadar koruyacağı biçime hemen hemen eş bir görünüm ortaya koymuştur.

SSCB'yi oluşturan 15 federatif sosyalist cumhuriyetten altısı Müslüman kökenlidir: bunlardan Tacikistan'ın (142.000 km², başkent Duşanbe) nüfusunun çoğunluğu İran kökenlidir ve Türkçe konuşan %24 oranındaki bir Özbek azınlığa sahiptir. Diğer 5 cumhuriyetin nüfusları ise esas olarak Türktür. Bunlar Kazakistan (2.715.000 km², başkent Alma-Ata), Kırgızistan (198.000 km², başkent Frunze, eskiden Bişkek); Türkmenistan (484.000 km², başkent Aşkabad), eski Sogd ülkesi ve Harezm'de kurulu Özbekistan (405.700 km², başkent Taşkent), Kafkasya'da kurulan ve Özerk Nahcivan Cumhuriyeti'ni ve Özerk Dağlık Karabağ bölgesini kapsayan Azerbeycan'dır (85.000 km², başkent Bakü). Bu Türki cumhuriyetlerin ilk dördü bir bütün oluştururlar, yani 3.802.000 km² yüzölçümüyle eski Rus Türkistanının topraklarını kapsamaktadır – bu Fransa'nın yüzölçümünün yedi katı demektir. Kazakistan dışında bunların hepsi çok eski uygarlıklardır, özellikle Taşkent, Buhara, Semerkant, Hokand, Hive ve Urgenç kentlerine sahip Özbekistan.

Sovyetler Birliği'nin diğer dokuz federe cumhuriyetinde de bazı Tatar toplulukları yaşamaktadır. Örneğin Litvanya'da kökenleri çok eskilere dayanan Türkçe konuşan yaklaşık 6500 kişi vardır (Finlandiya'da da aşağı yukarı aynı sayıda kişi yaşamaktadır). Gürcistan ve Ermenistan Cumhuriyetlerinde dili Türkçe olanların oranı sırasıyla %12 ve %10'dur.

Toprakları en geniş cumhuriyet olan Rus Federatif Cumhuriyeti'nde 16 özerk cumhuriyet ve 5 özerk bölge (*oblast*) bulunmaktadır. 16 cumhuriyetin altı tanesinde Türkçe konuşan nüfus mevcuttur: Tatarlar, Başkırtlar, Çuvaşlar, Altaylılar, Tuvinliler, Yakutlar. Bunlardan ilk üçü eski Kazan Hanlığının mirasçılarıdır, Rus ülkelerinin ortasında büyük kapalı bir bölge oluştururlar. Oldukça dar bir koridor bunları Kazakistan Cumhuriyeti'nden ayırmaktadır. Özerk Tatar Cumhuriyeti (68.000 km², başkent Kazan) Bolşevik devriminden beri tüm Tatarları bir araya getirmeyi başaramamıştır ve hiçbir zaman çoğunluğa ulaşamamışlardır (sadece 1924 yılında nüfusun %51'ni oluşturmuşlardır). Başkırt Cumhuriyeti (143.000 km², başkent Ufa) oldukça az sayıda Başkırt nüfusuna sahiptir. Çuvaş Cumhuriyeti'nin (18.300 km²) nüfusu 1970 yılında 1.208.000 kişiydi, Ruslar bu nüfus içinde çoğunluğa sahiptirler; bununla birlikte Çuvaşlar eski Volga Bulgarlarından gelmekte olup Türkçenin bir lehçesi olan Yakut dilini konuşmakta ve 1.694.000 nüfusla Özbekler, Tatarlar, Kazaklar ve Azerilerden sonra Birliğin en büyük dördüncü Türk nüfusunu oluşturmaktadırlar. Görüldüğü gibi Çuvaşların çoğunluğu Çuvaş Cumhuriyeti'nde yaşamamaktadır.

Rusya'da Türkçe konuşan nüfus daha yalıtılmıştır. Dağıstan Özerk Cumhuriyeti'nde (50.300 km², başkent Makhaçkala), Kafkasya'nın kuzeyinde yaşayan halkın bir kısmı Türktür. Bunlar iki binyıllık Türk işgalinin ardından Kuzey Kafkasya ve Güneydoğu Avrupa'da kalanlardır (İkinci Dünya Savaşı sırasında vatana ihanetten dolayı cumhuriyetleri feshedilen ve daha sonra ülkelerine dönmelerine izin verilen Kırım Tatarları gibi). Bunlar dışında Nogay Tatarları gibi küçük topluluklar vardır.

Sibirya'da bir tek büyük özerk Rus cumhuriyeti vardır: Yakutların, yani Müslümanlaşmamış Türklerin cumhuriyeti. Bu cumhuriyetin çok geniş toprakları (3.103.000 km^2) SSCB topraklarının %14'ünü kaplar. Son derece zengin bu topraklardan henüz tam olarak yararlanılmamıştır. Oldukça yalıtılmış bu halk nispeten daha az sömürgeleşmiştir (1926'da %18 göç, 1972'de %45 göç); Ruslaştırılmaya karşı sağlam bir direnç göstermiş ve ulusal bir pantürk hareketiyle canlanmıştır. Ve bu 1925 yılına doğru yazar Altan Saryn tarafından da kanıtlanmıştır. Kimliğini korumaya özen gösteren bu halk sayı olarak oldukça sınırlı kalmıştır, ama dağınık olmasına rağmen, tutarlı ve sağlam bir topluluk oluşturmayı başarmıştır: 1980'de 400.000 Yakut vardı. Yakutlar hâlâ maruz kaldıkları yoğun propagandaya karşın varlıklarını sürdürmektedir.

Sibirya'da hemen hemen tüm Türkçe konuşan topluluklar yok olmaya mahkûm görünmekteydi. Sibirya (12 milyon km^2), çoğunlukta olan Türklerin (%58) yanı sıra zaman zaman Moğollar, Tunguzlar ve Hiperborien denilen bazı ilk paleo-Asyalıların yaşadığı bir ülkeydi. 1897'de 4,7 milyon Avrupalı Sibirya'ya göç etmişti; 1926'da 9 milyon, 1970'te 25 milyon Avrupalı Sibirya'da yaşıyordu. Bunlara karşın 1980'de sadece 1 milyon Türk vardı. Bunların dışında sadece etnik ve dilsel açıdan ilgi çekici olabilecek küçük topluluklar vardı. Sayıları ancak birkaç yüzü bulan bu topluluklar genelde Tufa, Dolgan, Tuba ya da Karagas'ta yaşıyorlardı. Kökleri eskiye dayanan çok dağınık Altaylılar, Telengitler, Kumandılar, Tubalar, Çelkanlar, Kuznetz Tatarları ve eski Oyratlar bir tür mesihçilik olan "burkanizm"in ardından gitmişlerdir. Bu hareket Sovyetler tarafından önce iyi karşılanmıştır, çünkü Hıristiyan-karşıtı bir hareket olarak algılanmıştır, fakat sonradan yabancı düşmanı bir hareket olarak gördükleri için mahkûm edilmiştir. Altaylılar dağlık bölgelere sığınmış, kendilerini iyi koruyan kapalı bir topluluk oluşturarak silahlanmışlardır: 1926 yılında 50.000 ila 100.000 civarındaydılar ve elli yıl içinde sayılarını ikiye katlamışlardır. Altaylıların yanı sıra aynı isimdeki özerk cumhuriyette (170.000 km^2, 225.000 kişilik nüfusunun dörtte biri Türkçe konuşmaktadır; başkent Kızıl) yaşayan Tuvaların, sayıları 10.000 civarında olan Şorların, Kakas adı altında bilinen, Kaçin, Sagay, Beltir, Kızıl, Koybal bölgelerine dağılan ve 1980 sayımlarına göre sayıları birkaç yüzbin civarında olan eski Minusinsk ve Abakan Tatarlarının ve Batı Sibirya Tatarlarının da adlarını anmak lazımdır.

Milliyetçilik Yönünde Sapmalar

Milliyetçilik politikası genelde Müslüman, özelde Türk özlemlerine ters düştüğü için onları tatmin etmedi. Yalnızca Büyük Turan inancından vazgeçmek zorunda kalmamış, aynı zamanda Avrupalıların güdümünde son derece merkezi federatif bir devlet olan Sovyetler Birliği içinde sıkışıp kalmışlardı. Belirli bir sosyalizm modeli dikte ettirilmeye çalışılmıştı; ama kendilerine verilen sözlere karşın geleneklerine ve kültürlerine saygı duyulmadığını gördüler. Feodalizmle, göçebelikle, boy örgütlenmesiyle ve dinle mücadeleyi özgürlüklerine büyük bir saldırı saydılar.

Sovyetlerin "milliyetçilik yönünde sapmalar" olarak nitelediği güçlü muhalefet bu biçimde doğdu ve savaşın gerekliliklerinin iç sorunları arka plana attığı ve aşikar nedenlerden dolayı Rusları gizli antlaşmalara ittiği 1925-1941 yılları arasında Sovyetler tarafından bastırıldı. Bu dönemdeki ideolojik kampanyalar, temizlikler, ayıklamalar, Nazi işgali öncesinde komünizmi benimsemiş Müslüman aydın sınıfın hemen hemen tümüyle ortadan kaldırılmasıyla ve her çeşit "milli komünizm" ya da "Müslüman komünizm"in görünürde unutulmasıyla sonuçlandı. Sultan Galiev de bu yıkımın dışında kalmadı ve önce hapsedildi (1923), daha sonra küreğe mahkûm edildi (1928), sonunda da "milliyetçi," "proletarya düşmanı" ve "pantürkist" olmakla suçlanarak idam edildi (1937). Ancak daha sonra itibarı iade edildi.

Bolşeviklerin Türkler üzerindeki baskısını azaltan savaş sırasında Müslüman kökenli askerler diğerleri kadar cesur ve sadık görünmekle birlikte bir yandan da Slav olmayan kimi kavimlerin, özellikle de Kırım ve Kuzey Kafkasya Müslümanlarının Almanlarla işbirliği yaptığı görüldü. Bu topluluklar savaştan sonra vatan hainliğiyle suçlanarak Orta Asya ve Sibirya'ya sürüldüler. Gerçi bunlar Stalinizmin tasfiyesi sırasında eski saygınlıklarına kavuştular. Ancak Ukrayna'nın bir parçası durumuna gelmiş Kırım'a dönenler yurtlarının işgal edildiğini gördüler. Bu topraklar üç yüzyıldır ellerinden alınmak isteniyordu.

SSCB'nin Avrupa'daki topraklarının büyük bir bölümünün istila edilmesi Türk halkların yaşamı açısından pek çok sonuç doğurdu: çok sayıda mülteci bu topraklara sığındı ve Slavlar geri döndüğünde birçok sanayi kolu büyük ölçüde gelişti ve ekonomik etkinlik arttı.

Sovyet Sömürgeciliği

Çarlık Rusyası, daha önce Fransa ya da İngiltere'nin yaptığını yapıp Orta Asya, Sibirya ve Kafkasya'da bir sömürge imparatorluğu kurdu, ama bu ülkelerin kurduklarından farklı olarak bu, dört kıtaya yayılmış denizaşırı bir imparatorluk değil, Rus topraklarının doğrudan uzantısı olan sürekli bir imparatorluktu. Sovyetler Birliği'nden söz edilirken "sömürgecilik" terimi pek uygun olmayabilir, çünkü kimi yöntemleriyle, kimi hedefleriyle "klasik" sömürgeci güçlerden ayrılmıştır. Ama eğer "sömürgecilik"ten kasıt fethedilen topraklar üzerine yerleşim birimlerinin kurulması, yerel kaynakların metropollerce kullanılması ve fethedenlerin fethedilenlere küçümseyerek belli bir üstünlük duygusuyla yaklaşmalarıysa bu terim Sovyetler Birliği için de kullanılabilir.

Ekim devriminden sonra kurulan rejim de bu sömürgeci genişlemeyi sürdürmüştür. İmparatorluk döneminde Güney Rusya bozkırlarının büyük bir çoğunluğu Slavlaştırılmıştı: burada bölük pörçük dağınık Türk toplulukları kalmıştı. Batı Sibirya'da sanayileşme ve kentleşme küçük Tatar topluluklarına önemli darbeler indirdi. Dolayısıyla bunlar artık yabancı bir çevre içinde boğulur oldular; 1970'te Tümen'dekilerin sayısı 20.000, Tobolsk'takilerin sayısı 32.000 ila 35.000, Tomsk ve Tana'dakilerin sayısı 11.000, Barabinsk'tekilerin sayısı ise yaklaşık 7500 kişi olarak tahmin ediliyordu. Toplam olarak yüzyılın sonunda 200.000'i aşmıyorlardı.

1920 ila 1970-1975 yılları arasında tüm Orta Asya'da Avrupalıların sayısı (Ruslar olarak adlandırılanlar aslında Ukraynalılar, Belaruslular ya da Volga Almanları olabilirler) gerek nüfuslandırma gerek Kazakistan'da olduğu gibi yönetim yoluyla giderek artmıştır. Kazakistan'da 1926'da Ruslar nüfusun %30'unu; 1970'te %43'ünü oluşturuyorlardı; buna karşılık %14 Ukraynalı ve Belarus nüfusu vardı, bu nüfus içinde Türkçe konuşanların oranı tüm cumhuriyette %43'tü (bunun %30'u Kazak'tı). Bu durumda ülke büyük bir tehlike içinde bulunduğu izlenimini veriyordu. 1950-1960 yıllarında tüm gözlemciler ülkenin yakın bir gelecekte tam olarak Ruslaşacağı konusunda görüş birliği içindeydiler. Diğer bölgelerde Türkçe konuşan nüfusun durumu biraz daha iyiydi, çünkü buralarda Avrupalı nüfusu en yüksek düzeyindeydi (Özbekistan nüfusunun %20'si, Kırgızistan'ın %18'i, Türkmenistan'ın %17'si, Tacikistan'ın %10'nu).

SSCB Sibirya ve Orta Asya ekonomisini kendi gereksinimlerine göre düzenliyordu, örneğin bazı bölgeleri pamuk tarlasına çevirmişti. Yerlileri teknik, ekonomik ve kültürel bakımlardan Rus proletaryasının düzeyine getirmek, onları *homines sovietici* [sovyet insanları] yapmak istemişti. Kimi gelişmiş, ama pek çoğu geri kalmış, kabile toplumlarını, kırsal toplumları, feodal toplumları, hatta yarı ilkel orman toplayıcılığı evresinde yaşayan toplumları "modern" uluslara dönüştürmek amacıyla büyük çabalar harcanmış ve bunda büyük ölçüde başarılı olunmuştu. Dolayısıyla kızların okuldan kaçtıkları yolundaki doğru ya da yanlış haberlere karşın çocukların okula gönderilme oranı çok yükselmiştir; yılda milyonlarca sayıda basılan kitap ve gazetelerde hem Rusça hem de yerli dilde zengin bilgi akışı sağlanmıştır. Her düzeyde yerli kadro personeli yetiştirilmiştir. 1962'de Orta Asya'da, yüksek öğretimde ya da teknik öğretimde görev yapan kadınların (73.000 kişi) sayısı toplam personelin dörtte birini oluşturmaktaydı. İkidilliliğe karşın (Rusça öğrenilmesi zorunludur) ulusal diller o zamana kadar görülmemiş bir canlılığa sahip olmuştu. Sadece Yakut ve Çuvaş dili biraz geri kalmıştır, çünkü bunlar öteki lehçelere göre çok farklılaşmamışlardır. Tarih dersi belirli bir görüş açısı göz önünde bulundurularak yanlı öğretilmekteydi. Yazılı ya da sözlü önemli metinlere, İslam sanatın başyapıtlarına, folklora, atalardan kalan ulusal değerlere önem verilmiştir. Böylece her ulusun özellikleri korunmuştur. Bugün gelenek göreneklere saygının, giysilerin ve alışkanlıkların tanıklık ettiği bu "özgünlük," otoritelerin koruma arzusuyla ayakta kalır. Bu özgünlük yaşam koşullarındaki çarpıcı dengesizlikte de kendini göstermiştir: yüksek çocuk ölüm oranı (Özbeklerde 1990'da %3,4 oranındadır, buna karşın tüm Sovyetlerde bu oran %2,2'ydi), yaşam süresinin kısalığı, kişi başına yıllık gelirin düşük olması. Bu özgünlüğün bir göstergesi de Komünist Parti'ye katılımın daha az olmasıdır.

Sömürgeleşenler ile sömürgeciler bir aşamadan sonra birbirine karışmıştır. Kentlere fazla rağbet etmeyen Müslümanlar 1959'da Orta Asya'da kent nüfusunun ancak %60'nı oluşturuyordu. Bu kentlerden bazılarında, örneğin Frunze'de, Alma-Ata'da nüfusun %80'den fazlası Avrupalıydı. Rejimin sonu olan 1991 yılında Rusya'nın dördüncü büyük kenti olan Taşkent'te (2,11 milyon nüfuslu) Slav nüfus kente Avrupa kenti görüntüsü kazandırmıştır, eskiden daha çok bir Asya kenti görünümündeydi. Genelde nüfus sınır bölgelerinde dengelenmektedir. Özbek başkentinin en gösterişli binalarından biri olan neo-Müslüman tarzındaki Mir Ali Şir Nevai Opera binasında 1967 yılında *Il Trovatore*'yi izlerken seyircilerden ancak birkaç tanesinin Türk olduğunu gözlemlemiştim, orkestrada da çıkık elmacık kemikleri ve çekik gözleriyle keman çalan sadece bir Türk vardı. Buna karşın kasabalarda ve köylerde Avrupalıların sayısı daha azdı; Avrupalı nüfus öteki nüfusla fazla karışmıyordu, yerli halkla ancak çayhanelerde bir araya geliyorlardı: onlarla kâğıt oynuyor, onlarla sohbet ediyor, bir biçimde Türkleşiyorlardı. Buhara'daki –ki burası küçük bir yer değildir (nüfusu 185.000)– bir kahvede kâğıt oynayan sadece iki Rus ve etraflarında Özbekçe konuşan on Asyalı vardı.

Bağımsızlığa Doğru

SSCB'nin dağılmasını ve bağımsız cumhuriyetlerin kuruluşunu getiren, ama kimsenin öngörmediği, ekonomik krizi saymazsak somut bir koşulun hazırlamadığı devrim aslında gerçekleşeceğinin güçlü sinyallerini veriyordu. 1970'lerde Azerbeycan'da belli belirsiz bir özgürlük rüzgârı esmekteydi, özgürlüğe doğru giden bir toplumun ürpertileri hissediliyordu, bir biçimde Sovyet zincirinden kurtulmaya çalışan bir toplum olma yolunda ilerliyorlardı; 1987'de Gorbaçov'un başlattığı *democratizatsia* [demokratikleşme] hareketi bu işaretlerin bir sonucuydu. 1991'den çok önce Rusların özellikle Özbekistan'da olmak üzere yetkilerini yerlilere devrettikleri görüldü.

Oldukça gizemli nedenlerden ötürü Avrupalı nüfusun göç hareketi birden bire durdu. Bu sıralarda yerleşim yerlerinin güvenliğinden ya da geleceklerinden hiçbir biçimde kuşku duyulmuyordu oysa. 1966-1970 yılları arasında göç edenler azaldı. Kazakistan'da 1961-1966 yılları arasındaki 407.000 göçmene karşılık bu sayı 24.300'e indi. Kırgızistan'da 72.500'e karşılık 53.300 oldu. 1970'te giderek göç almak yerine göç vermeye başlandı. 1971 ila 1976 yılları arasında Özbekistan'a gelen Avrupalı nüfus giden Avrupalı nüfusundan biraz daha fazla olsa da (142.700), Kazakistan ve Kırgızistan aldıklarından çok göç verdiler ve aradaki fark -261.000 ve -37.500'dü. 1976 ila 1988 arasında, SSCB'nin dağılmasından önce aynı eğilim devam etti, göçmen nüfus giderek azaldı: Kazakistan'da 1,2 milyon, Özbekistan'da 617.000, Kırgızistan'da 220.000, Türkmenistan'da 110.000.

Göç dalgasının bu biçimde tersine dönmesi Rus sömürgeciliğinin bitişinin "yumuşak" bir biçimde gerçekleştiğini ve Alain Blum'un da ifade ettiği gibi "bağımsızlık için gereken siyasal süreci öncelediğini" görüyoruz. Bu, örneğin Cezayirlilerin yaşadığı dramın bu topraklarda yaşanmasını önledi. Bu politikanın en dikkate değer sonuçlarından biri de tehdit edilen yerlilerin (Kazaklar) kurtulması ve her yerde çoğunluğu elde etmeye başlamalarıdır.

Nüfus Dengesinin Bozulması

Yerli nüfusun doğum oranının dinamizmi bu sonuçları elde etmek için yeterli bir etken midir? Bu soruya kesin bir cevap vermek zor, ama bu göstergenin dikkat çekici olduğu da doğrudur. Avrupalı nüfusun tersine göçe başlamasından birkaç yıl önce Rus nüfusun doğum oranı önemli ölçüde düştü, yerli nüfusun doğum oranı ise sabitti.

Rusların nüfus artışı 1950 ila 1960 arasında yılda %2,5 oranındaydı, bu oran 1970'lerde %1,1'e düştü, 1980'de %0,6'ydı. Sonraki on yıl içinde bu oran sabit kaldı. Aynı sıralarda Müslüman cumhuriyetlerde doğum oranı yüksekti: 1980'de %2,89, 1990'da %3,28; kimi cumhuriyetlerde bu oran daha düşüktü: %2,12 ila %2,33. Doğal olarak bu oranlar, Avrupalılar da dahil olmak üzere bütün cumhuriyetlerin nüfuslarını hesaba kattığından yerlilerin oranlarını temsil etmez; bunlardan ilki açısından oran yıllık %4 civarında olmalıdır.

1960'lı yıllardan beri sürdürülen doğum kontrol kampanyaları özellikle 1980'li yıllarda en yoğun dönemine ulaşmıştır. Bu kampanyaların, Rusların Müslüman nüfusun artmasının yaratacağı etkiden çekinmelerinin bir sonucu olduğu düşünülmüştür. Ama bu kampanyalar bağımsız devletler tarafından yürütülmüş ve sonuç vermiştir; doğum oranında hissedilir bir düşüş sağlanır. 1951 yılında her bir Kazak kadınına ortalama olarak 5,7 çocuk düşerken, bu oran 1971'de 3,3'e, 1989'da 2,8'e düşmüştür. Öteki cumhuriyetlerde nüfustaki gerileme çok önemli boyutlara ulaşmamıştır, ancak Özbekistan'da doğum oranı 1971 yılına kadar hissedilir bir artış göstermiştir (yirmi yıl öncesine göre 4,4'ten 5,6'ya yükselmiştir) ve 1989'da yeniden %4'e düşmüştür. SSCB'de Rus nüfus son otuz yılda %20 oranında artmıştır (1951-1980); Türkçe konuşan nüfusun sayısı ikiye katlanmıştır: Azeriler 4 ila 7 milyon olmuştur, Özbekler (Özbekistan'daki Tacik nüfusla birlikte) 6 ila 12 milyon (1980-1999 yıllarında 12 ila 22 milyon, hatta 23 milyon olmuşlardır), Kırgızlar 1,5 ila 3 milyon, Kazaklar 4 ila 8 milyon, Türkmenler 1,5 ila 3,5 milyon olmuşlardır.[ϕ]

Bağımsızlığa Doğru

Türki cumhuriyetlerin ve İran kökenli Tacikistan'ın bağımsızlığı ve Türk kökenli olmayan öteki cumhuriyetlerin bağımsızlıklarına kavuşması ne yavaş ilerleyen bir sürecin sonucu ne bağımsızlık yanlısı elit sınıfın girişimlerinin meyvesi ne de silahlı bir halk devriminin sonuca ulaşmasıydı. Bu, en uzak bölgelerden kopup gelen halk kitlelerinin olduğu kadar yerel liderleri de önüne katan bir fırtınanın tesadüfi gerçekleştirdiği bir olaydı. Gerek halk gerek liderler bir tür zorunluluk sonucu bu hareket içinde yer aldılar.

Tohumlar, Sovyetlerin Afgan savaşı yenilgisiyle atıldı ve Mihail Gorbaçov'un 1987'de başlattığı *perestroyka* politikası tarihin akışını yönlendirdi. 1989 Şubat ayında Kızıl Ordu dokuz yıldır sürdürdüğü savaştan geri çekildi ve Afganistan'ı terk etti (işgal 1979 yılında başlamıştı). 1990 Haziranında Rusya, Moldavya, Ukrayna, Ermenistan bağımsızlıklarını ilan ettiler. Gerçekleşmeye başlayan ya da gerçekleşecek olaylar karşısında bir tepki hareketi olarak Ağustos ayında Moskova'da askeri darbe girişimi oldu, ama başarısızlığa uğradı: bu ta-

---

[ϕ] Tüm bu sayılar yaklaşık sayılardır ve belirli bir çekinceyle ele alınmalıdırlar.

rihten sonra olaylar çorap söküğü gibi geldi. 1991 Nisanında %98,93'lük bir kabul gören referandumun ardından Gürcistan bağımsızlığını ilan etti, 24 Ağustos'ta Ukrayna ve daha sonra Moldovya, 30 Ağustos'ta da Azerbeycan bağımsızlıklarını ilan ettiler. 8 Aralık 1991'de SSCB'nin dağılışı resmi olarak ilan edildi. 21 Aralık'ta Bağımsız Devletler Topluluğu (BDT) 11 bağımsız devletin katılımıyla Kazakistan'ın başkenti Alma-Ata'da kuruldu. Sonraki yıllarda bağımsız devletler yeni hükümetler kurdular ve anayasalarını hazırladılar (23 Haziran 1993'te Kazakistan Cumhuriyeti'nin anayasası kabul edildi vb). 2 Mart 1992'de Türkistan'ın 5 cumhuriyeti BM'ye kabul edildi. 1994'te Orta Asya Ekonomik Birliği'ni kurdular. Tarihte yeni bir sayfa açılmıştı. Ama sorunlar hâlâ devam ediyordu.

Avrupalı nüfusun göç hareketi yoğunlaşmıştı. Azerbeycan'da 1989 ve 1991 yılları arasında 138.000 Avrupalı ülkeyi terk etti, bu oran buradaki Avrupalı nüfusun %38'ni oluşturuyordu. Başka bölgelerde bu hareket zamanla gerilese de hiçbir zaman sona ermedi. Özbekistan'da Avrupalılar nüfusun %20'sini oluşturuyorlardı, 1970'te bu oran %13,5'e, 1991'de %11'e, 1995'te %7,6'ya düştü; bugün bu oran daha da düşmüştür. Kazakistan'da, 1970'te Kazaklar nüfusun ancak üçte birini oluşturmaktaydı (Türkçe konuşan diğer azınlıklarla birlikte) 1990'da yerli nüfus ile Avrupalı nüfus arasında eşitlik sağlandı; bugün Ruslar azınlıktadır.

Eski Federatif Rusya Cumhuriyeti'nde Rus olmayan önemli bir azınlık vardı. 1989'da Rusya'nın nüfusu 147 milyondu – 120 milyon Rusa karşılık 27 milyon Rus-olmayan (bunun 11,5 milyonu Türkçe konuşan nüfustur) yaşıyordu; bu oran nüfusun %8,5'iydi. Bugün bu sayı gözden geçirilmelidir. Kazakistan'daki 6,65 milyon Tatarın yalnızca %16,5'i, Çuvaşların %23'ü ve Başkırtların %27,7'si anadillerinin

Rusça olduğunu söyler – bu elbette bunların Tatarca, Çuvaşça ya da Başkırtca konuşmadıkları anlamına gelmemektedir; yine de dört yüzyıl Rus boyunduruğundan sonra, asimilasyon politikasının başarı kazandığını söylemenin güç olduğunu gösterir.

Bu Müslümanların sadece bir bölümü kendi adlarını taşıyan özerk cumhuriyetlerde yaşamışlardır ve yaşamaktadırlar. Ama 1989-1991'de hemen hemen tüm Müslüman nüfus Özbekler ve Kazaklar gibi bağımsızlıktan yararlanmıştır, ama bu istekleri o sıralarda çökmüş Rusya tarafından şiddetle karşılanmıştır. 5 Eylül 1991'de Kırım Tatarları sürgünden geri dönmüşlerdi, ama korkunç koşullarda yaşamlarını sürdürüyorlardı ve egemen bir cumhuriyet olduklarını ilan ettiler. 5 Mayıs 1992'de de bağımsız cumhuriyetlerini kurdular, ama 21 Mayıs'ta bu kararlarından vazgeçtiler. Mart 1992'de Tatar Cumhuriyeti (Kazan Tatarları) referandum sonucunda %61,4 "evet" oyuyla bağımsızlığını ilan etti. Ülke sahip olduğu ekonomik, kültürel ve demografik potansiyelle varlığını sürdürebilir; ancak Moskova üzerinde etkili olmalarını bu potansiyel sağlamamıştır, daha çok parçalanmanın sınırlarını belirleme gerekliliği ve Kazan'ın temsil ettiği simge bir tarafa bırakılırsa, Rus ülkesinin tam kalbinde yer alması etkili olmuştur. Gözlemciler yine de bu cumhuriyet için bağımsız bir devlet hakkında kullanılacak terimleri kullanmışlardır. Bu tarihten itibaren cumhuriyet topraklarına diyasporanın (5 milyon Tatar) geri dönmesi için büyük bir propaganda başlatılmıştır.

Çin Uygurları

20. yüzyılda tüm Türk dünyası –Moldavya'da yaşayan ve sayıları 200.000 olan Hıristiyan Türkler, Gagavuzlar bile– bu dalgadan etki-

lenmiş, başkaldırmış ve 1994 yılının sonunda özerklik elde etmişlerdi – bu başkaldırı, özgürleşme ve bağımsızlık hareketinden bir tek Uygurlar etkilenmemişlerdir. Doğu Türkistan'ın sakinleri ülkelerinin Çin tarafından işgalini elbette hiçbir zaman kabul etmemişlerdi. Ülkeleri bir barbar toprağı olmaktan çok uzak, yüksek bir uygarlık ve kültür merkeziydi. Tarihin en eski çağlarından beri bu topraklarda yaşadıklarından atalarının bu topraklara başka yerlerden göç ettiklerini unutmuşlardı bile. Kendilerini Tarım havzasının yerlilerinin kuşağından gelenlerin mirasçıları olarak görüyorlardı ve kendileriyle yan yana yaşayan Türkçe konuşan nüfusa toprak sahibi olma hakkı tanımıyorlardı. Çinlilerin topraklarının Çin'in bir parçası olduğunu iddia etmek için onlara verdikleri ismi, 751 tarihli Talas Savaşından beri kabul etmiyorlardı. Sin-kiang, "Yeni İl" ya da daha doğrusu "Yeni Sınır" adı 1884 yılında resmileşmişti ve Çinlilerin yayılmacı politikalarını sürdürmeleri için ihtiyaç duydukları bir aracıydı.

20. yüzyıl Uygurlar için Han egemenliğine karşı koydukları ve düzenli ve sürekli bir biçimde sömürgecilik hareketine maruz kaldıkları yüzyıl oldu. 1920'lerden sonra Çinli yönetici Yang Zengxi Pekin'in otoritesini tanıyarak neredeyse tamamen bağımsız bir politika izledi. 1931'de ayaklanmalar başladı. Doğu İslam Türk Cumhuriyeti 22 Kasım 1933'te ilan edildi, ama Rusların ve Çinlilerin yoğun uğraşları sonucunda kısa sürede feshedildi. 1944'te bu kez Rus desteğiyle Doğu Türkistan Cumhuriyeti kuruldu ve İli vadisinde birkaç yıl varlığını sürdürebildi. Çin'de komünizmin iktidara gelişi bu cumhuriyetin sonu oldu (1949).

Bu tarihten sonra ayaklanmalar hiç durmadı. Antikomünist kurtuluş ordusu iki yıl boyunca mücadeleyi sürdürdü (1950-1952), bir başka ordu görevi devraldı, ancak bir Kazak olan liderleri ele geçirildi ve öldürüldü (1952). 1953'te, 1956-1959'da başka ayaklanmalar baş gösterdi, özellikle 1956-1959 yıllarında büyük Tibet devrimi de yaşanmaktaydı, sonra 1962'de, 1969'da, 1970'te, 1978'te, 1980'de, 1988'de, 1990'da başka ayaklanmalar yaşandı. 1980'lerden beri politik bir yön izleyen mücadele 1990'da yeni bir çehreye kavuştu; artık açık ya da örtülü bir boyunduruk altında yaşayan halklarda çok tipik olarak gördüğümüz destansı bir başkaldırı mücadelesine dönüştü. Bombalı saldırılar başladı ve çoğaldı –1987 ila 1990 yıllarında 200 kadar– 1993, 1994, 1997 yıllarında devam ettiler ve 1997'de Pekin'de bile bombalı saldırılar düzenlendi. Genelde sokaklarda çatışılıyordu ve gösteriler iyice çığırından çıktı. Bu ayaklanmalar doğal olarak korkunç bir biçimde bastırıldılar. Halk hareketleri, uyuşturucu trafiği ve çeteler savaşı sonunda meydana gelen tutuklamalar, cinayetler, hatta idamlar XX yüzyıl sonlarına kadar devam etti.

Uygurlar şiddet yoluyla bile olsa bazı sonuçlar elde edebildiler mi? Özerk bölge konumu Sin-kiang'a 1 Ekim 1995 yılında tanındı, ama kimse özerk bölgeden kastedilenin ne olduğunu anlamadı, bağımsızlık hareketine en ufak bir serbestlik getirilmediği açıktır. Çinliler giderek çoğaldılar ve her şeyi ellerine geçirdiler. Resmi olarak Hanlar hâlâ azınlıktalar (1996'da Uygurlar %41'iken Hanlar %36'ydı, Türkçe konuşan başka nüfuslar %23'tü, özellikle 17 milyonluk nüfus içinde önemli bir Kazak azınlık vardı). Ama gerçekte bu tarihten sonra çoğunluğa geçtikleri açıktır. Önceleri Tienşan Dağının kuzey yamaçlarına ve başkent Urumçi'ye yerleşirken daha sonraları başka bölgelere, özellikle de 1970 yılından sonra Tarım havzasının güneyine yayıldılar, 1980'de petrol ve gaz kaynaklarının bulunması ve maden ve sanayi etkinliklerinin artmasıyla tüm bölgeye yayılmaya başladılar. Çin'in tüm sömürgelerinin üzerine çöken sessizliğe, buralardan gelen bilgilerin zayıflığına (özellikle bunalım dönemleriyle ilgili olarak) karşın bölgenin batısındaki dört bölgeye, Tibet, Kingay, Kansu ve Sin-kiang'a 100 milyon Han'ın yerleştirilmesi projesinden tüm dünya haberdar olmuştur. Lan-çou ve Urumçi demiryolunun açılışı (1622 km), sonra söz konusu yolun çift yön haline getirilmesi ve Kazak sınırına kadar uzatılması (1992) bölgenin Çin'le bütünleşmesini kolaylaştırmış, ama aynı zamanda dış dünyaya, bağımsızlığa ulaşmış ve Pekin'i birinci derecede ilgilendiren bir Türk dünyasına açılmasını da sağlamıştır. Belki de bu sayede Uygurlar için zayıf da olsa bir umut oluşur.

SONUÇ

Tarihçi çalışmalarının, içinde yaşadığı dünyanın daha iyi anlaşılmasını sağlamalarını bekleyebilir, ama geleceğin bilgisine ulaşmayı umamaz: deneyimleri ona kuşkusuz neden-sonuç ilişkisinin işleyişini öğretmiştir, ama aynı zamanda beklenmedik olayların çoğu zaman normal akışı değiştirdiğini de göstermiştir. Geçmişin geleceğin habercisi olduğu olgusunu hiçbir zaman bir kural olarak görmemiştir. Özellikle de onca belirsizlik ve tehlikenin kendini gösterdiği bugünlerde bu olgu bir kural olmaktan çok uzaktır. Tarihin belli bir hedefe doğru sürekli bir ilerleme olduğuna inanan bir tarihçi olarak tarihin bir tekerrür, sonsuz bir yeniden başlangıç olduğu düşüncelerini başkalarına bırakıyorum. En kısa vadeli öngörülerin bile pek çok kez yanlış çıktığını her gün görmüyor muyuz?

Kozlar...

1920'li yıllarda Türk dünyası neredeyse yok olmaya mahkûm görünüyordu. Akdeniz'den Orta Asya'nın kalbine doğru Türkler yeniden yaşama döndüler. Türkler 1920'de 30 ila 32 milyondu; bugün yaklaşık olarak 150 milyona ulaştılar, 21. yüzyılın ilk yarısının sonunda yaklaşık 200 milyon olacakları düşünülüyor. 4.686.000 km²'ye ulaşan, yani Fransa'dan sekiz kat büyük ya da eski Rusya'nın (Ukrayna, Belarus, Litvanya) batı sınırını oluşturan Kıta Avrupası büyüklüğünde bir alanda toplam altı cumhuriyete sahipler. Öteki altı cumhuriyette özerk (en azından ismen özerk) yönetimlere kavuştular (Çuvaş, Tatar,

Başkırt, Tuvas, Yakut, Sin-kiang Cumhuriyetleri). Bunun dışında başta İran olmak üzere başka ülkelerde yaşayan pek çok Türk vardır.

Ancak sahip olunan topraklar ile buralarda yaşayan insanlar arasında belirli bir orantısızlık vardır, çünkü kilometrekare başına 31 kişi düşmektedir; dağlık bölgeler, kurak bölgeler ya da bozkır bölgeleri dikkate alırsak bu aslında yüksek bir rakamdır. Aşırı nüfusun bulunduğu topraklarda 150 ila 200 milyon büyük bir sayı değildir. İkibin yıl boyunca Türklerin dehalarına pek çok kez tanık olduk, Pasifik Okyanusundan Akdeniz'e kadar varlıklarını sürdürdüler. Eğer geçmiş geleceğin garantisiyse Türklerden çok şey beklenebilir, ancak süvarilerinin mutlak üstünlüğüne borçlu oldukları egemenliklerine bir daha asla ulaşamayacakları bir gerçektir.

Türklerin şanslı olmadıklarını söyleyemeyiz. Türkiye stratejik önemi çok büyük olan boğazları elinde bulundurmaktadır. Avrupa ile Asya'nın birleşme noktasında bulunan Türkiye iki kıta arasında bir köprüdür ve laik, Avrupalı ve Müslüman bir cumhuriyet olarak önemli bir konumdadır ve bu konumu sürdüreceğini umuyoruz.

Bir İslam cumhuriyeti olan İran'da Azeri nüfusun ağırlığı vardır ve bunu sürekli hissettirmektedir Tarihin en eski dönemlerinden beri devletler kurup devletler yıkan bir halktan da başka bir şey beklenemez.

Çin'de Uygurlar Orta Asya'nın kaderini belirleyen oyunda önemli aktörlerden biridir. Han nüfusu içinde kaybolma, Çinlileşme tehlikesiyle karşı karşıya olan –Kansu'daki kardeşleri en azından görünüşte aynı kaderi paylaşmaktadır– Uygurlar varlıklarını sürdürmeyi başarmışlardır ve yeniden doğduklarında Bağımsız Devletler Topluluğu'ndaki İslam cumhuriyetlerine başarı örneği olacaklardır. SSCB'den kopan Türki cumhuriyetler, önemli maden yataklarına (demir, bakır, kurşun, kömür ya da gümüş), özellikle de petrol ve gaz kaynaklarına sahiptirler. Bu rezervler dünyanın en büyük rezervlerinden sayılabilir (1996 yılındaki tahminler bunların düşüşte olduğunu göstermektedir). "İpek Yolu" adıyla tanınan eski çağlardaki uluslararası ulaşım yolu XIX yüzyılda yeniden canlandırılmaya çalışılmaktadır. Petrol yataklarından çıkan doğalgaz ve petrol boru hatları doğuya, batıya ve güneye gidecektir, ama henüz yolların ve hatların nerelerden geçmesi gerektiği tartışılmakta ve ihtilaf konusu olmaktadır. Sin-kiang demiryolu Uzakdoğuyu Uzakbatıya bağlayan büyük ulaşım ağının omurgasını oluşturabilir. Bu yolun yararı ve avantajları çok açıktır: Orta Asya ve zenginlikleri dünyaya açılacaktır; Doğu Asya'nın şehirleri ve limanları ile Avrupa şehirleri ve limanları arasındaki mesafe 10.000 km'ye düşecektir (Kuzey Sibirya üzerinden bu mesafe 15.000 km'dir ve Çin'e ve Güneydoğu Asya'ya uzak olmasının yanında bu hat Sibirya'nın soğuk hava koşullarının da etkisi altındadır; denizyoluyla Süveyş Kanalı üzerinden gidildiğinde ise mesafe 20.000 km'ye çıkmaktadır). Bu yol %50 oranında zaman kazandıracaktır ve maliyeti %20 oranında düşürecektir.

... ve Büyük Sorunlar

Türk dünyasının elinde kozlar olduğu açıktır. Ama elinden çıkartması gereken kartlar da vardır. Orta Asya'da Aral Denizi civarında yaşanan büyük çevre felaketi, "uzaktan planlamalı bir bürokrasi" yönetimi sonucunda Aral'da deniz kimi yerlerde 65 kilometre kadar çekildi; denizin hacmi %60 oranında azaldı, tuz oranı üç katına çıktı, bunun sonucunda çölleşme, toprakların tuz oranının artışı, hayvan ve bitki örtüsünün yok oluşu, mevsim sıcaklıklarının artışı yaşandı...

Hazar Denizindeyse sular tehlikeli bir biçimde alçaldıktan sonra yükselerek tarım alanlarını, hatta endüstrileri ve şehirleri tehdit altında bırakmaktadır. Burada yaşanan felaketler de Aral Denizinde yaşananları aratmamaktadır. Bu topraklarda pamuk dışında bir ürün yetiştirilmemektedir; toprak verimsizleşmekte ve hiçbir ihtiyacı karşılamamaktadır. Sosyalizmden kapitalizme geçiş bazı zorluklar getirmiştir. Ekonomi tamamen çökmüştür, ekonomileri Rusya ekonomisine fazlasıyla bağlıdır; yüksek enflasyon (1990'da %400), çok düşük gelir ve maaşlar, işsizlik, Avrupalı seçkinlerin ülkeden kaçışı, yerli seçkinlerin bunların yerini alamaması, kalitenin düşüşü ekonominin çöküşünü getirmiştir. Tüm bu sefaletin yanı sıra uyuşturucu trafiği, mafya ve rüşvet de mevcuttur.

Tüm Orta Asya'da, Kafkasya'da ve Türkiye'de etnik çatışmalar tehdit unsuru oluşturmakta ve kimi zamanda patlak vermektedir. Sovyetlerin yapay bir biçimde kurduğu cumhuriyetlerden hiçbirinin etnik ya da dilsel bütünlüğü ve birliği yoktu. Nüfusun %13'nü oluşturan Özbek azınlık Kırgızıstan'da, %9 Özbek ise Türkmenistan'da yaşamaktaydı. Kırgızlar, Türkmenler ve Özbekler'in birbirileriyle her zaman anlaştıkları söylenemezdi, ama Türkçe konuşuyor olmaları birbirlerine yakınlaşmalarını sağlıyordu. Buna karşın Taciklerin dayatılan Özbekleşme politikasıyla nüfusun %5'ni oluşturdukları tahmin edilen, ancak gerçekte sayılarının daha fazla olduğu (belki de %20 – kendileri Semerkant'ta nüfusun %78'ini temsil ettiklerini söylüyorlar) Özbekistan'daki kırılma daha hassastır. Uzun yıllar boyunca Tacikler Türk egemenliği altında kimliklerini koruyabilmişler, ama Sovyet egemenliği altında kimliklerini korumada çok zorlanmışlardır. Varlıkları ve hakları tanınmamıştır. Tacikler her zaman ezilmişliği içlerinde taşımışlardır. Sakin ve bilge bir halk oldukları için bir arada yaşamaya çalışmışlar ve büyük çatışmalar yaratmamışlardır. Ama 1991 sonbaharında patlak veren iç savaş sırasında onbinlerce kişi ölmüş, 600.000 kişi sürülmüş, Özbek kökenli Taciklerle (%23,5) İran kökenli Tacikler (%63) birbirine düşmüştür. Kafkasya'da Azeriler ve Ermeniler arasında Dağlık Karabağ bölgesi için savaş başlamıştır; Ermeni nüfus çoğunlukta olduğu halde Dağlık Karabağ bölgesi Sovyetler tarafından Azerbeycan'a bağlanmıştı. Ermenilerin işgali sonrası yaklaşık 1 milyon Azeri bölgeyi terk etmek zorunda kalmıştır. Daha kuzeyde Çeçenistan, Osetya ve Abhazya bölgesinde kaos hâkim olmaya başlamıştır (1991'de birlikten ayrılmışlar, Rusya 1994'te müdahale etmiştir). Sin-kiang'ta (Xinjiang) Uygurlar umutsuzluk içinde doğalarına aykırı bir biçimde terorist eylemlere girişmiştir. Türkiye'de Sünniler ve Aleviler arasında bazen kan da dökülebilen çatışmadan daha ciddi olan durum ayrılıkçı devrim partisi PKK'ye isteyerek ya da zorla katılmış bir kısım Kürdün ayaklanmasıdır.

Kimlik arayışı, modern dünyada belli bir yere sahip olma kaygısı, komünizmin çöküşüyle oluşan ideolojik boşluk, belirsizlik giderek ciddileşen sorunların ortaya çıkmasına neden olmuştu.

Türkiye'de ideoloji ve ahlak alanında yaşanan krize daha önce de değinmiştik. XX. yüzyılın ortasında Atatürk'ten miras alınan ateşli milliyetçilik akımının ülkenin gururunu okşamasına ve bunun yanında batılılaşma hareketinin, ülkeyi yerinin Avrupa olduğuna ve bu yerin daha da sağlamlaşacağına ikna etmesine karşın, bir türlü çözüme kavuşmayan Kürt sorunu, Türkiye'yi on ila yirmi yıldır sadece Türkçülüğe prim vererek birliğini koruma politikası ve bunun yanında Avrupa Birliği'nin Türkleri bir türlü tam üyeliğe kabul etmemesi de ülkeyi Avrupalılaşma konusunda bazı şüphelere itmiştir.[ϕ] 1950'li yıllarda, nüfusun çoğunluğu Türktü. 1995'te *Cemoti*'nin yaptırdığı bir anket sonucunda nüfusun %34'ünün kendisini "Türk" olarak tanımladığı, %26'sının kendisini "Türk vatandaşı" olarak kabul ettiği, %20'sinin kimliğini Müslüman Türk olarak ortaya koyduğu, %13'ünün sadece Müslüman dediği, %4'ünün de Kürt olduğunu söylediği ortaya çıkmıştır. Bu anket sonucunda İslamiyetin bir kimlik olarak görüldüğü (%33) ve neredeyse Türklük (%60) kadar önemli bir hareket olduğu gözlenmiştir. Bu durumda ilerde "Türk" demek aynı zamanda "Müslüman" anlamına mı gelecektir? Bu düşüncenin yayılacağını sanmıyorum; gelin görün ki bu soruyu kendimize sorabiliriz, ancak son kertede kendilerini diğer Türklerden farklı kılan dinlerini öne çıkartan Moldavya'daki 200.000 Hıristiyan Gagavuz ya da Sibirya'daki Hıristiyan-şaman Yakutlar dışında bizi bu sorudan muaf tutacak bir topluluk hemen hemen yok gibidir. Bu da bir ölçüde Bernard Lewis'in "Türk" adının ancak İslamiyet dünyası içinde anılabileceği düşüncesini desteklemektedir.

Türkçülük

Biraz daha yakından ve samimi bir gözlemle tüm Türkler için Türklüğün önem taşıdığını ve belirli bir anlamı olduğunu görebiliriz. Türkiye Türkleri Orta Asya'daki Türkler için her zaman özel bir yakınlık beslemişler, hatta Azerilerin Şii olması bile dillerinin Türkçenin bir lehçesi olması karşısında çok önemli görülmemiştir. Orta

---

[ϕ] Avrupa'da bu konuda belli bir bilinç oluşmaya başladı sanırız. Türkiye'nin Avrupalı olması ya da olmaması meselenin bir yüzüdür. Oysa onun öyle olduğunu kabul etmemek başka bir şeydir ve önemli sonuçlar doğurabilir.

Asya'daki Türkler için de Türkiye Türklerinin özel bir yeri vardır. Türklere karşı yakınlıklarını komünist rejim sırasında da göstermişler ve daha sonra da pek çok kere bu konuda açık davranmışlardır. Buna karşın her ne kadar kendilerini Türk olarak hissetseler ve Türk kalmak isteseler de bu uluslar iki eğilim arasında kalmışlardır: aklın yolu ile kalbin yolu. Yapay biçimde hiçbir etnik temele dayandırılmadan kurulan cumhuriyetlerin vatandaşları olarak kimliklerini kanıtlayabilmek için kendilerini Azeri, Kazak, Kırgız, Türkmen, Özbek olarak tanımlamak durumunda kalmış, böylece bir biçimde Türkçe konuşan öteki halklardan ve kendi ülkelerinde Türkçe ve Farsça konuşan azınlıklardan ayrı düşmüşlerdir. Özbeklerin her ulusal iddiaları Tacikler, hatta Kazaklar veya Türkmenler tarafından üstünlük kurma çabası olarak algılanmıştır. Özbekistan'ın başkenti Taşkent (2,5 milyon nüfuslu bu kent İstanbul'dan sonra Ankara'yla birlikte Türk dünyasının en büyük ikinci kentidir) Orta Asya'nın metropolüdür.

Bu sıralarda BDT'deki Türkler ile Türkiye Türkleri arasında sıkı bağlar kurulmuştur. Yüzlerce ekonomi, siyaset, kültür antlaşması Türkiye ile Orta Asya cumhuriyetleri ve Azerbeycan arasında imzalanmıştır (1998'de 400 kadar antlaşma imzalanmıştır). Türkiye'deki şirketler Orta Asya cumhuriyetlerine ve Azerbeycan'a yatırım yapmışlar (6,5 milyon dolar) ve olanakları daha fazla olan Amerikan, Avrupa ya da Japon şirketlerine bu pazarlarda fazla pay bırakmamak için girişimler başlatmışlardır. Devlet ve hükümet başkanları arasındaki resmi ziyaretler her geçen gün artmış, görüşmeler, kongreler çoğalmış, görüş alışverişinde bulunmak ve birleşmek için her fırsat değerlendirilmiştir: ama önceleri çevirmen olmadan bu görüşmelerin yapılabileceği düşünülüyordu, ancak birbirlerini anlamakta güçlük çekiyorlardı. Bugün ortak bir Türkçe yaratma çabaları vardır. Türkiye ve Batı Türkleriyle yakınlaşabilmek için genç cumhuriyetler Kiril alfabesini Latin alfabesiyle değiştirmişlerdir – bir yüzyılda dördüncü kez alfabe değiştiriyorlardı. Orta Asya cumhuriyetlerindeki ve Azerbeycan'daki gençlere eğitimlerini Türkiye üniversitelerinde tamamlamaları için burslar verilmiştir. Bir Türk uydusu Türk radyo ve televizyon yayınlarının bu cumhuriyetlerden de izlenmesini sağlamaktadır.

Dilsel topluluk ve yakınlaşma çabaları sonucunda her ne kadar tam bir birlik havası vermese de bir Arap ligi gibi bir "Türk ligi" de kurulabilir, ama bu asla bir birlik değildir. XX. yüzyıl başlarında doğan pantürkizm henüz ölmemiştir, ama hâlâ bir ütopyadır. Bununla birlikte her ne kadar dünya büyük federasyonların kurulması dönemine girmiş (çelişkili bir biçimde her tür milliyetçilik hareketi de ateşlenmektedir: Tacik, Kürt, Çeçen milliyetçiliği bir uyanış içindedir) her ne kadar yalıtılmış kalmak giderek güçleşmiş ve her ne kadar en azından Ankara için Avrupa'ya alternatif olabilecek "Büyük Türk" dünyası bir gün kurulabilecek olsa da bu bir ütopyadır. Bu birliğini önünde bugün pek çok engel bulunmaktadır. Bu engellerden en büyüğü Türk dünyasının parçalanmışlığı ve ortak sınırlarının olmayışıdır. Ermenistan "batı" Türklerini Azerbeycan Türklerinden ayırmaktadır; Hazar ve İran "batı" Türklerini ve "Asya" Türklerini "doğu" Türklerinden ayırmaktadır. Ekonomik İşbirliği Örgütü (ECO) 1992'de kurulmuş, yapılandırılmış ve genişletilmiştir. Ama bu örgüt bile coğrafi koşulların gerçekliğinden kaçamamıştır, çünkü üye olan 10 ülke (Türkiye, Azerbeycan, Kazakistan, Kırgızistan, Özbekistan, Türkmenistan, İran, Tacikistan, Afganistan ve Pakistan) Türk ve Farsi (ya da Hint-İran) unsurlardan oluşmaktadır.

İslamiyetin Uyanışı

Her ne kadar Türkler tarihlerinin hiçbir döneminde birleşememişler ve aynı egemenlik altında tek bir devlet kuramamışlarsa da, bundan uzun yıllar önce tüm inananları egemenliği altında birleştiren, bir ümmet kuran ve bir yüzyıldan daha uzun bir süre ayakta kalabilen bir İslam İmparatorluğu var olmuştur. Bu imparatorluk da iç savaşlar sonucunda yıkılmıştır.

İslam dünyasının genişlemesi, Müslümanların sayılarının artması, öğretileri ve çıkarlarının farklılığı göz önüne alındığında panislamist bir politika akla yatkın değildir. Buna karşın kültürel açıdan panislamizmin imkânsız olduğu söylenemez, hatta bir ölçüde var olduğu bile düşünülebilir. Elbette bazı Müslüman devletlerin "laik" bazılarının "İslamcı" oldukları akıldan çıkarılmamalıdır. Bazı bölgelerde "İslamcılar" (gerek parlamenter yöntemlerle gerek terorizmle) iktidara geçmek için silahlı mücadele bile başlatmışlardır. "İslamcıların" iktidarda oldukları ülkelerde bile yönetimin yüzü farklıdır (bazısı aşırı hoşgörülü bazısı hoşgörüsüz).

Türkler çoğunlukla Müslümandır ve laik rejimlerde yaşamaktadırlar. Türkiye'de ve Orta Asya'da laiklik aynı süreci izlemese de genelde yukarıdan gelen bir hareket olmuştur. Bu ulusların ümmetten çıktıkları söylenebilir, ama bu bir ölçüde doğrudur (çünkü din hâlâ toplum içinde sanıldığından güçlüdür). Bugün kimi Müslüman devletlerde laiklik kötülüklerin sorumlusu olarak görülmektedir: Türkiye'de ülkenin kimi dönemlerde yaşadığı yalıtılmışlık, Kürt sorunu, yüksek enflasyon, işsizlik, fakirlik halkın çoğunluğunu etkilemektedir. Orta Asya cumhuriyetlerinde ve Azerbeycan'da laiklik kimilerince dinsiz komünist rejimlerle bir tutulmaktadır ve Rus sömürgeciliğinin devamı sayılmaktadır. Laikliğin ekonomik krizin ve kültürel çöküşün sorumlusu olduğu düşünülmektedir. Kısacası Türk dünyasında İslamiyete dönüş için belirli bir eğilim vardır.

Demokrat Parti'nin iktidara gelmesinden ve daha sonra 1980'de ordunun laikliğin koruyucusu olarak iktidara el koymasından sonra Türkiye'de dinsel eğilimler güçlenmiş, *Kuran* eğitimi teşvik edilmiş, daha katı (İslamın daha pozitivist ve neo-Kemalist yorumundan çok farklı) bir İslam anlayışı yerleşmiş, öteki Müslüman ülkelerdeki İslam geleneğine yakın bir İslam geleneği yaygınlaşmış (eskiden Türkçe olan din dili ve ezan dilinin yeniden Arapça olması bir sembolden fazlasına tekabül eder), yöneticiler Mustafa Kemal Atatürk'ün aksine "Müslüman" kimliklerini öne çıkarır olmuştur. Türkiye'nin ümmetin bir parçası olmadığını bugün artık iddia edemiyoruz. Yine de laik olmaya devam etmektedir. Yapılan bir anket sonucunda halkın %56'sı kendini "laik" olarak tanımlamaktadır, %33 bu konuda görüş bildirmemiş, %12'si laiklik karşıtı olduğunu belirtmiştir (ibadet etmeyenlerin oranıysa sadece %20'dir). Bu anketin yapılmasından bir yıl önce 1994 yılında Refah Partisi, belediye seçimlerinde çok önemli bir başarı elde etmiş ve oyların %19'nu (kendilerini laiklik karşıtı olarak niteleyenlerden %7 daha fazladır) toplamıştır.

Büyükşehir belediyelerini, özellikle İstanbul ve Ankara'yı alan Refah'ın bu başarısı sonucunda Cumhurbaşkanı Demirel, Erbakan'ı koalisyon hükümetinin başına getirmiştir (Haziran 1996-Haziran 1997). Bu dönemlerde Türkiye'nin bir İslam cumhuriyetine dönüşüp dönüşmeyeceği sorusu belirmiştir. Refah Partisi 1980'li yıllarda oldukça zayıftı aslında (1987'de oyların ancak %7,2'sini almıştır), ama gün geçtikçe güçlenmiş ve 1991'de oyların %12'sini, 1994'te de %19'unu almıştır ve 1995'te en büyük başarısını yakalayarak oyların %21,4'ünü almıştır. Buna karşın bu ilerleme iyi değerlendirilmelidir. Çünkü seçim sistemine göre alınan oy oranı bire bir parlamentoya yansımamaktadır. 1995'te oyların %21,4'ünü alan Refah 550 milletvekilinden 158'ini almıştır ve 1994'te büyük metropolleri ele geçirmiştir. Aynı biçimde 1987'de ANAP (merkez-sağ eğilimlidir) oyların %36,3'ünü elde ettiği halde parlementoda %65 oranında koltuk sayısına sahip olmuştur. Refah Partisinin ardılı Fazilet Partisi 1999'da iki büyükşehri elinde tutmuş, ancak buna karşın sadece %15,2 oy almıştır. Bu sonuçlar halkın %15, 18 ya da 21'inin İslamcı bir rejim istediği anlamına gelmemektedir. Önce Refah, sonra Fazilet Partisi siyasal sistemden dolayı hayal kırıklığına uğramış vatandaşların oylarını kazanmıştır. "Gerici" Müslüman ülkelerin bu politikaları, Jean-François Bayard'ın dediği gibi "Kürt sorununa karşı oyla verilen bir yanıt" ve "büyük şehirlere göçün önemli bir sonucudur" (CEMOTI, 1997).

Türkiye'de İslamcı politikanın şansı değerlendirilirken bu politika önündeki önemli engeller de hesaplanmalıdır. Devlet laiktir ve böyle kalacaktır ve laiklik karşıtı her hareketi anayasaya aykırı kabul etmektedir ve güvenliğini tehdit ettiğini düşünmektedir. 1998'de Refah Partisi bu nedenle feshedilmiştir; üç ay sonra İstanbul'un medyatik belediye başkanı, Fazilet Partisi üyesi R. T. Erdoğan "dinsel, ırksal, bölgesel ayrımcılığa teşvik" suçunda on ay hapis cezasına mahkûm olmuştur. Zamanında ataları Sünni ayrımcılıktan çok çekmiş olan Aleviler her tür şeriat hareketine düşmandırlar. Ülkede kimse sayılarını bilmemektedir, %15?, 20?, 30? ya da 50? Sünni nüfusun yüksek eğitim görmüş kısmı laiklik yanlısıdır ve laikliğin Müslümanlığı engellemediği görüşündedir. Kadınlarsa sanıldığının aksine farklı görüşleri savunmaktadırlar. Şeriatın kendilerine saygınlık kazandıracağına (geleneklerdeki liberalleşmeye ve kadının bir "nesne" olarak görülmesine karşılık), önlerine daha geniş ufuklar açacağına, İslamcı partilerde yönetimi paylaşacaklarına inanan kadınlar da vardır. Bununla birlikte şeriata dönüş, ancak Türkiye'nin toplumsal, ekonomik ve siyasal koşullarının kötüleşmesi ve ülkenin çok ciddi bir krize girmesiyle mümkün olabilir.

Komünist rejim nostaljisinin hâlâ yaşandığı, ideolojik boşluk içinde bulunan, yaşama nedeni ve kimlik arayışı içine giren BDT devletlerindeyse din önemli bir olgu olarak ortaya çıkmaktadır. Dinin halkın arayışlarına cevap olup olmayacağı ya da yeniden kültürel bir romantizme kaynak oluşturup oluşturmayacağı soruları cevapsızdır. Camiler çoğalmaktadır. Eski rejimde sayıları 300 iken 1994'te 7800'e ulaşmıştır. Bu sayının yarısı Özbekistan'dadır. Her gün yeni bir cami inşa edilmektedir. Fergana'da gizlilik içinde varlıklarını sürdüren tarikatlar yeniden doğmaktadır.

Orta Asya din tarihinin iki efsane kişiliği Ahmed Yesevi (ö. 1116) ve Bahaüddin Nakşibend (ö. 1389) saygınlıklarını 1993'te ve 1994'te yeniden kazanmış ve türbeleri hacılarla dolup taşar olmuştur. Kimi şehirlerdeki, bölgelerdeki yerel din kahramanları da aynı coşkulu hareketle yeniden canlandırılmıştır. Sogd ülkesi ve civarında İslamiyet öncesi batıl inanışlara ve uygulamalara bağlı ölüler tapımı böylece dinsel duyguların bir kanalı olmuş ve mezar ziyaretleri tapıma dönüşür olmuştur. Doğal eğilimlerle ve yeterli kadroların olmaması nedeniyle Kafkas ve Orta Asya İslam gelenekleri halk arasında yaygınlaşmış ve arkasından Şamanizmin kalıntılarını da aynı hızla beraberinde getirmiştir: SSCB yılda bir düzine imam ve din bilgini yetiştirmekteydi; bunlar Buhara'daki Mir Arap Medresesinde yetişiyorlardı, ama bugün tüm çabaya karşın cumhuriyetler ancak bin imam ve din adamı yetiştirmiştir. Astırhan'da 1990'da kurulan ve siyasal İslam hareketlerinden en güçlüsü olan PIR (Yeniden Doğuş İslam Partisi) yöneticilerinden birinin belirttiğine göre "komünist rejim altında geçen yetmiş yıldan sonra halkın %80'ni İslamiyeti tam olarak bilmemektedir." Bununla birlikte Orta Asya ve Azerbeycan'ın İslam dünyasıyla bütünleştiği ve bunun bir parçası olduğu rahatlıkla söylenebilir.

Gerici hareket burada zafer kazanacak mıdır? Güneydeki komşuları İran, Afganistan ve Pakistan gibi –gericilik bu ülkelerin her birinde farklı yaşanmaktadır– bir gün İslam cumhuriyetleri olacaklar mıdır? Yabancı ülkelerden, Afganlardan, İranlılardan, Pakistanlılardan, Araplardan, hatta Amerikalılardan gelen ve amaçlarını, etkilerini ve olanaklarını değerlendirmekte güçlük çektiğimiz onca manevi ve maddi teşvike karşın henüz bu yönde hiçbir işaret oluşmamıştır. Afganistan'daki Taliban etkisi çok açıktır; İran'ın etkisi biraz abartılmaktadır, çünkü Türkçe konuşanların etkisinin İranlılar karşısında, Sünnilerin etkisinin Şiiler karşısında gerilediği gözlemlenmektedir. Buna karşın İstanbul'daki şeyhlerin "imanlarını güçlendirmek" için yandaşlarını kardeş cumhuriyetlere gönderdiklerini ve Türkiye Türklerinin ekonomik, politik ve kültürel motivasyonlarla bu cumhuriyetlere müdahale ettiklerini görüyoruz.

Bu bölgelerdeki siyasal söylem de İslamcı söylemi kullanmaktadır, ama bunu, halk hareketlerinin önüne geçmek ve aşırılıkçı akımların elebaşlarının inandırıcılığını baltalamak için yapmakta ve her tür tehlikeden kaçınmaktadır. Bununla birlikte kullanılan söylemle tamamen karşıt bir biçimde yetkililer radikal eğilimleri bastırmak konusunda çok serttirler ve bunları acımasızca bertaraf etmeyi çalışmaktadırlar. 1990'dan sonra Özbekistan'da her tür "gerici" parti yasaklanmıştır; 1992'de Fergana'da İslamcı bir cumhuriyet kurulması girişimine karşı etkin bir biçimde harekete geçilmiş, "köktenciler"le mücadele etmekten hiçbir zaman vazgeçilmemiş ve gerektiğinde camileri bile kapatılmıştır. İslam dininde kitleleri harekete geçirecek enerjiden çok hoşgörü geleneğinin öne çıkartılmak istendiği çok açıktır.

En sağlam yapılar bile bir gün çökebilir. Şimdiki zamanın fotoğrafı tamamen şimdiki zamanı betimleyemez ve şimdiki zaman, tanım gereği geçmiş zaman olmuştur bile. Önümüzdeki yıllarda başlıca iki mesele –yani Türkçülük ve İslamcılık– ne şekilde ortaya çıkacaktır? Bu soruya bugünden cevap vermeye çalışmak saçma bir iddia olacaktır. Zaten uzmanlığım dışında olan günümüz Türk dünyasının içinde gezinerek yaptığım çalışma ihtiyatsızcaydı. Tarih genel çizgilerle özetlenebilir – ya da özetlenmelidir; zamanla uçup giden, silikleşen ve asıl keşfedilmesi gerekeni arkalarında bırakan ayrıntılar, çağdaş sahnenin en önünde yer alırlar ve yalnızca onlar görülürler. Sizi yakalarlar, genel çizgileri silerler ve sizi hataya sürüklerler. Her tarihin belli bir sonu olduğu mantığı beni günümüz dünyasını da ele almaya zorladı. Ama günümüz koşullarının bir yorumunu yapmak, bir sentezini ortaya koymak gibi bir niyetim hiç olmadı. Sadece yanlış yollara sapmamış olmayı umut ediyorum, ama bundan da emin değilim. Bu konuda benim çalışmalarımdan çok daha yetkin, çok daha zengin bilimsel incelemeler ya da gazetecilik araştırmaları olduğunu belirtmeliyim.

Bu sayfaları yazmadaki yegâne amacım son derece zengin ve ihtişamlı, ender rastlanan bir geçmişi *non ès qualités* [yetkin bir biçimde] –çünkü bu tür çalışmalar gerçekten çok az sayıdadır– ortaya koymaktı. Asıl gayretim geçmişe yönelikti, gayretim geçmişin gizli yönlerini ortaya çıkarmaktan çok yüzünün çizgileri ve giysilerinin kıvrımları hâlâ belirsiz olan bir silueti ortaya çıkarmaktı. Başka çalışmalar bu siluetin hatlarını iyice belirginleştirecek, renklerini ortaya çıkaracak, bazı kusurlu çizgileri tamamlayacak, hatta yanlış olanları düzeltecektir. Çalışmam bu çalışmaların bir taslağını oluşturursa kendimi amacıma ulaşmış sayacağım; okurumun konunun yoğunluğunun bilincine ulaşmasını sağlamışsam kendimi başarılı kabul edeceğim: en azından Türk dünyasının üzerine çöken adaletsiz sessizliği dağıtabileceğimi umacağım.

KAYNAKÇA KONUSUNDA BAZI YÖNELİMLER

Türk dünyasıyla ilgili oldukça geniş bir kaynakçaya sahibiz, ama bazı dönemler ve bazı kişiler açısından bu kaynakça oldukça kısıtlı kalmaktadır: bu tür kaynaklardan yola çıkılarak henüz monografiler oluşturulamamıştır; bu nedenle çoğunlukla Türkçe ya da Rusça olan çok teknik ve konu açısından dağınık makalelere başvurmak zorunda kalıyoruz. Dolayısıyla güvenilir kaynaklar ile henüz çok kesin olmayan denemeleri aynı temel üzerinde birleştiren genel bir kaynakça sunmak şu an için söz konusu değildir. Bu bölümde, artık klasikleşmiş genel kapsamlı kitapların yanı sıra çok sık olarak başvurduğumuz kaynakları ve başlıca alıntıların yapıldığı kaynakları bir arada vermekteyiz. *İslam Ansiklopedisi* [*L'Encylopédie de l'Islam*] genellikle en yakın zamanlı ve en tamamlayıcı bilgileri bize ulaştırmaktadır. Bu ansiklopedide ek olarak tamamlayıcı bilgiler sunan önemli bir kaynakça da sunulmaktadır. Bununla birlikte *Türklerin ve Moğolların Eski Dini* (çev. Aykut Kazancıgil, Kabalcı Yayınevi, İstanbul, 2002) kitabımızda sözünü ettiğimiz eserlerin çoğunu kaynakçamızda kullandık. Bu kitapta Türk tarihiyle ilgili belli başlı kaynakların yer aldığı bir liste vermiştik. Söz konusu listeyi bu kaynakçada bir kere daha ele almadık.

GENEL ESERLER

Encyclopédie de l'Islam, 1. basım, Leyde, 1913-1942, 2. basım, Leyde-Londra, 1960 vd. Bu eserin Türkçe versiyonu daha da genişletilmiştir: *İslam Ansiklopedisi*, İstanbul, 1940 vd.

Çeşitli amatör yazarların oldukça tamamlayıcı özetlerini şu derlemelerde bulabilirsiniz: *The Cambridge History of India. The Cambridge History of Islam* (2 cilt, Cambridge, 1970), *The Cambridge History of Iran* (7 cilt, yayım aşamasında, 5 cilt 1968), *The Cambridge Mediaeval History. Geschichte der islamischen Länder*, Leyden-Köln, 1962-1969, *Geschichte Mittelasiens*, Leyde-Köln, 1966.

Genelde Çin, Hindistan, İran, Bizans, Rusya ve Akdeniz uygarlıklarının tarihleriyle ilgili çeşitli eserlere yer vermememize karşın bu eserlerde bir biçimde Türklerden söz edilmektedir ve bu eserler bu açıdan çok faydalıdırlar.

1969 yılından itibaren Fransa'da yayınlanan, Türklerle ilgili inceleme dergisi *Turcica* (Paris, Klincksieck Yayınevi), çok önemli araştırmaların sonuçlarına yer vermiştir. *The Central Asiatic Journal*, Wiesbaden, 1956 vd ve *Central Asian Survey*, 1981 vd, adlarından anlaşılacağı gibi sadece birinci derecede öneme sahip Orta Asya incelemelerine yer veren bilimsel dergilerdir.

Histoire des Turcs, Paris, Fayard, 1984; kitabımızın bu eserin başlangıç noktasını oluşturduğunu bir kere daha hatırlatalım.

EBU'L GAZİ BAHADIR HAN, *Histoire des Mongols et des Tatars*, 2 cilt (çeviri Desmaisons), Saint-Petersburg, 1871-1874.

Aspects of Altaïc civilization, D. SINOR tarafından yayımlanmıştır, Indiana University Press, 1963.

AVCIOĞLU, D., *Türklerin Tarihi*, 4 cilt, İstanbul, 1979.

BARTHOLD, M., *Türkestan down to the Mongol Invasion* (3. basım), Londra, 1968 (çok zengin bir kaynaktır).

— *Four Studies on the History of Central Asia*, Leyde, 1956-1963.

— *Histoire des Turcs d'Asie centrale*, Paris, 1945 (çok tartışmalı ve bugün oldukça çekinceli bir kaynaktır).

— *Zwölf Worlesungen über die Geschichte der Türken Mittelasiens*, Hidelsheim, 1962.

BERL, E., *Histoire de l'Europe d'Attila à Tamerlan*, Paris, 1946 (ikinci derecede öneme sahip bir kaynaktır).

BROCKELMAN, K., *Histoire des peuples et des États islamiques*, Paris, 1949 (Almanca yayımlanmış bir klasiktir, Münih, 1939).

CAHUN, L., *Introduction à l'histoire de l'Asie*, Paris, 1896 (güzel bir edebi eser, oldukça hevesle hazırlanmış bir çalışmadır; biraz eskimiş olmakla birlikte yanlı bir anlatıma sahiptir).

CZAPLICKA, M. A., *The Turks of Central Asia in History and at the Present Day*, Oxford, 1918.

DIEHL ve MARÇAIS, *Le Monde oriental de 395 à 1081*, 2. basım, Paris, 1944.

DIEHL, GALLAND, OECOMENOS ve MARÇAIS, *L'Empire oriental de 1081 à 1453*, Paris, 1945.

EBERHARD, W., "Kultur und Siedlung der Randvölker China," *T'oung-Pao*, XXXVI (ek), 1942.

— *Çin'in Şimal Komşuları*, Ankara, 1942 (Bir önceki çalışmanın daha da genişletilmiş ve zenginleştirilmiş Türkçe versiyonu).

FOURNIER, V., *Histoire de l'Asie centrale*, Paris, Que sais-je?, PUF, 1994.

GROUSSET, R., *L'Empire des steppes*, 6. basım, Paris, 1960 (ünlü yapıtın, bugün sınırları aşılmıştır, ama benim için hâlâ değerini korumaktadır) – *Bozkır İmparatorluğu*, çev. Reşat Uzmen, Ötüken Neşriyat, İstanbul, 1996.

GUIGNES, DE, *Histoire générale des Huns des Turcs et des Mongols*, Paris, 1756 (Türk tarihinin mükemmel bir dökümü).

HAMBIS, L., *La Haute-Asie*, Paris, 1953 (Türklerin sorunları konusunda son derece donanımlı bir Moğol araştırmacısı tarafından gerçekleştirilen küçük bir elkitabı).

HAMMER-PURGSTALL, VON, *Histoire de l'Empire ottoman depuis son origine jusqu'à nos jours*, Paris, 1835-1843 (Almancadan çevrilmiştir, 18 cilt, Pest, 1827-1835; çok eski olmasına rağmen bugün bile bu esere denk bir eser yoktur).

HARMATTA, J., *History of the Civilization of Central Asia*, Paris, UNESCO, 1992'den beri yayım aşamasında.

HOWORTH, H. H., *History of the Mongols*, Londra, 1876-1888 (eski tarihine karşın hâlâ bazı noktalarda başvuru niteliği taşımaktadır).

İNALCIK, H., *The Otttoman Empire, Conquest, Organisation and Economy*, Londra, 1975.

IORGA, N., *Geschichte des osmanischen Reichs*, Gotha, 1908-1913.

— *Histoire des État balkaniques*, Paris, 1925.

JONQUIÈRE, DE LA, *Histoire de l'Empire ottoman*, Paris, 1788.

KARPAT, K., *The Ottoman State and its Place in the World History*, Kolokyum, Leyde, 1976.

KHWANTEN, *Imperial Nomads. A History of Central Asia, 500-1500*, Leicester, 1974.

KLAPROTH, *Tableaux historiques de l'Asie*, Paris, 1826.

KÖPRÜLÜ, M. F., *Türkiye Tarihi*, İstanbul, 1929.

LAMOUCHE, COLONEL, *Histoire de la Turquie*, 2. basım, J.-P. ROUX tarafından gözden geçirilmiş ve eklemeler yapılmıştır (oldukça özet bir eserdir, özellikle eski tarihle ilgili olarak).

LEWIS, R., *Every Day Life in Ottoman Turkey*, New York, 1971 (etkileyici bir deneme).

MAC GOVERN, *The Early Empire of Central Asia*, Chapell Hills, 1939.

MANTRAN, R., *Histoire de la Turquie*, Paris, 1961 (son derece kapsamlı, kusursuz bir elkitabı).

— (yönetiminde), *Histoire de l'Empire ottoman*, Paris, Fayard, 1989.

MOURADJAD D'OHSSON, A. C., *Histoire des Mongols*, 2. basım, Amsterdam, 1852.

PARKER, *A Thousand Years of the Tatars*, Londra, 2. basım, 1924 (ne yazık ki eskimiş bir eserdir.).

PETERS, R. F., *Histoire des Turcs*, Paris, 1966.

ROUX, J.-P., *Turquie*, Paris, 1953 (daha çok çağdaş bir betimleme getirmiştir).

— *L'Asie centrale, Histoire et civilisations*, Paris, Fayard, 1997 – *Orta Asya, Tarih ve Uygarlık*, çev. Lale Arslan, Kabalcı Yayınevi, İstanbul, 2006.

— *Histoire de l'Empire mongol*, Paris, Fayard, 1993 – *Moğol İmparatorluğu Tarihi*, çev. A. Kazancıgil-A. Bereket, Kabalcı Yayınevi, İstanbul, 2001.

SAUVAGET, J., *Introduction à l'histoire de l'Orient musulman*, 2. basım, C. Cahen tarafından gözden geçirilmiştir, Paris, 1961 (önemli bir eleştirel kaynakça çalışması).

SYKES, P. M., *A History of Persia*, 3. basım, Londra, 1930.

WEISSMANN, N., *Les Janissaires*, Paris, 1957 (Osmanlı İmparatorluğunun temel bir kurumu üzerine).

ZINKESIEN, J. W., *Geschichte des osmanischen Reiches in Europa*, Hamburg Gotha, 1840-1863 (1962'de yeniden basılmıştır).

I. BÖLÜM

Türklerle ilgili betimlemeler hakkında bkz. CLAİR, A. N. S. T., *The Image of the Turks in Europe*, New York, 1973.

Dilbilgisi çalışmaları için sadece A. VON GABAIN'in temel eserini sayacağız; *Alttürkische Grammatik*, 2. basım, Leipzig, 1950 – *Eski Türkçenin Grameri*, çev. Mehmet Akalın, TDK, Ankara, 2003 ve Osmanlıca için J. DENY'in çalışmasına yer vereceğiz, *Grammaire de la langue turque (dialecte osmanli)*, Paris, 1921.

Türkiye'de konuşulan günümüz Türkçesiyle ilgili olarak, L. BAZIN'in elkitabından yararlanacağız: *Introduction à l'étude de la langue turque. Grammaire*, Paris, 1968.

Tüm Türk dilleri hakkında bkz. *Philologiae Turcicae Fundamenta, I. Linguistique*, Mayence, 1959. Bkz. L. BAZIN, "Le turc," *Le Langage*, Paris, Encycl. de la Pléiade, 1968. Türkoloji hakkında L. BAZIN, "La turcologie. Bilan provisoire," *Diogène*, 24, 1952.

Türk edebiyatı hakkında bkz. *Philologiae Turcicae Fundamenta, II. Littérature*, Mayence, 1964 dışında A. BOMBACI'nın Fransızcaya çevrilen eserine, *Histoire de la littérature turque*, Paris, 1968.

Müslüman dünyada Islamiyet öncesi Türk geleneklerinin korunmasıyla ilgili örneğin J.-P. ROUX'nun, *Les Traditions des nomades de la Turquie méridionale* adlı eserine başvurulabilir, Paris, 1970 (ve kaynakça).

II. BÖLÜM

Tarihöncesi ve arkeolojiyle ilgili son derece geniş kaynakça içinde özellikle: APPELGREN KIVALO, *Alt-altaische Kunstdenkmäler*, Helsingfors, 1931; D. CARTER, *The Symbol of the Beast. The Animal Style of Eurasia*, New York, 1957; GOLOMSTHTOK ve GRIAZNOV, "Archaelogical investigations in Central Asia," *Ars Islamica*, V, 2, 1938; C. JETTMAR, "The Altaï before the Turks," *Bull. Museum of Far Eastern Antiquities, Stockholm*, 23, 1951; *Die frühen Steppenvölker...*, Baden-Baden, 1964; G. LASZLO, *Steppenvölker und Germanen*, Berlin, 1971; S. J. RUDENKO, *Der zweite kurgan von Pazyryk*, Berlin, 1952'den yararlandık.

Tayga hakkında R. HAMAYON, *Taïga, terre de chamans*, Paris, Imprimerie nationale, 1997 (M. Garanger'den metin ve fotoğraflar eşliğinde kusursuz bir betimleme).

Hiong-nular hakkında, L. BAZIN, "Le Distique Hiong-nou du Tsin-chou," *Oriens*, I, 2 (IV yüzyıla ait proto-Türk metni hakkında); DE GROOT, *Die hunnen der vorchristilichen Zeit*, Berlin-Leipzig, 1931 (eskimiş ve kimi noktalarda hatalı bir eser).

Hiong-nular ve Hunlar arasındaki ilişkiler sık sık incelenmiştir. Özellikle C. Jettmar, "Hunnen und Hsiung-nu: ein archäologisches Problem," *Archiv für Völkerkunde*, VI-VII, 1951-1952; "Maenschen-Helfen, Huns und Hiong-nou," *Byzantion*, XVII, 1944-1945. Bu tartışma Batı Hunları hakkındaki çalışmalarda sık sık ele alınmıştır: Doerfer, "Zur Sprache der Hunnen," *Central Asiatic Journal*, VIII, 1, 1973; Alföldi, "Funde aus der Hunnenzeit und ihre ethnische Sonderang," *Archaeologia Hungarica*, IX, Budapeşte, 1932; Altheim, *Attila et les Huns*, Paris, 1952 (Almancadan çevrilmiş, 1951); Altheim, *Geschichte der Hunnen*, Berlin, 5 cilt, 1954-1964; M. Brion, *La vie des Huns*, Paris, 1961; W. Eberhard, "Chronologischer Ubersicht über die Geschichte der Hunnen," *Belleten*, IV, 16, 1940; L. Hambis, *Attila et les Huns*, Paris, 1972; L. Hambis, "Le problème des Huns," *Revue historique*, CCXXX, 2; O. Pritsak, "Ein hunnisches Wort," *Zeitschrift der Deutschen Morgenländische Gesellschaft*, Wiesbaden, 1954.

Türk halklarının batıya göçü hakkında bkz. Haussig, "Die grosser Wanderungen der Reiter-Nomaden von Ostasien nach Europa," *Saeculum Weltgeschichte*, III, Berlin, Viyana, 1971.

Tabgaçlar hakkında bkz. (T'o-Palar, Veyler), L. Bazin, "Recherche sur les parlers T'o-Pa," *T'oung Pao*, XXXIX, 4-5, Leipzig, 1955; Boodberg, "The Language of the T'o-Pa Wei," *Harvard Journal of Asiatic Studies*, 1936; W. Eberhard, *Das Toba Reich Nordchnias, eine soziologische Untersuchung*, Leyde, 1949.

Eftalitler hakkında bkz. Hermann, "Die Hephtahaliten und ihre Beziehungen," *Asia Major*, 1925; Vivien De Saint-Martin, *Les Huns Blancs ou Hephthalites des historiens byzantins*, Paris, 1849.

Eski dönemde Yukarı Asya halklarının kimliği hakkında bkz. L. Bazin, "Notes sur les mots *Oguz* et *Türk*," *Oriens*, VI, 1953; J. R. Hamilton, "Toquz Oyuz at On Uygur," *Journal asiatique*, CCL, 1, 1962; E. G. Pulleyblank, "Some Remarks on the Toquz Oghuz Problem," *Ural al-taische Jahrbücher*, XXVIII, 1956; Sinor, "Autour d'une migration de peuples au Ve siècle," *Journal asiatique*, CCXXXV, 1947.

Çin'e komşu halklar ve proto-Türklerin Çin baskınları hakkında R.

GROUSSET'nin *Histoire de l'Extréme-Orient*, 2. cilt, Paris, 1929 adlı eseri okunabilir. Ayrıca daha önce sözünü ettiğimiz eserlere, özellikle EBERHARD'ın eserlerine başvurulabilir.

III. BÖLÜM

Kırgızlar hakkında Fransız bir uzmanın çalışmaları başvuru kaynağı olarak görülmektedir. Bu eserlerin çoğunluğu günümüz Pamir bölgesinde yaşayan Kırgızlarla ilgilidirler. Bkz. R. DOR, *Contribution à l'étude des Kirghiz du Pamir afghan*, Paris, 1975 ; R. DOR ve NAUMANN, *Die Kirghisen des Afghasnischen Pamir*, Graz, 1978 (bkz. bu eserlerdeki kaynakçalar); W. RADLOV, "Observations sur les Kirghiz," *Journal asiatique*, 1863.

Tu-kiuler hakkında temel kaynaklar Tu-kiulerin yazıtları, Çince ve Bizans kaynaklarıdır (bkz. J.-P. ROUX, *Türklerin ve Moğolların Eski Dini*, çev. A. Kazancıgil, Kabalcı Yayınevi, İstanbul, 2002 ve *Philologica Turcicae Fundamenta)*. Pek çok yazar bu kaynakları incelemiş ve çevirmiştir. Bkz. özellikle CHAVANNES, *Documents sur les Tou-kiue (Turcs) occidentaux*, Saint-Petersburg, 1903 (2. basım 1941); MAU-TSAI LIU, *Die chinesischen Nachrichten zur Geschichte der Ost-Türken (T'u-küe)*, Wiesbaden, 1958, 2 cilt. R. GIRAUD'nun *L'Empire des Turcs célestes* okunabilir, Paris, 1960.

Macar işgalleri hakkında bkz. MACARTNEY, *The Magyars in the Ninth Century*, Cambridge, 1930.

Hazarlarla ilgili klasik kaynak D. M. DUNLOP, *The History of the Jewish Khazars*, Princeton, New Jersey, 1954; A. ZAJACKOWSKI, Lehçe yazdığı ve Fransızca özetini verdiği oldukça ilginç bir çalışma sunmuştur: *Ze studiòw nadzagadnicnicen Chazarskin*, Cracovie, 1947. Bkz. MINORSKY, "A new book on the Khazar," *Oriens*, XI, 1958; S. SZYSMANN, "Les Khazars, problèmes et controverses," *Revue historique*, CL, 1957; A. ZAJACKOWSKI, *Karaims in Poland*'da Karaizmi incelemiştir, Varşova- La Haye- Paris, 1961.

IV. BÖLÜM

Takvimlerle ilgili olağanüstü zenginlikte ve son derece büyük bir titizlikle hazırlanmış incelemeyi bize L. BAZIN sunmaktadır: *Les Calendriers turcs anciens et médiévaux*, Lille-III Üniversitesi, 1974.

Hayvan besiciliği ve atlar hakkında bkz. SINOR, "Horse and Pasture in Inner Asian History," *Oriens Extremus*, 1972; F. AUBIN, "L'art du cheval en Mongolie," *Production pastorale et société*, 1986, s. 129-149.

Silahlar hakkında bkz. N. MOAVEN, "Arcs, flèches, carquois," *Etudes mongoles*, I, 1970; URAY KÜHHELMİ, "La périodisation de l'histoire des armements des nomades de la steppe," *Etudes mongoles*, V, 1974.

Orta Asya'daki toplumsal unvanlar ve sınıflar hakkında öteki kaynaklar arasından bkz. PRITSAK, "Stammesnamen und Titulaturen des altaische Völker," *Ural-altaische Jahrbücher*, XXIV, 1952; K. SHIRATORI, "A Study on the Titles Kaghan and Katun," *Memoirs Toyo Bunko*, Tokyo, 1926.

Hayvan besiciliği ve yerleşik hayat hakkında bkz. L. FÖLDES, *Viehwirtschaft und Hirtenkultur*, Budapeşte, 1969.

Türklerle eski bozkır göçebeleri arasındaki ilişkiler G. DUMEZIL'in *Romans de Scythie et d'alentours* (Paris, 1978) adlı eserinde oldukça dikkat çekici bir biçimde ortaya konmaktadır.

Yerleşim yerleri ve göçebelerin hayatı hakkında bkz. D. COUCHAUX, "Habitats nomades," *Alternative et perspectives*.

Göçebelik hakkında bkz. F. AUBIN, "Anthropologie du nomadisme," *Cahiers de sociologie*, 1974, s. 79-90; P. DAFFINE, *Il nomadismo centrasiatico*, Roma, 1982.

Sogdların etkileri şu eserlerde ortaya konulmuştur: L. BAZIN, "Turcs et Sogdiens," *Mélanges linguistiques offerts à Emile Benveniste*, Paris, 1975; L. BAZIN, *Les Calendriers turcs anciens et médiévaux*, Lille-III Üniversitesi, 1974. Bkz. ayrıca KLJASTORNIJ ve LIVSIC, "The Sogdian Inscription of Bugut Revised," *Acta Orientalia AC. Hungaricae*, XXDI, 1, 1972. Daha eski eserler için K. ENOKI, "Sogdiana and the Hsiung-nu," *Central Asiatic Journal*, I, 1.

Balballar ve gömüt heykelleriyle ilgili çok büyük bir kaynakça vardır. Öteki kaynaklar arasında bkz. JISL, *Balbals, Steinbabas und andere Steinfiguren*, Prag, 1970 (bugüne kadarki en geniş kaynakçayla basılmıştır).

Türklerin ve Moğolların milli dini hakkında bkz. *Türklerin ve Moğoların Eski Dini*, çev. A. Kazancıgil, Kabalcı Yayınevi, İstanbul, 2002 eserimizdeki neredeyse bütün kaynakça. Tu-kiu dönemi için J.-P. ROUX, "La religion des Turcs de l'Orkhon," *Revue d'histoire des religions*, 1962. Modern dönem için klasik eser: U. HARVA, *Les Représentations religieuses des peuples altaïques*, Paris, 1955 (Almancadan çevrilmiştir, önyargılarla dolu bir eserdir).

Hâlâ korunan eski gelenekler hakkında, daha önce sözünü ettiğim eserim dışında *Traditions religieuses et parareligieuses des peuples altaïques*, Paris, 1972, (kolokyum) ve ÖGEL'in eserine de bakılabilir: *Türk Mitolojisi*, Ankara, 1971 (zengin bir eserdir, ama genelde belirsiz bilgiler içermektedir) ve İNAN, *Tarihte ve Bugün Şamanizm*, Ankara, 1954 (daha iyi bir eserdir). BOYLE bu konu hakkındaki pek çok makalede oldukça ilginç bir konu sunmuştur, "Turkish and Mongol Shamanism in the Middle Age," *Folklore*, 83, 1972.

Ortaçağ Türkleri üzerindeki Budizm etkisi hakkında bkz. A. VON GABAIN, "Die Buddhistiche Türkenmission," *Asiatica Festschrift F. Weller*, Leipzig, 1954.

Yukarı Asya'daki dinler hakkında kısa, ama önemli eser: P. PELLIOT, *La Haute Asie*, Paris, 1931. É. CHAVANNES'de daha özgün yönler keşfedilebilir, "Le nestorianisme et l'inscription de Kara Balghassun," *Journal asiatique*, 1897; É. CHAVANNES ve P. PELLIOT, "Un traité manichéen retrouvé en Chine," *Journal asiatique*, XI, 1, 1913; VON LE COQ, "Türksiche manichaica aux Chotscho," I, III, *Abhandlungen der Preussichen Ak. d. Wissenschaft*, Berlin, 1922.

V. BÖLÜM

Asya'daki Arap ilerlemesi ve Arap-Türk ilişkileri hakkında bkz. E. G. W. GIBB, *The Arab Conquests in Central Asia*, Londra, 1923; G. LE STRANGE, *The Lands of the Eastern Caliphate*, 1966 basımı, Londra; B. SPULER, *Iran in Frühislamischer Zeit*, Wiesbaden, 1952; J. WELHAUSEN, *Das Arabische Reich und sein Sturz*, Berlin, 1902.

Ortaçağdaki Müslüman uygarlık hakkında fikir sahibi olmak için bkz. D. ve J. SOURDEL, La Civilisation de l'Islam classique, Paris, 1968. Temel eserlerden biri (Türklerle ilgili bazı belirsizliklere karşın) A. MIQUEL'in eseridir: *La Géographie humaine du monde musulman jusqu'au milieu du XIe siècle*, 2 cilt, Paris-La Haye, 1967-1975.

Çin'deki Türk etkinlikleri hakkında bkz. W. EBERHARD, *Lokalkultur in Alten China*, 2 cilt, Londra-Pekin, 1942-1943; M. S. LEVY, *Biography of An-lu Shan*,

California University Press, Berkeley ve Los Angeles,1960; R. Des ROTOURS, "History of Ngan Lou-chan," *Bibliothèque de l'Institut des hautes études chinoises*, XVIII, Paris, 1962.

Peçeneklerle ilgili tek tarihsel çalışma Türkçedir, A. N. Kurat, *Peçenek Tarihi*, İstanbul, 1937. Ayrıca bkz. J. Nemeth, "Zur Kenntnis der Petchenegen," *Körosi Csoma Archivum*; K. E. Neumann, *Die Völker des südlichen Russlands*, Leipzig, 1855. Bununla birlikte Peçeneklerin yanındaki, onlardan önce ve sonra batı bozkırlarına yerleşecek halklar hakkındaki bilgileri K. E. Neumann'ın eseri gibi eserlerden ediniyoruz, bunlardan bazıları daha yakın tarihlidir ve daha iyi hazırlanmış eserlerdir ("klasik" sayılmasalar da); A. Eck, *Le Moyen Age russe*, Paris, 1933; A. A. Vasiliev, *The Goths in the Crimea*, Cambridge, Mass., 1936; T. Prisher, "The Asiatic background," *Cambridge Mediaeval History*, I, 1910 (gerek olmadığında bile Türklerle bağlantı kurma konusunda fazla ısrarcı olmuştur, s. 323-335, 660 vd); J. Marquart, *Osteuropaische und Ostasiatiche Streifzüge*, Leipzig, 1903; Chalandon, *Essai sur le règne d'Alexis Commène* (1089-1118), Paris, 1900; Vernadsky, *The Origins of Russia*, Oxford, 1969.

Kitanlarla ilgili temel eserler Wittfogel ve Feng'e aittir, *History of Chinese Society, Liao (907-1125)*, New York, 1949.

Uygurlar hakkında, özellikle belirteceğimiz eser kaynakçası ne yazık ki O. Franke'nin eseriyle sınırlı kalacaktır: *Geschichte des chinesischen Reiche, I-V*, Berlin, Leipzig, 1930-1952; A. Von Gabain, *Das Leben im uigurishen Königreiche von Qočo (850-1250)*, 2 cilt, Wiesbaden, 1973; A. Von Gabain, *Das uigurischer Königreiche von Chotscho*, Berlin, 1961; J. R. Hamilton, *Les Ouïghours à l'époque des Cinq Dynasties d'après les documents chinois*, Paris, 1956; C. Mackerras, *The Uighur Empire (744-840) According to the T'ang Dynastic Histories*, Australia Nat. University Press, Canberra, 1968; E. Pinks, *Die Uiguren von Kan-chou in der früher Sung Zeit (960-1028)*, Wiesbaden, 1968; L. Golomb, *Die Bodenkultur in Ost-Turkestan*, Poisieux (İsviçre), 1959; W. Samolin, *East Turkistan to the Twelth Century*, Paris- La Haye, Mouton and Co, 1964.

VI. BÖLÜM

İslam uygarlığındaki Türk paralı askerler hakkında çeşitli makalelerden ve D. Ayalon'un eserinden yararlandık: *L'Esclavage des Mamelouks*, Kudüs, 1951.

Özellikle bkz. R. B. FRYE ve A. M. SAYILI, "Türks on the Middle East Before the Saljuqs," *Journ. American Or. St.*, 63, 1943; D. PIPES, "Turks in Early Muslim Service," *Journ. Turkish Studies*, 2, 1968. A. MIQUEL'in eseri de ilgiyle okunabilir, *La Géographie humaine du monde musulman jusqu'au milieu du XIe siècle*, 2 cilt, Paris-La Haye, 1967-1975; E. E. HERZFELD, *Geschichte des Stadt Samerra*, Hamburg, 1948. Bkz. VON GRUNEBAUM'un klasik eserine, *Islam médiéval*, Paris, 1962 (Almancadan çevrilmiştir). Tolunoğulları Z. M. HASSAN tarafından incelenmiştir: *Les Tulunides: étude de l'Egypte musulmane à la fin du IXe siècle: 868-905*, Paris, 1933. Mısır ve Doğu ortaçağ tarihçilerinin çalışmaları için özellikle bkz. LANEPOOLE, *A History of Egypt in the Middle Ages*, 2. basım, Londra, 1947; MUNIER ve WIET, *L'Egypte byzantine et musulmane*, Kahire, 1932.

Slav öncesi Bulgarların tarihi hakkında bkz. S. KUNCIMAN, *A History of the First Bulgarian Empire*, Londra, 1930; V. SLATERSKI, *Geschichte der Bulgaren, I. Von den Grundzung der bulgarischen Reich bis zu Türkenzeit (679-1396)*, Leipzig, 1918. Daha özgün iki incelemeye de başvurulabilir: MIKKOLE, "Die chronologie der türkischen Donaubulgaren," *Journal de la société finno-ougrienne*, XXX, Helsinki, 1915 ve O. PRITSAK, "Die sogennante bulgarische Fürstenliste und die Sprache der Protobulgaren," *Ural Altaische Jahrbücher*, XXVI, 1-4.

Ibn Fadlan'ın seyahatnamesi pek çok kez incelenmiştir: M. CANARD, "La relation du voyage d'Ibn Fadlan chez les Bulgares de la Volga," *Annales de l'Institut des études orientales*, XVI, Cezayir, 1958.

Volga Bulgarları hakkında bkz. C. GÉRARD, *Les Bulgares de la Volga et les Slaves du Danube*, Paris, 1933.

Karahanlılar hakkında bütünleyici eserler bulunmadığından (bkz. O. PRITSAK, "Von den Karluk zu den Karachanides," *Zeitschrift Deutsch. Morgenl. Gesell.*, 101, 1951) GRENARD okunabilir: "La légende de Satok Boghra Khan et l'histoire," *Journal asiatique*, 1900. Bkz. W. RADLOV, *Das Kutadku Bilik des Jusuf Chass Hadschib aus Balasagun*, Saint-Petersburg, 1891-1910 ve K. BROCKELMANN, *Mitteltürkischer Wortschatz nach Mahmud al Kašyaris Divan Luyat-at-Türk*, Budapeşte-Leipzig, 1928.

Gazneliler hakkında C. E. BOSWORTH sayesinde bilgi edinebiliriz: *The Ghaznevides*, Edinburg, 1968; N. NAZIM, *The Life and Times of Sultan Mahmud of Ghaz-*

ni, Cambridge, 1931. BOMBACI'nın çalışması uzmanlaşmış ve ilginç bir çalışmadır: "Introduction to the excavation of Ghazni," *East and West*, C, 1959.

VII. BÖLÜM

Selçuklularla ilgili olarak birkaç kaynak adı vereceğim sadece; bu eserlerin kaynakçaları tamamlayıcı olacaktır. Temel kaynak C. CAHEN'in eseridir: *Pre-Ottoman Turkey*, Londra, 1968 ve yine aynı yazarın *La Syrie du Nord à l'époque des croisades*, Paris, 1940. T. TALBOT RICE'in eseri kimi yerlerde hatalıdır: *The Saljuks in Asia Minor*, Londra, 1961. J. LAURENT'ın çalışması eskimiş olmasına rağmen başarılı bir çalışmadır: *Byzance et les Turcs seldjoukides jusqu'en 1081*, Nancy, 1913.

Nureddin hakkında bkz. N. ELISSEEFF, *Nur al-Din, un grand prince musulman de Syrie au temps des croisades*, Şam, 1967.

Kumanlar hakkında bkz. BANG ve J. MARQUART'ın, *Ost-Türkestanische Dialekstudien*, Berlin, 1914'ünün içinde J. MARQUART, "Uber das Volkstum der Komanen;" J. NEMETH, "Das Volksnamen Quman und Qun," *Korosi Csoma Archivum*, III, 1941-1944; TIETZE, *The Koman Riddles and Turkish Folklore*, Berkeley ve Los Angeles, 1960; K. GRÖNBECH, *Komanisches Wörterbuch*, Kopenhague, 1942; P. PELLIOT, "A propos des Comans," *Journal asiatique*, 1920.

Kıpçaklar hakkında bkz. BOSWELL, "The Kitptschaks Turks," *Slavonic Review*, 6, 1927.

Danişmendliler hakkında bkz. I. MELIKOFF, *La Geste de Melik Danishmend*, Paris, 1960.

Moğollardan önce Hindistan'da bulunan Türkler hakkında bkz. Aziz AHMAD, "The early Turkish Nucleus in India," *Turcica*, IX, 1977; J. AUBIN, "L'ethnogenèse des Qaraunas," *Turcica*, I, 1969; MAJUMDAR, basım, The Delhi Sultanate, Bombay, 1960; ISHMARI PSASAD, *A History of Qaraunas Turks in India*, Allahabad, 1936.

Haçlılar hakkında R. GROUSSET'den faydalandım: *Histoire des croisades et du royaume franc de Jérusalem*, Paris, 1934-1936; S. RUNCIMAN, *A History of the Crusades*, Cambridge, 1951-1954; K. M. SETTON ve diğerleri, *A History of the Crusades*, 2 cilt, Philadelphia, 1956-1962.

VIII. BÖLÜM

X. De Planhol Türklerin yerleşik hayatı konusuna "Anadolu'da göçebeler, bozkır ve orman" adlı çalışmasında değinmiştir yerleşmesi sorunuyla ilgili olarak oldukça değerli bilgiler vermiştir: *Geographische Zeitschrift*, 53, 1965. *De la plaine pamphylienne aux lacs pisidiens: nomadisme et vie paysanne*, Paris, 1958 adlı eserinde ise güncel durumdan daha fazla söz etmektedir. Bu konuyla ilgili olarak bkz. W. Eberhard, "Nomades and Farmers in southeastern Turkey," *Oriens*, VI, 1953.

İslamiyete geçiş ve geleneklerin korunması hakkında daha önce sözünü ettiğim eserim dışında, C. Cahen, "Le problème du shi'isme dans l'Asie Mineure turque préo-ottomane," *Le Shi'isme imamite*, Paris, 1970; C. Cahen., "Baba Ishaq, Baba Ilyas, Hadji Bektash et quelques autres," *Turcica*, I, 1969; I. Melikoff, "Le problème kizilbash," *Turcica*, VI; J. K. Birge, *The Bektachi Order of Dervishes*, Londra, 1937 ve M. F. Köprülü, *Türk Edebiyatında İlk Mutasavvıflar*, İstanbul, 1919, bu iki eser hâlâ ele aldıkları konuda tek kaynaklardır.

Türk dünyasında Hıristiyanlık ve İslam arasındaki ilişkiler hakkında biraz eski, ama oldukça zengin bir kitap vardır: Hasluck, *Christianity and Islam under the Sultans*, Oxford, 1929. O. Turan bu eseri tamamlayacaktır, "Les souverains seldjoukides et leurs vassaux non musulmans," *Studia Islamica*, I, 1954.

E. Rossi, Dede Korkut'un temel eserinin İtalyancasını vermektedir, *Il Kitab-i Dede Qorqut*, Roma, 1952.

Kervansaraylar hakkında bkz. K. Erdmann, *Das Anatolische Karavansaray*, 2 cilt, Berlin, 1965.

Türk sanatının kaşifi A. Gabriel'dir, özellikle bkz. *Voyages archéologiques dans la Turquie orientale*, 2 cilt, Paris, 1940 ve *Monuments turcs d'Anatolie*, Paris, 1931-1934. Sarre oldukça erken bir tarihte minyatür sanatlar hakkında güzel bir çalışma sunmuştur: *Seldschukische Kleinkunst*, Leipzig, 1909. Ünal'la ortaçağdaki Türk şehirlerini ziyaret etmek mümkündür: *Les Monuments islamiques anciens de la ville d'Erzurum et de sa région*, Paris, 1968. Yine de temel eser J. Sauvaget'nin eseridir: Halep, Paris, 1941.

Çalışmalarımda, inceleme konularımdan biri olan ortaçağ figüratif sanatın önemini her zaman vurgulamışımdır: *Syria*, no. 48, 1971, s. 187-201, no. 49, 1972, s.

371-397, no. 57, 1981, s. 301-323; *Archeologia*, no. 117, 1978, s. 37-47, no. 139, 1980, s. 28-40; *Arts asiatiques*, no. 36, 1981, s. 5-11; *Turcica*, no. 224, 1992, s. 27-90, vb.

IX. BÖLÜM

Moğol kanunları hakkında bkz. VERNADSKY, "The Scope and Contents of Gengis Khan's *yasa*," *Harvard Journ. Asiatic Studies*, 3, 1938. Ayrıca bkz. VLADIMIRTSOV, *Le Régime social des Mongols*, Paris, 1948 (biraz "yönlendirilmiştir").

Cengiz Han hakkında çok geniş kaynakça arasında bkz. VLADIMIRTSOV, *Gengis Khan*, Paris, 1948; M. PRAWDIN, *Gengis Khan*, Paris, 1951; ADRAVATI, *Gengis Khan*, Paris, Payot, 1987; M. HOUANG, *Gengis Khan*, Paris, Fayard, 1978 eserleri sayılabilir. Moğol İmparatorluğunun tarihi hakkında bkz. R. GROUSSET, *L'Empire mongol, 1re phase*, Paris, 1941; J.-P. ROUX, *Histoire de l'Empire mongol*, Paris, Fayard, 1993 – *Moğol İmparatorluğu Tarihi*, çev. A. Kazancıgil-A. Bereket, Kabalcı Yayınevi, İstanbul, 2001; BOYLE, *The Mongol World Empire*, 1206-1370, Londra, 1974; SAUNDERS, *The History of the Mongol Empire*, Londra, 1971; L. BOUVAT, *L'Empire mongol*, Paris, 1927; ELJAS ve ROSS, *History of the Moghuls of Central Asia*, Londra, 1895; LEMERCIER QUELQUEJAY, *La Paix mongole*, Paris, 1970. Daha belirli bir nokta için bkz. P. PELLIOT, "Les Mongols et la papauté," *Revue de l'Orient chrétien*, 1924, 1931. Pek çok bilgiyi bulabileceğimiz şu eserler de önemlidir: B. E. WOLDE, *La Formation de l'Empire russe*, Paris, 1952-1953; VERNADSKY, *The Mongols and Russia*, New Haven, 1953.

Altınordu daha özel bir şekilde incelenmiştir: B. D. GRAKOV ve JABULOVSKY, *La Horde d'Or*, Paris, 1939; J. VON HAMMER-PORGSTALL, *Geschichte der Goldenen Horde in Kiptschak*, Peşte, 1840; P. PELLIOT, *Notes sur l'histoire de la Horde d'Or*, Paris, 1949; B. SPULER, *Die Goldene Horde*, Leipzig, 1943.

Harezm'le ilgili genel çalışmaların olmamasından dolayı HOUDAS okunabilir: *Histoire du sultan Djelal ad-Din Mankoberti de Muhammad an-Nasawi*, Paris, 1895.

Mısır Memluklari hakkında bkz. D. AYALON, *Gunpowder und Firearms in the Mamluk Kingdom*, Londra, 1956; A. DARRAY, *L'Egypte sous le règne de Barsbay*, 825-841/1422-1438, Şam, 1961; GAUDEFROY-DEMOMBYNES, *La Syrie à l'époque des*

Mamelouks, Paris, 1923; N. A. ZIADEH, *Urban Life in Syria Under the Early Mamluks*, Beyrut, 1963.

İlhanlılar hakkında bkz. SPULER, *Die Mongolen in Iran*, yeni basım, Berlin, 1968 – *İran Moğolları*, çev. Cemal Köprülü, TTK, Ankara, 1987; CHABOT, "Notes sur les relations du roi Argoun avec l'Occident," *Revue de l'Orient latin*, 1894.

X. BÖLÜM

Çağatay tarihinin özel bir noktası AUBIN'de görülebilir: "Le khanat de Cagatay et le Khorassan (1334-1380)," *Turcica*, VII, 2, 1976. Ayrıca bkz. bir önceki bölümde sözü edilen ELIAS ve ROSS.

Yüenler döneminde Doğu Türkistan hakkında bkz ROSSABI, *China among Equals*, Berkeley University Press, 1983 içinde TH. ALLSEN, "The Yuan Dynasty and the Uyghur of Turfan in the XIIIth Century."

Timur hakkında yakın zamanlı iki Fransızca eser için bkz. L. KEHREN, *Tamerlan. L'Empire du seigneur de fer*, Neuchâtel, 1978; J.-P. ROUX, *Tamerlan*, Paris, Fayard, 1991. H. HOOKHAM'ın eseri, *Tamburlain the Conqueror* (Londra, 1962) klasik bir eserdir. J. AUBIN'in dikkate değer makalesi, "Comment Tamerlan prenait les villes," *Studia Islamica*, 1963. Ruy Gonzalès de Clavijo'nun ilginç öyküsü Imprimerie Nationale tarafından 1990'da yayımlanmıştır: *La Route de Samarkhand au temps de Tamerlan*. Ayrıca bkz. R. MARKHAM'ın eserinin İngilizce çevirisi: *Narrative of the Embassy of Ruy Gonzales de Clavijo to the Court of Timur at Samarkhand*, Londra, 1859.

XIV ve XV yüzyıl Kıpçakları hakkında bir önceki bölümde Altınordu için verdiğimiz kaynakçalara bakılabilir.

Akkoyunlu ve Karakoyunlu halkları birkaç tarihçinin ilgisini çekmiştir. MINORSKY, *La Perse au XVe siècle entre la Turquie et Vienne*, Paris, 1933; MINORSKY, "A soyurgal of Qasim b. Jahangir Aq Qoyunlu," *Bull. School Oriental and Asiatic Studies*, IX, 1958; J. E. WOODS, *The Aqquyunlu: Clan, Confederation, Empire. A Study in 15th (9th) century Turkish Iranian Politics*, Minneapolis-Chicago, 1976.

Emirlikler ya da beyliklerle ilgili bütünleyici bir çalışma için: S. M. UZUNÇARŞILI, *Anadolu Beylikleri*, İstanbul, 1937. Birkaç emirlik özellikle incelenmiştir: P. Lemerle, *L'Emirat d'Aydin, Byzance et l'Occident*, Paris, 1957; P. Wittek, *Das Fürstentum Menteshe*, İstanbul, 1934 – *Menteşe Beyliği*, çev. Orhan Şaik Gökyay, TTK, 1999, 3. Basım; Enver Kartakın, *Ramazanoğulları Beyliği Tarihi*, İstanbul, 1974.

Osmanlı İmparatorluğunun oluşumu hakkında genel olarak bu konuyu ele alan birkaç eser dışında bkz. M. F. Köprülü, *Les Origines de l'Empire ottoman*, Paris, 1935 – *Osmanlının Etnik Kökeni*, Kaynak Yayınları, İstanbul, 1999, 2. Basım; P. Wittek, *The Rise of the Ottoman Empire*, Londra, 1938 – *Osmanlı İmparatorluğunun Doğuşu*, çev. Fatmagül Berktay, Pencere Yayınları, İstanbul, 2000, 2. Basım; N. Beldiceanu, *Recherches sur les villes ottomanes au XVe siècle*, Paris, 1973; H. İnalcık, *The Ottoman Empire, The Classical Age, 1300-1600*, Londra, 1973 – *Osmanlı İmparatorluğu, Klasik Çağ (1300-1600)*, çev. Ruşen Sezer, Yapı Kredi Yayınları, İstanbul, 2006, 8. Basım.

XI. BÖLÜM

Timur Rönesansı daha çok İslam sanatı bakış açısıyla değerlendirilmiştir . Örneğin bkz. I. Stchoukine, *La Peinture des manuscrits timourides*, Paris, 1954. Bununla birlikte birkaç monografiye de bakılabilir: W. Barthold, *Ulugh Begh*, Leyde, 1963 – *Uluğ Bey ve Zamanı*, çev. İsmail Aka, TTK, 1997; L. Bouvat, Essai sur la civilisation timouride, Paris, 1926.

Türkmenler hakkında X. Bölüme, Altınordu'nun sonu hakkında IX. Bölümün kaynakçasına bakılabilir.

Ebu'l Hayrlılar hakkında güzel bir makale için bkz. J.-L. Bacque-Grammont, "Une liste ottomane de princes et d'apanages abu'l khayrides," *Cahiers du monde russe et soviétique*, XI, 1970.

XV yüzyıl Osmanlı tarihi hakkında bkz. daha önce sözü edilen eserler ve F. Babinger, *Mahomet II, le conquérant et son temps*, Paris, 1954 – *Fatih Sultan Mehmed ve Zamanı*, çev. Dost Körpe, Oğlak Yayıncılık, İstanbul, 2003; A. Clot, *Mehmed II, le conquérant de Byzance, 1432-1481*, Perrin, 1990; Irène Beldiceanu-Steiner, "Le règne de Selim 1er, tournant dans la vie politique et religieuse de l'Empire ottoman," *Turcica*, VI; S. Runciman, *The Fall of Constantinople, 1453*, Cambridge, 1965 (Fransızca çevirisi, Paris, 1965) – *Konstantinopolis Düştü, 29 Mayıs 1453*, çev. Derin Türkömer, Doğan Kitapçılık, İstanbul, 1999.

XII. BÖLÜM

XVI yüzyılda Osmanlı İmparatorluğu tarihi hakkında bkz. daha önceki bölümlere ve F. BABINGER, *Suleyman der Groos*, 2 cilt, Stuttgart, 1922; J. B. MERRIMAN, *Suleiman the Magnificent*, New York, 1944 – *Muhteşem Süleyman*, çev. Turhan Ilgaz, Epsilon Yayınları, İstanbul, 2005; A. CLOT, *Soliman le Magnifique*, Paris, Fayard, 1983; N. BELDICEANU, *Le Monde ottoman dans les Balkans, 1502-1566*, Londra, 1976.

İnebahtı hakkında M. LESURE'ün kapsamlı bir çalışması bulunmaktadır: *Lépante, la crise de l'Empire ottoman*, Paris, 1972.

Korsanlar ve barbar devletler hakkında oldukça geniş bir kaynakça için bkz. P. ACHARD, *La Vie extraordinaire des frères Barberousse*, Paris, 1939 (biraz romanlaştırılmıştır). H. DELMAS DE GRAMMONT, *Histoire d'Alger sous la domination turque (1515-1830)*, Paris, 1887; C. A. JULIEN, *Histoire de l'Afrique du Nord*, 2. basım, Paris, 1956 (temel kaynakça); BASSET ve diğerleri, *Initiation à la Tunisie*, Paris, 1950 içinde J. PIGNON, "La Tunisie turque et hussainite;" E. ROSSI, *Stori di Tripoli e della Tripolitana della conquesta arabe a 1911*, Roma, 1968 (temel başvuru kaynağıdır). W. PENCERS, *Algiers in the Age of the Corsairs*, Norman Oklahoma, 1976. Osmanlı İmparatorluğunun bu dönemdeki uygarlığı hakkında sanat tarihi kitaplarından bilgi ediniyoruz. Bkz. E. G. W. GIBB, *A History of Ottoman Poetry*, Londra, 6 cilt, 1900-1909; A. ADIVAR, *La Science chez les Turcs ottomans*, Paris, 1939; I. STCHOUKINE, *La Peinture turque*, 2 cilt, Paris, 1966-1971; S. K. YETKİN, *L'Architecture turque en Turquie*, Paris, 1962; O. ASLANAPA, *Turkish Art and Architecture*, Londra, 1971; M. SÖZEN, *Sinan, Architect of Ages*, s. 1, 1988 (en büyük Osmanlı mimarı hakkında yazılmış kusursuz bir eser).

Rusların bozkırda ilerleyişiyle ilgili temel bilgiyi Kırım Hanlığı üzerine yazılmış pek çok çalışmada bulabiliriz. LADY E. CRAVEN, *A Journey through the Crimea to Constantinople in 1783*, Londra, 1789; J. VON HAMMER-PURGSTALL, *Geschichte der Chane der Krim unter osmanischer Herschaft*, Viyana, 1856 (1970'te Amsterdam'da yeniden basılmıştır); R. BOUDRIER, *Histoire de la Crimée*, Paris, 1972; DJAFAR SADAMAT, *La Crimée, passé, présent, revendication des Tatars de Crimée*, 1928; H. ORTEKİN, *Kırım Hanlarının Şeceresi*, İstanbul, 1948; A. W. FISCHER, *The Russian Annexion of Crimea*, 1772-1783, Cambridge, 1970; H. PINSON, "Russian Policy and the Emigration of the Crimean Tatar to the Ottoman Empire, 1854-1862," *Güneydoğu Avrupa Araştırmaları Dergisi*, I, 1972; E. M. KIRIMAL, *Der Nationalkampf der Krim Tuerken*, Emsdetten, 1952.

Safevilerin kökeni hakkında bkz. OKTAY EFENDİEV, "Le rôle des tribus de langue turque dans la création de l'État séfévide," *Turcica*, VI, 1975; E. DENISON ROSS, "The Early Years of Shah Isma'il Founder of the Sefevid Dynasty," *Journal of the Royal Asiatic Society*, XXVIII, 1896; SARWAR, *The History of Shah Isma'il Safavi*, Aligahr, 1939; CAHİZ OZTELLİ, "Les œuvres de Hatay," *Turcica*, VI; MINORSKY, *Tadhkirat ul Muluk*'u çevirmiştir: *A Manual of safavid Administration*, Londra, 1943.

Kazaklar hakkında bkz. A. DE LEVCHINE, *Descriptions des hordes et des steppes des Kirghiz-Kazak*, Paris, 1840 (Rusçadan çevrilmiştir).

Babur Şah'ın hatıratı kısa bir süre önce Fransızcaya çevrilmiştir, BABUR ŞAH, *Le Livre de Babur*, Türkçeden çeviren J.-L. BACQUE-GRAMMONT, Paris, 1980 – *Baburnâme*, çev. Reşit Rahmeti Arat, Kabalcı Yayınevi, İstanbul, 2006; F. GRENARD, Babur hakkında küçük bir kitap yazmıştır: *Babur, fondateur de l'empire des Indes*, Paris, 1930. Ayrıca bkz. J.-P. ROUX, *Babur, Histoire des Grands Moghols*, Paris, Fayard, 1986.

Hindistan yolları ve ulaşım sorunu hakkında bkz. H. J. KISLING, "Šah Isma'il, la nouvelle route des Indes et les Ottomans," *Turcica*, VI; BENNIGSEN ve LEMERCIER-QUELQUEJAY, "La Moscovie, la horde nogaï et le problème des communications entre l'Empire ottoman et l'Asie centrale en 1552-1556," *Turcica*, VII, 1972.

Hindistan İmparatorluğu hakkında birçok eser yazılmıştır: T. CHANDRA, *Influence of Islam on Indian Culture*, Allahabad, 1943-1946; T. CHANDRA, *Society and State in the Moghol Period*, Delhi, 1961; IBN HASAN, *Central Structure of the Moghol Empire*, Londra, 1936; B. PRASAD, *The Life and Times of Humayun*, Mumbai, 1955; N. A. SMITH, *Akbar, the Great Moghul*, 1452-1605, 2. basım, Oxford, 1927; L. FREDERIC, *Akbaar le Grand Moghol*, Denoël, 1986.

XIII. BÖLÜM

Büyük Moğollar hakkında bkz. B. PRASAD, *History of Jahangir*, 5. basım, Allahabad, 1962; B. P. Saksena, *History of Shah Djahan of Delhi*, Allahabad, 1932. Sanat hakkında bkz. P. Brown, *Indian Painting under the Mongols*, Oxford, 1927 ve *Indian Architecture. The Islamic Period*, Bombay, 1942. Son büyük prens için bkz. J. N. Sarkar, *History of Awrengzib*, Kalküta, 1912-1924.

Osmanlının XVII yüzyılı hakkında bkz. B. Lewis, *Istanbul and the Civilization of the Ottoman Empire*, Norman, 1963; R. Mantran, *Istanbul dans la seconde moitié du XVIIe siècle*, Paris, 1962 ve *La Vie quotidienne à Constantinople au temps de Soliman le Magnifique et de ses successeurs*, Paris, 1965.

Osmanlı İmparatorluğunun mahremiyetine olağanüstü bir araştırmacı olan Lady Montagu sayesinde nüfuz edebiliyoruz, *L'Islam au péril des femmes* (Giriş, notlar ve çeviriler A.-M. Moulin ve P. Chuvin), Paris, 1981.

Sibirya hakkındaki geniş kaynakça arasından özellikle bkz. Kai Donner, *La Sibérie*, Paris, 1945; Levin ve Potapoff, *The Peoples of Siberia* (Rusça çev.), Chicago-Londra, 1964; L. Hambis, *La Sibérie*, Paris, 1957 (güzel bir giriş kitabıdır); W. Radlov, *Aus Sibirien*, 2 cilt, 2. basım, Leipzig, 1893 (genel bir başvuru kaynağıdır); Jouri Bemionov, *La Conquête de la Sibérie*, Paris, 1938; A. P. Okladinov, *Yakutiye Before Its Incorporation into Russian State*, Montreal, Londra, 1970 eserlerini önerebiliriz.

Buhara Hanlığı hakkında genel bir bilgiye sahip olmak için bkz. R. N. Frye, *The History of Bukhara*, Cambridge, Mass., 1954.

XIV. BÖLÜM

Türk Asya'nın son fatihi hakkında bkz. L. Lockart, *Nadir Shah*, Londra, 1938; H. G. Schwarz, "The Khwajas of Eastern Turkestan," *Central Asiatic Journal*, XX, 4, s. 266-296. Sin-kiang'ın bu karmaşık dönemini incelemek adına mükemmel bir giriş kitabıdır. Sin-kiang Türk edebiyatının zenginliği hakkında bkz. O. T. Katanov, *Volkskundliche Texte aus Ost-Turkestan*, Berlin, 1943.

Orta Asya hanlıkları ve Ruslar tarafından fethedilmeleri hakkında bkz. J.-L. Bacqué-Grammont, "Une description du khanat de Khokand vers 1832," *Cahiers du monde russe et soviétique*, XIII, 1972; R. N. Frye, *The History of Bukhara*, Cambridge, Mass., 1954; H. Landsdell, *Russian Central Asia*, 2 cilt, Boston, 1885; R. A. Pierce, *Russian Central Asia, 1867-1917*, Berkeley ve Los Angeles, 1960.

XIX yüzyılda Buhara'sının çok canlı bir panoraması için T. ZIRCONE, *Boukhara l'interdite, 1830-1888*, Autrement, Paris, 1997.

Tanzimat, doğu sorunu ve Osmanlı İmparatorluğunun parçalanması pek çok esere konu olmuştur. Daha önce sözü edilenler dışında E. DRIAULT, *La Question d'Orient*, Paris, 1926; J. ANCEL, *Manuel historique de la question d'Orient (1792-1930)*, Paris, 1930; ANDERSON, *The Eastern Question, 1773-1943*, Londra-New York, 1996.

XV. BÖLÜM

Kemalist devrim ve modern Türkiye hakkında da çok geniş bir kaynakçaya sahibiz; Eski Rus imparatorluğundaki Türklerle ilgili elimizde daha az kaynak bulunmaktadır. Bunlar arasından rastgele bir seçim yaparsak:

Türkiye Cumhuriyeti hakkında bkz. TEKİN ALP, *Le Kémalisme*, Paris, 1937; H. ARMSTRONG, *Mustafa Kemal*, Paris, 1933; J. BENOIST-MECHIN, *Mustafa Kemal ou la mort d'un empire*, Paris, 1954; DENY ve MARCHAND, *Petit Manuel de la Turquie nouvelle*, Paris, 1932; P. DUMONT, *Mustafa Kemal*, Brüksel, 1983 (mükemmel); P. GENTIZON, *Mustafa Kemal ou l'Orient en marche*, Paris, 1929; B. LEWIS, *The Emergence of Modern Turkey*, 2. basım, Londra, 1968 – *Modern Türkiye'nin Doğuşu*, TTK, Ankara, 2000, 8. basım (vazgeçilmez); J.-P. ROUX, *La Turquie*, 7. basım, Paris, 1979; J.-P. ROUX ve J.-L. BAQUE-GRAMMONT, *Mustafa Kemal*, Paris, 1982; J. STENFORD SHAW ve E. K. SHAW, *History of the Ottoman Empire and Modern Turkey*, cilt 2: *Reform, Revolution and Republic: The Rise of Modern Turkey, 1808-1975*, Cambridge, Mass., 1977 – *Osmanlı İmparatorluğu ve Modern Türkiye*, cilt 2: *Reform, Devrim ve Cumhuriyet: Modern Türkiye'nin Doğuşu*, çev. Mehmet Harmancı, E Yayınları, İstanbul, 1994, 2. Basım.

Sovyetler Birliği'ndeki Türkler hakkında bkz. BENNIGSEN ve LEMERCIER-QUELQUEJAY, *L'Islam en Union soviétique*, Paris, 1968; H. CARRERE D'ENCAUSSE, *L'Empire éclaté*, Paris, 1978 ve *Réforme et révolution chez les musulmans de l'empire russe*, Paris, 1966; J. CASTAGNE, *Les Basmatchis. Le mouvement national des indigènes d'Asie centrale depuis la révolution d'octobre 1919 jusqu'à octobre 1924*, Paris, 1925; L. KRADER, *Peoples of Central Asia*, Bloomington, 1962; N. LEIMBACH, *Die Sowjetunion*, Stuttgart, 1952; G. VON MENDE, *Der Nationalkampf der Russland*

Türken, Berlin 1936; V. MONTEIL, *Les Musulmans soviétiques*, Paris, 1957; PIPES, *The Formation of the Soviet Union. Communism and Nationalism*, 2. basım, Cambridge Mass., 1964; V. SHABAD, Geography of the USSR, New York, 1951; M. SLONIM, *Les Onze Républiques soviétiques*, Paris, 1937; G. E. WHEELER, *The People of Soviet Central Asia*, Londra, 1966 ve *The Modern History of Soviet Central Asia*, Londra, 1964; S. AKINER, *Islamic Peoples of the Soviet Union*, 2. basım, Londra, 1986.

SONUÇ

Son derece çarpıcı belgelerin derlemesini *Cahier d'études sur la Méditerranée orientale et le monde turco-iranien*'e (*Cemoti*) borçluyuz; bu derleme Semih Vaner yönetiminde 1985 tarihinden sonra Paris'te yayımlanmıştır. Ayrıca *Courrier des pays de l'Est* (özellikle no. 372, 1992, Kazakistan üzerine bir çalışmadır) gibi çeşitli dergilerden de bilgi edinebiliriz. *Hérodote* dergisinin pek çok sayısı da Orta Asya'ya ayrılmıştır (La Découverte basımı), özellikle no. 49 (1987), no. 54-55 (1989), no. 58-59 (1990), no. 64 (1992). Kitaplar arasından şunları seçebiliriz:

CERATINI, R., *Le Dictionnaire des nationalités et des minorités en URSS*, Larousse, 1990.

CHOUKOUROV, C. ve R., *Peuples d'Asie centrale*, Paris, Cyros, 1944 (İki Tacik üniversitesinin bakış açısını yansıtır).

GÖKALP, A., *La Turquie en transition*, Paris, Maisonneuve ve Larose, 1986.

HOPPE, TH., *Die Etnischen Gruppen Xinjiangs*, Hamburg, Institut für Asienkund, 1985.

RADVANYI, J., *L'URSS, Régions et nations*, Masson, 1990.

ROY, O., *La Nouvelle Asie centrale ou la Fabrication des nations*, Paris, 1997.

SMITH, G., *The Nationalities Question in the Post Soviet State*, Londra, New York, Longman, 1996.

Version originale, no. 2, "CEI;" *Géopolitique eurasienne*, Paris, 1993.

KRONOLOJİ

Tarih	Türk Dünyası[ϕ]	Genel Tarih[ϕ]
≈ 334		Iskender'in Asya'yı fethi.
≈ III. yy	En eski Türk-Moğol sözcüğünün kullanımı	
≈ 221		Ts'in-che Houang-ti, Çin imparatoru.
≈ 210	Hiong-nu konfederasyonu lideri Teu-man'ın ölümü.	
≈ 206-220		Çin'deki Han hanedanlığı.
≈ 201	Türkçe konuşan Kırgız halkından ilk kez söz edilmesi.	
≈ 177 ≈165	Yüe-çilerin Kansu'dan Baktriane'ye sürülmeleri ve oradaki Helen krallığını ortadan kaldırmaları.	
≈ 166 vd.	Hiong-nuların Çin akınları.	
≈138 ≈ 126	Baktriane'de Çang Kien elçiliği; Çin-Iran ilişkileri.	
≈ 49	Çi-çi'nin Talas'a göçü.	
≈ 48		Sezar'ın Mısır'a gidişi.
≈ 31-41		Augustus'un imparator oluşu.
48	Hiong-nuların iki krallığa bölünmeleri.	

ϕ Her iki sütunda sözü edilen olaylar hem Türk dünyasını hem de genel tarihi ilgilendirmektedir.

Tarih	Türk Dünyası	Genel Tarih
93	Hiong-nuların Sienpiler tarafından mağlup edilmeleri.	
II. yy.	Hunlar Aşağı Volga'da ?	
224		İran'da Sasani imparatoru.
260	Şan-si'nin kuzeyinde Tabgaçlar.	
306-337		Konstantinos.
308-350	Kuzey Çin'de Hiong-nu krallıkları	
317		Çinlilerin Nanking'e çekilmesi
330		İznik Konsili.
374-375	Hunların Don'u geçişi.	
386-409	Tabgaçlar Kuzey Çin'de.	
395	Bizans, Roma'nın ikinci başkenti.	
402	Juan-juan (Avarlar) imparatorluğunun kuruluşu.	
406		Cermenler'in Ren'i geçişi.
422	Lo-yang'ın Tabgaçlar tarafından alınışı.	
427	Romalılar ve Hunların ittifakı.	
440	Eftalit (Ak Hun) istilalarının başlaması.	
451	Attila Galya'da.	
476		Batı Roma İmparatorluğunun sonu.
480	Hazar ve Tuna arasında Bulgarlar.	
496		Tolbiac zaferi: kral Clovis'in din değiştirmesi.
527-568		Justinianus.
531-578	Kafkas surlarının Iranlı Hüsrev tarafından dikilmesi.	
534	Tabgaçların (Vey) dağılması.	

Tarih	Türk Dünyası	Genel Tarih
552	Tu-kiulerin ayaklanması İmparatorluklarının kurulması.	
565	Eftalitlerin (Ak Hun) ortadan kaldırılması.	
582	Tu-kiu imparatorluğunun dağılması.	
590-604		Papa I. Gregorius.
618-907		Çin'deki T'ang hanedanlığı.
622		Hicret.
626-627	Doğu imparatoru Herakleios'un Hazarlardan yardım istemesi.	
629-638		(Kral) Dagobert_
636-642		Yakın Doğu'da Müslüman Araplar. Sasani İran'ın sonu.
642	Güneydoğu Avrupa proto-Bulgar imparatorluğunun bölünmesi.	
661		Şam'da Emevi hanedanlığı.
674	Türk paralı askerlerinin İslam topraklarındaki varlığı.	
680	Balkanlar'da Slav-öncesi Bulgarlar.	
681-744	İkinci T'ou-kiue imparatorluğu.	
732		Charles Martes'in Arapları Poitiers'de yenmesi.
744-840	Moğolistan'da Uygur İmparatorluğu	
750		Bağdat'ta Abbasi hanedanlığı.
751	Orta Asya'da Çinliler, Araplar ve Türkler arasında Talas Savaşı.	

Tarih	Türk Dünyası	Genel Tarih
755	Türk paralı asker Ngan Lu-Şan'ın Çin'deki isyanı.	
762-770	Çin Uygurları. Manizmi benimsemeleri.	
≈780	Kama (Volga) Büyük Bulgaristanının kuruluşu.	
785-809		Bağdat halifesi Harun er-Reşid.
800		İmparator Charlemagne.
811	Bulgar kralı Krum'un I. Nikephoros'u öldürmesi.	
833-882	Samerra'daki paralı Türk askerleri.	Abbasi başkenti Samerra.
840-924	Moğolistan'da Kırgız krallığı. Uygurların Sin-kiang ve Kansu'ya yerleşmeleri.	
843		Verdun Antlaşması.
851-863	Aziz Kyrillos'un Hazarlar'a gelişi.	
864-865	I. Boris'in Hıristiyanlığı benimsemesi. Balkan Bulgarlarının slavlaşması.	
868-884	Kahire'de Tolunoğulları.	
874		İran'da Samanoğulları krallığı.
880	Raşid el-Türki'nin Yukarı Mısır seferi.	
883	Çin'deki Şa-t'o Türkleri.	
IX. yy.	Güneydoğu Avrupa'da Peçenek egemenliği.	
905	Mısır valisi İhşid.	
911		Normandiya'daki Normanlar.

TARİH	TÜRK DÜNYASI	GENEL TARİH
921	Ibn Fadlan'ın henüz Müslümanlaşmış Volga Bulgarlarını elçi olarak ziyareti	
–	Alp Tegin'in Gazneli imparatorluğunu kurması.	
907-926		A-pao-ki'nin Çin'i Kitanlara açması.
923-946	Çin'de Şa-t'o egemenliği	
944-1090	Peçeneklerin ardı kesilmeyen Bizans saldırıları.	
963-1025		II. Basileus.
965	Hazar başkentinin Sviatoslav tarafından alınışı.	
969		Mısır'ın Fatimiler tarafından fethi.
985	Sirderya'da Selçuklular.	
987		Fransa kralı Hugues Capet.
995	Harezmlilerin tek bır devlet çatısı altında birleşmeleri.	
999	Karahanlıların Buhara'yı işgali.	İran Sasani krallığınınsonu.
999-1030	Gazneli Mahmud Hindistan'da.	
X. yy sonu	Kaşgar yöresinin Müslümanlaşması. Karahanlılar Müslüman - Türk imparatorluğu.	
1016	Rus ve Bizanslıların Hazarları ortadan kaldırması.	
1026-1090	Bizansa karşı Peçenek saldırıları.	
1040	Selçukluların Gaznelileri yenmesi.	
1054		Batı ve Doğu Kiliselerinin ayrılması.

Tarih	Türk Dünyası	Genel Tarih
1059	Isfahan'ın Selçuklular tarafından alınışı.	
1066		Hastings Savaşı.
1071	Malazgirt: Türklerin Bizanslıları yenmesi.	
1071-1076	Türklerin Antakya, Şam ve Kudüs'e gelişi.	
1081	Rum Selçuklu Devletinin (Iznik) kuruluşu.	
1085		Toledo'nun VI. Alphonse tarafından alınışı.
1091	Kıpçakların Rum ülkesine gelişi. Peçeneklerin bozguna uğratılması.	
1096	Haçlıların gelişi.	Haçlı Seferleri.
1099	Kudüs'ün Haçlılar tarafından alınışı.	
1122	Peçeneklerin ortadan kaldırılması.	
1130-1135	Karahitay Imparatorluğunu kuran Kitanların Çin'den sürülmeleri.	
1150	Gaznelilerin Gurlular tarafından yok edilmesi.	
1157	Büyük Selçukluların sonu.	
1171		Selahaddin'in Mısır'a gelişi. Eyyübiler.
1176	Miryakefalon: Bizanslıların Selçuklular tarafından bozguna uğratılmaları.	
1180		Philippe Auguste.
1187	Gazne Imparatorluğunun sonu.	

TARİH	TÜRK DÜNYASI	GENEL TARİH
1198-1216		Papa III. Innocentius.
1200-1220	Harezm İmparatorluğunun altın çağı.	
1204		Konstantinopolis'in Haçlılar tarafından alınışı.
1206	"Büyük Han" Cengiz Han.	
1206-1209	Delhi Memluk Hanedanlığı	
1211	Karahitaylar İmparatorluğunun sonu.	
1214		Bouvines.
1223	Doğu Avrupa'ya Moğol akınları.	
1227		Cengiz Han'ın ölümü.
1229		Albililer savaşının sonu.
1230-1231	İran'ın Moğollar tarafından fethi.	
1241-1242	Moğolların Polonya, Macaristan, Avusturya ve Adriyatik'e gelişi.	
1243	Moğolların vasalları Rum Selçukluları: Kösedağ Savaşı.	
1249		Saint Louis Mısır'da.
1250	Memluklar Kahire'de iktidarı ele geçirdiler.	
1255-1260	Viyana, Yun-nan, Tonkin, Suriye ve Rusya'da Moğollar.	
1260-1294		Çin imparatoru Kubilay. Yuan Hanedanlığı
1278		Avusturya Hanedanlığının kuruluşu.
1290-1320	Delhi Halaci Handanlığı	

TARİH	TÜRK DÜNYASI	GENEL TARİH
1295		İngiltere parlamentosu.
1299	Osmanlı İmparatorluğu'nun doğuşu	
1320-1424	Delhi'de Tuğluk Hanedanlığı	
1328		Capetlerin (hanedanlığının) sonu.
1337		Yüz Yıl Savaşlarının başlaması.
1346	Osmanlıların Avrupa'ya geçişi.	
1361	Edirne'nin Osmanlılar tarafından alınışı.	
1370	Timur'un iktidarı ele geçirmesi.	
1382	Toktamış, Altınordu'nun başında Moskova'yı alır ve ateşe verir.	
1389	Kosova: Osmanlıların Balkanlar'da egemenlik sağlaması.	
1389-1403	I. Bayezid'in hükümdarlığı.	
1398	Timur'un Hindistan seferi.	
1402	Ankara Savaşı (Timur-Bayezid).	
1405	Timur'un ölümü.	
1405-1447	Şahruh'un Herat'a gelişi.	
1406	Akkoyunlular ve Karakoyunluların yeniden tarih sahnesine çıkışı.	
1412-1460	Ebu'l Hayr'ın Özbek gücünü kuruşu.	Jeanne d'Arc.
1414-1517	Farsileşmiş Türk hanedanlığı Delhi Seyyidleri.	
1430	Kırım Hanlığının kuruluşu.	
1438		Habsburglar Kutsal Roma İmparatorluğu tacına sahip olur.

TARİH	TÜRK DÜNYASI	GENEL TARİH
1445	Kazan hanlığının kuruluşu.	
1447-1449	Uluğ Bey.	
1450		Matbaanın icadı.
1453	Fatih Sultan Mehmet'in İstanbul'u alışı.	
1453-1504	Akkoyunlu Devletinin altın çağı.	
1466		Rusya'da III. Ivan.
1462-1505	Astırhan hanlığının kuruluşu.	
1473-1506	Hüseyin Baykara: Timur Rönesansı.	
1477		Bourgogne hanedanlığının sonu.
1483-1546		Luther.
1492		Amerika'nın keşfi.
–		Grenada'nın Hıristiyanlar tarafından alınışı.
1494		İtalya savaşları.
1500	Muhammed Şeybani ve Maverahünnehir'de Özbekler.	
1502	Altınordu'nun sonu.	
–	İsmail'in Safevi hanedanlığını kurması.	
1510	Muhammed Şeybani'nin Ismail tarafından mağlup edilmesi.	
1512-1520	I. Selim.	
1515-1547		I. François.
1516	Türklerin Cezayir'e ayak basması.	
1516-1517	Suriye ve Mısır'ın Osmanlılar tarafından fethi.	

Tarih	Türk Dünyası	Genel Tarih
1519-1556		Şarlken.
1520-1556	Muhteşem Süleyman.	
1525	Babur Şah Hindistan'da	
1533		VIII. Henry Roma Kilisesinden ayrılır.
1533-1584		Korkunç Ivan.
1534	Türklerin Tunus'a gelişi.	
1551	Türklerin Trablusgarp'a gelişi.	
1552	Kazan'ın Ruslar tarafından alınışı.	
1555	Astırhan'ın Ruslar tarafından alınışı.	
1556-1605	Hindistan Imparatoru Ekber.	
1571	Kırım hanının Moskova'yı yakması. Inebahtı Savaşı	
1572		Aziz-Barthelemeos katliamı.
1584	Sibiryalıların Kozakları mağlup etmesi.	
1587		Ruslar Tobolsk'u kurar.
1595	Baraba Türklerinin Ruslar tarafından ortadan kaldırılması.	
1598		Nantes Fermanı.
1600	Sibir hanlığının mağlup edilmesi.	Hindistan Şirketi'nin kuruluşu.
1606	Osmanlı Imparatorluğunun zirveye ulaşmasını simgeleyen Zitvatorok barışı	
1615-1650	Kırgızların Ruslara karşı mücadelesi.	
1618-1648		Otuz Yıl Savaşları.
1628-1658	Hindistan imparatoru Şah Cihan.	
1630	Rusların Yakut ülkesine gelişi.	Richelieu (1624-1642).
1649-1658		Cromwell.

TARİH	TÜRK DÜNYASI	GENEL TARİH
1658-1707	Hindistan imparatoru Evrengzip.	
1663	Viyana'nın Osmanlılar tarafından kuşatılması.	
1672-1725		Büyük Pierre.
1699	Karlofça Antlaşması. Osmanlıların gerilemeye başlaması.	
1705	Tunus bağımsızlığını kazanması.	
1713	Kazaklar üzerindeki Rus himayesi.	
1736-1747	Nadir Şah akını.	
1741		Hindistan valisi Dupleix.
1742-1775	Rusya'da Pugaçev köylü savaşı (Tatar ayaklanması).	
1757	Sin-kiang'ın Çin tarafından ilhakı.	Nadir Şah'ın bir subayının Afganistan'ı kurması.
1776		Birleşik Devletler'e ait onüç koloninin bağımsızlığına kavuşması.
1782	Yakut ülkesinin Ruslar tarafından ilhakı.	
1783	Kırım'ın Ruslar tarafından ilhakı.	
1794	İran'da Kacar hanedanlığının bir Türk tarafından kuruluşu.	
1798-1799	Bonaparte'ın Mısır seferi. Türk-Fransız mücadelesi.	
1822-1844	Kazak hanlıklarının ortadan kaldırılması.	
1830	Yunanistan'ın bağımsızlığını kazanması.	
–	Fransızların Cezayir'e gelişi.	
1832	Mısır valisi Mehmet Ali Anadolu'da.	

TARİH	TÜRK DÜNYASI	GENEL TARİH
1839	Tanzimat dönemi.	
1858	Hindistan Moğol İmparatorluğunun sonu.	
1866	Buhara'nın Rusların vasalı olması.	
1873	Hive'nin Ruslar tarafından ilhakı.	
1876	Hokand'ın Ruslar tarafından ilhakı.	Hindistan imparatoriçesi Victoria.
–	İlk Türk Anayasası.	
1878	Ayastefanos Antlaşması: Sırbistan, Karadağ, Romanya ve Bulgaristan'ın bağımsızlıklarını kazanması.	
1882	Mısır'ın İngiltere tarafından işgali.	
1911-1912	Trablusgarp'ın İtalya tarafından işgali.	
1912	Balkan savaşları.	
1914-1918		Birinci Dünya Savaşı.
1915	Ermeni tehciri ve katliamlar.	
1917	Türkistan'ın özerkliğini ilan etmesi.	
1918	Mondros Mütarekesi.	
1919-1928	Sovyetlere karşı Basmacı mücadelesi.	
1922	Kemalist Türklerin Yunanistana karşı zaferi.	
1923	Cumhuriyetin ilanı.	
1938	Mustafa Kemal Atatürk'ün vefatı.	
1944	Sin-kiang'da geçici bağımsız devlet.	

Tarih	Türk Dünyası	Genel Tarih
1946	Türkiye'de tek parti rejiminin sonu.	
1952	Türkiye'nin NATO'ya girişi.	
1955	Sin-kiang'ın özerk bölge ilan edilmesi.	
1960	Türkiye'de askeri darbe.	
1971	Avrupalıların Orta Asya'dan çekilmeye başlaması.	
1974	Türklerin Kıbrıs çıkarması.	
1978	PKK'nin kuruluşu.	
1979		Ruslar'ın Afganistan'ı işgali.
1980	Türkiye'de askeri darbe .	
1987		Gorbaçov'un *perestroyka*'yı başlatması.
1988	Azeri-Ermeni ihtilafının başlaması.	
1989		Ruslar'ın Afganistan'dan çekilmesi.
–	GAP projesinin başlatılması.	
1990	Sovyetler'in Bakü baskını.	
1991	SSCB'nin dağılması. BDT'nin ortaya çıkması.	
1992	BDT Türki cumhuriyetlerinin BM'ye kabulü.	
–	Sin-kiang demiryolunun geliştirilmesi.	
1993	Azerbeycan'ın bir kısmının Ermeniler tarafından işgali.	
–	Türkiye'nin ilk kadın başbakanı Tansu Çiller.	
1996	Refah Partisi'nin "gericileri" hükümetin başına geçti.	
1998	Refah Partisi Anayasa Mahkemesi tarafından kapatıldı.	

DİZİN

Abaga (İran Moğolları-İlhanlılar hanı), 298, 299, 300

Abbas Hilmi (hidiv), 438

Abbasiler (halife ailesi), 23, 98, 156, 182, 184-7, 189, 190, 193, 198, 213, 217, 222, 290, 291, 296, 354

Abdal Musa (ressam), 352

Abdullah Buhari (ressam), 432

Abdullah, II (Özbek hanı), 383

Abdülaziz (Osmanlı hükümdarı), 443

Abdülhamid, II (Osmanlı hükümdarı), 444

Abdüllatif (Kazan hanı), 338, 372

Abdülmecid (Osmanlı hükümdarı), 442

Abdülmelik (Samanoğulları hükümdarı), 198

Abdülrahman (Astırhan hanı), 373

Adil Şah, bkz. Yusuf

Adilşahlar (Hint hanedanlığı), 353, 394

Aetius (Romalı general), 71, 73, 74

Afganlar, 199, 236, 301, 317, 319, 386, 389, 415, 416, 418, 419, 429, 496

Afşın (Abbasi Memlukları beyi), 184

Agathias (VI yy Bizans yazarı), 69

Ağa Muhammed (Kacar şahı), 417, 418

Ahamenidler, 57, 90, 131, 418

Ahmed, I. (Osmanlı hükümdarı), 403

Ahmed, III. (Osmanlı hükümdarı), 402, 432

Ahmed bin Tolun, bkz. İbn Tolun

Ahmed Celayir (Bağdat'ın Moğol hükümdarı), 338

Ahmed Han (Altınordu hanı), 346

Ahmed Han (Çağatay hanı), 421

Ahmed Han Abdali (Afgan beyi), 419

Ahmed Mirza (Timurlu hükümdarı), 339

Ahmed Nakşi (ressam), 402

Ahmed Yesevi (mutasavvıf yazar), 196, 245, 259, 384, 495

Ahmed Zeki Velidov (Başkırt siyaset adamı), bkz. Zeki Velidi Togan

Aignan, Aziz, 73, 75

Aimée de Rivery (Osmanlı validesi), 365, 441
Ak Hunlar, bkz. Eftalitler
Ak Ordulular, 284, 314
Akkoyunlular, 210, 319, 320, 322, 342, 343, 346, 378, 513
Aksak Timur, bkz. Timur
Aksungur (Selçuklu beyi), 221, 224
Alaeddin (Osmanlı şehzadesi), 327
Alaeddin Hüseyin (Gurlu prens), 233
Alaeddin Keykubad, I (Selçuklu hükümdarı), 227, 290
Alaeddin Muhammed (Halaci hükümdarı), 317
Alaeddin Muhammed (Harezm şahı), 232, 233, 234
Alamanlar, 127
Alan-Hoa (Cengiz Han'ın mitsel atası), 273
Alanlar, 62, 70, 74, 280, 293, 316
Albuquerque (Portekizli denizci), 399
Aleksandr Nevski, büyük (Rus prensi), 289
Aleksios Komnenos, I. (Bizans kralı), 218
Aleviler, 245, 377, 378, 379, 415, 426, 455, 488, 494
Alexandre Borgia, 354
Alexandre Mavrocorda (Osmanlı diplomatı), 405
Algu (Çağataylı beyi), 305
Ali (halife), 378, 379
Ali (Kazan hanı), 371
Ali Bey (Kazan beyi), 345
Ali Paşa (Yanya paşası), 434
Ali Tegin (Maveraünnehir beyi), 207
Ali Ilahiler (tarikat), 460
Alim Han (Hokand hanı), 430
Almanlar, 63, 77, 283, 349, 444, 466, 472, 473
A-lo-pen (keşiş), 151
Alp Arslan (Selçuklu hükümdarı), 208, 211-8, 220, 246
Alp Er Tunga (mitsel kahraman), 204
Alp Kutluğ Bilge Kağan (Uygur hanı), 165
Alp Tegin (Gaznelilerin hükümdarı), 198
Altan Saryn (Yakut yazar), 470
Altaylılar, 53, 57, 75, 92, 146, 469, 470, 471
Altuntaş (Harezm şahı), 207
Altınordulular, 284-8, 310, 314-6, 338, 344-6, 374
Ammianus Marcellinus (Latin tarihçi), 128, 129, 132, 134
Amursona (Kalmuk hanı), 421

A-na-kuei (Juan-juan hanı), 79
Andrea Doria (amiral), 370
Anuş Tegin (Harezm şahı), 203
Arabşah, İbn (XIV yy İranlı tarihçi), 252
Araplar, 24, 41, 67, 90, 116, 153-7, 181, 182, 192, 199, 202, 209, 217, 218, 242, 253, 254, 263, 296, 405, 434, 439, 440, 496
Argun (Moğol hanı), 299
Aristoteles, 258
Arnavutlar, 41, 42, 349, 405, 434-7
Arsati, el- (matematikçi), 231
Arslan Baba (mutasavvıf), 196
Arslan Han (Harezm şahı), 232
Arslan Han (Karluk hanı), 277
Arslan ibn Basasiri (Abbasi komutanı), 190
Arslan İlek Nasır (Karahanlı hanı), 206, 207
Arslan-İsrail, bkz. İsrail
Artukoğulları (Doğu Anadolu beyliği), 225, 226, 263
Arık Böke (Cengiz Han soyundan Moğol prensi), 281
Asaf Han (Büyük Moğol prensi), 395
A-se-na, 159
A-se-na (mitsel kahraman), 94, 95, 148
Asoka (Hint hükümdarı), 318
Asparuk, bkz. İsperik
Astırhanlılar, bkz. Canoğulları
Aşina (Abbasi Memlukları beyi), 184
Aşina, bkz. Asena
Ata'i (Osmanlı şairi), 402
Atatürk, Mustafa Kemal, 24, 450, 454, 488, 493
Atir, İbn el-, 197, 294
Atsız (Harezm şahı), 231, 232
Atsız (Suriye'deki Oğuz beyi), 220
Attar (İranlı şair), 260
Attila, 23, 40, 71-7, 107, 109, 123-4, 135, 137, 500
Aubin, Jean (tarihçi), 312
Augustinus, Aziz, 162, 177
Avarlar (ayrıca bkz. Juan-juanlar), 26, 62, 67, 78-9, 92-3, 96, 108, 119
Avitokho (Bulgar hükümdarı), 109, 110
Avşarlar (Türk boyu), 379, 416, 418
Avusturyalılar, 360, 404, 405, 443
Aybeg (Memluk beyi), 295
Azeriler (Türkçe konuşan halk), 18, 28, 378, 424-6, 462-3, 467, 469, 478, 485, 488-9, 490

Baba Tahir (Farsi şair), 260
Baba İshak (Türk devrimcisi), 228, 248

Babek (Farsi isyancı), 184
Babur Şah (Büyük Moğol hükümdarı), 24, 26, 49, 200, 304, 339, 340, 347-8, 380-2, 385-9, 399, 420, 466, 516
Baffa (Osmanlı validesi), 403
Bahadır Şah, I (Büyük Moğol hükümdarı), 399
Bahadır Şah, II (Büyük Moğol hükümdarı), 389, 420
Bahmani (Hindistan hanedanı), 318
Bahriler (Memluk hanedanı), 293
Bahtiyari (İran boyu), 243
Baki (Farsi şair), 362
Baki Muhammed (Özbek hükümdarı), 383
Balamber, bkz. Balamir
Balamir (Hun hükümdarı), 70
Balban (Hindistan'ın Türk hükümdarı), 235, 317
Baranduk (Kazak hanı), 347
Barbaros (Osmanlı amirali), 361, 370
Barlas (Barulas – Moğol boyu), 308
Barthold (türkolog [ö. 1930]), 88, 277, 500, 514
Basileus, II. (Bizans kralı), 112
Basmacılar (Orta Asya isyancıları), 466
Basmiller (Türkçe konuşan halk), 91, 160, 175
Başkırtlar (Türkçe konuşan halk), 15, 18, 28, 345, 373, 375, 465, 469, 479, 480, 485
Batu (Moğol prensi), 282, 283, 284, 286, 287, 290, 346
Bay Bars (Memluk hükümdarı), 284, 286, 296, 297, 300
Bayak Beg (Abbasilerin Türk mabeyincisi), 188
Bayan (Bulgar prensi), 108
Bayan Çor (Uygur prensi), 161
Bayar, Celal (Türk siyaset adamı), 455
Bayard, Jean-François (siyasetbilimci), 494
Bayatlar (Türk boyu), 319
Baybars, bkz. Bay Bars
Baycu (Moğol komutanı), 228, 268, 290
Bayezid, I (Osmanlı hükümdarı), 33, 330, 331, 349, 350
Bayezid, II (Osmanlı hükümdarı), 354
Bayındırlar (Türk boyu), 319, 320
Bayırkular (Türk boyu), 84-5, 106
Bayram Han (Büyük Moğol prensi), 390
Bazin, Louis (türkolog), 36, 87
Bedreddin (Türk devrimcisi), 349

Behram Çubum, 99
Behram, IV (Sasani hükümdarı), 187
Behram Şah (Gazneli hükümdarı), 233
Behzad (Iranlı ressam), 341, 348
Bekri, el- (Arap coğrafyacı [1040-1094]), 252
Bektaşiler (Anadolu dini tarikatı), 249, 328
Belaruslular, 473
Bellini, Gentile, 22, 352
Beltirler (Sibirya halkı), 471
Berberiler, 26, 182, 190, 365-6, 439
Berdibek (Altınordu hanı), 285, 314
Berke (Memluk prensi), 297
Berke (Moğol prensi), 284, 285, 286, 346
Berkuk (Mısır Memlukları hükümdarı), 297, 321
Berkyaruk (Selçuklu prensi), 221
Bernier, François (Fransız gezgin), 395
Bezmer (Bulgar prensi), 108
Bilge Kağan (Tu-kiu hükümdarı), 46, 103-6, 127, 130, 137, 146, 151, 162, 304
Birmanlar, 41
Biruni, el-, 199, 200, 202
Bizanslılar, 98, 108, 111-2, 114, 127, 133, 141, 154, 189, 212, 226-7, 246, 255-6, 325, 328, 349, 350
Bleda (Hun prensi), 71-2, 137
Blum, Alain (nüfusbilimci), 476
Boodberg (şarkiyatçı), 95
Boris, I (Bulgar hükümdarı), 109
Borodine, 23, 217
Bosnalılar, 329
Boucicaut, Mareşal, 330
Bourdonnais, Mahé de la (Fransız denizcisi), 419
Boğa el-Şarabi (Memluk beyi), 184
Boğa el-Kebir (Memluk beyi), 184
Boğa el-Sagir, bkz. Boğa el-Şarabi
Bögü Kağan (Uygur hükümdarı), 161-2, 164
Böriler (Türk hanedanı), 224
Börte Çine (Cengiz Han'ın mitsel atası), 273
Brachamios, bkz. Filaret Vahram
Budha, 151, 175, 277
Buğra Han (Bengal hükümdarı), 235
Buğra Han Harun (Karahanlı hükümdarı), 194, 196
Bulgarlar (Türkçe konuşan halk), 22, 41, 69, 107-9, 110-1, 119, 127,

148, 192-3, 202, 217, 239, 251, 270, 282, 315, 329, 469, 509
Bumin Kağan (Tu-kiu hükümdarı), 92, 94-5, 98, 103, 137, 159
Burciler (Memluk hanedarı), 297
Burgondlar, 71
Bursuk (Bağdat valisi), 219
Buryatlar (Sibirya Moğol halkı), 409
Büluçlar (Beluçlar/Beluciler), 240
Büveyhoğulları (Büveyhiler – İran hanedanı), 187, 206, 210, 291, 335
Büyük Moğollar, 14, 17, 26, 48-9, 301, 334, 384, 389, 393-4, 398-9, 416, 419, 420, 516
Büyük İskender, 59, 199
Byron, Lord, 433

Cahen, Claude (şarkiyatçı), 241
Cahiz, el- (Arap tarihçi [776-869]), 172, 186, 516
Câmi (Farsi şair), 260, 341
Camuka (Moğol beyi), 273
Can (Astırhan prensi), 383
Canoğulları (Özbek hanedanı), 383, 413, 429
Canıbek (Özbek hükümdarı), 285, 347
Carpin, Jean de Plan (Fransız gezgin), 268
Cavalılar, 41
Cebe (Moğol komutanı), 275, 279
Celaleddin (Altınordu prensi), 344
Celaleddin Halaci, bkz. Firuz Şah
Celaleddin Rûmî (Tasavvuf şairi), 249, 323
Celalleddin Mengü Berti (Harezm şahı), 279, 289, 290
Cem Sultan (Osmanlı şehzadesi), 354
Cemal Paşa (Osmanlı siyaset adamı), 444
Cenevizliler, 42, 256, 286, 294, 314, 351, 358
Cengiz Han, 23, 26, 40, 57, 71-2, 80, 84, 129, 135, 139, 140, 169, 170, 228, 232, 234, 243, 246, 268-9, 270-9, 280, 282, 285-6, 289, 290-1, 301-9, 309, 311-5, 319, 334, 346, 368, 383, 386, 512
Cenkşi (Çağataylı beyi), 306
Cervantès, 365-6
Cezayirliler, 439, 476
Charles, V (Fransa kralı), 43
Charles, VI (Fransa kralı), 333
Chavannes, Édouard (çinbilimci), 24
Chronique laurentine (ortaçağ Rus metni), 289
Cihan Şah (Karakoyunlu hükümdarı), 342, 343

Cihan Nara (Büyük Moğol prensesi), 395
Cihangir (Büyük Moğol hükümdarı), 393-7, 420
Cihangir (Sin-kiang beyi), 422
Clarke (Ingiliz gezgin [1741-1779]), 119
Clavijo, Don Ruy Gonzalès de (Kastilya elçisi), 313, 333
Clot, André (tarihçi), 369
Colbert, 419
Corbin, Henry (şarkiyatçı), 150
Coucy Beyi, 330
Court (Orta Asya gezgini), 428
Cucenler, 168
Cuci (Moğol prensi), 269, 274, 280-4, 314, 344
Cungarlar (Orta Asya halkı), 411, 420, 422
Cuveyni (Iranlı tarihçi [1266-1283]), 164, 307

Çadlılar, 406
Çaolar (Çin hanedanı), 65
Çağatay (Moğol hükümdarı), 269, 270, 280, 304
Çağataylılar, 281, 299, 304-9, 312, 316, 334, 347, 348, 421-2
Çağrı Bey (Selçuklu beyi), 204, 207-8, 211-2, 246
Çang Kien (Çin elçisi), 60
Çeçenler, 488, 491
Çelebi Mehmed, bkz. I. Mehmed
Çepniler (Türkçe konuşan halk), 319
Çeremisler, 345
Çerkezler, 280, 293, 297, 316
Çernayev (Rus generali), 431
Çi-çi (Hiong-nu prensi), 61, 62
Çigiller (kadim bozkır halkı), 172, 194
Çinliler, 17, 24, 41, 43, 53-9, 60-2, 66, 68, 71, 77-8, 85-9, 91-7, 101-2, 106, 119, 135, 143, 153-6, 161, 164-8, 171-4, 179, 197, 218, 230, 270, 290, 412, 420-3, 428, 481-2
Çuvaşlar, 15, 18, 28, 107, 345, 469, 479

Danişmendliler (Anadolu beyliği), 225, 227, 250, 256, 263
Dara (Büyük Moğol prensi), 398
Dağıstanlılar (Kafkas halkı), 116, 427, 466, 469
Dede Korkut (Türk destan kahramanı), 49, 210, 247, 250, 511
Delacroix, Eugène, 21, 433
Demirel, Süleyman (Türkiye Cumhuriyeti eski cumhurbaşkanı), 493
Desmaisons (Savoielı gezgin), 428

Devlet Giray (Kırımlı beyi), 374, 424
Dimitri Donskoi (Rus grandükü), 314
Dolganlar (Sibirya halkı), 409, 470
Döğerler (Türkçe konuşan boy), 319
Dörbötler (Türkçe konuşan halk), 412
Dukak (Şam beyi), 224
Dukak (Selçukluların atası), 203
Dulolar (Türk boyu), 107
Dumézil, Georges (dinler tarihçisi [1898-1986]), 142
Dupleix, 419
Duva (Çağataylı prensi), 305-6
Duğlatlar (Moğol boyu), 308, 315
Dürzüler, 443

Ebu Müslim (Horasanlı kahraman), 155
Ebu Said (Moğol hanı), 299, 301
Ebu Said (Timurlu hükümdarı), 339, 342, 385
Ebu Zayid (şair), 260
Ebu'l Gazi Bahadır Han (Hive hanı), 414
Ebu'l Hayr (Özbek hanı), 338, 346-8, 375, 383
Edebali, Anadolu şeyhi, 326
Ediz (Türk boyu), 165
Edward, I (Ingiltere kralı), 299
Eflaklılar, 329
Efrasiyab (efsanevi Türk kahramanı), 204
Eftalitler, 79, 80-1, 90, 98-9, 120, 141, 504
Ekber (Büyük Moğol hükümdarı), 45, 334, 384, 389, 390-3, 397, 399, 420
El Kağan (Tu-kiu hanı), 102
el-Feth ibn Hakan (Memluk), 184
Elvend ibn Yusuf (Akkoyunlu hükümdarı), 343, 378
Emeviler (Halife ailesi), 182, 191, 321
Enver Paşa (Osmanlı komutanı ve devlet adamı), 34-5, 467
Erbakan, Necmettin, 493
Erdoğan, Recep Tayyip (eski İstanbul belediye başkanı ve halen Türkiye Cumhuriyeti başbakanı), 494
Ermeniler, 24, 41, 44, 208, 214, 219, 227, 241-2, 258, 264, 292, 351, 375, 377, 405, 424, 426, 434, 444-5, 449, 450-1, 488
Ertuğrul (Osmanlıların atası), 325, 326
Esen Boğa (Moğolistan hanı), 306
Eşrefoğulları (Anadolu beyliği), 323

Ethelrik (Aziz Odil'in babası), 77
Etiyopyalılar, 406
Etrüskler, 95
Eu Kontu (Fransız başkomutanı), 330
Evliya Çelebi (Osmanlı gezgini), 402
Evrengzib (Büyük Moğol hükümdarı), 393, 395, 397-8, 420
Eyyübiler, 222, 224, 267, 290, 293-5

Farabi (Türk-Müslüman filozofu), 185, 191, 258
Farsiler, bkz. İranlılar
Faruki (Farsi şair [ö. 1037]), 199
Fatımiler (Mısır arapları hanedanı), 189, 190, 213, 220, 335
Fatih Sultan Mehmed, bkz. II. Mehmed
Fazıl bin Sahl (Abbasi veziri), 183
Ferec (Mısır hükümdarı), 321
Feth Ali Şah (Kacar hükümdarı), 418
Filaret Vahram (Anadolu'da hükümdarlık kurmaya çalışan bir maceraperest), 219
Firdevsi (Farsi şair), 99, 200, 259
Firuz Şah (Halaci hükümdarı), 317
Firuz Şah, II (Tuğluk hükümdarı), 318
Fitzgerald (İngiliz edebiyatçı), 260
France, Anatole, 21
François, I, 18, 21, 360, 405, 446
François Xavier, Aziz, 391
Fransızlar, 18, 41, 71, 362, 419, 435-9, 440, 444, 450, 452
Frenkler (Avrupalılar için genel bir ad), 228, 292, 299
Frenkler (halk), 72, 74, 77
Friedrich I. Barbarossa, 223
Fuzuli (Osmanlı şairi), 362, 401

Gagavuzlar (Türkçe konuşan halk), 480, 489
Gardanne (Fransız generali), 418
Gardizi (XI yy ortası Farsi yazar), 88, 191, 217
Gautier, Théophile, 21
Gazan (İran Moğolları hanı), 299, 300
Gazneliler, 28, 49, 128, 187, 197-8, 200, 203, 206, 208, 232-5, 239, 244, 342, 509
Geneviève, Aziz, 73
Georges (Kuman prensi), 217
Germiyanoğulları (Anadolu beyliği), 324-5, 330
Gıyaseddin (Gurlu hükümdarı), 234
Gıyaseddin (ressam), 341
Gıyaseddin Tuğluk (Tuğluk hükümdarı), 318

Giovanni Longo Guistiniani, 350
Giraud, René (şarkiyatçı), 11, 143
Giraylar (Kırımdaki Türkçe konuşan hanedan), 344
Goldan (Cungar hükümdarı), 412, 420
Goldan Çereng (Cungar hükümdarı), 421
Gorbaçov, Mihail, 476
Gostun (Bulgar hükümdarı), 108, 110
Gotlar, 62, 70, 75, 108
Guceratlılar, 359, 399
Guignes, de (XVIII yy tarihçisi), 24, 56
Guptalar (Hindistan hanedanı), 80
Gurlular, 233-6, 276
Guz, bkz. Oğuz
Gündüz (Osmanlı şehzadesi), 325
Gürcüler, 24, 41, 111, 279, 291, 298, 315, 424, 458
Gürsel, Cemal (Türk devlet adamı), 460
Güyük (Moğol hanı), 269, 281, 299

Habsburglar, 211, 368, 370, 404
Hâceler (Sin-kiang prensleri), 420
Hacı Bektaş Veli (derviş, yazar), 248, 328
Hacı Giray (Kırım hükümdarı), 344, 345
Hacı Halife (Osmanlı coğrafyacısı), 402
Hafız (Farsi şair), 260, 417
Halaciler (Hindistan Türk hanedanı), 32, 133, 235, 316-7, 353
Halil (Kazan hanı), 371
Halil (Timurlu prensi), 337-8
Hambis, Louis (şarkiyatçı), 56
Hamide Banu Begüm (Moğol imparatoriçesi), 389
Hamidoğulları (Anadolu beyliği), 323
Hamilton, J. Russel (türkolog), 68
Hammad el-Türki (Memluk), 183
Harezmşahlar, 201, 203, 217, 231-4, 268, 276, 279, 289, 290, 383
Harezmi, el- (X-XI yy İranlı filozof), 81
Harşa (Keşmir kralı), 236
Harun er-Reşid (Abbasi halifesi), 113-4
Hasan Ali (Karakoyunlu hükümdarı), 342
Hasan Paşa (Cezayir'in yöneticisi), 366
Haşhaşiler (tarikat), 221, 291
Hatayi, bkz. Şah İsmail
Havkal, İbn (Arap gezgin [ö. 977]), 183, 186
Haydar (Safevi prensi), 377, 378

Hayreddin Barbaros, bkz. Barbaros
Hazai, George (türkolog), 216
Hazaralar (Afganistan moğol halkı), 282
Hazarlar, 28, 97, 100, 107-8, 111-6, 124, 127, 133, 151, 158, 203, 217, 231, 239, 369, 505
Henri, IV (Fransa kralı), 308
Henry, IV (İngiltere kralı), 333
Herakleios (Bizans kralı), 111
Hergé (Belçikalı karikatürist), 22
Herodotos [480-425], 52
Hetum (Ermeni kralı), 291
Hızır Han (Hindistan'ın Afgan hükümdarı), 317, 319
Hint-İskitler, 59
Hiong-nular, 17, 55-9, 60-3, 65, 67-9, 70, 75, 85, 93-4, 122, 127, 136, 160, 238, 272, 503, 504
Hişâm (Emevi halifesi), 191
Hiuan-tsang (Çinli gezgin [602-664]), 80, 97, 140, 141
Holbein, Hans, 22
Hollandalılar, 22
Hu (Tabgaç naibi), 67
Huan-ye (Hiong-nu prensi), 61
Hugo, Victor, 21, 49, 433
Hulagu (İran'ın Moğol hanı), 269, 281, 291-3, 295, 298
Hular (Kuzey barbarları), 55
Humâreveyh, 188
Humeyni, Ayetullah, 463
Hunna, Azize, 77
Hunno (Hun kahramanı), 77
Hümâyûn (Büyük Moğol hükümdarı), 389, 397
Hürmüz Türkzâde, IV, 98, 100
Hürrem Sultan, bkz. Roxelane
Hüseyin Baykara (Timurlu hükümdarı), 339, 341, 380-1, 387
Hüseyin Mirza, bkz. Hüseyin Baykara
Hüsrev Anuşirvan (Farsi hükümdar), 96, 98
Hüsrev, I (Sasani hükümdarı), 111

Ibak (Şeybani hükümdarı), 375
Ingres, Jean Auguste Dominique, 21
Innocentius IV, Papa, 268
Irk Bitig (Türk kehanet kitabı), 164, 251
Isabelle, Katolik (İspanya kraliçesi), 446

İbn Bacce (Arap filozof), 258
İbn Batuta (Faslı gezgin [1304-1368]), 31, 120, 251, 287
İbn Fadlan (X yy Arap elçisi), 193, 251, 509
İbn Haldun (Arap tarihçi), 321

Ibn Haylan (Nasturi bilgin), 258
Ibn Rüşd (Arap filozof), 258
Ibn Sina (Arap hekim ve filozof), 199, 202, 231, 258, 259
Ibn Tolun (Mısır'ın Türk hükümdarı), 188-9
Ibrahim (Kazan hanı), 371
Ibrahim (Ludî şahı), 386, 388
Ibrahim (Osmanlı sadrazamı), 367, 368
Ibrahim (peygamber), 50
Ibrahim ibn Inal (Selçuklu prensi), 209, 214
Ibrahim Kütçüncü (Şeybani hükümdarı), 381
Ibrahim Petçevi (Osmanlı tarihçisi), 402
Ibrahim, I (Osmanlı hükümdarı), 404
Idılko (Attila'nın karısı), 75
Idrisi, el- (Arap coğrafyacı [100-1166]), 115
Igor (Rus prensi), 158, 216
Ihşid (Mısır'ın Türk yöneticisi), 189
Ihşidiler (Mısır Türk hanedanı), 189
Il Arslan (Harezm şahı), bkz. Arslan Han
Il Bars (Şeybani hükümdarı), 383
Ilteriş Kağan (Tu-kiu hanı), 104, 106, 135, 137
Ilyas Hoca (Moğol prensi), 308
Ingilizler, 200, 337, 405, 416-9, 420, 428, 430, 435, 437-8, 442-4, 450-2, 466
Inönü, Ismet (Türk devlet adamı), 452, 454
Ioannes Kantakuzenos, VI. (Bizans kralı), 328
Ioannes Komnenos, II. (Bizans kralı), 215
Ioannes Palaiologos, V. (Bizans kralı), 328
Iranlılar (ayrıca bkz. Ahamenidler, Kürtler, Samanoğulları, Sasaniler, Sogdlar), 22, 24, 41, 99, 126, 131, 154, 181-3, 206, 218, 224, 234-5, 239, 243-4, 253, 255, 258-9, 264, 370, 379, 380, 382, 428, 459, 462, 491, 496
Irnek (Attila'nın oğlu), 107, 109, 110
Isfendiyaroğulları (Anadolu beyliği), 323
Iskender (Özbek hanı), 383
Iskender Bey (Arnavut şefi), 349
Iskitler, 52, 59, 63, 70, 99, 132-5, 142, 156
Ismail (hidiv), 437
Ispanyollar, 41, 230, 313, 333, 358, 365

İsperik (Bulgar hükümdarı), 108, 109
İsrail (Selçuklu prensi), 204, 208, 209
İstahri (XI yy Arap coğrafyacısı), 111
İstemi Kağan (Tu-kiu hanı), 94, 98, 99, 100, 103, 137, 159
İstvan Lazareviç (Sırp kralı), 330, 332
Işbara Kağan (Tu-kiu hanı), 102
Işgiller (Türk boyu), 84
İtak (Memluk), 184
İtalyanlar (ayrıca bkz. Cenevizliler, Pisalılar, Venedikliler), 41, 201, 254, 262, 293-4, 324, 352, 448, 450, 452, 511
İustinianos, II (Bizans kralı), 112
İustinos, II (Bizans kralı), 99
İvan, III (çar), 344, 346
İvan, IV (çar), 373, 376

Jagellon, Lagislas II (Polonya kralı), 315, 361
Jan Sobieski (Polonya kralı), 404
Japonlar, 41
Jaubert (Fransız elçisi), 418
Jean de Vienne (amiral), 330
Jenner (hekim), 402
Jinagupta (VI yy budist misyoner), 96
Joinville (XIII-XIV yy vakanüvisti), 252
Jordanès (VI yy Latin tarihçisi), 69, 75, 129
Joséphine de Beauharnais, 365
Juan-juanlar, 26, 57, 62, 67, 77-9, 83, 85, 92-3, 98, 101, 127, 136, 238

K'ang-hi (Çin hükümdarı), 412, 421
Kabar (Türk boyu), 110
Kacarlar (Türk boyu), 379, 417
Kacarlar (İran Türk hanedanı), 418
Kaçin (Sibirya halkı), 471
Kadir Kara Yusuf (Karahanlı hükümdarı), 205
Kadızade Rûmî (gökbilimci), 340
Kâfirler (Himalaya halkı), 82
Kakas, bkz. Minusinsk Tatarları
Kalaçlar (Halaçlar), 81
Kalavun (Mısır hükümdarı), 297
Kalkalar (Moğol halkı), 412
Kalmuklar, 164, 194, 282, 346-7, 410-4, 420-2, 428
Kamaleddin (Duğlat Moğolları şefi), 315
Kandemir (tarihçi), 341
Kanglılar (Türk boyu), 229, 280

Kanuni Sultan Süleyman, bkz. Muhteşem Süleyman
Kao Sien-çe (Çin generali), 154-5
Kao-kiu Ting-lingler (Türkçe konuşan halk), 61, 68, 78, 160
Kapağan Kağan (Tu-kiu hanı), 104, 106, 145
Kara Ahmed (Karakoyunlu hükümdarı), 320
Kara Hulagu (Çağatay prensi), 304-5
Kara Yusuf (Karakoyunlu hanı), 205, 320, 338
Karabekir, Kazım (Türk generali), 450
Karagaslar, bkz. Tubalar
Karahanlılar, 28, 185, 194-7, 200, 203-8, 215, 217, 220, 222, 229, 232, 235, 239, 259, 262
Karahitaylar, 169, 170, 230, 232, 270, 274-6
Karaimler (Karaitler – Yahudi Türk halkı), 116
Karakoyunlular, 319, 320, 322, 338, 339, 342, 513
Karamanlı Ahmed Han, 440
Karamanlılar (Anadolu beyliği), 323-4
Karamanlılar (Tunus hanedanı), 440
Karataglıklar (Sin-kiang hanedanlığı), 421
Karatay (Selçuklu veziri), 246, 253
Karay (Kazak prensi), 347
Karayülük Osman (Akkoyunlu beyi), 320
Karesiler (Anadolu emirliği), 328
Karluklar (Türkçe konuşan halk), 90-1, 102, 106, 155-7, 160, 166, 172, 194, 216, 229, 252, 274, 277, 509
Karmatiler, 220
Kasım (Astırhan prensi), 345
Kasım (Kasım Hanlığı –Kasimov– hanı), 345
Kasım (Kazak hanı), 347
Kaşani, el- (matematikçi), 340
Kaşgari, Mahmud el- (XI yy Türk sözlük yazarı), 84, 185, 196, 205, 222, 259
Kaşgaylar (Türk boyu), 240, 463
Katerina, II (çariçe), 410, 423
Kâtip Çelebi, bkz. Hacı Halife
Kavrak, bkz. Kurt
Kavurd Kara Arslan (Selçuklu prensi), 208, 213
Kaydu (Moğol prensi), 281
Kayılar (Türk boyu), 325, 326
Kazaklar, 18, 28, 346-7, 410, 412, 427-8, 469, 477-9, 480, 490, 516

Kazgan (Maveraünnehir emiri), 308
Kazvini, el- (Müslüman bilgin [1203-1283]), 204
Kebek (Çağatay hükümdarı), 306
Kereyitler, 170, 273-4
Kerim Han Zend (İran hükümdarı), 417
Kertler (İran hanedanı), 301, 308
Keyhüsrev, I (Selçuklu hükümdarı), 227, 250
Keyhüsrev, II (Selçuklu hükümdarı), 228, 248, 250, 290, 300
Keykavus, II (Selçuklu hükümdarı), 250
Keykubad, bkz. Alaeddin Keykubad
Kılıç Arslan, I (Selçuklu hükümdarı), 219, 222-3, 226
Kılıç Arslan, II (Selçuklu hükümdarı), 227, 246, 256, 300
Kınıklar (Türk boyu), 203-4, 208
Kıpçaklar, 17, 25, 215-7, 239, 241, 255, 269, 279, 280-6, 289, 293-4, 296, 299, 303, 310, 313-4, 343-4, 374, 513
Kıptiler, 182
Kırgızlar, 18, 28, 32, 53-4, 57, 85-9, 90, 104, 106, 161, 165-9, 171, 179, 238, 274, 409, 410, 411, 478, 487, 505
Kızılbaşlar, bkz. Aleviler
Kızıllar (Sibirya halkı), 471
Kimekler (Türkçe konuşan halk), 192
Kiril, Aziz, 114
Kit-Buga (Nayman komutanı), 292, 295
Kitab-ı Dede Korkut (ortaçağ Türk destanı), 49, 210, 247, 250
Kitanlar, 84, 104, 167-9, 171-3, 175, 229, 230, 508
Kléber, 437
Koa Maral (Cengiz Han'ın mitsel atası), 273
Kongiratlar (Moğol boyu), 273
Konrad, III, 223
Konstantinos Paleologos, XI. (Bizans kralı), 350
Konstantinos Porphyrogenetos, VII. (Bizans kralı ve yazar), 110
Konstantinos, V. (Bizans kralı), 112
Koreliler, 41
Korkusuz Jean (Bourguignon dükü), 330
Kotian (Kıpçak hanı), 279, 283
Kovrak, bkz. Kurt
Koybal (Sibirya halkı), 471
Kozaklar, 137, 347, 425
Kököçü (Moğolların büyük şamanı), 276

Köprülüler (Osmanlı sadrazam sülalesi), 404-5
Kösem (Osmanlı prensesi), 403
Krum (Bulgar hükümdarı), 109
Kubilay (Moğol hükümdar), 269, 275, 281, 290, 411
Kubrat, bkz. Kurt
Kuçanlar, 59, 102, 143
Kuçi, el- (gökbilimci), 340
Kuli Bey (Sin-kiang beyi), 423
Kumandılar (Sibirya halkı), 470
Kumanlar (Türkçe konuşan halk), bkz. Kıpçaklar
Kumara Gupta (Hint hükümdarı), 80
Kurt (Bulgar hükümdarı), 108
Kurıkanlar (Moğol halkı), 85
Kutalmış (Selçuklu prensi), 204, 213, 218
Kutbeddin Aybeg (Delhi hükümdarı), 235
Kutbeddin Muhammed (Harezm şahı), 231
Kutluk Hâce (Çağatay hükümdarı), 305
Kutluk, bkz. İlteriş
Kutuz (Memluk hükümdarı), 295, 296
Küçlüg (Nayman beyi), 232, 275, 289
Küçük Muhammed (Altınordu hükümdarı), 344
Küçüm (Şeybani hükümdarı), 376, 408
Kültigin (Tu-kiu prensi), 103, 106, 130, 137, 146
Kümükren (Tabgaç boyu), 141
Kürtler, 28, 209, 241, 244, 249, 451, 459, 460-1

Lamartine, 21
Lao-çang (Hiong-nu hükümdarı), 58
Lao-tseu (Taoculuğun kurucusu), 151
Latinler, 24
Lawrence, Arabistanlı, 434
Leanglar (Çin hanedanı), 173
Leaolar (Çin hanedanı), 168
Leon Khazaros, IV. (Bizans kralı), 112
Léon, Aziz Büyük, 75
Lesseps, Ferdinand de, 437
Levni (Osmanlı ressamı), 432
Lewis, Bernard (şarkiyatçı), 188, 489
Lieu Ts'ong (Hiong-nu prensi), 65
Lieu Yuan (Hiong-nu prensi), 65
Ligeti, Louis (türkolog), 56
Li-ko-yang (Şa-t'o prensi), 171
Litvanyalılar, 41, 315, 344

Lor (İran boyu), 416
Loti, Pierre, 441
Lotto, Lorenzo (ressam), 22
Louis, IX (Fransa kralı), 295, 298, 299
Louis, VII (Fransa kralı), 223
Louis, XIV (Fransa kralı), 404
Loup, Aziz, 73, 75
Ludî (Hindistan hanedanı), 386
Lulu (Musul beyi), 291
Lütfi Paşa (Osmanlı sadrazamı), 368

Macarlar, 41, 77, 107, 110, 158, 283, 329, 349
Mahé de la Bourdonnais, bkz. Bourdonnais
Mahmud (Gazneli hanı), 198-9, 200-1, 207-8, 236, 259, 262
Mahmud Han (Çağatay hanı), 348, 380, 421
Mahmud Yalavaç (Çağatay veziri), 305
Mahmud, I (Osmanlı hükümdarı), 431
Mahmud, II (Osmanlı hükümdarı), 365, 441
Mahmudek (Altınordu beyi), 344, 371
Mahratlar (Hindistan halkı), 398-9, 419, 420
Makarios, Başpiskopos, 457
Makrizi, el- (Arap tarihçi [1364-1442]), 294
Mallu İkbal (Hint veziri), 319
Mamay (Kıpçak prensi), 285, 314, 315
Mançular, 26, 163, 412
Mani, 151, 177
Maniah (Kıpçak hükümdarı), 215
Maniaş (Sogd elçisi), 99
Mansur (Selçuklu hükümdarı), 218
Mansur Şah (Özbek hanı), 429
Mansur Han (Çağatay hanı), 421
Mansur, el- (Abbasi halifesi), 183
Mansur, I (Samanoğlu hükümdarı), 198
Mao-tuen (Mete – Hiong-nu hükümdarı), 57-8, 64, 110
Markos (Kereyit prensi), 170
Mary Montagu, bkz. Montagu
Massagetesler, 156
Massignon, Louis (Fransız şarkiyatçı), 185
Matraki (Matrakçı Nasuh – ressam), 363, 403
Matthieu de Paris (Ortaçağ vakanüvisti), 128
Maximilian (Avusturya arşidükü), 357

Mehmed Ali (Mısır hükümdarı), 271, 405, 434-7
Mehmed Bey (Karaman beyi), 323
Mehmed Siyah Kalem (ressam), 48, 353
Mehmed, I. (Osmanlı hükümdarı), 349
Mehmed, II (Osmanlı hükümdarı), 291
Mehmed, II. (Osmanlı hükümdarı), 340, 349, 350-4, 364, 367, 369, 407
Mehmed, III. (Osmanlı hükümdarı), 403
Mehmed, IV. (Osmanlı hükümdarı), 404
Mehmed, V. (Osmanlı hükümdarı), 444
Melikşah (Selçuklu hükümdarı), 212-3, 219, 220-2, 226, 229, 263
Memluklar (Mısır hanedanı), 17, 23, 32, 40, 123, 184-5, 188, 197, 200, 239, 269, 293-4, 296-9, 320-2, 327, 359, 436-7, 512
Menandros (VI yy Bizans yazarı), 81
Menderes, Adnan (Türk siyaset adamı), 455
Mengi Giray, I (Kırım hükümdarı), 344, 346
Mengitliler (Özbek hanedanı), 344
Mengü Timur (Altınordu hanı), 285
Mengücükler (Anadolu beyliği), 225
Menou (Fransız generali), 437
Menteşeoğulları (Anadolu beyliği), 323
Mesud Yalavaç (Çağatay veziri), 305
Mesud, Gazneli (Gazneli hükümdarı), 208
Mesudi (arap tarihçi [900-956]), 114, 115
Meu-yu, bkz. Bögü Kağan
Mevlana, bkz. Celaleddin Rûmî
Mevleviler (dini tarikat), 249, 323
Mısırlılar, 224, 294-6, 438
Mikail (Selçuklu prensi), 204
Mikhael Dukas, VII. (Bizans kralı), 218
Miloş Kopiliç (Sırp prensi), 330
Ming (Çin hanedanı), 58
Mir Ali Şir Nevai (vezir ve şair), 339
Mir Hüseyin (Timurlu prensi), 309
Mir Seyyid Sultan Ali Oğlu, bkz. Sultan Galiev
Miran Şah (Timurlu hükümdarı), 337, 339, 386
Molière, 21, 36
Montagu, Lady Mary, 402
Mordovlar (Bozkır halkı), 345

Möngke (Moğol hükümdarı), 269, 281, 290-1, 299
Mugan Kağan (Tu-kiu hükümdarı), 95, 97-8
Muhammed (Harezm şahı), 276-7, 279, 289
Muhammed (peygamber), 30, 153, 239, 349, 421
Muhammed (Tuğluk hükümdarı), 319
Muhammed, I (Selçuklu hükümdarı), 221, 229
Muhammed Ali Han (Hokand hanı), 430
Muhammed Bahtiyar Halaci (Halaci hükümdarı), 235
Muhammed bin Sam (Gurlu hükümdarı), 234
Muhammed bin Tuğ, bkz. İhşid
Muhammed Emin (Kazan hanı), 371
Muhammed Giray (Kırım hanı), 372
Muhammed Şeybani (Çağataylı prensi), 348, 375-6, 380-1, 383, 385, 408, 414
Mu-han, bkz. Mugan Kağan
Muinüddin Pervane (Selçuklu veziri), 300
Muizildin Pir Hüseyin (Herat hükümdarı), 308
Muktedi, el- (Abbasi halifesi), 193
Muncuk (Hun hükümdarı), 70
Murad, (Akkoyunlu hükümdarı), 343, 378
Murad, I (Osmanlı hükümdarı), 329, 330
Murad, II (Osmanlı hükümdarı), 349
Murad, III (Osmanlı hükümdarı), 384
Murad, IV (Osmanlı hükümdarı), 403
Musa (Selçuklu prensi), 204
Mustafa Kemal, bkz. Atatürk
Mustafa, III. (Osmanlı hükümdarı), 431
Mûtasım, el- (Abbasi halifesi), 183-4
Mûtez, el- (Abbasi halifesi), 188
Muzafferüddin (Buhara hanı), 431
Mübarek Şah (Çağatay hükümdarı), 305
Mümtaz Mahal (Büyük Moğol prensesi), 395
Mütevekkil, el- (Abbasi halifesi), 184-5
Mütügen (Moğol prensi), 277, 304

Nabi (şair), 402
Nadir Şah (İran hükümdarı), 400, 415-7, 419, 429

Naima (şair), 402
Nakşibend, Bahaüddin (mutasavvıf), 384, 495
Napolyon, 418, 434, 437
Nasr Allah (Buhara hanı), 431
Nasır, el- (Abbasi halifesi), 222
Nasır-ı Husrev (şair), 260
Nasreddin Hoca, 49, 260
Naymanlar (Moğol halkı), 164, 170, 232, 273-6, 289, 292
Nazım Hikmet (Türk şairi), 26
Nefi (şair), 402
Nemçe (Kırgız prensi), 410
Nerval, Gérard de, 21
Nesavi (tarihçi), 202
Nestorius, 178
Ngan Lu-Şan (paralı asker), 161
Nibelungen, 77
Nigari (ressam), 363
Nikephoros, I (Bizans kralı), 109
Nizameddin (mutasavvıf), 317
Nizami (şair), 260
Nizamülmülk (Selçuklu veziri), 213, 220, 252-3, 261, 263
Nogay (Kıpçak prensi), 285
Nogaylar (Türk boyu), 344-5, 372-3, 376, 425, 429, 470
Nödelke (şarkiyatçı), 202
Nuh (Samanoğulları prensi), 198
Nur Cihan (Moğol imparatoriçesi), 395-6
Nureddin (Selçuklu prensi), 224, 510
Nübyeliler, 190
Nüveyri, el- (Müslüman tarihçi [1272-1332]), 294

Odil, Aziz, 77
Oğul Kaymiş (Moğol naibi), 281
Oğuzname (Türk destanı), 81, 164
Olcaytu (İran Moğolları hanı), 299, 300-1
On Oklar (Türk boyu), 91, 102, 104, 106, 133, 146, 155, 160, 171
On Uygurlar, 68-9, 76, 85, 111
Onegesios (Attila'nın Yunanlı danışmanı), 71
Ong Han (Kereyit hükümdarı), 170, 230, 273
Orda (Moğol hanı), 284, 346
Orestes (Attila'nın Romalı danışmanı), 71
Organa Hatun (Çağatay prensesi), 305
Orhan (Osmanlı hükümdarı), 326-9,
Oruç Reis (Osmanlı korsanı), 361
Osetler (Sibirya halkı), 142, 488
Osman (ressam), 363
Osman, I. (Osmanlı hükümdarı), 326

Osman, II. (Osmanlı hükümdarı), 403
Osman, III. (Osmanlı hükümdarı), 431
Ostrogotlar, 70
Ostyaklar, 62
Oyratlar, bkz. Kalmuklar

Öcalan, Abdullah (Kürt devrimcisi), 462
Ögedey (Moğol hanı), 269, 280-3
Ömer (halife), 113, 154
Ömer Hayyam (şair), 260
Ömer Şeyh (Timur'un oğlu), 339
Ömer Şeyh Mirza (Babur'un babası), 339, 385
Ömögey (Yakut prensi), 409
Öngütler, 164, 170, 274, 299
Özbek Han (Moğol hanı), 286-7
Özbekler, 15, 18, 28, 99, 284-7, 337, 346-8, 360, 377, 380-5, 393, 413-4, 416, 428, 464, 467-9, 474-9, 480, 487-8, 490-1, 495-6
Özmiş Kağan (Tu-kiu hükümdarı), 107, 160

Papaz Jean (efsanevi şahsiyet), 170, 230
Partlar, 132, 134, 146
Pasvanoğlu (Boşnak lideri), 435
Peçenekler, 157-9, 214-5, 239, 241, 508
Pelliot, Paul (şarkiyatçı [1878-1945]), 56, 151, 177-9
Petrarca, 286
Philippe, IV. Güzel, 299, 300
Pipes (Ingiliz siyaset adamı), 466
Pir Muhammed (Timurlu prensi), 319, 337
Piri Reis (Osmanlı coğrafyacısı), 361
Pisalılar, 256
Piyale Paşa (Osmanlı amirali), 361
Plan Carpin, bkz. Carpin
Polo, Marco (Venedikli gezgin), 31, 41, 164, 168, 269, 280, 299
Polonyalılar, 41, 283, 349
Polovestler, bkz. Kıpçaklar
Portekizliler, 41, 337, 358-9, 394, 399
Prabhakaramistra (VII yy Budist vaiz), 96
Priskos (Attila'nın yanındaki Yunanlı elçi), 71-2, 111
Prithviraca (Racput prensi), 234
Pritsak (şarkiyatçı), 108
Prokopios (Bizanslı tarihçi [ö. 562]), 81
Provencelılar, 256
Ptolemaioslar (Mısır hanedanı), 188

Pugaçov (Rus devrimcisi), 373
Pulad (Kazak hanı), 420
Pulad (Kazan hanı), 338, 344

Rabban Çauma (Türk keşiş), 299
Racine, 21
Racputlar, 81, 234
Radlov (türkolog), 146
Raşid el-Türki (Memluk), 184
Ramlular (Türk boyu), 379
Raymond, André (Arap dili ve edebiyatı bilgini), 436
Raziye (Hindistan'ın Türk kraliçesi), 235
Reşidüddin (vezir ve tarihçi [1247-1318]), 300
Remus (Romulus'un erkek kardeşi), 95
Responsa Nicolai Papae, 109
Rıdvan (Halep beyi), 224
Romalılar, 31, 71, 75, 218
Romanos Diogenes, IV. (Bizans kralı), 159, 214, 215
Romanos Lekapenos, I. (Bizans kralı), 112
Romulus (Roma'nın kurucusu), 95
Rotrou, Jean (Fransız yazar [1609-1650]), 21
Roussoudan (Gürcistan kraliçesi), 290
Roxelane (Hürrem Sultan – Süleyman'ın karısı), 370, 406
Rubroek, Willem van (Flaman gezgin), 268, 288, 305
Rudeki (şair), 187
Rûmî, bkz. Celaleddin Rûmî
Rumlar (Yunanlılar – ayrıca bkz. Bizanslılar), 31, 214, 223, 225, 227, 241, 249, 300, 351, 405, 453, 457
Rüstem Paşa (Osmanlı sadrazamı), 364, 368
Rüşt, İbn (X yy. Arap tarihçisi), 115, 217, 252

Sa'di (Farsi şair), 417
Safa Giray (Kazan hanı), 372
Safeviler (İran Türk hanedanı), 48, 187, 342-3, 354, 359, 376-8, 380-3, 389, 394, 400, 415-6, 425-6
Safiyeddin (Anadolu şeyhi), 377-8
Sahip Giray (Kırım hanı), 372
Said Han (Çağatay hanı), 421
Said, İbn (Müslüman yazar [1208-1286]), 244, 257
Sakalar, 59, 156, 409
Salah Reis (Osmanlı korsanı), 361
Salâhaddin (Kürt beyi), 222
Salâhaddin (Kürt beyi), 224, 240, 293, 459

Salâhaddin Yusuf ibn Eyyüb, bkz. Salâhaddin
Salamış (Memluk prensi), 297
Salavet Yulaev (Başkırt devrimcisi), 373
Saltuklular (Anadolu beyliği), 225
Samanoğulları (İran hanedanı), 187, 196, 198, 200, 203-7, 232, 258-9
Sanders, Liman von (Alman generali), 405
Sarı Uygurlar, 69
Sarmatlar, 70, 156
Sartak (Moğol prensi), 284
Saruhanoğulları (Anadolu beyliği), 324
Sasaniler, 79, 80-1, 91, 96, 98-9, 100, 111, 154, 176, 178, 187, 378, 418, 425
Satuk Buğra Han (Karahanlı Hanı), 96, 194-5
Sayın Bulat [daha sonra Simeon] (Kasım Hanlığı –Kasimov– hanı), 345
Sebük Tegin (Gazneli beyi), 198
Selcük (Salcuk – Selçukluların kurucusu), 203-4
Seleukoslar, 59
Selim, I (Osmanlı hükümdarı), 296-7, 343, 354-5, 378, 381
Selim, II (Osmanlı hükümdarı), 371
Selim, III (Osmanlı hükümdarı), 441
Semerkandi, el- (XII yy. İran lı tarihçi), 383
Sencer (Selçuklu hükümdarı), 221, 229, 230-1, 301
Setton, K., 446
Sevci (Osmanlı şehzadesi), 325
Seyyid (Hindistan hanedanı), 319, 386
Şhiratori, Kurakichi (türkolog), 56
Sırplar, 33, 41, 328-9, 330, 332
Sidonius Apollinaris (Latin şair [430-484]), 128, 132
Sienpiler (kadim bozkır halkı), 65, 77
Sigismond (Macaristan kralı), 330
Si-hialar, bkz. Tangutlar
Sihler, 398
Simavnalı Mahmud Bedreddin, bkz. Bedreddin
Simeon, bkz. Sayın Bulat
Simon de Saint-Quentin (XIII yy tarihçisi), 244
Sinan (Osmanlı mimarı), 329, 364, 371, 396
Sinan Bey (Osmanlı ressamı), 352
Sir-Tarduşlar (Türk halkı), 85

Siyah Kalem, bkz. Mehmed Siyah Kalem
Skanda Gupta (Hint hükümdarı), 80
Sogdlar, 83, 96, 99, 100, 156, 161, 506
Sokullu Mehmed (Osmanlı veziri), 368
Song-yun (VI yy Çinli budist seyyah), 67, 141
Spuler, Berthold (şarkiyatçı), 233
Stalin, 467
Stein, Sir Aurel (arkeolog), 177
Strogonov[lar] (Rus tüccar ailesi), 376
Sudanlılar, 188, 190, 406
Sultan Galiev (Türk komünistlerinin lideri), 467, 472
Sultaniyeli Jean (XII yy misyoneri), 313
Su-lu (Tu-kiu hanı), 106
Suriyeliler, 182, 299, 444
Sübötey (Moğol komutanı), 279, 282
Süleyman (Osmanlıların atası), 325
Süleyman Şah (Safevi hükümdarı), 415
Süleyman ibn Kutalmış (Selçuklu hükümdarı), 218, 219, 221, 222
Süleyman Paşa (Osmanlı şehzadesi), 328
Süleyman, I. (Osmanlı hükümdarı), 349
Süleyman, Muhteşem, 21, 360, 361, 362, 363, 367, 368, 369, 370, 371, 401, 404, 405, 407
Sviatoslav, Kievli (Rus prensi), 112, 158

Şadelmülk (Timurlu prensesi), 337
Şadi Bey (Altınordu hanı), 344
Şah Abbas (Safevi hükümdarı), 379, 415
Şah Bulak (Özbek hükümdarı), 347
Şah Cihan (Büyük Moğol hükümdarı), 393-8, 420
Şah Han (Çağatay prensi), 421
Şah Safi (Safevi hükümdarı), 415
Şah Sultan Hüseyin (Safevi hükümdarı), 415
Şah İsmail (Safevi hükümdarı), 343, 354, 356, 368, 377-9, 381-2
Şahin Giray (Kırım hükümdarı), 424
Şahruh (Avşar beyi), 418
Şahruh (Timurlu prensi), 338-9, 418
Şamil (Kafkas kahramanı), 427
Şamlular (Türk boyu), 379
Şa-po-lio, bkz. İşbara Kağan
Şarlken, 21, 446

Şa-t'olar (Türkçe konuşan halk), 91, 170-1, 274
Şemseddin Il-Tutmış (Delhi hükümdarı), 235
Şeyban (Cengizhanlı prensi), 284, 346
Şeybaniler (Türk hanedanı), bkz. Özbekler
Şeyyad Hamza (Türk şairi), 247
Şihabeddin, bkz. Muhammed bin Sam
Şir Şah Sur (Afgan prensi), 389
Şirkûh (Kürt beyi), 224
Şorlar (Altay halkı), 471

Taberi (tarihçi), 187
Tabgaçlar (Türkçe konuşan halk), 23, 40, 65-7, 78, 141, 144, 421, 504
Tacikler, 197, 308, 467-8, 474, 478, 487-8, 490-1, 519
Tahiriler (Müslüman hanedanı), 182
Tahtacılar (Anadolu Türk göçebeleri), 243
Taki Hatun (büyük Anadolu kadını), 251
Takiyüddin (gökbilimci), 371
Talabi, el- (filozof), 202, 231
Talat Paşa (Osmanlı siyaset adamı), 444
Taliku (Çağatay beyi), 306
Tamaşirin (Çağatay beyi), 306
T'ang-hular (Çin halkı), 58
T'anglar (Çin hanedanı), 90, 101, 151, 161, 171
Tangutlar, 173-4, 177, 275
Tardu (Tu-kiu hükümdarı), 100, 102
Tarduşlar, 91
Taspar (Tu-kiu hanı), 101
Ta-ta Tonga (Uygur danışman), 274
Tatarlar, 18, 26, 28, 32, 84, 87, 169, 274, 286, 288, 294, 296, 305, 345, 373-4, 464, 468, 469
- Abakan Tatarları, 471
- Baraba Tatarları, 376
- Barabinsk Tatarları, 473
- Kazan Tatarları, 15, 373, 469, 480
- Kerülen Tatarları, 273
- Kırım Tatarları, 15, 423, 465, 470, 480
- Kuznetz Tatarları, 410, 470
- Minusinsk Tatarları, 471
- Nogay Tatarları, bkz. Nogaylar
- Sibir Tatarları, 372, 471
- Tobolsk Tatarları, 473
- Tomsk Tatarları, 473
- Tümen Tatarları, 473

Tay Buka Beki (Sibirya hanı), 375
Teb Tenggeri, bkz. Kököçü
Tegrekler (kadim bozkır halkı), 68
Tekkeliler (Türk boyu), 379
Tekūdar, Ahmed (İran hanı), 299
Telengitler (Altay halkı), 470
Temüçin, bkz. Cengiz Han
Tengri Kağan (Tu-kiu hanı), 107
Teoman (Hiong-nu hükümdarı), 56, 57
Teu-man, bkz. Teoman
Tevka (Kazak hanı), 420, 428
Theodora (Bizans imparatoriçesi), 112
Theodosius, II. (Bizans hükümdarı), 72
Theophanes (VI yy Bizanslı yazar), 81
Theophylaktos Simokates (VII yy Bizanslı tarihçi), 134
Thomsen, C. J. (XIX-XX yy dilbilimci), 146
Tibetliler, 85, 102, 162, 166, 171-2, 174
Tie-lo (kadim bozkır halkı), 68
Timur Kutluğ (Altınordu hanı), 344
Timur, bkz. Timurlenk
Timurlenk, 32-3, 40, 72, 135, 243, 245, 252, 301-2, 304, 308-9, 310-6, 319, 320-2, 331-2, 334, 337-9, 341, 344, 368, 382-3, 386
Timurlular, 17, 201, 301, 337-8, 342, 343, 346-8, 380-1, 386, 393, 414
Ting-ling, bkz. Kao-kiu Ting Ling
Togortaki (Kıpçak hanı), 215
Toğrul, bkz. Tuğrul
Toharlar, 59, 100, 143
Toktamış (Altınordu hanı), 314-6, 343-4, 346
Toktay (Altınordu hanı), 285, 294
Toktoa, bkz. Toktay
Tokuz Oğuzlar, 68-9, 85, 104, 106, 172
Tolunoğulları (Mısır Türk hanedanı), 184, 188, 189, 197
Tonkinliler, 41
Tonyukuk (Tu-kiu komutanı ve veziri), 46, 103-4, 106, 132, 134, 140-1, 145, 151, 304
T'opa Hong, I. (Tabgaç hükümdarı), 66
T'opa Hong, II. (Tabgaç hükümdarı), 66
T'opa Ki'ao (Tabgaç hükümdarı), 67
T'opa Kuei (Tabgaç hükümdarı), 65-7
T'opa Siun (Tabgaç hükümdarı), 66

T'opa Sseu (Tabgaç hükümdarı), 66
T'opa Tao (Tabgaç hükümdarı), 66
T'o-palar, bkz. Tabgaçlar
T'o-po Kağan, bkz. Taspar
Torgutlar, 411
Tott, Baron de, 405
Townsend (Britanya generali), 444
Tökiş (Takaş – Harezm şahı), 232
Tölösler, 68, 78, 91-2, 102
Töregene (Moğol naibesi), 281
Ts'in-che Houang-ti (Çin Şi Huang-ti – Çin hükümdarı), 58
Tsewang Rabdan (Kalmuk hükümdarı), 420-1
Tubalar, 410, 470
Tuda Mengü (Altınordu hanı), 285
Tufalar (Sibirya halkı), 470
Tuga Timur (Altınordu hanı), 344
Tuğ Tigin (Şam beyi), 224
Tuğluk Timur (Çağatay prensi), 308, 309
Tuğluklar (Hindistan Türk hanedanı), 237
Tuğrul (Bengal hükümdarı), 235
Tuğrul (Kereyit hükümdarı), bkz. Ong Han
Tuğrul Bey (Selçuklu hükümdarı), 204, 208-9, 210-3, 226, 246, 252
Tuğrul, III. (Selçuklu hükümdarı), 229, 232
Tu-kiuler (Türükler/Tu-küeler), 81, 85-6, 87, 90-8, 100-2, 105-6, 153, 155, 159, 160, 168, 238, 246, 272, 421
Tula Buka (Altınordu hanı), 285
Tuluy (Moğol prensi), 269, 291
Tunguzlar, 35, 53, 60, 62, 238, 270, 275, 409, 470
Turfanlılar, 59
Turgay (Çağatay beyi), 305
Turgay (Timurlenk'in atası), 308
Turgut Reis (Osmanlı amirali), 361
Tutuş (Selçuklu prensi), 220, 224

Ukraynalılar, 473
Uldız (Hun prensi), 70
Ulu Muhammed (Altınordu prensi), 344-5, 371
Uluğ Bey (Timurlu hükümdarı ve gökbilimci), 338, 340
Umar Han (Hokand hanı), 430
Umari, el- (Arap tarihçi [1301-1349]), 294
Umor (Bulgar hanı), 109
Umur Bey (Aydınoğlu emiri), 325
Urbanus, Papa V., 329
Ustaglular (İran Türk boyu), 379
Uzun Hasan (Akkoyunlu hükümdarı), 342-3, 346, 378

Uğurlu Mehmed (Karakoyunlu hükümdarı), 342

Übeydullah (Özbek hanı), 384

Vahabiler, 434
Valentinos (Bizans elçisi), 99, 100
Vambery, Armin (Macar gezgini), 428
Varsaklar (İran Türk boyu), 379
Vasco de Gama, 358
Vasiliev (dilbilimci), 87
Vasiliy, II (Moskova prensi), 345
Vassaf (Memluk), 184
Veli Han (Sin-kiang hanı), 422
Venedikliler, 41, 227, 256, 286, 349, 366, 403, 405
Verne, Jules, 408
Victoria (İngiltere kraliçe), 389, 420
Vikingleri, 127
Vizigotlar, 70
Vogullar, 62
Vuhuanlar (Tunguz halkı), 60-2, 65
Vu-suenler, 59, 61, 95

Wellesley, Lord Richard Colley (Hindistan valisi), 420
Wilson (ABD başkanı), 448-9

Xavier, Jérôme (XVI yy cizvit misyoner), 391

Yadigar (Sibir hanı), 376
Yağlakarlar (Uygur boyu), 160, 164-6, 172
Yağmalar, 172
Yakub (Akkoyunlu hükümdarı), 343
Yakub Bey (Germiyanoğlu beyi), 325
Yakub Bey (Uygur devrimcisi), 422-3
Yakut (Arap coğrafyacı [ö. 1229]), 191, 252
Yakutlar, 15, 18, 28, 51, 409, 469, 470, 489
Yang Zengxi (Sin-kiang valisi), 481
Yanoş Hunyadi (Erdel voyvodası), 349
Ye-liu A-pao-ki (Kitan hükümdarı), 168
Ye-liu Ta-şi (Karahitay hükümdarı), 229
Yermak Timofeyeviç (Kazak), 376
Yesügey (Cengiz Han'ın babası), 273
Yezdgerd, III. (Sasani hükümdarı), 378
Yisu Mengü (Çağatay hükümdarı), 305

Yunanlılar (Rumlar – ayrıca bkz. Bizanslılar), 24, 31, 41, 44, 67, 100, 158, 214, 218, 405, 448, 450, 452
Yunus Emre (Türk şairi), 49, 261, 323
Yunus Han (Çağatay hükümdarı), 347
Yurdakul, Mehmet Emin, 32
Yusuf (Adil Şah – Adilşahlar hükümdarı), 353-4
Yusuf Hamadani (mutasavvıf), 245
Yusuf Has Hacib (Karahanlı yazar), 195, 259
Yüe-çiler (göçebe bozkır halkı), 58-9, 60
Yüenler (Çin hanedanı), 281, 513
Zajackowski (türkolog), 111
Zeki Velidi Togan (Ahmed), 465
Zemark (VI yy Bizans elçisi), 86, 99
Zengi, İmadettin (Musul prensi), 221
Zenon (Bizans kralı), 108
Zerdüşt, 179
Ziyad ibn Salih (Arap komutan), 155
Zübeyr bin el-Türki (Memluk), 183

SOYAĞAÇLARI VE HARİTALAR

Birinci Tu-kiu imparatorluğu (Türk ya da Türük)

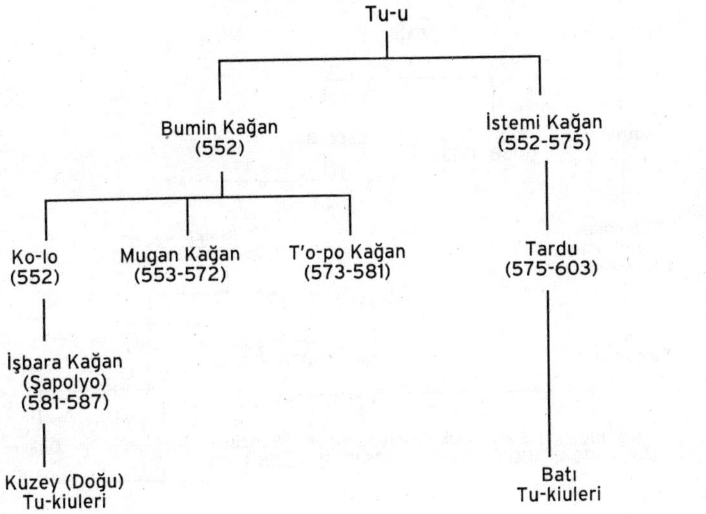

İkinci Tu-kiu imparatorluğu (Türük ya da Türk)

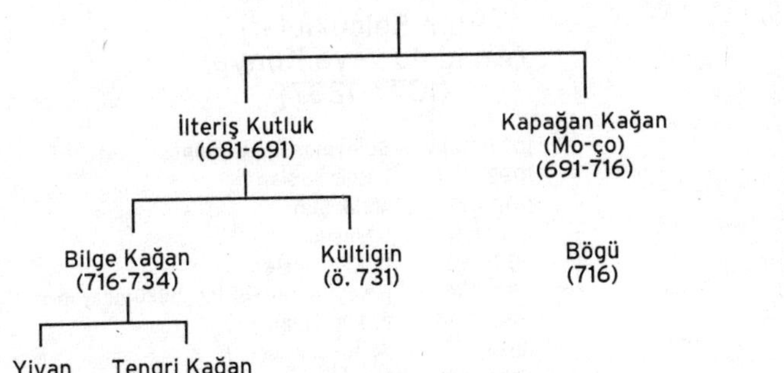

Selçukluların Kökenleri

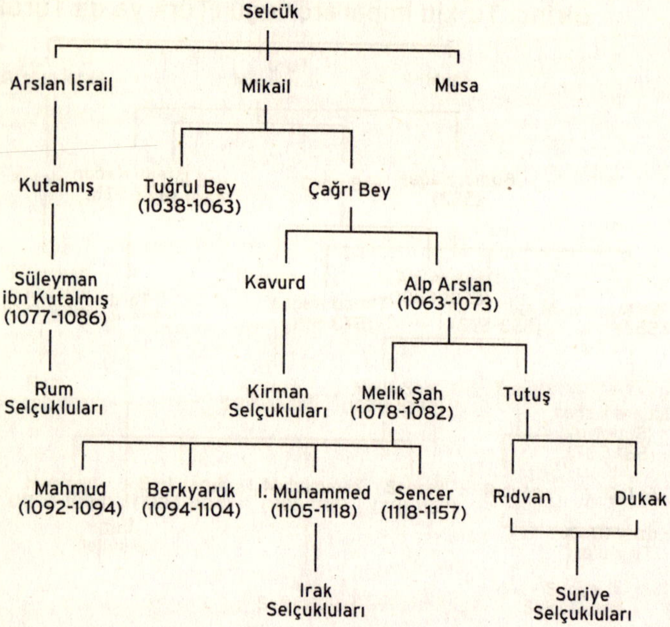

Rum Selçukluları (Anadolu veya Konya) (1077-1237)

1077-1086	Süleyman ibn Kutalmış
1092-1107	I. Kılıç Arslan
1107-1116	Melik Şah
1116-1155	I. Mesud
1155-1192	II. Kılıç Arslan
1192-1196	I. Keyhüsrev (birinci hükümdarlığı)
1196-1204	II. Süleyman
1204	III. Kılıçarslan
1204-1210	I. Keyhüsrev (ikinci hükümdarlığı)
1210-1219	I. Keykavus
1219-1237	I. Alaeddin Keykubad

Harezmşahlar

1097-1127	Kutbeddin Muhammed
1127-1156	Atsız
1156-1172	İl Arslan
1172-1200	Alaeddin Tökiş (Takaş)
1200-1220	Alaeddin Muhammed
1220-1231	Celaleddin Mengü Berti

Gazneliler

962-977	Alp Tegin
977-997	Sebük Tegin
999-1030	Gazneli Mahmud
1030-1041	Muhammed
1030-1040	Gazneli Mahmud
1041-1060	Mevdûd (Hindistan)
	[...]
1118-1152	Behram Şah

Cengizhanlılar

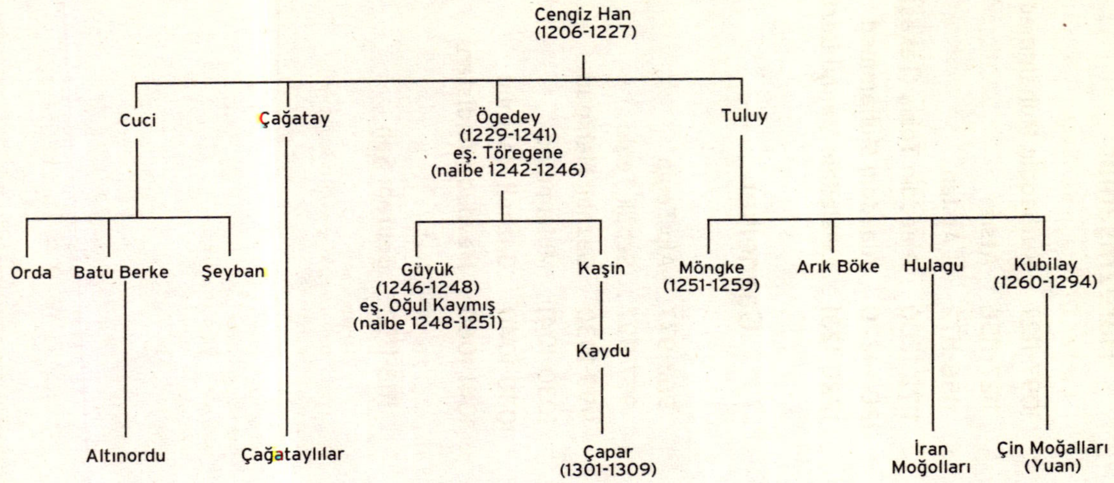

Cuciler, Ordu'ların Kurucuları

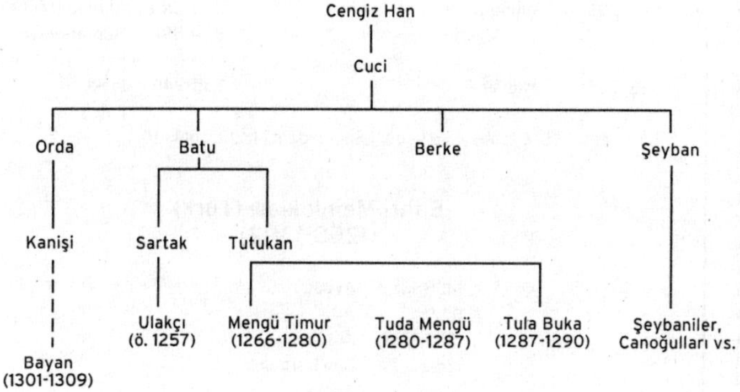

Cuci Soyundan Gelen Altın Ordu

1287-1290	Tula Buka
1290-1312	Toktay
1312-1340	Özbek
1340-1357	Canıbek
1359-1380	Mamay'ın üstünlüğü ile sonuçlanan kargaşa dönemi
1378-1398	Orda soyundan gelen Ak Ordulu Toktamış
1398-1400	Kutluk
1400-1407	Şadi Bey
1407-1412	Pulad
1412-1423	Timur
1423-1459	Küçük Muhammed
1460-1481	Ahmed
1481-1502	Şeyh Ali

Mısır Memlukları

Hanedanlar		Başlıca hükümdarlar	
865-905	Tolunoğulları	868-884	Ahmed ibn Tolun
		884-896	Hümâreveyh
			[...]
935-969	İhşidiler	935-946	İhşid
			[...]

1164: Musul Türk atabeyi ve yeğeni Salâhaddin Mısır'ı işgal etti.

Bahri Memlukları (Türk)
(1250-1382)

1250-1259	Aybeg
1259	Ali
1259-1260	Kutuz
1260-1277	Bay Bars
1278	Berke
1279	Salamış
1279-1290	Kalavun
1290-1293	El Melik el-Ehraf
1293-1340	El-Nesir ibn Kalavun
	[...]

Burci Memlukları (Çerkezler vs.)
(1382-1517)

1382-1399	Barkuk
1399-1412	Ferec
1412-1422	El-Müeyyed
1422-1438	Bay Bars (Türk)
	[...]
1461-1467	Hoşkadem
1468-1495	Kayıt Bay
	[...]
1500-1516	Kansu Guri

1517: Mısır'ın Osmanlı padişahı I. Selim tarafından işgali

1517-1805: Mısır'ın Osmanlı topraklarına katılması

1805-1952: Mehmet Ali (Arnavut) ve hanedanı. Son kral: Faruk (1936-1952)

İlhanlar veya İran Moğolları

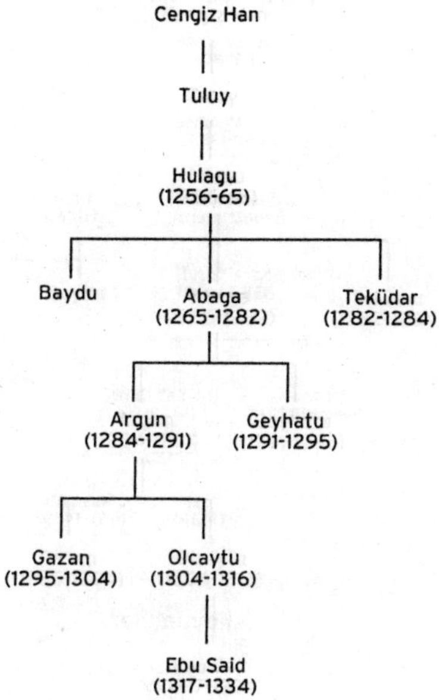

Başlıca Çağataylılar

1227-1242	Çağatay
1242-1246	Kara Hulagu (eşi Organa Hatun)
1246-1252	Yisu Mangu
1252-1261	Organa Hatun
1261-1266	Algu (eşi Organa Hatun)
1266	Mübarek Şah
1266-1271	Barak
1271-1274	Kargaşa dönemi
1274-1306	Duva
1306-1307	Kuncuk
1307-1309	Telika
1309-1310	Kebek (birinci hükümdarlığı)
1310-1320	Esen Boğa
1320-1326	Kebek (ikinci hükümdarlığı)
1326-1333	Tamaşirin
1333-1347	Hanlığın bölünmesi
1347-1363	Tuğluk Timur

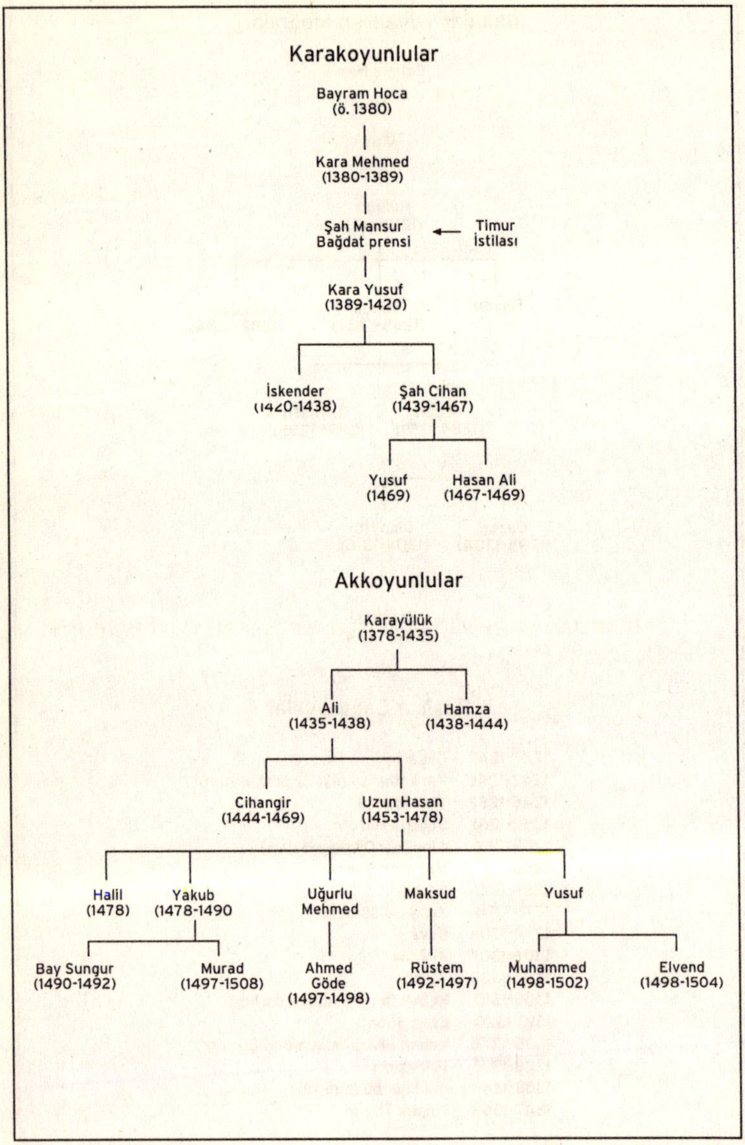
Karakoyunlular
Bayram Hoca
(ö. 1380)
Kara Mehmed
(1380-1389)
Şah Mansur
Bağdat prensi
Timur
İstilası
Kara Yusuf
(1389-1420)
İskender
(1420-1438)
Şah Cihan
(1439-1467)
Yusuf
(1469)
Hasan Ali
(1467-1469)
Akkoyunlular
Karayülük
(1378-1435)
Ali
(1435-1438)
Hamza
(1438-1444)
Cihangir
(1444-1469)
Uzun Hasan
(1453-1478)
Halil
(1478)
Yakub
(1478-1490)
Uğurlu
Mehmed
Maksud
Yusuf
Bay Sungur
(1490-1492)
Murad
(1497-1508)
Ahmed
Göde
(1497-1498)
Rüstem
(1492-1497)
Muhammed
(1498-1502)
Elvend
(1498-1504)

Osmanlıların Doğuşu

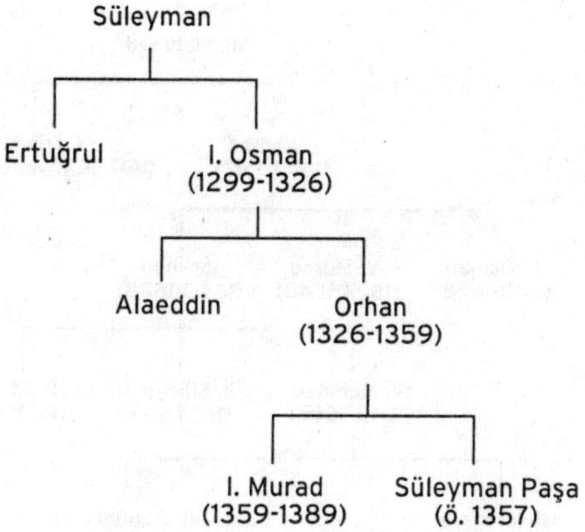

Hanedanlık babadan oğula geçerken Osmanlılar

1389-1402	I. Bayezid (Yıldırım)	← Timur İstilası
1403-1421	I. Mehmed (Çelebi)	
1421-1444	II. Murad	
1444-1481	II. Mehmed	
1481-1512	II. Bayezid	
1512-1520	I. Selim (Yavuz)	
1520-1566	Kanuni Sultan Süleyman (Muhteşem Süleyman)	
1566-1574	II. Selim (Mest)	
1574-1595	III. Murad	
1595-1603	III. Mehmed	

III. Mehmed'in halefleri

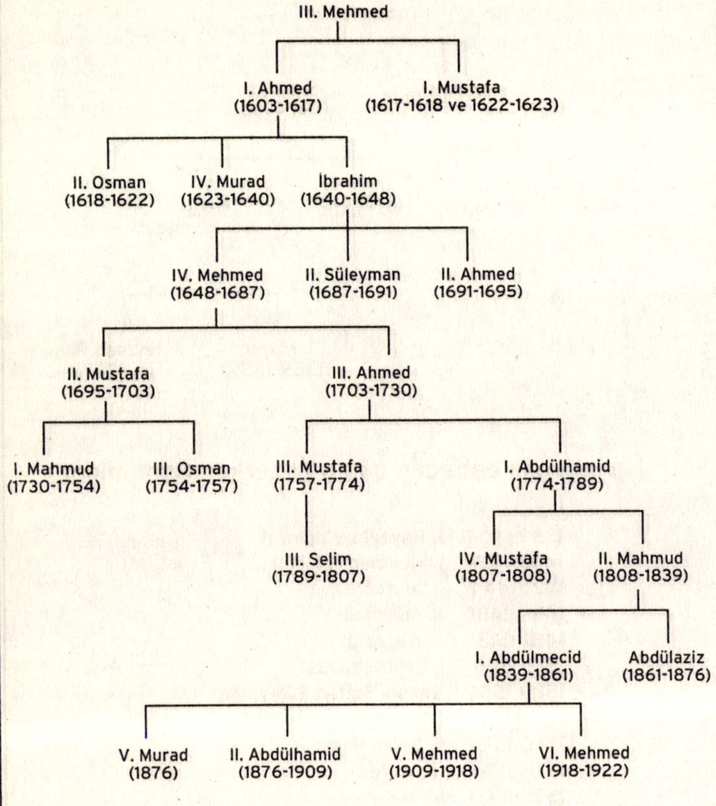

Timurlular

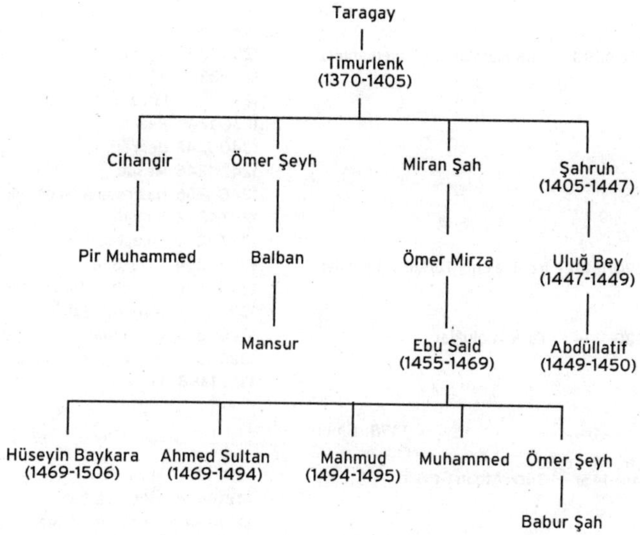

Babur Şah'ın Kökenleri

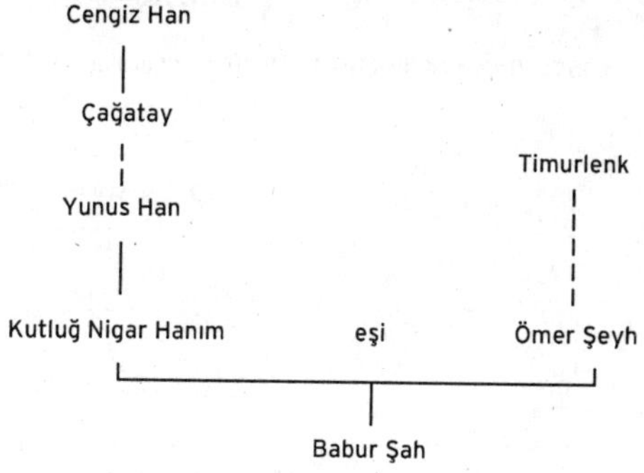

Delhi Sultanlığı

Hanedanlar		Prensler	
1206-1290	Türk Memlukları (kölemenler)	1206-1211	Aybeg
		1211-1236	İl-Tutmış
		1236	Firuz Şah
		1236-1240	Raziye
		1240-1242	Behram
		1242-1246	Mesud
		1246-1266	Nasıreddin Mahmud
		1267-1287	Balban
		1287-1290	Şemseddin
1290-1320	İranlılaşmış Türkler, Halaciler	1290-1294	Firuz Şah
		1296-1315	Alaeddin Muhammed
		1316-1320	Mübarek Şah
1320-1414	Türk Tuğluklar	1320-1325	Gıyaseddin
		1325-1351	Muhammed Tuğluk
		1351-1388	Firuz Şah

1398: Timurlenk İstilası

1414-1451	Türk-Afgan Seyyid	1414-1421	Hızır Han
		1421-1434	Mübarek Şah
		1434-1444	Muhammed Şah
		1444-1451	Alem Şah
1451-1526	Afgan Ludileri	1451-1489	Behlül
		1489-1517	İskender Ludi
		1517-1526	İbrahim

1526: Babur İstilası. Büyük Moğolların kuruluşu

Büyük Moğollar

1526-1530	Babur Şah
1530-1540	Hümâyûn (birinci hükümdarlığı)
1540-1556	Şir Şah'ın ele geçirilmesi (Sur hanedanlığı)
1556	Hümâyûn (ikinci hükümdarlığı)
1556-1605	Büyük Ekber
1605-1627	Cihangir
1627-1658	Şah Cihan
1658-1707	Evrengzib
1837-1858	II. Bahadır Şah

Kazan Hanları

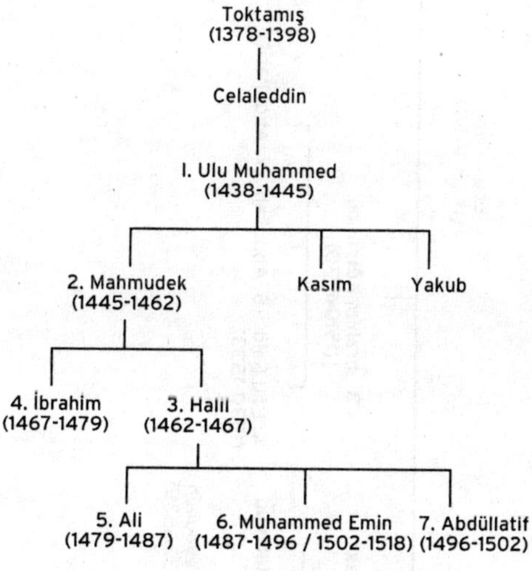

(halefleri Kırım Giray hanedanlığı prensleridir.)

Özbek İmparatorluğu: Ebu'l Hayırlılar

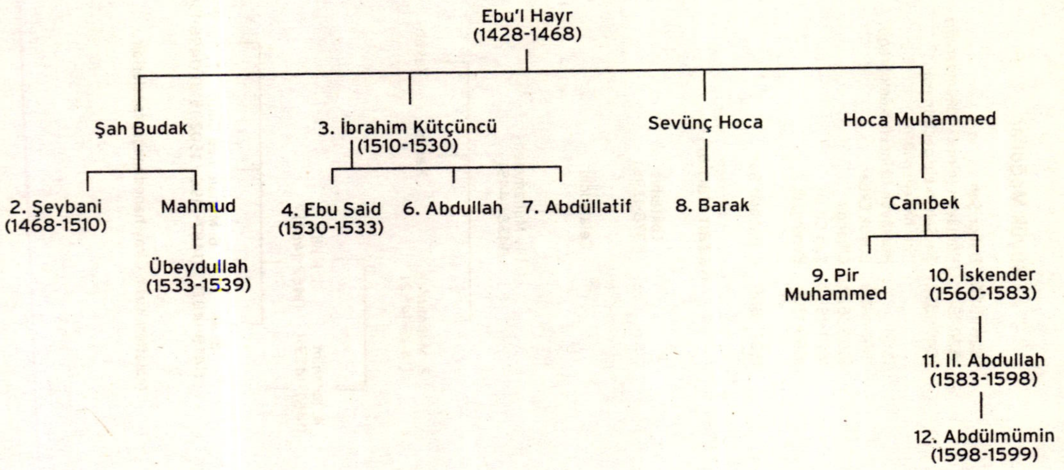

Safeviler

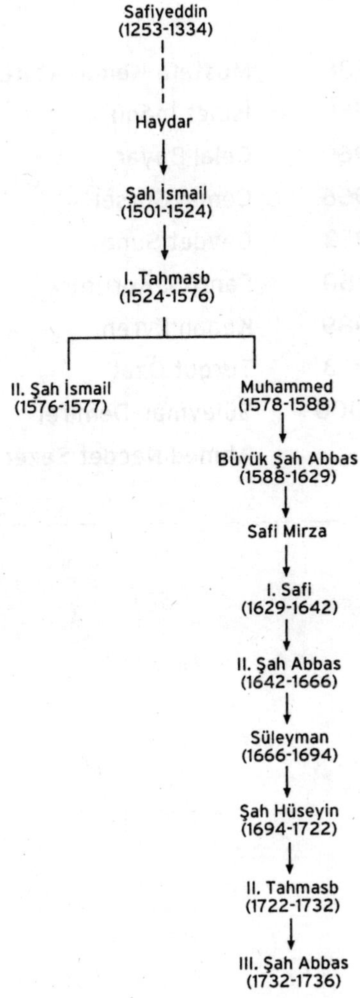
Safiyeddin
(1253-1334)
Haydar
Şah İsmail
(1501-1524)
I. Tahmasb
(1524-1576)
II. Şah İsmail
(1576-1577)
Muhammed
(1578-1588)
Büyük Şah Abbas
(1588-1629)
Safi Mirza
I. Safi
(1629-1642)
II. Şah Abbas
(1642-1666)
Süleyman
(1666-1694)
Şah Hüseyin
(1694-1722)
II. Tahmasb
(1722-1732)
III. Şah Abbas
(1732-1736)

Türkiye Cumhuriyeti Cumhurbaşkanları

1923-1938	Mustafa Kemal Atatürk
1938-1950	İsmet İnönü
1950-1960	Celal Bayar
1960-1966	Cemal Gürsel
1966-1973	Cevdet Sunay
1973-1980	Fahri S. Korutürk
1982-1989	Kenan Evren
1989-1993	Turgut Özal
1993-2000	Süleyman Demirel
2000-	Ahmed Necdet Sezer

Uzak Doğu'da Türkler

Batıda Türkler

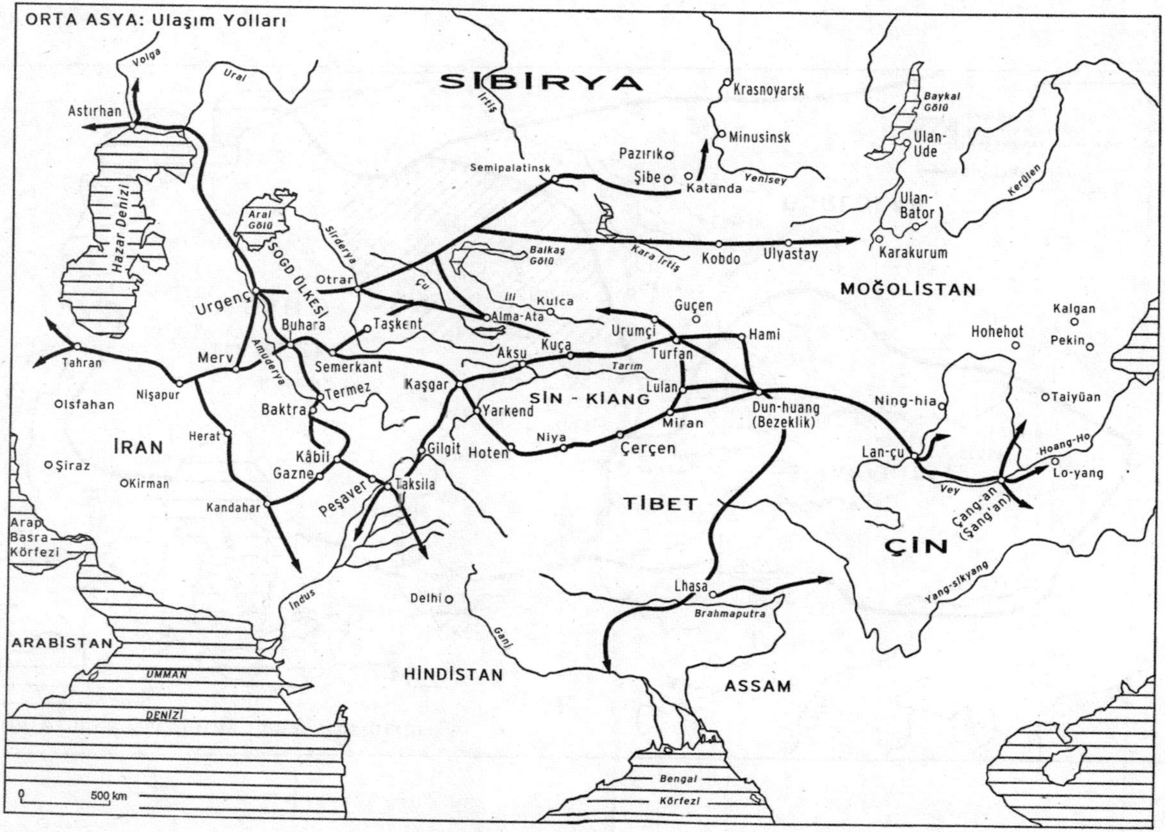
ORTA ASYA: Ulaşım Yolları
SİBİRYA
MOĞOLİSTAN
SİN - KİANG
TİBET
ÇİN
İRAN
HİNDİSTAN
ASSAM
ARABİSTAN
SOGD ÜLKESİ
Volga
Ural
İrtiş
Astırhan
Hazar Denizi
Aral Gölü
Sirderya
Amuderya
Urgenç
Otrar
Buhara
Merv
Tahran
Nişapur
Isfahan
Şiraz
Kirman
Herat
Kandahar
Gazne
Kâbil
Baktra
Termez
Semerkant
Taşkent
Çu
Alma-Ata
Ili
Kulca
Balkaş Gölü
Semipalatinsk
Kara İrtiş
Kobdo
Ulyastay
Karakurum
Ulan-Bator
Ulan-Ude
Baykal Gölü
Kerülen
Krasnoyarsk
Minusinsk
Yenisey
Pazırık
Şibe
Katanda
Kaşgar
Aksu
Kuça
Yarkend
Hoten
Niya
Çerçen
Miran
Lulan
Turfan
Tarım
Urumçi
Guçen
Hami
Dun-huang (Bezeklik)
Gilgit
Taksila
Peşaver
Indus
Delhi
Ganj
Lhasa
Brahmaputra
Bengal Körfezi
Ning-hia
Lan-çu
Vey
Çang-an (Şang'an)
Hoang-Ho
Lo-yang
Taiyüan
Hohehot
Kalgan
Pekin
Yang-sıkyang
Arap Basra Körfezi
UMMAN DENİZİ
0 500 km

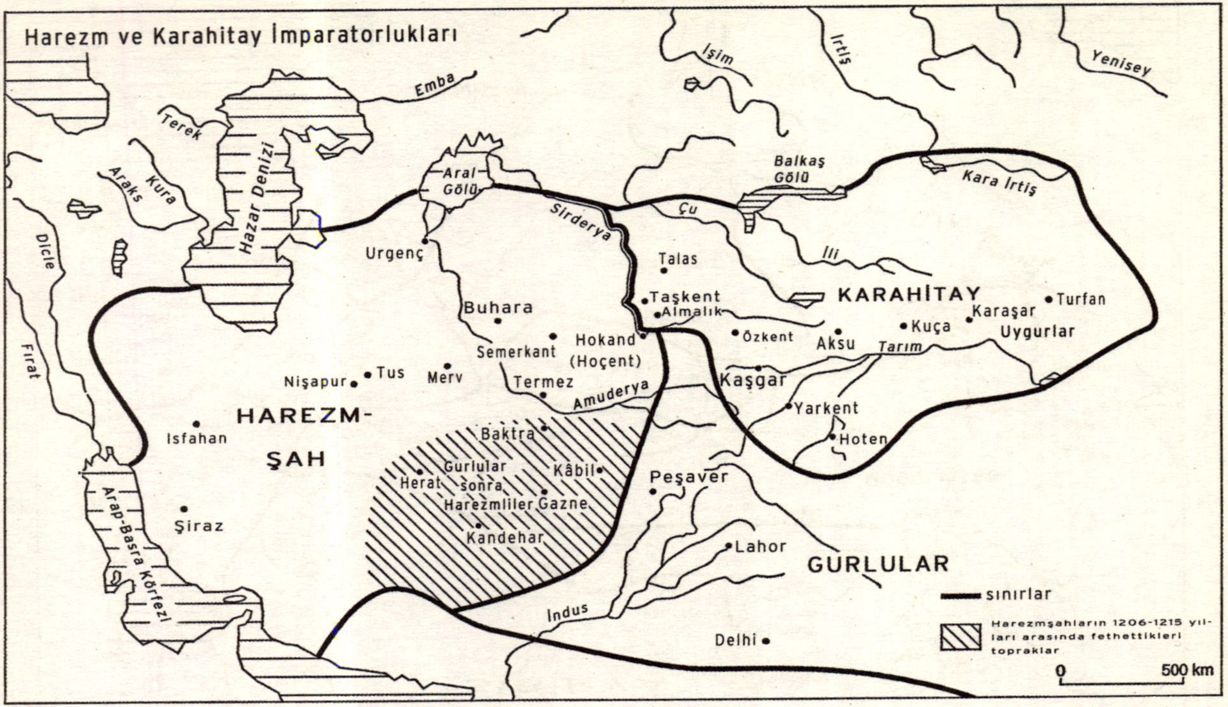
Harezm ve Karahitay İmparatorlukları
Emba
Terek
Kura
Araks
Dicle
Fırat
Hazar Denizi
Aral Gölü
Sirderya
Urgenç
Buhara
Semerkant
Hokand (Hoçent)
Termez
Amuderya
Nişapur
Tus
Merv
Isfahan
Şiraz
HAREZM-ŞAH
Arap-Basra Körfezi
Baktra
Gurlular sonra Harezmliler
Herat
Kâbil
Gazne
Kandehar
İşim
İrtiş
Yenisey
Balkaş Gölü
Kara İrtiş
Çu
İli
Talas
Taşkent
Almalık
Özkent
KARAHİTAY
Aksu
Kuça
Karaşar
Turfan
Uygurlar
Tarım
Kaşgar
Yarkent
Hoten
Peşaver
Lahor
Indus
Delhi
GURLULAR
sınırlar
Harezmşahların 1206-1215 yılları arasında fethettikleri topraklar
0
500 km

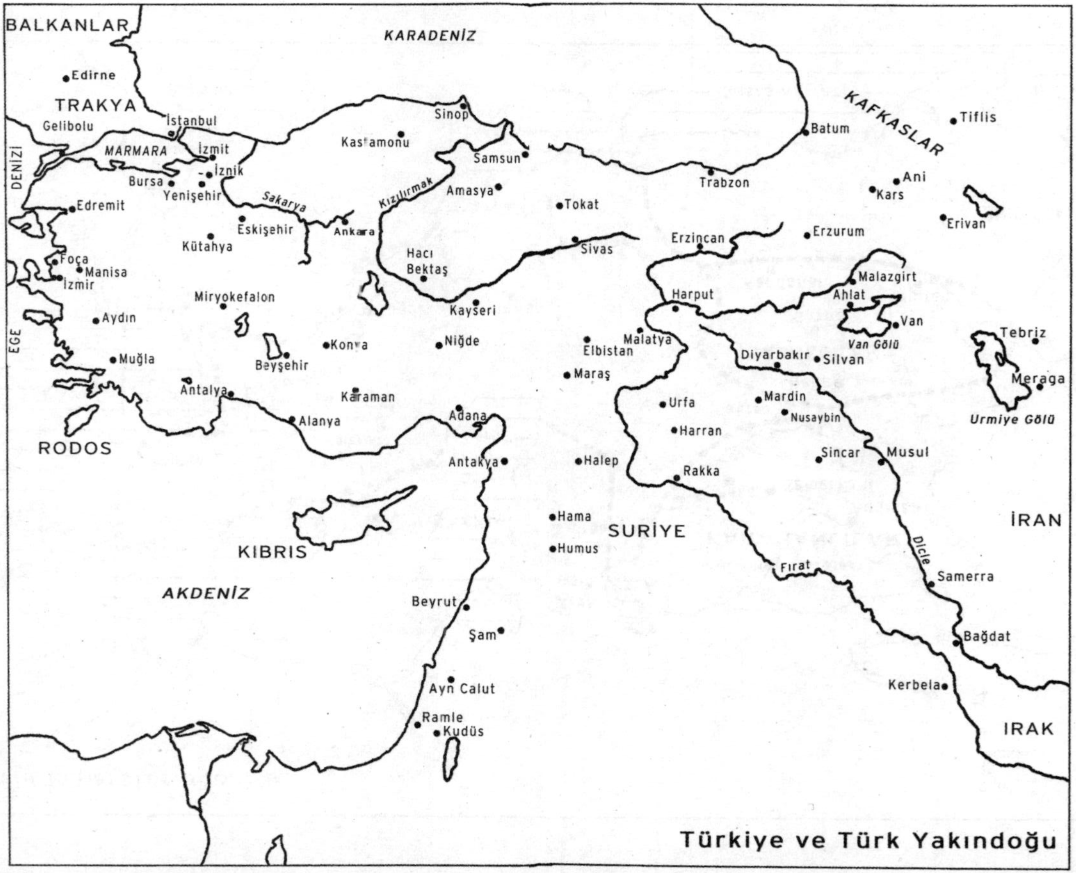

Türkiye ve Türk Yakındoğu

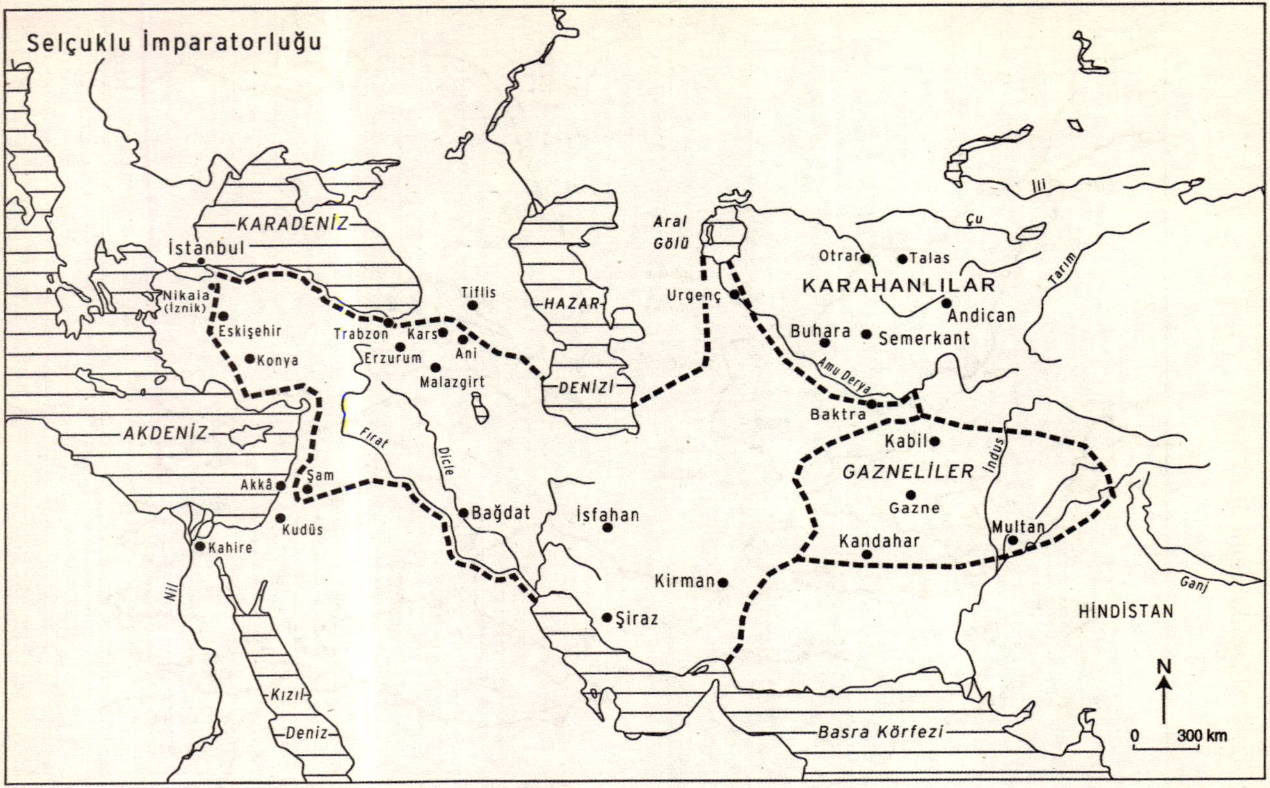
Selçuklu İmparatorluğu
KARADENİZ
İstanbul
Nikaia
(İznik)
Eskişehir
Konya
AKDENİZ
Akkâ
Şam
Kudüs
Kahire
Nil
Kızıl
Deniz
Trabzon
Erzurum
Kars
Ani
Tiflis
Malazgirt
Fırat
Dicle
Bağdat
HAZAR
DENİZİ
İsfahan
Şiraz
Kirman
Aral
Gölü
Urgenç
Otrar
Talas
KARAHANLILAR
Andican
Buhara
Semerkant
Amu Derya
Baktra
Kabil
GAZNELİLER
Gazne
Kandahar
Multan
İndus
Çu
İli
Tarım
Ganj
HİNDİSTAN
Basra Körfezi
N
0
300 km

XIII. Yüzyılda Delhi Sultanlığı

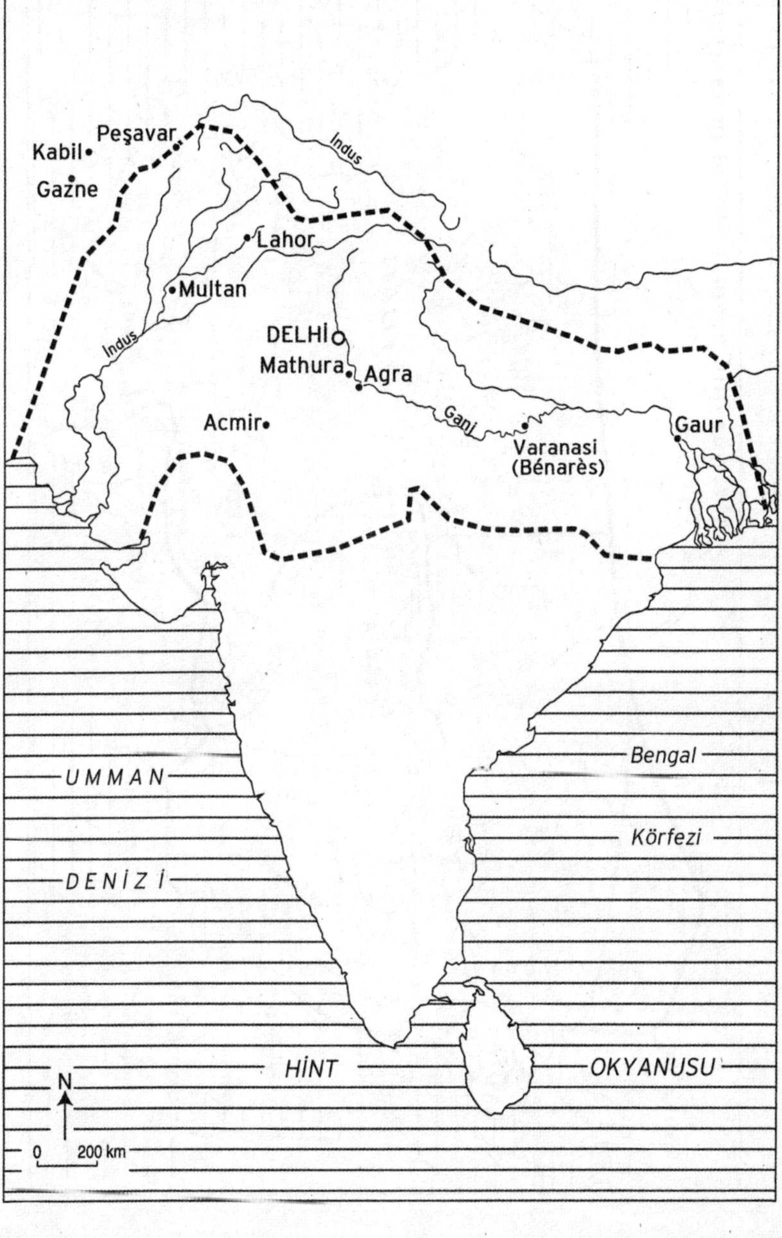

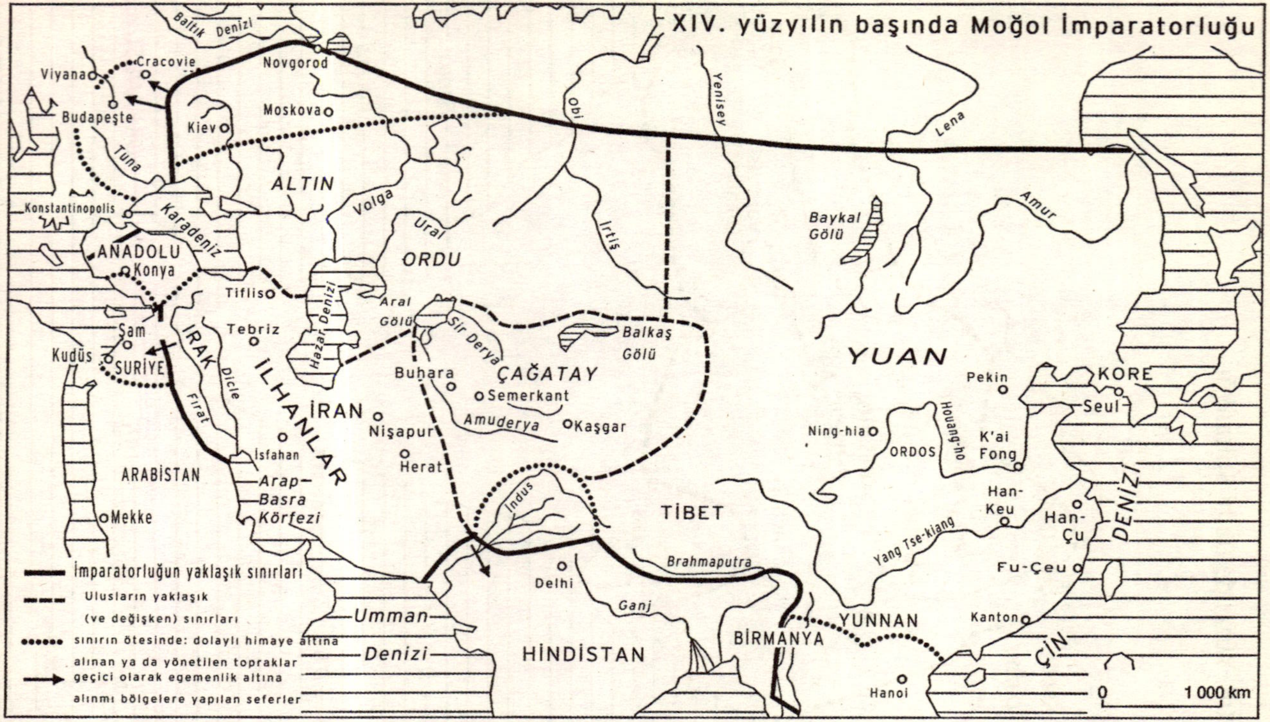

XIV. yüzyılın başında Moğol İmparatorluğu

TÜRKLER, MOĞOLLAR ve RUSLAR
LAPONLAR
BEYAZ DENİZ
İSVEÇ
FİNLANDİYA
Onega Gölü
Ladoga Gölü
BALTIK DENİZİ
Dvina
Ob
Sibir
İrtiş
Tobolsk
Tyumen
Omsk
Tobol
Perm
Galiç
Volga
Novgorod
Nijni-Novgorod (Gorki)
Kazan
Kama
Ufa
Suzdal
Vladimir
Bolgar
Moskova
Oka
Kolomna
Samarra
Nyemen
Smolensk
Kasimov
Vilnius
Tula
Ryazan
Ural
Saratov
Kulikovo
POLONYA
Voronej
Varşova
Çernigov
Emba
Sir-Derya
Lublin
Vistül
Bug
Don
ARAL GÖLÜ
MAVERAÜNNEHİR
Kiev
Pereyaslav
Worskla
Krakovi
Saray
Çariçin
Dinyeper
İtil
Dinyester
Tana (Azov)
Astırhan
Amu Derya (Oxus)
Urgenç
Hive
Perekop
AZAR DENİZİ
Kuban
KIRIM
KUBAN
Terek
HAZAR
Soudak
Derbent
Tuna
KARADENİZ
TÜRKİSTAN
Bakü
DENİZİ
Plovdiv (Filibe)
Konstantinopolis (İstanbul)
KAFKASYA
Araks
Edirne
Tebriz
ANADOLU
Rey (Tahran)

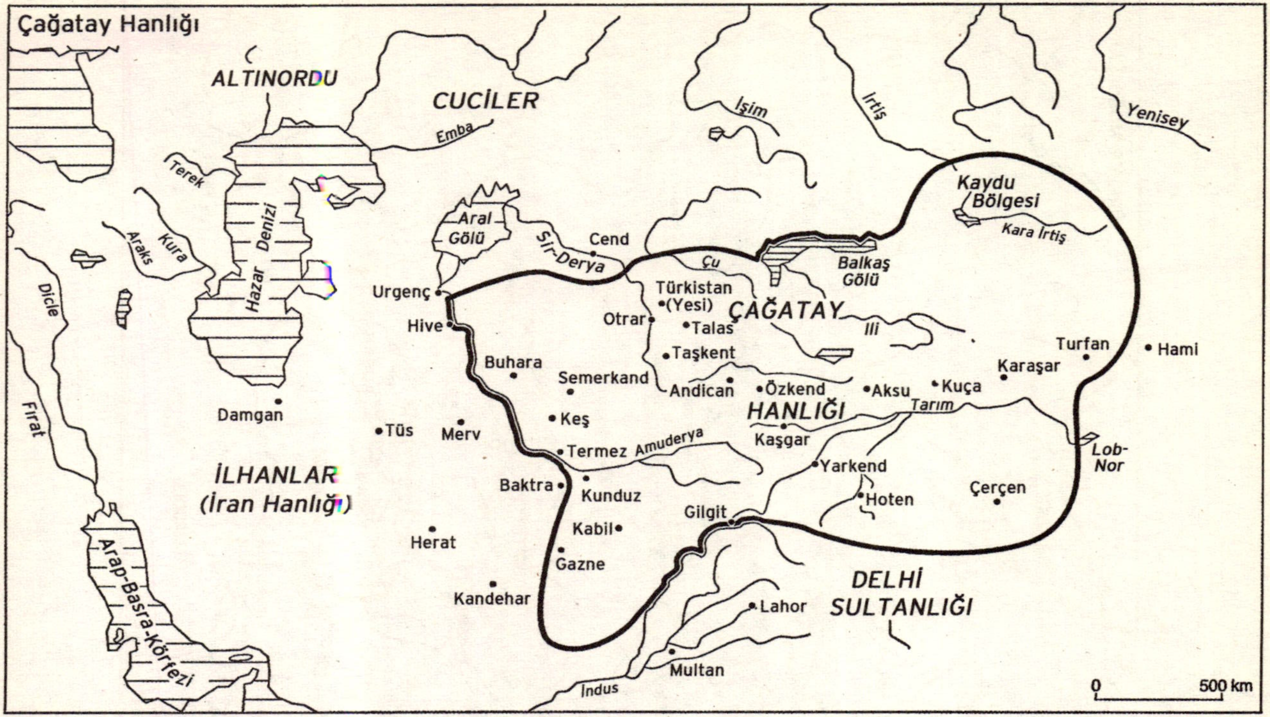
Çağatay Hanlığı
ALTINORDU
CUCİLER
Emba
İşim
İrtiş
Yenisey
Terek
Kura
Araks
Dicle
Fırat
Hazar Denizi
Aral Gölü
Sir-Derya
Cend
Urgenç
Hive
Çu
Türkistan
•(Yesi)
Otrar
Talas
Taşkent
Balkaş Gölü
ÇAĞATAY
HANLIĞI
İli
Kaydu Bölgesi
Kara İrtiş
Buhara
Semerkand
Andican
Özkend
Aksu
Kuça
Karaşar
Turfan
Hami
Tarım
Keş
Termez
Amuderya
Kaşgar
Yarkend
Hoten
Çerçen
Lob-Nor
Damgan
Tüs
Merv
İLHANLAR
(İran Hanlığı)
Baktra
Kunduz
Gilgit
Kabil
Herat
Gazne
Kandehar
DELHİ SULTANLIĞI
Lahor
Multan
İndus
Arap-Basra-Körfezi
0
500 km

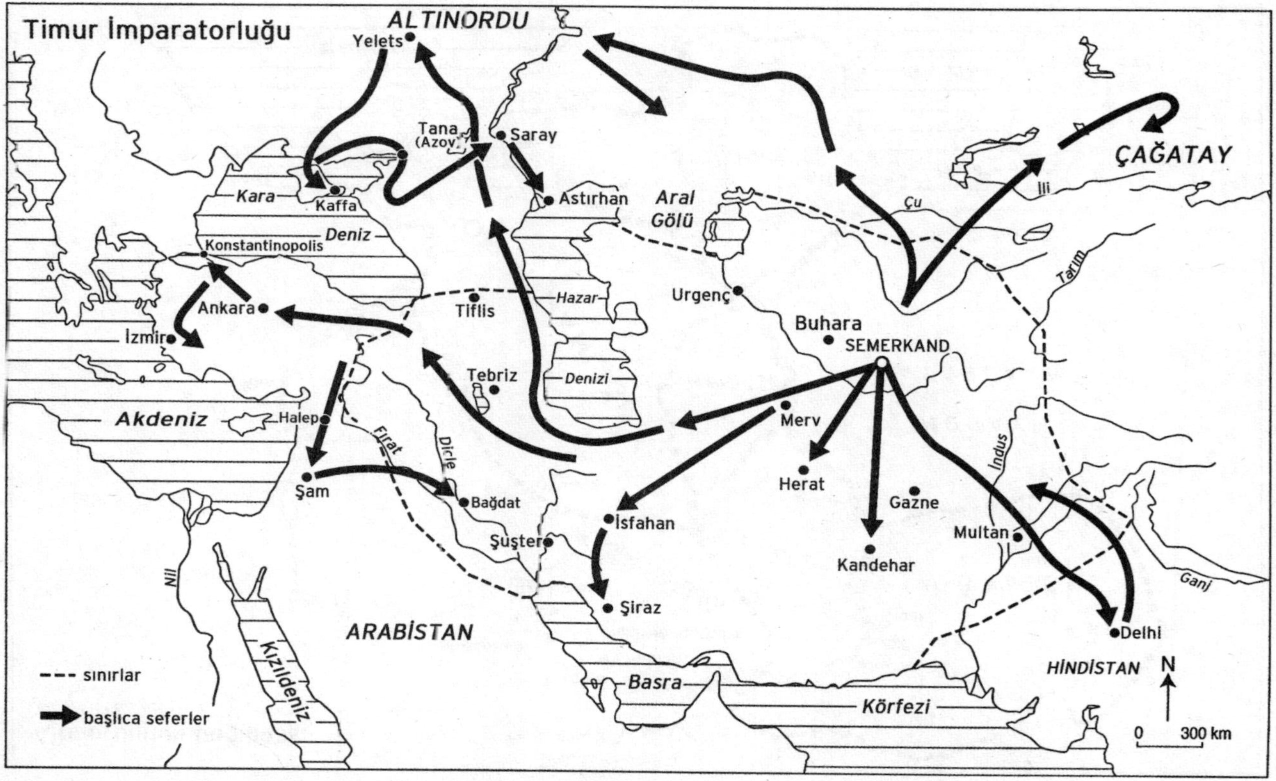
Timur İmparatorluğu
ALTINORDU
Yelets
Tana
(Azov)
Saray
Astırhan
Aral
Gölü
ÇAĞATAY
İli
Çu
Tarım
Kara
Kaffa
Deniz
Konstantinopolis
Hazar
Denizi
Urgenç
Tiflis
Ankara
İzmir
Buhara
SEMERKAND
Tebriz
Akdeniz
Halep
Merv
Fırat
Dicle
Indus
Herat
Gazne
Şam
Bağdat
İsfahan
Şuşter
Multan
Kandehar
Nil
Ganj
Şiraz
ARABİSTAN
Delhi
HİNDİSTAN
N
sınırlar
Basra
Kızıldeniz
Körfezi
başlıca seferler
0
300 km

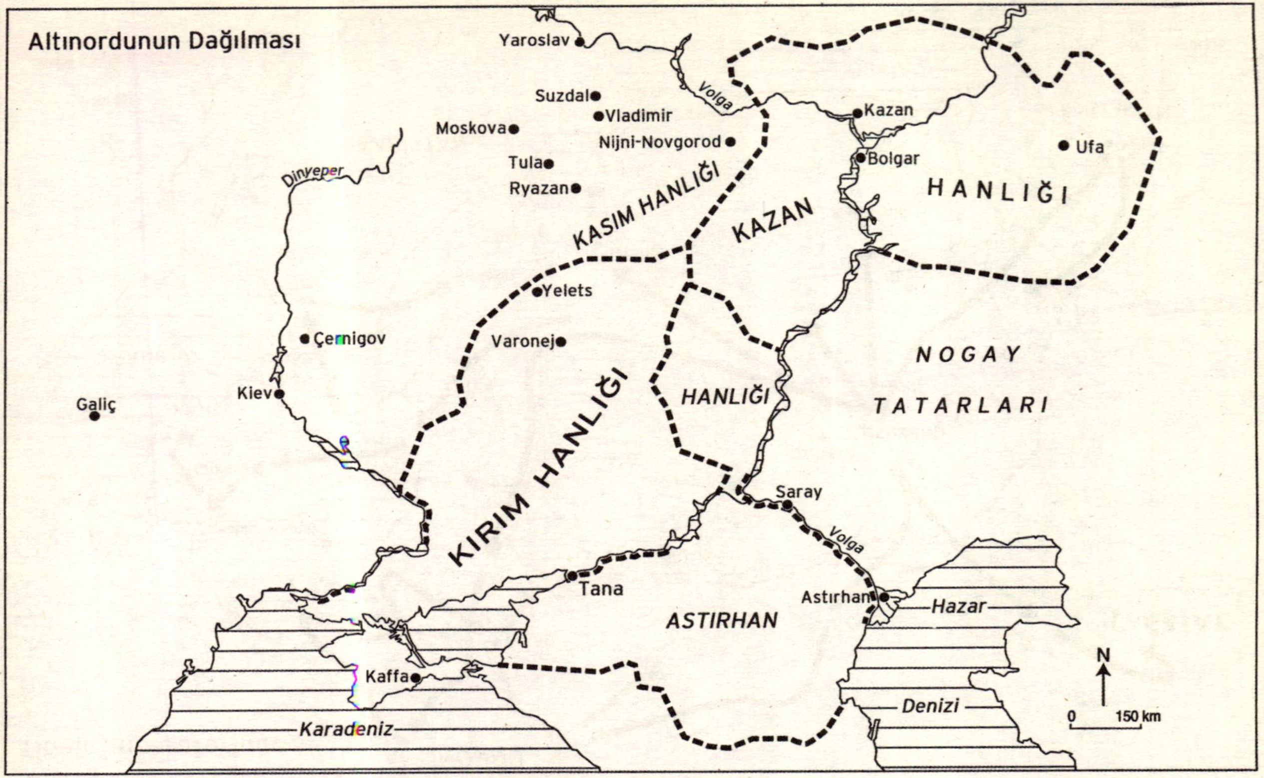
Altınordunun Dağılması
Yaroslav
Suzdal
Vladimir
Moskova
Nijni-Novgorod
Tula
Ryazan
Volga
Kazan
Bolgar
Ufa
HANLIĞI
KASIM HANLIĞI
KAZAN
Dinyeper
Yelets
Çernigov
Varonej
NOGAY
TATARLARI
HANLIĞI
Kiev
Galiç
KIRIM HANLIĞI
Saray
Volga
Tana
Astırhan
ASTIRHAN
Hazar
Denizi
Kaffa
Karadeniz
N
0
150 km

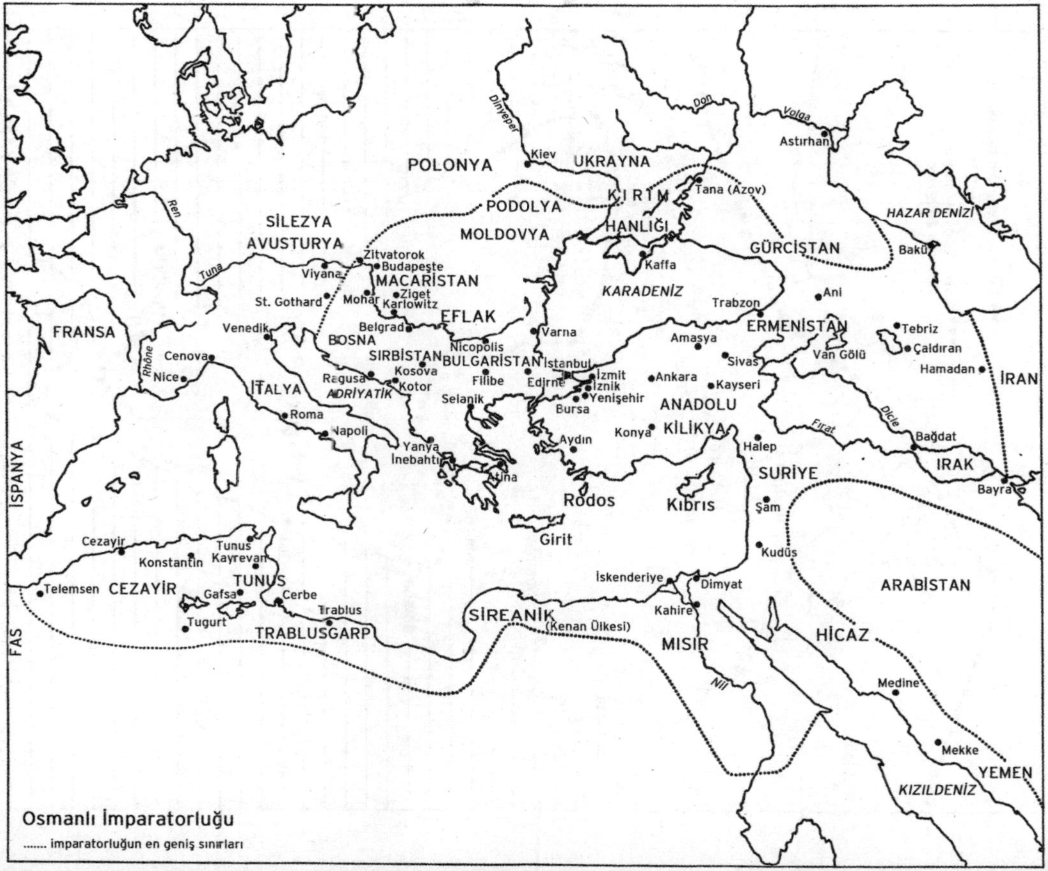
POLONYA
UKRAYNA
Kiev
Dinyeper
Don
Volga
Astırhan
Tana (Azov)
KIRIM
HANLIĞI
PODOLYA
MOLDOVYA
SİLEZYA
AVUSTURYA
Ren
Tuna
Viyana
Zitvatorok
Budapeşte
MACARİSTAN
Ziget
Karlowitz
Mohaç
St. Gothard
EFLAK
Belgrad
BOSNA
SIRBİSTAN
Nicopolis
BULGARİSTAN
Kosova
Ragusa
Kotor
ADRİYATİK
Filibe
Edirne
İstanbul
İzmit
İznik
Yenişehir
Bursa
Selanik
Varna
KARADENİZ
Kaffa
GÜRCİSTAN
HAZAR DENİZİ
Bakü
Trabzon
ERMENİSTAN
Ani
Tebriz
Çaldıran
Van Gölü
Hamadan
İRAN
Amasya
Sivas
Ankara
Kayseri
ANADOLU
Konya
KİLİKYA
Aydın
Dicle
Fırat
Bağdat
IRAK
Bayra
Halep
SURİYE
Şam
Kudüs
Kıbrıs
Rodos
Girit
Atina
Yanya
İnebahtı
FRANSA
Rhône
Venedik
Cenova
Nice
İTALYA
Roma
Napoli
İSPANYA
FAS
Cezayir
Konstantin
Tunus
Kayrevan
TUNUS
Telemsen
CEZAYİR
Gafsa
Cerbe
Trablus
Tugurt
TRABLUSGARP
SİREANİK
(Kenan Ülkesi)
İskenderiye
Dimyat
Kahire
MISIR
Nil
ARABİSTAN
HİCAZ
Medine
Mekke
YEMEN
KIZILDENİZ
Osmanlı İmparatorluğu
.... imparatorluğun en geniş sınırları

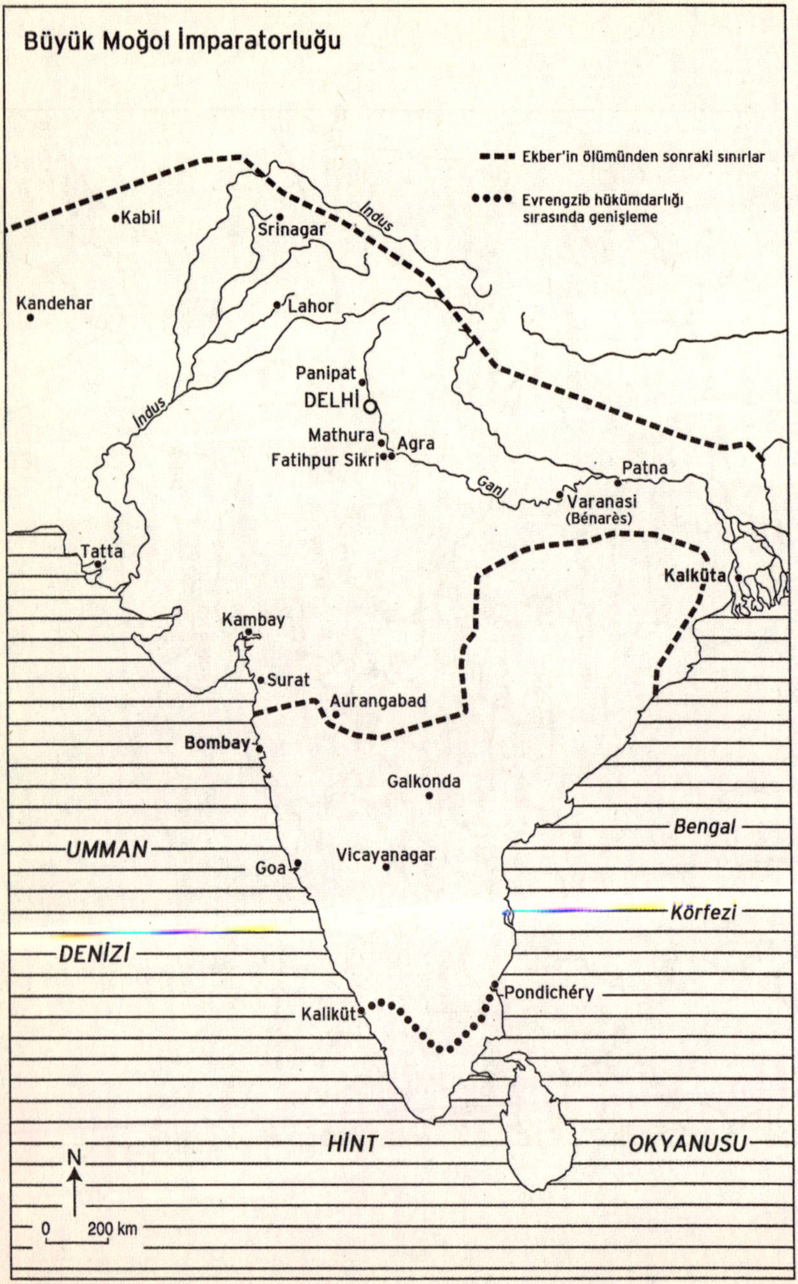
Büyük Moğol İmparatorluğu
Ekber'in ölümünden sonraki sınırlar
Evrengzib hükümdarlığı sırasında genişleme
Kabil
Srinagar
Indus
Kandehar
Lahor
Panipat
DELHİ
Indus
Mathura
Agra
Fatihpur Sikri
Ganj
Patna
Varanasi
(Bénarès)
Tatta
Kalküta
Kambay
Surat
Aurangabad
Bombay
Galkonda
Bengal
UMMAN
Goa
Vicayanagar
Körfezi
DENİZİ
Pondichéry
Kalikút
HİNT
OKYANUSU
N
0
200 km

Günümüz Türk Dünyası
A- Gürcistan
B- Ermenistan
C- Azerbeycan
D- Dağıstan
E- Azeri İranı
St-Petersburg
Moskova
Yakoutes
RUSYA
Budapeşte
Belgrad
Kiev
Bükreş
Odessa
Çuvaşlar
Kazan
Kazan Tatarları
Ufa
Başkırtlar
İstanbul
Marmara Denizi
Ankara
Konya
Akdeniz
TÜRKİYE
Erzurum
Astırhan
Tiflis
Erivan
Bakü
Hazar Denizi
Tebriz
SURİYE
Şam
Bağdat
IRAK
Tahran
Isfahan
IRAN
ARABİSTAN
Kızıldeniz
Basra Körfezi
KAZAKİSTAN
Karaganda
Semipalatinsk
Ust-Kamenogrask
Omsle
Novosibirsk
Abakan
Minusinsk
İrkutsk
Ulan-Ude
Ulan-Bator
MOĞOLİSTAN
Aral Gölü
ÖZBEKİSTAN
TÜRKMENİSTAN
Buhara
Semerkant
Aşkabat
Meşhed
Taşkent
Frunze (Bişkek)
Alma-Ata
KIRGIZİSTAN
Kulca
Urumai
Turfan
Karaşar
Aksu
Kuça
Kaşgar
Sin - kiang
Kansu
Dun - hvang (Bezeklik)
Duşenbe
TACİKİSTAN
Herat
Kabil
AFGANİSTAN
Kandahar
Peşaver
Srinagar
Lahar
PAKİSTAN
HİNDİSTAN
Delhi
Çerçen
ÇİN
Lan-çov
Lhasa
N
0 400 km